HISTORIA INTEGRA

Festschrift für Erich Hassinger

E. Heinitz

HISTORIA INTEGRA

Festschrift für Erich Hassinger zum 70. Geburtstag

herausgegeben von

Hans Fenske, Wolfgang Reinhard
Ernst Schulin

DUNCKER & HUMBLOT / BERLIN

Gedruckt 1977 bei Berliner Buchdruckerei Union GmbH., Berlin 61
Printed in Germany

ISBN 3 428 03972 6

INHALT

GELEITWORT

C'est un plaisir, un honneur, pour moi, que d'écrire ces quelques lignes en tête des Mélanges offerts au professeur Erich Hassinger par ses amis qui, comme lui, j'en suis sûr, sont conscients de la crise que traverse aujourd'hui notre vieux métier d'historien. Cette crise étant plus grave que les précédentes, le présent Festschrift se place de lui-même sous le signe combatif d'une historia integra, programme et bannière du ralliement qui définit à l'avance l'oeuvre de notre collègue et le recueil qui lui est offert.

Integra: le mot a deux sens. Que l'histoire soit intègre, honnête, c'est-à-dire qu'elle n'ait de comptes à rendre en somme qu'à elle-même, à ses règles et à ses exigences, c'est une excellente profession de foi, la condition sine qua non pour qu'elle acquière une qualité scientifique qui la définisse et la fonde. Mais integra veut dire aussi et surtout intégrale, entière. La dispersion des études qui composent ce livre le dit clairement à l'avance, tout le territoire de l'historien est symboliquement investi, reconnu, occupé par ces études. Dans ce sens second, historia integra rejoint ce que j'appelle souvent l'histoire globale, mais à cette formule, la mienne, je préfèrerais volontiers celle de ces Mélanges, moins prétentieuse, elle fait moins de bruit et dit la même chose. Et le problème, en fait, est le même. Une histoire générale ne peut être qu'un aboutissement, la suite de travaux préalables, la construction qui reprend une masse d'éléments apportés à pied d'oeuvre. L'historiographie allemande qui a toujours eu le goût des synthèses grandioses a, en même temps plus qu'une autre, le souci du détail, du détail en soi, pour soi, saisi dans sa complexité, loupe, microscope en main. Quel que soit le sujet que vous abordez, elle apporte ainsi sa contribution, même souvent sa précieuse mise en garde. Erich Hassinger n'échappe ni à cette tentation, ni à cette obligation quand il s'attache, en 1932, au milieu des forêts épaisses de la Réforme, au personnage, mineur après tout, que fut Jacobus Acontius, né dans le Trentin et qui, converti au protestantisme, ira mourir en Angleterre. Jamais Michelet, jamais Marcel Bataillon, jamais Lucien Febvre n'auraient fait un choix aussi modeste; à celui-ci il fallait au moins Luther, ou moins Rabelais. A Marcel Bataillon, Erasme. Pour Michelet, l'essentiel était de trouver le personnage, le héros avec qui s'identifier et autour duquel l'histoire du monde tourne, ou semble tourner. Choisir l'amiral de Coligny et en faire le centre des guerres de religion qui déchirent la France et, en même temps, l'Europe. A ce jeu, du détail ou du particulier au général, le chemin est plus vite parcouru, n'est-ce pas brûler les étapes?

Erich Hassinger, et je l'approuve des deux mains, n'a ni cette hâte, ni cette présomption: il conserve même, où que son discours se situe, le goût du détail bien mis en place, on dirait aujourd'hui du "sondage" conduit très méticuleusement. Et même quand les vastes horizons l'attirent, comme ils ont attiré tous les grands historiens de son pays. En 1953, il lui faut l'Allemagne, ou presque toute l'Allemagne, plus la Suède et la Russie au début du XVIIIe siècle; en 1959, il s'annexe l'Europe entière en proie à la lente élaboration de sa modernité; actuellement, dans un livre de prochaine parution, il est aux prises avec le long et large fleuve de l'historicisme, le fleuve de Friedrich Meinecke, dont il remonte le cours à travers le triple passé de l'Italie, de l'Angleterre et de la France. Ainsi, par le mouvement même de son oeuvre, Erich Hassinger atteint le plan des généralisations, des comparaisons nécessaires. Si vous croyez qu'il n'y a d'histoire "scientifique" que comparative, que franchement comparative, vous serez à ses côtés.

Toutefois, ne vous y trompez pas, généraliser bien sûr, mais aussi détailler (si l'on peut dire) restent le double registre de notre auteur: il joue l'histoire à deux mains. Ainsi, dans le livre qu'il va nous donner à la fin de cette année sur l'historicisme, vous verrez avec quelle obstination, pris de passion, il s'est mis à la poursuite de Lancelot Voisin de la Popelinière (1541 - 1608), historien et géographe français et très curieux esprit, j'en conviens, et avec quelle patience il a recherché les documents, papiers et écrits perdus de son personnage. Si vous vous passionnez pour un tel jeu, méfiez-vous, vous vous retrouverez, un jour, à la Bibliothèque Nationale de Paris, pour n'y pas découvrir finalement les trésors perdus. Mais, comme tout se mêle, n'est-il pas curieux, symptomatique, qu'Erich Hassinger, dans sa quête du général et du vaste monde, ait une fois, privilégié un pseudo-Anglais, Jacobus Acontius, puis un Français, La Popelinière?

Une histoire intégrale, en fait, c'est un perpétuel dépassement de tout problème une fois posé devant nous; autrement dit, il n'y a pas de problème, il n'y a pas de sujets d'histoire bien délimités, clos de murs. C'est une des leçons de Marc Bloch et de Lucien Febvre et de l'Ecole dite des Annales qu'Erich Hassinger a mieux comprises et interprétées qu'un autre. Mais tout dépassement, tout voyage hors des frontières dépend d'un point de départ et ce point de départ trahit nos passions les plus vives, parfois les plus secrètes. Erich Hassinger est avant tout, en profondeur, un spécialiste des problèmes religieux, un peseur d'âmes et de consciences. Beaucoup mieux que moi, Lucien Febvre ou

Delio Cantimori auraint pu décrire cette oeuvre sous le signe d'une prédilection qui était également la leur. Aussi bien, le beau livre général d'Erich Hassinger, Das Werden des neuzeitlichen Europa (1959), commence son déroulement par notre sainte mère l'Eglise à l'automne du Moyen Age, ensuite sont introduits la culture, l'Etat (cette passion des philosophes et historiens allemands), les guerres, la Réforme, et dans ce défilé, le pauvre personnage réduit à la portion congrue, c'est la vie économique et sociale. Vais-je, sur ce point, lui chercher une bonne querelle?

Personnellement, l'histoire intégrale comme je la pratique, commence par la vie économique et sociale et au dernier stade, la culture se présente qui est ma parente pauvre. Ce qui prouve qu'il y aura autant d'historiae integrae que d'historiens et que ceux-ci se révèleront autant par ce qu'ils abrègeront que par ce qu'ils "majoreront" ...

Vis-à-vis d'Erich Hassinger (bien que, comme lui, homme avant tout du XVIe siècle), ou vis-à-vis de Benedetto Croce ou de Lucien Febvre, je me suis toujours senti, un peu, comme un prolétaire à la Cour d'un Prince: le Prince s'entretient de musique, de peinture, de philosophie, de croyances compliquées et exquises, il vit en compagnie des esprits les plus brillants, dans le feu de leur vie unique, il fréquente les maîtres de ce monde. Alors, que peut lui dire un visiteur qui parle de gros sous, de marchands ou de colporteurs, de balles de coton, du marché vénitien du Rialto, ou des docks de Londres? Heureusement qu'il y a des princes indulgents, curieux, attentifs à tout ce qui se passe dans le vaste monde, celui des Etats dominants, comme celui des mondes encore sauvages. Erich Hassinger a la grâce d'un prince patient, curieux, protecteur des Lettres et des Arts, ayant placé sa résidence en cette Université de Fribourg qui est selon mon coeur et, digne successeur de Gerhard Ritter, il reste fidèle à une tradition humaniste qui traverse toute reconstruction valable du passé: l'histoire — pour lui — ce sont des hommes. Il les cherche, il les trouve.

Fernand Braudel

ZUR BEDEUTUNG URGESCHICHTLICHER KULTURGRENZEN

Von Edward Sangmeister

Spätestens seit G. Kossinna seine „Siedlungsarchäologische Methode" einführte, ist die Frage nach der Bedeutung des Raumes gleichberechtigt neben die bis dahin alleinherrschenden chronologischen Ordnungsversuche urgeschichtlicher Funde getreten. Aus der Verbreitung von „Kulturen", die man — unkritisch — mit „Völkern" oder „Stämmen" gleichsetzte, schloß man auf Siedlungsgebiete, aus der Veränderung der Verbreitung auf Wanderung, Expansion, Eroberung[1].

An die Stelle dieser „Kurzschlüsse" sind differenziertere Interpretationsversuche getreten, aber das Problem der „Kultur" und ihrer räumlichen Verbreitung bleibt; und mit ihm stellt sich das der Grenzen zwischen Verbreitungsgebieten. Ehe jedoch das zweite aufgenommen werden kann, empfiehlt sich eine kritische Betrachtung des Grundproblems.

Was ist das, was der Urgeschichtler Kultur nennt? Es gibt darüber nur bis zu einem gewissen Grad Einigkeit[2]. Der Arbeitsvorgang des Systematisierens liefert die Erkenntnis, daß es Gegenstände mit einer wiederkehrenden Merkmalkombination (Typen) und Befunde mit sich wiederholenden Typen- und Befundmerkmalkombinationen gibt. Die Gleichheit oder weitgehende Ähnlichkeit sich wiederholender Kombinationen läßt eine gewisse Regelhaftigkeit erkennen und führt zu dem Schluß, daß für ihr Zustandekommen in Raum und Zeit eine engere Beziehung bestanden habe zwischen den Menschen, die sie zustande brachten. Der komparativ erstellte „Formenkreis" wird so als das Produkt einer Menschengruppe erklärt, die während einer — zunächst — unbekannt langen Zeit in einem begrenzten Raum existierte. Ihre Mitglieder sollten untereinander mehr Kontakt gehabt haben als zu Mitgliedern anderer Gruppen.

---

[1] Man vgl. dazu etwa die Stichworte „Siedlungsarchäologie" und „Typenkarte" in M. Ebert, Reallexikon der Vorgeschichte Band 12 (1928) 102 ff.; 13 (1929) 503 ff.

[2] Aus der jüngeren Diskussion in Deutschland seien nur zwei Arbeiten mit recht unterschiedlichen Standpunkten zitiert: J. Lüning, Praehistorische Zeitschrift 47, 1972, 145 ff; J. Bergmann, Praehistorische Zeitschrift 49, 1974, 129 ff.

Aus der sehr neutralen Formulierung geht hervor, daß dieser erschlossene Kontakt nur für die Ebene gelten kann, in der die jeweilige Merkmalkombination liegt. Er darf nicht ohne zusätzliche Argumente übertragen werden auf andere Bereiche, und eine Gleichsetzung des Formenkreises mit einem Ethnos — was immer man darunter verstehen will — ist nicht ohne weiteres möglich. Es muß eine Überprüfung der Quantität und der Qualität der Merkmalkombinationen stattfinden hinsichtlich ihres Stellenwertes für eine als Gesellschaft aufgefaßte Menschengruppe.

Ein gewisser Schmucktypus z. B. kann so zunächst nur den Kontakt zwischen Menschen belegen, die während der unbekannt langen Zeit seiner Produktion (und darüber hinaus) ihn zu erwerben bereit und in der Lage waren. Das beinhaltet aber, daß zwischen ihnen nur ein lockerer Kontakt bestanden zu haben braucht; möglicherweise sogar keiner, wenn sie nämlich von einem wandernden Händler beliefert wurden. Die Gemeinsamkeit dieser Menschengruppe besteht dann allein darin, daß sie Kontakt zu einem (oder mehreren) Lieferanten eines bestimmten Produktes besaß. Auch diese Gemeinsamkeit ist von Bedeutung, zumindest chronologisch. Aber es bedarf eben noch weiterer Argumente, ehe auf weitergehende Gemeinsamkeit im Gesellschaftssinn gesprochen werden darf.

Wenn z. B. ein solches von außen eingehandeltes Schmuckstück integrierender Trachtbestandteil wird, dann ist für den Teilbereich, in dem dies zutrifft, ein engerer Kontakt zwischen den Angehörigen der Teilgruppe belegbar. Hier wird indirekt jene Gesellschaftswirkung faßbar, die — traditionsbildend — feste Bekleidungsregeln entstehen läßt.

Was für den Fall eines verhandelbaren Produktes gilt, läßt sich ähnlich auch für den geistigen Bereich zeigen. Hinter einer ausgeprägten Bestattungssitte steht — der Erfahrung nach — ein bestimmtes Verhältnis zum Phänomen Tod und zum Toten. Auch sie kann als Ergebnis einer Gesellschaftswirkung verstanden werden, da eine gewisse Vorstellung vom Tod und dem, was danach kommt, sich nur dann in Bräuchen und Sitten, und damit in für den Ausgräber beobachtbaren Erscheinungen manifestieren kann, wenn Menschen diese Vorstellung teilen und sich durch sie gebunden fühlen. Hier ist daher eine Gesellschaftswirkung zu erschließen, doch braucht auch sie nicht unbedingt alle anderen Bereiche zu übergreifen. Auch sie betrifft nur ein Teilgebiet dessen, was eine Menschengruppe an gleichartigen Aktivitäten entwickelt.

Es muß also Aufgabe sein, aus der archäologischen Hinterlassenschaft Formenkreise herauszuarbeiten, innerhalb derer übereinstimmende Merkmalkombinationen auf möglichst allen — nachweisbaren — Teilgebieten gesellschaftlichen Lebens feststellbar sind. Zusätzlich sollte ihre Wertstellung im Wechselbezugssystem, soweit möglich, geklärt sein, ehe man an die weitere Interpretation dessen geht, was eine so überprüfte „Kultur“ eigentlich bedeutet.

Es wäre jedoch voreilig, auch eine nach allen geforderten Prüfungen aufgestellte „Kultur“ einem „Ethnos“ gleichzusetzen. Denn ganz abgesehen davon, daß für alle urgeschichtlichen „Kulturen“ der Bereich der Sprache nie eindeutig erschlossen werden kann, bleibt gerade hinsichtlich des Begriffes „Ethnos“ immer offen, inwieweit ein übergreifendes „Selbstverständnis“, ein Zusammengehörigkeitsbewußtsein, quer durch mehrere „Kulturen“ gehen kann. Das will sagen: Die erschlossene engere Zusammengehörigkeit aufgrund von Sitten, Gewohnheiten usw. braucht nicht von einem „Zusammengehörigkeitsbewußtsein“ getragen zu sein; vielmehr können sich Teilgruppen verschiedener Kulturen (auch verschiedener Sprachen) als zusammengehörig empfinden und so ein Ethnos bilden, das keine Kultureinheit darstellt. Zu fragen bleibt dabei, wie lange dieses Zusammengehörigkeitsgefühl oder -bewußtsein ohne assimilierende Wirkung auf die Teilkulturen bleibt, oder wie stark die separierende Wirkung von Teilkulturen auf ein Ethnos ist.

Aus den kurzen Bemerkungen zum Begriff „Kultur“ in der Urgeschichte wird deutlich geworden sein, wie problematisch es ist, Verbreitungsgebiete solcher Kulturen ermitteln zu wollen und Grenzen zu finden. Wenn man dabei auch absieht von den Schwierigkeiten, die sich aus den Unterschieden von ehemals „lebender“, „toter“ und „ausgegrabener“ Kultur ergeben, auf die vor allem H. J. Eggers und W. Torbrügge hingewiesen haben[3], stellt sich ja ganz allgemein das Problem, was denn als repräsentativ für eine Kultur angesehen werden darf. Verbreitung läßt sich nur durch Kartieren kontrollieren. Was darf und was muß man kartieren, um eine urgeschichtliche Kultur in ihrem Verbreitungsraum zu erfassen?

Gewiß darf — nach dem oben Gesagten — nicht etwa nur ein Typus als repräsentativ angesehen und kartiert werden. Auch das Kartieren mehrerer Typen dürfte nicht viel weiter führen, wenn diese im gleichen Wertigkeitsbereich liegen, etwa verhandelbare Schmuckstücke. Eher kommt man wohl zu einem Ergebnis, wenn man wiederkehrende Typen- und Befundkombinationen kartiert, oder wenn man solche Erscheinungen herausgreift, die einen höheren Stellenwert hinsichtlich

[3] H. J. Eggers, Der römische Import im freien Germanien, Atlas der Urgeschichte, 1 (1951) 23 ff.; W. Torbrügge, Die Bronzezeit in der Oberpfalz (1959) 19 ff.

Gesellschaftswirkung haben und den Wechselbezug mehrerer Merkmalkombinationen verdeutlichen.

G. Kossinna war sich dieses Problems bewußt, glaubte jedoch, es einfach dadurch lösen zu können, daß er der Keramik einen hohen Stellenwert zuschrieb, da sie wegen ihrer Zerbrechlichkeit nicht verhandelt werden könne. Man weiß inzwischen von Wanderhandwerkern, man hat auch zu erkennen gelernt, daß durch Imitation von Gesehenem — bei nachbarschaftlichem Kontakt, aber auch bei weiten Reisen — selbst im Keramikbereich Typenbildung möglich ist. Keramik-Typengruppen sind daher nicht unbedingt höher zu bewerten als andere Merkmalkombinationen.

Trotzdem mag man für die frühesten Zeiten der Keramikproduktion ein Argument einführen, das aus Überlegungen resultiert, die sich auf das Problem „Kulturenbildung" überhaupt richten. Durch sie bekommt die Keramik evtl. wieder einen besonderen Stellenwert. Wir haben die Möglichkeit, daß sich Kulturen bilden können, mit der Tradition schaffenden Gesellschaftswirkung erklärt. Dies ist leicht verständlich für eine am gleichen Ort lebende oder geschlossen wandernde Menschengruppe. Schwieriger wird die Erklärung, wenn man feststellt, daß solche Tradition schaffende Gesellschaftswirkung mehrere getrennt wohnende oder getrennt wandernde Gruppen zusammenzufassen erlaubt. Hier haben wir eine typisch menschliche Gesellschaftsform, die m. W. in der Natur nicht vorgebildet ist. Dort ist die an einen Ort gebundene oder als Einheit sich bewegende Gruppe die höchste Gesellschafts- und Organisationsform. Das gilt selbst, wo die Zahl der Mitglieder so groß wird, daß sie anonyme Gesellschaften bilden.

Das charakteristisch Menschliche an Kulturen scheint mir, daß Großgesellschaften mit getrenntem Lebensraum entstehen. Die mögliche Größe einer Gesellschaft steht in Wechselbezug zum Nahrungsangebot in einem gegebenen Raum und zur jeweiligen Wirtschaftsform. Für den Menschen müssen sich im Laufe der Entwicklung spezielle Probleme gestellt haben, die spezifische Lösungen verlangten. Eine Jäger-Sammlergruppe hatte ursprünglich eine Größe, die es erlaubte, daß jeder jeden kannte und erkannte. In ihr gab es für ein Mitglied kein Problem hinsichtlich des objektiven und subjektiven Schutzes durch die Gruppe. Für die Gruppe gab es kein Problem der Territoriumverteidigung, das über die in der Natur gegebenen Verhältnisse hinausging, solange die Gesamtbevölkerungszahl (aller getrennten Gruppen) in einem ausgewogenen Verhältnis zum Nahrungsangebot blieb.

Probleme mußten sich ergeben, wenn Bevölkerungszunahme und Raumbeschränkung zusammentrafen und härtere Konkurrenz auslösten. Man sollte annehmen, daß dies unter den extremen Bedingungen der Eiszeit der Fall gewesen sei. Damals scheint sich jedoch eher ein Gleichgewicht eingependelt zu haben, wie es sich in der Natur immer herstellt: Bei zu geringem Nahrungsangebot wird durch Hunger die Individuenzahl einer Art so reduziert, daß das Nahrungsangebot — bei Ausweichen auf die letzten Möglichkeiten — gerade noch ausreicht.

Entscheidend könnte gewesen sein, daß der Mensch durch seine Fähigkeit zu erfinden dieses natürliche Einpendeln des Gleichgewichtes stört, verzögert, bis zu einem gewissen Grad aufhebt. Es bleibt zu untersuchen, ob etwa die spezialisierten Jäger der ausgehenden Eiszeit durch starke Bejagung bevorzugter Wildarten das Gleichgewicht zu stören begannen und gleichzeitig zu einer Bevölkerungszunahme Anlaß gaben, die in sich Krisengefahr enthielt. Ganz offenkundig ist eine solche Situation eingetreten mit dem Beginn von Ackerbau und Viehzucht. Mit beiden Zweigen der sogenannten „produzierenden Wirtschaft“ greift der Mensch — wenn anfangs auch nur vorübergehend — störend in das ökologische Gleichgewicht ein. Er verschafft sich durch Veränderung seiner Wirtschaft Vorteile, die eine Bevölkerungszunahme möglich machen. Solange der Raum ausreicht, ergeben sich keine Schwierigkeiten. Sobald jedoch die neue Wirtschaft, etwa im Bereich Getreideanbau, bei engem Klimaspielraum an die Grenzen geeigneter Böden stößt, ergeben sich die oben formulierten Probleme aus Bevölkerungsdruck bei gleichzeitiger Raumnot.

Anwachsende Bevölkerungszahl macht einerseits größere Gruppeneinheiten möglich und nötig, soweit der Arbeitsprozeß es verlangt. Begrenzter Raum andererseits erlaubt nicht, immer neue Areale zu kultivieren. Territoriumsanspruch kann nicht mehr durch Verdrängung des Schwächeren allein durchgesetzt werden, sofern dieser schon auf ungeeignetes Gebiet ausgewichen ist. Wenn Gruppen zu groß werden, um in einem Territorium rationell leben zu können, kann bei Abspaltung einer Teilgruppe zur Kultivierung neuer, getrennt liegender Flächen die Gesellschaftsbindung zur Ausgangsgruppe bestehen bleiben. Die Mitgliederzahl ist aber nun zu groß, als daß jeder jeden noch kennen oder erkennen könnte. Das getrennte Wohnen macht den Kontakt seltener, Kennen und Erkennen werden weiter erschwert. Trotzdem bleibt das Bedürfnis nach Schutz durch die Gruppe bestehen. Wie kann es wirksam werden, wenn der Einzelne den Anderen nicht mehr mit Sicherheit als zugehörig und daher als ungefährlich erkennt? Frühzeitiges Erkennen des persönlich unbekannten Zugehörigen ist notwendig zum Ablauf der Gesellschaftsfunktionen, frühes Erkennen des Nichtzugehörigen kann lebensrettend sein.

In dieser Situation ist die Schaffung visuell und akustisch weithin erkennbarer Merkmale notwendig, die über Eigentümlichkeiten des

Körperbaus, der Haar- und Hautfarbe hinausgehen. Die Wahrscheinlichkeit ist sehr hoch, daß spätestens beim Übergang zur produzierenden Wirtschaft („neolithic revolution"), wenn nicht schon bei hochspezialisierten Jägern, akustische und visuelle Unterscheidungsmerkmale entwickelt wurden, die zur Entstehung getrennter Sprachen, von Körperbemalung, Tätowierung, Schmuck und Tracht führten. Abgesehen von der religiösen Bedeutung, die der Bemalung, der Tätowierung, gewissen Schmuck- und Trachtteilen zugeschrieben werden kann, scheint es wichtig, daß diese Erscheinungen einen hohen Schutzwert besaßen. Die religiöse Bedeutung mag ursprünglich in engem Bezug zum Schutzwert stehen.

Sieht man diese Koppelung von „Unterscheidungsmerkmalen" und einer vom Menschen selbst geschaffenen besonderen ökologischen Situation, darf man bestimmten Schmuckformen, Ornamenten usw. einen ursprünglich hohen Stellenwert geben. Eine „Kulturenbildung" war insofern eine notwendige Folge von neuen Gesellschaftsformen, eben jenen, die erst die Grundlage für höhere Organisationsformen bildeten. Unterscheidungsmerkmale durften nicht willkürlich übertragen oder übernommen werden.

Für den Archäologen besteht die große Schwierigkeit darin, daß er die Mehrzahl der hier beschriebenen Unterscheidungsmerkmale nicht findet, da sie nicht erhalten sind. Weder Körperbemalung noch Tätowierung, noch auch die meist aus organischen Stoffen bestehenden Schmuck- und Trachtelemente überdauern die Zeit. Aber man wird überlegen dürfen, ob nicht Ornamente, die zur Unterscheidung von Menschengruppen, von Gesellschaften, entwickelt wurden, ein solches Gewicht bekamen, daß sie die Vorstellung von Ornament schlechthin zunächst überall da bestimmten, wo ein Anreiz vorhanden war, Ornament anzubringen. Das mußte der Fall sein, wo ein neuer bildsamer Werkstoff in Gebrauch genommen wurde.

Mit der sich ausdehnenden Vorratswirtschaft des Neolithikums auf der Basis von Ackerbau und Viehzucht kommt — scheinbar schlagartig — Keramik in Gebrauch. Und zwar tritt sie von Anfang an in einer Vielfalt von Formen und Verzierungen auf, daß man nicht nur die schöpferische Kraft vieler verschiedener Individuen und von ihnen geschaffener Produktionszentren bestaunen muß, sondern eben wohl fragen darf, ob nicht in den Verzierungen — wenigstens anfänglich — die Tradition der Unterscheidungsmerkmale fortlebt. Gestehen wir das — als Hypothese — einmal zu, dann gewinnt für die „frühneolithischen Kulturen" die verzierte Keramik einen hohen Stellenwert. Inwieweit das für jüngere Zeiten noch gilt, müßte fallweise untersucht werden. Hier sei es erlaubt, diesen Gedanken am Beispiel der Linearbandkeramik (LBK) in Mitteleuropa weiterzuführen. In ihr haben wir zugleich eine Kultur, für die wir aus so vielen Aktivitätsbereichen der „lebenden Kultur“ Zeugnisse haben, daß sie sich wie kaum eine andere als Musterbeispiel eignet.

Der Formenkreis der Linearbandkeramik (LBK) wurde nach der mit eingeritzten Bandmustern verzierten Keramik aufgestellt und benannt[4]. Die Muster setzen sich aus Spiralen und Mäandern und deren Derivaten zusammen, hinzu tritt ein umlaufendes Winkelband. Eine erste vollständige Verbreitungskarte wurde von W. Buttler erstellt. Sie liegt unserer Abb. zugrunde. Es wurden alle Fundorte kartiert, von denen die charakteristische Keramik bekannt ist. Die als Kristallisationspunkt für einen Formenkreis gewählte Keramik wurde somit auch stellvertretend für diesen Formenkreis und die aus ihm interpretierte Kultur gewertet. Es gilt, die Berechtigung dieses Vorgehens zu überprüfen, indem wir verfolgen, welche anderen Kulturmerkmale mit der Keramik gekoppelt sind, und ob sie in jedem der sich abzeichnenden Verdichtungsräume vertreten sind. Denn nur in dem Fall können wir annehmen, daß das Kartenbild die Verbreitung der Kultur und nicht nur die von Einzelmerkmalen spiegelt.

Mit der durch eine spezielle feine Tontechnik gekennzeichneten verzierten LBK ist eine grobe Ware gekoppelt, aus der Großgefäße, offenbar zum Aufhängen bestimmte Vorratsbehälter, regelrechte Fässer hergestellt sind. Sie kommt in allen Fundkomplexen vor, und zwar in einer erstaunlich geringen Variationsbreite von Form und Ausstattung.

Charakteristisch ist ferner Steingerät: Ein aus Amphibolit geschliffenes asymmetrisches Beil (Schuhleistenkeil, Flachhacke, Dechsel), das, nach Versuchen zu schließen, am ehesten zur Holzbearbeitung gedient haben könnte. Es ist im gesamten Verbreitungsgebiet vertreten, und zwar wurde fast überall das offenbar gehandelte gleiche Gestein zur Herstellung verwendet. Möglicherweise wurden fertige Beile aus den Gebieten des Gesteinvorkommens gleichmäßig verbreitet.

Mahlsteine und Reiber aus verschiedenen Sandsteinen u. ä., die zum Zerkleinern von Getreide dienten, haben keine spezifische Form, kommen aber — zugleich Wirtschaftsindikator — in allen Fundkomplexen reichlich vor. Da abhängig von Erhaltungsbedingungen, ist das Getreide selbst seltener nachweisbar, doch sind genügend Kornabdrücke in Keramik vorhanden, um zu beweisen, daß den Herstellern der LBK Emmer und Gerste bekannt waren[5].

---

[4] Erste Gesamtdarstellung für Deutschland; W. Buttler, Der donauländische und der westische Kulturkreis, in: Handbuch der Urgeschichte Deutschlands, 2 (1938).

Die Bedeutung des Getreidebaus und seine gleichmäßige Verbreitung im Gesamtgebiet der LBK geht auch aus der Häufigkeit der Sichelklingen hervor. Während bei der Verwendung von Silex als Werkstoff auffällt, daß — im Gegensatz zum Handel mit Amphibolit — der jeweils am leichtesten zugängliche Rohstoff gewählt wurde (belgischer Kreidefeuerstein am Niederrhein, Quarzit in Hessen, Jaspis und Hornstein in Juranähe), und ausgesprochene durch Merkmalkombination erfaßbare Typen im Feuersteingerät fehlen, ist das Vorkommen von Sichelklingen signifikant: Klingen verschiedenster Form, mit und ohne formgebende Bearbeitung, tragen den so markanten Glanz, der verrät, wie die Klingen in der ehemaligen Holzschäftung eingesetzt waren, und wie intensiv Halme kultivierter Grasarten geschnitten worden sein müssen. Der Form nach atypische Klingen aus Silex werden durch die Tatsache ihrer Verwendung in Kompositsicheln somit zum Kulturmerkmal, das in keinem größeren Fundkomplex fehlt.

Der Bestand an beweglichen Funden des Formenkreises wäre damit schon erschöpft, wenn nicht einige negative Beobachtungen angeführt werden könnten. Geräte aus Knochen sind selten, ebenso wie Knochen überhaupt. Von hier aus kann die Frage nach der Wirtschaft erneut und verfeinert gestellt werden. Da die Mehrzahl der Funde aus Eintiefungen in die Erde (Gruben) stammt, die mit der Siedlungstätigkeit zusammenzubringen sind, muß man folgern: Entweder wurden Tiere überhaupt relativ wenig gehalten, geschlachtet und verzehrt, oder die gesamte Viehhaltung bis zum Zerteilen des Schlachtviehs erfolgte außerhalb der Siedlung. Eine Analyse der Tierknochen ergab, daß Rind, Schwein, Schaf bekannt, aber nicht häufig waren. Wild kommt fast überhaupt nicht vor. Während daher Beweise für Getreideanbau sehr gut waren, sind sie für Viehzucht viel geringer, für Jagd gleich Null[6].

Damit paßt zusammen, daß in der LBK Waffen fehlen. Pfeilspitzen (auch sog. „Querschneider"), die für mesolithische Jäger und Sammler geradezu Leitfossil sind, schienen ganz zu fehlen. Inzwischen ist ihr Nachweis in Einzelfällen gelungen. Dies beweist im quantitativen Gegensatz zur riesigen Zahl der Fundstellen nur, daß Pfeilspitzen Ausnahme sind und im Einzelfall eben besonderer Erklärung bedürfen[7].

Hinzukommt, daß auch im übrigen Steingerät jede Form fehlt, die Nur-Waffe gewesen sein könnte. Der „Schuhleistenkeil" kann Auch-

---

[5] H. Jankuhn et al., Vor- und Frühgeschichte vom Neolithikum bis zur Völkerwanderungszeit, Deutsche Agrargeschichte, Hrg. G. Franz, Band 1 (1969) 210 f. (U. Willerding).

[6] Acta Praehistorica et Archaeologica 2, 1971, 119 (B. Sielmann).

[7] Studien aus Alteuropa 1 (1964) 68 ff. (C. Ankel).

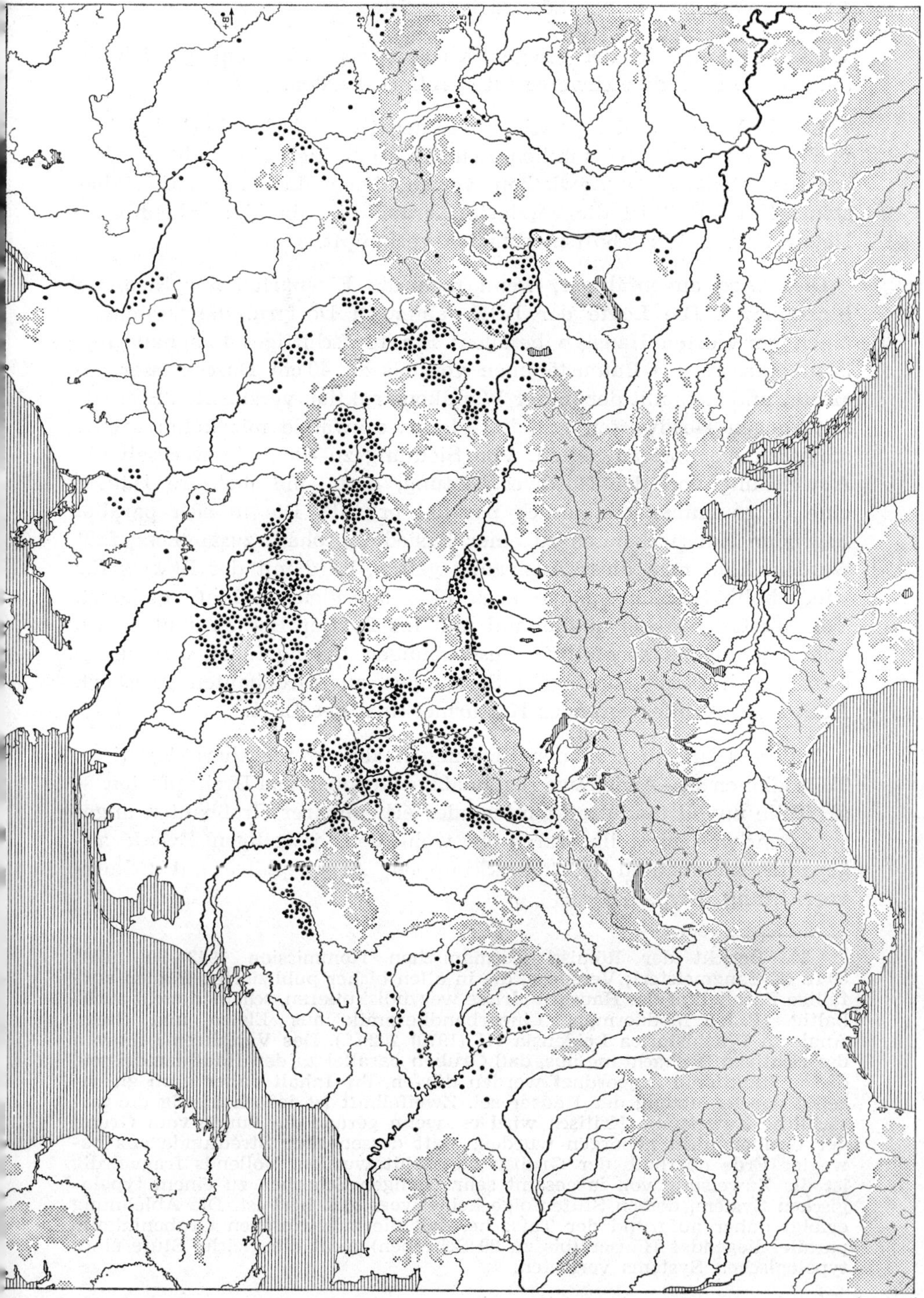

2 Historia Integra

Waffe gewesen sein, der gelegentlich gefundene „Keulenkopf“ könnte auch als Grabstockbeschwerer interpretiert werden.

Alle bisher genannten positiven und negativen Merkmale sind gleichmäßig verbreitet und machen deutlich, daß hier ein recht starker innerer Wechselbezug zwischen verschiedenen Lebensbereichen bestand. Zumindest ist die verzierte Keramik in ein klar erkennbares Netzwerk von Wirtschaftsmerkmalen verknüpft.

Dies wird augenfälliger, wenn man die Eigenarten der Siedlung hinzunimmt. Die Leute der LBK lebten in Dörfern, die zumindest einen normierten Haustyp besaßen: Ein fünfschiffiges Langhaus (bis 36 m), massiv aus Baumstämmen von bis zu 40 cm Durchmesser errichtet und stets mit der in der Wandkonstruktion verstärkten Schmalseite gegen Nordwesten gestellt. Flechtwerkwände mit Lehmverputz schlossen die übrigen Seiten. Von Siedlung zu Siedlung wechselt die Abweichung von der Nordwestrichtung, doch sind mehrere Häuser eine Ortes immer erstaunlich parallel erbaut[8]. Die in sich parallel liegenden Häuser können zu einer Besiedlungsphase zusammengefaßt werden. Läßt man diese Auslegung gelten, ist damit der Beweis für wiederholte Siedlungsanlage nach Plan am gleichen Platz geliefert. Von Westungarn bis Südholland und ins Pariser Becken sind — wo immer genügend sorgfältige Ausgrabungen durchgeführt wurden — diese „nach Plan“ angelegten Siedlungen aus Großbauten gesichert. Auch sie sind integrierendes Kulturmerkmal der LBK.

Andere Bauformen in den Siedlungen sind wenig charakteristisch. Teils können sie — wie etwa regelmäßige Gruppen von Dreierpfosten — als Teile unvollständig erkannter oder erkennbarer Großbauten angesprochen werden, teils waren es wohl dem jeweiligen Zweck angepaßte Kleinbauten (Hütten, Schuppen, Arbeitsplätze mit Schutzvorrichtung usw.).

---

[8] 33. Bericht der Römisch-Germanischen Kommission 1943 - 50 (1051) 89 ff. (E. Sangmeister); Versuche, die in allen bisher publizierten Plänen auffällige Parallelität der Hausgrundrisse wegzudiskutieren, scheinen nicht stichhaltig (P. J. R. Modderman, Linearbandkeramik aus Elsloo und Stein, Analecta Praehistorica Leidensia III (1970) 202 ff.). Das Verfahren geht von der richtigen Beobachtung aus, daß Gruben parallel zu den Hausgrundrissen, diesen funktional zugeordnet werden dürfen, ihr Inhalt daher grob gleichzeitig der Benutzung der Häuser sei. Zweifelhaft ist jedoch häufig die tatsächliche Zuweisung. Kritisch wird es, wenn gerade die Funde vom Grund der Gruben nicht geborgen wurden, statt dessen aber Streufunde aus bewegter Erde oberhalb der Gruben zugezählt wurden. Vollends fragwürdig ist die Zuweisung von insgesamt sehr wenigen Scherben zu einem typologischen System, dessen Stufenfolge keineswegs gesichert ist. Die Ablehnung erfolgt daher aufgrund der Tatsache, daß die zugewiesenen Grubeninhalte parallel liegender Häuser (bis zu 20 Scherben) nicht die gleiche Stufe eines typologischen Systems vertreten.

Alle Versuche, die Großbauten weiter zu deuten, etwa ob für eine Großfamilie, eine Sippe, mehrere Kleinfamilien, eine Kleinfamilie mit Vieh usw. gedacht, mußten bisher spekulativ bleiben, da in allen bekannten Fällen die alte Oberfläche erodiert ist und daher nichts über Inneneinteilung, Zahl und Lage der Feuerstellen, Arbeitsplätze usw. gesagt werden kann. Daher besteht auch wenig Klarheit über die soziale Organisation, so bestechend auch D. Clarkes Modellversuch ist[9].

Für unsere Zwecke ist schon viel gewonnen, haben wir doch für die Verfertiger und Benutzer der LBK nun eine Fülle von Hinweisen, um uns den Grad ihres gegenseitigen Kontaktes, die Intensität der bei ihnen herrschenden Gesellschaftswirkung zu erschließen. Das Bild dieser in festen, geplant angelegten Siedlungen wohnenden, Ackerbau, ein wenig Viehzucht, aber keine Jagd betreibenden Bevölkerung wird noch deutlicher, wenn man B. Sielmanns Beobachtungen über die Auswahlkriterien für Siedlung und Ackerfläche heranzieht[10]. Dörfer der LBK liegen auf bestimmten Böden (Löß, Schwarzerde u. ä.), jeweils am Rand zu Auen mit Wasser und Auwald; sie befinden sich innerhalb klimatischer Regionen, in denen ein Optimum an Niederschlag, Sommertagen, mittlerer Temperatur usw. herrscht, ein Optimum, wie es zum ertragreichen Anbau von Emmer und Gerste bei reinem Regenfeldbau ohne Regenerierung der Felder durch Brache oder Düngung nötig ist. Nicht nur wurde das einzelne Dorf nach Plan angelegt, man suchte vielmehr auch optimale Bedingungen für den mit Priorität betriebenen Getreidebau. Will man nicht jedem Mitglied der Gemeinschaft die dafür nötigen Kenntnisse zubilligen, wird man — wie für die Planung der Siedlung — an eine Institution denken, die für beides zuständig war. Weiter kann unser Schluß auf die Organisation nicht gehen.

Das aus den Siedlungen bekannte Bild wird durch den Befund zugehöriger Gräber erweitert. Zwar sind Gräberfelder viel seltener, aber doch aus dem gesamten Verbreitungsgebiet belegt[11]. Bei den Gräbergruppen fällt auf, daß die Zahl der Bestatteten nicht im rechten Verhältnis zur Zahl der Bewohner der mehrfach umgebauten oder wiederholt an gleicher Stelle neu angelegten Siedlung steht. Wenn man die Deutung der mehrfachen Neuanlage der ganzen Siedlung übernimmt, muß auf Zwischenphasen des Wüstliegens geschlossen werden. Bei jeder Neuanlage mag ein neuer Friedhof begonnen worden sein. Zwar kennen wir zu den meisten Dörfern nicht einmal einen Friedhof, aber

9 D. Clarke, Models in Archaeology (1972) 20 ff.

10 Anm. 6. 65 ff.

11 D. Kahlke, Die Bestattungssitten des Donauländischen Kulturkreises der jüngeren Steinzeit, Teil I. Linienbandkeramik (1954).

die geringe Zahl der Bestatteten würde zu einer kurzen Siedlungsphase besser passen.

Außer Keramik und Steingerät ist den Toten vor allem Schmuck beigegeben, fast ausnahmslos Ringe, Perlen und Anhänger aus fossiler Spondylusmuschel[12]. Der Handel mit dem Rohstoff Spondylusmuschel wie der mit Amphibolit für Steingerät ist das einzige Zeichen für Kontakt über weitere Räume, doch mag selbst hier an Weitergabe von Siedlung zu Siedlung gedacht werden.

Die Toten sind — ausgenommen einige in der Siedlung Bestattete — in Flachgräbern in Hockerlage beigesetzt. Totenlage und -ausstattung ist im ganzen Verbreitungsgebiet gleich, in jeder Fundpunktkonzentradition mit mehreren Beispielen belegbar. So darf man auch eine einheitliche Einstellung zum Toten konstatieren, einen weiteren Brauchtumbereich, der dazu nicht, wie manches im Wirtschaftssystem, durch eine uns heutigen ohne weiteres erkennbare Notwendigkeit bedingt ist.

Dies gilt noch für eine letzte Erscheinung; in der LBK treten zwei Formen auf, die als „Idole“ gedeutet werden: Es gibt einige aus Ton geformte stilisierte Menschenfigürchen[13], die mit Mustern der LBK so verziert sind, als seien sie mit verziertem Stoff umwickelt oder trügen die Muster aufgemalt. Als seltene Einzelstücke finden sie sich in Siedlungen ebenso wie Tiergefäße[14]. Das sind ovale Behälter, an die vier Beine, ein Kopf und ein Schwanz angesetzt sind. Es handelt sich nur um Rinddarstellungen. Die Vorstellung, daß Menschenfigur und Tiergefäß irgend etwas mit einem Kult zu tun haben könnten, ist nicht von der Hand zu weisen. Alle Versuche mehr auszusagen, wären reine Spekulation. Allenfalls wäre das negative Argument zu betonen: Wild- oder andere Haustiere werden nicht abgebildet.

Betrachten wir jetzt die Verbreitungskarte erneut, sagt sie mehr: Jede Verdichtung von Fundpunkten in bestimmten Teilräumen spiegelt den Siedlungsraum einer Menschengruppe, die während mehrerer hundert Jahre (ab Mitte 5. Jt. v. Chr.) in Mitteleuropa ein nach offenbar streng gewahrten Traditionen ablaufendes, in fast allen Aktivitäten geregeltes Bauerndasein führte. Freilich müssen wir zugeben, daß das Gebilde etwas noch schwer Faßbares hat; es handelte sich ja um eine Einheit, die sich ständig veränderte, der neue Mitglieder zuwuchsen, andere wegstarben; die Bevölkerungszahl muß geschwankt haben, es müssen sich aber auch die Gewohnheiten allmählich gewandelt haben, Prozesse dürften abgelaufen sein, die wir im einzelnen

---

[12] Anm. 4. Taf. 2 oben; jüngere Entdeckungen: Archäologisches Korrespondenzblatt 3, 1973, 399 ff. Taf. 76 (U. Osterhaus, R. Pleyer).

[13] z. B. Prähistorische Zeitschrift 38, 1960, 172 Abb. 9 - 11 (M. Quitta).

[14] z. B. Germania 43, 1965, 2 Abb. 1 Taf. 1 (C. Ankel, W. Meier-Arendt).

nicht verfolgen können. Die Verbreitungskarte ist zu sehen wie die Projektion einer Wolke auf die Erde: Veränderungen in der Höhe (Zeit) sind nicht erkennbar, solche im Raum nur, wenn es uns gelingt, jedem Fundort einen genaueren Platz in der Dauer der LBK zu geben.

Es würde in diesem Zusammenhang zu weit führen, wollten wir die Veränderungen innerhalb der LBK hier verfolgen. Es gibt weiterführende Ansätze, aus der stilistischen Veränderung der Keramikverzierung Schlüsse auf die Zeitstellung zu ziehen[15]; was wir davon in unserem Zusammenhang brauchen, soll später erörtert werden. Vorerst wäre noch die Frage nach der Entstehung der LBK zu stellen.

Es ist ausgeschlossen, daß alle Kulturmerkmale in Mitteleuropa entwickelt werden konnten, zumindest das Getreide mußte von außen übernommen (oder mitgebracht?) werden. Denn Wildformen für Emmer und Gerste kamen in Europa nicht vor, konnten also auch nicht unabhängig kultiviert werden. Andererseits muß sich die LBK in der beschriebenen Form innerhalb des Verbreitungsgebietes formiert haben. Sie kann nicht „fertig" von außen gekommen sein, weil es sie außerhalb nicht gibt. Das klingt banal, muß aber ausgesprochen werden, weil Prähistoriker immer wieder Kulturen einwandern lassen. Unsere Arbeitsweise läßt gerade die Aussage, eine Kultur sei eingewandert, von anderswoher gekommen, nicht zu. Denn wenn wir — wie hier für die LBK — auf einer Verbreitungskarte die Fundpunkte aller Merkmale eintragen, dann ergibt sich daraus eben die Verbreitung der definierenden Merkmalkombination; außerhalb des Gebietes kann es sie nicht geben, denn mit jedem Neufund wird auch das Gebiet neu bestimmt.

Die Konsequenzen dieser Feststellung sind wichtig: Ich darf zwar Einzelmerkmale als von außen gekommen erklären (Einfluß, Import mit und ohne Zuwanderung), aber der Merkmalkomplex, der sich als Ergebnis von Gesellschaftswirkung, unterscheidbar von anderen, gebildet hat, muß innerhalb des Verbreitungsgebietes zustande gekommen sein. Ob im ganzen Gebiet oder in einem Teilraum, bleibt offen. Quitta und Sielmann haben sich mit der Frage befaßt[16]; beide kommen zu dem Schluß, daß die Körös-Starčevo-Kultur viele Einzelmerkmale beigesteuert hat, daß die LBK-Kultur sich aber erst nordwestlich von deren Verbreitungsgebiet gebildet haben kann. Daß das im angrenzenden westslowakisch-westungarischen Raum geschah, ist Schätzung auf-

---

15 W. Meier-Arendt, Die bandkeramische Kultur im Untermaingebiet (1966) 57 ff.; M. Dohrn-Ihmig, Untersuchungen zur Bandkeramik im Rheinland (1974) 125 ff.

16 Vgl. Anm. 13. 1 ff.; H. Schwabedissen (Hrg.) Fundamenta A 3 Va (1972) 51 ff. (B. Sielmann).

grund der Vorstellung, daß aus Nachbarschaftskontakt und Assimilation einheimischer Jäger-Sammler der Prozeß begann. Wenn wir aber Auswanderung einer „Aussiedlergruppe“ aus dem Körös-Bereich annehmen, kann der Assimilationsprozeß auch in weiter entfernten Räumen begonnen haben.

In diesem Falle wäre das mitgebrachte Kulturgut der „Aussiedlergruppe“ quantitativ so gering gewesen, daß es für den Archäologen praktisch unauffindbar bleibt. Schon nach wenigen Generationen hätte eine Eigenständigkeit Platz gegriffen, deren Produkte als unabhängige Kultur beschreibbar wurden. Nach unserer oben geäußerten Meinung vom Stellenwert der Ornamentik wäre der Vorgang jedoch nicht ganz verständlich. Zwar gibt es die Spirale in der Starčevo-Keramik, aber die gesamte Musterauffassung ist so verschieden, daß das Trennende stärker ins Auge fällt als Verbindendes. Nicht auszuschließen ist allerdings, daß Aussiedler, die unter geänderten Bedingungen ihr neues System entwickelten, auf Unterscheidbarkeit Wert legten und eine eigene Ornamentik schufen. Denkbar wäre aber auch ein Assimilierungsprozeß dergestalt, daß die eigentlichen Träger der späteren LBK assimilierte Jäger-Sammler waren, die ihre Ornamenttradition einbrachten und auf Keramik übertrugen, vielleicht auch Erfahrung im Holzbau beisteuerten, wie die Körös-Leute Getreide, Sichel, Keramik.

Dem scheint zu widersprechen, daß die Bandkeramiker anthropologisch als grazil-mediterran beschrieben werden[17], also einer Rasse angehören, die zumindest bisher aus dem voraufgehenden Mesolithikum nicht nachgewiesen ist. Das spricht für Einwanderer. Aber kennen wir denn die gesamte LBK-Bevölkerung? Könnte es sich bei den im Friedhof Bestatteten etwa nur um die Einwanderer und deren Nachkommen, eine Art Oberschicht handeln? Übte die Masse der assimilierten Jäger-Sammler eine Bestattungssitte, deren Nachweis dem Archäologen nicht möglich ist? Rührt daher die verhältnismäßig geringe Zahl von Gräbern und ihr Überwiegen in der typologischen Anfangsphase der LBK[18]?

Wie dem auch sei, die Verbreitungskarte dieser Kultur muß auch den gesamten Ausbreitungsvorgang mitenthalten, sie muß daher auch Aktion widergeben, wo wir nur Zustand sehen. Es ist die Karte einer Kultur, in der die Wechselbeziehungen der Merkmale — aus archäologischer Sicht — optimal gegeben ist. Sie eignet sich daher auch gut, nun das Problem der „Kulturgrenze“ anzugehen.

---

[17] 33. Bericht der Römisch-Germanischen Kommission 1943 - 1950 (1951) 2 ff. (K. Gerhardt).

[18] Germania 51, 1953, 398 (E. Sangmeister).

Es ist wohl angebracht, gleich darauf hinzuweisen, daß das Wort „Grenze“ hier in unzulässiger Weise verwendet wird. Alles bisher Gesagte sollte deutlich gemacht haben, daß wir es nicht mit Grenzen im historischen Sinne zu tun haben. Es kann sich in keinem Fall um in irgendeiner Form rechtlich oder vertraglich festgelegte Linien handeln. Was wir mit „Kulturgrenzen“ allein meinen können, sind Linien, die sich aus der Verbindung extrem liegender Verbreitungspunkte gewinnen lassen. Am besten sollte das Wort „Grenze“ überhaupt vermieden werden. Wir könnten von Verbreitungsräumen sprechen, innerhalb derer Verdichtungszentren und Bereiche dünnerer Streuung zu unterscheiden wären. Selbst auf Versuche, Grenzlinien zu finden, sollte man ganz verzichten, da sie den Blick für die urgeschichtlichen Gegebenheiten verstellen könnten.

Das gilt verstärkt für jene Verbreitungsbilder, die nicht an einem so kompletten Beispiel wie dem der LBK gewonnen wurden. Und selbst für diese gilt es: Denn wenn wir jedes einzelne Merkmal der als „Kultur“ gedeuteten Merkmalkombination kartieren, ergibt sich für jedes Merkmal ein anderer Linienverlauf bei Verbindung extrem liegender Verbreitungspunkte. Zwar werden — wie bei der LBK — die meisten Linien um einen Mittelwert oszillieren, aber sie werden damit doch erst den Raum verdünnter Fundpunkte umschreiben und eben das Ausfransen des Verbreitungsbildes deutlich machen.

Selbst wo wir sagen können, daß nicht Forschungsstand oder ähnliche sekundär hinzutretende Auswahlkriterien das Kartenbild mitbestimmen, wo wir also annehmen dürfen, das Bild der ehemaligen Kultur getreu gespiegelt zu finden, dürfen wir kaum etwas anderes erwarten als solche Oszillationsstreifen. Dazu sei etwa an die Karten des Deutschen Sprachatlas erinnert, die das gleiche Phänomen zeigen, z. B. bei der Abtrennung des Niederdeutschen, kartiert nach repräsentativen Wörtern. Auch dort geht es ja um kartographisches Festhalten kultureller Erscheinungen, für die es keine vertragliche Abgrenzung gibt.

Für die urgeschichtliche Archäologie ist es noch aus einem anderen Grunde bedeutsam, dieses „offene“ Bild von Kulturverbreitung vorzuziehen. Es macht deutlich, daß die kartierten Merkmalkombinationen innerhalb des Verbreitungsgebietes nicht allein vertreten zu sein brauchen. In Lücken im Verbreitungsbild können andere gleichzeitige Erscheinungen eingelagert sein. Das gilt um so eher, wenn es sich um Erscheinungen solcher kultureller Einheiten handelt, die miteinander nicht konkurrieren. Neben hochorganisierten Ackerbauern mit sehr spezialisierten Ansprüchen an Boden und Klima können sehr wohl in den von ihnen nicht beanspruchten Teilräumen Jäger-Sammler wohnen, sofern sie eben nicht zur Gefahr werden. Aber auch bei gleichem Wirtschaftssystem können Gruppen verschiedener Tradition durcheinander siedeln, solange das Raumangebot keinen Konflikt aufkommen läßt. Diese Möglichkeit wird bei der Interpretation urgeschichtlicher Karten immer wieder ausgeschlossen; ja aus der weitgehenden Deckung zweier Verbreitungsbilder wird auf chronologische Ungleichheit geschlossen, weil zwei Traditionen im gleichen Raum gleichzeitig nicht vorstellbar seien. Dabei bieten Ethnologie und Geschichte genügend Beispiele dafür.

Wenn wir daher im Folgenden nun Verbreitungsbilder miteinander vergleichen wollen, dann mit dem Ziel, auf eine Erscheinung aufmerksam zu machen, die bei näherer Untersuchung vielleicht ein ganz eigenes Gewicht erhalten kann. Es geht um die Beobachtung, daß sich gewisse charakteristische Verbreitungsbilder, d. h. die Lage von Verdichtungsräumen, von Verdünnungszonen mit Oszillationsbändern im Verlauf der urgeschichtlichen Entwicklung auffallend wiederholen.

Freilich können nur solche Verbreitungsbilder untereinander verglichen werden, bei denen zumindest die Forderung halbseßhafter Siedlungsweise der Kulturträger erfüllt ist. Das heißt für Mitteleuropa: Maßstab des Vergleichs sollte die vorgeführte Verbreitungskarte der LBK sein, die der ältesten mitteleuropäischen Kultur mit ortsfester Siedlung. Sie läßt nun verschiedene Verdichtungsräume erkennen, für die wir die Entstehung glaubten belegen zu können: Die strengen Auswahlkriterien begrenzten eine Ausweitung. Sielmann konnte nun wahrscheinlich machen, daß im Laufe der Entwicklung in der LBK der Siedlungsraum doch ausgeweitet wurde unter Aufgabe einzelner Auswahlkriterien bei gleichzeitiger Veränderung der Wirtschaft durch zunehmende Viehzucht und gelegentlich stärkere Einbeziehung der Jagd. Trotzdem wird — um nur den südlichen westdeutschen Raum näher zu betrachten — das Gebiet nicht auf Räume westlich der Vogesen ausgedehnt, der Hochrhein wird nach Süden kaum überschritten.

Wenn man die Veränderung der Keramikverzierung als Indiz einer Entwicklung in der Zeit nehmen kann[19], dann bilden sich in den drei wichtigsten Siedlungskammern des Südwestraumes drei gleichzeitige Lokalstile heraus im Neckarland, im Neckarmündungsgebiet beiderseits des Rheins und am südlichen Oberrhein. Die einzelnen Teilgebiete standen — ablesbar an charakteristischen Eigentümlichkeiten — weiter untereinander in Kontakt, wobei der Schwarzwald offenbar umgangen wurde. Das scheint wichtig, weil hier der Schwarzwald

[19] Vgl. Anm. 15.

— obwohl gewiß siedlungsfeindlich wie die Vogesen — hinsichtlich des Verkehrs eine andere Rolle spielte als Vogesen und Hochrhein. Innerhalb und randlich zu den Siedlungskammern blieb genügend Raum für andere Menschengruppen, die nicht in das Kultursystem LBK integriert waren. Auch südlich und westlich dürfen wir uns das Nachbargebiet nicht unbewohnt vorstellen.

Vergleichen wir dazu das Verbreitungsbild der nächsten neolithischen Kultur, der sog. „Großgartacher"[20]. Für sie gilt ähnlich: Vogesen und Hochrhein werden nicht überschritten, verstärkt belegt ist der Hegau am westlichen Bodensee. Im Norden stellt Pfalz-Rheinhessen den nördlichen Schwerpunkt im Südwesten. Aber ungleich der LBK gibt es weiter im Osten keinen Verdichtungsraum. Einzelpunkte am Westrand des Nördlinger Rieses zeigen an, daß Kontakt bestand. Weiter östlich findet sich als Nachfolger der LBK eine andere Kultur (Stichbandkeramik).

Es muß — unter Rückgriff auf das oben über Kulturräume allgemein Gesagte — betont werden, daß sich „Großgartach" nur innerhalb des Verbreitungsraumes gebildet haben kann. Wenn eine Mitwirkung von außen bestand, dann nur in der Form, daß Einzelmerkmale übernommen wurden. Der Verbreitungsraum deckt sich auffällig mit dem der drei Teilgruppen der LBK. Vor allem respektiert er die westliche und südliche „Grenze".

Die gleiche Beobachtung machen wir bei den beiden folgenden „Kulturen", der Rössener[21] und der Michelsberger[22]. Auch sie vertreten noch das Kulturstadium Neolithikum, doch dürfte sich bei ihnen der in der jüngeren LBK eingeleitete Prozeß der Wirtschaftsanpassung fortgesetzt haben: Man entwickelt eine echte Agrar-Mischwirtschaft und kann dementsprechend unterschiedlichere Böden, Gelände und Klimalagen verwerten. „Rössen" und „Michelsberg" bevorzugen nun eher auch hoch gelegene Regionen, legen geradezu „Höhensiedlungen" an. Dadurch ergeben sich gewisse Verschiebungen bei den Siedlungskammern, ihre Gesamtlage bleibt die gleiche. Wie schon bei „Großgartach" geht die geschlossene Verbreitung im Osten nicht über den Westrand des Rieses hinaus, im Westen finden sich jenseits der Vogesen nur Einzelmerkmale beider Komplexe. Nur nach Norden gibt es weitere Verdichtungsräume: Im Gegensatz zu „Großgartach", dessen

---

20 H. Schwabedissen (Hrg.) Fundamenta A 3 Va (1972) 234 Abb. 70 (K. Goller).

21 K. Goller ebd. 239 Abb. 71.

22 48. Bericht der Römisch-Germanischen Kommission 1967 (1968) 1 ff.; 107 ff. Taf. 97 - 100 (J. Lüning); differenzierter dazu etwa: 50. Bericht der Römisch-Germanischen Kommission 1969 (1971) Abb. 46 Karte 6 (J. Lüning).

nördlichster Schwerpunkt in der Wetterau lag, greifen „Rössen" und „Michelsberg" bis zur Kölner Bucht, nach Westfalen und Mitteldeutschland aus.

Interessant wird die Verbreitung im Süden: Auch „Rössen" finden wir am westlichen Bodensee verdichtet, und zu „Michelsberg" bildet sich gar eine lokale Parallelgruppe in der „Pfyner" Kultur der Ostschweiz[23]. Damit zeigt sich ein von LBK nur schwach besetztes Gebiet als dadurch charakterisiert, daß es jetzt eine Eigenständigkeit erkennen läßt: Zu den drei LBK-Teilräumen kommt ein vierter. Südwestlich davon ist nun aber die Situation anders: Die Westschweizer „Cortaillod-Kultur"[24] und Chasséen in Ostfrankreich[25] lassen sich geradezu als Kontrast zu Rössen-Michelsberg-Pfyn kartieren. Dabei ist die Gleichzeitigkeit durch Kontakt- und Austauschfunde, sowie zeitweise durch Dendrochronologie belegt[26]. Konnten wir bei der LBK noch sagen, daß neben und zwischen ihr noch Jäger-Sammler leben sollten, und daß das speziell für ganz Ostfrankreich und die Schweiz zu gelten habe, so haben wir jetzt ganz sicher das Konkurrieren mehrerer unterscheidbarer Menschengruppen mit ähnlicher Wirtschaft, aber verschiedener Tradition. Die Oszillationszonen der Karten gewinnen stärker den Wert von Grenzbereichen.

Will man den Vergleich in jüngere Zeiten weiterführen, muß man sich bewußt sein, daß es mit fortschreitender Differenzierung der Organisation auch schwieriger wird, repräsentative Erscheinungen zu kartieren. Die archäologisch auffälligen Merkmale brauchen nicht auch die wirklich relevanten zu sein. Das gilt besonders dann, wenn nicht mehr — wie bis zu diesem Punkt— Merkmale aus den verschiedensten Aktivitätsbereichen zur Verfügung stehen, sondern etwa nur noch Grabfunde; oder wenn Indizien darauf hinweisen, daß wir es bei einer Kultur gar nicht mit der Hinterlassenschaft einer seßhaften Bevölkerung, sondern mit beweglichen Spezialistengruppen zu tun haben[27].

---

[23] Vgl. Anm. 22 J. Lüning (1971) Abb. 46 Karte 6; man vgl. dazu J. Winiger, Das Fundmaterial von Thayngen-Weier im Rahmen der Pfyner Kultur (1971) 93 Abb. 7.

[24] J. Winiger Anm. 23 (1971) 117 Abb. 13 und 14; V. von Gonzenbach, Die Cortaillod-Kultur in der Schweiz (1949); W. Drack (Hrg.) Ur- und frühgeschichtliche Archäologie der Schweiz 2. Die Jüngere Steinzeit (1969) 65 Karte.

[25] G. Bailloud, P. Mieg de Boofzheim, Les civilisations néolithiques de la France (1955) 86 ff.; 109 Taf. 46; Annales Literaires de l'université de Besançon 107 (1970) 99 Abb. 50 (P. Petrequin). In Ostfrankreich scheint sich noch eine besondere Erscheinung auszubilden, die bisher nur an Steingerät zu fassen ist. Man vergleiche für unseren Zusammenhang etwa noch Karte 52 bei P. Petrequin.

[26] Anm. 23: J. Winiger (1971) 13 ff.; 19.

[27] E. Sangmeister, Sozial-ökonomische Aspekte der Glockenbecherkultur, Homo 72, 1972, 188 ff.

Kartierungen solcher „Kulturen“ brauchen kein vergleichbares Bild abzugeben. Aber man wird aufmerksam werden können, wenn z. B. „Schnurkeramik“ nur in Nordbaden-Südhessen faßbar wird, in den eigentlichen südwestdeutschen Siedlungskammern fehlt, aber südlich des Hochrheins in der Schweiz ein Verdichtungszentrum besitzt und in Ostfrankreich — gemessen am Forschungsstand — überraschend klar belegt ist[28]. Hier kann am Negativbild ein Kulturraum erkannt werden, der uns seit dem Beginn der Jungsteinzeit in erstaunlicher Ähnlichkeit mehrfach begegnete.

Es konnte herausgearbeitet werden, daß sich in den ersten 2500 Jahren bäuerlicher Kultur in Mitteleuropa für das Beispiel Südwestdeutschland zeigen läßt, wie die von der LBK gewählten Räume kontinuierlich weiterbesiedelt werden, wie sich lokale Gruppen der LBK in räumlich enger begrenzten „Kulturen“ fortsetzen und wie die begrenzenden Oszillationszonen zu anderen Kulturen immer etwa gleich verlaufen: Westrand des Rieses, Bodensee-Hochrhein, Vogesen. Nur im Norden ist eine stärkere Offenheit festzustellen, die sich in der engeren oder lockereren Zugehörigkeit des Raumes Rheinhessen-Starkenburg zum Südwesten ausdrückt.

Mit dem Beginn der „Metallzeiten“ werden von Prähistorikern Formenkreise aufgestellt, die häufig primär nur auf Bronzetypen basieren. Deutet man sie als „Kulturen“, muß noch mehr Vorsicht walten, zumal wenn sich dadurch wieder großräumige Verbreitung andeutet. Auch wenn ein Kriterium der Bestattungssitte gewählt wird, wie beim Begriff „Hügelgräberbronzezeit“ (oder „Kultur der süddeutschen Hügelgräber der Mittelbronzezeit“), ändert sich daran nichts. Das Problem bleibt, ob eine Einheit „Hügelgräber-Bronzekultur“ und etwa LBK gleichwertige Begriffe sind. Hier kann diese Frage nur gestellt, nicht beantwortet werden. Eine Betrachtung einzelner innerhalb der Hügelgräberkultur unterscheidbarer Gruppen zeigt jedoch schon, daß wieder der südwestdeutsche Raum charakteristisch gegen außen abgrenzbar ist: Im Osten scheiden sich die württembergische und die südbayerische Gruppe am Ries, südlich des Hochrheins sind Funde dieser Zeit so selten und so verschieden, daß man nicht von einer Teilprovinz der Hügelgräberkultur, sondern allenfalls von Mittelbronzezeit sprechen kann. Am südlichen Oberrhein wird die Kultur durch Neufunde zunehmend deutlicher, im Nordelsaß bildet sie im Hagenauer Forst eine eigene markante Gruppe. Westlich der Vogesen gibt es wieder wie in der Schweiz nur Einzelmerkmale; aber

---

[28] E. Sangmeister, K. Gerhardt, Schnurkeramik und Schnurkeramiker in Südwestdeutschland, Badische Fundberichte, Sonderheft 8, 1965, Karten 1 bis 10; C. Strahm, Die Gliederung der schnurkeramischen Kultur in der Schweiz (1971) Karten 1 - 3.

am nördlichen Oberhein formiert sich wieder eine klare Konzentration, die das schon mehrfach skizzierte Gebiet von der Pfalz bis zur Tauber eint[29].

Die Oszillationszonen der Kulturräume bleiben auch jetzt erhalten, obwohl das Siedlungsschwerpunktgebiet — sofern man es aus der Verteilung der Grabhügelfelder erschließen darf — sich innerhalb der Siedlungskammern stärker auf andere Teilräume verlagert hat (Alb, Hagenauer Forst, Dünengebiete).

Noch stärker verändert sich das Bild in der Zeit der sog. „Urnenfelderkultur" (UK). Diese nach dem Bestattungsbrauch benannte, extrem weiträumig verbreitete Kulturerscheinung, bei der unmittelbar vergleichbare Produkte (Töpferei, Bronzeguß u. a. m.) von Österreich bis Nordspanien, von Oberitalien bis zur Nordgrenze der deutschen Mittelgebirge vorhanden sind, kann in ihrer Ausdeutung wieder nicht mit Einheiten wie LBK oder Hügelgräberkultur gleichgesetzt werden. Im Bewußtsein dieses Unterschiedes spricht man gern von „Urnenfelderbewegung", um deutlich zu machen, daß es sich bei diesem Formenkreis um das Ergebnis eines Prozesses handeln kann, in dem religiöse, allgemeinkulturelle und evtl. politische Expansion zur Assimilation vorher differenzierter Kulturgruppen führten. Auch wenn man diese Deutung annimmt, bleibt es interessant zu fragen, wie sich die von uns betrachteten Kulturräume nun verhalten.

Leider lag das Forschungsinteresse der Spezialisten bisher vorwiegend auf der Chronologie, so daß räumliche Unterscheidungen zurücktraten. Doch zeigen die ersten Ansätze zu Gruppengliederungen eine erstaunliche Übereinstimmung mit unserem bisherigen Bild: Die „untermainisch-schwäbische" Gruppe ist klar von den bayerischen zu trennen, die Oszillationszone läuft durch das Nördlinger Ries[30]. Im Süden, am westlichen Bodensee und in der Ostschweiz, wird von einer „Übergangszone" zur „rheinisch-schweizerischen" Gruppe gesprochen. In ihr scheinen Elemente beider Lokalgruppen so gemischt, daß man an die Rolle der Pfyner Kultur gegenüber Michelsberg erinnert wird. Eine erste ausführliche Teilbearbeitung von westschweizer Fundgruppen läßt nun erkennen, daß innerhalb der „rheinisch-schweizerischen" Gruppe die UK der westlichen Seen klar von dem Rest zu

---

29 F. Holste, Die Bronzezeit in Süd- und Westdeutschland, Handbuch der Urgeschichte Deutschlands 1 (1953) Karte 3. H. Ziegert, Zur Chronologie und Gruppengliederung der westlichen Hügelgräberkultur (1963) Karten 2 - 6; man vgl. etwa C. Osterwalder, Die mittlere Bronzezeit im schweizerischen Mittelland und Jura (1971); zum Kontrast vergleiche man etwa die Karten bei G. Bailloud, La civilisation du Rhône et le bronze ancien du midi de la France, Revue archéologique de l'Est 17, 1966, 131 ff. Abb. 5 und 12.

30 W. Kimmig, Die Urnenfelderkultur in Baden (1940) Taf. 46.

unterscheiden ist. Sein Verdichtungsraum kommt damit in das Gebiet zwischen Jura, Schwarzwald und Vogesen zu liegen. Aus der gleichen Arbeit geht auch hervor, daß westlich der Vogesen die ostfranzösische UK wiederum besondere Eigenheiten besitzt[31].

Aufgrund der bisherigen Forschung scheint es also, daß sich auch unter Kultursituationen, wie der der „Urnenfelderbewegung" (was auch immer diese gewesen sein mag), wiederum die altbekannten Teilgebiete herausschälen lassen, die zusammen als südwestdeutscher Raum gesehen wurden, obwohl es zwischen den vier Teilbereichen noch genügend Differenzierungen gibt.

Es würde zu weit führen, die Frage bis an die Grenze der historischen Zeit weiter zu verfolgen. Nur auf die „Hallstattkultur" soll noch kurz eingegangen werden. Zwischen 8. und 5. Jh. v. Chr. entwickelt sich in Süddeutschland die sog. „Westhallstattkultur", die dadurch so wichtig wurde, daß man sie mit guten Gründen in Verbindung mit den Kelten bringen konnte. Hier kann man mit einigen repräsentativen Verbreitungskarten, etwa der des „Hallstattschwertes", ein Gebiet umreißen, das von Burgund im Westen bis Böhmen im Osten, vom Alpenrand bis zum Thüringer Wald reicht[32]. Kartiert man dagegen irgendwelche anderen Erscheinungen (Keramik, Schmuckformen, Bestattungseigentümlichkeiten), so spaltet sich der Raum wieder in Provinzen auf. Es wird uns nicht überraschen, daß etwa die Verbreitung der „Alb-Hegau-Keramik" wieder nur das Gebiet deckt, das wir schon immer sahen: Sie überschreitet südlich den Hochrhein kaum, im Westen nicht die Vogesen, im Osten allerdings reicht sie etwas weiter, doch fehlt sie ganz in Nordbayern und erscheint in Südbayern nur stark abgewandelt[33]. Im Norden wird sie etwa an der Linie Heilbronn-Karlsruhe von Erscheinungen abgelöst, die zur „Koberstadter Gruppe" Südhessens überleiten[34].

Galt diese Aussage für die frühe Hallstattkultur im Westen, so wird die spätere geradezu dadurch gekennzeichnet, daß Südwestdeutschland, Schweiz und Ostfrankreich zu einer Einheit zusammenfaßbar

---

31 V. Rychner, Neuchâtel, bereitet eine Thèse über die Urnenfelderkultur am Neuenburger See vor, der ich meine Angaben entnehme. Eine Vorstellung von der Sonderstellung der Schweiz auch in dieser Zeit kann man schon aus einigen Detailkarten gewinnen: U. Ruoff, Zur Frage der Kontinuität zwischen Bronze- und Eisenzeit in der Schweiz (1974) 104 Abb. 25 unten; Karte 2 und 3.

32 A. Rieth, Die Eisentechnik der Hallstattzeit (1942), Fundkarte der Schwerter.

33 J. Keller, Die Alb-Hegau-Keramik der älteren Eisenzeit (1939) 66 Abb. 14 (Karte heute dichter, besonders am südlichen Oberrhein).

34 K. Dielmann, Zur Frage der „Koberstadter Kultur", unveröffentlichte Dissertation Marburg, Karten 1 und 2.

wird, weil sich nur dort eine sozial abgehobene Schicht durch die Sitte des „Fürstengrabes“ überdeutlich manifestiert. Was besagt diese Kultureinheit? Ist es nur eine solche einer Oberschicht, die dann mit der Zeit zwar auf niedrigere Ränge übergeht, aber eben doch ursprünglich getrennte Gesellschaften nur überfärbt? Der Vergleich einiger Karten zur späten Hallstattkultur Ostfrankreichs[35], der Schweiz und Südwestdeutschlands[36] kann zeigen, daß hier bei allem intensiven Kontakt die alten „Grenzen“ erkennbar bleiben: Westlich der Vogesen und südlich der den Hochrhein begleitenden Höhenzüge sieht die Hallstatt-Tracht, repräsentiert durch charakteristische Schmuckelemente, anders aus als am Oberrhein, im Bodenseeraum, auf der Alb und im Neckarland. Und die Tracht des Südwestraumes sticht wieder deutlich ab von der Nord- und Südbayerns.

Der Forschungsstand bringt es mit sich, daß all diese Beobachtungen erst vorläufigen Wert haben. Doch wenn man erst einmal aufmerksam geworden ist, kann man den Fragen weiter nachgehen, auch für spätere Zeiten. Als eine erste Aussage bleibt wohl schon jetzt: Gewisse Teilräume Süddeutschlands zeigen — für uns verfolgbar seit der ersten teilseßhaften Besiedlung durch die LBK — eine erstaunliche Tendenz zu einer je unterschiedlich stark ausgeprägten Eigenständigkeit innerhalb übergreifender Kulturerscheinungen. Auch wenn wir von „Grenzen“ im historischen Sinne nicht sprechen können, ergaben sich doch „Grenzzonen“, innerhalb derer Merkmale eines Komplexes ausdünnen, die des Nachbarkomplexes aufzutreten beginnen. Diese Tendenzen spiegeln zugleich eine erstaunliche Kontinuität, die die Frage nach dem „Warum“ geradezu aufdrängt. Es wäre naheliegend, dem geographischen Raum eine bedeutende Rolle zuzuschreiben. Aber warum wird z. B. der Schwarzwald am Hochrhein und durch den Kraichgau umgangen, so daß am Oberhein und im Neckarland immer wieder vergleichbare Erscheinungen auftreten. Und warum geschieht das gleiche nicht bei den Vogesen, wo Sundgau und burgundische Pforte im Süden, Zaberner Senke im Norden gleiche Möglichkeiten boten? Und warum bieten die Höhen südlich des Hochrheins solch eine Grenze?

Eher könnten wir an Gunst oder Ungunst von geographischen Bedingungen für die jeweilige Wirtschaft denken. Aber warum behalten

---

[35] G. Wamser, Die Hallstattkultur in Ostfrankreich, 56. Bericht der Römisch-Germanischen Kommission 1975 (1976) Beilage 7 - 10, 15.

[36] W. Drack (Hrg.) Ur- und frühgeschichtliche Archäologie der Schweiz 4 (1974) Karten neben Seiten 14 und 16; J. Bergmann, Entwicklung und Verbreitung der Paukenfibel, Jahrbuch des Römisch-Germanischen Zentralmuseums Mainz, 5, 1958, Karten 1 - 14 (S. 17 ff.); G. Mansfeld, Späthallstattzeitliche Kleinfunde von Indelhausen, Fundberichte aus Schwaben NF 19, 1971, 89 ff. Abb. 3 - 5; G. Kossack, Südbayern während der Hallstattzeit (1959) Taf. 152 - 156.

die Grenzzonen dann auch bei offensichtlich verlagertem Wirtschaftsschwergewicht ihre Lage bei? So etwa bei offenbar stärkerem Anteil der Viehzucht in Endneolithikum und Mittelbronzezeit? Hier verlagern sich kleinräumig die Verdichtungsräume, nicht aber die Lage der Grenzzonen. Auch als in der Zeit der Hallstattkultur Abbau von Bohnerz (Jura, Alb) und Brauneisen (Oberrhein) beginnt und damit Wirtschaftszentren verlagert werden, bleiben die Grenzzonen.

Die Frage nach dem „Warum" kann noch nicht beantwortet werden, aber man darf die Antwort wohl doch stärker in der Bevölkerungskontinuität, in der traditionsbildenden Kraft kleinerer, überschaubarer Kommunikationsräume suchen. Dabei fällt vor allem auf, daß jene Räume, die von der LBK aus offenbar wirtschaftsbezogenen Gründen gemieden wurden (Schweiz, Ostfrankreich), auch nachher stärker geschieden blieben. Das könnte seinen Grund darin haben, daß sie zuerst von solchen Bauern besiedelt wurden (Chasséen, Cortaillod), deren Kulturverbindungen zum westlichen Mittelmeer und nicht wie jene der LBK zum Balkan laufen. Man gewinnt den Eindruck, als ob diese erste Raumaufteilung die Lage der Grenzzonen durch die gesamte urgeschichtliche Zeit hindurch geprägt habe. Und wenn man etwa gegenwärtige Sprach- und Dialektgrenzen ins Auge faßt, möchte man vermuten, die Tendenzen wirkten bis heute fort. Und so mag man abschließend fragen: Wie stark müssen historische Ereignisse sein, um diese „Kulturgrenzen" ganz unwirksam zu machen? Oder: Wie lange braucht es, bis zeitweise überdeckte „Grenzen" wieder sichtbar werden?

GESCHICHTE UND POLITIK IM ALTERTUM*

Von Hermann Strasburger

Die Intensität der Empfindung, die wir mit einem derzeitigen Modewort „Geschichtsbewußtsein" nennen, ist an sich, wie man gerade an der Antike gut studieren kann, vom Ausmaß historischer Kenntnisse unabhängig. Schon die homerischen Epen zeigen in der Behandlung ihrer fiktiven Stoffe ein tiefräumiges Bewußtsein von Vergangenheit, Gegenwart und Zukunft, ja auch von Kulturstufen an, welches die Dichter des als Geschichte verstandenen Mythos offenkundig auch bei ihren Hörern voraussetzen durften. Die Unechtheit dieser Erzählungen im Sinne jetziger kritischer Wissenschaft ist denn auch kein Grund gegen ihren starken Einfluß auf reales Handeln in späterer Wirklichkeit, da die antike Menschheit — mit verschwindend seltenen Ausnahmen — zwischen Mythos und Geschichte nicht zu unterscheiden wußte, das heißt, die Götter- und Heldensagen einfach für ihre älteste Geschichte hielt. Wir haben noch viele Beispiele dafür, daß Griechen oder Römer in Entscheidungssituationen, auch echt politischen, sich an homerischen Leitbildern orientierten. Die homerischen Epen sind auch diejenigen „Geschichtsbücher", die in der gesamten Antike weitaus am meisten und besten bekannt waren, auch in den niedrigeren Bildungsschichten. Für Griechen wie auch Römer waren sie der Grundstoff des Schulunterrichts. Hingegen war „Geschichte" in der antiken Schule niemals ein eigener Lehrgegenstand. Die Lektüre von Historikertexten, z. B. Thukydides oder Livius, diente der Stilkunde und literarischen Kompositionstechnik, die Kenntnisnahme von ihren Inhalten der Ansammlung eines Beispielschatzes für Verhalten in den verschiedensten Lebenslagen, besonders als Argumentationsmaterial für den Redner vor Gericht und in politischen Diskussionen[1]. Natürlich hat sich dabei kein Praktiker je um Nachprüfung der Historizität eines ihm gelegen kommenden geschichtlichen Beispiels bemüht. Unbekümmert oder gar skrupellos holte ein jeder aus seinem mehr oder weniger gut gefüllten Schulsack einen geeigneten Vergleichsfall hervor.

---

* Beitrag zu einer Ringvorlesung „Geschichte und Zukunft" an der Universität Tübingen am 12. Mai 1977.

[1] Zur diesbezüglichen rhetorischen Theorie des Aristoteles: R. Zoepffel, Historia und Geschichte bei Aristoteles, 1975, 21 f. m. Anm. 70.

Im Ganzen tat somit das Unterrichtswesen wenig dafür, daß schon frühzeitig in jungen Menschen der Sinn dafür geweckt wurde, welchen Nutzen sie für ihre sittliche und politische Bildung gerade aus dem gründlichen Studium größerer geschichtlicher Zusammenhänge ziehen konnten: ein um so schlechterer Dank der antiken Menschheit an ihre zahlreichen und vielfach vorzüglichen Geschichtsschreiber, als deren meiste, und die allerbesten auf jeden Fall, in eben dieser hohen erzieherischen Aufgabe: der Belehrung der Menschheit aus der Geschichte, Sinn und Rechtfertigung ihrer Lebensarbeit gesehen hatten. Die sozusagen zweckfreie Historie: die antiquarische Sammlung und Bewahrung alles noch ermittelbaren geschichtlichen Details hat es als Gelehrtenaufgabe im Altertum neben der eigentlichen Geschichtsschreibung ebenfalls reichlich gegeben, aber das Erkenntnisinteresse der großen Geschichtsschreibung war wohl nur selten frei von dieser erzieherischen Nebenabsicht. Mag auch das Motto: „historia magistra vitae", das, wie Polybios versichert, über so ziemlich jedem Geschichtswerk stand, bei nicht wenigen Autoren zum rhetorischen Gemeinplatz oder zur buchhändlerischen Reklame abgesunken sein, mögen die einen Darsteller den Sinn ihrer Lehre mehr politologisch, die anderen mehr moralisch verstanden haben[2] —, es muß diesem unverdrossenen Angebot doch auch irgendeine Aufnahmebereitschaft entsprochen haben[3]. Mehrheitlich aber neigte die Nutzanwendung historischer Kenntnisse zur punktuellen Bezugnahme, und diesem Bedürfnis wurde durch thematisch geordnete Excerpte aus den Geschichtswerken Rechnung getragen. Proben hierfür sind die uns noch erhaltene „Sammlung denkwürdiger Taten und Aussprüche" des Valerius Maximus, diese nach ethischen Kategorien geordnet, und die Zusammenstellungen von Kriegslisten in den „Strategemata" von Frontin und Polyän. Es versteht sich leicht, wie sehr diese nützliche Literatur zur Verkümmerung des echten Geschichtsverständnisses beitrug.

Von vornherein besteht zwischen Altertum und Neuzeit, was unser Thema angeht, der tiefgehende Unterschied darin, daß der Kreis derer, die über so etwas wie eine historische Bildung verfügten, in der Antike immer ungleich kleiner gewesen ist. Nicht einmal die mutwillige Mißachtung der geschichtlichen Unterrichtung, zu welcher unsere Zeit es gebracht hat, kann zu dem Grad von Seltenheit bewußter politologischer Auseinandersetzung mit den Lehren der Geschichte zurückführen, den wir für das Altertum als Regel anzusehen haben. Das kontrastiert eigentümlich — und ist doch kein logischer Widerspruch — zu der intensiven Gefühlsbindung des antiken Menschen — hier darf man wirk-

---

[2] s. z. B. Thuk. 1,22,4. Polyb. 1,1. 3,31f. Diod. 1,1-4. Sall. Iug. 4,1. Liv. praef. 10. Tac. Ann. 3,65,1.

[3] Vgl. Cic. ad Q. fr. 2,12(11),4. Plut. Brut. 4,8.

lich, auch sozial verallgemeinern — an die Vergangenheit als den Lebensraum seiner Vorfahren. Nie und nirgends im Altertum hat die Freude am zivilisatorischen Fortschritt — der sehr wohl als ein natürlicher Entwicklungsgang bemerkt und beschrieben und als Erleichterung des Lebens auch gern in Anspruch genommen wurde — die gültige Wertformel: alt = gut, neu = der Minderwertigkeit verdächtig, entkräften können. Allgemein ist akzeptiert, daß die Älteren es besser wissen als die Jüngeren und daß Sitte und Weisheit der Vorfahren in allen Zweifelsfällen den Weg zum rechten Handeln zeigen.

„Dies sind die Grundsätze, die uns unsere Väter überliefert haben und die uns selbst immer Nutzen gebracht haben", — läßt Thukydides (1,85,1) den Spartanerkönig Archidamos sagen —, „laßt uns sie nicht preisgeben und uns nicht drängen lassen, im Bruchteil eines Tages über viele Menschenleben, materielle Güter, Städte, Ansehen Beschluß zu fassen, sondern dieses in ruhigem Bedacht tun". Oder, als nur noch ein weiteres Beispiel von zahllosen, den Bescheid der römischen Censoren des Jahres 92 v. Chr. über einen neuen Schultyp: „Unsere Vorfahren haben festgesetzt, was sie ihre Kinder lernen lassen und in welche Schulen sie sie gehen lassen wollten. Diese Neuheiten, die gegen Gewohnheit und Sitte der Vorfahren gehen, mißfallen uns und dünken uns nicht recht. Schulleitern, Eltern und Schülern sei deshalb unsere verbindliche Meinung kundgetan, es mißfalle uns[4]."

Die Ideale liegen in der Vergangenheit. Als Beginn der Geschichte ist gedacht das „Goldene Zeitalter" — vorgestellt als das „einfache ländliche Leben" im kleinbäuerlichen Familienverband —, als ihr Ende die glückliche Heimkehr in eben diesen Zustand erhofft. Als hierauf folgende älteste Phase ihres politischen Lebens haben sich Griechen wie Römer ein heroisches Zeitalter erfunden, in welchem die Menschen Mühe und Plage, Kampf und Not hatten, aber rechtschaffen waren, aufrichtig und sittenstreng, vor allem tapfer und opferfreudig für das Gemeinwohl.

Das Einsetzen wissenschaftlicher Geschichtsschreibung — bei den Griechen nach 500 v. Chr., bei den Römern um 200 v. Chr. — kann nicht anders als solche Truggespinste zerstören, dies aber sozusagen nicht mit rückwirkender Kraft —: die Ehrwürdigkeit des Alten bleibt von der Entzauberung unberührt, bleibt Autorität und Leitbild. Selbst noch ein Autor der frühen Principatszeit, Velleius Paterculus, kann auf die Idee verfallen, die Gründung überseeischer römischer Kolonien, eines der wichtigsten Mittel der Reichsbildung und Herrschaftsbehauptung, mit Berufung auf die Weisheit der Vorfahren für eine äußerst

[4] Suet. De gramm. et rhet. 25.

verderbliche Neuerung der Zeit seit C. Gracchus zu erklären[5]. Die größte, zugleich bedachteste und verhältnismäßig durchgreifendste politische Reform, die des Augustus, versteht sich oder maskiert sich folgerichtig als eine Rückkehr zur besseren, lediglich zeitweise unterbrochenen alten Lebensform. Selbst Caesar hatte den Römern nicht Fortschritt verheißen, sondern die Rückgewinnung ihrer Freiheit, deren sie durch oligarchische Bedrückung zeitweise beraubt gewesen seien, und die Wiederherstellung der Achtung vor Sitte und Gesetz der Vorfahren[6].

Geschichtliche Argumente scheinen in der Antike deshalb auch zumeist wirkungsvolle politische Argumente gewesen zu sein. Gebietsstreitigkeiten zwischen griechischen Städten wurden vor einem neutralen Schiedsgericht, unter Umständen mit Hilfe von Geschichtsbüchern ausgetragen[7]. Es wirkte wahrscheinlich auch weder abgeschmackt noch gar lächerlich, wenn vor der Schlacht bei Plataä im Jahr 479 v. Chr. Tegeaten und Athener sich um den Platz am linken Flügel der griechischen Schlachtordnung stritten: beiderseits mit der Aufzählung besonderer einstiger Verdienste um Hellas, fast alle übrigens aus rein mythischer Zeit[8]. Oder wenn Caesar angab, mit dem helvetischen Volksstamm der Tiguriner dafür abgerechnet zu haben, daß sie fünfzig Jahre zuvor ein römisches Heer vernichtet und dabei auch den Großvater seines Schwiegervaters getötet hatten[9].

Hinter dem schon beinahe zwanghaften Respekt vor aller Vergangenheit im Allgemeinen bleibt die Gewissenhaftigkeit der Kenntnisnahme von ihr bei den politischen Akteuren weit zurück, auch wenn sie sich zu Entschlüssen von großer Tragweite durch das geschichtliche Beispiel bestimmen lassen. Der weltgeschichtlich bedeutendste Fall in dieser Hinsicht ist Alexander der Große, bei dem sich unbekümmerte Phantasterei in den großen Zielsetzungen und realistische Nüchternheit im Detail der Ausführung mischen. Sein vom Vater Philipp ererbter Plan, Persien anzugreifen, steht wenigstens noch in einer ernsthaften quasi militärwissenschaftlichen Tradition. Es war „der Zug der Zehntausend" im Jahre 401, bzw. seine Beschreibung in Xenophons Anabasis, aus welcher griechische und makedonische Staatslenker gelernt hatten, daß der hundert Jahre vorher noch als absurd verworfene Gedanke, die persische Riesenmacht zu besiegen, ausführbar sei[10]. Auch konnte hier echte Geschichte noch als überzeugender Rechtsgrund herhalten, wenn

---

5 Vell. Pat. 2,7,7. Vgl. 1,14f. F. Vittinghoff, Röm. Kolonisation und Bürgerrechtspolitik unter Caesar u. Augustus, 1952, 95.

6 Bell. Civ. 1,5-7; 22.

7 F. Jacoby, FGrHist Nr. 491 F 1.

8 Herodot. 9,26f.

9 Bell. Gall. 1,12,6.

10 Herodot. 5,49ff. Plut. Ages. 9. Polyb. 3,6.

Alexander seinen Eroberungszug als Rachekrieg für die hundertfünfzig Jahre zuvor von Xerxes zerstörten griechischen Tempel ausgab. Der Schwung, mit dem Alexander und der makedonische Adel um ihn an die Ausführung gingen, stammt aber, wie aus ernsthafter Überlieferung gut belegbar, nicht unwesentlich aus ihrer gemeinsamen Begeisterung für homerisches Heldentum; Achilleus war es, den Alexander selbst sich zum Leitbild erkoren hatte[11]. Er machte sich nicht einmal die Mühe, die seriöse Information Herodots über die Ostländer und Ägypten — die seinem Lehrer Aristoteles wohlbekannt war — zu konsultieren[12]; stattdessen glaubte er an die Sagen von Zügen der Heroen Perseus und Herakles zum Ammonsorakel in der libyschen Wüste, des Gottes Dionysos nach Indien und an die Fabeleien eines königlich-persischen Hofarztes, des Griechen Ktesias, über die angeblichen Expeditionen der Semiramis zum Ammon, nach Indien und durch das mörderische Klima der Wüste Gedrosiens (Belutschistan) und machte Wirklichkeit aus ihnen[13]. Andererseits ließ er sich das Geschichtswerk des Syrakusaners Philistos nach dem Osten nachsenden[14], doch wohl um bei diesem Gefolgsmann zweier Tyrannen und Verehrer des Thukydides die nüchternen Rezepte der Gewaltherrschaft zu studieren. Mannigfaltig und geschichtlich vielfach von großer realer Tragweite war die Nachahmung, zu der Alexanders leuchtende Eroberergestalt zahlreiche griechische und römische Feldherren und Staatslenker herausgefordert hat[15].

Es sind hier bereits Beispiele zur Sprache gekommen, wie Geschichte im Altertum verschiedene Funktionen erfüllen konnte: als Argument, als Vorbild, als Lehre oder als verpflichtendes Vermächtnis. Als letzteres konnte sie auch zum Verhängnis werden; wir lesen bei Thukydides (5,112), wie die Einwohner der kleinen Inselstadt Melos ihre Treue zu den Idealen einer siebenhundert Jahre in Freiheit verbrachten Vergangenheit mit ihrem aussichtslosen Endkampf gegen die übermächtigen athenischen Belagerer besiegeln; bei Plutarch, wie die Xanthier in Lykien bei der Eroberung ihrer Stadt durch M. Brutus im Jahr 42 v. Chr. allen flehentlichen Beschwörungen des Siegers zum Trotz mitsamt Weibern und Kindern den Tod in ihrer brennenden Stadt suchen. „So fügten sich“, heißt es da, „die Xanthier nach einem langen Zeitraum in eine gleichsam über sie verhängte Wiederkehr der Vernichtung und riefen mit ihrem wilden Mut die Erinnerung an das

[11] Homer und die Geschichtsschreibung, 1972, 41 f.

[12] Belege in meiner Besprechung von H. U. Instinsky, Alexander der Große am Hellespont, in Gnomon 23, 1951, 83 ff.

[13] F. Jacoby, RE s. v. „Ktesias“, 2054 u. 2070.

[14] Plut. Alex. 8,3 = Jacoby, FGrHist Nr. 556 T 22.

[15] s. jetzt insbesondere die eindringende und ertragreiche Untersuchung von O. Weippert, Alexander-imitatio und römische Politik in republikanischer Zeit, Diss. Würzburg, Augsburg 1972.

Schicksal ihrer Vorfahren wieder herauf. Denn auch diese hatten einst in der Perserzeit auf die gleiche Weise ihre Stadt angezündet und sich selbst den Tod gegeben[16]."

Weitere Einzelgeschichten zum Thema, die sich in großer Zahl aneinanderreihen ließen, will ich nicht häufen. Es scheint mir instruktiver, einen geschlossenen Komplex echt politischer Geschichte, in welchen die Gunst der Quellen uns tiefere Einblicke ermöglicht, etwas genauer zu betrachten, und ich wähle dazu die Endphase der römischen Republik im Kampf mit Caesar aus.

Hier spielen Lehren der Geschichte, echte und vermeintliche, in mannigfach interessanter Weise in die politischen Entscheidungen ein. Die Animosität auf beiden Seiten, die eine friedliche Verständigung schließlich illusorisch macht und zum offenen Bürgerkrieg führt, wird vor allem durch das Mißtrauen genährt, es gehe den Protagonisten, Caesar und Pompeius, in Wirklichkeit gar nicht um eine politische Lösung des Konfliktes, sondern beiden um ihre persönliche Machtergreifung. So steht für die politisch mitdenkenden Zeitgenossen im Hintergrund immer das Schreckgespenst eines regnum: der Königsherrschaft, nach damaligen Gefühlen offenbar das Schlimmste, was über Rom kommen konnte, obwohl der Gedanke, daß nur die starke Hand eines einzelnen das zerrüttete politische Leben aus der Krise herausführen könne, gerade in den unmittelbar dem Bürgerkrieg vorausgehenden Jahren stark an Boden gewonnen hatte und Pompeius als für diese Rolle am ehesten geeignet häufig genannt worden war[17].

Der emotionale Widerstand gegen diese Idee, der nach der Eröffnung des Bürgerkrieges zu Anfang des Jahres 49 v. Chr. hysterisches Ausmaß angenommen zu haben scheint, entstammte den angeblich schlechten und in diesem Sinne ein für alle Male gültigen Erfahrungen, die Rom in seinen Anfängen mit der Königsherrschaft gemacht habe. Bei aller Würdigung der republikanischen Freiheitsliebe bleibt die Beharrlichkeit dieser vorgeblichen Abneigung uns insofern unverständlich, als ja die legendäre Ausgestaltung der ältesten römischen Geschichte während des Gesamtverlaufes der Republik nur ständig bestrebt gewesen war, den ersten sechs der sagenhaften sieben Könige die Begründung der Mehrzahl der staatlichen Einrichtungen anzudichten, die zu allen Zeiten den Stolz der Römer ausmachten[18]. Negativ aufgeladen wurden die Vokabeln rex, regnum, regnare wahrscheinlich erst in der politischen

---

16 Übers. v. K. Ziegler: Plut. Brut. 30f. Appian. Bell. Civ. 4,76,321-82,338. Herodot. 1,176.

17 Cic. ad Q. fr. 3,6(8),4-6. 3,7(9),3. Plut. Pomp. 54,5-9. Appian. Bell. Civ. 2,20,72; 25,95. Cass. Dio 40,45,5. Quint. Inst. Or. 9,3,95.

18 Liv. 2,1,2f.

Polemik der ausgehenden Republik und vielleicht erstmals gegen Ti. Gracchus ausgespielt; hier begegneten auch schon die diskriminierenden Vergleiche mit den berüchtigtsten griechischen Tyrannen, wie denn die griechische Tyrannis-Theorie noch in den Kontroversen um Caesars Ermordung eine wichtige Rolle gespielt hat[19].

Was aber den vagen Ängsten vor einem möglichen Ende der republikanischen Verfassung wesentlich konkretere Nahrung gegeben hat als die grauen Gespenster sagenhafter Könige und Tyrannen[20], das war zweifellos die von den Älteren noch voll miterlebte und -erlittene Geschichte der furchtbaren Bürgerkämpfe der sullanischen Zeit (88 - 81 v. Chr.). In Ciceros aus der Zeit des caesarischen Bürgerkrieges besonders umfänglich erhaltenem Briefwechsel, aber auch in den historisch erzählenden Quellen können wir noch gut erkennen, wie inständig die um die Klärung ihrer eigenen Parteinahme bemühten Häupter des politischen Lebens nun die Geschichte der letzten Jahrzehnte um ein Orakel befragten. Natürlich wurden dabei auch die Erinnerungen an früheres Verhalten von Pompeius und Caesar selbst immer wieder sorgfältig durchmustert und interpretiert — insbesondere Caesars Consulat im Jahre 59 wirkte sich jetzt aufs Neue ungünstig auf die Prognosen über sein Verhalten nach einem etwaigen Siege aus[21] —, aber eine besondere historische Chiffre in dieser Diskussion war der Name *Sulla.* Er hatte den damaligen Bürgerkrieg durch die Proskriptionen in Strömen von Blut erstickt, als Dictator die Staatsordnung selbstherrlich reformiert, dann allerdings durch freiwilligen Rücktritt die Republik wiederhergestellt. Was war demgegenüber jetzt von den Oberhäuptern der beiden Kriegsparteien zu erwarten? Inwieweit war Sullas Verhalten im Allgemeinen oder im einzelnen für jeden von ihnen Leitbild oder Schreckbild? Das waren nicht nur theoretische Fragen an die Geschichte, es waren Fragen an Pompeius und Caesar selbst; beide fühlten jedenfalls, daß es politisch geraten war, Antworten gerade hierauf in Umlauf zu setzen. Ihre geschichtliche Ausgangslage war dabei sehr verschieden. *Pompeius:* einst aktiver Sullaner und als solcher mit dem Odium der grausamen Behandlung einzelner Gegner belastet — was jetzt nach dreißig Jahren auch wieder vorgebracht wurde —, in der Zwischenzeit aber für humanes Gebaren als siegreicher Feldherr bekannt und jetzt auch der politische Vertrauensmann des Senates —: Pompeius traut sich die Autorität zu, den Lauen und von der Republik Abtrünnigen mit einem Strafgericht nach Sullas Vorbild drohen zu

19 Zum Vorhergehenden klärend insbesondere C. J. Classen, Die Königszeit im Spiegel der Literatur der römischen Republik, Historia 14, 1965, 385 ff. Aus der älteren Literatur A. Rosenberg, RE s. v. „Rex" (1914), 709 ff.

20 Cic. ad Att. 7,12,2; 20,2.

21 ad Att. 7,7,6f.

dürfen[22]. *Caesar* hingegen, Verfolgter des sullanischen Regimes und auf seine enragierte antisullanische bzw. antioptimatische Vergangenheit verpflichtet, nunmehr als Angreifer und Staatsfeind der politischen Werbung in weit höherem Maße bedürftig, verheißt in den ersten Kriegsmonaten ausdrücklich, Sulla gerade *nicht* nachahmen zu wollen[23], das heißt, er verspricht, allgemein Milde walten zu lassen und Leben und Besitz seiner Gegner zu schonen. Dieser klügeren Parole ist er auch im Endsieg, entgegen den Befürchtungen selbst von Anhängern, im Großen und Ganzen treu geblieben; aber er konnte dies sich auch deshalb leisten, weil er die geschichtliche Erinnerung an die sullanische Zeit als Schreckmittel in der Hinterhand hatte, wie denn die grausige Wiederholung der Proskriptionen durch seine politischen Nachfolger im Winter 43/42 es sicher nicht zum wenigsten gewesen ist, was die Überlebenden sich endgültig in die Monarchie zu ergeben bewog. Für Sullas Verfassungstreue hatte Caesar nach dem Endsieg übrigens nur den Spott: Sulla habe sich durch die freiwillige Niederlegung der Dictatur als politischer Analphabet erwiesen[24].

In besonders eigenartiger und folgenschwerer Weise ist auch der strategische Plan des Pompeius zu Beginn des Bürgerkrieges von zwei großen geschichtlichen Vorbildern inspiriert, auf die er sich ausdrücklich berief: Themistokles und wiederum Sulla. Themistokles war im Jahre 480 v. Chr. anerkanntermaßen zum Retter Griechenlands geworden durch den die Kriegsgeschichte revolutionierenden Plan, das Gebiet seiner Vaterstadt Athen vor der Übermacht des persischen Landheeres kampflos zu räumen und den Feind damit zu der für ihn vernichtenden Seeschlacht in der Meerenge bei Salamis zu verlocken[25]. Nach der allgemeinen griechischen Auffassung war die Zerstörung der Stadt der Inbegriff politischer Vernichtung und das Kriterium der endgültigen Niederlage, das themistokleische Strategem der vorgeplanten Rückeroberung eine unerhört kühne und von der griechischen Umwelt nach dem Erfolg entsprechend bestaunte Neuerung. Sullas Lage war insofern anders, als er Rom und Italien als Consul im Jahre 88 sozusagen mitten im Bürgerkrieg verließ, um seinem Staatsauftrag als Feldherr gegen die Invasion des Mithridates in den Osten des Reiches nachzukommen und erst danach (fünf Jahre später) das Vaterland Italien zurückzuerobern. Ob Sulla an Themistokles dachte, ist uns unbekannt. Das Gemeinsame ist die aus irgendeiner politischen oder strategischen Rücksicht vorgeplante Preisgabe des staatlichen Kernbereiches zum Zwecke seiner siegreichen Rückgewinnung, gemeinsam auch der

[22] ad Att. 9,10,6.

[23] Cic. ad Att. 9,7c,1. Cass. Dio 43,50,2.

[24] Suet. Caes. 77.

[25] Herodot. 7,139ff. Thuk. 1,73f.

Erfolg der beiden so völlig unkonventionellen Planungen. Diese historischen Vorbilder waren es, die Pompeius nach eigenen Aussagen ermutigten, Caesars Einmarsch in das Staatsgebiet mit der sofortigen kampflosen Räumung der Hauptstadt und Italiens zu beantworten, um die militärischen und politischen Kräfte des Gesamtreiches und der östlichen Klientelstaaten gegen ihn zu mobilisieren[26]. Wie gefährlich dieser Plan für Caesar war, zeigt dessen Anstrengung, den Abzug des Pompeius aus Italien zu verhindern. Der Plan scheiterte an der halbherzigen Ausführung, das heißt dem verfrühten Angebot der offenen Feldschlacht bei Pharsalos, zu welchem sich Pompeius von den militärisch konventionell denkenden Oberhäuptern der Republik, die um ihn versammelt waren, nötigen ließ. Pompeius dachte — wie Caesar — rein strategisch und politisch, ermutigt durch geschichtliche Vorbilder, die trotz ihres Alters offenbar immer noch zu modern waren, um von seinen Standesgenossen begriffen zu werden. Aber diese zu belächeln wäre allzu billig; auch sie folgten den Geboten der Geschichte, nicht allerdings so sehr den politischen wie den moralischen. Zu Belegen, die sich vervielfachen ließen, hier nur wenige Sätze aus Briefen Ciceros an Atticus in den ersten Monaten des Jahres 49:

„Bei allen guten Göttern, was hältst Du vom Entschluß des Pompeius? Ich meine den, die Stadt im Stich zu lassen; mir ist das rätselhaft. Nichts ist doch unsinniger! Du also willst die Stadt preisgeben? Folglich auch wenn die Gallier kämen? Dazu sagt er: ‚der Staat besteht nicht in den Mauern'. Aber in den Altären und Herdstätten. ‚Themistokles', sagt er, ‚hat es getan'. Gewiß, denn die eine Stadt konnte nicht die Flut der gesamten Barbarenwelt aufhalten; aber Perikles hat dasselbe eben nicht getan, ungefähr fünfzig Jahre später, obwohl er außer den Mauern nichts mehr hielt, und die Unsrigen haben seinerzeit (beim Galliersturm), nachdem bereits die übrige Stadt erobert war, wenigstens noch die Burg gehalten — ‚so jedenfalls lautet die rühmliche Kunde von tapferen Männern'[27]."

Und in einem späteren Brief: „Wie oft war doch von Pompeius zu hören: ‚Sulla hat es gekonnt (gemeint: Italien zurückzuerobern), soll ich es etwa nicht können?' In *meinem* Gedächtnis aber hafteten *jene* Beispiele: Übel Tarquinius, der (den Landesfeind) Porsenna, der den Octavius Mamilius gegen das Vaterland herbeirief; gewissenlos Coriolan, der sich Hilfe von den Volskern holte; recht handelte Themistokles, der zu sterben vorzog, verrucht Hippias, des Peisistratos Sohn, der in der Schlacht bei Marathon im Kampf gegen sein Vaterland fiel. An-

[26] Cic. ad Att. 7,11,3. *8*,2,2; 3,3; 8,2; 11,2. *9*,7,4; 9,2; 10,3. *10*,8,4. Plut. Pomp. 63,2. 84,5. Appian. Bell. Civ. 2,205. Ed. Meyer, Caesars Monarchie u. d. Principat d. Pomp., [3]1922, 299 ff. M. Gelzer, Pompeius, 1949 (1959), 201.

[27] ad Att. 7,11,3.

dererseits Sulla, Marius, Cinna, jeder für sich moralisch im Recht, vielleicht sogar juristisch; aber was war grausamer, was unheilvoller als ihr Sieg? Das ist die Art von Krieg, der ich zu entgehen suchte, um so mehr als ich sah, daß noch Grausameres erwogen und vorbereitet wurde. Ich, den Viele den Retter, ja den Vater dieser Stadt nannten, sollte ich denn die Truppen der Geten, Armenier und Kolcher gegen sie heranführen? Ich meine Mitbürger dem Hunger, Italien der Verwüstung preisgeben! Bedachte ich doch, daß dieser Mensch (Caesar) ein Sterblicher sei und auf viele Art und Weise vernichtet werden könne, daß aber die Stadt und unser Volk für die Unsterblichkeit bewahrt werden müßten, soweit dies bei uns stehe, und wiegte ich mich doch in der Hoffnung, es werde zu irgendeiner Verständigung kommen, ehe der eine von ihnen so viel Verbrechen, der andere so viel Schande auf sich laden werde. Jetzt ist alles vollständig anders, anders auch mein Sinn. Die Sonne — wie Du einmal in irgendeinem Brief das gesagt hast — scheint mir aus dem Weltall herausgefallen zu sein[28]."

Hier ist — lediglich mit besonderer Leidenschaft — einem Gefühl Ausdruck gegeben, welches, wie aus der ciceronischen Korrespondenz reichlich zu belegen, viele Angehörige der römischen Oberschicht damals beherrschte: dem Gefühl, an einer Zeitenwende zu stehen, und man übertreibt wohl nicht, wenn man es dahingehend interpretiert, daß die Aktiven unter den Republikanern ihre Vergangenheit, ihre Geschichte gegen eine neue, ihnen noch nicht faßliche politische Daseinsform verteidigten. Wer findet, daß die Weltgeschichte ihnen unrecht gab, möge immerhin der Tapferkeit Achtung zollen, mit der damals viele von ihnen für ihr geschichtliches Ideal zu sterben sich bereitfanden. Allein im letzten Aufflammen des bewaffneten Widerstandes gegen Caesars Herrschaft, der Schlacht bei Munda in Spanien (im Jahr 45), sollen nach dem schwerlich ganz zu entkräftenden Zeugnis eines Miterlebenden[29], welches aber antike wie moderne Historiker gleichermaßen mit Schweigen übergehen, dreitausend Angehörige des römischen Ritterstandes „teils in Rom, teils in der Provinz (Spanien) beheimatet" auf pompeianischer Seite gefallen sein[30].

Ich sprach davon, daß sich, soweit wir es noch erkennen können, offenbar viele antike Historiker weniger als Gelehrte, das heißt als Erforscher zweckfreier Wahrheiten verstanden, denn als Lehrmeister

[28] ad Att. 9,10,3.

[29] Bell. Hisp. 31,9; vgl. 26,2; 33,2.

[30] Die Zahl erscheint fast unglaubhaft hoch; der Tatbestand an sich läßt die übliche Auffassung, der Ritterstand der späten Republik sei die Schicht der politisch überzeugungslosen Geschäftsleute, ergänzungsbedürftig erscheinen und wirft ein Schlaglicht auf den Grad der friedlichen Romanisierung Spaniens vor Caesar — vgl. bes. Bell. Alex. 48 - 64.

der Menschheit für rechtes politisches und militärisches Handeln; ich führte sodann Beispiele an für bestimmte Schlußfolgerungen, welche sich Politiker und Strategen aus dem Erfahrungsschatz der Geschichte ableiteten. Dazwischen blieb die Frage noch unbehandelt, ob und inwieweit antike *Historiker selbst* ganz *bestimmte* Lehrmeinungen explizit niedergelegt haben, durch deren gewissenhafte Befolgung dem Handelnden das Heil in allen einschlägigen Lebenslagen verbürgt sein sollte, oder ob es ihnen mehr um eine allgemeine Schulung der prognostischen und kombinatorischen Fähigkeiten für Politik und Kriegskunst ging. Soweit die Tatsache, daß uns von der überaus großen und vielseitigen historiographischen Literatur des Altertums nur ein verschwindender Bruchteil erhalten ist, Verallgemeinerungen erlaubt, würde ich meinen, daß antike Geschichtsschreibung, je höher sie stand, desto undogmatischer und rezeptfreier war, daß sie Erfahrung und Denkschulung, nicht aber feste Lehrsätze und starre Gebrauchsanweisungen vermitteln wollte. So jedenfalls *Thukydides,* dessen explizite Lehre sich auf die Grundgesetzlichkeiten der menschlichen Natur und politischen Dynamik beschränkt; so auch *Herodot,* der beispielsweise zwar den drei Grundtypen der Staatsverfassung ihre jeweilige festbestimmte Symptomatik zuordnet, aber sich vor jeder Andeutung hütet, welche Verfassung er persönlich für die bessere hält (3,80 - 82). Sehr anders *Polybios,* der sich immer wieder weitschweifig über den allgemeinen Nutzen historischer Belehrung verbreitet, mit Lob und Tadel für Personen und Institutionen nicht zurückhält, desgleichen nicht mit seinen persönlichen Deutungen der Ursachen von Erfolg oder Mißerfolg im einzelnen, von Aufstieg und Niedergang der Völker im Großen —: insgesamt ist vielleicht das Urteil eines vorzüglichen Polybios-Kenners nicht überspitzt, „daß Polybios' Werk sich schließlich nicht nur als eine Geschichtserzählung, sondern zugleich als eine Art Handbuch der politischen und militärischen Wissenschaften darstellt“[31].

Der beklagenswerte Erhaltungszustand der antiken Geschichtsschreibung verwehrt uns eine Feststellung, ob die Mehrzahl der politischen Historiker des Altertums hinsichtlich des Lehrgehaltes und -anspruches ihrer Werke mehr der thukydideischen Unausgesprochenheit oder der polybianischen Ausgesprochenheit zuneigte. Letztere zeigt gewiß auch eine allgemeine Weiterentwicklung des Zeitstils und mit ihm des Historikergeschmackes an, aber wir können uns nicht darauf verlassen, daß das bis zum Ende des Altertums so weiterging. Die wenigen be-

[31] K. Ziegler, RE s. v. „Polybios“, 1502 f., wo ausführliche Belege für diese Charakteristik sich insbesondere S. 1489 - 1495, 1501 - 1515, 1552 - 1557, 1571 finden. s. auch K.-E. Petzold, Studien zur Methode des Polybios und zu ihrer historischen Auswertung, 1969, 3 ff., 135 ff., vgl. sein Register unter „Methode“, „Nutzen“, „Polybios, Konzeption v. d. Geschichtsschreibung“ usw.

deutenden römischen Historiker, über die uns in dieser Hinsicht Aussagen möglich sind, Sallust, Livius und Tacitus, kehren wieder entschieden zur *alt*griechischen (und ja wohl auch altrömischen) Verhaltenheit zurück. Der letzte große unter den antiken Historikern, Ammianus Marcellinus, stellt sich wieder in die Linie der polybianischen Explizitheit; allerdings ist er stärker an lebensvollen Erinnerungsbildern und mehr an den moralischen Exempla als an den politischen interessiert[32].

Daß der Versuch, die Lehren, die so umfangreiche und bedeutende Geschichtswerke ihren antiken Lesern zu vermitteln bestimmt waren, *inhaltlich* zu referieren, hier nicht einmal in einer repräsentativen Auswahl unternommen werden kann, wird einleuchten. Nur einen einzigen antiken Geschichtsschreiber möchte ich abschließend noch stärkerer Beachtung im Sinne unseres Themas empfehlen. Es ist der Grieche bzw. Provinzialrömer Cassius Dio, hoher Reichsbeamter unter der Severer-Dynastie, der eine sehr umfängliche Römische Geschichte von den Anfängen bis auf seine eigene Zeit verfaßt hat (753 vor bis 229 nach Christus), von der uns etwa ein Drittel erhalten ist. Die Gelehrten des 19. und der ersten Hälfte des 20. Jahrhunderts schätzten dieses betont nüchterne und sehr fleißige Werk vor allem als Ersatz für die von ihm benutzten uns verlorenen älteren Geschichtswerke (darunter Livius) und als tüchtige, von echtem politischen Verständnis zeugende Darstellung seiner eigenen Zeit. Auch sein theoretisches Eintreten für die Monarchie und die in die Geschichte des Augustus verwobenen Reformgedanken, mit denen er offenkundig seine eigene Zeit anspricht, fanden immer Beachtung, ebenso — freilich eher mit Mißbilligung — Dios penetrante stilistische Nachahmung des Thukydides, die hinter dem hohen Vorbild so augenfällig zurückblieb[33]. In den letzten Jahrzehnten bahnt sich eine differenziertere anerkennende Würdigung an[34].

Dio verdient sie. Er ist weit mehr als nur selbstgefälliger und trivialer Nacherzähler besserer Autoren. Immerhin hat er es unternommen,

---

[32] s. bes. J. Vogt, Ammianus Marcellinus als erzählender Geschichtsschreiber der Spätzeit, Sb. Mainzer Akad. d. Wiss. 1963, Nr. 8. Vgl. A. Demandt, Zeitkritik und Geschichtsbild im Werk Ammians, Diss. Marburg, Bonn 1965, 1 ff. K. Rosen, Studien zur Darstellungskunst und Glaubwürdigkeit des Ammianus Marcellinus, Diss. Heidelberg 1968, 228 ff.

[33] Repräsentativ für die ältere Forschung: Ed. Schwartz, RE s. v. „Cassius Dio Cocceianus" (1899), der für die Quellenanalyse immer noch unentbehrlich ist. Viel anerkennender bereits Ed. Meyer, Caesars Monarchie u. d. Principat d. Pomp., [3]1922,610f.

[34] s. bes. E. Gabba, Sulla Storia Romana di Cassio Dione, Riv. Stor. Ital. 67, 1955, 289 ff. Ders., Progetti di reforme economiche e fiscali in uno storico dell' età dei Severi, in: Studi in onore di A. Fanfani, 1962, 5 ff. J. Bleicken, Der politische Standpunkt Dios gegenüber der Monarchie, Hermes 90, 1962, 444 ff. F. Millar, A study of Cassius Dio, 1964.

rund tausend Jahre römischer Geschichte einer geschlossenen politologischen Deutung zu unterwerfen und aus diesem Lehrstoff ein eindeutiges Rezept für seine eigene Zeit abzuleiten, mit einer Selbstgewißheit der Urteilsabgabe, die Polybios übertrifft und in ihrer Weise originell ist. Wer letzteres bestreiten wollte[35], müßte den oder die Namen antiker Autoren nennen, denen Dio diese großräumige Konstruktion verdanken könnte: ich weiß keinen. Wenn die Konzeption, über die ich gleich berichten werde, als Ganzes nicht so recht wahrgenommen worden zu sein scheint, so wohl, erstens, weil die starke Fragmentierung des Werkes einen Teil ihrer Spuren verwischte; zweitens, weil sie in ihren Grundzügen so gut zu der uns aus dem 19. Jahrhundert überkommenen jetzigen communis opinio über die innere Logik der römischen Geschichte paßt[36], daß sie gar nicht als etwas Besonderes erschien.

Auch Dios Thukydides-Nachahmung ist keineswegs so oberflächlich, sondern sozusagen seine geschichtsphilosophische Grundlegung und der weitere Gedankenrahmen eben dieser Konzeption, für die er übrigens auch gar nicht ungeschickt Argumente aus Herodot herangeholt hat[37]. Er hat seinen Thukydides auch nicht schlechter verstanden als Friedrich Nietzsche, welcher ebenfalls stolz darauf war, die geheimsten Gedanken des Thukydides erraten zu haben, aber den Augenschein eines kruden „Macchiavellismus" bereits für den Hintersinn hielt[38]. Und wenn es in Dios Text ständig vor den Augen des Lesers nur so schwirrt von thukydideischen und anderen klassischen Gedankensplittern — übrigens durchaus nicht in sklavischer Abhängigkeit der Wortlaute —, so sollen offenbar damit nicht selten Gedanken und Situationen der Vorlagen in die Phantasie eines historiographisch beschlagenen Lesers mitheraufbeschworen werden: Athen, Perikles, der Melierdialog und anderes mehr den römischen Zusammenhängen eine echt historische Tiefendimension verleihen.

Schon die uns im Originaltext des Dio verlorenen ersten fünfunddreißig von insgesamt achtzig Büchern, welche bis zum Jahre 70 v. Chr. einschließlich geführt hatten, waren, wie selbst die sprunghaften byzantinischen Excerpte noch überdeutlich zeigen, dicht in die Atmosphäre

[35] So Millar, 76 f.?

[36] Daß diese mindestens bis auf Montesquieu (Considérations sur les causes de la grandeur des Romains et de leur décadence, 1734) zurückgeht, bemerkt Chr. Meier, Res Publica Amissa, 1966, 3. Montesquieu seinerseits, wie mir eine Durchsicht der Considérations zeigt, scheint sie aber bei Dio, den er für Anderes häufig zitiert, nicht bemerkt zu haben.

[37] Zeigt fr. 1,3 Melber (= 1,3 Boissevain, 1,3 Cary) sogar Benutzung des Antiochos von Syrakus für die Urgeschichte Italiens: FGrHist Nr. 555 F 2?

[38] Götzendämmerung, Was ich den Alten verdanke, Nr. 2. Vgl. Morgenröte 3, Nr. 168.

dieser quasi-thukydideischen Problembewußtheit gehüllt. Dios Zentralthema, das der zweckmäßigsten Staatsverfassung, begegnet gleich von Anfang an über diese ersten siebenhundert Jahre römischer Geschichte verstreut in zufällig von den Excerptoren herausgepickten Sentenzen immer wieder. In der Darstellung der sagenhaften Ständekämpfe wurde als Warnung vor der außenpolitischen Schwächung eines aufstrebenden Staatswesens durch inneren Zwist das thukydideische Bild der sich selbst zerfleischenden athenischen Demokratie evoziert[39]. Die römische Senatsdebatte über den Entschluß zum zweiten punischen Krieg wird stark nach dem Gang der thukydideischen Verhandlung in Sparta vor Ausbruch des peloponnesischen Krieges schematisiert[40], und soviel Nachäffung könnte in der Tat ärgern, erklänge hier nicht bereits leitmotivisch ein Kerngedanke von Dios Auffassung der römischen Welteroberung: die Lehre des Thukydides nämlich, daß die Beherrschung der Schwächeren durch den Stärkeren ein ewiges Grundgesetz der Natur sei[41]. Eben diesen Gedanken legt Dio später Caesar in den Mund, als Motto zur Eroberung Galliens (38,36,3), und erhebt damit Caesar in diesem Sinne zur Symbolfigur der Reichsidee (der altrömischen Interpretation der Reichserweiterung als einer stets nur gerechten und defensiven scheint Dio keinerlei Realitätsgehalt beizulegen)[42].

Es geschieht dies in einer vom Historiker frei erfundenen ungewöhnlich langen und mit thukydideischen Gedanken, besonders aus den Reden des Perikles, dicht gespickten Rede Caesars an seine Offiziere vor der Schlacht mit Ariovist (38,36 - 46), sozusagen als gedankliche Quintessenz des gallischen Krieges, wie Dio ihn sieht: als einen gnadenlosen Eroberungs- und Raubkrieg, den Caesar aus rein persönlicher Machtgier entfesselt und immer wieder aufs Neue anfacht, sobald er einzuschlafen droht[43]. Und so läßt Dio Caesar in dieser Rede ausführen, daß Machtkampf und Expansionsdrang im Leben der Völker Naturgesetz seien, Präventivkriege daher auch gegen einstweilen noch friedliche Nachbarn zweckmäßig; Rom sei aus kleinsten Anfängen groß geworden durch die Einsicht, daß starke Völker siegen und reich werden, tatenlose verarmen und untergehen, und diese Überzeugung sei auch die sicherste Garantie für die Zukunft.

Dio ist kein Zyniker, sondern ein gottesfürchtiger Mann und verantwortungsbewußter Reichsbeamter, der der gütigen und gerechten

[39] Fr. 16,3 Me. = 17,3 B. = 4,17,3 C. Thuk. 2,65,12.

[40] Fr. 54 Me. = 55 B. = 13,55 C. Thuk. 1,76; 80ff.

[41] Fr. 54,1 Me. = 55,1 B. = 13,55,1 C. Thuk. 1,76,2. 4,61,5. 5,89 u. 105,2. F. Millar, a.O. 82.

[42] Anders E. Gabba, Riv. Stor. Ital. a.O. 301 - 311; F. Millar, a.O. 82; K. Christ, Caesar und Ariovist, Chiron 4, 1974, 278.

[43] 38,31-40; 43 passim.

Herrschaft eines Marc Aurel[44] nachtrauert und dem jüngeren Cato — allerdings als ungefähr einzigem Politiker der caesarischen Epoche — moralische Ehrfurcht bezeigt[45]. Aber er setzt seinen Stolz darein, alles politische Leben mit dem Pessimismus zu betrachten, den er selbst als den einem guten Staatsmann und Historiker anstehenden Wirklichkeitssinn verstanden haben würde. So sind auch in dieser Caesar angedichteten Rede nicht einfach pseudo-thukydideische Phrasen mit ihm durchgegangen, sondern sie ist ein tragender Pfeiler in der Gesamtkonstruktion seines Geschichtsbildes. Es ist ein Vorverweis darauf, daß Caesar, wiewohl nach Dios gesamter Darstellung seines politischen Aufstiegs ein grundschlechter Charakter, der lediglich die Maske der Humanität geschickter als andere zu tragen weiß[46], bis ihm am Ende die gespielte Clementia in eine partiell echte übergeht[47], — daß dieser Mann dennoch sich schließlich als der einzige seiner Zeit herausstellte, der die Lehren der Geschichte und damit das Gebot der Stunde verstanden hatte; es lautete: kraftvolle Führung von Staat und Reich durch einen einzelnen, der überlegene Stärke mit überlegener politischer Einsicht verbindet. Die über Thukydides hinaus an Aristoteles' Politik gemahnende philosophische Begründung hatte Dio Caesar selbst in den Mund gelegt (in seiner Rede vor den meuternden Soldaten in Placentia, im Jahr 48: 41,33): Wie in allen Lebensbereichen Autoritätsverhältnisse sich als notwendig erweisen, zwischen Eltern und Kindern, Lehrern und Schülern, Ärzten und Patienten, Steuerleuten und Matrosen, so sei auch allgemein das Führen und Geführtwerden von der Natur der Menschheit zu ihrer Rettung eingerichtet.

So lautet Dios Schlußurteil über Caesar, vor der Schilderung der Verschwörung gegen ihn in die Darstellung eingerückt (44,1 - 2): Caesar war im Recht und seine Mörder im Unrecht, weil „Demokratie" (so nennt Dio die römische Republik ständig) zur segensreichen und dauerhaften Führung eines großen Reiches unfähig ist. Denn da in einem solchen zu viele Anschauungen, Interessen und ökonomische Kräfte einander widerstreben, ist es bei demokratischer Staatsform unmöglich, die Maße der Vernunft einzuhalten, noch unmöglicher aber, ohne Vernunft die Eintracht zu bewahren. Leichter sei es, einen einzigen geeigneten Mann als viele zu finden. Bestand habe letztlich nur und sinnvoll sei deshalb nur die — von Caesar selbst noch nicht konsequent und rücksichtslos genug durchgesetzte[48] — Alleinherrschaft. Das lehre alle Geschichte: die der Griechen, der Barbaren und auch die der

44 72,34-36 B. = C.

45 37,22. 43,10f.

46 38,11. 40,66,4-41,3. 42,8.

47 41,62f. 43,12f.

48 Vgl. 76,8,1.

Römer selbst. Dios emphatische Betrachtungen über die geschichtliche Bedeutung der Schlachten bei Pharsalos und Philippi unterstreichen diesen Gedankengang und zeigen die durchdachte Einheit seiner Gesamtdeutung der römischen Geschichte[49].

Die Vervollständigung und Differenzierung dieses Ràsonnements ist in der mit Recht schon vielbeachteten Redengruppe aufzusuchen, in der Dio nach dem Vorbild zweier berühmter Herodot-Szenen die beiden engsten Mitarbeiter des Augustus, Agrippa und Maecenas, dem neuen Herrscher Ratschläge zur Gestaltung der Principatsverfassung erteilen läßt[50]. *Agrippas* Rede zugunsten der „Demokratie" ist (wohl absichtlich) etwas schwach gehalten, sein bestes Argument — mit Berufung auf die athenische Demokratie und deutlichem Bezug auf Herodot (3,80,6 und 5,78) — die freiwillige Leistungsbereitschaft aller für die gemeinsame Sache.

In der Rede des *Maecenas,* dem großen Plädoyer für die Monarchie, ist diesem Gesichtspunkt insoweit Rechnung getragen, als in einer hierarchisch gegliederten Leistungsgesellschaft der Monarch die oberen Stände, erweitert um die wertvollsten Kräfte aus dem Gesamtreich, in stärkstem Maß zur Mitarbeit (und damit Mitverantwortungsfreudigkeit) in der Reichsverwaltung heranziehen und auch für die unteren Stände ausreichende Anreize zur Loyalität schaffen soll (52,25,4).

Doch finden sich in diesem Zusammenhang noch zwei wichtige Bemerkungen, die sich mit der früheren, vor Caesars Ende eingelegten kritischen Vergleichung der Demokratie mit der Monarchie zu einer echt historischen Diagnose des Schicksals der römischen Republik verbinden: Wie auch die Geschichte des klassischen Athen zeige, sei die Demokratie die geeignete Verfassung, einen kleinen Stadtstaat zum Aufschwung zur Großmacht zu beflügeln (Gründe bei Herodot, s. o., nachzulesen). Eben dieses habe sich an Rom, bis zu seiner Eroberung Italiens einschließlich, bewahrheitet: für die noch kleine Bevölkerung war die Republik die bessere Staatsform. Das Weltreich jedoch sei in soviel Freiheit nicht mehr zu beherrschen gewesen und habe dringend der Leitung durch *eine* starke Hand bedurft[51]. Augustus habe sich durch die Schicksale seiner Vorläufer belehren lassen und eine glückliche Mischform aus Monarchie und Demokratie geschaffen[52].

Hat man diesen roten Faden der dionischen Gesamtauffassung einmal in der Hand, so zweifelt man bei diesem Schematiker kaum noch, in welchem Sinne er die uns verlorene Geschichte *Sullas* geschrieben

---

49 41,57. 47,39.

50 Herodot. 3,80ff. 7,8ff. Dio 52,1-41.

51 52,9,2; 15,6; 16,1. 53,19,1.

52 52,17,3; 41,1. 56,43,4.

hatte. Darüber könnte der erste Augenschein der byzantinischen Excerpte täuschen, die von ihr fast nichts als die Schrecknisse übriggelassen haben, vor allem natürlich die der Proskriptionen. Doch von diesen, die Dio nicht in sein sonstiges Bild von Sulla einzuordnen weiß, abgesehen, scheint er ihn als Staatsmann und Charakter gerade günstig beurteilt zu haben[53]! So bleibt der Hypothese Raum — da sehr viel fehlt —, er habe Sulla als Vorläufer Caesars auf dem Weg zur Militärmonarchie gewürdigt[54].

Eine genauere Durcharbeitung des Gesamttextes, vor allem auch der Fragmente aus den ersten dreieinhalb Dekaden des Werkes, würde noch weitere Stützpfeiler dieses Gebäudes zu Tage fördern. Für die Beweissicherung ist dies so entbehrlich wie die Ausgrabung der vierten Ecke eines Römerkastells. Zur besseren Nuancierung des historischen Gedankenganges könnte wahrscheinlich eine mit respektvollerer Erwartung erneuerte Interpretation der jeweiligen Absicht von Dios thukydideischen, herodoteischen und sonstigen historiographischen Assoziationen führen; das aber hieße den Rahmen meiner jetzigen Aufgabe gänzlich verlassen. Hier genüge, an einen antiken Praktiker der Politik erinnert zu haben, der seine historischen Studien zu einer Gesamtansicht der römischen Geschichte zusammengefaßt und daraus Reformvorschläge an seine eigene Zeit abgeleitet hat.

Dios Lehre von der anfänglichen Effizienz der stadtrepublikanischen Verfassung für Roms Machtentfaltung, der ihr jedoch zwangsläufig folgenden Unzulänglichkeit eben dieser Verfassung für das Reich und der hieraus wieder resultierenden Unentbehrlichkeit der Monarchie, die als Erster klar erkannt zu haben das überzeitliche Verdienst Caesars war, — diese These sagt den Althistorikern vom Fach nur, was sie sich ohne Dios Hilfe längst selbst gedacht hatten[55]. Wären sie anderer Ansicht als er, hätten sie die seinige längst beachtet und vermutlich auch angemerkt, daß sie, entstanden in einem Zeitalter der etablierten Monarchie und von einem Diener der Monarchie an einen Monarchen gerichtet, mehr vaticinium ex eventu als echte Schlußfolgerung aus geschichtlicher Erfahrung sei.

Das erinnert uns allerdings daran, daß auch die neuzeitliche communis opinio sich in einer Blütezeit der monarchischen Idee verfestigte und in der zweiten Hälfte des 20. Jahrhunderts doch noch einmal überdacht

---

[53] Fr. 100,4 u. 105,1 Me. = 102,4 u. 109,1 B. = 30-35, 102,4 u. 109,1 C. 52,13,5.

[54] Vgl. 36,34,3. 37,20,6. 43,50,1. 75,8,1 B. = 76,8,1 C. Zur Dictatur vgl. fr. 15-16 Me. = 16-17 B. = 4,16-17 C.

[55] Vgl. meine ausführliche Wiedergabe und wissenschaftsgeschichtliche Analyse der Konzeption von M. Gelzer in: J. Bleicken, Chr. Meier, H. Strasburger, Matthias Gelzer und die römische Geschichte, FAS (Frankf. Althist. Stud.) Heft 9, 1977.

werden sollte. Denn einem Dio jedenfalls würden wir doch wohl nicht gern zugestehen, mit seiner monocausalen Diagnose der römischen Krise allen modernen Großdemokratien auch gleich das Urteil mitgesprochen zu haben.

Oder sollen wir uns überhaupt enttäuscht von den Lehren der Geschichte abwenden, weil sie so oft getrogen haben, bzw. zu viele Möglichkeiten der Selbsttäuschung offenlassen? Thukydides scheint demgegenüber gedacht zu haben, daß die Lehre der Geschichte nicht in der Anleitung zum richtigen Wissen, sondern in der zum rechten Lernen besteht.

ZUR FRÜHGESCHICHTE ABENDLÄNDISCHER REISEBESCHREIBUNGEN

Von Gerd Tellenbach

A.

Vom 13. Jahrhundert an nehmen im Abendland Zahl und Gehalt von Reiseberichten und Länderbeschreibungen zu. Bedürfnis und Fähigkeit der Reisenden, Gesehenes, Gehörtes und Erlebtes aufzuzeichnen und mitzuteilen, entsprechen der Lust des Publikums, von der Welt, ihrer Beschaffenheit, ihren Wunderlichkeiten und Wundern zu erfahren. Wenn das große Reisewerk des Marco Polo in Europa als Sensation wirkte, wenn von der um die Mitte des 14. Jahrhunderts erdichteten Reisebeschreibung des angeblichen Sir John Mandeville hunderte von Abschriften in vielen Sprachen angefertigt wurden[1], wenn Hans Schiltbergers Erlebnisberichte von seinen abenteuerlichen Schicksalen als Sklave nach seiner Gefangennahme in der Schlacht bei Nicopolis (1396) wieder und wieder gelesen wurden[2], so zeigen diese aus einer großen Menge verwandter Werke herausgegriffenen Beispiele die allgemein vom 12. Jahrhundert an spürbare stärkere Hinwendung zur irdischen Wirklichkeit[3]. Noch lange bleibt indessen neben dem Sinn für das Reale die Empfänglichkeit für Wunderbares oder gar Monströses bestehen, die freilich nach und nach abnimmt.

Schon wie die großen Reisenden des 13. und 14. Jahrhunderts die Welt sahen und wie sie davon zu berichten für wichtig hielten, läßt den Geist erkennen, der später zu den überseeischen Entdeckungsfahrten und zur Erschließung des ganzen Planeten führte. Mit der Lust, das Fremde und Ferne zu ergreifen, verbindet sich aber zunehmend auch der Sinn für das Wirkliche in der Nähe. Man sieht nun und hält für berichtenswert mehr und anderes als früher, und zwar nicht nur in China, Indien, Syrien oder an der westafrikanischen Küste,

[1] R. Hennig, Terrae Incognitae III, Leiden 1939, S. 163. Josephine W. Bennet, The Rediscovery of Sir John Mandeville, New York 1954, Kraus Reprint 1971.

[2] Reisen des Johannes Schiltberger aus München in Europa, Asien und Afrika von 1394 - 1427, hg. v. K. Neumann, München 1859. Dazu vgl. V. Langmantel, ADB 31, Leipzig 1890, S. 262 ff.

[3] Saeculum Weltgeschichte IV, Freiburg—Basel—Wien 1967, S. 350 und V (1970) S. 97 u. 225 ff.

sondern auch in der Heimat und in den Nachbarländern. Die berühmte spätmittelalterliche Fernreiseliteratur hat die Sensibilität der Europäer auch für das Nahe angeregt. Zwischen Weltkunde, Länderkunde und Landeskunde besteht ein innerer Zusammenhang, der schon im 15. und 16. Jahrhundert ganz deutlich wird[4].

Von jeher sind diejenigen, die reisen und viel von der Welt sehen, Kaufleute, Gesandte, Krieger, Missionare, Pilger, Künstler. Ihre Eigenschaften und Zwecke wirken sich fast immer auf die Art des Erlebens aus. Die Absichten der Reiseschriftsteller sind gewiß verschieden. Oft wollen sie späteren Reisenden als Führer dienen, wollen die Wege über Land und Meer weisen. Dazu dienen schon seit der Antike die Periploi, seit dem späten 13. Jahrhundert die Portolane, dann besonders die sehr häufigen Angaben über Entfernungen und Reisezeiten, Kartenwerke und Pilgerführer[5]. Die Reiseliteratur macht sich solche Werke mehr oder weniger zunutze, ebenso werden natürlich ältere Reisebeschreibungen oft ausgeschrieben. Ob der Autor selbst hervortritt, wird stets zu beachten sein, wobei nicht ausschlaggebend zu sein braucht, ob er es ist, der die Reise plant und unternimmt, oder ob er als Begleiter beteiligt ist. Der autobiographische Aspekt scheint zuzunehmen, was bezeichnend ist für das Interesse des Schreibers an sich selbst, der Leser für die menschliche Dimension überhaupt. Das Erlebnishafte fehlt dann in der modernen Reiseliteratur nie. Reisen aus reiner Reiselust, unter Vorschützung „vernünftiger" Zwecke, mag es immer gegeben haben. Petrarca ist wohl der erste, der in seinem Brief „an die Nachwelt" ausdrücklich eingesteht: In dieser Zeit erfaßte mich die jugendliche Sehnsucht, nach Frankreich und Deutschland zu reisen, und wenn ich andere Gründe vorgab, um die Reise meinen Gönnern einleuchtend zu machen, so war doch der wahre Grund der Wunsch und der Eifer, vieles zu sehen[6]. Von den hier mitbetrachteten Reisenden sind es besonders der Genuese Alvise Cà da Mosto, der Ulmer Felix Fabri, Hans Tucher aus Nürnberg, der Ritter Arnold von Harff aus der Kölner Gegend, der Kardinal Luigi d'Aragona, denen Reiselust als starkes Motiv zuzutrauen ist. Cà da Mosto[7], der Entdecker der Capverdischen Inseln (1456/1458), nimmt sich vor, ein Tagebuch zu führen: er war begierig, die Welt zu sehen und nie zuvor gesehene Dinge, wenn er auch hinzu-

---

[4] Diese Problematik ist auch angedeutet in meinem Beitrag zur Festschrift f. O. Herding: Eigene und fremde Geschichte. Eine Studie zur Geschichte der europäischen Historiographie, vorzüglich im 15. u. 16. Jahrhundert (im Druck).

[5] K. Kretschmer, Die italienischen Portolane d. Mittelalters, Veröff. d. Inst. f. Meereskunde u. d. geogr. Instituts a. d. Univ. Berlin 13 (1909) S. 30 ff.

[6] H. W. Eppelsheimer, Petrarcas Dichtungen, Briefe, Schriften, Frankfurt/M. 1956, S. 30.

[7] Über ihn vgl. R. Hennig, Terrae Incognitae IV (Leiden 1939) S. 155 ff. und Enciclopedia Italiana 12, Milano 1931, S. 278 f. ferner u. Anm. 51 u. 60.

fügt, er habe gehofft, dabei Ehre und Gewinn zu erlangen[8]. Mag sein, daß Kardinal d'Aragona es für ratsam hielt, für einige Zeit von der Kurie Leos X. zu verschwinden, aber der tagebuchführende Sekretär Angelo de Beatis beteuert, Reiselust habe seinen Herrn bewegt[9], und die Reise war in der Tat angelegt in der Gesinnung und mit der Empfänglichkeit, wie wir sie bei Montaigne in hoher Vollendung finden. Hans Tucher, Felix Fabri und Arnold von Harff[10] waren natürlich auch Pilger mit den konventionellen Zielen, aber daß Felix überhaupt ein zweites Mal ins heilige Land pilgert, und die Art, wie er berichtet, verrät seine über Pilgerart hinausgehende Reiselust, und auch der Nürnberger Ratsherr und der Kölner Ritter streben in ungewöhnlicher Weise über die normalen Pilgerziele hinaus.

B.

Schon im frühen und hohen Mittelalter ist viel gereist worden, und es bestand der Wunsch, von Ländern und Meeren zu erfahren. Es gibt zahllose Einzelnachrichten darüber in historischen und literarischen Werken. Daß Reisen und die auf Grund der Literatur, die durch eigene und fremde Erfahrungen gewonnenen Vorstellungen zusammenhängend dargestellt wurden, ist jedoch verhältnismäßig selten. Es fällt eher auf, wie wenig in Berichten von Reisenden von dem Gesehenen und Gehörten beschrieben wird[11]. Dafür ist die legatio Constantinopolitana Liudprands von Cremona von Juni bis Dezember 968 ein bezeichnendes Beispiel. Von der ganzen Hinreise wird nur erwähnt, daß man in Konstantinopel an dem Tor Karea angelangt sei, das noch identifizierbar ist, und daß man bis zur elften Stunde bei heftigem Regen auf Einlaß habe warten müssen[12]. Von Konstantinopel hat er vor lauter Ärger über die dort erlittene Behandlung und über ebenso prahlerischen wie schmähsüchtigen Auseinandersetzungen mit dem Kaiser und seinen Leuten nichts gesehen. Die Route der Rückreise läßt sich trotz mancher Lücken einigermaßen rekonstruieren[13]. Erheblich sachlicher ist der Be-

---

[8] G. R. Crone, The Voyages of Cadamosto, transl. and ed., The Hakluyt Society, 2d ser. 80 (1937, repr. 1967) S. 1 u. 5.

[9] L. Pastor, Die Reise des Kardinals Luigi d'Aragona durch Deutschland, die Niederlande, Frankreich und Oberitalien 1517 - 1518, beschrieben von Antonio de Beatis, Erläuterungen und Ergänzungen zu Janssens Geschichte des deutschen Volkes IV 4, Freiburg 1905, S. 6, dazu aber S. 90.

[10] Vgl. u. Anm. 40, 68, 74.

[11] Dazu G. Tellenbach, Die Stadt Rom in der Sicht ausländischer Zeitgenossen (800 - 1200), Saeculum 24 (1973) S. 3 ff.

[12] Liudprandi Opera, Script. rer. Germ., ed. J. Becker, Hannover und Leipzig 1915, S. 176 Anm. 4. Karge Angaben über die Herberge in den Versen von c. 57, S. 206, der Name eines Saales c. 3, S. 177, Erwähnung eines Wildparks c. 37, S. 194 f.

[13] Ebenda S. 207 ff.

richt, den Johannes von St. Arnoul von der Gesandtschaftsreise des Mönches Johannes von Gorze, des Diakons Garaman und des Kaufmanns Ermenhard aus Verdun zum Kalifen Abderrahman III. von Kordova erstattet hat (953 - 956). Hier sind Hinreise, Erlebnisse, Begegnungen mit Menschen sorgsam dargestellt. Gesehenes wird dabei freilich auch nicht beschrieben mit Ausnahme der maurischen Truppen, die bei Johannes' Empfang durch den Kalifen die Straßen säumten, sowie der Teppiche und Decken in den Gemächern oder der Stellung Abderrahmans, der mit untergeschlagenen Beinen auf einem Diwan saß[14]. Von hohem Rang für das 10. Jahrhundert ist ferner etwa der Bericht über die Pilgerfahrt des Erzbischofs Sigerich von Canterbury nach Rom im Jahre 995. Auch er ist ganz unbildhaft, ausgesprochen knapp und nüchtern, aber er gehört zu den wenigen ausländischen Quellen dieser Zeit, die sogar zur Topographie von Rom und zu den Reisewegen in Italien ein wenig beitragen[15].

Außergewöhnlich sind die Zusätze, die Alfred der Große seiner Orosiusübersetzung über die Seereisen des Normannen Othere zwischen Schlei, Nordkap und weißem Meer und des Normannen Wulfstan in der Ostsee bis zum frischen Haff beigefügt hat. Nach Wilhelm von Malmesbury soll dieser bedeutende Fürst sogar einen Bischof nach Rom und weiter nach Indien geschickt haben, woher er Reliquien, Edelsteine und wohlriechende Flüssigkeiten mitgebracht habe[16]. Noch bedeutsamer sind Nachrichten Adams von Bremen, der selbst im Norden war und mit dem Dänenkönig Svend Estridson über Norwegen und Schweden sprach. Seine „Descriptio insularum Aquilonis“ sind als Länderkunde wohl das Beste aus diesen Jahrhunderten[17]. Aber Adam kennt sogar die Lehre von der Kugelgestalt der Erde[18]. Wie das Scholion 99 zu datieren ist, bleibt wohl strittig. Es enthält die Reiseroute von Ripen nach Akkon mit Angaben von Reisedauern, wobei das Stück von Dänemark nach Flandern sonst noch nirgendwo mitverzeichnet war[19]. Ganz im Süden Europas wird das Streben eines Normannenkönigs nach Welt-

---

14 Vita Johannis Gorziensis auctore Johanne abb. S. Arnulfi, SS. rer. Germ. IV S. 369 ff., c. 132 f. Deutsche Wiedergabe bei W. Giesebrecht, Gesch. d. deutschen Kaiserzeit I, 5. Aufl., Leipzig 1881, S. 506 ff.

15 Tellenbach (wie Anm. 11) S. 17 u. ders., Zur Translation einer Reliquie des heiligen Laurentius von Rom nach Lüttich im 11. Jahrh., Storiografia e Storia, Studi in onore di E. Duprè Theseider, Roma 1974, S. 613 f.

16 Hennig (wie Anm. 1) II (1937) S. 186 ff. u. 199 ff. R. H. Hodgkin, A History of the Anglo Saxons II, 3^{d}ed., 1952, S. 642 f.

17 Adam Bremensis Gesta Hammaburgensis eccl. Pontificum, Script. rer. Germ., ed. B. Schmeidler, Hannover u. Leipzig 1917, S. 226 ff.

18 S. 275 mit Anm. 1.

19 S. 228 f. mit Anm. 8. Zu den Scholien allgemein W. Wattenbach / R. Holtzmann, Deutschlands Geschichtsquellen im Mittelalter I 3, Berlin 1940, S. 570. Kretschmer (wie Anm. 5) S. 195 ff. hatte Scholion 99 um 1100 angesetzt.

erkenntnis der Anlaß zur Entstehung des sog. Rogerbuches und der berühmten Weltkarte des marokkanischen Fürstensohnes Idrisi (1100 bis 1162), der viel von dem arabischen Wissen vermittelt hat. Von Reisen Idrisis weiß man wenig, aber die Gesinnung des Unternehmens drückt sich wohl bezeichnend in dem arabischen Titel des Buches aus: Vergnügen dessen, der sich danach sehnt, die Fernen zu durchstreifen[20].

Die in seiner Zeit bedeutendsten zusammenhängenden landes- und volkskundlichen Werke stammen von dem Walliser Gerald, Archidiakon von St. David (um 1146 - 1223). Sie tragen die verheißungsvollen Titel „Topographia Hibernica", „Expugnatio Hibernica", „Itinerarium Cambriae" und „Descriptio Cambriae"[21]. Die genauere Lektüre bringt jedoch einige Überraschungen. In der Geschichte der abendländischen Autobiographie nimmt Giraldus einen hervorragenden Platz ein, schon durch seine erklärt autobiographische Schrift „De rebus a se gestis" und die „epistola ... de libris a se scriptis"[22], aber auch durch zahlreiche autobiographische Darlegungen und Notizen in anderen Werken. Sicherlich hat er die Begabung, zu beobachten und das Beobachtete zu beschreiben. Es wurde an anderer Stelle schon darauf hingewiesen, wie er in Rom die Kirchen zählte und die großen unbebauten Flächen innerhalb der Mauern bemerkte[23]. Seine Schilderung der väterlichen Burg Maenor Pyr ist genau und anschaulich. Man sieht förmlich mit ihm die Landschaft und die mit Wind und Wellen kämpfenden Schiffe[24]. Ebenso klar setzt die „Topographia Hibernica" ein: von Wales, England oder Schottland segelt man in einem knappen Tag nach Irland. Von jeder der Inseln sieht man je nach der Breite des Meeresarms bei gutem Wetter die Vorgebirge der anderen. Nach Spanien wie nach Island segelt man von Irland dagegen drei Tage[25]. Man findet von Geralds vielen Reisen auch einzelne kurze, lebendige Szenen, wie die vom Verlust des Gepäcks auf der Reise von Rouen über Abbeville nach Dieppe[26].

---

20 W. Hoenerbach, Deutschland und seine Nachbarländer nach der großen Geographie des Idrisi (gest. 1162), Stuttgart 1938.

21 Giraldi Cambrensis Opera 5 u. 6, ed. J. F. Dimcock, London 1867/68. Vgl. F. M. Powicke, Gerald of Wales, Bulletin of John Ryland's Library 12 (1928) S. 389 - 410. U. T. Holmes, The Kambriae Descriptio of Gerald the Welshman, Mediaevalia et Humanistica, New Series 1 (1970) S. 217 ff. M. Richter, Gerald of Wales: A reassessment on the 750th Anniversary of the Death, Traditio 29 (1973) S. 379 ff.

22 Opera I, ed. J. Brewer, London 1861, S. 1 ff. u. 401 ff. G. Misch, Geschichte der Autobiographie III 2, Frankfurt/M. 1962, 10. Abschn.

23 Wie Anm. 11, S. 12 u. 15.

24 Opera 6, S. 92 f.

25 Opera 5, S. 22.

26 Opera 1, S. 81 ff.

Die „Topographia Hibernica" erweist sich in ihrem ersten Teil indessen als reines Realienbuch über Gestalt und Fruchtbarkeit des Bodens, das Klima, die Flüsse und Seen, die See- und Flußfische, die Vögel, die wilden Tiere usw. Vom Autor Erlebtes kommt kaum vor. Der dritte Teil will von den Bewohnern handeln, wobei viel Sagenhaftes neben einigem Historischem berichtet wird, wenig von körperlichen und geistigen Eigenschaften der Iren, von Waffen, Wirtschaftsweise, aber viel von Musik und Musikinstrumenten. Auf den zweiten Teil „De mirabilibus Hiberniae et miraculis" wird sogleich zurückzukommen sein. Im „Itinerarium Kambriae", das von der Reise mit Erzbischof Baldwin von Canterbury durch das heimatliche Wales im Jahre 1188 handelt, erwartet man dann schon nach dem Titel einen wirklichen Reisebericht, und man wird darin nicht ganz enttäuscht. Der Reiseweg läßt sich rekonstruieren, und wir erfahren, daß Gerald auch eine Karte des Landes angefertigt hat[27]. Wenigstens mit kargen, stereotypen Wendungen wird das Reisen selbst erwähnt: *Profecti abinde, intrantes itaque provinciam N.* usw. Gelegentlich werden auch Entfernungen angegeben. Von der Kreuzpredigt des Erzbischofs ist die Rede und manchmal sogar von dem, was Gerald dabei erlebte. Im Ganzen überwiegt auch hier die unpersönlich referierende Abhandlung der natürlichen Gegebenheiten und der Landessitten. Aber wie überall bei Gerald wird die Darstellung aufgehellt von anekdotenhaften Einschüben, von merkwürdigen, wunderlichen oder wunderbaren Erscheinungen und Begebenheiten.

Das ganze zweite Buch der „Topographia Hibernica" bietet eine Sammlung von 55 staunenerregenden Geschichten, teils unerhörten Naturerscheinungen, teils von Wundern, etwa von dem Fisch mit den drei goldenen Zähnen, der Frau mit dem Bart und dem kammartigen Auswuchs auf dem Rücken, dem Priester mit dem sprechenden Wolf oder aber den Vögeln des heiligen Colomannus und von dem sprechenden Crucifix in Dublin[28]. In der „Expugnatio Hibernica" muß sich Gerald dann freilich gegen diejenigen verteidigen, von denen er wegen seiner Wundergeschichten angegriffen worden war. Sie sollten nur in der Bibel von der sprechenden Eselin des Balaam lesen, sie sollten dann doch alle Werke hervorragender Autoren verdammen wegen der von ihnen aufgenommenen Wundererzählungen[29].

Man könnte hier einen Schriftsteller vermuten, der sein Publikum mit Mirabilien und Mirakeln unterhalten will, ohne viel nach ihrer

[27] J. Conway Davies, The Cambriae Mappa of Giraldus Cambrensis, Journal of the Historical Society of the Church in Wales 2 (1950) S. 46 - 60.

[28] Opera 5, S. 93, 107 f., 101 f., 117 ff., 128 f.

[29] Opera 5, S. 209.

Realität zu fragen. Im allgemeinen war man im Mittelalter geneigt, das Seltsame und Wunderbare in eigener Weise für wirklich zu halten. Wenn Liudprand von Cremona im Golf von Korinth in Sturmesnöten den heiligen Andreas anruft, dessen Heiligtum in Patras zu besuchen er versäumt hatte, wenn der Sturm sich darauf nach zwei Tagen legte, so glaubte er sicherlich an das wunderbare Eingreifen des Heiligen. Und es ist für ihn ein göttliches Zeichen, wenn die Insel Korfu bebte, als ihm der Strategos Michael vom Chersones den Kuß des Friedens gab, den er nicht im Herzen trug[30].

Aber auch die wachsende Lust, bisher unbekanntes Wirkliches zu entdecken und zu berichten, verbindet sich noch lange mit der Geneigtheit, an Wunder zu glauben. Wenn man sie eine Geneigtheit nennt, das Wunderbare für möglich, wenigstens nicht für unmöglich zu halten, dauert sie vielfach bis heute fort. Marco Polo berichtet einerseits von dem Öl in Georgien, das man nicht essen, aber brennen und auch für andere Zwecke verwenden kann. Aber er erbaut sich und seine Leser andererseits doch auch mit Wundern, so von dem Kloster an einem Bergsee, der nur vom ersten Fastentag bis Ostern Fische hat, von der Rettung von hunderttausend Christen durch einen wirklich gläubigen Schuster[31]. Der Kalif hatte den Christen vorgehalten, ihr Glaube vermöge doch angeblich Berge zu versetzen, sie sollten also binnen zehn Tagen einen bestimmten Berg versetzen, sonst müßten sie alle sterben. Acht Tage geschieht nichts; da wird dem Bischof im Traum der Schuster und sein Name geoffenbart. Sein Glaube sei so stark, daß er betend den Berg versetzen werde. Und also geschah es am zehnten Tag, daß der Berg sich bewegte. Es gab bald aber wirklich Menschen, die dem Monströsen oder Irrationalen widerstanden. So fragte Poggio Bracciolini den Venezianer Nicolò de Conti, dessen Reiseberichte er im Auftrag Papst Eugens IV. aufzeichnete, ob er menschliche Ungeheuer, z. B. Leute mit einem Fuß, Zwerge, Riesen oder Kobolde, von denen seit Urzeiten viel gefabelt wurde, gesehen habe. Nicolò verneinte das, fügte aber hinzu, daß er Tiere von unglaublicher Gestalt gesehen, vom Vogel Phönix allerdings nur gehört habe[32]. Schon ein Jahrhundert zuvor hatte ein anonymer spanischer Franziskaner in einem fingierten, aber erstaunlich gut unterrichteten Reisewerk erwähnt, im Norden solle es Menschen geben, deren Kopf direkt auf der Brust sitze (ohne Hals). Er selbst, bemerkt er nüchtern-lakonisch, habe sie nicht ge-

---

30 Wie Anm. 12, S. 207 f. u. 211.

31 Marco Polos Reiseberichte, nach der Ottimo Ausg. v. 1309 hg. v. U. Köppen, Prop. Verlag o. J., S. 15 u. 17 ff. Vgl. L. Olschki, L'Asia di Marco Polo, Venezia—Roma 1958, S. 165.

32 W. Sensbury, Poggio Bracciolini und Nicolò de Conti in ihrer Bedeutung für die Geographie d. Renaissancezeitalters, Mitteil. d. K. K. geogr. Gesellsch. i. Wien 49, (1906) S. 294.

sehen[33]. Enea Silvio Piccolomini erkundigte sich in Schottland nach den sagenhaften Bäumen, deren Früchte, fielen sie zu Boden, verfaulten, fielen sie ins Wasser, sich in Enten verwandelten. Er bemerkt ironisch, ihm sei bedeutet worden, diese Bäume fänden sich auf den Orkney-Inseln *(didicimus miracula semper remotius fugere)*. Ebenso ironisch fügt er hinzu, er habe ein anderes Wunder dort erlebt: fast nackte Arme hätten als Almosen Steine erhalten und seien froh damit abgezogen. Es sei eine Art Stein, die brennte, während die Gegend holzarm sei[34].

P. Joachimsen hat Giovanni Villani mit Lionardo Bruni Aretino vergleichend gesagt: „so ist es, wie wenn man in Venedig von der dämmerigen Pracht S. Marcos sich zu Palladios kalter Redentore wendet. Nichts von all' den tausend entzückenden Kleinigkeiten ...[35]." Gewiß treten im italienischen Humanismus die vielen Fabeln zurück, aber die realistischere Haltung ist nicht auf den Humanismus beschränkt, sondern entspricht einer umfassenderen Tendenz. Piccolomini ist nicht realistischer als Lanckmann[36], Marco Polo ist im ganzen schon genauer als die meisten älteren, will aber mit seinen Memorabilien Staunen erregen, nicht aber immer ganz ernstgenommen werden (Einhorn). Auch Schiltberger war gewiß kein Humanist; Johannes von Butzbach hat erst spät eine humanistische Prägung erhalten[37]. Das Bedürfnis der Autoren und ihres Publikums nach sinnlicher Faßbarkeit, nach genauerer Beschreibung, nach Bevorzugung des Selbsterlebten ist nicht im engeren Sinn humanistisch allein. Der Humanismus beruht mit auf einer wachsenden allgemeinen Aufgeschlossenheit für das Wirkliche, eine Haltung, die er seinerseits steigert. Doch, wie gesagt, dauert die Empfänglichkeit für das Okkulte noch weithin fort. Man lese nur das 9. Kapitel des ersten Buches von Guicciardinis Storia d'Italia über die *paurosi prodigi e terrore in Italia* vor dem Angriff Karls VIII. auf das Land, über deren Deutung durch Menschen, die bekennten, durch Wissen oder göttliche Eingebung Kenntnis von zukünftigen Dingen zu haben, eine For-

---

33 Libro del Conosciemento, engl. Übers. hg. v. C. Markham, Book of the Knowledge, The Hakluyt Society, sec. ser. 29 (1912), repr. Nendeln-Liechtenstein 1967, S. 11. Darüber zuletzt A. Gieysztor, Le centre et l'Est européen au XIVme siècle vue de la Mediterranée, in: Mél. en l'honneur de Fernand Braudel I. Hist. écon. du monde meditérranéen 1450 - 1650, Toulouse 1973, S. 219 - 226.

34 B. Widmer, Enea Silvio Piccolomini. Papst Pius II., Basel—Stuttgart 1960, S. 374 f. aus De Europa c. 46, Opere S. 443 f.

35 Geschichtsauffassung und Geschichtschreibung in Deutschland unter dem Einfluß des Humanismus, Beitr. z. Gesch. d. Mittelalters u. d. Renaissance 6, Leipzig u. Berlin 1910, S. 19.

36 Vgl. u. bei Anm. 67, 77, 78, 100, 106, 122.

37 Vgl. o. bei Anm. 2 u. Des Johannes von Butzbach Wanderbüchlein, übers. v. D. J. Becker, Leipzig o. J. (1912). Vgl. R. Newald, NDB 3, Berlin 1957, S. 82.

mulierung, die vielleicht denn doch eine gewisse Zurückhaltung des Autors spüren läßt[38].

Die allmähliche Änderung des Verhaltens zur irdischen Welt ist am eingreifendsten und vielseitig folgenreich in der Auffassung der Grenzen dessen, was dem Menschen zugänglich ist. Die Vorstellungen von den drei seit der Antike bekannten Erdteilen Europa, Afrika und Asien waren ziemlich vage. Sogar vom Norden und Osten Europas hatte man nur recht ungenaue Kenntnisse. Gestalt und Größe der anderen Erdteile waren schlechthin unbekannt, ebenso die Meere außer dem mittelländischen. Verbreitet waren Auffassungen wie die des Geographen von Ravenna (um 800), die auch von Wido von Pisa (Anfang des 12. Jahrhunderts) übernommen wurden, daß der Erde Grenzen Gott allein bekannt seien und keinem Menschen erlaubt sei, das Ende der *prima India*, der *India Dimirica Evilat* zu finden. Der später noch öfter erwähnte Seidenozean, der *Oceanus Sericus Indiae Bactrianae* sei wegen des Schilfs unbefahrbar[39]. Was im atlantischen Ozean südlich von Kap Nun oder Non, dem *caput finis Africae*, lag, hielt man noch lange wie die Karte des Marino Sanudo von 1320, für eine *regio inhabitabilis propter calorem*, und von der geheimnisvoll schaurigen Natur des dortigen Meeres war die Phantasie erfüllt[40]. Dante, der doch Kunde vom Kreuz des Südens gehabt zu haben scheint[41], läßt den bewunderten Odysseus im endlosen Ozean zugrundegehen, da er die Grenze überschritt und sich in seinem Erkenntnisdrang in Bereiche vorwagte, die zu den jenseitigen Ordnungen gehören[42]. Es kehrt jener Gedanke wieder, daß es den Menschen nicht erlaubt sei, das Ende der Erde zu kennen.

Auch in den spätmittelalterlichen Jahrhunderten kannte man es zwar nicht, aber was man von der Welt erfuhr, ließ sie immer größer, reicher und merkwürdiger erscheinen. Das Verhältnis der eigenen vertrauten Umgebung zur Weite der Welt änderte sich in den Vorstellungen des Abendlandes. Denn es mußte Päpste, Kaiser und Könige betroffen

---

38 Storia d'Italia, a cura di Silvana Seidel Manchi, vol. 1, Torino 1971, S. 74.

39 Ravennatis anonymi cosmographia et Guidonis Geographica, ed. J. Schnetz, Itineraria Romana, vol. alt., Leipzig 1940, S. 103 u. 139.

40 Hennig (wie Anm. 1) IV, S. 74 ff. Wie lange solche Vorstellungen fortlebten, zeigen Äußerungen des Nürnbergers Hans Tucher (1479), Gründtlicher und eigentlicher Bericht der Meerfahrt ... gen Venedig, Jerusalem usw., Frankfurt 1561, S. 55 (künftig zit.: Tucher): über eine langjährige Expeditionsfahrt, die im Auftrag des ägyptischen Sultans die Nilquellen feststellen soll. Sie scheitert: „Also das man nit eigentlichen erfaren kan von wannen er kompt, andersz dan von auffgang der Sonnen."

41 Hennig III, S. 148 ff. zu Purg. 1, 22 ff.

42 Saeculum Weltgeschichte V (1970) S. 166 f., dazu die dort S. 551 zit. Literatur.

machen, wenn sie durch Marco Polo erfuhren, sie alle zusammen seien nicht so mächtig wie Kublai Khan[43], durch Odorico da Pordenone, die Stadt Catusay (Quinsay = Hangtschou in China) sei die größte Stadt der Welt, vor jeder ihrer zwölf Tore lägen Städte, die größer als Venedig seien[44]. Der Dominikaner Guillaume Adam, der Persien, Indien und Ostafrika bereist hatte, teilt Philipp VI. von Frankreich mit, Asien sei viel größer als man gewöhnlich glaube, die Annahme von Antipoden sei nicht falsch, und die Christen machten noch nicht den zehnten, ja nicht einmal den zwanzigsten Teil der Menschen aus[45]. Auch ein Mann mit eher europäischem Horizont wie Giovanni Villani behauptete schon, Asien umfasse die Hälfte oder mehr von der ganzen bewohnten Erde[46]. Der bereits angeführte spanische Franziskaner schätzt die von Alexander dem Großen nach der Sage durch eine eherne Pforte verschlossene Tartarei als den vierten Teil der Erde ein[47]. Durch den berühmten Erzbischof in China, Johannes von Montecorvino, der 1288 von Papst Nikolaus IV. mit Briefen an die Herrscher von Persien und China geschickt worden war und 1328 in Peking starb, erhielt der Westen mehrfach zuverlässige Kunde über den fernen Osten[48]. Die letzten Berichte aus der Zeit der pax Mongolica vor dem sich nach außen abschließenden China der Ming-Dynastie stammen von dem Florentiner Johannes von Marignola, der 1338 im Auftrag Benedikts XII. zum Großkhan reiste und 1353 zu Innozenz VI. zurückkehrte. Sie sind voll von Seltsamkeiten und Prahlereien. Immerhin teilt er auch mit, er habe mit seinen Begleitern Sandberge überquert; vor den Tartaren habe niemand daran geglaubt, daß es hinter ihnen bewohnbares, ja überhaupt Land gebe. Wenn eine solche Nachricht auch in die Geschichte der Veränderung abendländischer Vorstellungen von der Erde gehört, so spricht sich andererseits Marignola in altmodischer Weise gegen die sonst vor ihm schon geäußerte Meinung aus, daß es Antipoden gäbe[49]. Man sieht also, wie das Neue vielfach nur zögernd und inkonsequent angenommen wird.

---

43 Wie Anm. 31, S. 43.

44 Les voyages en Asie de Odoric de Pordenone, ed. H. Cordier, Paris 1891, S. 299 f. Hennig III, S. 154 f.

45 Directorium ad passagium faciendum, Rec. des hist. des croisades, docum. Arméniens I, Paris 1906, S. 382 ff. Nachweis des Verfassers Einl. S. CXLIII ff., bes. S. CLIV ff. Dazu B. da Rachelwitz, Papal Envoys to the Great Khans, London 1971, S. 182. H. Euler, Die Begegnung Europas mit den Mongolen u.s.w., Saeculum Jahrb. 23 (1972) S. 56.

46 L. A. Muratori, SS. rer. Ital. XIII, Mediolani 1728, S. 12, c. 3.

47 Wie Anm. 33, S. 48.

48 Hennig III, S. 104 ff. da Rachelwitz, S. 161 ff.

49 Kronika Marignolova, ed. J. Emler, Fontes rer. Bohem. III, Prag 1882, S. 495, ferner S. 510 unter Berufung auf Augustin: *Noluit enim deus, quod homo posset circuire per mare totum mundum.*

Nach Pierre d'Aillis Imago mundi und den von Poggio Bracciolini aufgenommenen Berichten des Nicolò Conti wurde dann die Erstrekkung Asiens nach Osten sogar überschätzt[50]. Und als im 15. Jahrhundert auch die vermeintlichen Schranken an den afrikanischen Küsten den Entdeckungsfahrten der Giovanni Cà da Mosto, Antoniotto Uso di Mare, Antonio de Noli u. a.[51] wichen, schien die Bahn frei für die gewagten Fahrten nach Südosten und Westen. Die im Bewußtsein langsam vor sich gehende Relativierung des eigenen Raumes befähigte nun das Abendland ins Unbekannte zu greifen und den Planeten zu entdecken[52]. Es ist bekannt, daß Columbus die Westfahrt nach Indien nur wagte, weil er und mehrere hochgelehrte Zeitgenossen die Entfernung nach „Indien" auf Grund der Mitteilungen jener Ostreisenden um ein Mehrfaches unterschätzte[53].

Es ist dabei zu beachten, daß manche Humanisten, namentlich florentinische, an der Veränderung der Vorstellungen von dem Planeten Erde starken Anteil genommen haben. Petrarca hat nach „De vita solitaria" Kenntnis davon genommen, daß eine genuesische Flotte zu den „glücklichen Inseln" gelangt war, weiß also von der Entdeckung der östlichen kanarischen Inseln durch den Genuesen Lancerotto Malocello, einen Mitarbeiter des gleichfalls aus Genua stammenden Admirals von Portugal Manuel Pessagno. Marino Sanudo kannte sie 1320 noch nicht; erst der Katalane Dulcert trug sie 1339 in seine Karte ein[54]. Boccaccio berichtete ausführlich und tief beeindruckt, was ihm florentinische Kaufleute aus Sevilla über die Entdeckung weiterer kanarischer Inseln im Jahre 1341 mitgeteilt hatten. Er beruft sich dabei be-

---

50 Zum Verhältnis Pius II. zu Niccolò Conti vgl. N. Casella, Pio II tra Geografia e Storia, Arch. della Soc. Rom. per la storia patria 95 (1972) S. 82 ff., zur Bedrohung Europas durch die Türkei=Asien S. 38 Anm. 4 nach Europa § 4: *hoc genus hominum auctum est aut Asiam Graeciamque tenens Latinum Christianumque nomen late perterreat.*

51 Hennig IV, S. 76 f., 138 ff., 147 ff. Ch. Verlinden, Navigateurs, marchands et colons italiens au service de la découverte et de la colonisation portugaises sous Henri le Navigateur, Le Moyen âge, 4me ser. 13 (1958) S. 475 ff.

52 Vgl. die wichtigen Bemerkungen von P. Chaunu, L'expansion européenne du XIIIme au XVme siècle, Nouvelle Clio 26, Paris 1969, S. 59, warum nicht China trotz vorhandener materieller und technischer Voraussetzungen die Erde entdeckt hat: „Une frontière doublement ouverte, un profond mépris du monde extérieure, une aptitude à recevoir les missionaires, non à les envoyer." Demgegenüber das erschütterte Sicherheitsgefühl Europas nach dem Fall von Konstantinopel. Vgl. o. Anm. 50. Vgl. ferner P. Herde, Das geographische Weltbild und der Beginn der Expansion Europas an der Schwelle der Neuzeit, Nassauische Annalen 87 (1976) S. 71 f.

53 Zusammenfassend zuletzt Herde S. 92 f.

54 Hennig III, S. 136 ff. Ch. Verlinden, Lanzarotto Malocello et la découverte portugaise des Canaries, Revue belge de la philol. et d'hist. 36 (1958) S. 1173 bis 1209, wo Hennigs Annahmen wesentlich berichtigt werden, ferner G. Padowan, Petrarca, Bocaccio e le Canarie, Italia medioevale e umanistica 7, Padova 1964, S. 272 ff.

sonders auf den Genuesen Niccoloso da Recco, der bei dem Unternehmen Steuermann war[55]. Poggio Bracciolini gehört in die Geschichte der Entdeckungen durch Abfassung der erwähnten Reiseberichte des Nicolò Conti[56], die auf Enea Silvio Piccolomini und zusammen mit Marco Polo auf Columbus so stark wirkten. Viele ältere Erfahrungen und Kontakte mit ihm bekannten Kaufleuten und Humanisten ließen die epochemachenden Vorstellungen des Florentiner Arztes und Physikers Paolo del Pozzo Toscanelli (1397 - 1482) heranreifen, der seine Ansichten von der Erreichung Asiens über den westlichen Seeweg dem portugiesischen Hof 1474 mitteilte und auch Columbus entscheidend beeinflußte, mit dem er persönliche Beziehungen aufnahm[57]. Toscanelli hatte überhaupt Verbindung mit vielen gelehrten Leuten, so mit Pius II. sowie mit Nicolaus Cusanus, der ihm zwei seiner Werke widmete und nach 1461 eine Karte von Deutschland entworfen hatte, die postum publiziert wurde[58]. Toscanellis Karte von 1474 ist gewiß auch dem Nürnberger Martin Behaim, einem Teilnehmer an den Fahrten des Diogo Cão, bekannt geworden. Sie mag auf diesen einen gewissen Einfluß bei der Anfertigung seines berühmten Erdapfels gehabt haben[59].

Man darf indessen nicht etwa denken, daß die Entschränkung und Relativierung des Abendlandes gleichmäßig und gleichzeitig die Anschauungen der Menschen verändert hätte. Innocenz IV. und Clemens IV., die Carpini und Rubruk in den Osten sandten, waren ebenso enttäuscht davon, daß diese nicht auf die erwarteten christlichen Reiche trafen, wie Ludwig der Heilige von den negativen Erfahrungen des Andreas von Longjumeau[60]. Und hat man doch bis ins 15. Jahrhundert immer wieder gehofft, in dem sagenhaften Priester Johannes einen großen Verbündeten gegen den Islam, einen Angehörigen der eigenen christlichen Welt zu finden. Wie man durch die Angaben des mehrfach erwähnten spanischen Franziskaners des 14. Jahrhunderts weiß[61], be-

---

55 Monumenti di M. Giov. Bocaccio, ed. S. Ciampi, Milano 1830, S. 55 ff. Hennig III, S. 206 ff., dazu aber Verlinden S. 1191.

56 Wie Anm. 32.

57 Brief Toscanellis an den Kanoniker Fernão Martins, den Beichtvater Alfons V. von Portugal, v. 25. 6. 1474. N. Sumien, La correspondance du savant Florentin Paolo del Pozzo T. avec Christoph Colomb, Paris 1927, 1, wo auch gegen H. Vignaud die Echtheitsthese vertreten wird. Vgl. Hennig IV, S. 246 ff. Chaunu S. 17 ff. S. E. Morrison, The European Discovery of America II, The Southern Voyages, New York 1974, S. 21.

58 S. Ruge, Ein Jubiläum der deutschen Kartographie, Globus 60 (1891) S. 4 ff.

59 C. Rathjens, NDB 2, Berlin 1955, S. 2 f. H. Winter, Martin Behaim. Geschichte und Legende, Die Erde 90 (1959) S. 359 ff.

60 Hennig III, S. 35. Verlinden (wie Anm. 51) S. 470 f. Anm. 11, dort bes. die verwandten Auffassungen noch Nikolaus' V.

61 Markham (wie Anm. 33) S. 35 f.

gann man zwar innezuwerden, daß dieser in Abessinien herrschte, aber die alten Hoffnungen, daß schließlich doch sich in weiten Teilen der Welt noch Christen fänden, erlosch nur langsam. Und die wirkliche Begrenztheit der christlichen Welt und auch die ihres großen islamischen Widerparts erkannte man in weiten Kreisen erst allmählich.

C.

Die Erschließung der irdischen Wirklichkeit vollzog sich nicht nur in der Erkenntnis der Größe und Gestalt des Planeten, sondern auch in der zunehmenden Fähigkeit, das Einzelne und Nahe genauer zu sehen, zu hören, zu empfinden, zu bedenken und die Begegnung damit als eigenes Erlebnis aufzufassen, das man auch für andere interessant und deshalb für mitteilenswert hielt. Dies soll beispielhaft an einigen ausgewählten Berichten von Seereisen über das Mittelmeer vom 14. bis 16. Jahrhundert verdeutlicht werden. Man könnte es natürlich ebensogut an Berichten über Reisen zu Land beobachten. Wir können daher gelegentlich Belege und Ergänzungen aus einigen wenigen weiteren Berichten von Reisen sowohl über Meer wie über Land aus dieser Zeit beifügen.

I.

1. Francesco Petrarca schreibt 1350, in seinem 7. Lebensjahr sei er zur See nach Frankreich hinübergebracht worden. Unweit von Marseille habe man in winterlichen Nordstürmen Schiffbruch erlitten, und wenig habe gefehlt, so wäre er aus der Vorhalle des Lebens abgerufen worden[62]. Ein Brief an Giovanni Colonna handelt von den Fährnissen seiner Reise nach Rom und Neapel, die bei stürmischem Wetter, in Kriegsläuften teils zu Wasser, teils zu Lande zurückgelegt wurde[63]. Und Petrarca ist auch sonst ein vielgereister Mann, der seine Erlebnisse beredt zu schildern vermochte. Aber gerade das „Itinerarium Syriacum“[64] ist kein Reisebericht, sondern auf Bitte des Adressaten stellt der Autor dar, was jener, der sich zur üblichen Pilgerreise anschickt, bald mit Augen sehen wird, was er selbst aber noch nicht gesehen hat und wohl auch nie sehen wird. Die Reise geht von Genua aus, und zuerst wird die ligurische Küste, die Petrarca auch von der See aus sicherlich kennt, in ihrer Anmut, Fülle und Merkwürdigkeit vorgeführt: wohin du dich wendest, wirst du goldene Häuser am Ufer verstreut sehen. Viele Namen von Orten, Häfen und Flußmündungen, Burgen werden genannt und erklärt. Man erblickt die Ruinen von Luni und reflektiert

62 Wie Anm. 6, S. 67 f.

63 Francisci Petrarchae Florentini ..., opera quae extant omnia, Basileae 1554, republ. New York 1965, II, S. 710 ff. Epp. de rebus familiaribus V, Nr. 3.

64 Opera I, S. 618 - 626.

über dieses *magnum exemplum fugiendae libidinis,* wofür ein größeres und älteres Beispiel Troja ist. Der Schiffsführer wird dir Pisa zeigen mit seinen vielen Türmen, das bis zur Niederlage durch Genua das Meer beherrschte. Auf der rechten, westlichen Seite gleiten die Inseln des tyrrhenischen Meers vorbei. So geht es mit besinnlichen Erklärungen noch über die Bucht von Salerno hinaus: von hier an wirst du mit günstigen Winden in leichter Fahrt vorwärtskommen, so daß ich meinerseits mit leichtem Griffel zu Italiens Grenze gelange. Was Petrarca bis hierher darlegte, füllt in der Ausgabe vier Seiten, für das folgende bis Kap Leuca braucht man eine Seite, für die gesamte übrige Fahrt bis nach Syrien, den Aufenthalt im heiligen Land und die Weiterreise über das Katharinenheiligtum, das rote Meer bis zum Nil, den *Asiae atque Africae limes,* abermals vier Seiten. Man hat es hier eben nicht mit einem wirklichen Erlebnisbericht zu tun, sondern mit einem literarischen Essay, der zwar in seinem ersten Teil die hellen Augen erkennen läßt, die in die Welt schauen, aber wenn man Petrarcas Art erkennen will, die Umwelt aufzufassen, muß man sich an andere Schriften halten, besonders die Reisebriefe.

2. Gobelinus Persona aus Paderborn oder der Paderborner Diözese, bedeutender Geschichtsschreiber (1358 - 1425?)[65], machte als päpstlicher Kammerkleriker im Sommer 1385 die Seereise Papst Urbans VI. von Bari durch das adriatische, jonische und tyrrhenische Meer nach Genua mit. Er war mit dem Papst in Lucera gewesen und mit dem Thesaurar nach Benevent gesandt worden. Da der Papst von der tyrrhenischen Küste aus nicht sicher nach Genua gelangen konnte, zog er in strapaziösem Marsch auf die adriatische Seite. Am 3. August stieß Gobelinus mit seiner Gruppe von Kurialen von Benevent aus zu ihm. Am 19. August kam man zwischen Barletta und Trani an die apulische Küste. Von den genuesischen Galeeren, die dort sein sollten, war nichts zu sehen. Der erschrockene Papst ließ die Trompete blasen, versammelte alle und verbot, daß sich irgendeiner entferne. Da, zwei Stunden nach Mittag, sah man endlich sechs Galeeren im Meer stehen, alles eilte zum Strand, und der Papst wurde mit seinem Gefolge ehrfurchtsvoll von den Schiffen aufgenommen. In Bari traf man am nächsten Tage vier weitere Galeeren. Die ganze Flotte segelte von da aus, unter vorsichtiger Vermeidung unsicherer Küstenplätze, nach längerem Aufenthalt in Corneto und Überwindung stürmischen Wetters nach Genua, wo man am 21. IX. landete[66].

3. Die Abreise des Enea Silvio Piccolomini als Sekretär des Bischofs Domenico Capranica von Piombino zum Baseler Konzil im Frühling 1431

[65] Cosmidromius Gobelini Person, ed. M. Jansen, Münster 1900, S. VIII f.
[66] S. 112 ff.

war nicht die glänzende Szene, die später Pinturicchio in der Libreria Piccolomini in Siena gemalt hat. Eugen IV. hatte dem von Martin V. zum Kardinal kreierten Capranica die Kardinalswürde abgesprochen, und dieser wollte in Basel beim Konzil sein Recht geltend machen. Er war nach Piccolominis Bericht in den Commentarii rerum memorabilium[67] mit seinem Gefolge nach Piombino gekommen. Als das zur Reise nach Genua bestimmte Schiff in Sicht war, verhinderte der Herr von Piombino, Giacopo Appiano, daß sie an Bord gingen. Doch der Bischof entkommt mit einem Begleiter, findet am Strand ein Boot, mit dem er das auf hoher See kreuzende Schiff erreicht. Darauf entließ Appiano auch das Gefolge, das nach einer kalten Nacht auf Elba gleichfalls zum Schiff gelangt. Was von der stürmischen Seereise gesagt wird, ist, wie ein anderer brieflicher Bericht des Enea selbst zeigt, von zweifelhafter Glaubwürdigkeit. Man landet schließlich in Porto Venere und kommt mit einem Dreiruderer glücklich nach Genua, von wo die Reise nach Mailand und über den Gotthard nach Basel weitergeht.

4. Unter den vielen Berichten über Pilgerfahrten nach dem heiligen Land im 15. Jahrhundert ist das Evagatorium des Ulmer Dominikaners Felix Fabri[68] „das bedeutendste Werk der damaligen Pilgerreiseliteratur“ (E. Schmidt)[69], die größte und bedeutendste Pilgerschrift, die wir besitzen“ (P. Joachimsen)[70]. Sicherlich ist sie an Beobachtungsgabe und ausführlicher, genauer, gedankenreicher Darstellung des Details unerreicht. Die erste Reise trat Felix als Kaplan des jungen Ritters Georg von Stein an, die zweite als Kaplan des Herrn Johannes Truchsess von Waldburg und anderer Adliger[71]. 1480 war er vom 14. IV. bis zum 16. XI. auf der Reise; die zweite Fahrt, die ihn auch zum Sinai und nach Ägypten führte, dauerte von 1483, wieder vom 14. IV., bis zum 29. I. 1484. Und wohin er kam, zu Lande oder auf dem Schiff, schrieb und schrieb er[72]. Auf diesen Notizen und Tagebüchern beruht die unvergleichliche Fülle und relative Genauigkeit seiner Angaben. Ihn zählt

---

67 Commentarii rer. memorabilium, ed. Romae 1584, I, S. 2 f. B. Widmer (wie Anm. 34) S. 142 ff., dazu Einl. S. 18 f. Stark abweichend Eneas Brief v. 28. II. 1432, hg. v. R. Wolkan, Der Briefwechsel des Enea Silvio Piccolomini, 1. Abt., 1. Bd., Fontes rer. Austr., Abt. II, 61, Wien 1909, S. 4, Nr. 4.

68 Ed. C. D. Hassler, Bibl. d. liter. Ver. Stuttgart 2, 3, 4, Stuttgart 1843 u. 1849 (künftig Fabri 1, 2, 3). Vgl. G. Gieraths, NDB 4, Berlin 1971, S. 726 f.

69 E. Schmidt Deutsche Volkskunde i. Zeitalter d. Humanismus u. d. Reformation, Eberings Hist. Studien 47, Berlin 1904, S. 36.

70 Wie Anm. 35, S. 46. Ähnlich R. Röhricht, Deutsche Pilgerreisen nach dem heiligen Land, neue Ausg., Innsbruck 1900, S. 163. Begabung zu wachester Beobachtung zeigt bes. auch d. Bericht des Hans Tucher (wie o. Anm. 40).

71 Fabri 1, S. 28 ff. u. S. 63 ff.

72 Ebenda S. 135. Tucher S. 13 rät für die Einkäufe vor der Reise in Venedig: „Kauff auch ein Schreibzeug, Papyr und Tinten, das einer underwegen für die lange weil schreiben mag, was er sicht.“

Joachimsen zu den „scholastischen Humanisten“. Jedenfalls zitiert er wie ein Scholastiker und hat er reichen Anteil an humanistischem Wissen. Mit seiner Auffassungsart, der Empfänglichkeit für das sinnlich Wahrnehmbare und der Freude am Beobachten des Wirklichen steigert sich eine in seiner Zeit schon breit gewordene Tradition.

5. Der Ritter Arnold von Harff (1471 - 1505)[73] verließ die heimatliche Kölner Gegend im November 1496 und reiste zuerst nach Rom, dann von Venedig aus nach Alexandrien. Sein Bericht[74] läßt manches unklar, schon für die Italienreise. Sicher hat er aber in Ägypten, am roten Meer und auf der Sinai-Halbinsel viel beobachtet, auch auf der Seereise. Daß er Indien besucht hat, ist nicht unbestritten. Die Rückkehr von Beyrut aus erfolgte zu Land über Konstantinopel, wo ihn der Sultan u. a. über den Einmarsch Karls VIII. in Italien befragt haben soll. Seine Erzählungen, die nicht auf sorgsamer Tagebuchführung zu beruhen scheinen, sind aber eigenartig und offenbar nicht viel von Lektüre einschlägiger Werke stärker berührt. Nach der Rückkehr wurde er bald Erbkämmerer des Herzogs von Geldern. Als solcher ist er jung gestorben.

6. Im März 1451 reisten im Auftrag des Habsburgers Friedrich III. die Priester Jakob Motz, in sacra theologia baccalaureus, und Nicolaus Lanckmann von Valckenstein nach Portugal[75], um die Prinzessin Leonore, Schwester des Königs Alfons V., die Braut des Habsburgers, von Lissabon nach Talamone zu begleiten. Den Hinweg legten die Gesandten zu Land zurück, von Lissabon aus reiste die kaiserliche Braut mit einer Flotte von elf Schiffen unter dem Befehl des Markgrafen Alfonso von Valença, einem Verwandten des Königshauses, und in Begleitung des Bischofs Johannes von Coimbra nach Italien. Nicolaus Lanckmann hat darüber, offenbar auf Grund tagebuchartiger Notizen, einen auch in Einzelheiten gewissenhaften, umsichtigen und eindrucksvollen Bericht verfaßt. Auch Enea Silvio Piccolomini, damals Bischof von Siena, von Friedrich III. zum Empfang der Braut nach Talamone gesandt, hat die Seereise in seiner Geschichte Friedrichs III. beschrieben[76]. Er war gut unterrichtet von Teilnehmern an der Fahrt, und seine Darstellung ist lebendig und gewandt. Freilich kommt es ihm weniger auf Genauig-

---

[73] Vgl. H. Lahrkamp NDB 7, Berlin 1966, S. 672 f.

[74] E. Groote, Die Ritterfahrt des Ritters Arnold von Harff, Köln 1860 (Künftig zit.: Harff). Vgl. auch die engl. Übers. v. Malcolm Letts, The Hakluyt Soc, 2d ser. 94, 1947, repr. Nendeln-Liechtenstein 1967.

[75] Historia desponsationis Friderici III. et coniugis ipsius Eleonorae autore Nicolao Lanckmanno de Valckenstein, ed. Hier. Pez, SS. rer. Austr. II, Lipsiae 1725, S. 569 - 621 (künftig zit.: Lanckmann).

[76] Ed. A. F. Kollar, Analecta Monumentorum omnis aevi Vindobonensia II, Vindob. 1762, dt. v. Th. Ilgen, Geschichtschreiber d. dt. Vorzeit 88/89, 2. Aufl., Leipzig 1940.

keit[77] als auf rhetorischen Prunk und höfische Eleganz an, mit der die junge Fürstin gerühmt und seine eigene Bedeutung hervorgehoben wird. So stellte sich nach der Ankunft der Portugiesen die Frage, wer die Braut ihrem Gemahl zuführen solle. Zuerst nahm dies begreiflicherweise der portugiesische Markgraf für sich in Anspruch. Angeblich soll die junge „Kaiserin“ zugunsten der königlichen Gesandtschaft entschieden haben. Es gelang Enea, den Anspruch des vornehmsten Mitglieds der Gesandtschaft, des Herzogs Vauko von Schlesien, zu überwinden: „Aber da es mit dem Verstand bei weitem schlechter bei ihm bestellt war als mit seinem Stammbaum und er größere Übung im Trinken hatte als im richtigen Sprechen — denn selten wird man in vom Glück hochbegünstigten Kreisen große Tüchtigkeit antreffen —, so beschlossen alle, es müsse der Bischof Aeneas sein, der Leonore in seine Obhut nehmen solle, um sie dem Kaiser zuzuführen[78].“ So kommt es dann zu der ersten Begegnung des hohen Paares in Siena, wie sie später Pinturicchio malte, zum höheren Ruhm des Piccolomini und seines Hauses. Die Schilderung der Reise durch den Augenzeugen Lanckmann ist aber zuverlässiger, echter und reicher als die des berühmten Humanisten.

7. Der Musiker Cerbonio Besozzi aus Bergamo war 1547 in die Dienste des Kardinalbischofs Cristoforo Madruzzi von Trient getreten, der als vornehmster Begleiter mit Erzherzog Maximilian im Sommer 1548 nach Spanien zur Hochzeit mit Maria, der Tochter Karls V., reiste und im Herbst mit dem Infanten Philipp zurückkehrte. Die Flotte, unter dem Befehl des Genuesen Antonio Doria, stach auf der Hinfahrt am 25. Juli von Genua aus in See und erreichte Barcelona am 5. August. Auf der stürmereichen Rückfahrt war man vom 1. bis 25. November unterwegs. Die Chronik des Cerbonio Besozzi von 1548 - 1563 enthält einen genauen, auf fortlaufenden Notizen beruhenden, höchst eindrucksvollen Bericht, wie sein Werk, das er später als Hofmusiker des Kurfürsten Moritz von Sachsen und schließlich des Herzogs Albrecht V. von Bayern (unter Orlando di Lasso), fortsetzte, überhaupt zu den ergiebigsten kulturgeschichtlichen Quellen des 16. Jahrhunderts gehört[79].

77 Berichtigung in Einzelheiten bei V. Bayer, Die historia Friderici imperatoris des Enea Silvio Piccolomini, Prag 1872, S. 126 ff., auch bei Ilgen S. LI ff.

78 Kollar S. 266 f. Hier behauptet Enea, die Prinzessin habe ohne Dolmetscher gesprochen usw. Lanckmann S. 577 erzählt treuherzig, die Braut habe in Lissabon begonnen, die deutsche Sprache zu lernen, *sed paucum capere potuit, quia aliis praepedita erat; proposuit tamen, quod per mare navigando, Deo prosperante, diligentiam adhibere vellet.* Wenn Enea nicht geschmeichelt hätte, müßte sie an Bord trotz fortwährender Seekrankheit sehr fleißig gewesen sein.

79 Die Chronik des Cerbonio Besozzi, hg. v. W. Friedensburg, Font. Rer. Austr. 9, Wien 1904 (künftig zit.: Besozzi). Über Besozzi Friedensburg in der Einl. u. G. Rill, Dizionario biogr. degli Italiani 9 (1967) S. 675 ff.

II.

Was von Reisen berichtet wird, kann auf Lektüre, auf Hörensagen, auf dem beruhen, was man dabei als herkömmlich oder üblich schon vorher weiß. Aus Periploi, Portolanen, Entfernungsverzeichnissen und Karten kennt man im vorhinein die Reisewege und kann nachträglich durch sie die eigenen Erinnerungen berichtigen oder Reisen anderer rekonstruieren. So kommen manche Irrtümer zustande, wie bei Enea Silvios Erzählung von der Seefahrt der Kaiserbraut Leonore, wo einer der Stürme nicht in die richtigen Gewässer versetzt ist oder die meisten Zwischenlandungen nicht angegeben sind[80]. Öfter sind Orte und Häfen verzeichnet, die auf gerade dieser Reise gar nicht berührt wurden. Den gebildeten Autor kann es auch verlocken, etwa zu bemerken, wenn der Wind das Schiff weiter nach einer bestimmten Himmelsrichtung getrieben hätte, wären Inseln in Sicht gekommen, deren Bedeutung in der Antike er nicht unerwähnt lassen will[81]. Darstellungen von Pilgerfahrten sind im späten Mittelalter in hohem Maß von Pilgerbüchern und Pilgerführern, aber auch von alten Konventionen vorgeformt. Es kommt noch vor, daß der Pilger rein garnichts sieht und berichtet außer Ortsnamen, ihm abgeforderte Preise und heilige Stätten, (Höhlen bei Beyruth, in denen der Lindwurm wohnte, den St. Georg getötet hat) wie Peter Sparnau[81a].

In Venedig geht man umher und verehrt die altbekannten Heiligtümer und Reliquien, die man möglichst mit Ringen oder Kreuzen, den *clenodia*, berührt, um sie geheiligt für sich und seine Freunde in die Heimat mitzunehmen[82]. Das setzt man bei den heiligen Stätten am Ziel der Pilgerfahrt fort. Im heiligen Land gibt es eine förmliche Pilgerindustrie, von der die Reisenden mit Lebensmitteln, Reit- und Tragtieren und Führern gegen gute Bezahlung versorgt werden. Die Christen brauchen nicht nur die teuer zu bezahlende Einreiseerlaubnis und den Schutz der islamischen Behörden, sondern auch Dragomanen. Die besuchten, mit Gebet und Opfer verehrten Stätten sind diejenigen, an denen sich die Ereignisse der heiligen Schrift Neuen und sogar Alten Testaments abgespielt haben sollen[83]: das Haus des Reichen, der Laza-

---

80 Vgl. o. Anm. 77.

81 Vgl. etwa Fabri 3 S. 302 ff. Öfters wird von Kythera erwähnt, daß von dort Paris Helena entführt habe, wie bei Tucher S. 10v u. bei dem mit ihm zusammen reisenden Sebald Rieter iun. aus Nürnberg. Vgl. R. Röhricht u. H. Meisner, Das Reisebuch der Familie Rieter, Bibl. d. liter. Ver. Stuttgart 168, Stuttgart 1884 (künftig zit.: Rieter) S. 48.

81a R. Röhricht Die Jerusalemfahrt des Peter von Sparnau und des Ulrich von Tennenstaedt (1385), Zeitschr. d. Gesellsch. f. Erdkunde 26 (1891) S. 479 ff. Lindwurm S. 481 f. In Konstantinopel sah er ebensowenig wie Liudprand von Cremona (o. bei Anm. 12 f.).

82 Fabri 1, S. 93 ff.

rus die Brosamen verweigerte, im Tal Siloe „do ist ein brunnen, do Unser Fröwe die tuecher Unseres Herren in wosch", „die stat, do Sant Peter weint, das er Unsers Herren verloegnet hat", „der boum, do sich Judas an hieng und das Grab des schoenen Absalones. Do ist enkein aplos[84]." So findet man es hundertfach mit kleinen Varianten. Zu sehen oder zu hören ist da nichts, wenn auch die biblische Geschichte mit inniger Bewegung nachempfunden werden mag. Individuelle Erlebnisse betreffen eher das Unplanmäßige, Begegnungen mit jungen Mohammedanern, die über betende Christen lachen, sie mit ihren Waren zu übervorteilen suchen, Streitigkeiten aus gegenseitigem Mißverstehen[85], gar Gefangennahme, wobei meist hohe Lösegelder bezahlt werden mußten[86]. Auch bei Reisen von Fürsten, Gesandtschaften und vornehmen Leuten ist vieles konventionell, die Empfänge mit ihren Festkleidern, Geschenken und Gegengeschenken, die Salutschüsse der Artillerie und der Flinten, die Trompeten und die Pfeifen, die Bewirtungen und Schaustellungen. Was herkömmlich ist bei Pilgerdevotion oder gesellschaftlicher Repräsentation, kann freilich in jedem Augenblick eigentümliche Züge erhalten, zumal im Erleben und in der Erinnerung Beteiligter.

„*O quanta pericula maris et pericolosus modus pugnandi in mari*", ruft Lanckmann nach dem Bericht über Seestürme und Gefechte mit Piraten[87]. Dabei weiß er aus eigener Erfahrung, was auch auf Reisen über Land passieren kann. Waren er und seine Genossen doch auf der Hinreise nach Lissabon in Galizien von Räubern überfallen und beraubt worden. Sie konnten erst weiterreisen, als ihnen ein Graf in Ponferrada Geld geliehen hatte, das sie dann in Santiago de Compostela zurückzahlen konnten, da sie einen Wechsel auf die Bank des Cosimo dei Medici in Florenz hatten[88]. Oder Felix Fabri hatte bei der Rückreise von der ersten Pilgerfahrt vor dem Alpenübergang vier englische Dominikaner getroffen, die er bat, wegen seiner Erschöpftheit einen Tag die Weiterreise zu verschieben. Sie wollten aber nicht. Später traf

---

83 Zusammenfassend Röhricht (wie Anm. 70).

84 Diese herausgegriffenen Beispiele bei A. Bernoulli, Hans und Peter Rots Pilgerreisen 1440 und 1453, Beitr. z. vaterländ. Gesch., hg. v. d. hist. u. antiqu. Gesellsch. i. Basel, NF 11 (1882) S. 366. Die Reise des Markgrafen Friedrich II. v. Brandenburg v. 1453, dem sich Peter Rot anschloß, erwähnt F. Geisheim, Die Hohenzollern am heil. Grabe zu Jerusalem, Berlin 1858, S. 19 f.

85 Fabri 1, S. 218.

86 Vgl. Rieter S. 15, 58. Tucher S. 21. Georg von Ehingen mußte sich in Damaskus für 30 Dukaten auslösen. Vgl. Des schwäbischen Ritters Georg von Ehingen Reisen nach der Ritterschaft, hg. v. F. Pfeiffer, Bibl. d. liter. Ver. i. Stuttgart 1, Stuttgart 1842, S. 12.

87 Lanckmann S. 593.

88 S. 574.

er sie im Gasthaus Krone in Kempten in elendem Zustand wieder. Sie waren überfallen, beraubt und, da sie sich wehrten, verwundet und verschleppt worden[89]. Doch das Meer ist noch gefährlicher. So zitiert Fabri bei Schilderung der Sturmesnöte Anacharsis, einen der sieben Weisen der Antike, Seereisende könnten weder den Lebenden noch den Toten beigezählt werden. Sie seien vier Finger breit vom Tode entfernt, denn vier Finger breit seien die Schiffswandungen. Und gefragt, welche Schiffe sicherer seien, habe er geantwortet, jene, die außerhalb des Meeres an Land lägen[90].

So sind vor der Seefahrt die Reisenden bedacht, sich auf die Gefahren und Beschwernisse des Meeres vorzubereiten. In Venedig kaufen die Pilger vieles ein, worüber wir ausführlich hören[91]. Außerdem muß dort ein Schiff gesucht werden, das einen zuverlässigen Eindruck macht. Auf dem Markusplatz werben die Patrone, die Schiffsunternehmer, die dort eine Fahne aufziehen lassen. Dann fährt man hinaus, um das angebotene Schiff zu betrachten, bevor ein schriftlicher Vertrag abgeschlossen wird. Fabri gibt einen solchen Vertrag in zwanzig Artikeln wieder. Der Patron erhält für Transport, Verpflegung und Abgaben in diesem Fall von jedem Pilger 40 Dukaten[92], der Markgraf von Brandenburg, dem sich Peter Rot aus Basel angeschlossen hatte, zahlte 1453 pro Person 35 Dukaten[93], Hans Tucher und Sebald Rieter jun. 1479 24 oder 34 Dukaten[94], mehrfach wird, wie von Arnold von Harff, eine besondere Vergütung für die Verpflegung mit 4 Dukaten monatlich gerechnet[95]. Der Patron erzählte ihm, er müsse täglich 200 Dukaten für Verpflegung und Entlohnung aufwenden[96]. Jede jener zehn genusischen Galeeren, die Urban VI. 1385 von Bari nach Genua brachten, kostete monatlich 2000 Gulden. Deshalb mußte der Papst bei einem Zwischenaufenthalt in Corneto diese Stadt an Genua verpfänden. Jede Galeere hatte 180 Ruderknechte *(galeoti)* an Bord, 50 Artilleristen und Schützen, außerdem die Dienerschaft des Patrons, die Steuermänner und andere Seeleute[97]. Das Schiff, mit dem Arnold von Harff reiste,

---

89 Fabri 1, S. 59.

90 S. 53 f.

91 Bes. bei Tucher S. 29 ff. mit hygienischen Anweisungen, Rieter S. 38 ff. Beide hatten einen Knecht Polo Muffo gedingt, „der dy sprach haydnisch wol kondt". Harff S. 91 hatte einen eigenen Dragoman, dem er für die Reise 100 Dukaten zahlte und für die monatliche Verpflegung 4 Dukaten.

92 Fabri 1, S. 87 ff.

93 Wie Anm. 84, S. 408.

94 Tucher S. 3, Rieter S. 138. Tucher nennt 34, Rieter — wohl zu zweit — 67 Dukaten.

95 Harff S. 58 ff.

96 S. 62.

97 Gobelinus Person S. 115.

hatte 500 Personen an Bord, darunter 8 Trompeter. Für die Geschütze führte man 6000 steinerne oder eiserne Kugeln und 5 Tonnen Pulver mit. Patron war Andrea „Laurendano“, mehrfach wird als solcher Agostino Contarini erwähnt. Es sind also Angehörige der vornehmsten venezianischen Adelsfamilien, die am Pilgertransportgeschäft beteiligt sind. Harff schildert die Kabine des Patrons, die ausgestattet war wie das Zimmer eines Fürstenschlosses. Dieser pflegte von silbernem und goldenem Geschirr zu essen, und wenn er wollte, ließ er sich während und nach der Mahlzeit Musik machen[98]. Fabri bestaunt die nautischen Instrumente und die Karte, die eine Elle lang und eine Elle breit ist, *in qua maris latitudo mille mille lineis est depicta et regiones punctis designantur et miliaria cifris*[99].

Zwar werden oft Entfernungen von Land zu Land, von Hafen zu Hafen genannt. Doch die Reisedauer hing mehr von günstigen oder widrigen Winden, von der Jahreszeit, von der Piratengefahr ab, vor der man sich in sichere Häfen flüchten mußte. Die „Kaiserin“ Leonore brauchte von Lissabon bis in die Gegend von Pisa 87 Tage[100]. Die Küstenbewohner im Golf von Lyon und bei Nizza fragten an, woher die Flotte stamme, die *interdicto tempore, tali tempore hiemali* unterwegs sei[101]. Selbst die Flotte des Erzherzogs Maximilian mußte im Sommer wegen widriger Winde bei den îles de Hyères 3 Tage vor Anker liegen[102]. In der guten Jahreszeit gelangte man trotzdem in elf Tagen von Genua nach Barcelona. Auf der Rückreise mit dem Infanten Philipp brauchte die Flotte bei stürmischem, spätherbstlichem Wetter vom 1. bis 25. November. In reichsten Variationen erfahren wir, wie Schiffe oder Schiffsverbände aufgehalten werden durch Stürme, ungünstige Winde, Auflaufen auf Felsen oder Hafenmauern, was tagelange Reparaturen zur Folge haben konnte. Die Galeere, mit der Sebald Rieter sen. aus Nürnberg 1464 reiste, fuhr vor Rhodos bei Nacht auf einen Fels. Man mußte sie ganz ausleeren „do bracht man sy von dem felss, und wir furen gehn Rodis und warteten vier tag untz die galleen wieder vertig wardt“[103]. So sind alle Berichte voll von unvoraussehbaren, nie gleichen Ereignissen solcher Art. Deshalb schrieb der kluge Dominikaner aus Ulm, er gäbe keine Weglängen an. Mit einem Wind käme ein Schiff in drei Tagen ans Ziel, mit einem andern in drei Wochen. Man kann ihm glauben, daß sein Schiff bei Sturm so schnell gesegelt sei, daß niemand

98 Harff S. 73 f.

99 Fabri 1, S. 124.

100 Ilgen (wie Anm. 76) S. LII bemerkt, daß Enea Silvio 104 angibt.

101 Lanckmann S. 591 u. 593.

102 Besozzi S. 42.

103 Rieter S. 14 f.

es hätte kapern können[104]. Zweifel erregt von Harffs Angabe, sie seien in einer Nacht 300 Meilen gesegelt[105] und erst recht die phantasievolle Erinnerung Piccolominis, sie seien in einer Nacht und einem Tag durch den Sturm von der Höhe Elbas und Korsikas bis zur afrikanischen Küste verschlagen worden und nach Umschlagen des Windes zwischen Korsika und Sardinien mehr treibend als segelnd nach Porto Venere gelangt[106]. Auch die Flotte Urbans VI. wurde 1385 durch einen Sturm zerstreut, einige Schiffe wurden rechts, andere links vom Stromboli vorbeigetrieben, *qui ut mons Ethna continue ardet*[107].

Unendlich mannigfaltig wird von Stürmen und Seenot berichtet. Selbst die alten Seeleute werden von der Furchtbarkeit dieser Erlebnisse immer wieder gepackt. Sebald Rieter erlebte bald nach der Ausfahrt von Venedig Sturm mit Blitz und Donner. Die Schiffsleute sagen ihm, im Sommer hätten sie solchen Wind noch nie gehabt. Auf der Rückfahrt reißen auf der Höhe von Ancona die Segel, und „der oberst regirer des schiffs sagt, das er bey 30 jaren auf dem mere gefahren und keiner groessern fortuna gedacht"[108]. Am 8. Dezember 1451 wurde die vor Anker liegende portugiesische Flotte derartig vom Sturm erfaßt, *ut naves nostrae saltabant in anchoris ut canes in catenis*. Das Ankertau des Schiffes der Kaiserin riß[109]. Auf der Höhe der spanisch-französischen Grenze bemerkte der Fürst Doria 1548 eine kleine Wolke. Als erfahrener Seemann die Gefahr erkennend, gab er sofort Befehl, Kurs auf den nächstgelegenen Hafen zu halten[110]. Aber der losbrechende Sturm erfaßte sie wild, der Tag wurde dunkel wie die Nacht, nur mit größten Anstrengungen gelang die Rettung mit dem erbarmungswürdigsten Elend *(con grandissima pietà)* jener nackten Sklaven, die so müde waren von ihrem langen Rudern, daß sie kaum noch Atem bekamen, von denen andere so unaufhörlich mit Peitschen und Tauenden bearbeitet wurden, daß ihre Körper blutüberströmt waren. Vom Los dieser *pauperrimi galeoti* spricht auch Fabri tief bewegt. Es sind die Ruderknechte, die zu ihren *asinini labores* mit Geschrei angetrieben werden. Niemals sah ich, wie Tiere so furchtbar geschlagen wurden wie jene. Sie werden oft gezwungen mit nackten Armen, Schultern und Rücken zu arbeiten, damit sie von Schlägen und Peitschenhieben getroffen werden können. Es sind Gefangene oder Flüchtlinge, die zu Land nicht leben können. Sie arbeiten, schlafen, essen auf ihren Ruderbänken.

---

104 Fabri 1, S. 4 u. 40.
105 Harff S. 69.
106 Wie Anm. 67.
107 Gobelinus Person S. 114.
108 Rieter S. 40 f. u. 133.
109 Lanckmann S. 591, ähnlich Fabri 3, S. 362.
110 Besozzi S. 68 f., auch für die Ruderknechte.

In der Freizeit spielen sie um Geld und verdienen sich etwas mit Waschen und Nähen. In den Häfen treiben sie kleine Handelsgeschäfte[111]. Und wenn wir hören, daß in einem Vertrag der Patron verpflichtet wird, auf einem Viertel der Bänke drei Ruderer, auf dem Rest mindestens zwei zu haben, so spricht das für einen Mangel an Ruderknechten, der vielleicht etwas von allzu harter Grausamkeit gegen die armen Menschen abgehalten haben wird[112].

Die Stürme haben oft mit überschlagenden Wogen Lebensmittel und Wasser verdorben, oder man konnte keinen Hafen erreichen, um sich neu zu verproviantieren. Viel ist die Rede von Hunger, noch mehr von Durst. Das Schiff von Hans Rot aus Basel hatte schwere Not, über den Golf von Antalya zu kommen. Es brauchte vierzehn Tage. „Uns ging ab an win und spis, und an wasser was der grösst gebrest. Das selb wasser, das wir hattend, das stanck als ein fuler Keib[113].“ Die Besatzung von Hans Schiltbergers Schiff, das wochenlang von Piraten gejagt und von Stürmen im schwarzen Meer umgetrieben war, mußte sich von Schnecken und Spinnen nähren, die sich an einer Klippe fanden[114]. Freudig wurde, wie Lanckmann berichtet, von der portugiesischen Flotte eine Barke ans Ufer geschickt, als man eine Süßwasserquelle entdeckt hatte: wir hatten großen Mangel an Süßwasser, *praesertim pro Domina Sponsa Imperatrice quae non bibebat vinum*[115]. Wassermangel geht über alle Leiden auf See, meint Fabri: „oft duldete ich solchen Durst und hatte so großes Verlangen nach frischem Wasser, daß ich dachte, wenn es mir beschieden sei, nach Ulm zurückzukehren, so wollte ich sofort nach Blaubeuren hinauf und mich dort an das aus der Tiefe quellende Wasser setzen, um meinen Durst zu stillen[116].“

Zu solchen Leiden kam die Seekrankheit, von der allenthalben, beweglich, in vielen Variationen gesprochen wird. Unter den Ratschlägen, die Sebald Rieter am Schluß künftigen Pilgern gibt, findet sich der, eine Kabine in der Nähe des Hauptmastes zu nehmen, oder der andere, den Patron zu verpflichten, bei Unwetter oder wenn der Pilger „swach“ ist, das Essen in die Kabine bringen zu lassen[117]. Auch andere Krankheiten

---

111 Fabri 1, 124 ff. Vgl. dazu Ferdinand Menčik, Die Reise Kaiser Maximilians II. nach Spanien i. J. 1548, AÖG 86 (1892) S. 303: nach den dort publizierten Reiserechnungen schenkte der Erzherzog einem Sklaven („Schlaf“), „der auf den Mastbaum gestigen und sich allerley Kurtzweil gebraucht ist“, 3 Cronen.

112 Wie Anm. 84, S. 383.

113 S. 380.

114 Wie Anm. 2, S. 159.

115 Lanckmann S. 593.

116 Fabri 1, S. 45 f.

117 Tucher S. 713 f., Rieter S. 148.

werden erwähnt, sogar Todesfälle. So schrieb Erzherzog Maximilian aus Valladolid, infolge der Stürme hätte „ihn das fieber quartana angestossen“[118]. Cerbonio Besozzi vermutet freilich den Grund des Übelfindens in der Unzufriedenheit des hohen Herrn mit dem nicht als angemessen empfundenen Empfang in Barcelona[119]. Schwierigkeiten konnte es auch geben, wenn man irgendwo ein Schiff wegen einer Pest in Venedig nicht landen lassen will[120].

In Sturmesnöten haben viele Pilger neue Gelübde für ihre Rettung abgelegt. „Es geschehen grosse gelübt auf unser Galeen, etliche wollten arme Junckfrowen verheuraten, etliche Kirchen und Capeln bauwen, etliche walfarten, das ich glaube es were keiner auf der Galeen er thet eine gelübt[121].“

Ein Grund großer Angst waren auch Kriege, wie die Belagerung von Rhodos durch die Türken 1480, wobei aber viel auf die gerade geltenden Verträge der Venezianer mit dem Sultan ankam. Überall schwirrten Gerüchte über türkische oder katalonische Raubschiffe umher, und wenn man eins oder mehrere Schiffe sichtete, war oft die Sorge groß. Nach Lanckmann griffen Piraten mit fünf Schiffen die zerstreute portugiesische Flotte bei Marseille an. Auf den Kanonendonner hin kamen alle herbei, und es gelang, die Seeräuber zurückzuschlagen und eines ihrer Schiffe zu erobern. Nach Piccolomini wären damals alle Piratenschiffe verbrannt worden[122]. Bei Nizza wurde abermals eine Piratenflotte gemeldet. Man schickte einen Unterhändler zu ihnen, der freies Geleit erbat, das verweigert wurde. Ein vorausgesandtes Erkundungsschiff wurde überfallen, und es kam zu verlustreichem Kampf[123]. Fast hundert Jahre später erwähnt Besozzi, Nizza sei verarmt durch Belagerung und Zerstörung durch Türken und Korsaren[124]. Wenn sich bei einer Begegnung auf See oder in einem abgelegenen Hafen herausstellte, daß man es mit Landsleuten oder Freunden zu tun hatte, war die Freude groß. Nach schwerem Sturm waren die Schiffe, mit denen Fabri 1483 von Alexandrien nach Venedig fuhr, nach Melos

118 J. Loserth, Die Registratur Erzherzog Maximilians (M. s II.) a. d. Jahren 1547/48, Font. rer. Austr., 2. Abt. 48, 2. Hälfte, Wien 1896, S. 436, Nr. 153.

119 Besozzi S. 49.

120 z. B. vor Rhodos nach Rieter S. 49. Zu allen Nöten kam noch die Ungezieferplage. Fabri 1, S. 135: der Pilger muß einige Stunden auf die *vermium et pediculorum insecutio* verwenden. Sonst hat er keinen ruhigen Schlaf. Vor Flöhen auf dem Boden warnt Tucher S. 71.

121 Tucher S. 65v, Fabri 1, S. 53, Lanckmann S. 591.

122 S. 590. Piccolomini (wie Anm. 76) S. 247. Seiner Siegesmeldung steht bei Lanckmann S. 590 die Eroberung eines Piratenschiffes gegenüber, das aber nichts Wertvolles an Bord hatte außer gutem Wein. „Von ihm habe ich gekostet.“

123 S. 592 f.

124 Besozzi S. 41.

zurückgetrieben worden. Dort fand man einen Sicherheit versprechenden Naturhafen. Aber als man einfuhr, sah man vier große Galeeren dort liegen. Der Atem stockte. Ob es Türken oder Sizilianer seien? Beim Näherkommen sah man das Zeichen des venezianischen Löwen. Da erhob sich von beiden Seiten ein großer Lärm mit Rufen, Trompetengeschmetter und Salutschüssen. Vor lauter Pulverdampf konnte man kaum noch von einem Schiff zum andern sehen. „Ich dachte", schreibt Fabri, „wenn ein Treffen von Schiffen in Friede und Freundschaft so schrecklich ist, wie mag es in Schlachten sein? *Profecto horribilis nimis*[125]."

Tiefe Erregung ergriff, um ein letztes Beispiel zu nennen, alle an Bord des Schiffes, die mit dem Markgrafen Friedrich II. von Brandenburg und Peter Rot aus Basel ins heilige Land reisten, als ihnen 20 Meilen vor Methoni am 12. Juni 1453 drei venezianische Galeeren begegneten. Sie waren das Jahr zuvor von der Küste des schwarzen Meeres nach Konstantinopel gekommen und dort wegen der türkischen Belagerung festgehalten worden. Von ihnen erfuhr man, daß am 29. Mai Konstantinopel den Türken erlegen, der Kaiser und viele Leute tot seien. Auch ihr Patron sei gefallen. Kapitän und Besatzung des Pilgerschiffes wollten daher nicht weiterfahren, aber der Patron erklärte auf Bitten des Markgrafen und seines Gefolges, er wolle die Reise fortsetzen und Leben und Gut wagen[126].

D.

Seereisen waren von jeher gefährlich, und sie waren es um die Wende des Mittelalters trotz verbesserter Schiffe und größerer nautischer Kunst noch immer. So standen die Reisenden zwar alle unter den gleichen bedrohlichen naturhaften Bedingungen, überall konnte damals überdies die Gefährdung durch Piraten mit guter Bewaffnung und einem System von Geleitzügen höchstens vermindert werden, aber trotz dieser Übereinstimmungen sind die Berichte alles andere als monoton. In den meisten findet man viele Besonderheiten. Im ganzen fällt die zunehmende Wachheit, Aufmerksamkeit und Erlebnisfähigkeit auf. Dies gilt natürlich für Berichte über Reisen zu Land genauso wie für die zur See. Und es muß nochmals daran erinnert werden, daß bei unserer Absicht zu beobachten, was von den Menschen auf Reisen jeweils gesehen, gehört und dabei empfunden wird, und was man von alledem mitteilenswert findet, die Auswahl bloß einiger Seereisen willkürlich ist. Höchstens mag es sein, daß die Sensibilität auf dem unberechenbaren Meer besonders auflebte, und die meisten unserer Be-

---

125 Fabri 3, S. 316 f.

126 Wie Anm. 84, S. 402 f.

richterstatter an Seereisen nicht gewöhnt waren und sich dem rätselhaft-unsicheren Element vielleicht nur ein einziges Mal im Leben oder doch nur selten überließen. Mit Seereisen sind immer Reisen über Land zu den Häfen und dann von der Landung zum Ziel der Reise verbunden, und die Berichte über See- und Landreisen stammen natürlich aus gleichen geistigen Möglichkeiten und Haltungen.

Nicht neu, aber immer häufiger ist das Vergleichen des Fremden mit Bekanntem. Schon Wilhelm von Rubruk fand die Wolga vier mal so breit wie die Seine[127], Nicolò Conti behauptet, von der Mitte des Ganges könne man die Ufer nicht sehen[128]. 1433 sieht die Gesellschaft des Grafen Katzenellenbogen einen Nilarm, der so breit sei wie der Rhein[129], Hans Tucher und Sebald Rieter sahen einen Nilarm als größer und breiter an als den Rhein[130]. Tucher sagt, der Nil sei stets trüb „wie die Tiber zu Rhom". Arnold von Harff berichtet, der Nil bei Rosette sei so breit wie der Rhein bei Köln[131], Alexandrien sei nicht viel kleiner als Köln[132], Sebald Rieter, Kairo sei etwa anderthalbmal so groß wie Nürnberg[133]. Lanckmann hält Lissabon für größer als Wien, die Burg dort auf dem Berg erinnert ihn an die in Graz[134], Ceuta sei doppelt so groß wie Wien[135], während Georg von Ehingen diese Stadt für größer als Köln hält[136]. Es wurde schon früher Odorico da Pordenone erwähnt, der Hangtschou im 13. Jahrhundert als größte Stadt der Erde bezeichnet, die zwölf Vorstädte habe, jede größer als Venedig[137].

Es ist ein einfaches, naheliegendes Darstellungsmittel, Unbekanntes zu Bekanntem in ein Verhältnis zu setzen. Durch Vergleiche will ja Felix Fabri auch Größe und Herrlichkeit des Ulmer Münsters ins rechte Licht setzen. Es ist größer als irgendeine andere Parochialkirche, größer sogar als viele Kathedralen und prächtiger als Patriarchatskirchen. Nur mit der Hagia Sophia in Konstantinopel, der berühmtesten Kirche des Erdkreises, kann man es nicht vergleichen[138]. Bei seiner sorgfältigen

---

127 Hennig III, S. 38.

128 Ebenda IV, S. 30.

129 R. Röhricht u. H. Meisner, Die Pilgerreise des letzten Grafen von Katzenellenbogen (1433/34), Ztschr. f. dt. Altert. 26, NF. 14 (1882) S. 351.

130 Tucher S. 52, Rieter S. 115.

131 Harff S. 80.

132 S. 78.

133 Rieter S. 125.

134 Lanckmann S. 575.

135 S. 588.

136 Wie Anm. 86, S. 21.

137 Wie Anm. 44.

138 Fratris Felicis Fabri tractatus de civitate Ulmensi usw., hg. v. G. Veesenmeyer, Bibl. d. liter. Ver. i. Stuttgart 186, Stuttgart 1889, S. 38 f.

Beschreibung mehrerer Gebäude in Ceuta, wo seine Prinzessin mit 300 Personen für drei Tage an Land gegangen war, bemerkt Lanckmann im arabischen Herrscherpalast Fußböden und Wände von wunderbarer Schönheit, *cum lapillis politis diversorum colorum*, wie die Wände von San Marco in Venedig[139]. Das ist schon eine moderne Beschreibungsart, wie wir sie später oft finden, bei Cerbonio Besozzi, Angelo de Beatis u.v.a., so auch bei dem Bericht von einer venezianischen Gesandtschaftsreise von 1498, die von dem damals noch jungen Andrea dei Franceschi, dem späteren venezianischen Großkanzler stammt. Er hat öfter Länge und Breite von Kirchen abgeschritten, auch er bemerkt die ungewöhnliche Größe des Ulmer Münsters als Pfarrkirche, mit einem Turm, der kolossal hoch, nicht fertig sei, aber ganz aus durchbrochener Schnitzarbeit bestehe. Den Straßburger Dom findet er nicht so groß wie das Ulmer Münster, aber auch er habe einen Glockenturm in durchbrochener Arbeit[140]. Das ist nun schon der sich längst ankündigende Stil genauer Beobachtung und sorgfältiger Beschreibung des Gesehenen und Gehörten, wie er sich durch das vierzehnte und fünfzehnte Jahrhundert hindurch zu den oft behandelten Gesandtschaftsberichten der Venezianer, Machiavellis, Vettoris hin herangebildet hat.

Wie von alters her erregt die Aufmerksamkeit das Fremdartige, Exotische, wenn auch immer weniger das Monströse. Man findet es interessant, von merkwürdigen, in der Heimat nicht vorkommenden Tieren und Pflanzen zu erzählen, von Delphinen oder fliegenden Fischen im Meer, Krokodilen im Nil, die der Katzenellenbogener Bericht „lyntworme" nennt[141], Sebald Rieter große „Würm, etlich wol zweyr mann lanck und nach irer Gross gleich geschaffen als dy grünen edechsen nach irer cleine"[142]. Sittiche und Papageien, Reiher und Straußen werden beachtet und natürlich Leoparden, Kamele, Elephanten oder Giraffen. Die Fruchtbarkeit des Landes wird bewundert, etwa wenn es zwei Getreideernten hervorbringt und Ölbäume, Zitronen, Granatäpfel, Feigen, Datteln, Pomeranzen, Zuckerrohr, Bananen, Drachenbäume, Johannisbrotbäume, Balsamhölzer, „Baumwoll auf den Büschen wie Heydrosen" dort wachsen. Als exotisch empfindet Lanckmann den Sklavenmarkt am Hafen von Barcelona *(ubi venduntur et emuntur homines ut bestiae)*, Arnold von Harff den in Alexandrien, wo junge Männer und Mädchen für wenig Geld (15, 20, 30 Dukaten) je nach Schätzung gehandelt werden, wobei zuerst ihre Gliedmaßen

---

139 Lanckmann S. 588.

140 H. Simonsfeld, Ein venetianischer Reisebericht über Süddeutschland, die Ostschweiz u. Oberitalien a. d. J. 1492, Ztschr. f. Kulturgesch. 2 (1895) S. 261 f.

141 Wie Anm. 129, S. 50.

142 Tucher S. 55v, Rieter S. 120.

geprüft werden[143]. Lanckmann findet es erwähnenswert, daß bei den Festlichkeiten und Schaustellungen nach der Hochzeit der Leonore in Lissabon auch nackte Männer und Frauen von der Insel „Canauria" auftraten. Schon den Entdeckern der westlichen kanarischen Inseln war als auffallend erschienen, daß dort die meisten Menschen wie Wilde nackt gingen[144]. Und da die kanarischen Inseln zur Zeit jener Hochzeit noch von Portugal beansprucht wurden, konnte man in Lissabon eben jene „Wilden" bei Festlichkeiten als Sensation aufführen.

Die Reiseberichte sind wesentlich beeinflußt von der Persönlichkeit des Darstellers. Bei Kaufleuten, aber nicht nur bei ihnen, spielen die Kosten der Reise und die Preise eine Rolle, die sie feststellen. Schon im 15. Jahrhundert ist die Rede von den Muranogläsern, die man vor oder nach der Reise in den Orient betrachtet oder auch erwirbt. Für das Repräsentative und das Zeremoniell haben begreiflicherweise Gesandte viel Sinn wie Lanckmann, Enea Silvio Piccolomini, Andrea dei Franceschi, Cerbonio Besozzi· Man staunt, wieviel Pulver zu Wasser und zu Lande bei der Begrüßung der Fürstlichkeiten und Würdenträger verschossen wird, wie man die Gäste durch Musikanten, Artisten und Tänzer zu ehren sucht, wofür diese dann Trinkgelder geben und Geschenke machen. Nach den erhaltenen Reiserechnungen gab Erzherzog Maximilian an Offiziere und Seeleute während der Reise von Genua nach Barcelona über 1336 Kronen, an Musiker über 475 Kronen[145].

Die Berichte sind weiter durch das Maß des autobiographischen Akzents bestimmt. Von Lanckmann etwa erfährt man gewöhnlich vor allem nur, wo er die Messe gelesen hat, insbesondere in Anwesenheit der Kaiserin. Persönlich in den Vordergrund tritt dagegen natürlich Piccolomini. Auch von Harff und Fabri reden viel von sich. Das Reisebüchlein des Johannes von Butzbach ist beispielsweise ganz autobiographisch, wodurch aber die ihn umgebende Welt bis in Einzelheiten bunt und lebendig wird. Bei Schiltberger fällt dagegen auf, wie seine doch ungeheuerlichen persönlichen Schicksale nur in wenigen Szenen im Vordergrund stehen. Die Geschichte der düsteren orientalischen Kriege, der meist grausamen Taten und Schicksale seiner wechselnden Herren, die Beschreibung der Länder, Meere, Berge und Flüsse, durch die er geschleppt wurde oder gezogen ist, sind der Hauptinhalt des vielgelesenen Buches.

Ob die Autoren nun aber viel von sich reden oder nicht, ihre persönliche Beeindruckbarkeit und darstellerische Begabung macht sich natürlich geltend. Das grausame Schicksal der *galeoti* haben alle mit-

143 Lanckmann S. 571, Harff S. 73.

144 Lanckmann S. 578, Hennig III, S. 207.

145 Menčik (wie Anm. 111) S. 306 ff.

angesehen, die auf Galeeren reisten, sprechen tun davon unter den von uns herangezogenen Autoren nur Fabri und Besozzi, sie allerdings in sichtlicher Ergriffenheit[146]. Viele waren in Murano, Fabri allein sah und bewunderte im Konvent von S. Cristoforo die berühmte Weltkarte des Fra Mauro[147].

Von Farben und Geräuschen[148] ist sehr selten die Rede. Marco Polo berichtet, daß in Tibet Bambusrohr, grün in die Flammen geworfen, birst, sich verdreht, sich spaltet, was einen solchen Lärm macht, daß die wilden Tiere in der Nacht fliehen. Man hört ihn 4 - 5 Meilen weit[149]. Poggio Bracciolini bemerkt in seinem berühmten Badener Brief, das Brausen des Rheinfalls von Schaffhausen sei drei Stadien weit zu hören. Er war Humanist und verbindet diesen Eindruck mit der literarischen Reminiszens nach Plinius von den Nilfällen, ob deren Rauschen und Lärmen die Umwohner für taub gehalten würden[150]. Bracciolini und Plinius fallen Piccolomini gleichfalls am Rheinfall ein, und er wiederholt fast wörtlich, was er in jenem Brief gelesen hatte[151]. Ihre sinnlichen Wahrnehmungen werden also geweckt und geformt von einer älteren Tradition. Der auf Literatur beruhende spanische Autor des „Libro del Conosciemento" aus der Mitte des 14. Jahrhunderts, der von den größten Strömen der Welt spricht, die aus den das Paradies umgebenden Seen fließen, vermerkt ebenfalls, das Getöse ihrer Fälle sei auf zwei Tagesreisen hin zu hören, und alle, die in der Nähe lebten, seien taub[152]. Unliterarisch, aus unmittelbarem Erleben spricht Felix Fabri von Geräuschen: wie beim Betreten der Grabeskirche Frauen geschrien hätten wie Gebärende[153], wie die Diener der Mauren in die Pilgerherberge hätten eindringen wollen, daran aber gehindert, die Nacht hindurch gesungen, d. h. geheult, gebellt, gegrunzt hätten wie Hunde und Schweine: *Pessimas enim voces habent omnes orientales, nec possunt formare melodiam, sed cantus eorum est caprarum clamor et vitulorum*[154]. In einer anderen Nacht konnte man keine Ruhe finden bei dem „Geheul" *(ululatus)* der Gebetsrufer auf den Minaretts mit ihren brennenden Lampen. An anderer Stelle versucht Fabri dann frei-

---

146 Vgl. o. bei Anm. 110 u. 111.

147 Fabri 1, S. 106.

148 Die Aufnahme und Beschreibung sinnlicher Eindrücke in Geschichtsquellen sind noch genauer zu beobachten.

149 Wie Anm. 31, S. 84 f.

150 E. Garin, Prosatori latini del Quattrocento, Milano—Napoli o. J., S. 220 ff.

151 Widmer (wie Anm. 34) S. 352 mit Anm. 2 nach Conc. Basil. VIII, S. 193 ff., auch R. Wolkan (wie Anm. 67) S. 32 ff.

152 Wie Anm. 33, S. 36 f.

153 Fabri 1, S. 238 ff.

154 Ebenda S. 202.

lich sogar die Notation der Gebetsrufe teilweise aufzuzeichnen[155]. Am tiefsten beeindruckt beschreibt er mehrfach das Getöse der auf die Schiffe aufprallenden Wogen: Stürme trafen so hart auf die Seiten der Galeere als wenn man dicke Steine von einem Berg gegen die Balken hätte rollen lassen: Oft habe ich mich gewundert, daß Wasser, obwohl ein durchlässiger, flüssiger und weicher Stoff, so hart auf den entgegenstehenden Körper aufschlägt, daß die Schiffe davon donnern[156].

Wie für Geräusche muß beobachtet werden, wann und wie andere sinnliche Eindrücke häufiger aufgenommen und wiedergegeben wurden. Lanckmann bemerkte, wie gesagt, die Farbigkeit der Mosaiksteine in Venedig und Ceuta[157]. Besozzi beschreibt gelegentlich die Farben von Festkleidern[158]. Enea Silvio bewundert in Basel Kirchen und Hausdächer aus buntem Glas, die „beim Einfall der Sonnenstrahlen in wunderbarem Glanz aufleuchten“[159]. Eine für jene Zeit ungewöhnliche Fähigkeit zum Sehen zeigt Hans Tucher. So notiert er, daß man den Sinai aus einer Entfernung von 5 oder 6, das rote Meer von 3 Tagereisen habe sehen können. Er spricht sich über den optischen Eindruck der roten Farbe des Wassers im roten Meer aus und erwähnt weiße und rote Korallen dort. Er teilt mit, daß zwei Säulen aus rotem Marmor vor dem Grab der heiligen Katharina ständen, mit weißem Marmor sei das heilige Grab in Jerusalem gedeckt, den Sultan in Kairo sah er „auff einer braunen köstlichen Deck“ sitzen. Er hatte ein weißes Kleid an[160].

Schließlich spürt und beschreibt Fabri auf Lesina sogar den Duft der Macchia. Und Besozzi ist entzückt von tausend süßen Düften in Genueser Gärten, *più grati di quanto odora la felice Arabia*[161].

Mit diesen wenigen Andeutungen, die bloß zu weiteren Beobachtungen anregen wollen, muß es hier genug sein. Auch sie gehören in die Geschichte der Öffnung der irdischen Welt, zu der hier einige Beiträge geliefert werden sollten. Sie sind Erich Hassinger gewidmet, der seine Freunde und Bekannten oft erfreut durch seine Fähigkeit, eigene Reiseeindrücke genau und anschaulich zu beschreiben und sie historisch und menschlich gedankenreich auszudeuten.

---

155 Ebenda S. 222 u. 322.

156 Ebenda S. 51 u. 3, S. 291 u. 362.

157 Lanckmann S. 588.

158 Besozzi S. 72, beim Einzug des Infanten Philipp in Genua am 8. XII. 1548.

159 Widmer (wie Anm. 67) S. 360, Wolkan S. 34, Nr. 16.

160 Tucher S. 39, 40, 49, 58^{v}, 67^{v}, 54. Vgl. aber auch die etwas knapperen Angaben bei Rieter S. 92 ff., 110, 96, 119.

161 Fabri 3, S. 364, Besozzi S. 39.

DIE VORINDUSTRIELLE EPOCHE DER EUROPÄISCHEN EXPANSION

Einige Überlegungen zur Kolonialgeschichte der Frühen Neuzeit

Von Ernst Schulin

Wir gehen für diese Überlegungen allgemein von dem problematischen Epochenbegriff der Frühen Neuzeit aus[1]. Er hat sich erst im Laufe der letzten zwanzig Jahre verbreitet, dient aber keiner völlig neuen Periodisierung. Wenn man mit seiner Hilfe die Neuzeit nun unterteilt und nicht nur an ihrem Beginn (um 1500), sondern auch am Ende des 18. Jahrhunderts eine scharfe Zäsur annimmt, so ist das nur die Wiederaufnahme einer Unterteilung, die schon in der ersten Hälfte des 19. Jahrhunderts gang und gäbe war. Ranke hielt Vorlesungen über „Neuere Geschichte", die vom Ende des 15. bis zur Mitte des 18. Jahrhunderts reichten, und über „Neueste Geschichte", die mit der Unabhängigkeit Amerikas und der Französischen Revolution einsetzten, und sah diese beiden Perioden fast so stark voneinander abgehoben wie die neuere von der mittleren Geschichte[2]. Die Zäsur des späten 18. Jahrhunderts scheint dann zurückgetreten zu sein, besonders in der deutschen Geschichtswissenschaft und vermutlich stärker im Zusammenhang mit der Lehrstuhlaufteilung — alte, mittlere und neuere statt allgemeine Geschichte — als mit der zunehmenden Geringschätzung der Französischen Revolution.

Die Wiederaufnahme dieser Zäsur findet aber mit anderen Akzenten statt. Es gibt nicht viele, aber doch einige Begründungen und Rechtfertigungen für die Anerkennung der Frühen Neuzeit als eines besonderen Geschichtsabschnitts. In sehr verständlicher Gegenbewegung zur traditionellen Ansicht sind meines Wissens alle darauf ausgerichtet, die Unterschiede zur Folgezeit herauszuarbeiten, die Frühe

---

1 Etwas erweiterter Text meiner Freiburger Antrittsvorlesung vom 13. Juni 1975 anläßlich der Übernahme des Lehrstuhls für Neuere Geschichte, — womit eigentlich frühneuzeitliche Geschichte gemeint ist. Ich freue mich, diesen Beitrag dem hochverehrten Empfänger der Festschrift und vorherigen Inhaber des Lehrstuhls widmen zu können.

2 Leopold von Ranke, Vorlesungseinleitungen, hg. von V. Dotterweich und W. P. Fuchs, München—Wien 1975, S. 451.

Neuzeit gewissermaßen zu „verfremden", d. h. ihre unmodernen Züge zu betonen, — aber nicht, um eine eigene Zeit in ihren spezifischen Zügen sichtbar zu machen, sondern um sie an die frühere Epoche zu binden, um sie zu „vermittelalterlichen". Gemeinsamkeiten mit dem Spätmittelalter stehen im Vordergrund des Interesses.

Die ausführlichste und wirkungsvollste Darstellung dieser Art, die allen Frühneuzeithistorikern mehr als ein anderes deutsches Buch den Weg gewiesen hat, stammt von dem Empfänger dieser Festschrift, Erich Hassinger. Indem er Otto Brunner in der Konzeption einer einheitlichen sozialgeschichtlichen Periode von der Mitte des 13. bis zum Ende des 18. Jahrhunderts folgt und Werner Näf in der Anschauung von Frühformen des modernen Staates im Spätmittelalter, schildert er das „Werden des neuzeitlichen Europa" zwischen 1300 und 1600, stellt also nicht die gesamte Frühe Neuzeit, aber gerade die Verbindung zwischen ihr und dem Spätmittelalter dar. Denn der Titel darf nicht täuschen: unter „neuzeitlichem Europa" wird nicht das moderne verstanden, sondern „in der Hauptsache das 16. bis 18. Jahrhundert", also die Frühe Neuzeit[3]. Die Fortdauer dieser Konzeption wird etwa dadurch belegt, daß seit 1974 eine spezielle „Zeitschrift für historische Forschung, Halbjahresschrift zur Erforschung des Spätmittelalters und der frühen Neuzeit" erscheint[4].

Es scheint mir indessen ganz offensichtlich zu sein, daß diese, wenn man so sagen darf, mehr rückwärtsgewandte Frühneuzeitforschung in erster Linie nicht aus einem eigenen neuen wissenschaftlichen Impuls verstanden werden kann, sondern nur aus der Interessenverschiebung innerhalb des Gesamtgebietes der neueren Geschichte. Die Frühe Neuzeit hat zwar sicherlich in der deutschen Geschichtswissenschaft nach 1945 die geläufigere Bezeichnung für sich, die Zeit „danach", die man eher „Moderne Welt", „Industriezeitalter" als „Späte Neuzeit" nennt, aber das weit größere Interesse. Die Frühe Neuzeit ist die nicht mehr so notwendige Vorgeschichte der modernen Welt. Der deutliche Anfang der für unsere politische und wirtschaftliche Gegenwart maßgebenden Geschichte ist die „Doppelrevolution" am Ende des 18. Jahrhunderts: die französische politisch-gesellschaftliche und die englische industrielle. Das moderne demokratische und technisch-industrielle Zeitalter setzt

---

[3] Erich Hassinger, Das Werden des neuzeitlichen Europa 1300 - 1600, Braunschweig 1959, S. XIII.

[4] Vgl. den programmatischen Aufsatz eines der Herausgeber dieser Zeitschrift: Johannes Kunisch, Über den Epochencharakter der frühen Neuzeit, in: E. Jäckel u. E. Weymar (Hg.), Die Funktion der Geschichte in unserer Zeit, Stuttgart 1975. Er bezieht sich vor allem auf Otto Brunner. Einen Überblick über die Begriffsverwendung gibt Ilja Mieck, Periodisierung und Terminologie der Frühen Neuzeit, in: Geschichte in Wissenschaft und Unterricht 19, 1968.

damit ein, makrosoziologisch der Übergang von den traditionalen zu den modernen Gesellschaften.

Diese Interessenverschiebung ist unstreitig von der deutschen politischen Umwälzung nach 1945 geprägt. Der politisch, kirchlich und ideenmäßig in gleicher Weise wichtige, hohe Anfang der neueren deutschen Geschichte mit Luthers Reformation, die Fortführung in der frühneuzeitlichen preußischen, seit dem 19. Jahrhundert in der preußisch-deutschen Entwicklung, also das Geschichtsbild, das man noch in der kulturprotestantischen deutschen Geschichtsschreibung der Jahrhundertwende, ja als nationalgeschichtliches Gesamtproblem noch bei Gerhard Ritter finden kann, — für die heute vorherrschenden politisch-, wirtschafts- und sozialgeschichtlichen Anschauungen hat es keine entscheidende Funktion mehr. Reformationsgeschichte und preußische Geschichte sind Spezialgebiete geworden.

Nun läßt man bekanntlich die neuere — und damit auch die frühneuzeitliche — Geschichte nicht nur mit der Reformation beginnen, sondern auch mit der Entdeckung Amerikas. Allgemeingeschichtlich ist das sogar die wichtigere Zäsur, wenn auch die deutschen Historiker nicht immer dieser Meinung waren. Ich behaupte, daß auch gegenüber dieser weltgeschichtlichen Zäsur ein gewisses Desinteresse eingesetzt hat. Es ist das von der Dekolonisation, vom bitteren Ende der europäischen Kolonialherrschaft und seinen gegenwärtigen Nachfolgeproblemen geprägte Desinteresse gegenüber dem Beginn des europäischen Entdeckungs- und Kolonialzeitalters, gegenüber jener Expansion und Europäisierung, die früher soviel Faszinierendes, in die Zukunft Weisendes hatte.

Man muß bei diesem Desinteresse in Rechnung stellen, daß sich die deutsche Geschichtswissenschaft in ihrer klassischen Zeit — man könnte für unsere Zwecke sagen: nach Arnold Heeren und vor Dietrich Schäfer — weder methodisch noch stofflich mit Kolonialgeschichte besonders beschäftigt hat. Der Göttinger Historiker Heeren schrieb 1809 sein „Handbuch der Geschichte des Europäischen Staatensystems und seiner Colonien“ mit noch heute diskutablen Einteilungen der „Fortschritte des Colonialwesens“. Dann herrschte, jedenfalls für die Neuzeit, trotz der Schriften Alexander von Humboldts die nationale und innereuropäische Geschichtsschreibung vor. Deutschland hatte gar keine Kolonien; Europa war bis zum Imperialismus im späten 19. Jahrhundert meist kolonienmüde, nachdem es im 18. und beginnenden 19. Jahrhundert französische, britische, spanische und portugiesische Überseebesitzungen verloren hatte; methodisch kamen die Quellenschwierigkeiten hinzu, die die außereuropäische Welt der strenger gewordenen Wissenschaft bot. Die deutsche Kolonialgeschichtsschreibung, die sich dann im Gefolge der Weltpolitik des zweiten Kaiserreiches entwickelte, war zu sehr rein machtpolitisch, zum Teil sogar rassistisch ausgerichtet, um später als Muster gelten zu können. Das läßt sich besonders an ihrem Prototyp Dietrich Schäfer zeigen, aber auch noch Adolf Reins Werk von 1931 über „Die europäische Ausbreitung über die Erde" ist kaum gemäßigter. Man sollte allerdings daneben die Leistungen der Ethnologen nicht vergessen und das davon geprägte dreibändige Werk von Georg Friederici über den „Charakter der Entdeckung und Eroberung Amerikas durch die Europäer", in dem versucht wird, auch die Leidensgeschichte der Entdeckten und Kolonisierten zu schreiben[5].

Im Ganzen kann man nach dem Zweiten Weltkrieg in Deutschland von keinem großen neuen Interesse an Kolonialgeschichte sprechen. Damit soll die weitgespannte Forschungstätigkeit besonders der iberoamerikanischen bzw. überseegeschichtlichen Institute in Köln, West-Berlin und Hamburg nicht unterschätzt werden. Kennzeichnend scheint aber zu sein, daß dort, wo intensiver Kolonialgeschichte getrieben wird, nämlich innerhalb der neuen Imperialismusforschung, der frühneuzeitliche Teil als mehr oder weniger entbehrlich oder sogar unbequem gilt. Wo es um die europäische Weltbeherrschung im Zeichen des Hochkapitalismus, der technisch-industriellen Überlegenheit und des Imperialismus geht, fehlt die Verbindung zur frühneuzeitlichen Expansion. Innerhalb der „Neuen Wissenschaftlichen Bibliothek" behandelt Rudolf von Albertini nur die „Moderne Kolonialgeschichte", d. h. diejenige seit der zweiten Hälfte des 19. Jahrhunderts. In den beiden Bänden der gleichen Reihe zur „Industriellen Revolution" ist das Stichwort „Kolonien" gar nicht zu finden. Trotz der heutigen Hochkonjunktur der Theorienbildung sucht man weitgehend vergeblich nach neuen Theorieangeboten zur frühneuzeitlichen Expansion oder Kolonisation.

Die außerdeutsche Forschung ist zwar auch von den Problemen der Dekolonisationsphase geprägt, aber hier finden wir doch neue und beachtenswerte Forschungsansätze. Ich möchte auf einige hinweisen.

Die frühneuzeitliche Expansion findet man im Rahmen der Gesamtgeschichte Europas nach neueren Erkenntnissen, aber sozusagen am ungebrochensten gewürdigt bei Schweizer Historikern, — vielleicht weil sie frei von den Komplexen der ehemaligen imperialistischen Staaten

---

[5] Dietrich Schäfer, Kolonialgeschichte, 2 Bde. 3. Aufl. Berlin—Leipzig 1910, 4. Aufl. 1921. Auch seine Weltgeschichte der Neuzeit, Bd. I: Von der Reformations- und Entdeckungszeit bis zum Siebenjährigen Kriege, 2. Aufl. Berlin 1907, ist auf See- und Kolonialherrschaft ausgerichtet. Adolf Rein, Die europäische Ausbreitung über die Erde, Potsdam 1931. Georg Friederici, Der Charakter der Entdeckung und Eroberung Amerikas durch die Europäer. Einleitung zur Geschichte der Besiedlung Amerikas durch die Völker der Alten Welt. 3 Bände, Stuttgart—Gotha 1925 - 1936.

sind. Herbert Lüthy hat 1967 einen großartigen positiven Abriß der „Epoche der Kolonisation und der Erschließung der Erde" als „Versuch einer Interpretation des europäischen Zeitalters" verfaßt[6]. Beinahe das genaue Gegenteil hat der niederländische Historiker Jan Romein versucht, indem er das gleiche europäische Zeitalter nicht als Weg zum Weltzusammenhang, sondern als Abweichung vom „Allgemeinmenschlichen" interpretierte und die eigentliche Leistung den asiatischen Völkern zusprach, die es geschafft hätten, durch Selbstveränderung — natürlich in Richtung der Abweichung — diese Abweichung gleichsam wiedergutzumachen und den wirklichen Weltzusammenhang zu bilden, — eine sicherlich gegenüber der Dritten Welt freundlich gemeinte, aber doch das Problem der Europäisierung etwas verquält und unaufrichtig umgehende Deutung[7].

Wir finden daneben frühneuzeitliche Kolonialgeschichte in ähnlicher Rückwärtsgewandtheit, wie wir sie bei der allgemeinen Frühneuzeitforschung fanden: also im Zusammenhang mit mittelalterlichen europäischen Expansionen. Spanische und portugiesische Forscher, aber auch der Belgier Charles Verlinden deuten so die Prädisponiertheit für die Eroberung der Neuen Welt aus der Reconquista der iberischen Halbinsel. Der Leipziger Historiker Walter Markov knüpft daran an und erklärt daraus das 15. bis 17. Jahrhundert als „breite Schwelle zweier Zeitalter" mit ihrer Mischung feudaler und kapitalistischer Antriebe zur Kolonisation. Pierre Chaunu hat in seinen zwei Bänden der „Nouvelle Clio" die beste Zusammenfassung dieser Richtung gegeben[8].

Betrachtet man Ansätze, die allein auf die frühneuzeitliche Expansion bezogen sind, so kann man vielleicht drei unterscheiden: einen geistesgeschichtlichen, einen verkehrsgeschichtlichen und einen verwaltungsgeschichtlichen.

Der geistesgeschichtliche ist stark von der abendländischen Ideologie geprägt und apologetisch gemeint, zur Verteidigung vor allem der positiven geistigen Grundlagen des spanischen Kolonialreiches. Missionsidee, Völkerrecht und humanitäre Prinzipien der Sozialgesetzge-

[6] In: Herbert Lüthy, In Gegenwart der Geschichte, historische Essays, Köln—Berlin 1967.

[7] J. Romein u. A. Romein-Verschoor, Aera van Europa: De Europese geschiedenis als afwijking van het Algemeen Menselijk Patroon, Leiden 1954. J. Romein, Das Jahrhundert Asiens, Bern 1958.

[8] Charles Verlinden, Les origines de la civilisation atlantique, Neuchâtel u. Paris 1966. Schon vorher sein Aufsatz: Le problème de la continuité en histoire coloniale. De la colonisation médiévale à la colonisation moderne, in: Revista de Indias XI, 1951. Walter Markov, Bemerkungen zur geschichtlichen Stellung der Siedlungskolonie, in: H. Kretzschmar (Hg.). Vom Mittelalter zur Neuzeit. Zum 65. Geburtstag von H. Sproemberg, Berlin (Ost) 1956. Pierre Chaunu, L'expansion européenne du XIIIe au XVe siècle, Paris 1969. Conquête et exploitation des Nouveaux Mondes (XVIe siècle), Paris 1969.

bung stehen im Vordergrund. Neben spanischen und portugiesischen bemühen sich hierum auch österreichische und deutsche katholische Historiker. Es ist bezeichnend, daß die Zeitschrift „Saeculum" unter allen Fragen der Kolonisation am häufigsten die der Kolonialethik behandelt. Am weitesten ist wohl der österreichische Historiker Alexander Randa gegangen, der in seinem Buch „Das Weltreich" (1962) das spanische Universalreich als grandiosen Weltfriedensversuch deutete, der am Materialismus der protestantischen Konkurrenten und ihrem „Eisernen Zeitalter" — also an dem, was wir die Industrialisierung nennen — gescheitert sei[9].

Der verkehrsgeschichtliche Ansatz hat auch seine ideologischen Komponenten, er hängt mit der sogenannten atlantischen Geschichtsauffassung zusammen, die nach 1945 vor allem von französischen und amerikanischen Historikern propagiert wurde. „Atlantische Zivilisation" ist so etwas wie ein Nachfolge- oder Ersatzbegriff der europäischen Zivilisation. Man kann damit der gestiegenen Bedeutung Amerikas gerecht werden, ohne es aus seiner Verbindung mit Europa zu entlassen, hat allerdings auch die Möglichkeit, Westeuropa von Ost- oder gar Mitteleuropa abzuheben, also die westeuropäischen Staaten mit ihren atlantischen Küsten als die eigentlichen Träger der Expansion universalgeschichtlich zu bevorzugen. Methodisch wurden vor allem die geographisch-historischen Gesichtspunkte wirksam, die Lucien Febvre und Fernand Braudel in die französische Geschichtswissenschaft einführten. Braudel selber hatte das „lange 16. Jahrhundert" zwar gerade nicht als erstes Jahrhundert der neuzeitlichen Expansion, sondern als letztes bedeutendes der jahrtausendealten mittelmeerischen Zivilisation erfaßt, aber mit besonderer Vorliebe durch die Erforschung von „routes et villes", d. h. des mittelmeerischen Seehandelsverkehrs[10]. Seine Schüler übertrugen diese Methode auf die spanisch-portugiesische Weltwirtschaft des 16. und 17. Jahrhunderts, vor allem auf den Atlantik als neuen Verkehrsraum, dessen Handel nach Tonnagezahlen und Konjunkturschwankungen statistisch genau rekonstruiert wurde. So entstanden historische Systeme wie der „spanische Atlantik" bei den Chaunus, der „portugiesische Atlantik" bei Mauro, aber auch der „luso-indische" Zusammenhang bei Magalhães-Godinho[11]. Kein anderer An-

---

[9] Alexander Randa, Das Weltreich. Wagnis und Auftrag Europas im 16. und 17. Jahrhundert, Olten—Freiburg 1962. Vorher am bekanntesten: Jos. Höffner, Christentum und Menschenwürde. Das Anliegen der spanischen Kolonialethik im Goldenen Zeitalter, Trier 1947. (2. Aufl. 1969 u. d. T. Kolonialismus und Evangelium).

[10] Fernand Braudel, La Méditerranée et le Monde Méditerranéen à l'Epoque de Philippe II, 2. Aufl. Paris 1966.

[11] H. u. P. Chaunu, Séville et l'Atlantique (1504 - 1640), 12 Bde., Paris 1957 - 60. F. Mauro, Le Portugal et l'Atlantique au XVIIe siècle (1570 - 1670),

satz ist methodisch so neu und gleichzeitig so intensiv und materialreich durchgeführt worden.

Mit dem verwaltungsgeschichtlichen Ansatz ist die Erforschung der Verfassungs- und Verwaltungsstrukturen der etablierten Kolonialreiche, ihrer Funktion und Effizienz gemeint. Man kommt über das die frühneuzeitliche Expansionsgeschichte so oft beherrschende dramatische Bild der ersten Entdeckungen und Eroberungen hinaus, auch über Fragen der Kolonialideologie, und untersucht den Aufbau der Überseereiche, der „bürokratischen Imperien", wie sie Eisenstadt genannt hat[12]. Das bezieht sich vor allem auf das für die anderen weitgehend vorbildliche spanisch-amerikanische Imperium. Hier ist nach 1945 die Sevillaner Historikerschule tätig geworden, die den Anuario de Estudios Americanos herausgibt und mit der auch der deutsche Historiker Richard Konetzke verbunden ist. Er hat eindrucksvoll gezeigt, daß die „leyendra negra" über die spanischen Kolonialzustände besser durch die Untersuchung der staatlichen Organisation, Siedlungs- und Eingeborenenpolitik als durch Berufung auf Kolonialethik widerlegt werden kann[13]. Zeitlich bezieht sich dieser Ansatz vor allem auf die ausgebildetste, also die Spätphase der frühneuzeitlichen Kolonisation. Der amerikanische Forscher John H. Parry behandelt als Zeit der großen europäischen Überseereiche das 18. Jahrhundert, ähnlichk der Engländer David Fieldhouse[14].

Betrachtet man diese neuen Forschungsansätze zur Erfassung der frühneuzeitlichen Expansion, so wird deutlich, daß kein Grund besteht, diese geschichtliche Erscheinung irgendwie geringer zu bewerten als bisher, d. h. sie als bisher überschätzt zu denunzieren. Ihre Bedeutung ist nicht von einer ehemaligen europazentrischen oder europäisch-imperialistischen Auffassung abhängig, so unterschiedlich auch die Formulierungen dieser Bedeutung sein mogen. Nicht nur für die ehemallge europäische Weltherrschaft, sondern auch für den heutigen Weltzusam-

---

Paris 1960. Vitorino Magalhães-Godinho, L'Économie de l'empire portugais aux XVe et XVIe siècles, Paris 1969. Überblick: Ralph Davis, The Rise of the Atlantic Economies, London 1973.

12 S. N. Eisenstadt, The Political Systems of Empires, London 1963.

13 Richard Konetzke, Süd- und Mittelamerika I: Die Indianerkulturen Altamerikas und die spanische Kolonialherrschaft (Fischer Weltgeschichte 22), Frankfurt 1965. Vgl. zu dem neuen spanischen Interesse nach 1945: Horst Pietschmann, Die Einführung des Intendantensystems in Neu-Spanien, Köln—Wien 1972, S. 5.

14 John H. Parry, Europäische Kolonialreiche, München 1972. David K. Fieldhouse, Die Kolonialreiche seit dem 18. Jahrhundert (Fischer Weltgeschichte 29), Frankfurt 1965. Für die Struktur der See- und Handelsherrschaften in Asien grundlegend: Charles R. Boxer, The Portuguese Seaborne Empire 1415 - 1825, London 1969. The Dutch Seaborne Empire 1600 - 1800, London 1965.

menhang — oder vom Geschichtsbild her ausgedrückt: nicht nur für die europäische, sondern auch für die universalhistorische, genauer die eurasiatische Geschichtsauffassung ist der europäische Ausgriff nach Afrika, Asien und Amerika an der Wende zum 16. Jahrhundert ein epochales Datum. Pierre Chaunu nennt es „le siècle par excellence de la mutation“[15]. So sehen es auch heutige amerikanische Historiker, die betont von einer Gleichwertigkeit der verschiedenen Zivilisationen Eurasiens ausgehen, ja von einer jahrhunderte- oder jahrtausendelangen Minderwertigkeit des „Far West“, der Zivilisation am äußersten Rande, also Europas, verglichen etwa mit dem ausgebreiteten islamischen Zivilisationsbereich. W. H. McNeill in seiner in Amerika sehr bekannten einbändigen Weltgeschichte „The Rise of the West“ rechnet bis 500 v. Chr. das Zeitalter der „Middle Eastern Dominance“, bis 1500 n. Chr. das Zeitalter der „Eurasian Cultural Balance“ und erst von dann an mit dem Aufstieg des „Far West“ das Zeitalter der „Western Dominance“, — wobei nur dieser Westen und keine frühere Zivilisation, so weit sie sich auch ausgedehnt haben, die Bildung eines völlig neuen einheitlichen Geschichtsraumes geleistet hat, in Gestalt des europäisch-atlantischen Bereichs; ganz abgesehen davon, daß nur dieser Westen allmählich den Weltzusammenhang geschaffen hat[16].

Der Anfang der Frühen Neuzeit ist also als weltgeschichtlicher Einschnitt nicht vom Beginn des Industriezeitalters an der Wende vom 18. zum 19. Jahrhundert in den Schatten zu stellen. Mit dieser Behauptung will ich nicht Stellung nehmen in einem mehr oder weniger formalen Rangstreit verschiedener Periodisierungen. Sondern ich will versuchen, eine geschichtliche Erkenntnis freizulegen: Es handelt sich beim Beginn der „Western Dominance“, bei ihrer ersten Ausgestaltung, also bei den frühneuzeitlichen Übersee-Imperien und der durch sie bewirkten Veränderung der Welt um eine vorindustrielle Angelegenheit. Die atlantischen Völker haben sie unternommen, ohne „modernisiert“, ohne industriell-technologisch entscheidend überlegen zu sein. Genauer gesagt: Zwischen ihnen und den entwickeltsten asiatischen Völkern bestand kaum eine „technologische Lücke“. Als die Portugiesen mit seeräuberartigen Gewaltmaßnahmen in den Indischen Ozean und den dortigen arabischen Handelsverkehr einbrachen und ihn unter ihre Kontrolle brachten, geschah das nicht mit besseren Schiffen oder besseren nautischen Instrumenten. Die einzige „technologische Lücke“ bestand darin, daß sie Schiffsartillerie besaßen. Die arabischen und indischen Schiffe waren in der Regel unbewaffnet, obwohl die Mohammedaner die Artillerie kannten und mit ihrer Hilfe etwa gleichzeitig

15 P. Chaunu, Conquête et exploitation (wie Anm. 8), S. 241.

16 W. H. McNeill, The Rise of the West, A History of the Human Community, Chicago u. London 1963.

drei Großreiche errichteten: das Osmanenreich, das persische Safawidenreich und das indische Moghulreich. Anders war es in der Neuen Welt, obwohl auch hier gesagt werden muß, daß die Überlegenheit der europäischen Eindringlinge kaum „modern" und spezifisch europäisch war. Die Azteken sind vielleicht weniger durch den Knall der Kanonen und Musketen als durch Pferde und Bluthunde in Furcht und Schrecken versetzt worden. Die ganze Unterwerfung und Kolonialisierung Amerikas beruht auf längerfristiger, gesamt-eurasiatischer soziokultureller Überlegenheit.

Diese Feststellungen lassen sich wohl treffen, obwohl man gerade in letzter Zeit gelernt hat, die technologische Entwicklung im europäischen Mittelalter deutlicher zu sehen und stärker zu bewerten als früher. Lynn White, dem diese Erkenntnisse besonders zu verdanken sind, ist sogar der Meinung, daß sich Europa vom 12. bis zum Ende des 15. Jahrhunderts technologisch so weit entwickelt habe, daß es gegenüber den asiatischen Kulturen einen deutlichen und die Expansion ermöglichenden Vorsprung besaß. Diesen Vorsprung kann er aber nicht allein aus technischen Errungenschaften erklären, sondern muß den Geist, die vorwärtsdrängende Energie hinzunehmen; Carlo Cipolla, der ihm folgt, muß die Kombination einzelner technischer Fortschritte betonen[17]. Im Unterschied zu dieser Richtung haben Joseph Needham und nach ihm Braudel und Chaunu besonders auf die hohe Entwicklung des gleichzeitigen China aufmerksam gemacht und geradezu die Frage gestellt, warum die weltweite Expansion nicht von dort ausgegangen ist[18]. Für die Beherrschung des Seeverkehrs im Indischen Ozean gab es, kurz bevor sie in portugiesische Hände fiel, mehrere Konkurrenten: arabische, indische und chinesische. Man wird also wohl gut tun, bis ins 16. Jahrhundert von keiner deutlichen Überlegenheit Europas gegenüber den asiatischen Zivilisationen zu sprechen, sondern diese Frage als offen zu bezeichnen.

Trotz dieser unklaren Machtverhältnisse haben die atlantischen Völker nach Entdeckungen und barbarischen Eroberungen weltweite dauerhafte Seehandelssysteme errichtet, dann Überseeimperien, die aus riesiger Entfernung beherrscht wurden und die, soweit sie am Ende der Frühen Neuzeit, am Ende des vorindustriellen Zeitalters verlorengingen — wie vor allem die amerikanischen —, in die Hände europäischer

---

[17] Lynn White, The Expansion of Technology 500 - 1500, in: The Fontana Economic History of Europe, Bd. 1, London 1972, S. 143. Carlo M. Cipolla, Before the Industrial Revolution. European Society and Economy, 1000 - 1700, London 1976, S. 167.

[18] Joseph Needham, Science and Civilization in China, 5 Bde., Cambridge 1954 - 1976. F. Braudel, Die Geschichte der Zivilisation, 15. bis 18. Jahrhundert, München 1971, S. 85 ff. P. Chauna, L'Expansion européenne (wie Anm. 8), S. 334 ff.

Rivalen oder eigener Siedler kamen. Man kann also von einer relativ dauerhaften Veränderung, von einer Kontinuität der „Western Dominance“ sprechen, so deutlich abgrenzbar die frühneuzeitliche Kolonialgeschichte von der späteren des Industriezeitalters sein mag, — einer Kontinuität, die eigentlich noch erstaunlicher ist als die schnelle, weiträumige Expansionsbewegung selber.

Was folgt daraus für das Verhältnis von Expansion und Industrialisierung, zweier so nahe beieinanderliegender und doch deutlich getrennter universalgeschichtlicher Zäsuren, zwischen denen die frühneuzeitliche Geschichte liegt, — und das heißt zugleich: was folgt daraus für das Verständnis der frühneuzeitlichen Kolonialgeschichte?

Die vorindustrielle Expansion muß vor allem deutlicher in ihren spezifischen Zügen erfaßt werden. Es ist durchaus noch nicht geklärt, wieweit diese Züge in unserem Geschichtsbild einerseits durch die heroisch-barbarischen Entdeckungen und Eroberungen am Anfang, andererseits durch den späteren Imperialismus verfälscht worden sind. Liest man nämlich beispielsweise Holden Furbers Beschreibung der „Rival Empires of Trade in the Orient 1600 - 1800“, so scheinen die europäisch-asiatischen Beziehungen mehr den heutigen als denen des 19. Jahrhunderts zu gleichen. Die Europäer bauen hier Handelssysteme, noch keine Kolonialreiche auf. Sie leben enger in der jeweiligen asiatischen Gesellschaft als während des 19. Jahrhunderts. Sie sind Kaufleute, Mitglieder von Handelsgesellschaften, die an ihre zivilisatorische und religiöse Überlegenheit glauben mögen wie ihre asiatischen Kontrahenten an die ihre, die sich aber politisch-diplomatisch einordnen müssen und nicht davon ausgehen können, daß Asien arm und unterentwickelt, Europa reich und wirtschaftlich überlegen wäre[19]. Diese „faktische Gleichrangigkeit der Kulturen“ ändert sich erst nach der Mitte des 18. Jahrhunderts[20].

In Amerika (teilweise auch in Afrika), gegenüber unterlegenen Gesellschaften, waren die Verhältnisse anders. Hier wurden Kolonialreiche gegründet, hier wurde gesiedelt und ausgebeutet. Die Frühe Neuzeit ist die Zeit der Beherrschung Amerikas durch europäische Staaten; Amerika ist in diesen Jahrhunderten der eigentliche europäische Kolonisationsbereich. Unvergleichlich viel dichter als zum Indischen Ozean war der entsprechende Schiffsverkehr. Godechot und Palmer haben festgestellt, daß die atlantischen Handelsverbindungen im 18. Jahrhundert, bis 1825, enger waren als in der Folgezeit[21]. Das

---

19 Holden Furber, Rival Empires of Trade in the Orient 1600 - 1800, Minneapolis—London 1976, S. 6 ff., 310 ff.

20 Wolfgang Reinhard, Gelenkter Kulturwandel im siebzehnten Jahrhundert, in: Historische Zeitschrift 223, 1976, S. 530.

lag an der größeren Schnelligkeit und Leichtigkeit des Seeverkehrs gegenüber dem Landverkehr in vorindustrieller Zeit. Die Industrielle Revolution hat mit der Dampfschiffahrt zwar auch den Seeverkehr verbessert, aber ungleich stärker den Landverkehr. Amerikas Entwicklung von einem atlantischen Bereich zu einem kontinentalen, seine Isolation im 19. Jahrhundert ist durch die industrielle Entwicklung ermöglicht worden. Die maritime Macht, auf der die europäische Expansion seit dem späten 15. Jahrhundert beruht, hat also im industriellen Zeitalter einen gegenüber der Frühen Neuzeit geringeren Stellenwert.

Dies sind nur einige Hinweise auf spezifische Züge der frühneuzeitlichen Kolonialgeschichte. Sie zeigen bereits, daß es nicht angängig wäre, zugunsten einer einfacheren Periodisierung die Hypothese zu übernehmen, die zuweilen zur Verknüpfung von Frühkapitalismus und Industrieller Revolution dient: nämlich Modernisierung oder Industrialisierung ins 17. oder 16. Jahrhundert vorzuverlegen. Gerade nach den neuen Erkenntnissen der Frühneuzeitforschung hinsichtlich der noch mittelalterlichen Züge dieser Zeit dürfte das pauschal nicht mehr möglich sein. Innerhalb der Kolonialgeschichte sind die geradezu regressiven Entwicklungen immer deutlicher geworden, etwa die starke Refeudalisierung im spanischen und portugiesischen Amerika. Wieviele Conquistadoren suchten in der Neuen Welt nach alter Feudalherrenweise zu leben, fern vom monarchischen Zentralismus, der sich im Mutterland schon zu weit ausgebreitet hatte! Auch die gigantische Restitution einer alten Wirtschaftsform wie der Verwendung von Sklaven, die zu ungeheuren, bis heute problemreichen Bevölkerungsverschiebungen und -veränderungen geführt hat, ist zu prägend, um eine so vereinfachte Modernisierungstheorie zu erlauben[22].

Weiterführend sind die Versuche, bestimmte Vorformen oder längerfristige Vorbedingungen der modernen industriellen Welt in der Entwicklung der Frühen Neuzeit und teilweise noch vor ihr zu finden. Die marxistische Geschichtswissenschaft hat sich von ihren speziellen Periodisierungsproblemen aus schon immer damit beschäftigt, etwa im Zusammenhang mit der Vorstellung von einem im 16. Jahrhundert vom Kapitalismus geschaffenen „Weltmarkt", die allerdings sehr eingeschränkt wird[23]. In einem neueren russischen Sammelwerk wird

---

21 J. J. Godechot u. R. R. Palmer, Das Problem des Atlantik vom 18. bis zum 20. Jahrhundert, in: E. Schulin (Hg.), Universalgeschichte, Köln 1974.

22 François Chevalier, La formation des grands domaines au Mexique. Tierre et société aux XVIe - XVIIe siècles, Paris 1952. Philipp D. Curtin, The Atlantic Slave Trade, Madison—London 1969. Über den regionalistisch-konservativen Antrieb der englischen Kolonisten: T. H. Breen, Persistent Localism: English Social Change and the Shaping of New England Institutions, in: The William and Mary Quarterly XXXII, 1975.

23 Nach Jürgen Kuczynski, Die Geschichte der Lage der Arbeiter unter dem Kapitalismus, Bd. 22, Berlin (Ost) 1964, S. 71 geht die Entwicklung zum

betont, daß die marxistische Geschichtswissenschaft die Frage noch nicht beantwortet habe, warum bei der ungefähren Gleichheit aller Völker einige westliche Länder als erste kapitalistisch geworden seien; jedenfalls sei durch diese Ungleichmäßigkeit der historischen Entwicklung der Kolonialismus im 16. und 17. Jahrhundert, d. h. in der Epoche der ursprünglichen Akkumulation entstanden; die großen geographischen Entdeckungen seien von Portugal und Spanien und damit von den wirtschaftlich und politisch nicht entwickeltsten Ländern, anfangs anscheinend ohne kapitalistische Tendenzen, begonnen worden, die materiellen Werte seien aber letzten Endes doch in die entwickeltsten Länder eingemündet, zunächst in die Niederlande, dann hauptsächlich nach England. Der europäische Feudalismus habe also der Kolonialexpansion den Weg geebnet, konnte sich aber die Früchte nicht voll aneignen, da die angetriebene Entwicklung gleichzeitig die Negation des Feudalismus selber bedeutet habe[24].

Die amerikanische New Economic History hat sich sehr spät mit der Zeit „Before the Industrial Revolution" (so der jüngste Buchtitel von Carlo Cipolla) beschäftigt; die quellenmäßigen Bedingungen der „vorstatistischen Zeit" schreckten zunächst ab, aber W. W. Rostows allzusehr auf Kurzfristigkeit angelegte Thesen über das wirtschaftliche Wachstum ließen sich anders kaum widerlegen. D. C. North und R. P. Thomas versuchen in ihrem „extended explanation sketch" über den „Rise of the Western World" (1973) die vorindustrielle Zeit von 900 - 1700 zusammenzufassen. Bevölkerungswachstum und noch darüber hinausgehende wirtschaftliche Produktivität, die von der effizientesten ökonomischen Organisation, vom günstigsten Zusammenwirken staatlicher Institutionen und privater Initiative abhängt, sind die Grundlagen dieses Aufstiegs. Sie waren erst im 16. Jahrhundert gegeben, optimal überhaupt erst im England des 17. Jahrhunderts mit seinen Handelsgesellschaften, nachdem vorher in anderen europäischen Staaten falsche Starts und weniger geglückte Experimente stattgefunden hatten[25]. Das 16. und 17. Jahrhundert glauben diese Autoren durch ihre Erklärungsskizze besser erfaßt zu haben als die Marxisten, die ihre Schwierigkeiten mit einem nicht mehr herrschenden Feudalismus und einem noch nicht entwickelten Kapitalismus hätten, aber die weltweite Expansion wird von ihnen nicht direkt zum Thema gemacht.

Welthandel unter dem Kapitalismus langsam voran und kann vor der amerikanischen und französischen Revolution von einem Weltmarkt nicht die Rede sein, also wegen der folgenden Kriege überhaupt erst nach 1815.

[24] V. N. Nikiforov (Redakteur), Jahrhunderte ungleichen Kampfes in Asien und Afrika, deutsche Fassung bearbeitet von Hans Piazza, Berlin (Ost) 1974, S. 42 ff., 49, 69, 98.

[25] D. C. North u. R. P. Thomas, The Rise of the Western World. A New Economic History, Cambridge 1973, S. 103, 117, 132.

Der amerikanische Soziologe Immanuel Wallerstein wagt hier einen umfassenderen Ansatz, indem er unter genauer Diskussion der geschichtswissenschaftlichen Hauptergebnisse und -probleme eine globale Interpretation des 16. Jahrhunderts versucht[26]. Auch er betont die gleich starke Bedeutung der staatlichen und der kapitalistischen Entwicklung, auch er sieht verschiedenartige politisch-gesellschaftliche Experimente dieser Zeit. Großen Wert legt er außerdem auf die Erkenntnis, daß Kapitalismus nicht an städtisch-bürgerliche und kommerzielle Organisationen gebunden ist, sondern auch eine Systemveränderung im — bisher feudalistischen — agrarischen Bereich darstellt. Vor allem aber versucht er das Weltsystem des 16. Jahrhunderts in seiner zusammenwirkenden Ungleichmäßigkeit zu analysieren: die europäische kapitalistische Weltwirtschaft mit „welt“-weiter Arbeitsteilung und bürokratischen Staatsapparaten in bestimmten Gebieten. England, die Niederlande und das nördliche Frankreich bilden nach dem habsburgischen Versuch eines Weltreiches, also seit der zweiten Hälfte des 16. Jahrhunderts, die „core-states“, Spanien und andere europäische Gebiete die „semiperiphery“, Osteuropa und Spanisch-Amerika die „periphery“, Asien gehört noch zur „external area“[27]. So bestreitbar die von dieser Einteilung ausgehenden Analysen sein mögen — das gilt m. E. etwa von dem sehr früh angesetzten Niedergang Spaniens und Aufstieg der nordwestlichen Länder sowie von der Unterschätzung des asiatischen Bereiches —, so ist dies doch der erste ernsthafte Versuch, einer sozioökonomischen Erklärung der Frühen Neuzeit die Gesamtstruktur des damaligen Weltzusammenhanges zugrundezulegen.

Die Modernisierungen seit der Industriellen Revolution am Ende des 18. Jahrhunderts werden in solchen Analysen weniger vorverlegt als in ihren Vorformen und Vorbedingungen erkannt. Der Frühneuzeithistoriker wird die Gesichtspunkte als wichtig und weiterführend anerkennen, aber ihre Abhängigkeit von der folgenden Entwicklung immer noch als bedenklich groß kritisieren. Für die vorindustrielle Epoche der europäischen Expansion bedeutet das, daß man unter Berücksichtigung aller dieser Umstände nur in Stufen vorgehen und von Überlagerungen verschiedener Expansions- und Kolonisationssysteme innerhalb der Frühen Neuzeit sprechen kann, die zum Teil von früheren Formen ausgehen, zum Teil zum Kolonisationssystem des 19. Jahrhunderts hinführen. Diese Stufen und Überlagerungen sind, zumal innerhalb einer weltweiten Verbindung, ungewöhnlich, da sie sich

---

26 Immanuel Wallerstein, The Modern World-System. Capitalist Agriculture and the Origins of the European World-Economy in the Sixteenth Century. New York—San Francisco—London 1974.

27 Wallerstein S. 63 ff., 102, 301 f., 328 ff.

fast ausschließlich aus europäischen Verhältnissen und Auseinandersetzungen entwickeln, fast ohne Gegenbewegungen außereuropäischer Mächte. Nur die Osmanen bildeten einen gewissen außereuropäischen „Störfaktor“ in dieser Entwicklung. Noch bemerkenswerter ist, daß zwar, wie gesagt, bis ins 16. Jahrhundert die eurasiatischen Zivilisationen auf ziemlich gleicher Höhe standen, dann aber allein Europa sich naturwissenschaftlich, technologisch, militärisch und in den Formen der Wirtschaft weiterentwickelte. In China, Indien und dem Osmanischen Reich findet sich keine vergleichbare „moderne“ Entwicklung, obwohl diese Gebiete in der Frühen Neuzeit noch keineswegs unter starkem europäischen Druck standen, durch den sie hätten gehemmt werden können.

Die von außen also nahezu ungehinderte europäische vorindustrielle Expansion gründete sich auf weltumspannende maritime Herrschaft und ebenso weites Handelsinteresse, d. h. neuartige Machtfaktoren, die von der außereuropäischen Welt kaum oder jedenfalls nicht rechtzeitig als solche erkannt worden sind. Man kann in diesen drei Jahrhunderten von einer „Europäisierung“ der Welt sprechen, kaum schon von einer „Modernisierung“, so gern diese Begriffsvertauschung jetzt teils aus Rücksicht auf die Dritte Welt, teils zur eigenen Entlastung vorgenommen wird; denn übertragen werden in erster Linie die vormodernen, traditionellen europäischen Formen.

Es empfiehlt sich nicht, diese drei Jahrhunderte nach Entdeckungszeit und Zeit der Kolonialreiche (oder „Merkantilperiode“) zu untergliedern, wie es Parry und viele andere tun. Gerade die größte und intensivste Kolonialreichsbildung, die spanische, ist bestimmend und typisch für die erste Periode. Der brasilianische Soziologe Darcy Ribeiro bezeichnet dieses Reich im Unterschied zu den späteren, auch noch vorindustriellen „merkantil-kapitalistischen“ Imperien Englands, Frankreichs und der Niederlande als „merkantil-salvationistisches Reich“[28]. Macht- und strukturmäßig sind die iberischen Kolonialsysteme zweifellos bis ins 17. Jahrhundert prägend und so lebenskräftig, daß sie die politische und wirtschaftliche Krise dieses Jahrhunderts überstanden und sich im 18. Jahrhundert in Neuspanien, in Brasilien wiederherstellen konnten.

Die gleiche wirtschaftliche Depression des 17. Jahrhunderts ist aber, wie vor allem Hobsbawm betont hat, entscheidend für den Aufstieg neuer Kolonialreiche und dabei auch für den strukturellen Wechsel in Richtung auf einen vor allem von privaten oder halbstaatlichen Han-

---

[28] Darcy Ribeiro, Der Zivilisatorische Prozeß, Frankfurt 1971, S. 122 ff. Er bringt es allerdings in sehr fragwürdige Verbindung mit der gleichzeitigen Ostexpansion Rußlands, die eine vergleichbar kirchlich bestimmte, messianische Tendenz gehabt haben soll.

delsgesellschaften getragenen Kommerzialismus[29]. Der spanische bürokratisch-absolutistische Kolonialismus tritt zurück gegenüber den miteinander rivalisierenden Überseehandels- und Kolonialsystemen der Niederlande, Englands und Frankreichs. Eine Verbindung zwischen dieser handelskapitalistischen Entwicklung und der Industriellen Revolution zu suchen, ist naheliegend, aber es ist schwer, sie exakt zu bestimmen. David Landes vertritt die These, der große wachsende Binnenmarkt Englands hätte ausgereicht, eine Revolution in der Produktionsweise herbeizuführen; der Exporthandel, von dem der Handel mit den Kolonien ja nur einen Teil ausmacht, hätte dies aus eigener Kraft nicht vermocht, sosehr er natürlich seine Rolle gespielt habe[30].

Nur soviel ist deutlich, daß der Zeitpunkt der englischen Industriellen Revolution ungefähr in den Jahren anzusetzen ist, in denen England sein amerikanisches Kolonialreich zunächst weit ausdehnt, dann großenteils verliert und in Indien ein zweites Reich aufzubauen beginnt. Am Ende der Frühen Neuzeit liegt auch ein deutlicher kolonialgeschichtlicher Einschnitt. Die portugiesischen und niederländischen Besitzungen in Asien bleiben zwar, aber Amerika geht den europäischen Staaten größtenteils verloren. England wird vor allem durch Indien zur weitaus bedeutendsten See- und Kolonialmacht. Indem es hier seine Herrschaft ausdehnt und einen Ersatz für Amerika findet, kehrt es gewissermaßen das frühere Verhältnis um, bei dem Europa Amerika besaß und mit Asien handelte. Die sich industrialisierenden europäischen Staaten — England voran — entwickeln die kommerziellen Verbindungen zu Nord- und Südamerika und werden im Laufe des 19. Jahrhunderts fähig, die nun unterlegenen Gebiete Asiens und Afrikas in ganz anderer Weise zu beherrschen als vorher. Britisch-Indien bildet den Übergang von der frühneuzeitlichen Expansion zum späteren Imperialismus.

Zum Schluß dieser Überlegungen sei noch das folgende bemerkt. Kolonialgeschichtsforschung wird heute nicht nur in den Staaten getrieben, die ehemals Kolonien besaßen, sondern auch in denen, die

29 Eric J. Hobsbawm, Industrie und Empire I. Britische Wirtschaftsgeschichte seit 1750, Frankfurt 1970, S. 51. Etwas früher ansetzend, aber exakt auf die strukturverändernden Handelsgesellschaften bezogen: Niels Steensgaard, The Asian Trade Revolution of the Seventeenth Century. The East India Companies and the Decline of the Caravan Trade, Chicago—London 1973.

30 David Landes, Der entfesselte Prometheus, Köln 1973, S. 49. Hobsbawm (wie Anm. 29) S. 36: „Die Tatsache, daß im 15. und 16. Jahrhundert überseeische Entdeckungen gemacht wurden, ist für die Industrialisierung ebenso wenig ausschlaggebend gewesen wie die ‚naturwissenschaftliche Revolution‘ des 17. Jahrhunderts.“ Überblick über die Diskussion der Einwirkung der Neuen Welt auf die Weiterentwicklung der Alten: J. H. Elliott, The Old World and the New, 1492 - 1650, Cambridge 1972, S. 54 - 78.

ehemals Kolonien waren. Für diese ist Kolonialgeschichte weniger als in der europäischen Geschichtsforschung ein universales Problem, sondern mehr die Beschäftigung mit einer bestimmten Phase, einer Übergangszeit ihrer eigenen regionalen Geschichte, die einen unterschiedlich — meist negativ — beurteilten prägenden Einfluß auf die weitere Entwicklung gehabt hat. Auch bei uns, auch in universaler Sicht wird man die europäische Expansion heute als eine begrenzte Phase ansehen, als das „Vasco-da-Gama-Zeitalter", wie es der indische Historiker Panikkar genannt hat und von 1492 bis 1947 rechnete[31]. In diesem Zeitalter sind einzelne Perioden zu unterscheiden, die teils vor, teils während der Industrialisierung liegen. Im Sinne der kürzlich geäußerten Kritik von Hans-Ulrich Wehler, daß sich die Modernisierungsdebatte viel zu sehr bei einer formalen Differenzierung von Tradition und Modernität aufgehalten habe, anstatt die Transformationsepoche, die Übergangsgeschichte als zentrale Aufgabe anzugehen[32], habe ich deshalb versucht, den Blick auf die vielschichtige und spannungsreiche frühneuzeitliche Entwicklung zu lenken. Die Zäsuren am Anfang und Ende der Frühen Neuzeit sollte man dabei nicht so hoch schätzen, wie es üblicherweise geschieht. Sie sind Hilfsmittel der Erkenntnis, weniger wichtig als die Herausarbeitung der einzelnen kürzeren Phasen und weniger wichtig als die Beachtung des Gesamtproblems der modernen Entwicklung. Gerade wenn man meint, die Industrialisierung sei eine so tiefe weltgeschichtliche Veränderung, daß sie nur mit der Seßhaftwerdung des Menschen, der sehr langfristigen sogenannten Neolithischen Revolution verglichen werden könnte[33], wird man feste Datierungen vermeiden. Wir sind selber noch in der Übergangszeit, wir stehen selber noch in der Geschichte.

[31] K. M. Panikkar, Asia and Western Dominance, London 1953.

[32] Hans-Ulrich Wehler, Modernisierungstheorie und Geschichte, Göttingen 1975, S. 19 f.

[33] Besonders deutlich bei Carlo M. Cipolla, Wirtschaftsgeschichte und Weltbevölkerung, München 1972, S. 10 - 23.

ERASMUS VON ROTTERDAM ALS ‚AUTOR' VON REFORMATIONSFLUGSCHRIFTEN

Ein Klärungsversuch

Von Heinz Holeczek

Der Stand der derzeitigen Flugschriftendiskussion[1] zeigt recht deutlich, daß für die Flugschrift zwar eine Reihe formaler Merkmale feststellbar sind (so: kleinere Quartschrift, selbständige Veröffentlichung etc.), aber kein eindeutiges Kriterium benannt werden kann, welches ausschließlich der Flugschrift zukommt, für sie konstitutiv ist und sie eindeutig gegen andere Druckerzeugnisse (Buch, Plakat, Zeitung etc.) abgrenzt. Um die formale Unbestimmtheit dieses apriorischen, aber unwiderruflich rezipierten Begriffes abzustützen, werden seit jeher aus anderen Bereichen des Inhalts, der Distribution und Kommunikation Eigenschaften beigebracht, wie etwa Wirkung, Thematik, Aktualität, Rezeptionsweite, Sprache und Sprachstil[2]. Diese untereinander wenig ausgeglichenen Merkmalsbeschreibungen bieten aber meist erhebliche Schwierigkeiten, weil sie entweder selbst kaum Nachweisbares fordern

---

Abkürzungen:

AE = P.S. und H. M. Allen und H. W. Garrod, Opus Epistolarum Des. Erasmi Roterodami, XI Bände, Oxford 1906 - 1947, und Bd. XII: Indices, hg. von B. Flower und E. Rosenbaum, Oxford 1958.

ARG = Archiv für Reformationsgeschichte

LB = Desiderii Erasmi Roterodami opera omnia, ed. J. Clericus. I - X. Lugduni Batavorum 1703 - 1706

[1] Unsere Überlegungen und Ausführungen zur Flugschriftenfrage sind durch Hans-Joachim Köhlers Definitionsvorschlag veranlaßt worden: „Die Flugschriften. Versuch einer Präzisierung eines geläufigen Begriffes." in: Festgabe für Ernst Walther Zeeden (Münster 1976), 36 - 61. — Andere Beiträge aus jüngerer Zeit stehen eher im Hintergrund. Genannt seien nur: Heinz Scheible: „Reform, Reformation, Revolution: Grundsätze zur Beurteilung der Flugschriften", in: ARG 65 (1974), 108 - 133. Susanne Ritter: Die kirchenkritische Tendenz in den deutschsprachigen Flugschriften der frühen Reformationszeit (Diss., Tübingen 1970). — Dieser Aufsatz entstand andererseits aus den Arbeiten für eine breiter angelegte Studie zur Entstehung und Eigenart der Reformationsflugschriften, die ich zusammen mit Walther Gose vorbereite. Die fruchtbare Auseinandersetzung mit ihm, besonders über die publizistischen Bedingungen der Flugschriften und die reformdiskutierende Öffentlichkeit der frühen Reformationszeit, waren für mich auch beim Schreiben dieser Seiten von großem Wert.

[2] Köhler, Flugschriften, 42 ff.

(Wirkung kann selten direkt nachgewiesen werden, sie wird vielmehr aus Auflagenzahl u. ä. vermutet) oder sie sind für sich genommen beliebig (Thematik besagt nur zusammen mit Aktualität bezogen auf eine bestimmte Öffentlichkeit etwas aus) — oder sie zielen schlicht am Material vorbei (der Streit, ob es lateinische Flugschriften gibt. erweist sich gegenüber dem Schriftenbestand Luthers und des Erasmus als obsolet)[3].

H.-J. Köhler hat in seiner Definition jüngst hierin weiterzukommen versucht, indem er unter Zuhilfenahme des Laswellschen Kommunikationsmodells die intentionale Seite der Flugschrift hervorhebt und sie entsprechend bestimmt: „Eine Flugschrift ist eine ... Druckschrift, die sich mit dem Ziel der Propaganga/Agitation an die gesamte Öffentlichkeit wendet[4].“ Die Schwierigkeit dieser Bestimmung ist bedingt durch die erklärte Absicht Köhlers, einen zeitunabhängigen, historisch abstrakten Begriff zu gewinnen, während der gängige Gebrauch sich in der Regel auf epochale Ereigniszusammenhänge — wie Reformation oder Revolution — bezieht. So wichtig es uns erscheint, die in Titel, Text und Beigaben sich ausdrückende Intention für die Bestimmung einer Flugschrift festzustellen, so halten wir dies allerdings noch nicht für ausreichend.

Unsere besondere Frage hierzu ist zuerst, ob man von der „Absicht des Textes“ nicht einen Bezug zu dem die Öffentlichkeit dieser Zeit beherrschenden Themenkomplex herstellen muß, um über den Charakter der Schrift etwas aussagen zu können. Das heißt, die Intention einer Flugschrift sollte mit den in der Öffentlichkeit virulenten Hauptthemen in einer erkennbaren Verbindung stehen, was wir in unserem Fall (sicher nicht ganz problemlos) mit „*Reformationsfl*ugschrift“ signalisieren. Entgegen dem abstrakten Gebrauch von „gesamter Öffentlichkeit“ erscheint es uns nicht möglich, ohne eine wenigstens ungefähre Vorstellung von den die jeweilige Öffentlichkeit inhaltlich und zeitlich bestimmenden Themen zu entscheiden, ob es sich um eine Flugschrift handelt oder nicht. Dies erscheint uns zuerst deswegen notwendig, weil Flugschrift kein formal klar bestimmbares Phänomen ist, dessen Kernbereich zwar durchaus deutlich erkennbar ist, das aber nach außen hin (z. B. zur Volksbibel, gelehrten Schrift, Streitschrift, Erbauungsschrift) unter bestimmten Bedingungen oft nur vage abgrenzbar ist. Bezüglich der Reformationsöffentlichkeit haben wir gegen den von

[3] Diese Probe ist leicht zu machen mit Benzings Lutherbibliographie. — Für Erasmus verweisen wir nur auf zwei nicht ins Deutsche übersetzte lateinische Flugschriften: *Axiomata Erasmi Roterodami pro cavsa Martini Lutheri Theologi* (1520) (abgedruckt bei Ferguson, Erasmi Opuscula, 316 - 328). *Erasmi Roterodami dvo Epistolia de cavsa Lvtherana* (beschrieben in: Walther Gose, Reformationsdrucke, Nürnberg 1972, Nr. 86 a; Abb. S. 41). Zu beiden Erasmusflugschriften s. auch ARG 64 (1973), 85 - 112.

[4] Köhler, Flugschriften, 50.

Köhler verwendeten Öffentlichkeitsbegriff besonders einzuwenden, daß es in der Reformationszeit nicht nur keine „gesamte Öffentlichkeit“ gab — hat es die schon jemals gegeben? —, sondern daß sich hier eine Öffentlichkeit in Mitteleuropa erstmalig, ausnahmsweise, entgegen den Bedingungen der traditionellen feudalen Gesellschaft und nur für eine begrenzte Zeitspanne herausbildete und sich für ihre öffentliche Kommunikation bereitstehender Instrumente bediente, die sie ihren Bedürfnissen anpaßte. Das soll aber an anderer Stelle weiter erörtert werden.

Unser Vorhaben muß enger begrenzt bleiben. Aus der konkreten Beschreibung eines bisher weithin unbekannten, ausgewählten Textbestandes von Erasmusdrucken wollen wir darlegen, daß man die Druckschriften nicht nur auf ihre propagandistische, meinungs- oder willensbildende Absicht hin prüfen muß, sondern sie auch auf die aktuellen Rezeptionsbedingungen in einer thematisch bestimmten Öffentlichkeit — hier auf die Reformöffentlichkeit, bzw. reformdiskutierende Öffentlichkeit — beziehen muß. Wir meinen, daß solche Drucke im Kontext etwa der in den Jahren 1517/18 bis 1525/26 besonders intensiv und offen, über viele herkömmliche „kategoriale“ Schranken hinwegflutenden Diskussion um „Kirchenreform am Maßstab der Bibel“ zu bewerten sind.

In den ersten beiden Jahrzehnten der Reformation spielten volkssprachliche Flugschriften, denen lateinische Erasmustexte zugrundelagen, eine wichtige Rolle in der öffentlichen Reformdiskussion. Besonders in manchen Themenbereichen — wie etwa denen der Bibelübersetzung, der allgemeinen Bibellesung und der praktischen Bibelauslegung zu mehreren Reformfragen — waren Texte aus den Werken des Erasmus besonders stark vertreten. Erasmus hat sicherlich kaum einen von ihnen unmittelbar für eine volkssprachliche Öffentlichkeit verfaßt, und keine seiner Schriften war von ihm direkt als Flugschrift gedacht; sie wurden von meist anonym bleibenden Herausgebern — die ihn weder fragten noch über ihre Absicht auch nur informierten — aus seinen Schriften exzerpiert, in die Volkssprachen übertragen, herausgegeben und an ein offensichtlich stark interessiertes Publikum verkauft.

In einer kleinen Studie über die englischen und französischen Erasmusübersetzungen hat Margaret Mann-Phillips[5] festgestellt, Erasmus habe nicht nur in der lateinischen Bildungssprache, sondern auch in den Volkssprachen zu den meistgedruckten und -gelesenen Autoren des 16. Jahrhunderts gehört. Sie kannte die englischen, französischen

[5] Erasmus and Propaganda: A Study of the Translations of Erasmus in English and French, in: Modern Language Review 37 (1942), 1 - 17.

und auch spanischen Erasmusdrucke; für die deutschen Ausgaben einzelner Erasmustexte müssen wir ergänzend hinzufügen, daß der deutsche Bestand an solchen Drucken bei weitem der umfangreichste ist. Bis 1540 zählen wir annähernd 200 deutsche Erasmusdrucke, für England sind es über 40 und für die Niederlande mehr als 30 solcher volkssprachlicher Ausgaben einzelner Erasmustexte[6]. Die Zahlen für Frankreich und Spanien bewegen sich in der Größenordnung derer Englands und der Niederlande[7]. Der Hauptgrund dafür, daß die volkssprachliche Rezeption des Erasmus im deutschen Sprachraum eine solch ungewöhnlich hohe Zahl von Drucken hervorbrachte, liegt offenbar an der Entwicklung der Reformation in Deutschland und der Schweiz. Die Hauptmasse der deutschen Drucke — und darunter vor allem jene, welche als Flugschriften zu gelten haben — erschien in nur wenigen Jahren der frühen Reformation, genauer von 1519 bis 1525/26.

Bei unserem Bemühen, am Beispiel des Werkes des Erasmus und dessen Rezeption in den Volkssprachen das Phänomen der Reformationsflugschrift konkreter zu fassen, schränken wir — um nicht in einer Masse von mehreren hundert Drucken zu versinken — den von uns behandelten Schriftenbestand sinnvollerweise so ein, daß sich die uns wesentlich erscheinenden Gesichtspunkte herausstellen lassen. Dabei konzentrieren wir uns auf die volkssprachlichen Erasmusdrucke, und zwar auf ihren umfangreichsten und wohl auch interessantesten Bestand, die deutschen Ausgaben. Bei der Prüfung der Frage, wie aus Schriften des Erasmus Flugschriften wurden, wird unser leitender Gesichtspunkt die Suche nach den Umständen sein, welche dafür verantwortlich waren, daß die erasmischen Reformtexte durch Exzerption, Umgestaltung und Übertragung zu reformatorischen oder reformkatholischen Propagandatexten wurden.

1. Zuerst ist es notwendig aufzuzeigen, wie es dazu kam, daß Erasmus zum Autor so zahlreicher Flugschriften wurde, obwohl er kaum einen dieser Texte in einer solchen Absicht geschrieben haben dürfte. Dazu gehen wir zweckmäßigerweise von der Unterscheidung aus, daß seine Schriften erst durch die Einwirkung anderer — Übersetzer oder Herausgeber — und durch eine ganz bestimmt strukturierte Öffentlichkeit, in der Humanismus, Reform und katholische Reform zusammentrafen, zu Flugschriften wurden.

---

[6] Für England benutzen wir E. J. Devereux: A Checklist of English Translations of Erasmus to 1700 (Oxford 1968). Von den niederländischen Versionen haben wir eine Liste der Erasmus-Sammlung an der Gemeente-Bibliotheek Rotterdam (Stand 1969).

[7] Dazu siehe die Arbeiten von Marcel Bataillon: Erasme et l'Espagne (Paris 1937), und von Margaret Mann: Erasme et le debut de la réforme française (Paris 1934).

2. Dann soll an zwei typischen und zugleich ergiebigen Beispielen erläutert werden, auf welchem Wege etliche von Erasmus in reformerischer Absicht verfaßte Texte als Flugschriften volkssprachlich erschienen und häufig nachgedruckt wurden. Dabei ist aber auch zu zeigen, wie manche Texte nach einer gewissen Zeit diesen Flugschriftencharakter wieder verloren, weil sich die Erwartung und Interessenlage des Publikums gewandelt hatte. Dabei sollen einige nach herrschender Meinung (im Sinne Köhlers) für konstruktiv gehaltene Kriterien des Flugschriftenbegriffs am volkssprachlichen Bestand der Erasmusschriften geprüft werden: Vornehmlich wird nach der totalen oder begrenzten Öffentlichkeit, dem Verhältnis von gebildetem zu volkssprachlichem Publikum, der intendierten und — soweit feststellbar — eingetretenen Wirkung gefragt werden. Dabei dürfte die Frage der Aktualität eine besondere Rolle spielen, bzw. unsere Beobachtung, daß für die Qualität der Flugschrift nicht nur eine bestimmte Erwartung der Leserschaft, sondern mehr noch ein bestimmtes Vorwissen eine entscheidende Voraussetzung bildete.

Ad 1.: Wenn wir uns die Umstände vergegenwärtigen wollen, unter denen von Erasmus in der lateinischen Bildungssprache verfaßte Texte zu volkssprachlichen Flugschriften wurden, dann gilt es vorab festzustellen: Erasmus selbst hat von sich aus wohl keine Schrift in der erklärten Absicht verfaßt, daß daraus eine „Flugschrift" — was auch immer darunter zu verstehen sei — entstehe[8]. Da jedoch aus seinen Werken zeitweise eine erstaunlich große Anzahl von Flugschriften hervorging, muß es dafür besondere Gründe gegeben haben, welche andere dazu bewog, ihnen geeignet erscheinende Texte des Erasmus auszuwählen, zu exzerpieren, zu übersetzen und gedruckt in die öffentliche Reformdiskussion einzubringen, um diese in einem bestimmten Sinne zu beeinflussen.

Es war also in der Regel nicht der Autor Erasmus, sondern jemand anderes, mit eigenen Interessen, Überzeugungen und Zielsetzungen, der darüber entschied, ob und wie ein Text des Humanisten sich dafür eignete, einem breiten volkssprachlichen Publikum bekanntgemacht zu werden. Dementsprechend wird man davon ausgehen müssen, daß die Motive und Absichten des Übersetzers und/oder Herausgebers bestenfalls partiell mit denen des Erasmus übereinstimmten — sich mindestens jedoch in der propagandistischen Intention von ihm zu unterscheiden pflegten. Die volkssprachliche Einführung solcher Erasmustexte in die

8 Das schließt nicht aus, daß Erasmus (a) später verschiedentlich gezwungen war, auf für ihn gefährliche Flugschriften mit Gegenschriften auch volkssprachlich zu antworten, und (b) er ab 1525 sich selbst um seine Wirkung im volkssprachlichen Raum bemühte, so durch Frömmigkeitsschriften und später auch mit Aufrufen zur ‚Reinheit und Einheit der Kirchen'.

Auseinandersetzung zwischen den rivalisierenden Bewegungen von Reformation, katholischer Reform und Gegenreformation — mit keiner derselben läßt sich Erasmus identifizieren — bedeutete demnach, daß es sich dabei um eine Transponierung von humanistischen Reformtexten in religiöse Propagandaschriften handelte. Es wandelte sich dabei nicht nur das Publikum und die Sprache, sondern der Text nahm dadurch eine andere Qualität an, daß er für propagandistische oder gar agitatorische Zwecke eingesetzt wurde.

Wir haben es hier also mit einem Sonderfall des Phänomens „Reformationsflugschrift"[9] zu tun, in welchem der Autor und der Hersteller der Flugschrift nicht identisch sind und zwischen beiden eine deutliche Differenz besteht, welche sich öfters — so aus dem Titel und der interpretierenden Übersetzung, wie aus Äußerungen des Erasmus oder des Übersetzers — genauer bestimmen läßt. Damit kann die Entstehung von Flugschriften der Reformationszeit als ein mehrphasiger Prozeß beschrieben werden, was bei anderen Autoren sonst wohl kaum möglich sein dürfte. Dabei wird ein unseres Erachtens entscheidendes Moment erkennbar, nämlich die hervorragende Bedeutung, welche Publikums-Erwartung und -Vorwissen besaßen. Es muß eine in bestimmter Weise vorgeprägte und interessierte Öffentlichkeit gegeben haben, welche zu bestimmten Themen, hier der Reform der Kirche, von bestimmten Autoren, namentlich dem „weitberumpten und hochgelerten Erasmi v. R."[10], dezidierte Meinungsäußerungen und Stellungnahmen erwartete. So bestand für die verschiedenen Schriften des Erasmus recht unterschiedliches Interesse, die einen wurden mehrfach übersetzt und zahlreich nachgedruckt, andere höchstens einmal volksprachlich gedruckt oder auch gar nicht übersetzt[11]. Diese differenzierte Rezeptionsbereitschaft übte auf Übersetzer und Herausgeber eine Art Sog aus und

[9] In dieser Verbindung hat Reformation zuerst eine zeitliche Bedeutung bezogen auf deren Epoche. Für die von uns hier vor allem gemeinten Jahre der frühen Reformation bis 1525 vermögen wir unserem Flugschriftenbestand gegenüber mit Heinz Scheibles Unterscheidung von Reformations- und Reformflugschriften (siehe Archiv für Reformationsgeschichte 65 [1975], 108 - 134) nur wenig anfangen, weshalb wir auch von Reformöffentlichkeit sprechen.

[10] Als Beispiele zwei Titel: An den Erwirdigesten Herrn Bischoff zu Mentz vñ durchleuchtigen fürsten des hochberümpten Des. Erasmi v. R. ain sendtbrieff/ etwas des Luthers sachen berierende. [Augsburg: Sigmund Grimm 1522] — und: Ein schone auch Christenliche Epistel des Hochgelerten Doctoris Erasmi von Roterdam wider ettliche so sich fälschlich berůmen, daß sie Euangelisch seyen ... (Dt. von Hieronymus Gebweiler) [Hagenau Valentin Cobian] 1530.

[11] In keinem Fall wurden antitraditionalistische Kontroversschriften des Erasmus volkssprachlich rezipiert — auch wenn es sich um so hervorragende Themen handelt wie die mit Marten Dorp oder den Pariser Theologen der Sorbonne erörterten. Umgekehrt dazu bestand ein besonders großer Sog zur volkssprachlichen Verbreitung für alle Äußerungen des Erasmus zu biblischen und reformerischen Fragen.

motivierte sie, als Vermittler erasmischer Schriften auf solche Weise tätig zu werden.

Wie diese Öffentlichkeit bestimmt ist, läßt sich schlaglichtartig daran deutlich machen, daß das breite Publikum ein außergewöhnliches Interesse an biblizistischen Arbeiten zeigte. Es war so stark, daß selbst die lateinische Studienversion des Erasmus wie Flugschriften verbreitet und aufgenommen wurde. Neben zahlreichen lateinischen Nachdrucken gab es davon mehrere Übersetzungen und volkssprachliche Ausgaben. Mit ihrer einzigartigen Aktualisierung der Hl. Schriften ist die Reformation hierin wohl mit keiner anderen Epoche zu vergleichen. Welche Rolle dabei Luther und die anderen Reformatoren spielten, ist bekannt[12]; der einmalige aktuelle Stellenwert der Bibel im öffentlichen Interesse war wesentlich ein Werk der Reformatoren und zugleich lag darin ein Hauptgrund ihrer großen Wirkung. Weitgehend neu dürfte dagegen sein, daß Erasmus auf diesem Gebiete ebenfalls eine erhebliche Breitenwirkung hatte. Er hatte darin eine doppelte Bedeutung: einmal hat er durch seine Arbeiten an der Entstehung dieses akuten Biblizismus entscheidend mitgewirkt, zum anderen bemächtigte sich diese Öffentlichkeit seiner Arbeiten zur Hl. Schrift, selbst seiner gelehrten Ausgaben hierzu.

Ad 2.: Wie sich der Entstehungsprozeß von Flugschriften aus dem Werk des Erasmus darstellt, wird an den beiden wichtigsten biblischen Arbeiten des Erasmus, aus denen zugleich die größte Zahl von Flugschriften oder flugschriftartigen Schriften hervorgingen, gezeigt werden: dem Novum Testamentum und den NT-Paraphrasen.

I. Das wohl folgenschwerste Werk des Erasmus, sein Novum Testamentum, erschien erstmals 1519 unter diesem Titel, nachdem es bereits 1516 als Novum Instrumentum herausgekommen war. Aus dieser Ausgabe gingen besonders in den Jahren 1520 bis 1524 eine Fülle von (annähernd 70) deutschen Auszügen hervor. Um die verschiedenen volkssprachlichen Drucke aus dem Novum Testamentum zu verstehen, sei kurz der Hauptinhalt dieser gewichtigen Edition skizziert: Zuerst stehen ein Empfehlungsschreiben von Papst Leo X. und das Anschreiben des Erasmus an den Papst. Dann folgen eine Reihe programmatischer Vorreden: 1. Paraclesis, id est, adhortatio ad Christianae philosophiam studium; 2. Ratio seu compendium verae theologiae; 3. Apologia und 4. Capita argumentorum[13]. Die Nova praefatio, welche Erasmus für

---

[12] Diese Entwicklung ist ab 1518 anschaulich zu verfolgen anhand von Josef Benzing: Lutherbibliographie. Verzeichnis der gedruckten Schriften Martin Luthers bis zu dessen Tod (Baden-Baden 1966). s. unten Anm. 53.

[13] Vorreden des Novum Testamentum 1519: Breve Leos X. Seite 2; Brief an Leo X. 3 - 5; Paraclesis 6 - 12; Ratio verae Theologiae 13 - 62; Apologia 62 - 68; 111 Capita argumentorum 69 - 82.

seine lateinische Version des NT verfaßte, wird sinnvollerweise in diesem Zusammenhang mitbehandelt. Der Hauptteil des Novum Testamentum besteht aus dem von Erasmus hergestellten „kritischen" griechischen Text und der lateinischen NT-Version des Erasmus. Der letzte große Teil des Werkes enthält die Annotationes ad Novum Testamentum[14].

Um zu verstehen, warum das als berühmte Leistung der humanistisch-philologischen Bibelkritik bekannte Novum Testamentum in seinen einzelnen Teilen für ein breites (nicht nur das Latein lesende) Publikum von solchem Interesse werden konnte, muß man sich den Doppelcharakter desselben vergegenwärtigen: Es stellte *erstens* die Bibelwissenschaft auf ein neues Fundament, indem gegenüber der gebräuchlichen Vulgata das Prinzip des griechisch-hebräischen „Archetypus" (wie Erasmus es nennt) etabliert wurde. Das theologische Studium der Evangelien und Apostelbriefe orientierte sich nun am griechischen „Urtext". Zum *zweiten* war das Novum Testamentum eines der Hauptereignisse der Reform; es gab den vielfältigen Reformrichtungen ihren biblischen Mittelpunkt und ein unschätzbares Instrument im Kampf um die Erneuerung des religiösen Lebens an die Hand[15].

In welch hohem Maß dieses Novum Testamentum ein Reformwerk war, läßt sich auch aus ihm selber verständlich machen. Die programmatischen Vorreden geben dem Werk seinen spezifisch reformerischen Stellenwert. Gerade die lateinische Version diente aktuellen Bedürfnissen[16]. Wissenschaftlich gesehen, war es eher problematisch, die reinigungsbedürftige Vulgata durch eine neue nach klassizistischen Grundsätzen gestaltete „humanistische" Bibelversion ersetzen zu wollen. Aber da der griechische Text nur sehr wenigen von Nutzen hätte sein können, verbreiterte Erasmus die Wirkung seiner Arbeit, indem er allen Gebildeten die neuen Einsichten zugänglich machte. Die Anno-

---

[14] Die Annotationes ad NT besaßen 1519 ein eigenes Titelblatt und Vorrede. Der Anmerkungsteil umfaßte bereits 548 Seiten, gefolgt von einem Index 549 - 576.

[15] In diesen frühen Jahren der Herausbildung reformatorischer Positionen gab es zwischen Reformatoren und Erasmianern in mehreren wesentlichen Bereichen auffällige Berührungsflächen. Dies legt unser Flugschriftenbestand nahe. Hier seien als Bereiche nur genannt: der Biblizismus, christozentrische Frömmigkeit, die Gemeinde als die das Wort Gottes hörende Versammlung; selbst beim allgemeinen Priestertum gab es — bei allen Unterschieden — gemeinsame Fragestellungen.

[16] August Bludau: Die beiden ersten Erasmus-Ausgaben des Neuen Testamentes. in: Biblische Studien VII (1902), 11 - 125, stellte noch die reformerische Qualität der lateinischen Version deutlich heraus; doch bei Werner Schwarz: Principles and Problems of Biblical Translation. Some Reformation Controversies and their Background (Cambridge 1955), 142 ff., bleibt dieser Gesichtspunkt unbeachtet, obwohl er anhand der Annotation zu Matth. 11.30 das Autoritätsproblem diskutiert.

tationes sind sicherlich eine seiner gelehrtesten Leistungen (besonders wegen der mit jeder Auflage anschwellenden Masse von patristischen Belegen und Zitaten), andererseits enthalten sie eine Fülle praktischer Bibelauslegungen zu aktuellen Reformthemen, etwa Kritiken an zahlreichen Mißständen der Kirche, speziell der Mönchsorden, aber auch positive Reformvorschläge, die sich aus der Bibel ableiten lassen[17]. Damit bot das Novum Testamentum ein riesiges Arsenal von kritischen Argumenten für die Reformer.

Auch die Art der Publikation und die Aufnahme, welche das Werk fand, bestätigen den reformerischen Charakter und das breite Interesse daran: Erasmus arbeitete in großer Hast, um anderen Unternehmungen, speziell der Complutensischen Polyglotte des Kardinals Ximenes, zuvorzukommen. Dafür wurden bewußt etliche Mängel in Kauf genommen. Eine neue grundlegende griechisch-lateinische Edition des NT wurde in der gesamten gelehrten Öffentlichkeit mit großer Spannung erwartet; den biblischen Studien des Erasmus galt das besondere Interesse, da er bereits die Annotationes ad Novum Testamentum des Lorenzo Valla wiederentdeckt und — mit einer programmatischen Vorrede versehen — ediert hatte[18]. Ein weiteres Indiz für das allgemeine Interesse sind die rasche Folge der Auflagen und ihre ungewöhnliche Höhe. Die erste Ausgabe — unter dem Titel Novum Instrumentum — erschien 1516 bei Froben in Basel in über 1200 Exemplaren; die zweite kam mit dem endgültigen Titel Novum Testamentum 1519 in 2000 Exemplaren heraus[19]. Bereits nach wiederum drei Jahren erschien die dritte Auflage, wahrscheinlich in vergleichbarer Höhe. Erasmus selbst besorgte noch zwei Auflagen 1527 und 1535.

Diese offiziösen Ausgaben des NT durch Erasmus beim renommiertesten „Wissenschaftsverlag" dieser Zeit Johannes Froben in Basel stellen nur einen Bruchteil der tatsächlich erschienenen NT-Texte dar. Es ist verständlich, daß unter den bestehenden Bedingungen die lateinische Version des NT durch Erasmus — schon wegen ihrer Konkurrenzrolle zur Vulgata — das größte Interesse fand; davon erschienen zwischen 1518 und 1524 allein bei Froben mindestens acht weitere Drucke. Daneben zählen wir etwa 25 Nachdrucke anderer Pressen. Will man sich eine Vorstellung von der Größenordnung der Distribution der lateinischen NT-Version des Erasmus bilden, so muß man bis 1524/25

---

[17] Methodisch war dies bereits in Lorenzo Vallas ‚Annotationes ad Novum Testamentum' vorgebildet; aber gerade der Vergleich zeigt, in welchem Ausmaß Erasmus dieses kritische Instrumentarium entwickelt hat.

[18] In latinam Novi Testamenti interpretationem ex Collatione Graecorum exemplarium Adnotationes (Paris Badius 1505). Die programmatische Einleitung des Erasmus dazu in AE I, 182.

[19] AE III, S. 387. Vorbemerkung zu Ep. 864.

mit etwa 30 000 und mehr gedruckten und verkauften Exemplaren rechnen[20].

Kann man hier die Frage stellen, inwiefern sich die Art der Publikation der NT-Version des Erasmus von der von Flugschriften unterscheidet (man kann außer dem Inhalt auch Umfang und Format dagegen anführen), so ist dies für die lateinischen Nachdrucke der Paraclesis und der Ratio verae theologiae nicht mehr auszumachen. Sie erreichen innerhalb weniger Jahre (Paraclesis 1516 - 1523, Ratio 1519 - 1523) gesondert oder gemeinsam um die zwanzig Nachdrucke — davon allein bei Froben fünf bzw. sechs Drucke[21].

Die wenigen Angaben sollen genügen, um anzudeuten, in welchem Ausmaß die biblischen Arbeiten des Erasmus in den Jahren mindestens bis 1523/24 die gelehrte Öffentlichkeit beherrschten — und um darauf hinzuweisen, daß es wesentlich auch Erasmus war, durch den das Medium Flugschrift und zugleich jene biblizistisch bestimmte Reformöffentlichkeit sich in diesen Jahren herausbildete, die für die Reformation so entscheidend wurde. Auch deren Ausweitung und Transponierung ins Volkssprachliche ist wesentlich mit seinen Schriften verbunden. Dies wird aus der volkssprachlichen Rezeption des Novum Testamentum, bzw. ihrer Teile, in diesen Jahren deutlich. Das entscheidende Jahr hierfür ist bezeichnenderweise 1519/1520.

1. Von den häufig lateinisch nachgedruckten Vorreden zum Novum Testamentum wurde nicht die Ratio verae theologiae, sondern die Paraclesis in die Volkssprachen übersetzt. Dies liegt offenbar daran, daß die Ratio eine gebildete Pia doctrina lehrte, während die Paraclesis auf eine breite religiöse Bildung hinzielte[22]; sie war weder sehr fachtheologisch noch besonders apologetisch. — Von der Paraclesis entstanden zwei verschiedene Versionen — eine von einem anonymen Übersetzer, die andere durch Georg Spalatin „gedeutscht"; dazu kommt noch eine plattdeutsche Übertragung, welche bei Lorenz Stuck in Halberstadt 1521 erschien[23]. Spalatins Version kam bei Siegmund

---

[20] Da es bisher keine befriedigende Bibliographie der lateinischen Erasmusdrucke gibt, müssen wir mit Vanderhaeghens mangelhaften Bibliotheca Erasmiana. Bibliographie des oeuvres d'Erasme (Gent 1897), und eigenen Aufnahmen aus einigen großen Erasmus-Bibliotheken (Rotterdam, München SB und UB, Wolfenbüttel etc.) arbeiten.

[21] Allein die Bibliotheca Erasmiana nennt folgende Separatdrucke: Ratio verae theologiae: Januar 1519 (4°); April 1519 (8°); Februar 1520 (8°); März 1520 (4°); 1521 (8°); Juni 1522 (8°). — Paraclesis: Februar 1519 (4°); April 1519 (8°); Februar 1520 (8°); Juni 1522 (8°).

[22] Wie K. A. Meissinger: Erasmus von Rotterdam (2. Aufl. Berlin 1948), 206 ff., 219, hervorhebt.

[23] Erasmi Roterodami Paraclesis verdůdet/ dar ynne mē leret/ wo ein důrbar vnvthsprekelicke schath vn̄ kleynode sy dat Euangelium vā dē (! vn̄de) hylligen wort Goddes. — C. Borchling — B. Claussen: Niederdeutsche Bibliographie. Bde. 1 - 3, 1 (Neumünster 1931 - 1957), Nr. 699.

Grimm in Augsburg 1522 heraus[24]. Wesentlich erfolgreicher war die frühere anonyme Version, die innerhalb kurzer Zeit immerhin acht Drucke bzw. Nachdrucke erreichte[25]. Bezüglich ihres Charakters als Flugschrift ist zwischen den volkssprachlichen und lateinischen Separatdrucken der Paraclesis kein Unterschied auszumachen. Festzustellen ist lediglich, daß sich für diesen wichtigen Reformtext die lateinische Öffentlichkeit noch als aufnahmefähiger erwies; allerdings war die lateinische Paraclesis bereits 3 Jahre vorher in zahlreichen Drucken auf dem Markt gewesen, ehe die deutschen Versionen folgten.

Für unsere Fragestellung nach den Entstehungsbedingungen von Flugschriften und der Reformöffentlichkeit ist die „Nova praefatio" noch aufschlußreicher, doch komplexer strukturiert[26]. Diese nicht sonderlich umfangreiche Vorrede des Erasmus zu der separaten Ausgabe seiner lateinischen NT-Version um 1520, fand im deutschen Sprachraum eine fast noch größere Resonanz als die Paraclesis. Allerdings gab es davon keine lateinischen Separatausgaben, wodurch sich die Zahl von einem Dutzend volkssprachlicher Drucke der Nova praefatio deutlich relativiert. Erklärungsbedürftig an dem Vorgang, daß diese Vorrede als für die Reformpropaganda geeignet ausgewählt, übersetzt und von der Öffentlichkeit absorbiert wurde, ist vor allem, daß der Text gleich dreimal übersetzt und mit drei verschiedenen Titeln versehen erschien — wovon zwei mit der Mitteilung der kleinen Schrift nur partiell verbunden sind. Die erste, anonyme Übersetzung führt den Titel: „Von walfart. Erasmi Rodterodami vermanung wo Christus vnd sein Reich zu suchen ist" und bringt es auf sechs Nachdrucke[27]. Die zweite Version stammt von Nikolaus Krumpach, Pfarrer in Querfurt, die ebenfalls 1522 unter dem Titel: „Hern Erasmus v. R. verma-

---

[24] Hans Volz: Bibliographie der im 16. Jahrhundert erschienenen Schriften Georg Spalatins. in: Zeitschrift für Bibliothekswesen und Bibliographie 5 (1958), 84 - 119, Nr. 24. — Einen Nachdruck davon vermochten wir, trotz der Annahme der Bibliotheca Erasmiana I, 140, nicht auffinden.

[25] Mit geringen Abwandlungen führen sie den Titel: Erasmi Roterodami Paraclesis Teutscht wie ein teürberlich vnaussprechlich schatz vnd klainet sey das Ewangelium vnd haylig wort gottes (Titel nach Schönsberger 1). — Die Drucke: dreimal Schönsberger, Augsburg — je einmal: Nadler, Augsburg; Landsberg und Knappe in Leipzig; Flach und Schürers Erben in Straßburg. — Eine weitere, hier nicht zu erörternde deutsche Version durch Leo Jud erscheint als Vorrede zu dessen ‚Postilla Teütsch. Der heyligen vier Euangelisten ... [Zürich Froschauer 1542], fol. AA ij - AA iiij. Dazu unten im Zusammenhang der Paraphrasen.

[26] Dazu AE VI, 58. Vorbemerkung zu Ep. 1010. Der lateinische Text ist am ehesten zugänglich in LB VI, ×2b - ×3a.

[27] Die Titel weichen nur gering voneinander ab. Die bekannten Drucke sind: 1. Heinrich Steiner, Augsburg 1522; 2. Schürers Erben, Straßburg 1522; 3. Aegidius Fellenfürst, Coburg 1522; 4. Matthes Maler, Erfurt 1522; 5. Johannes Wörlin, Freiburg 1523; 6. Wolfgang Stürmer, Erfurt 1524.

nung das heylige Euangelium vnd der heyligen zwelfboten schrifft fleissig zu lesen", in vier Drucken erschien[28].

Die Erasmusschrift steht unter dem Motto: „Kommet alle zu mir, die ihr mühselig und beladen seid" (Matth. 11.29) und behandelt mit für Erasmus typischen Wendungen die Frage, wo Christus und sein Reich zu finden seien. Mit „Von walfart" kann dies nur durch Vermittlung der Metapher des christlichen Lebens als eines beschwerlichen Weges zum ewigen Heil verknüpft werden. Durch den Titel „Vermanung die Hl. Schrift zu lesen" wird einer der Gesichtspunkte der Erasmusschrift einseitig betont. Dementsprechend ist es kein Zufall, daß diese deutsche Krumpach-Version der Nova praefatio in allen Bibliographien fälschlicherweise unter Paraclesis deutsch verzeichnet wird — obwohl der Interpret die Herkunft korrekt angibt: „Epistel oder Sendbrieff/ welliche Erasmus dem neüwen Testament in der klainen forme fürgesetzt[29]."

Während die beiden genannten Ausgaben im üblichen Quart erschienen, kam die dritte Version um 1525 bei Hans Weinreich in Königsberg im kleinen Oktav heraus. Nun gab der Titel korrekt den Inhalt wieder: „Erasmi Roterodami vermanung/ Wo Christus vnd seyn Reych czu suchen ist"[30]. Insgesamt gewinnt man den Eindruck, als habe der Text gegen 1525 bereits an aktuellem Interesse einiges verloren; die Version liest sich nun auch eher belehrend, erbaulich als agitierend, d. h. der zur Flugschrift gewordene Erasmustext beginnt bereits wenige Jahre später wieder diesen Charakter zu verlieren.

Suchen wir eine Antwort auf die Frage, warum dieser (verglichen mit der Paraclesis) relativ unspezifische Text eine so rasche und große Verbreitung fand und warum man ihm so eigenwillige Titel geben konnte, so müssen wir zuerst festhalten: Erasmus hat dieser Vorrede keine Überschrift gegeben; obwohl sie eine Vorrede zur lateinischen NT-Version war, konzentrierte sie sich thematisch nicht sonderlich auf den Punkt der Bibellesung, auch wenn sie eindeutig reformerische Gegenstände behandelte — etwa eine christozentrische Frömmigkeit und eine Zuwendung zum Wort Gottes, wie es die Hl. Schrift überliefert.

---

[28] Drei Drucke von Wolfgang Stöckel, Leipzig; ein vierter bei Schönsberger, Augsburg.

[29] Die Krumpach-Vorrede an Hans von Pack, Hauptmann auf der Moritzburg zu Halle, fol. a 1 verso - a ij; Zitat a ij Mitte. — Erst James E. Walsh hat 1968 in: Harvard Library Bulletin 16, 274 - 277, den Zusammenhang von Nova praefatio und Von walfart ausgesprochen. Die „Vormanung" wird noch allgemein als Paraclesis mißverstanden; ursächlich dafür wohl die Bibliotheca erasmiana I, 140. Ein neues Beispiel der Verwirrung ist: Gerhard Winckler (Hg.), Erasmus von Rotterdam: Ausgewählte Schriften III (Darmstadt 1967), XVIII - XX.

[30] Von dem seltenen Druck ist uns nur ein Exemplar (Oxford, Bodleyan, Vet. D 1 f 107) bekannt.

Wenn wir von der Eigenständigkeit der reformerischen Öffentlichkeit gegenüber dem Werk des Erasmus sprachen, so ist die „Nova praefatio" ein deutliches Beispiel dafür. Die Verbindung von thematischer Unbestimmtheit, hohem Stellenwert des Textes und den hochgespannten Erwartungen der Öffentlichkeit an den „hochgelerten Hern D. Erasmi" machten es möglich, daß dieser Text unter verschiedenen Titeln „verwertet" werden konnte.

Die Differenz zwischen Autor und Übersetzer wird aus Krumpachs Titelwahl und seiner Vorrede deutlich. Wohl vor allem aus der Stellung des Textes als Vorrede zur NT-Version, worin Erasmus alle ermahnt, ihr Heil allein bei Christus zu suchen, schloß Krumpach darauf, daß dies primär eine Hinweisung auf das Lesen des überlieferten Wortes Christi im NT darstellt. Daneben war er offenbar persönlich stark an bestimmten Äußerungen des Erasmus über den Vorrang des allgemeinen Christseins und allgemeinen Priestertums gegenüber allen Sonderformen, speziell solchen der Mönchsorden, interessiert. Dies deutete er dann um in Richtung auf den reformatorischen Begriff des allgemeinen Priestertums; in diesem Sinn schrieb er: „Dieweyl wir alle yetzund im neüwen Testament vnd zeit der gnade ain priesterthumb sein/ so viel vnns auch allen zusteen das götliche wort zu wissen/ welliches vnns auch in diesen zeyten auß götlicher gnaden durch herr Erasmum v. R./ vnd andere meer für würt getragen ...[31]."

2. Der zweite Komplex von „Reformationsflugschriften", die aus dem Novum Testamentum hervorgegangen sind, betrifft Teile des NT nach der lateinischen Version des Erasmus. Wenn wir volkssprachliche Teilausgaben des NT so nahe an Flugschriften heranrücken, so kann dies keineswegs in dem unmittelbaren Sinne eines agitierenden Pamphlets — etwa gegen die Winkelmesse — verstanden werden. Doch nach dem, was wir über den Zusammenhang von Publizistik und Öffentlichkeit wissen, können in der Reformdiskussion der Reformationszeit besonders der Jahre 1520 - 1525, worin die Bibel eine exzeptionelle und zentrale Rolle spielte, solche Ausgaben biblischer Texte die Wirkung von Flugschriften annehmen, so daß man im mittelbaren Sinne davon sprechen kann. Wegen der bisher völlig ungeklärten Zusammenhänge müssen wir uns auf einen relativ kleinen Ausschnitt von vor allem frühen deutschen Versionen der Evangelien und Apostelbriefe nach der Version des Erasmus beschränken. Mit der Erörterung der frühen Ausgaben wollen wir darauf aufmerksam machen, daß bevor Luthers „Neues Testament deutsch" auf den Markt kam, große Teile der erasmischen NT-Version ins Deutsche übersetzt und publiziert worden waren.

---

31 a.a.O. fol. a 2 recto.

Die erste wichtige deutsche Übersetzung eines Teiles der NT-Version des Erasmus entstand im ersten Halbjahr 1521. Der Erfurter Augustiner Johannes Lang, Freund und Griechischlehrer Luthers, übersetzte das Matthäusevangelium nach der Version des Erasmus. In seiner Vorrede, datiert vom 15. Mai 1521, beruft er sich auf den griechischen Text: er habe „aus demselben kriechischen buch vnd auch tzu weilen/ aus des hochgelehrten Erasmi v. R. translation" übersetzt[32]. Dabei habe er „ganz einfältig fast Wort gegen Wort gesetzt" und auf jede Ausschmückung verzichtet. Damit bekennt sich Lang noch zur traditionellen Methode, indem er Wort für Wort übersetzt und selbst die grammatische Konstruktion — möglichst auch die Stellung der Worte — genau einhielt. Im Titel drückt er aus, zu welchem Zweck er das Matthäus-Evangelium übersetzt hat, nämlich „tzu gottlicher ere/ beschirmung der warheit/ vnd dem warhafftigen christen/ nutz vnd selickeit yres lebens tzu besserung". Die Arbeit erschien über ein Jahr vor Luthers deutschem NT bei Wolfgang Stürmer in Erfurt und wurde umgehend nachgedruckt[33].

War die deutsche Matthäusversion Langs noch weitgehend aus dem griechischen Text entstanden, so ist die zweite Evangelienübersetzung (von Johannis), welche sich ausdrücklich auf Erasmus beruft, allein von der lateinischen Erasmusversion abhängig. Der Übersetzer, der uns bereits bekannte Nikolaus Krumpach, konnte sehr wahrscheinlich kein Griechisch. Hier haben wir den bemerkenswerten Fall, daß Krumpach erst eine der programmatischen Vorreden des Erasmus zum NT ins Deutsche übersetzte und herausgab — um sich dann anschließend als Bibelübersetzer von Teilen der lateinischen Erasmusversion des NT zu betätigen. Er hatte in der Vorrede vom 21. Januar 1522 zu seiner deutschen Nova praefatio angekündigt, wenn seine Übersetzung Gefallen finden werde, „so bringe ich villeicht in kürtze was anders an tage"[34]. Tatsächlich muß er unmittelbar darauf mit der Übersetzung biblischer Texte begonnen haben: etwa einen Monat später erschienen deutsche Fassungen der Petrusbriefe, dann kurz darauf solche der beiden Briefe Paulus an Timotheus und Titus, und noch im selben Jahre erschien das von ihm übersetzte Johannesevangelium bei Wolfgang Stöckl in Leipzig[35].

---

32 Ebenso auch im Titel: ‚aus Kriechsersprach/ vñ bisweilen aus des hochgelerten hern Erasmi version'. Vorrede: A 1 verso.

33 Siehe M. von Hase: Bibliographie der Erfurter Drucker. in: Archiv für Geschichte des Buchwesens 8 (1967), Sp. 655 - 1095; Nr. 102/103.

34 Die oben behandelte „Hern Erasmi vō Roterdam vormanung des heylige Euangeliū vnd der heyligen zwelfbotē schrift fleissig zu lesen/ In kurtz verdeutscht." — Vorrede: fol. a 1 verso - a 2.

35 Behandelt in Wilhelm Walther: Die ersten Konkurrenten des Bibelübersetzers Luther (Leipzig 1917); zusammengefaßt in ders.: Rivalen der

Von den beiden anderen Evangelien Marcus und Lucas sind uns ebenfalls Drucke aus diesem Jahre überliefert. Zwar bleiben die Übersetzer anonym, doch bezeichnen sie sich ausdrücklich als „auß der Tranßlation Erasmi von Roterdam yns deutsche gebracht“[36].

Ordnet man diese vier Drucke in die Publikationsentwicklung der frühen Evangelien-Versionen nach Erasmus ein, so ergibt sich vorläufig folgendes Bild: Nachdem deutsche Drucke der Evangelien Matthäus und Johannes — durch Lang und Krumpach übersetzt — vorlagen, erschienen umgehend verschiedene Nachdrucke. Wohl als erster hat Valentin Schumann in Leipzig diese beiden Evangelienversionen ohne Angabe der Übersetzer und des Urhebers der Vorlage in einem Band zusammengedruckt[37]. Anscheinend wurden dadurch zugleich zwei Drucker, Wolfgang Stöckel in Leipzig und Siegmund Grimm in Augsburg, auf die Idee gebracht, alle vier Evangelien nach Erasmus gemeinsam herauszubringen. Beide ließen unabhängig voneinander die beiden fehlenden Evangelien ins Deutsche übersetzen und druckten sie in einem Band zusammen. In den beiden, noch 1522 erschienenen, Evangelienbüchern von Stöckel und Grimm entsprachen die Texte von Matthäus und Johannes den Versionen Langs und Krumpachs, während Lucas und Marcus in beiden Ausgaben unabhängig voneinander von verschiedenen (bisher unbekannten) Übersetzern stammen. Da Stöckel den kompetenteren Übersetzer für Marcus und Lucas gewonnen hatte, ist sein Evangelienbuch textlich dem — als Druck wesentlich ansprechenderen — von Grimm überlegen. — Die Existenz der beiden oben genannten separaten Drucke von Marcus und Lucas bei Landsberg und Grimm beweist aber darüber hinaus, daß die einzelnen Teile der Evangelienbücher auch gesondert nachgedruckt worden sind.

Die Bewertung dieser volkssprachlichen Bibelauszüge bis hin zu den beiden Evangelienbüchern als Flugschriften ist nicht eindeutig. Textbehandlung, Art und Publikation und Stellenwert in der Reformdiskussion können sie als Flugschriften erscheinen lassen. Die Evangelien als Quellentexte der Reform volkssprachlich propagiert, lassen

---

Bibel Luthers im Reformationszeitalter. in: Luthers deutsche Bibel (Berlin 1917), 86 - 69.

36 Euangelium Marci auß der Tranßlation Erasmi von Roterdam ynß deutsche. 8°, s. a. s. l. — Euangelium Luce auß der Tranßlation Erasmi von Roterdam ynß deutsche gebracht. 8°, s. a. s. l.

37 Zu Wilhelm Walthers Darstellung gibt es grundsätzliche Einwände. So ist u. a. einzuwenden, daß Walther von Konkurrenten und Rivalen spricht, obwohl etliche der hier behandelten Drucke vor Luthers September- und Dezemberbibel vorhanden waren. Nur beim Evangelienbuch Stöckels könnte man die Frage verfolgen, ob es sich hierbei um ein Konkurrenzunternehmen zu der in Arbeit befindlichen NT-Übersetzung Luthers gehandelt habe. Dahinter könnte man Hieronymus Emser vermuten, der Stöckel später seinen Drucker nannte (AE VI, 1551, Z. 16/17).

sie nur mittelbar als solche gelten. An den erörterten Beispielen ließ sich jedenfalls zweierlei feststellen: 1. In anderen Auszügen aus dem Novum Testamentum des Erasmus werden die dazugehörigen Instrumente der Auslegung und die Reformgegenstände benannt, welche den Bibeltexten ihre reformerische Qualität geben. 2. Der Bibelübersetzer Krumpach stellt selbst einen Zusammenhang zwischen den programmatischen Vorreden zum Bibeltext und der erasmischen NT-Version her, aus welcher er wichtige Teile in den Reformzusammenhang überträgt. Vergleichbar geht ein anderer Erasmusübersetzer vor, Leo Jud, der erst die „Auslegung des ersten Psalms" — d. i. eine der wichtigsten Schriften des Erasmus zur allgemeinen Bibellesung — übersetzte, um anschließend die Apostelbriefparaphrasen des Erasmus deutsch herauszubringen.

3. Für die öffentliche Reformdiskussion der frühen Reformationsjahre erwies sich der Annotationen-Teil des Novum Testamentum als besonders fruchtbar. Es erscheint zwar zuerst erstaunlich, daß aus den gelehrten Anmerkungen, die aus dem Vergleich von Vulgata und griechischem Archetyp entstanden sind, Reformationsflugschriften hervorgehen konnten; die Erklärung liegt in der bereits erwähnten Eigenart des Erasmus, in seine Annotationes nicht selten Exkurse zur inhaltlichen Bedeutung der Stelle einfließen zu lassen, worin sich immer reichlich Material zur Kritik an bestehenden Mißständen oder Richtigstellungen von Mißverständnissen befinden. Solche Teile wurden vornehmlich ausgewählt und in die öffentliche Reformdiskussion eingeführt. Bisher fanden wir 32 verschiedene Drucke, die aus Anmerkungen des Erasmus zu einzelnen Bibelstellen entstanden sind. Sie bilden damit die größte Gruppe der dem Werk des Erasmus entstammenden volkssprachlichen Versionen. Die zahlreichen Drucke dieser Gruppe sind sehr einheitlich gestaltet, obwohl sich an der Publikation relativ viele Drucker beteiligten[38]. Die meisten der Drucke tragen Titel folgender Art: Herr Erasmus v. R. verteutschte außlegung des Wortes Christi . . .[39]. Da die Übersetzer dieser Flugschrift alle anonym blieben und die Drucker sich ebenso regelmäßig nicht nennen[39a], tritt der Name des Erasmus als Autor des jeweiligen Textes sehr stark in das Zentrum;

[38] Vierzehn Drucker in zehn verschiedenen Städten — davon allein vier in Augsburg.

[39] Nur wenige Drucke variieren diesen Titel in der Art: Außlegung herrn Erasmus von Roterdam: Über dies wort Christi etc.

[39a] Nur einmal nennt sich Johannes Wörlin in Freiburg in einem relativ späten Druck von 1523: Herr erasmus von Roderdams verteütschte vßlegung über dise wort sant Pauls zu den von Corinth/ in der erstē Epistel am vierzehende Capitel. Ich wil lieber in meinē gemůt fünff wort in der kirchen reden andere zu vnderweysen/ dann zehen tausent wort mit der zungen von gesang. 4°, 3 Bl.

sein Name wird mit großer Autorität für die im Titel versprochene biblische Botschaft eingesetzt. Das bedeutet aber nicht, daß die Drucker ihre Identität verheimlichen wollten (etwa um eventuellen Nachstellungen zu entgehen), denn die Mehrheit der Drucke ist mit für die einzelnen Drucker charakteristischen Titeleinfassungen versehen und deswegen unschwer zu identifizieren.

Auch sonst sind diese Drucke recht einheitlich: Alle sind schmale Quartschriften von einem bis zwei Bogen; alle dürften in den Jahren 1521/22 erschienen sein[40]. Einige von ihnen erlebten recht zahlreiche Nachdrucke — so wurde die Anmerkung zu Matth. 11.29 „Nemet auf euch mein Joch" immerhin 11 mal nachgedruckt oder ein mit „Vom gesang" bezeichneter Text (zu Cor. 14.19) erlebte sechs Ausgaben[41]. Auffällig ist, daß immer nur die bereits veröffentlichten Versionen nachgedruckt wurden und kein Drucker eine neue Übersetzung anfertigen ließ, wenn er eine bereits vorhandene Version nachdrucken konnte.

Die Bedingungen ihrer Publikation, ihre Form und Rezeptionsweise weisen diese Drucke zweifelsfrei als Reformationsflugschriften aus; dies wird auch aus dem inhaltlichen Entstehungsprozeß ihrer Texte deutlich: Den ausgewählten und exzerpierten Annotationes gibt man Titel, welche ihren Bezug zu den Reformfragen offen deutlich machen — sie lauten z. B. „Vom heiltumb" (Matth. 23.5); „Vom Gesang" (1. Cor. 14.19) — oder es werden Themen wie „Von den Kriegsleuten" (Luc. 3.14) oder das Papsttum — anhand vom Matth. 16.18 „Du bist Petrus, ein Fels" — angesprochen. Die hier erörterten Texte folgen in aller Regel der Ausgabe des Novum Testamentum von 1519.

Kennzeichnend ist der Wandel, dem eine Anmerkung unterworfen wurde, bis sie zu der Flugschrift „Außlegung des Herrn Erasmus" wurde. Ohne auf das Übersetzungsproblem selbst einzugehen, soll dieser Wandel erst generell, dann an einem Beispiel verdeutlicht werden: In seinen Anmerkungen zu den Bibelstellen gibt Erasmus zuerst seine philologischen Bemerkungen zum Vulgatatext, zum griechischen Archetyp und dessen Wiedergabe im Lateinischen. Daneben bietet er Väterzitate zum sprachlichen und theologischen Verständnis der Stelle, woran er öfters eigene inhaltliche Bemerkungen anschließt. Daraus entwickelt sich nicht selten ein kurzer oder längerer Exkurs über aktuelle kirchliche Zustände. — Die Übersetzer übergehen die philologischen

40 Immerhin tragen 26 von 32 Drucken ihr Erscheinungsjahr im Kolophon. Nur der oben bereits genannte Wörlin-Druck ist 1523 datiert.

41 Der Titel „Von Gesang" in obiger Anmerkung — der andere: Herr Erasmus vō Roterdam verteütschte auszlegung/ über das gőtlich wort vnsers lieben Herren vnd säligmachers Christi. Nement auff eüch mein Joch vnd lernent von mir.

und gelehrten Bemerkungen zur Textstelle und treffen unter den Väterzitaten eine Auswahl, um dann den reformerischen Exkurs des Erasmus sinngemäß wiederzugeben. Im konkreten Einzelfall stellt sich dies natürlich von Fall zu Fall anders dar — etwa wenn es um die Bedeutung des Wortes „Petrus“ geht[42].

Ein markantes Beispiel für dieses Vorgehen ist die Anmerkung zu Matth. 11.29/30 „Nemet auf euch mein Joch, und lernet von mir“. In der Annotation[43] diskutiert Erasmus die Wendung „Jugum me suave“ nach der Vulgata auf ihre sprachliche Richtigkeit hin und begründet, warum er in seiner Version „blandium“ vorzog. Dann setzt er sich mit entsprechenden Formulierungen bei Augustinus, Ambrosius und Cyprian auseinander. Diese zehn Zeilen übergeht der Übersetzer; er setzt mit der thematischen Frage ein: Hieronymus „thuot an diesem ort ein frag“, warum das Joch des Mosaischen Gesetzes drückender sei als das des Evangeliums, welches nur Taten bestraft, während Christus bereits schlechte Gedanken verurteile. Die bei Hieronymus unbeantwortet bleibende Frage veranlaßt Erasmus, seinerseits darauf einzugehen.

Erasmus entwickelt seine Reformgedanken unter einem doppelten Begriff: 1. das heilsame Gesetz Christi ist durch menschliche Zusätze im Laufe der Jahrhunderte depraviert worden und 2. nichts entspricht der menschlichen Natur so sehr wie die Philosophia Christi: „quae pene nihil aliud agit, quam ut naturam collapsam suae restituit innocentiae sinceritatique.“ Damit gewann er einerseits die Möglichkeit, die Fülle historisch entstandener Traditionen als „menschliche Konstitutionen“ zu kritisieren (so die Fastenzeiten, Speise- und Kleiderordnungen, das Dispensunwesen, aber auch Bestimmungen des Kirchenrechts zu Exkommunikation etc.), andererseits versetzt er sich damit in die Lage, seine Ideen eines heilsamen christlichen Lebens dagegenzustellen.

Diese Ausführungen des Erasmus gibt der Übersetzer sinngemäß wieder. Doch als Erasmus auf spezielle akademische Auseinandersetzungen an den Hochschulen zu sprechen kommt, bricht der Interpret ab, und setzt erst später mit dem Gedanken des Autors wieder ein, es sei inzwischen soweit gekommen, daß wir als Christen nach Dingen beurteilt werden, „die auch das wenigst zuom christlichen Glauben nit dienten noch gehörten“. Am Ende formuliert der Übersetzer — unter Auslassung der letzten acht Zeilen der Vorlage — etwas frei, daß nach Abwerfen aller menschlicher Traditionen nur noch das wahrhaftige Joch Christi übrigbleiben werde, welches süß und nicht beschwerlich ist.

---

[42] Bei der Behandlung von Matth. 16.18 muß natürlich die sprachliche Bedeutung von Fels-Petrus-Kephas auch deutsch besprochen werden.

[43] Titel in obiger Anmerkung. — Annotation zu Matth. 11.30 Jugum meum suave. In Annotationes ad Novum Testamentum 1519, 43 f.

Daraus wird recht deutlich, wo das Interesse der Übersetzer lag: Man verbreitete Erasmus als praktischen Bibelausleger in reformerischer Absicht und ist interessiert an seinen Kritiken an Mißständen der Zeit, an seinen an der Bibel orientierten Klärungen von Traditionen und an seinen Anregungen für praktische Verbesserungen im kirchlichen Leben.

Dieses Vorgehen hatte jedoch eine von den volkssprachlichen Herausgebern kaum beabsichtigte Konsequenz. Wegen des Wegfalls der gelehrten sprachlichen und interpretatorischen Partien der Anmerkung fand praktisch ein weitgehender Austausch des angesprochenen Publikums statt. Der von Erasmus angezielte Leserkreis aller gebildeten Lehrer und Prediger (als Multiplikatoren zu einer weiteren Öffentlichkeit) konnte in den deutschen Ausgaben der betreffenden Anmerkungen kaum mehr das finden, was er im Novum Testamentum zuerst suchte. Der Theologe, der Prediger, auch der volkssprachliche Bibelübersetzer etwa, mußte die Annotationes des Erasmus unbedingt selbst konsultieren, denn in den deutschen „Auslegungen" fand er kaum mehr etwas davon, was er für die Vermittlung des biblischen Inhalts benötigte. — Andererseits war durch diese Art der Auswahl und Übersetzung die reformerische Botschaft des Erasmustextes scharf akzentuiert worden.

II. Für die Erschließung und Verbreitung der Hl. Schrift hat Erasmus außer durch das Novum Testamentum auch mit seinen Paraphrasen zum NT wesentlich beigetragen. Ihre Wirkung ging weit über den Kreis der Gebildeten hinaus in die volkssprachliche Öffentlichkeit. Erasmus begann 1517 seine Paraphrasierungen der Apostelbriefe und vollendete sie gegen 1524 mit den Evangelien und der Apostelgeschichte. Für die spätere volkssprachliche Verbreitung war bereits die Art der ursprünglichen Publikation durch Erasmus bestimmend: Während die Apostelbriefe in rascher Folge als handliche Quartdrucke erschienen, erhielten die Evangelienparaphrasen eher repräsentativen Charakter; sie erschienen in Folio bei Froben und waren den mächtigen gekrönten Häuptern Europas gewidmet[44]. Die lateinischen Einzeldrucke und Sammelausgaben weisen auf eine große Verbreitung bis 1525/26 hin. Die höchste Auflagenzahl erreichte die Matthaeusparaphrase, die immerhin zwischen 1522 bis 1525 etwa zwanzigmal gesondert gedruckt wurde[45]. Die Nachfrage nach der wichtigen Vorrede zur Matthäuspara-

[44] Für Entstehung und Erscheinen der einzelnen Teilparaphrasen ist Allens Erasmi Epistolae noch das beste Auskunftsmittel (zugänglich über Index II in Bd. XII). Nur bedingt brauchbar dagegen die Bibliotheca Erasmiana. — Die Widmungen der Evangelienparaphrasen: Matthaeus an Karl V., Marcus an Franz I., Lucas an Heinrich VIII. und Johannes an Ferdinand.

[45] Bei diesen Angaben müssen wir uns wieder auf die Angaben der Bibliotheca Erasmiana plus unseren Ergänzungen stützen. Dies gilt auch für die folgenden Angaben für die lateinischen Separatdrucke der Exhortatio.

phrase „Exhortatio ad studium evangelica lectionis" war damit noch nicht befriedigt — es erschienen in diesen Jahren noch einmal zehn Separatdrucke davon und zwei deutsche Versionen.

Auf die volkssprachliche Rezeption gehen wir insoweit ein, als sich vergleichbare Besonderheiten gegenüber dem Novum Testamentum zeigen. Bei aller Ähnlichkeit bestand mindestens der wesentliche Unterschied, daß die Paraphrasen nicht als biblische Texte, sondern nur als deren erklärende Beschreibung gelten können. — Erasmus selbst hielt offenbar seine Paraphrasen für die volkssprachliche Verbreitung geeignet. Dies hat er wenigstens 1529 in einem Brief geäußert, worin er neben seinen Paraphrasen — einschließlich einiger Psalmenauslegungen — das Enchiridion und seine Frömmigkeitsschriften, wie das Modus orandi (1525), dafür empfahl[46]. Bezüglich der NT-Paraphrasen hatte die Empfehlung des Erasmus in Deutschland zu dieser Zeit keine erkennbare Wirkung: Die Apostelbriefe waren bereits Anfang der zwanziger Jahre deutsch verbreitet worden und als etliche Jahre später (1542) die Gesamtausgabe aller NT-Paraphrasen durch Leo Jud bei Froschauer in Zürich herauskam, waren andere Gründe dafür maßgebend.

Um die Erasmusparaphrasen auf ihren Flugschriftencharakter hin zu prüfen, unterteilen wir sie in vier Gruppen: (1) die von Leo Jud ins Deutsche gebrachten apostolischen und katholischen Briefe 1521 - 1523; (2) die von demselben verdeutschten Evangelienparaphrasen 1542 und 1552; (3) die anderen Auszüge aus den Erasmusparaphrasen (H. Emser, P. Tritonius, U. Rhegius); (4) die deutschen Versionen der „Exhoratio ad studium evangelica" (Joh. von Botzheim, Antonius Beuther).

Leo Jud gilt — neben Georg Spalatin[47] — zu Recht als der wichtigste deutschsprachige Erasmusübersetzer[48]. Zu Juds Übersetzungsprogramm, welches mit der frühen biblizistischen „Enarratio in primum Psalmum"

---

[46] AE VIII, 176, Ep. 2165. Darin schreibt Erasmus am 17. Mai 1529 an Emilio Migli anläßlich einer beabsichtigten italienischen Enchiridionversion, welche dann mit diesem Brief 1531 in Brescia erschien, u. a. (Z. 35 - 43): Porro tantum abest vt aeditionem operis velim remorari, vt magnopere cuperem idem factum in caeteris meis lucubrationibus, praesertim iis quae minus habent inuidiae, et plus conducunt ad pietatem; quod genus sunt Commentarii in quinque Psalmos, Comparatio Virginis et Martyris, Misericordia Domini, Matrimonium Christianum, Vidua Christiana, et Paraphrases. Ipse non grauarer Gallum aut Batauum interpretem conduceri, sed rara auis est qui in sua lingua tantum praestare valent. — Bezeichnenderweise riet er aber Migli davon ab, die Widmungsvorrede an Paul Volz zum Enchiridion mit herauszugeben: minus tantum fuerit inuidiae (Z. 30).

[47] Hier vor allem die obengenannte Spalatinbibliographie von Hans Volz.

[48] Irmgard Bezzel: Leo Jud (1482 - 1542) als Erasmusübersetzer. Ein Beitrag zur Erasmusrezeption im deutschsprachigen Raum. in: Vierteljahresschrift für Literatur- und Geistesgeschichte 49 (1975), 628 - 644. Neueste Arbeit: K. H. Wyss: Leo Jud, (Diss.) Bern 1976.

1520 begann[49], gehörten mehrere Hauptschriften des Erasmus, vor allem das Enchiridion, die Querela pacis, die Institutio princips christiani und die NT-Paraphrasen[50].

1. In den Jahren 1521 bis 1523 übersetzte Leo Jud erst die Paulusbriefe, dann die anderen apostolischen und schließlich auch die katholischen Briefe, welche alle einzeln und in verschiedener Zusammenstellung bei Froschauer in Zürich herauskamen[51]. Wir nehmen an, daß nach dem Vorbild des Erasmus die einzelnen Briefe erst in rascher Folge gesondert übersetzt und gedruckt wurden, um dann in Sammlungen verschiedenen Umfangs zusammengefaßt zu werden[52].

Warum Jud für seine Übersetzung nicht die Erasmusversion des Novum Testamentum, sondern dessen Paraphrasen vom NT auswählte, läßt sich aus der Situation der Jahre 1520/21 erklären. Offenbar handelte es sich gar nicht um eine Entscheidung für die ganze NT-Paraphrase, welche Erasmus ja erst 1524 fertigstellte, sondern um eine Option speziell für die Paulusbriefe, welche er mit den anderen Apostelbriefen streng gegen die katholischen Briefe abgrenzte. Zu jener Zeit standen die Paulusbriefe, die sprachlich gewiß erläuterungsbedürftig waren, im Zentum des reformerischen Interesses. Deren Erläuterung durch einen Gelehrten von der Kompetenz des Erasmus war allein schon deswegen nützlich, weil noch nichts Vergleichbares verfügbar war — Luthers Neues Testament deutsch beginnt sich erst ab Herbst 1522 auszubreiten[53].

Jud war sich, wie aus seinen Vorreden hervorgeht, durchaus bewußt, daß es sich hier um „Erklärungen oder Glossen" zum Bibeltext han-

---

49 Ein fast nutzlich vslegung des ersten psalmen: beatus vir qui non abijt in consilio impiorum. Durch D. Erasmum von Roterdam beschriben (Basel, Adam Petri 1520). 4°, 36 Bl. — Die Enarratio in Ps. I (1515) ist die erste Schrift, in welcher Erasmus öffentlich die allgemeine Bibellesung für alle forderte.

50 Bibliographische Angaben bei Bezzel 3, 4, 5/6.

51 Bezzel Nr. 7, 8, 9, 13, 14, 15; die den Nummern 7 und 8 zugrundeliegende Annahme, die Paulusbriefe seien von Froschauer primär als Sammelband gemeinsam gedruckt worden, ist so nicht haltbar. — Herr Jörg Schäfer, Zürich, weist uns darauf hin, daß er ein Exemplar von 7 besitzt, in dem als Version des Epheserbriefes ein Exemplar von Bezzel 8 eingebunden ist. Andererseits ist ein gesondertes Exemplar von 7 a (in ZB Zürich) bekannt. — Demnach ist anzunehmen, daß die fraglichen Paulusbriefparaphrasen gesondert in der wahrscheinlichen Reihenfolge 8, 7 a, 7 b, 7 c, 7 d, 7 e, 7 f gedruckt wurden; dann wurden die einzelnen Teile zusammengefaßt. Dafür wurde die Epheserbriefparaphrase ohne Titelblatt hergestellt.

52 Dies muß auch für Bezzel 9 a und 9 b, sowie für 15 a bis 15 d als Möglichkeit gelten.

53 Zur Verbreitung vom deutschen Neuen Testament Luthers siehe Paul Pietsch: Bibliographie der deutschen Bibel Luthers. in: D. Martin Luthers Werke. Deutsche Bibel 2 (Weimar 1909), 210 - 727.

delte[54]. Aus der Bedürfnislage der Öffentlichkeit, dem vorläufigen Mangel an entsprechenden deutschen Texten der Apostelbriefe und nicht zuletzt wegen des Erfolges seiner ersten Ausgaben der Briefparaphrasen, kam er dazu, auch die katholischen Briefe herauszugeben. Daß er die Paraphrasen nur als Hinführung zum Bibeltext verstand, läßt sich aus seiner Weigerung bestätigen, in der sich wandelnden Situation des Jahres 1523 die Matthäusparaphrase oder die anderen Evangelien zu übersetzen[55]. Dies tat er erst annähernd zwanzig Jahre später, kurz vor seinem Tode.

Diese Paraphrasenausgaben Juds sind der Form nach, ihrer reformerisch-biblizistischen Intention entsprechend und wegen der Bedürfnisse der Reformöffentlichkeit Anfang der 1520er Jahre den Auszügen aus dem Novum Testamentum vergleichbar.

2. Von ganz anderer Art ist die zwanzig Jahre später erschienene deutsche Version der Paraphrase zum ganzen NT. Sie stammt zwar vom gleichen Übersetzer und erscheint ebenfalls bei Froschauer, doch handelt es sich um repräsentative Foliobände von je etwa 600 Blatt Umfang[56]. Diese Ausgabe spiegelt eine wesentlich veränderte konfessionell gespaltene Lage wieder: Sie erscheint in zwei Aufmachungen; zwar sind Text sowie Register und sog. „Zeiger" in beiden gleich, doch weichen die Titelblätter und Vorreden in auffälliger Weise voneinander ab. Der eine Band führt als Titel: „Paraphrasis Oder Erklärung des gantzen Neuen Testament", und wird eröffnet durch eine Vorrede Leo Juds; der andere dagegen hat den Titel: „Postillae Teutsch", auf dem Titelblatt fehlen der Name des Übersetzers und das Erscheinungsjahr; der Drucker ist nur aus der Holzschnittdruckermarke erkennbar. Anstelle der Vorrede Juds enthält sie eine deutsche Version der Paraclesis des Erasmus. Als Erklärung für diese unterschiedliche Aufmachung des gleichen Druckes bietet sich an, daß die „Paraphrasis oder Erklärung" für ein reformiertes, dagegen die „Postillae" mit der Paraclesisversion für ein katholisches Publikum bestimmt gewesen sind[57].

Der grundlegende Wandel der Situation zwischen den frühen Jahren der Reformation und der konfessionell zersplitterten Reformöffentlichkeit sowie die gewandelte Intention des Übersetzers, der erst nach so vielen Jahren seine Arbeiten an der NT-Paraphrase abschloß, läßt sich

---

[54] So in der Vorrede zu den Paraphrasen aller Apostelbriefe (Bezzel 13/14), fol. A 2 verso.

[55] Dazu in der Vorrede zu ‚Paraphrases Oder Erklärung des gantzen Neüwen Testaments', fol. AA 2 recto (Bezzel 16).

[56] Bezzel Nr. 16 und 17.

[57] Diese plausible Erklärung bot uns Herr Jörg Schäfer, Zürich, dem wir dafür danken, davon Gebrauch machen zu dürfen. Damit ist Bezzel 17, die Postilla sei 1544 erschienen, dahingehend zu korrigieren, daß beide Drucke 16 und 17 gleichzeitig 1542 gedruckt wurden.

aus der Vorrede erkennen; Jud führt u. a. aus[58]: Er habe damals „zuerst etliche Episteln Pauli angefangen (zu) verteutschen/ vnd trucken lassen" bis alle apostolischen Briefe in deutsch herausgebracht waren. Zur Ausgabe der katholischen Briefe habe er sich vornehmlich auf Drängen von Freunden (darunter wohl besonders Froschauer) bewegen lassen, obwohl es besser wäre, wenn die Leser den Bibeltext selbst lesen würden. Der Bitte, nun auch die Evangelienparaphrasen zu übersetzen, habe er sich dann jedoch widersetzt, weil er die vier Evangelien „nit mit menschlichen glossen vermengt" sehen wollte und er fürchtete, es könnte ihm dabei ein ernster Fehler unterlaufen. Wer ihn weiter zur Vervollständigung seines Übersetzungswerkes gedrängt haben dürfte, so daß er sich schließlich nach so vielen Jahren an die Evangelienübersetzung machte, wird wohl daraus deutlich, daß er betont, Froschauer habe die vollständige NT-Paraphrase „mit grossem fleyß vnd kosten getruckt". — Zur Kommentierung dieser Ausführungen im Hinblick auf unsere Frage, brauchen wir nur auf den historischen Hintergrund dieser Begründung zu weisen: Was 1520/21 sich als ein dringendes Bedürfnis der Reformöffentlichkeit darstellte, ist hier zu einem verlegerischen Argument der Verkäuflichkeit verflacht, nachdem selbst das Bedenken, eine solche Ausgabe werde die Leser vom Bibeltext ablenken, ihre Bedeutung verloren zu haben scheint.

Bemerkenswert an dieser konfessionell bestimmten Doppelausgabe erscheint uns zweierlei: Offenbar hielten Jud und Froschauer um 1542 die Paraclesis des Erasmus als Aufforderung zum Bibellesen für Katholiken noch von Interesse. Zweitens ist bemerkenswert, daß zehn Jahre später noch eine weitere Ausgabe dieser NT-Paraphrase herausgegeben wurde, nun als „Paraphrasis Oder Postilla Teütsch" sowohl mit der (protestantischen) Vorrede Juds als auch mit der (katholisch-reformerischen) Paraclesis-Version[59]. Warum Froschauer — Jud war bereits 10 Jahre tot — jetzt diese Mischausgabe erscheinen ließ, erschließt sich aus dem historischen Kontext, d. h. der religionspolitischen Lage zwischen Interim und Fürstenrevolution.

3. Neben den deutschen Bibelparaphrasen Juds gab es sonst nur wenige deutsche Versionen nach den NT-Paraphrasen des Erasmus. Der Drang zum baren Bibeltext scheint vorherrschend gewesen zu sein. Bisher kennen wir drei solcher Ausgaben einzelner Teile — ihre Übersetzer bzw. Herausgeber zeigen aber gut die Spannweite der Erasmus-Vermittler und ihrer unterschiedlichen Intentionen:

---

58 Vorrede zur NT-Paraphrase 1542 für den reformierten Markt (Bezzel 16), fol. AA 2 recto.

59 Bezzel 18.

a) Hieronymus Emser veranlaßte — wie er Erasmus brieflich im Februar 1525 mitteilte[60] — eine Übersetzung der Johannesparaphrase, die Johannes Rischen besorgte und Wolfgang Stoeckel Ende 1524 in Leipzig druckte[61]. Hier genügt die Feststellung, daß der Initiator Emser damit — wie ja auch mit anderen Maßnahmen — der reformatorischen Bibelversion und -auslegung entgegenzuwirken suchte. Zu einer Immunisierung verunsicherter Mitglieder der alten Kirche schien die Paraphrase des Erasmus für Emser demnach geeignet zu sein.

b) Im gleichen Jahr erschien in Augsburg bei Nadler das fünfte Kapitel der Matthäusparaphrase, deren Vorrede auf die Bedingungen der volkssprachlichen Vermittlung ein Licht wirft: Der Übersetzer, Petrus Tritonius, hatte bereits 1522 begonnen, einzelne Kapitel der Matthäus-Paraphrase zu übersetzen und die Versionen unter Freunden zirkulieren zu lassen[62]. Von einer Veröffentlichung nahm er anfangs Abstand, weil er erwartete, daß auch die Matthäusparaphrase (wie bereits die der Apostelbriefe bei Froschauer) umgehend bei einem „großen Drucker" herauskommen würde. Nach zweijährigem vergeblichen Warten habe er sich nun entschlossen, dieses fünfte und längste Kapitel aus Matthäus deutsch zu drucken. — Da weitere deutsche Paraphrasenstücke in der Version des Tritonius nicht mehr erschienen, liegt der Schluß nahe, daß diese Ausgabe kein buchhändlerischer Erfolg war. Das Interesse der angesprochenen Leserschaft dürfte sich bereits stärker auf die inzwischen zahlreicher vorhandenen Bibelversionen konzentriert haben.

c) Aufschlußreich ist die bei Siegmund Grimm, Augsburg, bereits 1522 erschienene deutsche Ausgabe der Paraphrase des Titusbriefes, der für das Verständnis des Priesteramtes von Interesse ist[63]. Der Übersetzer, der Augsburger Prediger Urbanus Rhegius (Rieger), widmete den kleinen Quartdruck der Gräfin Montfort zu Tettnang unter dem Motto: „On die goetlich schrifft lebt der mensch nit im geist." Nach seiner eigenen Widmungsvorrede übersetzt Rhegius das Argumentum des Erasmus zum Titusbrief (aus dem Novum Testamentum von 1519) als

60 AE VI, 29, Ep. 1551 vom 16. Februar 1525 — darin nennt er Wolfgang Stöckel seinen Drucker: ego in aedibus meis hac hyme impressi (Z. 16/17).

61 Paraphrasis Erasmi vō dz Ewāgeliū Joannis/ durch Michaelem Rischen gedeutscht. 4°, 166 Bl. — Rischen widmet seine Arbeit dem Kardinal Albrecht von Brandenburg, Erzbischof v. Mainz.

62 Erasmi von roterdam verteütschte Paraphrasis in das fünffte capitel des Ewangeli sancti Mathei. ainen yeden rechten Cristen fast annemlich. [Augsburg, Jörg Nadler 1524]. 4°, 16 Bl. — Dies berichtet Tritonius in seiner Vorrede, fol. A 1 verso.

63 Des hochgelerten herñ Doctor Erasmi von Roterdam schône vñ clare außlegung über die Epistel Pauli zu Tito. Durch Vrbanum Regiū der hayligen schrifft Doctor geteutscht. 4°, 16 Bl.

„Kurtzer Inhalt", wobei er den Erasmustext mit eigenen Worten auf das Doppelte erweitert. Danach folgt eine deutsche Übersetzung des Titusbrieftextes — wohl nach der Version des Erasmus[64]; schließlich gibt er seine deutsche Fassung der Erasmusparaphrase dieses Apostelbriefes.

Bemerkenswert ist die Ausgabe durch Rhegius wegen der Bündelung der von Erasmus im Novum Testamentum und der Paraphrase gegebenen Textversionen und Erläuterungen. Im Mittelpunkt steht somit scheinbar die Erasmusversion des Titusbriefes, doch wegen des Titels „Schoene vnd clare außlegung" gehört sie eindeutig unter die Paraphrasen. Rhegius' Ausgabe konzentriert sich ganz auf die „sententz oder maynung" nach Paulus, so wie sie Erasmus herausgearbeitet hat; dem dienen Argument, Version und Paraphrase. Der Herausgeber meint, dies habe Erasmus „ordentlich/ verstendlich vnd getreulich (doch mit mehr worten) clarer" geschrieben. Er habe den Sinn „ainem jeden Christen menschen auff das verstentlichest fürgelegt". Auf den Leserkreis geht des Rhegius Bemerkung über seine Übersetzung: Er habe ganz auf die „geblümte Kanzleisprache" und jede „Künstlichkeit" verzichtet; „so eigentlich ich ymer mag/ des Apostels Maynung herfurgebracht/ das sy yetzlichen verstentlich sey[65]." Das kleine Buch richtet sich eindeutig an „yeden Christen menschen" — was konsequent ist, da für ein Leben im Geist die Bibellesung erforderlich ist.

4. Schließlich ist hier noch auf die deutschen Versionen der „Exhortatio ad studium evangelica lectionis" hinzuweisen. Diese programmatische Vorrede ist der Paraclesis vergleichbar; dementsprechend sind ihre Publikationsbedingungen die von Flugschriften[66]. Aus den Vorreden der Übersetzer lassen sich deren differierende Intentionen ausmachen.

Von der Exhortatio gibt es zwei deutsche Übersetzungen aus dem Jahre 1522[67]. Die eine Version erschien zuerst bei Adam Petri in Basel unter dem Titel: „Ein schoen Epistel Erasmi v. R./ das die Euangelisch ler von yederman sol gelesen vnd verstanden werden." Davon kam kurz darauf ein Nachdruck bei Grimm in Augsburg heraus — und im

---

64 Keine Übereinstimmung mit Luthers Version, was zeitlich auch kaum möglich ist. Datierung der Vorrede: 20. November 1521.

65 Zitate aus der oben genannten Vorrede fol. Aa ij - A iij.

66 Der Übersetzer betont, sie sei ‚in guter lenge', das bedeutet im Druck 16 Quartblatt.

67 Eine dritte (?) Version dieser Vorrede liegt im Manuskript in Basel, worauf Allen (AE V, 4) hinweist.

68 Allerdings haben wir von dem 1523er Grimm-Druck bisher kein Exemplar ausmachen können. Die Bibliotheca Erasmiana I, 86, unterscheidet jedoch ausdrücklich zwischen zwei datierten Ausgaben von Grimm 1522 und 1523.

folgenden Jahr ein weiterer Druck beim selben Drucker[68]. Aus einem Brief Johannes Botzheims aus Konstanz an Erasmus geht hervor, daß er der Übersetzer gewesen sein dürfte[69]. In der Vorrede lobt der Übersetzer Erasmus als den „aller gelertesten Christlichen Theologen" und nennt ihn „meinen für all gelerten dieser welt in sonders geliebten Herren vnd lermeister"[70]. Botzheim fühle sich „allen Christenmenschen" aus brüderlicher Liebe gedrungen, die Erasmusschrift „yederman vnsers teütschen vatterlands offenbar" zu machen. Warum die deutsche Übersetzung notwendig sei, wird mit einem bei Erasmus für die Bibellesung ähnlich gebrauchten Argument begründet: Da diejenigen, die Latein können, sich die heilsamen Mahnungen der Hl. Schrift kaum zu Herzen nehmen, sondern vielmehr verachten, müsse man sie dem Volk selbst nahebringen. Das Versagen der Gebildeten als Vermittler macht die volkssprachliche Verbreitung der Erasmusschriften notwendig.

Die andere Version der Exhortatio verfolgte eine andere, eher vorsichtige Tendenz[71]. Diese von Antonius Beuther (Römheld genannt) gefertigte Version erschien bei Wolfgang Stoeckel in Leipzig. Im Titel hebt der Herausgeber als Botschaft der Schrift hervor, Erasmus fordere „alle menschen Goetliche schrifft/ mit vleiß tzu lesenn" auf, andererseits jedoch habe er „auch tzu gemeynem fridt/ vormandt vnd anraytzt". Diesen doppelten Gesichtspunkt betont Beuther noch verstärkt in seiner Vorrede: „alle menschen was standes oder weßens" sollen die Schrift lesen — doch Erasmus habe auch gezeigt „wie wir derselbigen (Hl. Schrift) zur besserung vnseres lebens mit frucht gebrauchen soellen". Demnach habe die Schriftlesung primär eine moralisierende Wirkung. — Von dieser Ausgabe scheint es keine Nachdrucke gegeben zu haben.

Fassen wir zusammen und suchen Antwort auf die Eingangsfragen, was muß an Momenten außerhalb des Textes in Betracht gezogen werden, um eine Druckschrift als Flugschrift bestimmen zu können, und wie läßt sich dieser Begriff an einem etwas schwierigeren Material anwenden.

Es hat sich wohl deutlich gezeigt, daß wir im Zusammenhang der von uns erörterten Erasmusschriften von Reformationsflugschriften zu sprechen haben — dies allerdings unter zwei Bedingungen: Reforma-

---

[69] AE V, 1285, Z. 38 ff. P.S. Allens Vermutung, Botzheims Bemerkung ‚De praefatione tua per me versa' bezöge sich auf die ‚Exhortatio ad studium euangelica lectionis' erscheint plausibel. Daß der anonyme Übersetzer von ‚Nova praefatio — Von walfart' sich in dieser Weise an Erasmus wendet, erscheint recht unwahrscheinlich. — Die Matthäusparaphrase war um den 15. März herausgekommen (S. AE V 4), der Botzheimbrief dürfte von Ende Mai dieses Jahres stammen.

[70] Vorrede an allē Christen mēschen/ die sy lesen oder hören, fol. A 1 - A ij.

[71] Vorrede an Sebastian und Albrecht Schlick, fol a ij - a ij verso.

tion wurde primär als eine zeitliche Epochenbestimmung genommen, und es gibt keine verwendbaren inhaltlichen Anhaltspunkte, diese Drucke (etwa im Sinne Scheibles) als reformatorische oder als reformerische Flugschriften zu identifizieren. Dies liegt daran, daß im Bereich der Volksbibel und der Kirchenreform in den frühen zwanziger Jahren eine sehr vielfältige Diskussion erkennbar ist, worin man lediglich von ‚im Entstehen begriffenen reformatorischen Positionen' sprechen kann. Deswegen verwenden wir nur den Ausdruck Reformdiskussion.

Im Falle des Erasmus stehen wir vor der Besonderheit, daß er selbst zwar eine große Anzahl von Texten verfaßte, aus denen Flugschriften hervorgingen — dies aber erst durch die Einwirkung dritter. Dazu muß man jedoch hinzufügen, daß er zwar persönlich bei dieser Umgestaltung kaum aktiv mitwirkte — vielmehr diese Entfremdung oft wortreich beklagte —, daß er aber ausnahmsweise gleichsam in Notwehr und ab 1525 wohl auf Drängen Frobens, dann verstärkt ab 1529 wegen seiner Politik „zur Einigkeit und Reinigkeit der Kirchen" sich auch selbst um seine volkssprachliche Wirkung kümmerte.

Das eigentlich Auffällige an dem beschriebenen Textkomplex dürfte sein, daß gerade die im Zusammenhang mit dem Bibeltext verfaßten Beiträge des Erasmus am zahlreichsten auf den volkssprachlichen Buchmarkt gebracht wurden. Dies wird nur recht verständlich, wenn man sich Charakter und Verlauf der öffentlichen Diskussion in diesen Jahren vergegenwärtigt. Darin liegt u. E. ein starker Grund für unsere Eingangsforderung, daß man wenigstens eine ungefähre Vorstellung von den beherrschenden Hauptthemen der öffentlichen Auseinandersetzung haben muß, um den Charakter einer Flugschrift feststellen zu können. In diesem Zusammenhang hat auch die Feststellung ihre Bedeutung, daß es Erasmustexte gibt, die zeitweise als Flugschriften aufgenommen wurden, später aber diesen Charakter der besonderen Aktualität für die Öffentlichkeit wieder verloren (Nova praefatio, Paraphrasen) — und dann aus anders bestimmten Bedürfnissen — etwa gelehrten oder erbaulichen — gekauft wurden.

Die Hauptschwierigkeit, vor die wir uns gestellt sahen, ist die Frage, inwieweit Bibeltexte oder -Paraphrasen den Charakter von Flugschriften annehmen können. Man hat offenbar in jener Zeit die Bibelparaphrasen und selbst Teile der NT-Version des Erasmus als hinführende Erklärungen zum „Wort Gottes" verstanden. Dennoch sollte man nicht nur aus praktischen Erwägungen, sondern wegen des autoritativen Charakters der Hl. Texte als Maßstab der Reform, vorsichtig damit sein, etwa die Evangelienbücher in deutsch nach der NT-Version des Erasmus als Flugschriften zu bezeichnen, auch wenn sie in ihrer Entstehung und Publizierung solchen vergleichbar erscheinen. Andererseits muß die Titusbriefversion des Urbanus Rhegius aber wohl als Flugschrift bezeichnet werden — der Titel, die Vorrede und die Behandlung des „Argumentum" des Erasmus sind zu eindeutig. Man muß also gegenüber solchen Textarten aus der Feder des Erasmus, in denen ursprünglich andere Schwerpunkte dominierten — Gelehrsamkeit, Frömmigkeit, Erbauung, Bibelkritik — einen Spielraum lassen, um aus Form, Intention des Herausgebers und öffentlichem Kontext im Einzelfall entscheiden zu können.

Bezüglich der Öffentlichkeit erscheint uns besonders bemerkenswert, daß die Flugschrift, welche die Öffentlichkeit beeinflussen soll, von dieser Öffentlichkeit aus ihrer eigenen Interessenlage heraus erst provoziert wird, um dann oft recht eigenwillig von ihr rezipiert zu werden.

DANZIG, ELBING UND THORN ALS BEISPIELE STÄDTISCHER REFORMATION (1517—1558)

Von Gottfried Schramm

I.

In einer Folge von Einzelstudien über die im 16. Jh. unternommenen Versuche, die großen Städte des polnisch-litauischen Staatsverbandes für die Reformation zu erobern[1], sind die drei Hauptorte des Königlichen Preußens unbeleuchtet geblieben[2]. Das hängt mit dem typologischen Interesse zusammen, das diese Untersuchungen leitete. Dem Verfasser kam es auf den Nachweis an, daß die sechs auf den ersten Blick recht unterschiedlich anmutenden „Fälle" Krakau, Wilna, Posen, Lublin, Warschau und Lemberg nur lokale Varianten ein und desselben Grundmusters darstellen. Nirgendwo — auch in Wilna und Posen nicht, wo das Ziel bereits greifbar schien — gelang es den Protestanten, die Mehrheit der Bürger zu sich herüberzuziehen. Ja, in keiner der sechs Städte vermochte die evangelische Minderheit — wie der dissidentische Adel auf mehreren Reichstagen unter König Sigismund II. August — mit der Kraft einer gebildeten und engagierten Elite die katholische Mehrheit zu überspielen und den Ton anzugeben.

---

1 Bisher habe ich veröffentlicht: a) Problem Reformacji w Warszawie w XVI wieku, poln. von Teresa Zielińska in: Przegląd Historyczny 54 (1963) S. 557 - 571; b) Lemberg und die Reformation, in: Jahrbücher für Geschichte Osteuropas; c) Nationale und soziale Aspekte des wiedererstarkenden Katholizismus in Posen (1564 - 1617), in: Festschrift für Percy Ernst Schramm Bd. 2 (Wiesbaden 1964) S. 61 - 71; d) Protestantismus und städtische Gesellschaft in Wilna (16. - 17. Jahrhundert), in: Jahrb. f. Gesch. Oeur. 17 (1969) S. 187 - 214; e) Lublin und das Scheitern der städtischen Reformation, in: Kirche im Osten 12 (1969) S. 33 - 57; f) Reformation und Gegenreformation in Krakau. Die Zuspitzung des konfessionellen Kampfes in der polnischen Hauptstadt, in: Zeitschrift für Ostforschung 19 (1970) S. 1 - 41. — Diese Aufsätze stellen insgesamt eine Paralleluntersuchung zu dem regionalgeschichtlichen Teil meiner Schrift „Der polnische Adel und die Reformation 1548 bis 1607" (Wiesbaden 1965) dar. Den Plan, die Studien über den städtischen Protestantismus zu einem Buch zu vereinigen, habe ich aufgegeben.

2 Auf die Lücke machte Kollege Marceli Kosman (Posen) in einem freundlichen Sammelbericht über meine Aufsatzreihe in: Roczniki Historyczne 39 (1973) S. 155 - 157 aufmerksam. — Einem anderen polnischen Kollegen, Antoni Mączak in Warschau, danke ich für seine Hinweise auf einschlägige polnische Literatur der letzten Jahre. — Für sachkundige Kritik, die mir weitergeholfen hat, bin ich Klaus Deppermann und Heinz Schilling verbunden.

Zu diesem Bild eines gemeinsamen Schicksals, das durchweg auf einen nach den Kontextbedingungen unvermeidlichen Mißerfolg hinausläuft, liefern Danzig, Elbing und Thorn nicht etwa neue Beispiele, sondern krasse Gegenbilder. Hier ging ja die große Masse der Bewohner zum Luthertum über, noch bevor sich das unter dem Szepter des gleichen Königs Sigismund I. stehende polnische Bürgertum überhaupt ernsthaft der reformatorischen Herausforderung stellte. Und das evangelische Bekenntnis haben die drei Städte auch im 17. und 18. Jh. hochgehalten, als der polnische und litauische Protestantismus auf winzige Inseln zusammengeschmolzen war. Bei einem so weiten typologischen Abstand schien der Vergleich mit den bislang behandelten Städten, der allein die Aufnahme in eine vergleichend angelegte Reihe zu rechtfertigen vermochte, nicht recht zu lohnen.

Erst als die Absicht, zu der Ehrung für einen hochgeschätzten, für Grenzfragen der deutschen und polnischen Geschichte besonders aufgeschlossenen Freiburger Kollegen beizusteuern, mich nach einem Gegenstand suchen ließ, der auf die besondere Aufmerksamkeit von Erich Hassinger rechnen konnte, bot sich das liegengelassene Thema neu und nun unter einer, wie mich dünkt, interessanten Perspektive dar. Die Reformationsgeschichte der drei Städte soll jetzt mit der Fragestellung durchverfolgt werden, wie sich ihre Etappen in die allgemeine Reformationsgeschichte (und das heißt auch: in den Interessehorizont des Jubilars) einfügen. Das Hauptaugenmerk wird dabei dem Vergleich mit den Parallelvorgängen in Deutschland gelten. Eine solche Zusammenschau wird hoffentlich die Abläufe in Preußen besser verstehen lassen, als das bei isolierter Betrachtung möglich ist, aber zugleich, wie eigentlich von jeder komparatistischen Überlegung zu fordern, auch Licht in umgekehrter Richtung werfen. Die preußischen Vororte sind — so augenfällig gleichartig und zugleich einfach, wie sich ihr Übergang zum neuen Glauben darstellt — nach meinem Urteil ein besonders transparenter Ausschnitt aus einem wichtigen Kapitel deutscher Stadtgeschichte[3]. Da es sich aber nicht um deutsche Reichsstädte, sondern um Plätze unter dem Szepter des polnischen Königs handelt, ist diese exemplarische Bedeutung den deutschen Reformationshistorikern noch nicht recht aufgegangen. Und da die einschlägige Literatur zunehmend mehr auf polnisch vorgelegt wird, werden die Barrieren, die einer Einbeziehung in den Horizont deutscher Stadt- und Kirchengeschichte entgegenstehen, allmählich noch höher. (Auf neuere polnische Arbeiten hinzuweisen, ist eine Nebenabsicht meiner Untersuchung.)

---

[3] Eine knappe Zusammenschau des Problemfeldes, zu dessen Klärung ich beitragen möchte, bietet Bernd Möller: Reichsstadt und Reformation (Gütersloh o. J.) = Schriften des Vereins für Reformationsgeschichte, 180. Jahrgang 69.

Die Historikerkollegen in Polen, an die sich meine bisherigen Reformationsstudien vor allem gewandt haben, seien darauf vorbereitet, daß durch einen Ausblick auf die Frühphase des Posener Protestantismus immerhin *eine* Brücke zu meiner bisherigen Thematik geschlagen wird. Ein Kapitel preußischer Geschichte, das sich für einen Strukturvergleich mit Polen besonders anbietet, bewahre ich für eine andere Gelegenheit auf. Wenn sich zu Anfang des 17. Jh. der in Danzig, Elbing und Thorn unternommene Versuch einer zweiten, diesmal kalvinistischen Reformation am Widerstand der Bürgerschaft brach, dann vergleicht sich damit der typologisch ähnlich geartete Mißerfolg einer auf schmale Oberschichten begrenzten Glaubensbewegung, wie sie Polen einige Jahrzehnte früher erlebt hatte. Daß sich hier Lutheraner und Reformierte, dort aber Protestanten und Katholiken gegenüberstanden, mindert die strukturelle Zusammengehörigkeit nicht.

Die folgende Analyse beruht allein auf gedrucktem Material. Nirgendwo werden unbekannte oder meist übersehene Fakten ans Licht gezogen. Es geht nur um Interpretation und Einordnung.

II.

Danzig war, mit etwa 40 000 Einwohnern, die größte Stadt im Herrschaftsbereich des polnischen Königs und sollte es bis ins 17. Jh. bleiben. Unter den deutschsprachigen Städten gehörte es damals — mit Hamburg, Augsburg, Wien, Nürnberg und Köln — zur Spitzengruppe[4]. Elbing wird in der Reformationszeit zwischen 10 000 und 15 000 Einwohner gezählt haben[5], und unter Thorn haben wir uns eine Stadt der gleichen Größenordnung vorzustellen[6]. Beide Orte gehörten also — nach den deutschen und polnischen Maßstäben der Zeit — zur zweiten, aber immer noch bedeutenden Städtekategorie. (Riga dürfte um die gleiche

---

[4] Paul Simon: Geschichte der Stadt Danzig Bd. 2 (Danzig 1918) S. 347 (40 000 wird für 1570 geschätzt). Eine Übersicht über die Größenverhältnisse der Städte im hansischen Raum gibt für das 15. Jh. Henryk Samsonowicz: Zagadnienia demografii historycznej regionu Hanzy w XIV - XV w., in: Zapiski Historyczne 28 (1963) S. 523 - 555. Für Europa in der Folgezeit s. Roger Mols: Population in Europe 1500 - 1700 in: C. M. Cipolla: The Fontana Economic History of Europe Bd. 2 (o. O. 1974) S. 43.

[5] Stanisław Gierszewski: Elbląg. Przeszłość i teraźniejszość (Danzig 1970) S. 75 nach Edward Carstenn: Geschichte der Hansestadt Elbing (Elbing 1937).

[6] Zu Größe und Sozialstruktur (mit Lit.) s. Antoni Czacharowski: Ze studiów nad struktura społeczna mieszczaństwa toruńskiego na przełomie XIV/XV w., in: Acta Universitatis Nicolai Copernici. Historia IX — Nauki humanistyczno-społeczne Zesz. 58 (1973) S. 89 - 96. — Zum Handel s. Detlef Krannhals: Danzig und der Weichselhandel in seiner Blütezeit vom 16. zum 17. Jahrhundert (Leipzig 1942) = Deutschland und der Osten, 19; Jan M. Małecki: Związki handlowe miast polskich z Gdańskiem w XVI i pierwszej połowie XVII wieku (Breslau ... 1968); Maria Bogucka: Handel zagraniczny Gdańska w pierwszej połowie XVII wieku (Breslau ... 1970).

Zeit rund 10 000, Reval und Dorpat wohl nur um 5000 Einwohner beherbergt haben[7].) Danzigs Reichtum beruhte vor allem auf der Kornausfuhr aus Polen und dem Königlichen Preußen, die sich im Laufe des 16. Jh. verzehnfachte. Die andere Einkommensquelle stellte ein für nahe und ferne Märkte produzierendes Handwerk dar, von dem fast die Hälfte der Einwohnerschaft lebte[8]. Die beiden Schwesterstädte fußten ebenfalls auf Handel und Gewerbe, konnte sich aber — da nicht in gleicher Weise durch die geographische Lage begünstigt — nicht ebenso glänzend entfalten. Der Hafen Elbing kam gegen die Danziger Konkurrenz nicht auf, die neun Zehntel des über die Weichsel verschifften Getreides wegfing[9]. Thorn mußte von der Mitte des 15. bis zur Mitte des 16. Jh. mit verschiedenen wirtschaftlichen Schwierigkeiten kämpfen und strebte erst von da an einer neuen Blüte zu[10]. Doch wenn Elbing und Thorn auch weit hinter Danzig zurückblieben, so gehörten sie noch immer in die Reihe der ersten Handelsplätze des Staatsverbandes.

Die drei Städte gerieten oftmals als mißgünstige Rivalinnen aneinander. Aber sie waren sich immer dann einig, wenn es gemeinsame Interessen zu verteidigen galt: vor allem die alte städtische Freiheit, die sich bereits gegen den Orden behauptet hatte und der jetzt neue Gefahren drohten. Stellen wir diesen Befund in einen europäischen Kontext! Für den Durchbruch zur Moderne waren die Städte und die in ihnen entwickelten Wirtschaftsformen von entscheidender Bedeutung. Für London, Hamburg und Frankfurt etwa war das 16. Jh. eine

---

[7] s. die zum Druck vorbereitete Habil.-Schrift von Klaus Deppermann: Melchior Hoffman. Entwicklungs- und Wirkungsgeschichte seines Denkens (Freiburg 1975) S. 7.

[8] Dazu zwei Arbeiten von Mària Bogucka: Gdańskie rzemiosło tekstylne od XVI do połowy XVII wieku (Breslau 1956); Gdańsk jako ośrodek produkcyjny w XIV - XVII w. (Warschau 1962); ferner Adam Bochnak: Eksport z miast pruskich w głąb Polski w Zakresie rzemiosła artystcznego, in: Studia Pomorskie Bd. 2 (1957) S. 6 - 107. Vor einer Überschätzung des Fernabsatzes von Handelserzeugnissen warnt — für Danzig — Ernst Pitz: Wirtschaftliche und soziale Probleme der gewerblichen Entwicklung im 15./16. Jahrhundert nach hansisch-niederdeutschen Quellen, in: Die Stadt des Mittelalters, hrg. von Carl Haase, Bd. 3 (Darmstadt 1973) S. 137 - 176 (S. 157 f.).

[9] Jan Rybarski: Handel i polityka handlowa Polski w XVI stuleciu (Warschau 1958) S. 29 f.; Artur Attman: The Russian and Polish markets in international trade 1500 - 1650 (Gotenburg 1973) = Publications of the Institute of Economic History of Gothenburg University, 26, S. 65. — s. auch Edward Carstenn: Geschichte der Hansestadt Elbing (Elbing 1937). Zu den Inlandverbindungen s. H. Oesterreich: Handelsbeziehungen der Stadt Thorn zu Polen, in: Zeitschrift des Westpreußischen Geschichtsvereins 33 (1894) S. 47 - 93; Jan M. Małecki: Związki handlowe miast polskich z Elblągiem, in: Rocznik Elbląski 5 (1972) S. 129 - 138.

[10] Leon Koczy: Dzieje wewnętrzne Torunia do roku 1793, in: Dzieje Torunia. Praca zbiorowa, red. v. Kazimierz Tymieniecki (Thorn 1933) S. 92 bis 209.

Zeit des wirtschaftlichen Aufstiegs, die auch das politische Gewicht vergrößerte. Ja, für gewisse Städtelandschaften wie Holland und die Schweiz wird man von einer positiven Entwicklungslinie reden dürfen. Dem steht aber gegenüber, daß die Masse der europäischen Städte gerade in dieser Zeit an Selbständigkeit und politischer Bedeutung erheblich einbüßte. Der Rückgang ist im Jagellonenreich, wo das Terrain an den Adel verloren wurde, besonders augenfällig. Um so deutlicher hebt sich gerade hier ab, daß einige wenige Handelszentren sich aus dem allgemeinen politischen Abstieg heraushalten konnten. Nur in Preußen besaßen die Städte Anteil am Landesregiment: hier, weil die mittelalterlichen Verhältnisse in den Verträgen von 1566 verankert worden waren, die zur Grundlage der Landesverfassung wurden, und weil das Erbe der Väter namentlich in den Danzigern eifersüchtige Hüter fand, die sich auf eine einzigartige Monopolstellung stützen konnten. Gewiß besaßen Krakau und später auch Wilna das Recht, den Reichstag zu beschicken. Aber von einer wirklichen Repräsentanz kann man kaum reden. Als die Krakauer Städteboten 1537 und 1544 Widerspruch anzumelden wagten, wurden sie von den Adelsboten einfach hinausgeworfen. Selbst auf dem Papier war Krakau, die Hauptstadt der Krone, niedriger eingestuft als Danzig, Elbing oder Thorn. Denn die Krakauer Gesandten hatten ihren Platz in der polnischen Landbotenstube, neben den Vertretern der Ritterschaft, während die Gesandten der drei preußischen Vororte zusammen mit den neun obersten adligen Beamten den preußischen Senat, die Oberstände, bildeten. Damit bestätigte die Verfassung, daß die Hauptstädte des Königlichen Preußens in der sozialen Hierarchie auf gleicher Ebene mit den Magnaten und über der Masse des Adels standen, dessen Boten mit den Vertretern der kleineren Städte in den Unterständen vereinigt waren[11]. Es wird nicht verwundern, daß sich die Ritterschaft immer wieder an dieser Regelung stieß.

In der deutschen Forschung sind die drei preußischen Städte gern mit freien Reichsstädten verglichen worden[12]. Wie bei diesen ist die

---

11 E. Blumhoff: Beiträge zur Geschichte und Entwicklug der westpreußischen Stände im 15. Jahrhundert, in: Zeitschrift des Westpreußischen Geschichtsvereins 34 (1894) S. 1 - 80.

12 Nationale Scheuklappen verraten sich dort, wo das Bestreben der preußischen Städte nach weitgehender Autonomie als Widerstand gegen die polnische Herrschaft mißverstanden wird. Siehe etwa den Titel der als Materialsammlung nützlichen Arbeit von Helene Deppner: Das kirchenpolitische Verhältnis Elbings zum Bischof von Ermland in der Zeit der polnischen Fremdherrschaft (1466 - 1772), in: Elbinger Jahrbuch 11 (1933) S. 121 bis 236. Demgegenüber betont etwa der forschungsgeschichtliche Abriß von Władysław Czapliński: Problem Gdańska w czasach Rezecypospolitej szlacheckiej, in: Przegląd Historyczny 43 (1952) S. 273 - 286 zu recht, daß selbst die härtesten Auseinandersetzungen mit der Krone sich in einem nie angetasteten Loyalitätsrahmen hielten: *salva fide et subiectione S. R. Maiesta-*

vielfach erprobte Fähigkeit, den eigenen Willen auch gegen andere Gewalten durchzusetzen, zu einer wichtigen Voraussetzung für die Bereitschaft geworden, in der Religionsfrage den eigenen Standpunkt auch wider den Oberherrn — ob nun den König von Polen hier oder den deutschen Kaiser dort — zu vertreten. Demgegenüber war das Bestreben der politisch viel schwächeren polnischen Städte, es nicht mit dem katholischen König zu verderben, einer der Faktoren, die einer Ausbreitung der Reformation im bürgerlichen Milieu entgegenwirkten.

Man wird nicht gut behaupten können, daß die Religionsauseinandersetzungen von den Danzigern, Elbingern und Thornern zielstrebig benutzt worden seien, um ihre Selbständigkeit im polnischen Reichszusammenhang und gegenüber dem Monarchen zu festigen. Dies wird ja ebensowenig für die deutschen Reichsstädte gelten, wenn sie mit ihrer evangelischen Option in eine Gegenposition zum Kaiser hineinsteuerten, die ihre politische Stellung eher gefährdete als stärkte, was von manchen weitblickenden Zeitgenossen durchaus begriffen worden ist Und unsere drei preußischen Städte machten sich mit der Annahme des Luthertums vom polnischen König, der die Religionsprivilegien ausstellte und über ihre Einhaltung wachen konnte, eher abhängiger, als sie vorher gewesen waren. Mit mehr Grund darf man den drei Städten unterstellen, sie hätten sich von der Gewalt der zuständigen Bischöfe befreien wollen. Aber namentlich im Falle von Danzig, das von dem weitab, in Leslau, residierenden Bischof von Kujawien schon vor der Reformation nicht viel zu befürchten hatte, darf man dieses Interesse nicht allzu hoch veranschlagen. Wenn es im deutschen und schweizerischen Raum Städte wie etwa Bremen, Augsburg, Basel und Breslau gab, für die sich der Kampf um die Reformation eng mit dem Freiheitsstreben gegenüber dem Bischof verband, dann gehören die preußischen Hauptorte eher mit Zürich, Nürnberg und Ulm in die andere Reihe jener Städte, in denen sich die Reformation gerade deshalb rasch durchzusetzen vermochte, weil sie keinen der stärksten Vertreter der alten Kirche, weder den Bischof noch ein Kapitel, zu Nachbarn in den eigenen Mauern hatten.

Das Ärgernis, daß der Bischof nicht einmal ein Preuße war und in den Durchbruchsjahren der evangelischen Bewegung erstmals keinen Danziger, sondern einen Polen zum Offizial in der mächtigen deutschsprachigen Stadt ernannte, mag die Bürgerschaft gegen das stadt- und

---

tis debita, salvo etiam incorporationis iure, quo inclito Poloniae Regno civitas Gedanensis coniuncta sit (1635). Wirtschaftliche und politische Vernunft hat die drei Städte immer von neuem einsehen lassen, daß die Herrschaft eines einzigen Monarchen über den Gesamtverlauf der Weichsel, ihrer Lebensader, in ihrem ureigensten Interesse lag.

landesferne Kirchenregiment solidarisiert und damit einen gewissen, aber kaum gewichtigen Beitrag zur evangelischen Sache geleistet haben[13].

III.

Unbestreitbar eng ist der Zusammenhang zwischen dem raschen Widerhall von Luthers Botschaft und der „deutschen Zunge", die in Danzig und Elbing fast allein galt und in Thorn den Vorrang hatte. Hier handelte es sich nicht nur um einen ethnischen Befund, der sich historisch nun einmal so ergeben hatte, ohne daß den Zeitgenossen, die einer dem modernen Nationalempfinden vorauf liegenden Epoche angehörten, viel an seiner Aufrechterhaltung gelegen hätte. Nein, es ging um ein bewußtes und zäh verteidigtes Stück alter Ordnung. Die Zünfte und die Stadtämter deutsch zu erhalten, fiel in Danzig und Elbing nicht schwer, weil sich dort genug Bewerber um das Bürgerrecht aus den vornehmlich deutschsprachigen Städten der Umgebung und aus dem Reich meldeten. So ließ sich das Polentum klein und politisch einflußlos halten[14]. Daß in Danzig manche Bürger, zumal unter den Kaufleuten, durchaus Polnisch verstanden, machten Rat und Zünfte um nichts geneigter, das Privileg des Deutschen einzuschränken. Dieselben Danziger Bürgermeister, denen wir meisterhafte Berichte über die polnischen Reichstage verdanken, für deren Beobachtung sie entsandt waren, erklärten auf den preußischen Ständetagen gegenüber Landesräten aus dem hohen Adel kühl: sie verstünden kein Polnisch.

In Thorn, am Südrand Preußens, in einer überwiegend polnischen Umgebung, erforderte die Verteidigung des Privilegs mehr Aufwand als in Danzig und Elbing. Während des bis zur Mitte des 16. Jh. fortdauernden wirtschaftlichen Abstiegs waren viele Handwerker fortgezogen. Die Polen, die an ihre Stelle traten, dominierten bald in

---

13 Zur Vertretung des Bischofs in Danzig s. Paweł Czaplewski: Wykaz oficiałów gdańskich i promorskich od 1467 - 1824, in: Roczniki Towarzystwa Naukowego w Toruniu 19 (1912) S. 3 - 128. — Zusammenrottungen von Danzigern gegen den Bischof 1524 und 1544 s. bei Simson: Gesch. 2 S. 63; 125. Vgl. auch Paweł Czaplewski: Jak przyjmowali Gdańczanie biskupów włocławskich?, in: Zapiski Towarzystwa Naukowego w Toruniu 2 (1911) S. 21 - 32. — Bezeichnend ist, daß die Danziger Bürgerschaft in ihren Auseinandersetzungen mit dem Rat durchaus Rückhalt beim König, aber nie beim Bischof suchte. Als dieser sich 1544 anbot, im innerstädtischen Streit zu schlichten, behaupteten die Bürger patzig, sie seien dem Rat nur deshalb gram, weil er ihnen die *coena utraque* verweigere, s. Eduard Schnaase: Geschichte der evangelischen Kirche Danzigs (Danzig 1863) S. 24 f. — Weniger als die Danziger konnten sich die Elbinger gegenüber ihrem Bischof (dem Ermländer) herausnehmen, s. Deppner: Das kirchenpol. Verh.

14 Die geringe Einwanderung aus Polen ist statistisch erfaßt bei Hedwig Penners-Ellwart: Die Danziger Bürgerschaft nach Herkunft und Beruf 1536 bis 1709 (Göttingen 1954) S. 144 - 150; speziell für Gesellen und Lehrlinge um die Wende vom 16. zum 17. Jh. bei Bogucka: Ośrodek prod. S. 390.

manchen Zünften. Ja, vielleicht stellten sie bereits die Hälfte aller Handwerksmeister. Aber die gehobenen Gewerbe und vor allem der Rat verteidigten gegen alle Angriffe — auch des Königs — den deutschen Charakter der Stadt. Aus den Verboten einiger Innungen, polnische Lehrlinge einzustellen, klingt wenn schon nicht unbedingt das eigentliche Interesse, um das es hier ging, so doch ein wirksames Doppelargument für die deutsche Sache: Nur das deutsche Element garantiere die Qualität der Ware, und mit der alten Landessprache stehe die Selbständigkeit Preußens auf dem Spiel[15]. Während die preußische Ritterschaft sich allmählich nach Polen hinorientierte, wo der Adel größere Freiheiten genoß, schreckten die Bürger vor der Unfreiheit und der geringeren wirtschaftlichen Kraft ihrer polnischen Standesgenossen zurück. Die politische Selbstbehauptung, die Sorge um den Erwerb, die Bewahrung der Sprache: all das war untrennbar ineinander verschränkt.

Wenn deutschsprachige Städte mit einem weitgehend anderssprachigen Um- und Hinterland sich ohne Verzug — viel rascher als erhebliche Teile des deutschen Reiches — der Reformation öffneten, so entspricht das einer ostmitteleuropäischen Norm, die gleichermaßen für den polnischen wie für den böhmisch-ungarischen Herrschaftsbereich galt[16]. Dieses Phänomen wird sich (wie meistens, wenn es um die Reichweite geistiger Bewegungen geht) kaum ohne Rest aufschließen lassen[17]. Aber ganz gewiß hat dabei mitgespielt, daß die Reformation eben dort, wo Deutsche mit Nichtdeutschen konfrontiert waren, in ihrer ersten Phase viel stärker als in rein deutschen Gebieten den Charakter einer national-kulturellen Sache annahm. Während sich die Anderssprachigen ermuntert sahen, die *pestis Germanica* abzulehnen, haben

[15] Stanisław Herbst: Toruńskie cechy rzemieślnicze. Zarys przeszłości (Thorn 1933) S. 62 - 66.

[16] Die kleineren Städte mit überwiegend deutscher Einwohnerschaft wandten sich im Königlichen Preußen, aber auch im Westraum Großpolens, rasch dem Luthertum zu, s. Jolanta Dworzaczkowa: Wprowadzenie reformacji do miast królewskich Wielkopolski, in: Odrozenie i Reformacja w Polsce 10 (1965) S. 53 - 80. — Eine Ausnahme — den raschen Rückgang der lutherischen Neigungen in der keineswegs unbedeutenden deutschen Minderheit der wichtigen Handelsstadt Lemberg — habe ich in meinem Aufsatz: Lemberg u. d. Ref. zu erklären versucht.

[17] Ernst Benz: Die Reformation und der Osten. Entwurf einer volksdeutschen Betrachtung der Reformationsgeschichte, in: Deutsches Archiv für Landes- und Volksforschung 3 (1939) S. 509 - 526, streckenweise wiederholt in: Luther und der volksdeutsche Osten, in: Deutsche Ostforschung Bd. 2 (Leipzig 1943) = Deutschland und der Osten, 21, S. 236 - 256, entwickelt Gedanken, über die es sich auch dann zu diskutieren lohnt, wenn man sich an dem volksdeutschen Pathos von 1939 stößt. Nur hat Benz seine Einfälle, die ihm zur Erklärung der auffälligen Erfolge des Luthertums gerade an den Rändern der deutschen Welt gekommen sind, nicht sorgfältig genug auf ihre Haltbarkeit abgeklopft.

sich die Deutschsprachigen um so stärker von dem „deutschen Propheten“ Luther angezogen gefühlt. (Daß die Solidarisierung, die hier vollzogen wurde, lediglich ein kulturelles, nicht aber politisches Zusammengehörigkeitsgefühl der „deutschen Zunge“ zur Voraussetzung hat, sollte man — da hier namentlich polnische Empfindlichkeiten berührt werden — immerhin im Vorbeigehen andeuten.)

Der beschleunigte Gang der Reformation in Außenräumen wird besonders anschaulich, wenn wir im Kontext des Ostseeraums bleiben und Lübeck, die Handelsmetropole auf Reichsboden, mit den außerhalb des Reiches gelegenen preußischen Vororten Danzig, Elbing und Thorn und — noch weiter im Osten — mit Riga, Reval und Dorpat vergleichen. Während es in Lübeck bis 1529 dauerte, ehe die Anhänger der Reformation den Widerstand der engagiert-katholischen Partei gebrochen hatten, fehlen vergleichbare Residuen der alten Kirche in den „Außenstädten“. Dem Rat von Lübeck, der lange in sich gespalten blieb und der Reformation vorerst Sperren in den Weg legte, entsprachen in Riga, Reval und Dorpat Obrigkeiten, die sich rasch und tatkräftig an die Spitze der evangelischen Bewegung setzten. In Preußen war zwar die Handlungsfreiheit — angesichts einer starken Landesobrigkeit — geringer. Aber schon früh zeichnet sich der lediglich aus taktischen Rücksichten abgestufte Wille aller Bevölkerungsschichten ab, den neuen Glauben zum Siege zu führen. Der damit in unsere Überlegungen eingeführte „hansische Vergleich“ soll im fünften Abschnitt weitergeführt werden[18].

IV.

Es liegt nahe, als einen der Gründe, die den Aufstand der Danziger Bürger gegen den Rat bedingten, auch einen langangebahnten Autoritätsverfall des Klerus aufzuführen. Denn natürlich fehlt es auch hier, am Vorabend von Luthers Auftreten, nicht an Klagen über eine verrottete Geistlichkeit. Aber wie sehr man sich hüten sollte, den Bewußtseinsstand der Reformation in eine vorreformatorische Zeit zurückzuprojizieren, zeigt in Danzig etwa die große, mit einer im Grunde unerschütterten Autorität des Klerus verbundene Popularität der kirchlich empfohlenen Frömmigkeitsformen wie Rompilgerei und Ablaß, gegen die Luther wenig später zu Felde ziehen sollte[19]. Unter den Voraussetzungen der deutschen Reformation hebt sich, so möchte ich

---

18 Stefan Gluecksmann: Ruchy społeczne w Gdańsku w początkach reformacji (1522 - 1526), in: Sprawozdania Towarzystwa Naukowego Warszawskiego, wydz. II 31 (1938) S. 23 - 48.

19 Theodor Hirsch: Die Ober-Pfarrkirche von St. Marien in ihren Denkmälern und in ihren Beziehungen zum kirchlichen Leben überhaupt dargestellt, Bd. 1 (Danzig 1843) S. 222 - 227.

zugespitzt formulieren, mit nicht geringerer Eindeutigkeit als die vielzitierten Negativa gerade ein Positivum der alten Kirche ab: daß ihr — allen unleugbaren Schäden zum Trotz — im 15. Jahrhundert die erstaunliche Leistung gelungen war, zumindest in den Städten das Institut der Predigt mächtig zu entwickeln und dafür an Schulen und Universitäten gebildete Weltgeistliche und Mönche heranzuziehen[20]. Eine der modernsten und attraktivsten Ausbildungsstätten für solche Prediger ist zum Ausgangspunkt der Reformation geworden. Wittenberger Studenten und Absolventen haben vor allen anderen die Gedanken Luthers über den deutschen Sprachraum verbreitet. Und die übrigen jüngeren, ebenfalls akademisch gebildeten Männer innerhalb der Geistlichkeit ließen sich wohl am leichtesten anstecken. Für sie war eben ein Lehrstreit, in dem ein Mönch und Professor die kirchlichen Autoritäten anzugreifen wagte, keine Querele aus einem ihnen fremden und deshalb beargwöhnten Milieu, sondern Ausdruck eines geistigen Stils, den sie selber in ihren Studienjahren eingesogen hatten. Und wenn Luther sich als fähig erwies, seine theologischen Einsichten dem gemeinen Mann in dessen eigener Sprache und Empfindungsweise nahe zu bringen, dann ist er — bei aller unerreichten Meisterschaft — doch Repräsentant einer Umsetzungsfähigkeit, in der sich eine akademisch geschulte Predigerschaft seit Generationen geübt hatte. Mit Hilfe von vielen, die über die gleiche Tugend verfügten, ist die reformatorische Saat vor allem ausgebreitet worden. Und da es zur gottesdienstlichen Tradition gehörte, daß der Prediger die verschiedenen Sozial- und Bildungsschichten g e m e i n s a m ansprach, konnte die Reformation ein Integrationsmuster übernehmen, das sie davor bewahrte, wie der Humanismus auf eine Oberschicht beschränkt zu bleiben oder aber — als ausgesprochene Popularbewegung — gerade die Gebildeten und Besitzenden abzustoßen. Kurz: die Reformation ist über ein die ganze Gesellschaft umspannendes Verteilernetz verbreitet worden, dessen Aufbau eine Großtat der vorreformatorischen Kirche in Deutschland darstellt. Die Reformation, die sich als Revolution gegen den Klerus gab, war — soziologisch gesprochen — zunächst einmal eine Revolution, in der Teile des Klerus Front gegen ihre Standesgenossen machten. Die drei Städte, über die wir nachzudenken haben, zeigen den allgemeinen Verlaufstypus in einer besonders klaren Ausprägung[21].

---

[20] Besonders deutlich zeigt sich der Wandel bei den Stiftungsprädikaten, s. Winfried Becker: Reformation und Revolution (Münster 1970) = Katholisches Leben und Kirchenreform im Zeitalter der Glaubensspaltung, 34, S. 87: „Die Stifter verlangten von den Predigern stets den Nachweis akademischer theologischer Ausbildung.“

[21] Zur Reformationsgeschichte des Königlichen Preußens s. bes. Christoph Hartknoch: Preußische Kirchen-Historie (Frankfurt/M. ... 1686); A. G. H. Lembeck: Geschichte der Begründung und des Wachstums der Reformation in Westpreußen (Thorn 1850). Paul Boetticher: Die Anfänge der Reformation

Zum Einzugsgebiet der Universität Wittenberg gehörte von Anfang an auch Preußen. Ja, die Danziger stellten in den ersten 15 Jahren der jungen Hochschule volle 7 v. H. der Studenten. Gewiß, gegenüber den 67 Söhnen der gleichen Stadt, die in diesem Zeitraum die nächstgelegene hohe Schule (Frankfurt an der Oder) aufsuchten, und den fast 100, die an den altberühmten Universitäten Krakau (74) und Leipzig (24) studierten, muten die 15, die diesen Orten die Neugründung in der unscheinbaren mitteldeutschen Kleinstadt vorzogen, noch als ein kleines Häuflein an[22]. Aber die Brücke war geschlagen, und sobald Luther die Gemüter zu erregen begann, konnte Wittenberg bei den Danzigern ohne Verzug die anderen Hochschulen ausstechen. Als der Reformator 1520 die Bulle verbrannte, die ihm den Bann androhte, mögen ihm fünf Studenten aus Danzig zugeschaut haben. Wichtig für unseren Zusammenhang, daß der steigende Zustrom auch Männer mitriß, die bereits den Predigtdienst versehen hatten und ihn bald wieder versehen wollten; ja daß sogleich ein Rückstrom von Scholaren in ihre Herkunftsstädte den Wittenberger Geist nach Preußen spülte. In den Jahren 1520—23 reisten drei Geistliche von der Mottlau an die Elbe und kamen mit gefestigten Überzeugungen, voll missionarischen Eifers zurück. Der eine hatte von Wittenberg aus fässerweise Lutherschriften nach Danzig expediert. Als König Sigismund I. 1526 mit der politischen und religiösen Umsturzbewegung in Danzig aufräumte, waren unter den vertriebenen „Sturmpredigern"[23] zumindest sieben ehemalige

in den preußischen Landen ehemalig polnischen Anteils bis zum Krakauer Frieden, 8. April 1525, Diss. phil. Königsberg 1894; nur über den Adelsprotestantismus s. Schramm: Poln. Adel S. 116 - 136 — Zu Danzig — außer Simson: Gesch. Bd. 2; Hirsch: H. Marien Bd. 1; Schnaase: Ev. Kirche — Hermann Freytag: Wie Danzig evangelisch wurde (Danzig 1902); Udo Arnold: Luther und Danzig, in: Zeitschrift für Ostforschung 21 (1972) S. 94 - 120 (mit Lit.). Zu Elbing Eugen Gustav Kerstan: Elbings evangelische Kirche bis zur preußischen Besitznahme der Stadt (1772), Diss. theol. Königsberg (Elbing 1918); Deppner: Kirchenpol. Verh.; Stanisław Wałdoch: Początki reformacji w Elblągu i jego regionie, in: Rocznik Elbląski 4 (1969) S. 9 - 43.

22 Hermann Freytag: Die Beziehungen Danzigs zu Wittenberg in der Zeit der Reformation, in: Zeitschrift des Westpreußischen Geschichtsvereins 38 (1898) S. 1 - 137; Arnold: Luther u. Dzg. — Vgl. dazu den raschen Rückgang bürgerlicher Studierender aus Preußen an der Universität Krakau, s. Zenon Nowak: Młodzież Prus Królewskich i Książęcych na universytecie krakowskim w latach 1526 - 1772, in: Zapiski Historyczne 29 (1964) S. 35 - 69.

23 Zu diesen geistlichen Bahnbrechern der Danziger Reformation s. Hirsch: St. Marien Bd. 1 S. 250 - 308; Schnaase: Gesch. S. 9 - 19; Paul Simson: Wann hat der Danziger Priester Jacob Knothe geheiratet?, in: Mitteilungen des Westpreußischen Geschichtsvereins 14 (1915) S. 2 - 4 (gegen eine Frühdatierung der Heirat des Pfarrverwesers von St. Petri und Pauli auf 1518, die zu Unrecht als erste reformatorische Demonstration gegolten hatte). — Eine gewiß von den „Sturmpredigern" geprägte, vor allem als Ehrentitel für sie selbst gedachte Bezeichnung enthält der dem alten Rat 1525 abgezwungene „Schandbrief" (hrg. von Stefan Gluecksmann in: Kwartalnik Historyczny 50 (1937) S. 457 f.), in dem dieses Gremium bekennen mußte, es habe *die Liebhaber und vornembsten treiber des Wortes Gottes, welches die ewige wahr-*

Wittenberger Studenten, von denen wiederum drei aus Danzig selber stammten. Dies ist für einen gesamtdeutschen Befund ein geradezu klassischer Einzelfall.

Das gleiche darf auch für das oft beobachtete Phänomen gelten, daß die Bahnbrecher der Reformation in der Regel nicht Inhaber von Pfarrstellen waren, sondern als schlecht bezahlte Vikare die Arbeit für die Pfründenempfänger verrichteten. Gewiß hat der Unmut über die eigene soziale Situation ihren Übertritt auf die Seite Luthers befördert[24]. In Danzig waren 1520 fünf von sechs Pfarrinhabern abwesend: vier als ermländische Kanoniker, einer als königlicher Sekretär. Daß drei Gemeinden ihre Hirten 1524 — erfolglos — zurückriefen, war einer der ersten offiziellen Schritte auf dem Wege zur Reformation. Die Absenz, die sich als geistlicher Mißstand anprangern ließ und doch zugleich den jungen, lutherisch gesonnenen Pfarrvertretern eine Wirkungsmöglichkeit einräumte, hat also in doppelter Weise dem neuen Glauben Bahn gebrochen.

Derselbe Befund, daß die deutsche Reformation eine von den Kanzeln herunter verbreitete Bewegung war, ließe sich im Herrschaftsbereich des polnischen Königs auch für Elbing, Thorn und die deutschen Städte im westlichen Großpolen aufzeigen. Außerdem wurden in Städten, in denen nur eine deutsche Minderheit wohnte, die Pfarrstellen, die für eine Seelsorge in deutscher Sprache eingerichtet waren, zu Einfallstoren der neuen Lehre: in Posen ebenso wie in Wilna.

Nun beherbergte eine der uns beschäftigenden Städte, Thorn, einen beträchtlichen Anteil nichtdeutscher Bürger und war damit prädestiniert für den Versuch, das „deutsche Muster" auch auf ein Milieu von polnischen Pfarrkindern zu übertragen. Dies ist hier auch tatsächlich geschehen, blieb aber — im Rahmen einer die Sprachen übergreifenden Einmütigkeit, die sich in der religiösen Haltung der Thorner abzeichnete — ein wenig Aufsehen erregender, von den Quellen kaum beleuchteter Strang[25]. Dramatischer fiel dagegen der Versuch aus, den

heit ist, vernichten wollen. — Zu Thorn s. Reinhold Heuer: Vom katholischen Thorn vor Luther und wie Thorn evangelisch wurde (Thorn 1917); Rudolf Brohm: Die kirchlichen Zustände in Thorn seit dem Bekanntwerden der Lutherischen Lehre bis zur öffentlichen Einführung der Reformation (1520 bis 1557), in: Zeitschrift für historische Theologie 39 (1869) S. 605 - 626; Tadeusz Glemma: Stosunki kościelne w Toruniu w stuleciu XVI i XVII na tle dziejów kościelnych Prus Królewskich (Thorn 1934) = Roczniki Towarzystwa Naukowego w Toruniu, 42.

[24] Zu dieser Gruppe s. etwa Becker: Ref. und Rev. S. 87 „Sie bildet, abgesehen von den rein rechtlichen Problemen ihrer Anstellung, einen beständigen Unruheherd".

[25] 1540 soll die polnische Gemeinde Sankt Georgen in Thorn begonnen haben, in der Kirche Psalmen und Lieder in der Muttersprache zu singen,

neuen Glauben auf die deutsche Weise in einer mehrheitlich polnischen Stadt, nämlich Posen, durchzusetzen. 1540 hatte der Posener Bischof den Dominikaner Samuel als Prediger an die Pfarrkirche berufen. Bald schon wurde der Mönch wegen ketzerischer Verkündung belangt und mußte nach Deutschland fliehen. In Leipzig zum Doktor der Theologie promoviert, trat er in den Dienst des preußischen Herzogs Albrecht. In dessen Begleitung kehrte er 1543 noch einmal nach Posen zurück und hielt Hauspredigten. Die Brücke zu den Posener Polen, die — anders als ihre deutschen Mitbürger — bislang gegen die lutherische Botschaft immun geblieben waren, schlug auch der Bromberger Seclutian. Er war wohl polnischer Herkunft, aber durch sein Studium in Leipzig so mit dem Deutschen vertraut, daß er 1538 das deutsche Predigtamt an Maria Magdalenen in Posen übernehmen konnte. Wegen evangelischer Lehre dieses Amtes entsetzt, predigte er in lutherischen Konventikeln heimlich weiter. 1543 entwich er erstmals und 1544 endgültig nach Königsberg, wo er eine polnische Predigerstellung bekam. Herzog Albrecht hatte, nach Maletius und Samuel, einen dritten theologisch gebildeten Polen gewonnen: für die Betreuung seiner Masuren, aber auch für seine weitgesteckten Ziele in Polen[26].

Es blieb nicht bei diesen beiden Konversionen von Posener Geistlichen. Auch Samuels Nachfolger als polnischer Prediger in der Pfarrkirche, Stanislaus Przybysławski, wagte es, von der Kanzel herunter katholische Lehren anzugreifen. So wetterte er einmal, das Fegefeuer sei nichts als Lug und Trug, erdacht, um das unwissende Volk auszuplündern. Als am anderen Tag ein Amtsbruder dagegenpredigte, das sei Ketzerei, da rief der Generalstarost Andreas Górka laut schallend durch die Kirche, dann bekenne er sich auch als Ketzer[27]. Am gleichen Ort verkündigte 1546 auch ein deutscher Prediger lutherische Lehren:

---

s. Lembeck: Begründung S. 16. — Vermutlich gab es eine parallele Entwicklung in Elbing, wo die Heilig-Geist-Pfarre eine polnischsprachige Minderheit versorgte, die — nach der Anzahl der Taufen — ein Zehntel der Bevölkerung ausgemacht haben wird, s. Wanda Klesińska: Niektóre dowody polskości Elblaga w XVI - XVIII wilku, in: Rocznik Elbląski ²(1963) S. 67 - 95.

[26] J. Warmiński: Andrzej Samuel i Jan Seclucyan (Posen 1906). In dieser ausführlichen und gründlichen Monographie ebenso wie in der übrigen polnischen Forschung gilt Seclutian als Pole. Friedrich Wilhelm Neumann: Studien zum polnischen frühreformatorischen Schrifttum. Teil 1: Die Katechismen von 1545 und 1546 und die Polemik zwischen Seclucyan und Maletius = Slavisch-Baltische Quellen und Forschungen hrg. R. Trautmann 11 (1941) S. 6 schließt aus Mängeln in Seclutians Polnisch auf einen Deutschen.

[27] Johann Maczyński (1547) in: Der Briefwechsel der Schweizer mit den Polen, hrg. von Theodor Wotschke = Archiv für Reformationsgeschichte, Erg.-Bd. 3 (1908) S. 7 f. — Die Vorwürfe des Domkapitals gegen Przybysławski in: Akta kapituł z wieku XVI wybrane, hrg. von Bolesław Ulanowski Bd. 1 T. 1 (Krakau 1908) Nr. 283 (17. 2. 1548).

Albert von Wollstein[28]. Um 1548 war es Andreas Prażmowski, der Probst der Vorstadtkirche Sankt Johann von Jerusalem, der mit seinen Predigten, die er bis 1549 halten konnte, den Bischof aufbrachte[29].

Das sind fünf bedeutsame Fälle. Wir brauchen nur die beiden, 1536 und 1541 nach dem herzoglichen Preußen übergesiedelten Polen Johann Maletius und Martin Glossa hinzuzunehmen, um die Begründer der polnisch-lutherischen Predigt beisammen zu haben. Die Rolle Seclutians würdigten schon die Zeitgenossen. Nach dem Urteil Bischof Branickis, der ihn vertrieb, war er der alleinige Urheber und Stifter der lutherischen Sekte in Posen, und dem kalvinistischen Historiker Stanislaus Sarnicki zufolge, der ihn 1546/47 in Königsberg kennengelernt haben wird, geht auf die literarische Wirksamkeit, die Seclutian und Glossa in Preußen entfalteten, das gesamte evangelische Kirchenwesen in Polen zurück[30].

Für uns sind die Fälle deshalb wichtig, weil es sich offenkundig um ordinierte katholische Geistliche handelte, die eine erneuerte Lehre von den Kanzeln der alten Kirche verkündigten. Der Posener Klerus, so dürfen wir folgern, war von Anhängern Luthers durchsetzt, die sich nicht scheuten, für seine Sache zu werben. Aber wenn es in den vierziger Jahren so scheinen wollte, als werde die katholische Kirche jener polnischen Großstadt mit dem höchsten Anteil an Deutschen und dem stärksten deutschen Kultureinfluß nach dem Muster so vieler deutscher Städte unter der Hand von ihren eigenen Pfarrern reformiert, dann wurde dieser Eindruck bald durch den Bischof und das Domkapitel zerstreut, die hier — an ihrem Residenzort — besonders energisch durchgreifen konnten. Samuel, Seclutian, Prażmowski und Przybysławski verschwanden, um anderswo in größerer Sicherheit für die evangelische Sache wirken zu können. Albert von Wollstein wechselte ins Lager der Luthergegner über. Von nun an trat von den Posener Klerikern keiner mehr als Bundesgenosse der Evangelischen auf den Plan. Und damit fügt sich Posen wieder ein in die Reihe der übrigen polnischen Städte, aus der es eben herausgefallen war. Überall mußte die Reformation versuchen, sich gegen eine zeitweilig geschwächte, aber nirgends aufgerissene Front der katholischen Geistlichkeit zu entfalten und zu behaupten. Es gehörte zu diesen (gegenüber der deutschen Welt erschwerten) Bedingungen, daß die in den Städten bestehenden Kirchen — auf dem Lande sahen die Dinge schon anders aus — der evangelischen Botschaft versperrt blieben. Dem deutschen Typus einer

28 Ebd. Nr. 258.

29 Józef Lukasiewicz: Historisch-statisches Bild der Stadt Posen, dt. v. L. Königk und Tiesler, Bd. 2 (Posen 1878) S. 206 f.

30 Warmiński: Samuel S. 498.

Reformation durch Teile des Klerus und in den alten Kirchen steht also der polnische Typus einer Reformation neben der bestehenden Kirche und mit wenigen Abfällen aus den Reihen des städtischen Klerus gegenüber. Würden wir etwa Frankreich in den Vergleich einbeziehen, dann dürfte sich eine größere Nähe zu Polen als zu Deutschland herausstellen.

V.

In Danzig, Elbing und Thorn läuft in den frühen zwanziger Jahren des 16. Jh. neben der Ausbreitung der Reformation eine soziale Empörung gegen das Ratsregiment einher. Beide Flammen sind in Danzig 1525 — wie in manchen deutschen Städten um die gleiche Zeit — zu einem einzigen Brand zusammengeschlagen. Wir haben zunächst innerhalb des preußischen Rahmens zu bestimmen, wie beide Bewegungen sich zueinander verhielten. Dann aber gilt es, die Verstrickung von sozialem und kirchlichem Protest in den Kontext der Epoche einzuordnen und unsere Beispiele für die — noch keineswegs ausdiskutierte — Frage nach der sozialen Basis städtischer Reformation auszuwerten.

In Thorn machte sich der Unmut gegen das Stadtregiment schon 1523, früher als in den beiden Schwesterstädten, Luft und zwang den Rat, den Forderungen der Bürgerschaft nachzugeben. Das Anwachsen der politischen Opposition der Stadtgemeinde gegen den Rat, der sich durch Nepotismus und ständige außerordentliche Steuern mißliebig gemacht hatte, war hier, seit 1521 spürbar, von einer rasch um sich greifenden lutherischen Bewegung begleitet worden: unter den Predigern und Franziskanermönchen, im Volk. 1523 ging man daran, Kirchen und Klöster von ihrem Prunk zu befreien und hörte zum ersten Mal deutsche Messe. Aber es blieb bei einer Parallelität der Auflehnungen und kam nicht zu einer programmatischen Verbindung sozialer und religiöser Forderungen. König Sigismund I. hielt bei seiner Intervention den Einbruch in die kirchliche Ordnung, den er scharf ablehnte, und die Kritik an der Ratsherrschaft, die sich auf gute Gründe stützen konnte, sorgfältig auseinander[31].

---

[31] Ernst Kestner: Beiträge zur Geschichte der Stadt Thorn. Nach archivalischen Quellen mitgeteilt (Thorn 1882) S. 146 - 167; Richard Jacobi: Die Reformatio Sigismundi vom Jahre 1523, in: Mitteilungen d. Copernicus-Vereins 18 (1900) S. 2 ff.; Koczy: Dzieje wewn. Torunia S. 107 - 111; Józef Buława: Walki społeczno-ustrojowe w Toruniu w I połowie XVI wieku (Thorn 1971) = Roczniki Towarzystwa Naukowego w Toruniu Jhrg. 75 H. 3, bes. S. 154 über die politischen Ereignisse: „im Gegensatz zu den Kämpfen in Danzig und Elbing war der Einfluß reformatorischer Faktoren nicht groß." Eine Aufzeichnung aus politisch und religiös konservativen Kreisen konstruiert eine einzige Kette „unseliger Händel" aus der Ersetzung der listigen (durchweg deutschen) Ratsherrn durch deutsche, polnische und masurische Nachfolger wie den Kirchenraub, der Einführung der deutschen Messe und

Im folgenden Jahr bereits begannen in Danzig die beiden Bewegungen zusammenzuwachsen[32]. Hier war die Opposition gegen die Allgewalt der Ratsaristokratie schon seit einigen Jahren Schritt um Schritt vorgedrungen. Die Ebbe in den Kassen hatte den Magistrat 1519 gezwungen, zunächst 40, dann 48 Bürgervertreter in die Verantwortung einzubeziehen. Nach einer 1521 vereinbarten Regelung sollten an den wichtigsten Stadtgeschäften, besonders an der Verwaltung von Finanzen und Besitzungen, verschiedene Bürgergremien mitwirken. Sogleich wurde nachgestoßen. Aus der Wahl der 48 Vertreter müsse der Rat seine Hand ganz heraushalten, und nur aus ihrem Kreise dürfe er sich ergänzen. Die Ratsmehrheit sah sich schon so weit an die Wand gedrückt, daß sie zu Konzessionen bereit war, obwohl der König mahnte, sich allen Neuerungen zu widersetzen. Als der Bürgermeister Eberhard Ferber ohne Erfolg von einer Flottenexpedition zurückkehrte, sank der Stern dieses hartnäckigsten Verteidigers der alten Ratsherrlichkeit. Die Geschlechter, die sich in das Regiment der Stadt teilten, wurden unter sich uneins. Die einen rückten von Ferber ab, der nach Polen geflohen war und am Hofe gegen die Heimatstadt rührte. Andere, die zu eng mit ihm verbunden waren, stellten sich zur allgemeinen Empörung vor ihn, obwohl seine eigennützige Amtsführung zu tage lag. In dieser Situation waren auch die 48-Männer den radikalen Kräften noch zu autoritätsfromm. Diese wählten sich im August 1524 eine eigene Führung, in der auch die entschlossensten Rufer gegen die römische Kirche mitwirkten. Die Wahl fand im Hause eines Geistlichen statt, und fünf Prediger gehörten neben dreizehn anderen Repräsentanten zu der neuen Bürgervertretung, die der Rat schon bald respektieren mußte. Die lutherisch gesonnenen „Sturmprediger" wer-

---

die Ernennung von versoffenen Landsknechten und Bauern zu Predigern an Stelle der vertriebenen Weltgeistlichen und Mönche, s. Thorner Denkwürdigkeiten von 1345 - 1547 hrg. von Albert Voigt, in: Mitteilungen des Copernicus-Vereins 13 (1904) S. 156.

[32] Dazu zeitgenössische Aufzeichnungen von verschiedenen Standpunkten in: Scriptores rerum Prussicarum 5 (1874) S. 529 - 591; A. Lorkiewicz: Bunt gdański w r. 1525 (Lemberg 1881); S. Gluecksmann: Ruchy społeczne w Gdańsku w początkach reformacji (1522 - 1526), in: Sprawozdania Towarzystwa Naukiwego Warszawskiego. wydz. 2 (1937) S. 4 - 6. Hermann Hassbargen: Die Reformation in Danzig als Ereignis deutscher Geschichte mit Hilfe neuer Quellen dargestellt (Danzig 1937), der in scharfer und gelegentlich national-pathetischer Kritik an Simson: Gesch. betont, daß die Opposition zum Aufruhr erst durch die Ratspartei provoziert wurde; Tadeusz Cieślak: Postulaty rewolty pospólstwa gdańskiego w r. 1525, in: Ccasopismo Prawno-Historyczne 6 (1954), Nr. 1; Maria Bogucka: Walki społeczne w Gdańsku w XVI w., in: Szkice z dziejów Pomorza, Br. 1: Pomorze średniowieczne, hrg. von Gerhard Labuda (Warschau 1958) S. 369 - 448; Jolanta Dworzaczkowa: O genezie i skutkach rewolty gdańskiej 1525/26 roku, in: Roczniki Historyczne 28 (1962) S. 97 - 109. — Zum geschichtlichen Hintergrund Edmund Cieślak: Rewolty gdańskie w XV w., in: Kwartalnik Historyczny 61 (1954) Nr. 3 S. 110 - 142.

den zu der vordringenden Bewegung auf verschiedene Weise beigesteuert haben. Sie liehen ihre Formulierungskraft den sozialen Anliegen von nichtpatrizischen Schichten, denen sie selber entstammten und mit denen sie die Empörung über die „Oberen“ teilten. Sie haben gewiß aber auch das ihre getan, daß ihr ureigenstes Anliegen, die Kirchenreform, in das Programm der Opposition einging. So waren sie an den Verfügungen gegen die Klöster vom 6. Januar 1525 offenbar maßgeblich beteiligt. Und sie dürfen schließlich — als Intellektuelle, die verschiedengesichtige Mißstände auf ein und dasselbe Grundübel zurückzuführen verstanden — die Danziger gelehrt haben, wie sehr der Rat mitschuldig war an den Schäden der Kirche, die er als Versorgungsinstitut der Patrizier mißbraucht hatte.

Der offene Aufruhr entzündete sich Anfang 1525 an der Kirchenpolitik des Rates. Im Grunde handelte es sich nur um den Talsturz einer längst rollenden Lawine. Nach jahrelangem Nachgeben brach die geschwächte Ratsautorität vollends zusammen. Die Bürgerbewegung wählte einen neuen Rat, und sie war dabei klug genug, auch einige Repräsentanten der alten Ordnung aus der Partei Ferbers aufzunehmen. So wurde ein Teil des ehemaligen Regiments mithaftbar für das neue, das es zu sichern galt. Nicht so sehr das verkündete Programm als die Praxis verrät die entschiedenere Reformation. Vom Februar an zog die Obrigkeit die Meßgewänder und das Silberwerk aus Kirchen und Klöstern ein. Deutsche Kirchengesänge wurden eingeführt, eine Armenordnung erlassen. Im Juni traf Michael Meurer ein, den die Wittenberger auf die dringende Bitte um einen Reformator entstandt hatten: ein Mann, der durchaus befähigt gewesen wäre, die wilden Wasser in geordnete Bahnen zu lenken. Aber nun griff der König durch, der seine wiederholten Befehle unbefolgt sah. Im Dezember 1525 erzwang er sich den Eintritt in die Stadt. 150 Führer der Bewegung wurden gefangengesetzt, sieben hingerichtet. Über hundert Geistliche, Mönche und Nonnen, die sich dem Umschwung angeschlossen hatten, mußten ins Exil gehen. Einige eingekerkerte Prediger befreite nur die Fürsprache Herzog Albrechts. Eine neue Verfassung vom Juli 1526 machte den Rat wieder unabhängig von der Bürgerschaft, aber baute der Willkür der Regierenden durch gesetzliche Schranken ihrer Befugnisse vor.

Wie so häufig, lehnte sich Elbing auch diesmal an die große Schwesterstadt an[33]. Die Danziger Januarereignisse lösten im Februar 1525 eine

[33] Die Elbinger Lutheraner hätten — wie die Affen — alles den Danzigern nachtun wollen, schreibt Simon Grunau in seiner Preußischen Chronik (zu 1523), in: Die preußischen Geschichtsschreiber des XVI. und XVII. Jahrhunderts Bd. 1 (Leipzig 1876) S. 375. — Zu den Ereignissen von 1525 s. die anschauliche Darstellung aus der Feder eines Elbinger Schulmannes (1572):

— freilich um etliche Grade gemäßigtere — Erhebung gegen das Ratsregiment aus. Die Gemeindevertreter erzwangen den Ausschluß der meisten Ratsmitglieder und die Zuwahl anderer, die — mit einer Ausnahme — einer präsentierten Liste entnommen werden mußten. Die Seele des Aufruhrs waren der ehemalige Karmelitermönch Matthias Bienwald, den sich die Elbinger als evangelischen Lehrer aus Danzig hatten schicken lassen, und der lutherische Pleban der Neustädtischen Kirche[34]. In den neun Monaten, in denen das neue Gremium am Ruder blieb, machte sich Bienwald — für seine Gegner: der „Bischof der Elbinger" — mit ähnlichem Eifer an die Neuordnung der Kirche wie Meurer in Danzig. Und wie dort sorgte der König auch hier für eine doppelte, politische und kirchliche, Restauration.

Versucht man den zeitgeschichtlichen Zusammenhang aufzudecken, in den die Unruhen in den drei preußischen Vororten gehören, dann läuft man Gefahr, sich in einem Gewirr von Bezügen zu verstricken. Denn mit dem Auftreten Luthers haben ja für die Deutschen unruhige Jahre begonnen, in denen es überall gärte. Der polnische Vizekanzler Peter Tomicki zog im Juni 1525 eine Verbindungslinie zwischen den Danziger Ereignissen und dem deutschen Bauernkrieg[35]. Für seine Sicht scheint zu sprechen, daß die Erhebung des Landvolkes, die im deutschen Osten sonst nicht über Thüringen ausgriff, gerade im Samland und Natangen, also in küstennahen Teilen des herzoglichen Preußens, einen fernen Ausläufer hatte[36]. Aber gerade die Gruppen, die — wie etwa die Gärtner in elsässischen Städten — 1525 Brücken zwischen handwerklicher und bäuerlicher Unzufriedenheit schlugen, haben unter den Rebellen von Danzig, Elbing und Thorn gewiß keine nennenswerte Rolle gespielt. Hier gaben vor allem mittlere Kaufleute und gehobene Handwerker den Ton an. In Danzig scheinen die — durch eine hohe Akzise betroffenen — Brauer besonders aktiv gewesen zu sein[37]. Diese Kreise hatten mit den Bauern wenig gemein. Und schließ-

---

Christoph Falks elbingisch-preußische Chronik. Lobspruch der Stadt Elbing und Fragmente, hrg. v. M. Toeppen (Leipzig 1879) S. 97 - 118; Henryk Zins: Rewolta w Elblągu w 1525 u., in: Zapiski Historyczne XXII/4 (1956) H. 4 S. 7 - 50; Wałdoch: Początki S. 19 - 21.

[34] Deppner: Kirchenpol. Verh. S. 143.

[35] suntque nunc primum animati hoc novo tumulto rusticano, qui excitatus est in Germania, in: Acta Tomiciana Bd. 7 (Posen o. J.) S. 275.

[36] Darüber zuletzt zwei Beiträge von Heide Wunder: 1. Der samländische Bauernaufstand von 1525. Entwurf für eine sozialgeschichtliche Forschungsstrategie, in: Der Bauernkrieg 1524 - 26, hrg. von Rainer Wohlfeil (München 1975) S. 143 - 176; 2. Zur Mentalität aufständischer Bauern. Möglichkeiten der Zusammenarbeit von Geschichtswissenschaft und Anthropologie, dargestellt am Beispiel des Samländischen Bauernaufstandes 1525, in: Der deutsche Bauernkrieg 1524 - 1526, hrg. von Hans-Ulrich Wehler (Göttingen 1975) S. 9 - 37.

lich geriet die alte Ordnung in Thorn schon 1523, in Danzig 1524 aus den Fugen: zu früh, als daß sich hier, wie Tomicki wollte, *animati hoc novo tumultu rusticano* erhoben haben könnten. Der Bauernkrieg und die uns beschäftigenden Bürgerunruhen stehen nicht in direkter Abhängigkeit, sondern sind nur in der Weise verbunden, daß in denselben Jahren das Hinzutreten des Faktors Reformation längst angelaufene soziale Bewegungen im städtischen und ländlichen Milieu stärker und explosiver gemacht hat.

Unverkennbar ist die zeitliche und strukturelle Nachbarschaft der geschilderten Vorgänge in den drei preußischen Vororten zu einer ganzen Reihe von scharfen Auseinandersetzungen in deutschen Städten. So drückte 1523 im thüringischen Mühlhausen eine neugewählte, besonders aus vermögenderen Kleinbürgern bestehende Volksvertretung so energisch auf den Rat, daß dieser die finanziellen, politischen und kirchenpolitischen Forderungen, die an ihn gestellt wurden, erfüllen mußte. Neu war für Mühlhausen, daß sich Geistliche als Ideologen und Führer der Opposition hervortaten[38]. Die Rebellionen in den preußischen Städten gehören aber nicht nur in ein gesamtdeutsches Bezugssystem, sondern auch in einen geographisch engeren und konkreter erfaßbaren Verbund, der von der Wismarer Bucht oder gar von der Unterelbe bis an den Pregel reicht. Hamburg und Lübeck ist gemeinsam, daß hier ein — vergleichsweise später — reformatorischer Durchbruch 1528 und 1529/30 durch Pressionen der Bürgerausschüsse auf den Rat erzielt wird, die unterhalb der Rebellionsschwelle bleiben. In Lübeck wird die Bewilligung neuer Steuern, die — wie in Danzig — durch die Außenpolitik bedingt sind, von Zugeständnissen in der Kirchenfrage abhängig gemacht. Bewegen wir uns längs der Ostseeküste weiter auf unsere preußischen Städte zu, dann wird die strukturelle Nachbarschaft der Vorgänge spürbar enger. In Wismar, Rostock und Stralsund zeigen sich schon 1522 ernstere Unruhen. Hier wird der Rat nicht wie in Hamburg und Lübeck — gleichsam unter Wahrung parlamentarischer Spielregeln — zu gewissen politischen und kirchlichen Konzessionen gezwungen. Vielmehr geht die Macht an einen Bürgerausschuß über, der sozial — gerade wie die Danziger Gemeinderepräsentanz — vor allem auf mittleren Kaufleuten sowie wohlhaben-

[37] Um die Bestimmung der Schichten, als deren Plattform die Danziger „Dritte Ordnung" zu gelten hat, machte sich besonders Maria Bogucka verdient. Über die Brauer s. ihre Studie: Elementy wczesnego kapitalizmu i preburżuazii w gdańskim browarnictwie w XV - XVI w., in Zapiski Historyczne XXI/1 - 2 (1956) S. 65 - 113. Zur Lage des Braugewerbes s. auch Pitz: Gew. Entw. S. 167 f.

[38] Karl Czok: Revolutionäre Volksbewegungen in mitteldeutschen Städten zur Zeit von Reformation und Bauernkrieg, in: 450 Jahre Reformation, hrg. von Leo Stern/M. Steinmetz (Berlin 1967) S. 128 - 145.

deren Handwerkern basiert. In Rostock kann sich das neue Regiment etwa zwei Jahre, in Wismar und Stralsund dagegen mehr als ein Jahrzehnt halten[39].

Da es 1524 in Stettin, wo die 24-Männer an die Stelle des Rates traten, und 1525 in Stolp, Braunsberg und Königsberg zu nahe verwandten Revolten kommt[40], darf man von einer Bewegung sprechen, die — seit Anfang der zwanziger Jahre anlaufend — alle bedeutenderen Städte des mecklenburgischen, pommerschen und preußischen Küstengürtels erfaßt[41]. Es ging um das doppelte Ziel, die Vormacht der Patrizier auf Dauer und, wenn nötig, unter Einsatz von Gewalt zu brechen, zugleich aber die Reformation rasch und konsequent durchzuführen. (In Riga, Reval und Dorpat dagegen, wo der Rat sich bereits für die Reformation entschieden hatte, verband sich der soziale Unmut mit Schwärmertum und Bildersturmbewegung, so daß sich gegenüber den anderen Städten ein stark abweichendes, gleichsam nach links verschobenes Bild ergibt[41a]). Daß im Laufe weniger Jahre „lange Wellen" der Unruhe eine ganze Reihe von Orten erfaßten, war in der deutschen Stadtgeschichte schon mehrfach vorgekommen. Ja, solche Wellen dürften gerade für den hansischen Raum bezeichnend gewesen sein, in dem viele Städte auch über weite Entfernungen hinweg eng miteinander kommunizierten.

---

39 Johannes Schildhauer: Soziale, politische und religiöse Auseinandersetzungen in den Hansestädten Stralsund, Rostock und Weimar im ersten Drittel des 16. Jahrhunderts (Weimar 1959). — Zur sozialen Basis der Bürgerausschüsse ebd. S. 146.

40 Martin Wehrmann: Geschichte der Stadt Stettin (Stettin 1911) S. 157 bis 180; Tadeusz Cieślak: Rewolty szczecińskie w r. 1428 i 1524 i ich konsekwencje prawne, in: Zapiski Towarzystwa Naukowego w Toruniu 16 (1950) H. 34 S. 103 - 114; Arnold Mirgeler: Der Beginn der Reformation in Stettin, in: Wichmann-Jahrbuch 17 - 18 (1963 - 64) S. 24 - 48; Rudolf Bonin: Geschichte der Stadt Stolp Bd. 1 (Stolp 1910) S. 97 - 107; Henryk Zins: Początki reformacji na Warmii, in: Odrodzenie i Reformacja w Polsce 2 (1957) S. 53 - 90 zu Braunsberg. Zu Königsberg, wo der Sturz des Rates nicht erreicht wurde, s. Elisabeth Wilke: Die Ursachen der preußischen Bauern- und Bürgerunruhen 1525 mit Studien zur ostpreußischen Agrargeschichte der Ordenszeit, in: Altpreußische Forschungen 7 (1930) S. 33 - 81; 181 - 222 (hier S. 198 - 204).

41 Verbindungen — im Sinne direkter Beeinflussung oder spezieller Strukturübereinstimmung — zu gleichzeitigen Unruhen im polnischen Raum sind nicht eindeutig, s. etwa Dworzaczkowa: Wprowadzenie S. 57 zu Fraustadt 1525; T. Strembosz: Tumult warszawski 1525 r. (Warschau 1959); vgl. dazu Schramm: Problem reformacji w Warszawie.

41a Dazu s. Joachim Kuhles: Die Unterdrückung der Volksbewegung und die Errichtung eines obrigkeitlichen Kirchenregiments zur Zeit der Reformation in den ostbaltischen Hansestädten, in: Neue Hansische Studien 17 (Berlin 1970) = Forschungen zur mittelalterlichen Geschichte Bd. 17 S. 157 bis 170; demnächst auch Deppermann: Hoffman.

Daß sich die Auseinandersetzung in der großen und modernen Handelsstadt Danzig 1524/25 so dramatisch zuspitzte, scheint ein besonders eindrückliches Exempel für die enge Verkettung der Reformation mit spezifisch frühneuzeitlichen Durchbrüchen in wirtschaftlichen und sozialen Strukturen zu sein. Bei näherem Hinsehen erweisen sich aber die politischen Streitpunkte, um die es ging, als durchaus traditionell. Die Kritik an Außenpolitik und Amtsführung des Rates, am Mißbrauch von Macht und an den Steuern, die er einforderte, stellt einen Verbund dar, der, nicht nur in Danzig, vom 14.—18. Jh. immer von neuem begegnet[42]. Und was sich so oft und so vielerorts wiederholen kann, das läßt sich kaum überzeugend als Ausdruck einer bestimmten Epochenschwelle oder — da stagnierende wie vorwärtsdrängende Städte in gleicher Weise erfaßt wurden — als Niederschlag einer besonderen Modernisierungsdynamik verstehen. Vielmehr wurde eine alles in allem bemerkenswert stabile Ordnung von Zeit zu Zeit von gewissen Krisen geschüttelt, deren Ursachen in dieser Ordnung selbst beschlossen lagen. Die Vorwürfe, in denen sich der Unmut artikulierte, und die Formen, in denen die Krise ausgetragen wurde, waren, so könnte man zuspitzen, nicht weniger traditionsgeheiligt als die Ordnung selber. Ein wirklich tiefgreifender Wandel trat vor allem deshalb nicht ein, weil eine dauernde Entmachtung der Patrizier gegen das wirtschaftliche Interesse der Mehrheit verstoßen hätte, die auf den florierenden Fernhandel angewiesen blieb. Und wo sich die Zünfte den Zugang zum Ratsregiment erkämpften, da erlagen sie sehr bald einer Angleichung gerade an jene Schicht, gegen deren Allmacht sie vorgegangen waren. Schließlich sorgte die größere Erfahrung der Fernhändler in politischen und finanziellen Dingen ebenso wie ihre größere Abkömmlichkeit für städtische Ämter immer von neuem dafür, daß die Patrizier nicht für lange Fristen ins Hintertreffen gerieten[43].

Dies allgemeine Muster paßt auch auf unseren speziellen Fall der preußischen Städte. Gerade Danzig ist, wenn man den Betrachtungshorizont nicht auf einige wenige stürmische Jahre einengt, ein klassisches Beispiel für Strukturen, die lange Jahrhunderte überdauerten. Hier fiel man, nach Augenblicken lärmenden Unfriedens, immer auf die

[42] Otto Brunner: Souveränitätsprobleme und Sozialstruktur in den deutschen Reichsstädten der frühen Neuzeit, in seinen: Neue Wege der Verfassungs- und Sozialgeschichte (²Göttingen 1968) S. 294 - 321. — Pitz: Gewerbl. Entw. schreibt Hamburg, Lüneburg, Lübeck, Wismar, Rostock und Stralsund für das 15. - 16. Jh. eine ausgeglichene Sozialstruktur zu (S. 172). Die dortigen Unruhen strebten keine grundsätzliche Änderung der Verfassungs- und Sozialstruktur an (S. 145).

[43] S. dazu bes. Erich Maschke: Verfassung und soziale Kräfte in der deutschen Stadt des späten Mittelalters, in: Vierteljahresschrift für Sozial- und Wirtschaftsgeschichte 46 (1959) S. 289 - 349. (S. 476: „Auch die Stadt der Zunftverfassung war in ihrer Führung eine Stadt der Kaufleute“).

alten Füße. 1524—25 ist bloß eine von Illusionen genährte Zuspitzung in einem langen Ringen der Bürgervertretung um mehr Einfluß. In dieser Auseinandersetzung, die bis zum Untergang der Danziger Selbständigkeit im 18. Jh. währte, maß der Bodengewinn der Opposition nur nach Handbreiten[44].

VI.

In deutschen Städten ist die Reformation oftmals gegen einen bremsenden oder glatt widerstrebenden Rat von der Bürgerschaft oder den Zünften durchgesetzt worden. Wohl niemals geschah das Umgekehrte: eine Reformation, die das Ratsregiment erst nach Brechung eines beträchtlichen Widerstandes der Stadtgemeinde oder der Handwerker einzuführen vermochte. Daraus scheint zu folgen, daß die Reformation, sozial gesprochen, vor allem ein Anliegen der breiteren städtischen Schichten war, während die führenden Familien der Stadt viel zu eng mit der alten Kirche liiert waren, um sich aus eigenem Antrieb für eine Umwälzung zu entscheiden. In der Tat war der in manchen Städten schon alte Kampf gegen den Pfründenmißbrauch der Kirche eng mit der Empörung über die „Geschlechter" verbunden, die kräftig von den geistlichen Pfründen profitierten[45]. Ja — so ein verbreiteter Vorwurf der Reformationszeit — auch manche anderen kirchlichen Einrichtungen kamen vor allem der ländlichen und städtischen Aristokratie zugute, die ihre Töchter und Söhne versorgt sehen wollte. Wo der Rat schließlich eine Reformation verordnete, mit der er sich selber ins eigene Fleisch schnitt, da, so ließe sich zugespitzt formulieren, nur deshalb, weil er vor dem Druck der breiten Schichten kapitulierte.

Gerade unsere preußischen Städte sind lehrreiche Beispiele, daß es so nicht oder doch keineswegs durchgängig so gewesen sein kann. Denn wären die Interessen auf die eben skizzierte Weise verteilt gewesen, dann hätten die von König Sigismund I. wiedereingesetzten Ratsgremien von Danzig und Elbing alle faktischen Möglichkeiten und allen Grund gehabt, den Katholizismus erneut zu festigen. Enge Bande zwischen der alten Kirchenorganisation und den Interessen des Rates hatte es ja, zum Zorn der Sturmprediger, längst gegeben. Nun aber, wo die soziale und politische Gefährlichkeit der neuen Lehre und ihrer Anhänger 1524/25 handgreiflich geworden war, schien der Rat noch stärker als vorher auf die Seite der kirchlich Konservativen gedrängt

[44] s. dazu Salka Goldmann: Danziger Verfassungskämpfe unter polnischer Herrschaft (Leipzig 1907) = Leipziger Studien aus dem Gebiet der Geschichte Bd. 7 H. 2.

[45] s. dazu etwa Johann Baptist Seidenberger: Die Kämpfe der Mainzer Zünfte gegen Geistlichkeit und Geschlechter im 14. und 15. Jahrhundert, in: Historisches Jahrbuch 8 (1887) S. 430 - 453; 9 (1888) S. 1 - 27.

zu werden. Eben das wird der König unterstellt haben, wenn er verfügte, daß die Einführung neuer Lieder und Responsorien Sache des (von ihm wiedereingesetzten) Danziger Rates sei. Aber diese Rechnung ging nicht auf. Denn den ihm verbrieften Anteil an der Kirchenaufsicht benutzte der Rat, um behutsam den Boden für eine Reformation zu ebnen. Zwar förderte er aus Vorsicht nicht durchweg Prediger mit lutherischen Neigungen. Wie er in Wirklichkeit dachte, trat indessen mehr als einmal ans Licht. 1531 verteidigte er den Pfarrvertreter Pankraz Klemme, den der Bischof entfernen wollte: dieser Mann sei der einzige, dem man die Marienkirche anvertrauen könne[46]. 1536 richtete der Magistrat für ihn eine neue, von der Stadt besoldete Stelle ein, zu der nicht die Verwaltung des Sakraments gehören sollte. Klemme faßte das nicht ohne Grund so auf, als sei ihm ein erstes evangelisches Pfarramt übertragen worden, zog seine Mönchskutte aus und predigte in weltlicher Tracht. Da in Leslau ein versöhnlicher Bischof und in der Stadt selbst ein reformbereiter Offizial amtierte, blieb der Skandal aus.

1545 spendeten einzelne Prediger erstmals das Abendmahl unter beiderlei Gestalt. Aber das erschien wohl bald zu gefährlich und wurde vor dem Religionsprivileg nur noch in einigen kleineren Kirchen, besonders in den Hospitälern wiederholt. Selbst dies mußte der Rat 1555 verbieten, und er schritt auch ein, als in den übrigen Kirchen allsonntäglich ein Gebet um Gewährung des Laienkelchs verlesen wurde. Aber zur gleichen Zeit war er längst bemüht, mit Hilfe des Geldes, das in Danzig reichlich zur Verfügung stand, aber in den Kassen der Krone fehlte, eine Legalisierung des evangelischen Glaubens zu erreichen. Als König Sigismund II. August 1552 nach Danzig kam, rangen die Ratsherren „mit goldenen Schwertern bewaffnet" um die Anerkennnung der Augsburgischen Konfession. Aber der ermländische Bischof Hosius, einer der entschlossenen Verteidiger der Alten Kirche, war dabei und vereitelte alle Bemühungen[47]. Erst 1557 gelangten die Danziger ans Ziel. Der König, der durch mancherlei Fürsprache bereits nachgiebig gestimmt war, brauchte Geld für den livländischen Krieg und forderte für ein Religionsprivileg 100 000 Gulden als Geschenk und 100 000 als Darlehen. Auf 30 000 und 70 000 ließ er sich herunterhandeln. Am 31. Oktober 1557, vierzig Jahre nach

---

46 Über Klemme s. Theodor Hirsch: Der Prediger Pankratius (Danzig 1842). — Hirsch: St. Marien S. 308 - 339 spricht von einem „Zeitalter des Pankratius 1526 - 1546".

47 Hosius' Freund und Biograph Stanislaus Reszka in: Acta historica res gestas Poloniae illustrantia 4 (1879) S. XXIII. Die offizielle Bitte um Gewährung des Laienkelchs 1552 bei Gottfried Lengnich: Geschichte der preußischen Lande königlich polnischen Antheils [Bd. 2:] Unter der Regierung Sigismundi Augusti (Danzig 1723), Dokumentenanhang Nr. 13.

Beginn der Reformation, wurde in allen Danziger Kirchen der Gottesdienst auf die Art gefeiert, die man lange herbeigesehnt hatte[48].

Ein ähnliches Bild bietet Elbing, wo 1526 ebenfalls die katholische Ordnung und das Patrizierregiment wiederhergestellt worden waren. Die Verpflichtung des Probstes der Altstädter Pfarrkirche, am Ort zu residieren, zu predigen und Prediger nur im Einverständnis mit Rat und Bischof anzustellen, sollte einem erneuten Einbruch lutherischen Geistes vorbauen[49]. Aber wenn 1536 die Leitung des Gymnasiums einem holländischen Glaubensflüchtling übertragen wurde[50], dann darf man annehmen, daß der Elbinger Rat nach dem Muster der Danziger mit behutsamer Hand evangelische Leute zu lancieren versuchte. Kein Wunder bei dieser Einstellung der Stadtobrigkeit, daß 1539 der Prediger der Dreikönigskirche in der Neustadt, Ambrosius Feierabend, von der Kanzel eine evangelische Abendmahlslehre vertrat[51]. Der Elbinger Rat wagte es, auch unter dem gestrengen Auge des seit 1551 amtierenden Bischofs Hosius, den König 1552 um die Zulassung des reinen Wortes Gottes zu bitten[52].

Am fügsamsten verhielt sich der Thorner Rat, der zwar seine in der Mitte der zwanziger Jahre noch spürbare Reserve gegen das Luthertum bald aufgab[53], aber gespürt haben wird, wie gefährlich die Nachahmung des Danziger Musters für eine Stadt sein mußte, die über geringere Abwehrkräfte verfügte und königlichen Gegenmaßnahmen als erste ausgeliefert war. Die verständliche Vorsicht der Thorner hat auch in der Folgezeit, bis kurz vor der Freigabe der Augustana, bewirkt, daß die Entwicklung hier stets um einige Jahre hinter Danzig zurückblieb[54]. Noch 1555 verpflichteten sich die Ratsherren und die

---

48 ebd. S. 156 - 158; das Privileg ebd. Dokumentenanhang Nr. 22. — Daß die Privilegien für Danzig und die beiden andern großen Städte Preußens bis zu dem Reichstag oder Nationalkonzil befristet waren, auf denen über die Religionsfrage entschieden werden sollte, wurde nicht bedeutsam.

49 Wałdoch: Początki S. 22. — Vgl. dazu Deppner: Kirchenpol. S. 144 f.

50 Über Willem van der Voleerkraft (Gnapheus) s. Józef Lassota: Wilhelm Gnapheus (1493 - 1568), twórca elblaskiego gimnazjum, dramaturg i reformator, in: Rocznik Elblaski 2 (1963) S. 37 - 66. Zu dem für die Entfaltung des Protestantismus wichtigen Gymnasium s. Marian Pawlak: Nauczyciele gimnazjum elbląskiego w latach 1535 - 1772, ebd. 5 (1972) S. 139 - 158; 6 (1973) S. 127 - 177.

51 Wałdoch: Poczatki S. 33.

52 Hartknoch: Preuß. Kirchen-Hist. S. 980. — Vgl. dazu Ks. Alojzy Szorc: Stanisław Hozjusz a reformacja w Elblągu, in: Studia Warmińskie 7 (1970) S. 35 - 88.

53 1534 berichtete der Primas Drzewicki, die Thorner Ratsherren seien (bis auf einen) lutherisch, s. Acta Tomiciana 16/2 (1961) S. 308.

54 Eine für die Thorner Ratspolitik der Zwischenzeit zwischen 1523 und 1557 aufschlußreiche Quelle will Karol Górski publizieren. Sie verrät die Tendenz, der katholischen Kirche schon vor der offiziellen Einführung der

Ältesten der Bürgerschaft, an allen Festtagen das Hochamt zu besuchen. Als freilich im gleichen Jahr der Bischof von Kulm einen ihm verdächtigen Prediger absetzen wollte, ließ der Rat seine Appellation an den Erzbischof von Riga öffentlich aushängen.

Die Stadtväter trauten sich jetzt wohl deshalb weiter vor, weil sie sich von den anderen großen Städten gestützt fühlten. Spätestens 1555 vereinbarten die drei Hauptorte in gemeinsamen Beratungen, wie die Freigabe des evangelischen Gottesdienstes erwirkt werden sollte. Nachdem Danzig die Legalität für den lutherischen Glauben durchgesetzt hatte, ließ Thorn jede Vorsicht fallen und nahm, ebenso wie Elbing, das Recht, das der großen Schwesterstadt verliehen worden war, sogleich auch für sich in Anspruch. Ein eigenes Religionsprivileg erlangten Elbing und Thorn im Jahre 1558[55].

Zieht man das Fazit aus drei Jahrzehnten Ratspolitik in drei Städten, dann zeigt sich, daß die Obrigkeit überall die evangelische Sache zwar, so weit wie möglich, unter Vermeidung von Aufsehen, aber doch — bis auf Thorn, wo das Risiko zu groß schien — zielstrebig gefördert hat: in einer Situation, wo man nicht annehmen wird, daß der Rat dem Druck von popularen Bewegungen (die ja vorerst gebrochen waren) nachgab, und die Magistrate mit ihrer Kirchenpolitik sogar Gefahr liefen, einen erneuten Eingriff des Königs in das innere Leben der Städte zu provozieren. Ja, an den drei Orten tritt nicht einmal eine Ratsminderheit heraus, die sich mit Entschiedenheit für die alte Kirche einsetzte.

In einen weiteren Zusammenhang gestellt: eine klare, langfristige Polarisierung zwischen der Ratsoberschicht und dem Stadtvolk ist in der deutschen Religionsauseinandersetzung eine seltene Ausnahme. Gewiß hat 1525 die Reaktion nach der Bauernniederringung in einigen deutschen Städten dem Katholizismus zu einem dauerhaften Sieg verholfen: in Weißenburg, Schlettstadt, Kaufbeuren und Schwäbisch Gmünd etwa[56]. In einzelnen Städten — wie in Straßburg und Lübeck — ist der Widerstand einer katholischen Partei innerhalb des Rates gegen die Reformation erst in einer zähen Auseinandersetzung überwunden worden. Aber insgesamt bleibt untypisch, daß die Koppelung von sozialen und religiösen Unruhen einen Rat in seiner Mehrheit (und im

---

Reformation Immobilien und Abgaben zu entreißen, s. seinen Vorbericht Spis beneficjów kościelnych Torunia z 1541 · Nowe źródło do dziejów miasta (komunikat), in: Zapiski Historyczne 38 (1973) H. 3 S. 83 ff.

55 Das Privileg für Thorn: Urkundenbuch des Bisthums Culm T. 2 hrg. von C. P. Woelky (Danzig 1887) Nr. 1059; für Elbing: Die Originalurkunden hrg. von Edwin Volckmann IX 256; XI 291 in: Programm des Gymnasiums Elbing 1875 f., 1880 f.

56 Moeller: Reichsstadt S. 21.

Gegensatz zu einer starken evangelischen Strömung namentlich in der Zunfthandwerkerschaft) für länger überzeugt hätte, daß seine Sache am besten im Schoß der alten Kirche aufgehoben sei. (Das Augsburger Interim von 1548, das mit der Machtkonzentration bei fast rein patrizischen „Hasenräten" auf solche Einsichten spekulierte, hat sein Ziel in den Städten nur selten erreicht[57].) Wie steht es denn aber mit der sozialen Basis der städtischen Reformation? Sie ist keine Popularbewegung gewesen, von der sich eine städtische Oberschicht, wenn überhaupt, in der Regel nur widerwillig mitreißen ließ[58]. Vielmehr ist gerade die Tatsache, daß die deutsche Reformation in wenigen Jahren in fast allen Schichten und Klassen Wurzeln zu schlagen vermochte, ihr wichtigstes soziales Merkmal, durch das sie sich von ihren Ablegern in manchen anderen Völkern unterscheidet: etwa von Polen, wo sich die Bauern und die Masse des Bürgertums immun erwiesen, aber auch von Frankreich, wo das Hugenottentum — von gewissen Schwerpunktgebieten abgesehen — kaum über ein bürgerliches und mitteladliges Milieu ausgriff.

Aber wenn dem so war: warum dann — in Danzig wie an anderen Orten — das stärkere Engagement für den neuen Glauben, durch das sich die zünftige Bürgerschaft vom hinhaltenden, taktierenden Rat abhob? Wieso die enge Verbindung der reformatorischen Bahnbrecher mit der politischen Opposition gegen das Ratsregiment? Ich möchte annehmen, daß hier nicht eine grundsätzlich andere Interessenlage eine andere Parteiwahl in der religiösen Auseinandersetzung bedingte. Denn daß sich die Ratsaristokratie in vielfältiger Weise mit der alten Kirchenordnung arrangiert hatte, unterschied sie nicht eigentlich von anderen Schichten und bezeichnet auch nur die eine Linie ihrer Kirchenpolitik. Hatten die Räte nicht daneben auf vielen Wegen versucht, die Sonderstellung der Kirche in der Stadt auszuhöhlen und den „Staat im Staat" so weit wie möglich einzugemeinden? Sollte nicht die Seelsorge schon längst als ein Dienst unter anderen Diensten in die städtischen Geschäfte eingebunden werden[59]? Radikalisierte also

---

57 Becker: Ref u. Rev. S. 92.

58 ebd. S. 91: „Es fällt schwer anzunehmen, der Rat habe immer nur vor Volksaufläufen zugunsten bestimmter Prädikanten zurückweichen und kapitulieren müssen; der Rat von Augsburg scheute sich nicht, 1524 gegen das demonstrierende Volk die Geschütze auffahren zu lassen." — Becker verzerrt aber das Bild in entgegengesetzter Richtung, wenn er die Räte als eigentlich treibende Kraft der städtischen Reformation versteht, statt deren schichtenübergreifende Dynamik herauszuarbeiten.

59 s. dazu u. a. Gerhard Pfeiffer: Das Verhältnis von politischer und kirchlicher Gemeinde in den deutschen Reichsstädten, in: Staat und Kirche im Wandel der Jahrhunderte hrg. von Walter Peter Fuchs (Stuttgart 1966) S. 79 - 99. — Aus der älteren Literatur etwa Anton Störmann: Die städtischen Gravamina gegen den Klerus am Ausgang des Mittelalters und der Reformationszeit (Münster 1916) = Reformationsgeschichtliche Studien und Texte,

die reformatorische Neuordnung der Kirche, die in den Städten das Kirchenregiment in die Hand des weltlichen Regiments legte, nicht in gewissem Sinne Tendenzen, die in den deutschen Städten des späten Mittelalters längst angelegt waren[60]? Wenn aber gerade die Reformation den größten Machtgewinn verhieß, den der Rat in der — wie wir sahen — sonst kaum zu Verschiebungen größeren Ausmaßes neigenden Geschichte der spätmittelalterlichen-frühneuzeitlichen Stadt jemals erzielte: warum dann das häufige Zögern? Wohl kaum wegen der Töchter, die mit einer Säkularisierung von Klöstern und Stiften unversorgt dastehen würden, und auch nicht wegen der Söhne, für die man Pfarrstellen und Kanonikate brauchte. Eher wirkte sich hier ein Unterschied im politischen Temperament aus: ein Stück Psychologie von Regierenden und Regierten. Der Rat, der über den engen Horizont der eigenen Stadt hinaus dachte, spürte deutlich, in welchen gefährlichen Gegensatz zu der noch immer mächtigen alten Kirche, zum Kaiser und gelegentlich zu den Landesfürsten im umgebenden Territorium man mit einer Entscheidung für Luther oder Zwingli hineinsteuerte. (Bei unserer Analyse trat das am deutlichsten im Falle von Thorn heraus.) In einer für Amtsinhaber und Unbeamtete typischen Rollenverteilung war der Rat auch besorgter um Ruhe und Ordnung innerhalb der Mauern als das Volk, das sich oft von seinen Neigungen treiben ließ. Dieser Temperamentsunterschied konnte bis zu dem Extrem gehen, daß man die Autorität einer Obrigkeit, die sich gegen die Wahrheit stellte, als verwirkt betrachtete[61]. Selbst wenn man so weit nicht vorpreschte, war es nur natürlich, daß angesichts der größeren Widerstände, die der neue Glaube in den Ratskreisen fand, sich die Sache der Reformation für eine gewisse Wegstrecke mit dem „genossenschaftlichen Gegenprinzip" zur obrigkeitlichen Konzeption der Ratsverfassung koppelte[62]. Dabei konnte die Plattform, die der „Gemeinwille" ausnutzte, von Ort zu Ort wechseln. Während in Reutlingen 1524 eine Bürgerversammlung auf dem Markt beriet, haben die evan-

24/26. — Vgl. aber auch Karl Frölich: Kirche und städtisches Verfassungsleben im Mittelalter, in: Zeitschrift der Savigny-Stiftung für Rechtsgeschichte 53 Kanon. Abt. 22 (1933) S. 188 - 287, wo das Verhältnis der geistlichen und weltlichen Ordnung in einer — als Korrektur antagonistischer Verzerrungen nützlichen — Beleuchtung gesehen wird, bei der die Züge harmonischer Entsprechung heraustreten.

[60] In diesem Sinne beschreibt für Nürnberg den Weg vom Spätmittelalter zur Reformation Joseph Kraus: Die Stadt Nürnberg in ihren Beziehungen zur Römischen Kirche während des Mittelalters, in: Mitteilungen des Vereins für Geschichte der Stadt Nürnberg 41 (1950) S. 1 - 154.

[61] vgl. dazu Natalie Zemon Davis: The rites of violence. Religious riot in sixteenth-century France, in: Past and Present 59 (1973) S. 51 - 91.

[62] Dazu Eberhard Naujoks: Obrigkeitsgedanke, Zunftverfassung und Reformation. Studien zur Verfassungsgeschichte von Ulm, Eßlingen und Schwäbisch Gmünd (Stuttgart 1958).

gelisch Gesinnten 1526 in Schwäbisch Gmünd und 1546 in Leutkirch eine Schwurbrüderschaft gebildet. In Ulm wurde 1530 — übrigens auf Verlangen des Rates — zunftweise abgestimmt, ob man die Reformation einführen wollte. Die Pfarrgenossen von Sankt Nicolai in Straßburg und St. Anscharii in Bremen schritten wider das Herkommen zu einer freien Wahl ihres Predigers[63]. Gelegentlich stellte es sich so dar, daß die Reformation sich gleichsam das alteingespielte Ritual der Auseinandersetzung zwischen Bürgerschaft und Ratsaristokratie zunutze machte, ohne daß jedoch die traditionellen politischen Streitpunkte aktualisiert wurden. Anderswo, etwa in Danzig, sind die politischen und die kirchlichen Anliegen so gleichgewichtig vertreten, daß die Vorstellung angemessener erscheint, hier habe die Reformation einen schwelenden Brand angeblasen.

Nehmen wir Danzig als repräsentativ für jene Städte, in denen die wirtschaftliche und politische Unzufriedenheit nicht geringer war als der kirchliche Neuerungswille, dann läßt sich diesem speziellen Fall ein allgemeiner Befund besonders deutlich ablesen. In Danzig sind die Jahre, die dem Religionsprivileg von 1557 voraufgingen, gerade durch ein Wiederaufleben der in der „Dritten Ordnung" organisierten Gegenkräfte gegen die Ratsallmacht gekennzeichnet[64]. Als der König 1552 in die Stadt kam und vom Rat umworben wurde, er möge eine lutherische Kirchenreform erlauben, da versuchte die Opposition, die nach längerem Schweigen ihre weltliche Fehde mit dem Rat wiederaufgenommen hatte, den Monarchen auf ihre Seite zu ziehen. Um die gleiche Zeit aber rügte sie in der Direktauseinandersetzung mit der Stadtobrigkeit, die Ratsherrn hätten sich in der Religionsfrage allzu knieweich verhalten. Man solle das Abendmahl ohne Zögern so austeilen, wie es recht sei. Dieselbe wieder mündig und aktiv gewordene Bürgerschaft hat aber nicht etwa opponiert, als der Rat die mit dem Privileg von 1557 endlich möglich gewordene Reformation in einer Weise durchführte, die ihm — mit der Kirchenhoheit — eine erhebliche Machterweiterung eintrug[65].

[63] Pfeiffer: Verh. S. 86 - 88. Julius Endriß: Die Abstimmung der Ulmer Bürgerschaft im November 1530 (Ulm o. J.); ders u. K. Schwaiger: Die Ulmer Abstimmunglisten vom November 1530. Zu Bremen s. J. F. Iken in: Bremisches Jahrbuch 15 (1889) S. 6 f. — Zu dem im Mittelalter schwer faßbaren Charakter der Pfarrgemeinde als Rechtsverband s. Karl S. Bader: Universitas subditorum parochiae — des Pfarrers untertanen. Zu Auffassung und Bezeichnung der spätmittelalterlichen Pfarrgemeinde, in: Festschrift für Hans Liermann (Erlangen 1964) = Erlanger Forschungen, R. A Bd. 16 S. 11 - 25.

[64] Maria Bogucka: Walka opozycji mieszczańskiej z patrycjatem gdańskim w drugiej połowie XVI wieku, in: Przegląd Historyczny 45 (1954) S. 408 - 459.

[65] s. dazu Adolph Kay Frantz: Die evangelische Kirchenverfassung in den deutschen Städten des 16. Jahrhunderts (Leipzig 1878); ebd. S. 47: „Wie in den Territorien der Landesherr, so erscheinen allenthalben in den Städten

Was hier geschah, läßt sich als Beispielfall für eine allgemeine Regel begreifen: Die Reformation ist vielerorts durch die Kritiker des Ratsregimentes gefordert und gelegentlich sogar durchgesetzt worden. Aber die Neuordnung des Kirchenwesens, bei der es wichtige Kompetenzen zu verteilen gab, wurde in der Regel nicht dazu ausgenutzt, den Einfluß solcher Gremien zu vergrößern, die Gegengewichte zur Ratsherrschaft darstellten[66]. Ja, man schuf bei dieser Gelegenheit nur selten neue Gremien, von denen eine solche Funktion wirksam wahrgenommen werden konnte[67]. Im Gegenteil: die vollzogene Reformation hat wohl durchweg das Ratsregiment gestärkt. Und wenn wir registrieren, daß während des 16. Jahrhunderts das „genossenschaftliche Prinzip" an Boden verliert und die Städte, ähnlich wie die umgebenden Territorien, immer eindeutiger obrigkeitlich bestimmt werden[68], dann hat die Reformation, die ja in den meisten deutschen Städten mit selbstbewußten Bürgerschaften und Zünften stattfand, zu dieser Entwicklung — trotz der genossenschaftlichen Dynamik, die ihr vielerorts zum Durchbruch verhalf — durch die Kompetenzerweiterung des Rates wohl mehr als irgendein anderes Einzelfaktum beigetragen[69].

Bürgermeister und Rat als Träger der Kirchengewalt." S. 51 f.: daß in kirchlichen Sachen auch Gemeindevertreter (z. B. als Schatzkastenherrn) tätig werden, schränkt die Machtvollkommenheit des Rates, der in allen Streitfällen Letztinstanz ist, nicht ein. S. 52 f.: Der Superintendent [= in Danzig: der Senior des Ministerii] ist nicht Mitinhaber der Kirchengewalt, sondern Diener und Beamter des Rates. S. 72 - 83: bei ihm liegt im Prinzip auch die Disziplinargewalt über die Geistlichen, die ihm auch bei der Ausübung der Kirchenzucht untergeordnet sind. — Entsprechend für Elbing s. Kerstau: Ev. Kirche 18 - 22.

66 Daß sich Popularbewegungen gegen den Rat die Kirchspielautonomie zu ihrem kirchlichen Organisationsprinzip machten, bahnte sich um 1525 in ostbaltischen Städten an, s. Kuhles: Kirchenregiment (bes. S. 175 f.).

67 Zu einem interessanten Einzelfall, zu dem Parallelen erst noch aufgezeigt werden müssen, s. Jürgen Bolland: Senat und Bürgerschaft. Über das Verhältnis zwischen Bürger und Stadtregiment im alten Hamburg (Hamburg 1954) = Vorträge und Aufsätze hrg. v. Verein für Hamburgische Geschichte, H. 7 S. 11: „Erst die Reformation und das gleichzeitige Streben nach politischer Freiheit ließen in Hamburg eine ständige bürgerliche Vertretung neben dem Rat entstehen. Schon in den religiösen Streitigkeiten waren die Kirchspielgeschworenen stärker hervorgetreten. Die Verwaltung des eingezogenen geistlichen Besitzes wurde zwölf Armenvorstehern oder Gotteskastenverwaltern in jedem Kirchspiel übertragen. Je 3 von ihnen traten zum Kollegium der Olderlade oder Oberalten zusammen; diesen oblag die Sorge für den gemeinsamen Gotteskasten, in den insbesondere das Vermögen der Klöster und Hospitäler floß, das nicht an ein einzelnes Kirchspiel gebunden war.

68 Daß die Partnerschaft von Rat und Bürgerschaft jetzt zunehmend einseitiger als „Obrigkeit" und „Untertanen" aufgefaßt wurde, zeigen bes. Naujoks: Obrigkeitsgedanke; Moeller: Reichsstadt S. 67 - 76; Wilfried Ehbrecht: Bürgertum und Obrigkeit in den hansischen Städten des Spätmittelalters, in: Die Stadt am Ausgang des Mittelalters, hrg. von W. Rausch (Linz 1964) S. 275 - 294.

War an diesem politischen Nebenergebnis der Reformation die Bürgerschaft schuld, die es an einer energischen Wahrnehmung der eigenen Interessen fehlen ließ, weil ihr nicht aufging, in welcher für sie nachteiligen Richtung die Weichen gestellt wurden? Soviel Blindheit wird man nicht in so vielen Fällen annehmen wollen. Vielmehr zeigt sich hier handgreiflich, daß die deutsche Reformation eben nirgends dauerhaft und konsequent mit dem Programm von Ratswidersachern verzahnt war. Es ging — selbst an Orten mit akuten Verfassungsproblemen — nicht darum, den Rat auch und gerade mit Hilfe der kirchlichen Kompetenzen in seiner Macht einzuschränken. Er sollte vielmehr der rechten Lehre Bahn brechen und die Kirche so einrichten, wie es ihr angemessen war. Und wenn er das tat, dann verschwanden die kirchlichen Themen vorerst und oft für immer aus der Liste jener Streitpunkte zwischen Rat und Bürgerschaft, die sich von Zeit zu Zeit zu entzünden pflegten.

[69] Allerdings zeigt sich, worauf mich Heinz Schilling zu Recht hinweist, in der obrigkeitlichen Entwicklung kein markanter Unterschied zwischen evangelischen und katholisch bleibenden Städten. Zur Erklärung dieses Befundes werden die schon vorreformatorischen Tendenzen, der „allgemeine Zeitgeist" des 16. - 18. Jahrhunderts und schließlich eine gewisse Außenwirkung der evangelischen Städte zusammenzunehmen sein, die — wie man z. B. in der Geschichte des Armenwesens zeigen könnte — die Muster einer „Kommunalisierung" von einstmals kirchlichen Funktionen gleichsam als durch den Erfolg empfohlene Endprodukte weiterverbreiteten.

FREIBURG I. BR. IM 16. UND 17. JAHRHUNDERT

Kreditaufnahme und Geldanlage der Stadt

Von Norbert Ohler

„Sind Schulden vernünftig?" fragte im April 1976 eine vom Bundesministerium der Finanzen herausgegebene Beilage zu Tageszeitungen. Die Antwort wurde im Untertitel gegeben: „Wie die Kreditpolitik dem Bürger Nutzen bringt." Fragen der Verschuldung beschäftigen zunehmend Politiker, Wirtschaftler und nicht zuletzt die öffentliche Meinung. Es sei erinnert an die Probleme, die die Verschuldung der Entwicklungsländer aufwirft, an die Verschuldung der kommunistischen Länder gegenüber den westlichen Demokratien, an die Verschuldung von Bund, Ländern und Kommunen in Deutschland.

Die Versuchung zur Kreditaufnahme ist für die Verantwortlichen um so größer, je geringer das Gewicht ist, das Rentabilitätsgesichtspunkte spielen (müssen). Die strengen Anforderungen, die Grundgesetz, Landesverfassung und Kommunalordnungen für die Aufnahme von Krediten stellen[1], werden im Alltag nicht selten mehr oder weniger weit ausgelegt, wenn nicht gar umgangen. Private und staatliche Wirtschaft halten es für sinnvoll, einen Teil der Investitionsausgaben durch Kreditaufnahme zu finanzieren. Im Kreise der Finanzwissenschaftler besteht weitgehend Einigkeit darüber, daß es allgemeingültige Kriterien für die Bemessung einer oberen Verschuldungsgrenze *nicht* gibt[2]: Eine

[1] Grundgesetz für die Bundesrepublik Deutschland, Art. 115; Verfassung des Landes Baden-Württemberg, Art. 84; Die Gemeindeordnung für Baden-Württemberg vom 25. Juli 1955. i. d. F. der Bekanntmachung vom 16. September 1974, bearb. von R. Kunze, 12. Auflage Stuttgart 1975, § 87.

[2] Aus der umfangreichen Literatur zu diesem Thema seien genannt: Egon Barocka: Kommunalkredit und kommunale Finanzwirtschaft, Frankfurt/M. (1958), S. 317 - 333; Handbuch der kommunalen Wissenschaft und Praxis, hrg. von Hans Peters, Berlin/Göttingen/Heidelberg, Bd. 3 1959, S. 66 ff., 215 bis 218, 595; Ernst-Günter Winkler: Aufgaben und Grenzen der gemeindlichen Kreditaufnahme. Ein Beitrag zur Frage der grundsätzlichen Unterschiede zwischen staatlicher und gemeindlicher Verschuldung, Berlin/München (1961) (= Schriftenreihe des IFO-Instituts für Wirtschaftsforschung Nr. 45), S. 42 - 58; Robert Nöll von der Nahmer: Lehrbuch der Finanzwissenschaft, Köln/Opladen, Bd. 1 1964, S. 310 ff.; Richard A. Musgrave: Finanztheorie, Tübingen, 2. Auflage 1969, S. 463; G. Zeitel: Eigentümlichkeit und Grenzen der Kommunalverschuldung, in: Finanzpolitik, hrg. von Horst Claus Recktenwald, Köln/Berlin 1969 (= Neue Wissenschaftliche Bibliothek

rasch expandierende Wirtschaft mit hohen Zuwachsraten und starken Gewinnen kann sich einen höheren Verschuldungsgrad leisten als eine stagnierende oder gar rückläufige Wirtschaft. Vor diesem Hintergrund schien es verlockend, Kreditaufnahme und Geldanlage einer Mittelstadt zu Beginn der Neuzeit zu untersuchen. Verlockend deshalb, weil über die Finanzen der neuzeitlichen Städte[3] insgesamt weniger gearbeitet worden ist als über die der mittelalterlichen Städte; verlockend auch deshalb, weil aus dieser Zeit große, weitgehend unerforschte Aktenbestände vorliegen; verlockend nicht zuletzt deshalb, weil ein besonderes Interesse des Jubilars, dem dieser Beitrag gewidmet ist, Arbeiten aus ungedruckten Quellen gilt.

Viele Daten, die dem Nationalökonomen bei der Analyse wirtschaftlicher Zusammenhänge heute zur Verfügung stehen, fehlen für die frühe Neuzeit (z. B. Einzelheiten zum Konjunkturverlauf, zur Wirtschafts- und Steuerkraft, zum Sozialprodukt)[4]. In diesem Beitrag kann nur ein Teil des umfangreichen Aktenmaterials ausgewertet werden, das im Stadtarchiv Freiburg zur Wirtschaftsgeschichte der Stadt in der Neuzeit liegt: Herangezogen wurden die in ununterbrochener Folge für die Jahre 1535 - 1650 vorliegenden Gesamtrechnungen zum Stadthaushalt[5] sowie Akten zum Leibgedinge[6].

---

36), S. 436 ff.; J. Tobin: Eine Abhandlung zur Theorie der Schuldenpolitik, in: Finanztheorie, hrg. von Horst Claus Recktenwald, Köln/Berlin 1969 (= Neue Wissenschaftliche Bibliothek 33), S. 472 ff.; Günter Schmölders: Finanzpolitik, Berlin/Heidelberg/New York, 3. Auflage 1970, S. 414 ff.; Heinz Haller: Finanzpolitik, Grundlagen und Hauptprobleme, Tübingen, 5. Auflage 1972, S. 205 ff.; Walter Wittmann: Einführung in die Finanzwissenschaft, III. Teil, Stuttgart 1972, S. 27 ff.

3 Vgl. Herbert Hassinger: Politische Kräfte und Wirtschaft 1350 - 1800, in: Hermann Aubin / Wolfgang Zorn: Handbuch der Deutschen Wirtschafts- und Sozialgeschichte, Bd. I, Stuttgart 1971, S. 608 - 657, bes. S. 646 - 657 (Finanzwirtschaft); Norbert Ohler: Zum Haushalt der Stadt Freiburg im Breisgau im 16. und 17. Jahrhundert, in: Schau-ins-Land 94/95 (1976/77), S. 253 - 289. Zusätzlich zu der dort vor allem in den Anmerkungen 1 - 15 genannten Literatur sei noch hingewiesen auf Walther G. Hoffmann: Das Wachstum der deutschen Wirtschaft seit der Mitte des 19. Jahrhunderts, Berlin/Heidelberg/New York 1965, S. 708 - 711 Literatur zu den Finanzen der Gemeinden in der Neuzeit. — Bislang nicht zugänglich war mir A Bibliography of Finance, edited by Mitsuzo Masui, Kobe 1935, Neudruck New York 1969.

4 Einen interessanten Versuch zur Erschließung mittelalterlicher Finanzquellen mit Hilfe moderner volkswirtschaftlicher Methoden machte Wilhelm Schönfelder: Die wirtschaftliche Entwicklung Kölns von 1370 - 1513. Dargestellt mit linearen Trendfunktionen samt Analyse ihrer Bestimmungsfaktoren. Köln 1970 (= Neue Wirtschaftsgeschichte, Bd. 1). — Vgl. jedoch die kritischen Besprechungen von W. Herborn in Rheinische Vierteljahsblätter 37 (1973), S. 411 - 418, sowie von F. Irsigler in Vierteljahrschrift für Sozial- und Wirtschaftsgeschichte 61 (1974), S. 406 - 408.

5 Stadtarchiv Freiburg i. B. E 1 (Rechnungen): A I a 1, Nr. 4 ff. In die Gesamtrechnungen gehen zahlreiche Einzelrechnungen ein, zu Zöllen, Schatzung, Löhnen, Warenein- und -verkauf.

Zahlungen wurden in verschiedenen Währungen geleistet. Alle Beträge wurden in die Recheneinheit des Pfundes umgerechnet — häufig vorher noch in Gold- bzw. Münzgulden (fl) —, das Pfund (lb) zu 20 Schilling (ß), der Schilling zu 12 Pfennig (d) gerechnet. Die nachfolgenden Berechnungen wurden erleichtert durch eine kleine druckende Rechenmaschine, die bis vor wenigen Jahren in England[7] Dienst getan hatte und die Additionen sowie Substraktionen im Dezimalsystem *und* in der Pfundwährung gestattet.

Die Rechnungsbücher wurden im allgemeinen gewissenhaft geführt; das ist um so höher zu bewerten, als Zahlungen oft in kleinsten Münzen erfolgten. Doch ist es unwahrscheinlich, daß in den 115 Jahren Friedens- und Kriegszeiten, die diese Untersuchung umfaßt, keine Unterschleife vorgekommen sein sollen. Die Amtherren werden nicht nur bei der Ausrichtung von Festbanketten auf Kosten der Allgemeinheit an ihren persönlichen Vorteil gedacht haben. Die Versuchung zu unrechtmäßiger Bereicherung konnte groß sein angesichts der Vielzahl der Kassen sowie der Tatsache, daß aus einzelnen Kassen direkt Ausgaben betritten wurden. Man war weit vom modernen Prinzip der Kasseneinheit entfernt, auch von dem Grundsatz, daß Auszahlender und Verfügungsberechtigter nicht identisch sein dürfen. Bei der Arbeit mit den Quellen ergab sich nun das Problem, daß die Einnahmen oft erheblich höher, die Ausgaben nicht selten erheblich niedriger sind als in den Büchern ausgewiesen. Für die Vermutung, daß es sich (zumindest hier) nicht um Unterschlagungen handelt, spricht Folgendes: Erhebliche Abweichungen des effektiven vom ausgewiesenen Saldo waren relativ leicht bei Kontrollen festzustellen, da nur etwa zehn Ausgabenblöcke addiert werden mußten. Wichtiger noch dürfte sein, daß in einigen Jahresrechnungen beide Summen begegnen, die wirkliche und die für den ausgewiesenen Saldo maßgebende. 1604/05 etwa machen die Einnahmen 31 983 lb[8], die (angeblichen) Ausgaben 15 597 lb aus; dem entspricht der ausgewiesene Saldo von 16 386 lb. Die wirklichen Ausgaben, die sich durch Addition der einzelnen Posten ergeben, waren genau 2 000 lb geringer. In einem Zweitexemplar dieser Jahresrechnung (Nr. 75 b) heißt es nun (f. 20^r):

---

[6] Stadtarchiv Freiburg E 1: A IV e (Leibdingbücher) 1544 - 1584.

[7] Erst vor wenigen Jahren wurde die englische Währung auf das Dezimalsystem umgestellt; bis dahin galt — wie im Beobachtungszeitraum in Freiburg — die auf das karolingische Pfund zurückgehende Währung.

[8] Da die Schilling- und Pfennigbeträge für diese Untersuchung unerheblich sind, werden sie hier und im folgenden vernachlässigt. — Soweit die Zahlen sich auf Geldbeträge beziehen, wurden sie in römischen Ziffern geschrieben; zum Durchzählen der Blätter bediente man sich gelegentlich arabischer Ziffern.

S[umm]a [S]ummarum aller hievorbeschribener Ußgab, Thuott unnd Ist	13 597 lb	4 ß	3 d
Ingesteltt	15 597 lb	4 ß	
So Thuott die Innom wie vorstohtt	31 983 lb	9 ß	7 1/2 d
(f. 20v) Also Nach abzug und vergleichung, So ist mehr Ingenommen, als Ußgeben, Thuott	18 386 lb	5 ß	4 1/2 d
Ingesteltt	16 386 lb	5 ß	7 1/2 d
Daran Ist an Parem uffgezelttem Geltt vorhanden	80 977 fl	9 ß	1 d[9]
Oder	50 611 lb	1 ß	7 d[10]
Ingesteltt	16 386 lb	5 ß	7 1/2 d

Der zuletzt genannte Betrag geht in der Rubrik „bar vom Vorjahr" in die Einnahmen des nächsten Jahres ein. Dem Wort „ingestellt", das in den einschlägigen Wörterbüchern[11] nicht in finanzpolitischer Bedeutung erscheint, dürfte hier also die Bedeutung zukommen „nach Berücksichtigung einer Summe, die beiseitegelegt worden ist" (in diesem Beispiel 2 000 lb). Ich möchte diesen Vorgang folgendermaßen deuten: Derartige Manipulationen erfolgten in Jahren mit hohen Einnahmeüberschüssen. Diese konnten zur Unterschlagung reizen; sie konnten aber auch bei Abgabepflichtigen zu der Frage führen, warum die Abgaben nicht ermäßigt wurden — zumal wenn sich jahrelang hohe Überschüsse ergaben. Andererseits sind die für die öffentlichen Finanzen Verantwortlichen häufig versucht, Reserven zu bilden, Rücklagen für unvorhersehbare Ausgaben und Notfälle; sprichwörtlich ist der „Juliusturm" geworden. Und in der Tat heißt es 1633/34 etwa, während des Dreißigjährigen Krieges, daß „inn ermangelung aller annderen mitelln ahnn goldt, Silber, unndt denen werth, außer dem Gewelb erhebt worden 8 993 lb 14 ß 3 d". Hier griff die Stadt auf eiserne Reserven zurück, die möglicherweise auch durch Manipulationen am Saldo entstanden waren — wahrscheinlich mit Wissen nur weniger Eingeweihter. Die Jahresrechnungsbücher, in denen Angaben mit „ingestelt" begegnen, tragen jedenfalls *nicht* den sonst üblichen Vermerk auf dem Deckblatt wie z. B. 1604/05 (Nr. 75): „montag den 27. Juny A° 1605 Ist diße Rechnung Im beysin der 24. von Zünfften abgehördt zu benügen angenom̃en und paßirt [verabschiedet] worden."

[9] Die erste Zahl evt. auch zu lesen als 81 977 lb.

[10] Die erste Zahl evt. auch zu lesen als 51 611 lb 1 ß 4 d. Die Zahlen 80 977 und 50 611 würden dem damals üblichen Kurs entsprechen: 1 fl = 12 1/2 ß.

[11] Das Badische Wörterbuch, bearb. von E. Ochs, Bd. I, Lahr 1925 - 1940, S. 665 kennt „einstellen" im Sinne von (Fahrzeuge) „vorübergehend anderswo unterbringen"; vgl. auch Deutsches Rechtswörterbuch (Wörterbuch der älteren deutschen Rechtssprache), hrg. von der Preußischen Akademie der Wissenschaften, Bd. II, Weimar 1932 - 1935, Sp. 1467 f. „einstellen" im Sinne von „verpfänden" sowie „zurückstellen, aufschieben". Alfred Schirmer: Wörterbuch der deutschen Kaufmannssprache auf geschichtlicher Grundlage, Strassburg 1911 führt „einstellen" nicht an.

Die Tatsache, daß die offiziell ausgewiesenen Einnahmen und Ausgaben wiederholt so stark von den rechnerischen Summen abweichen, daß man sie nicht wie Rechenfehler vernachlässigen kann, wirft für die folgende Untersuchung Probleme auf: Die Schulden der Stadt, die Summen für den Tilgungsdienst sowie das von der Stadt ausgeliehene Kapital müssen sinnvoll in Beziehung gesetzt werden zu den Gesamteinnahmen und -ausgaben. In diesem Falle halte ich es für vertretbar, von den *wirklichen* Einnahmen und Ausgaben auszugehen, nicht von den jeweils ausgewiesenen. Die Differenzen zwischen offiziellem und tatsächlichem Saldo werden notgedrungen vernachlässigt. Sollten die entsprechenden Summen, wie ich annehmen möchte, im „Gewölbe" thesauriert worden sein, so spielten sie für die aktive Finanzpolitik der Stadt ebensowenig eine Rolle wie andere, ebenfalls nicht ausgewiesene Teile des städtischen Vermögens (etwa Liegenschaften)[12].

Mittelalterliche und frühneuzeitliche Städte verfügten mit der Kreditaufnahme — meist in Form von Leib- und ablösbaren Zeitrenten — über ein flexibles Finanzierungsinstrument. Wenn Krieg oder Naturkatastrophen plötzlich hohe Ausgaben notwendig machten, wurden kleine Ersparnisse und große Kapitalien aktiviert. Aber auch im Alltag normaler Zeiten boten viele Städte die Gelegenheit zu (relativ) krisenfester Anlage von Geld[13]. Mit dem Kapital bzw. dem Zinsanspruch hatte die Stadt zudem ein Pfand in der Hand: Wiederholt behält Freiburg Schuldzinsen ganz oder teilweise ein für noch nicht entrichtete Abgaben.

Zu Anfang des Beobachtungszeitraumes hatte Freiburg — nicht anders als zahlreiche Städte in Mittelalter und Neuzeit — einen großen Teil seiner Einkünfte für den Schuldendienst aufzuwenden. Im Durchschnitt der fünf Haushaltsjahre 1534/35 bis 1538/39[14] belaufen sich die Einnahmen auf 10 603 lb, die Ausgaben auf 9 951 lb; auf den Schuldendienst entfallen im Jahresdurchschnitt 5 603 lb (davon nur 35 lb für die

---

[12] Hans Mauersberg: Wirtschafts- und Sozialgeschichte zentraleuropäischer Städte in neuerer Zeit. Dargestellt an den Beispielen von Basel, Frankfurt am Main, Hamburg, Hannover und München, Göttingen 1960, S. 451 Anm. 36 spricht im Zusammenhang mit den Finanzen Basels im 16. Jahrhundert von über 60 000 lb „im Gewölbe lagernden" verbuchten Rücklagen.

[13] Vgl. W. Jappe Alberts: Mittelalterliche Stadtrechnungen als Geschichtsquellen, Rheinische Vierteljahrsblätter 23 (1958), S. 75 - 96, hier S. 83 f.; Bruno Kuske: Das Schuldenwesen der deutschen Städte im Mittelalter, Zeitschrift für die gesamte Staatswissenschaft, Ergänzungsheft XII, Tübingen 1904; Hans Sauter: Studien zum mittelalterlichen Privatrecht der Stadt Freiburg. Unter besonderer Berücksichtigung der Sicherungsrechte, Freiburg i. B. 1969 (= Veröffentlichungen aus dem Archiv der Stadt Freiburg i. Br. 11), hier S. 54 ff.

[14] Künftig bediene ich mich der abgekürzten Schreibweise 1534/39. Das Haushaltsjahr reichte jeweils bis zum Geburtsfest Johannes des Täufers (24. Juni).

Tilgung). Auf die Gesamteinnahmen und -ausgaben bezogen macht das 53 % bzw. 56 % aus! Die Ausgabenseite beginnt regelmäßig mit den Worten „Erstlich das Zinßbuoch gerechnett“; die Stadt ist sich also der Bedeutung der Zinsbelastung für ihre Finanzen bewußt. Eines der fünf als Beispiel gewählten Haushaltsjahre gibt vor allem ein abschreckendes Beispiel: 1536/37 ergeben sich „laut Zinsbuch“ 5322 lb, ferner für das Leibgedinge 802 lb, für den Schuldendienst insgesamt also 6 125 lb oder mehr als 75 % der Gesamtausgaben von 8 139 lb (Tilgungen wurden in diesem Jahr nicht geleistet). Die Stadt ist offensichtlich hoffnungslos überschuldet; die Frage verdient eine genauere Untersuchung.

Bei näherem Zusehen ergibt sich ein scheinbar günstigeres Bild: Von den 6 125 lb wurden effektiv „nur“ 4 677 lb gezahlt. Die erhebliche Differenz zwischen Soll und Ist dürfte sich u. a. damit erklären, daß der Gläubiger die Zinsen in der Stadt abholen mußte; oft genug heißt es in den Verträgen „den Zins hie zu reichen“, „sein leben lang hie zu reichen“ o. ä. Da auch die Gläubiger anderer Städte geographisch weit gestreut waren, dürften Rentner zur Belebung der Straßen, zur Nachrichtenübermittlung, aber auch zur Ausbreitung ansteckender Krankheiten beigetragen haben.

Gegen Ende der Ausgabenaufstellung werden unter der Rubrik „alte Schulden“ im hier genauer betrachteten Haushaltsjahr 1536/37 1 348 lb aufgeführt. Diese Summe ist in den Gesamtrechnungen nicht weiter aufgeschlüsselt, doch dürften alte Zinsen den Löwenanteil bilden. 1546/47 z. B. heißt es ausdrücklich: „Dorgegen, so ist das gmein guot, noch an Zinsen, so unbezalt unnd man nit erfordertt hat, schuldig thut 1 208 lb 11 ß.“ Für alle weiteren Berechnungen wurde dieser Posten zusammen mit den effektiv gezahlten Zinsen und den etwaigen Beträgen für Tilgung zu dem Posten Schuldendienst zusammengefaßt: 6 025 lb bzw. 74 % der Gesamtausgaben im Haushaltsjahr 1536/37.

I. Leibgeding[15]

Gegen eine einmalige Zahlung (zweimal auch Übernahme eines Hauses) verpflichtet sich die Stadt, dem Leibrentner auf Lebenszeit eine bestimmte Rente zu bezahlen. Geht man von dem in Freiburg üblichen Satz von 10 % aus (8 bzw. 9,3 % gelegentlich bei auswärtigen Rentnern)[16] und berücksichtigt, daß die Stadt nicht selten Geld zu 5 % an-

---

[15] Vgl. hierzu besonders Werner Ogris: Der mittelalterliche Leibrentenvertrag. Ein Beitrag zur Geschichte des deutschen Privatrechts, Wien 1961 (= Wiener rechtsgeschichtliche Arbeiten, Bd. VI). — Bernard Schnapper: Les rentes au 16e siècle. Histoire d'un instrument de crédit, Paris 1957 (Ecole Pratique des Hautes Etudes, VIe section: Affaires et Gens d'Affaires, Bd. XII) beschränkt sich fast ausschließlich auf den französischsprachigen Raum.

legte, so ergibt sich nach der Rentenformel erst dann ein Verlustgeschäft für die Stadt, wenn der Leibrentner mehr als 14 Jahre lang die Rente bezieht. Soweit ich das Material überblicke, lief die Rente nur selten so lange oder länger. Obwohl es damals selbstverständlich noch keine Absterbestatistiken gab, wird die Stadt ihr eigenes Risiko so gut wie möglich abgeschätzt haben[17]. Daß die Verantwortlichen über nur unzureichende theoretische Kenntnisse verfügten, wird einmal deutlich: Die Rente des Johann Vogtten aus Schlettstadt soll erst nach 20 Jahren auf die Hälfte reduziert werden[18]; diese Rente wurde zehn Jahre lang bezahlt.

Wie schon angedeutet, hatte die Tatsache der Holschulden[19] für die Rentner erhebliche Nachteile: Wenn Krankheit, ungünstige Witterung o. ä. sie an der Reise hinderten, konnten sie nicht an ihr — vielleicht dringend benötigtes — Geld kommen. Andererseits erleichterte die Einschaltung von Boten[20] den Betrug: Die Familie konnte versucht sein, Rentenzahlungen über den Tod des Rentners hinaus zu erschleichen.

Das Leibgeding war eine angemessene Art der Vorsorge für Alter und Krankheit, zumal für solche Menschen, die kein Interesse daran hatten, größere Vermögen zu vererben. Es erlaubte auch die finanzielle Absicherung von Lebensgemeinschaften (besonders häufig Ehepaare, ferner Mutter und Sohn, Mutter und Tochter, Pfarrer und Dienerin). Die Ansprüche des jeweils überlebenden Teils mußten genau geregelt werden. Im allgemeinen war der Mann besser gestellt: Stirbt der Ehepartner, so bleibt dem Mann zwischen 66 und 100 %, der Frau dagegen nur 50 bis höchstens 75 % der Rente.

Die wünschenswerte Untersuchung des Kreises der Rentner in sozialer Hinsicht (nach Vermögen, Stellung innerhalb der Gesellschaft) wurde nicht versucht, da sie umfangreiche weitere Arbeit in — auch auswärtigen — Archiven erfordert hätte. Soweit vorhanden, wurden dagegen die Angaben zum Wohnort ausgewertet. Von den 57 Leibrentnern kommen 29 aus insgesamt 20 fremden Orten, die meist nicht weiter als eine Tagereise von Freiburg entfernt sind. Außerhalb des

---

16 Nach Ogris (wie Anm. 15), S. 186 sank der Zinsfuß für Leibgedinge mit Beginn des 16. Jahrhunderts, in Bremen sogar bis auf 5 %.

17 Nach Ogris (wie Anm. 15), S. 186 ff. wurde das Alter oft bei der Festsetzung der Rente berücksichtigt. Aus Nordhausen berichtet Ogris (S. 184), daß 40 - 50jährige 1 Mark Rente für 10 Mark, 50 - 60jährige Rentner 1 Mark Rente für nur 8 Mark (das entspricht 12,5 %) erhielten.

18 E 1 A IV e Nr. 1, f. 1r.

19 Ogris (wie Anm. 15), S. 218 ff. kennt auch Fälle von Bringschulden, die mir in den Freiburger Quellen jedoch nicht begegnet sind.

20 Bei Zahlungen an die in Worms lebende Leibrentnerin wird mehrfach ein Bote eingeschaltet. Nach Ogris (wie Anm. 15), S. 171 wurden in solchen Fällen vom Rat Lebenszeugnisse erbeten.

Umkreises von 30 km hat Freiburg in Colmar zwei, in Schlettstadt, Straßburg, Worms, Lahr, Schuttern, Rottweil, Biberach und Augsburg je einen Leibrentner. Die Auswärtigen beziehen höhere Renten (zwischen 10 und 100 fl) als die Freiburger (zwischen 5 und 40 fl). Es darf unterstellt werden, daß Einheimische und Fremde Geld auch andernorts angelegt hatten. Eine Streuung des Kapitals kam nicht nur der Mobilität zugute (mit der abgehobenen Rente ließ sich in der betreffenden Stadt möglicherweise eine Zeitlang recht gut leben), sondern trug auch dem sicher verbreiteten Wunsch mancher Bürger Rechnung, vorhandenes Kapital dem Zugriff des Fiskus zu entziehen. Nicht anders legen noch heute manche Zeitgenossen Teile ihres Vermögens im Ausland an.

Im Beobachtungszeitraum werden für die Bedienung der Leibrenten maximal 807 lb (1549/50) aufgewendet; Ende der 80er Jahre stirbt der letzte Leibrentner. In Freiburg verläuft die Entwicklung damit nicht anders als im übrigen Deutschland[21]. Bei der jährlichen Berechnung der Zinsen wird jeweils das bisherige Soll an Zinsen für Leibrenten aufgeführt, dann heißt es mit lakonischer Kürze: „darvon ist abgestorben [Name] unnd abgangen [Zinsbetrag]" (jährlich zwischen 0 und 39 lb). „Absterbe"-Maxima fallen in die Jahre 1553/54, 1566/67 und 1575/76; mindestens die beiden letzten Zeiträume sind für eine hohe Sterblichkeit bekannt[22].

II. Hauptgut

Überblickt man die Zeit von 1535 bis 1650 hinsichtlich der Aufnahme und Rückzahlung von Kapital, so fällt die überaus sprunghafte Entwicklung auf. Kurzfristig hat die Stadt offensichtlich auf eine bewußte Finanzpolitik verzichtet und die Entwicklung dem Zufall überlassen; anders langfristig: In den 50er Jahren des 16. Jahrhunderts wird Jahr für Jahr bei den Ausgaben ausdrücklich vermerkt „mer abglöst dann uffgenom̅en"; die Differenz zwischen Tilgung und Kapitalaufnahme kann bis zu 5 000 fl betragen (1549/50). In der zweiten Hälfte des 16. Jahrhunderts, als sich Jahr für Jahr hohe Kassenüberschüsse ergeben, wird wenig Geld aufgenommen; aufgenommenes Geld wird zudem nicht etwa „untergebuttert" (z. B. für laufende Ausgaben wie Besoldung), sondern es heißt mehrfach ausdrücklich, daß das Geld andernorts angelegt wurde. Zu Anfang des Dreißigjährigen Krieges wurden gewaltige Summen aufgenommen[23], wesentlich mehr als unmittelbar ge-

---

[21] Hassinger (wie Anm. 3), S. 655; Ogris (wie Anm. 15), S. 130 f.

[22] Badisches Städtebuch, hrg. von E. Keyser, Stuttgart 1959, S. 224.

[23] Nach J. Bader: Geschichte der Stadt Freiburg i. Br., Freiburg 1883, Bd. II, S. 102 bewilligten die Stände 1620 für die „Defension des Landes" 500 000 fl. In den Jahresrechnungen heißt es in der Rubrik „aufgenommenes Hauptgut" 1619/20, 1620/21, 1621/22 unverblümt: „Innome an Uffgenomenen

braucht wurde, so daß sich wieder hohe Kassenüberschüsse ergaben. Auffällig ist hier indessen, daß zwar vermerkt wird, „umb zins ufgenomen“ o. ä., doch das ausgewiesene „Soll“ an Zinsen erhöht sich nicht entsprechend: Bei einem Zinsfuß von 5 % hätte der Zinsendienst z. B. für die 1619/20 und 1620/21 aufgenommenen Summen um 420 bzw. 350 lb steigen müssen.

Bei der Aufnahme und Rückzahlung zumal großer Summen werden Unterschiede in der Währung ausdrücklich vermerkt („gutes gewichtiges Gold“, „rheinisches Gold“, „Gold“ einerseits, „Münz“ andererseits). Die Beträge werden zunächst fast immer in Guldenwährung verzeichnet; der Goldgulden wurde zu 18 Batzen bzw. 15 Schilling gerechnet, der Münzgulden zu 15 Batzen bzw. 12½ Schilling. In den 60er Jahren wird der Goldgulden gelegentlich zu 18½ und 19 Batzen gerechnet und zuweilen dem Taler gleichgesetzt. Erhebliche Probleme ergaben sich in der Zeit der Kipper und Wipper bei der Tilgung. Nach Ausweis der Quellen stand am Ende von Verhandlungen ein für die Gläubiger bitterer Vergleich: Sie mußten sich mit einem Bruchteil des Betrages zufriedengeben, den sie der Stadt, z. T. nur wenige Jahre früher, geliehen hatten. Gemessen an der späteren Entwicklung waren diese Gläubiger insgesamt noch relativ gut gestellt; der erste Verlust erwies sich als der geringste.

Die meisten Geldgeber bzw. Darlehensnehmer kommen aus Freiburg und dem Breisgau[24] sowie dem Elsaß[25]; den üblichen Umkreis von etwa zwei Tagereisen sprengen Villingen, Frankfurt und Nürnberg (je einmal). Ende des 16. Jahrhunderts wird der Kreis der Orte, aus denen Geld nach Freiburg fließt, zunehmend kleiner. Mit größeren Beträgen treten außer dem Adel Städte hervor (z. B. — als Darlehensnehmer — Waldkirch, Nürnberg, Frankfurt), ferner Klerikergemeinschaften und (vor allem Frauen-)Klöster: Aus Freiburg bzw. der näheren Umgebung St. Agnes, St. Katharina, St. Clara, Adelhausen, Günterstal, ferner die Barfüßer, die Prediger, die Johanniter, die Präsenz, das (in Freiburg residierende) Domstift Basel, schließlich auch das „Capitel“ Breisach. Nicht selten legten Pfründen, Stiftungen und Kirchenfabriken Teile ihres Vermögens in Freiburg an; nach Ausbruch des Dreißigjährigen Krieges engagierten sich ferner die bürgerliche „Gesellschaft zum Gauch“ und die Juristenfakultät, allerdings jeweils nur mit geringen Beträgen; darüber hinaus ist die Universität nicht vertreten. Soweit es sich bei den Darlehensgebern nicht um Körperschaften, sondern um

Hauptgut so ds Gmein Guet [...] zur Defenßion diser landen, und Kayserlicher Beyhülff [...] uff zuonemen getwungen.“

[24] Breisach, Endingen, Neuenburg, Waldkirch, ferner Bötzingen, Gündlingen, Malterdingen und Kirchzarten.

[25] Colmar, Schlettstadt, Kaysersberg, Andlau, Thann, Ruffach, Masmünster.

Personen handelt, fallen städtische Beamte auf (jeweils ein Ratsschreiber aus Freiburg, Colmar und Ruffach) sowie Münzmeister und Zunftmeister — Leute also, die aufgrund ihrer Stellung ohnehin über Erfahrung im Umgang mit Geld verfügten. Dazu kommen gelegentlich Wirte, vor allem aber — meist verwitwete — Frauen sowie verwaiste, unter Vormundschaft stehende Kinder (1572/73 werden an „Dr Ulrich Zasy Künder" 600 Goldgulden getilgt). Manche Rentner lassen sich zusätzlich zu den Zinsen alle ein, zwei Jahre einen Teil ihres Kapitals zurückzahlen[26].

Freiburg betrieb offensichtlich keine bewußte Zinspolitik der Art, daß hochverzinsliches Geld „abgestoßen" und niedrigverzinsliches aufgenommen wurde. Derartige Beobachtungen stoßen allerdings auf Schwierigkeiten: Zum einen wurde weit weniger Geld aufgenommen als zurückgezahlt, zum anderen wird bei den zurückgezahlten Summen nur selten (zu Anfang des Dreißigjährigen Krieges) der Zeitpunkt der Geldaufnahme genannt. Unter den von Freiburg getilgten Summen überwogen im 16. Jahrhundert Gelder, die zu 5 % aufgenommen worden waren; gelegentlich kommen Abweichungen vor bis zu 4 % (vor allem anfangs der 50er Jahre) bzw. maximal $6^2/_3$ % (für eine geringe, beim Kloster Adelhausen aufgenommene Summe). Bei den im letzten Viertel des Jahrhunderts zurückgezahlten Summen handelt es sich häufiger um zu 4 % verzinste Gelder. Bei der Geldaufnahme überwiegt ein Satz zwischen 4 und 5 %; 5 % dürfte nur bei kleinen Summen gewährt worden sein und bei solchen Beträgen, deren Zinserträge sozialen Einrichtungen zugedacht waren (Spital, Gutleuthaus, Blatterhaus, Findelhaus). Von Freiburg anderswo angelegtes Geld wurde verzinst zu 5 % (6 000 fl in Frankfurt, 1547/48), zu 4,8 % (1 000 Taler in Nürnberg 1561/62). In den 70er Jahren findet sich häufig ein niedrigerer Zinssatz. Als vorderösterreichische Stadt konnte Freiburg sich auch genötigt sehen, „unserem allergnädigsten Herrn und Landesfürsten" ein Darlehen zu gewähren (2 000 fl zu 5 %), „dem gmeinen gutt zu nuoz und wolfarth", wie ausdrücklich vermerkt wird. Angesichts der bekannten Verschuldung Ferdinands dürfte man sich keinen Illusionen über eine spätere Tilgung dieses Betrages hingegeben haben[27].

War Freiburg im Beobachtungszeitraum durchweg so hoch verschuldet, wie oben angegeben wurde? Die Beantwortung dieser Frage wirft erhebliche Probleme auf: Die von der Stadt für den Schulden-

---

[26] So werden z. B. 1548/49, 1551/52, 1552/53, 1553/54 und 1555/56 jeweils 10 Gulden an eine Elsbeth Sotherin ausbezahlt — in der Sprache der Zeit: Ein halber Gulden (an Zinsen) wird abgelöst.

[27] Zu den Ferdinandeischen Schulden vgl. Heinrich Schreiber: Geschichte der Stadt und Universität Freiburg im Breisgau, Freiburg 1857/58, Bd. III, S. 335 ff.

dienst (Zinsen für Leibgeding und Hauptgut, Tilgung von Hauptgut) aufgebrachten Summen müssen sinnvoll in Beziehung gesetzt werden zu Einnahmen und Ausgaben. Beide haben einen noch typisch „mittelalterlichen" Verlauf mit ganz erheblichen Schwankungen von einem Jahr zum anderen[28]. Betrachtet man das Budget der Stadt genauer Jahr für Jahr, so erklären sich die Schwankungen der Einnahmen und Ausgaben vor allem mit dem unterschiedlichen Volumen des Warenhandels (vor allem Getreide, Wein, Salz, ferner Holz, Eisen u. a.) und der Kapitalaufnahme bzw. -tilgung. Diese Tatsache gilt es zu berücksichtigen, will man das Gewicht des Schuldendienstes nicht falsch beurteilen. Bezieht man nämlich — wie oben zunächst vorgeschlagen — die dem Schuldendienst gewidmeten Summen undifferenziert auf die Gesamteinnahmen bzw. -ausgaben, so erhält man höchst unterschiedliche Werte, wie ein fiktives Beispiel erläutern soll: Zahlungen für Zins und Tilgung in Höhe von 6 000 lb bei Gesamtausgaben von 10 000 lb ergeben eine Belastung in Höhe von 60 % der Gesamtausgaben. Erreichen diese infolge des Ankaufs von Waren (die im selben oder im nächsten Jahr wieder verkauft werden und zu entsprechenden Einnahmen führen) bei sonst gleichbleibenden Ausgaben die Höhe von 40 000 lb, so entsprechen die 6 000 lb für den Schuldendienst nur 15 % der Gesamtausgaben. Gemessen an den 60 % des ersten Beispiels mögen die 15 % als geradezu gering erscheinen, obwohl sich real nichts geändert hat! Es gilt daher ein Verfahren zu entwickeln, das derartige Veränderungen neutralisiert. Als geeignet erscheint mir hierfür die Aufteilung von Einnahmen und Ausgaben in einen Verwaltungs- und einen Vermögenshaushalt, wie sie von Kommunen heute praktiziert wird[29]. Ich habe den Eindruck, daß das Material eine solche Gliederung erlaubt, ohne daß den Quellen Gewalt angetan wird. In den Vermögenshaushalt gehen alle Einnahmen und Ausgaben ein, die das Vermögen in seiner Substanz oder Form verändern (z. B. An- und Verkauf von Salz, Eisen, Wein, Getreide, ferner Aufnahme von Krediten bzw. Rückflüsse von Darlehen); der Verwaltungshaushalt umfaßt Einnahmen und Ausgaben, die nicht unmittelbar das Vermögen der Stadt verändern: Steuern, Gebühren, Mieten und Pachten bei den Einnahmen; Personalaufwendungen, Bauunterhaltung, Schreib- und Büromaterial auf der Ausgabenseite.

Es ergibt sich ein weiteres Problem: Durch Kreditaufnahme läßt sich grundsätzlich jeder Haushalt ins Gleichgewicht bringen, läßt sich eine

---

28 Vgl. Ohler (wie Anm. 3), Fig. 2 zum Verlauf von Einnahmen und Ausgaben.

29 Diese Aufgliederung ist schärfer als die früher übliche in einen „ordentlichen" und einen „außerordentlichen" Haushalt; zu den Kriterien für die Aufgliederung vgl. Ohler (wie Anm. 3), S. 277 ff.

unsolide, die Zukunft belastende Finanzpolitik verschleiern. Mit der Feststellung, daß der Haushalt der Stadt Freiburg in den Jahren 1535 bis 1650 fast immer mit einem Überschuß abschließt, ist daher nicht viel gewonnen. Wenn ich dagegen die Aufwendungen für den Schuldendienst dem Verwaltungshaushalt auf der Ausgabenseite zuweise, kann ich beurteilen, ob die Stadt von der Substanz lebte oder ob der Schuldendienst aus ordentlichen laufenden Einnahmen erwirtschaftet wurde. Sollten diese über längere Jahre hinweg für die laufenden Ausgaben (Besoldung, Unterhalt von Gebäuden, Schuldendienst) nicht reichen, so ließe sich das Defizit nur decken durch Veräußerung städtischen Vermögens oder Kreditaufnahme. Reichen dagegen die Einnahmen im Verwaltungshaushalt für Zinsen *und* Tilgung aus, so vermehrt sich das städtische Vermögen.

Ein weiteres Problem wirft die Technik der Schuldentilgung auf: Ohne daß ein Plan erkennbar würde, werden jährlich höchst unterschiedliche Summen zurückgezahlt. Diese Unregelmäßigkeit habe ich zu neutralisieren gesucht durch Bildung von Mittelwerten von jeweils fünf Jahren. Die starken jährlichen Schwankungen sind der Figur I nicht mehr zu entnehmen. Die meist hohen Einnahmeüberschüsse erreichen seit 1564/69 mehr als 5 000 lb, in einzelnen Jahrfünften bis zu 15 000 lb. Tendenziell steigen Einnahmen und Ausgaben, erstere stärker als letztere. *Noch* vor 1618 gehen die Einnahmen stark zurück (bedingt durch ein geringeres Volumen des Getreidehandels und geringere Haushaltsüberschüsse). Gleichmäßiger verläuft die Entwicklung von Einnahmen und Ausgaben im Verwaltungshaushalt (Fig. II). Die Einnahmen aus Steuern, Schatzung, Zöllen und Gebühren verdoppeln sich fast im Laufe der ersten 35 Jahre; nach einem leichten Rückgang 1574/79 erreichen sie 1599/1604 mit 11 693 lb ihren Höhepunkt. Berücksichtigt man jedoch die wachsende Bevölkerung sowie die für die Zeit bekannte Geldentwertung, so muß man mindestens von Stagnation in der Entwicklung der Stadt sprechen. Andererseits geht aus Fig. II hervor, daß im letzten Viertel des 16. Jahrhunderts der Verwaltungshaushalt mit einem Einnahmeüberschuß abschloß. Damit wäre eine Forderung mehr als erfüllt, die heute an kommunale Haushalte gestellt wird: Nach Abzug der laufenden Ausgaben und der Summen für den Schuldendienst bleibt ein Einnahmenüberschuß.

In Fig. III sind die Ausgaben im Verwaltungshaushalt in Beziehung gesetzt zu den Ausgaben für den Schuldendienst insgesamt (gepunktete Linie) sowie für Tilgungen (Stäbchen). Hohe Tilgungsquoten Mitte der 40er Jahre (1545/46 11 516 lb), Anfang der 50er, Mitte der 60er Jahre und vor allem 1605/06, 1606/07, 1607/08 (jeweils weit über 7 000 lb) führten dazu, daß die Aufwendungen für den Schuldendienst erheblich zurückgingen. Die effektiv gezahlten Zinsen erreichen 1628/29 einen Höhepunkt (5 648 lb; Folge der zu Anfang des Krieges aufgenommenen Summen). 1633/34 werden nur noch 408 lb gezahlt (bei Tilgungsleistungen in Höhe von 3 920 lb). Seit 1638/39 wird kein Pfennig mehr für den Schuldendienst ausgewiesen: Die Stadt war zahlungsunfähig.

Der Vermögenshaushalt schloß regelmäßig mit hohen Einnahmeüberschüssen ab (Fig. IV). Zwar nahm die Stadt zu Anfang des Beobachtungszeitraumes noch recht hohe Summen auf (Fig. V, Stäbchen), doch überwogen seit der Jahrhundertmitte bei weitem die Tilgungsleistungen (Fig. V und III). Nach 1618 werden riesige Summen aufgenommen: 8187 lb (1619/20), 7 093 lb (1620/21), 22 062 lb (1621/22) und gar 33 061 lb (1622/23).

Gemessen an den regelmäßig hohen Einnahmeüberschüssen legt die Stadt nur vergleichsweise geringe Beträge an (Fig. VI). Ein Jahr wie 1610/11 mit Anlagen in Höhe von 16 937 lb bleibt Ausnahme.

III. Gesamtverschuldung

Die Gesamtschuld setzt sich zusammen aus Leibrenten, Hauptgut und „alten Schulden“ (von der Stadt bislang nicht gezahlte Zinsen, hinterlegtes Geld, „aber keine verschriebenen Capitalia begriffen“, wie es 1641/42 heißt). Von diesen wird fast jedes Jahr ein Teil getilgt: Belaufen sie sich im Jahresdurchschnitt 1534/39 noch auf 2 937 lb, so 1569/74 auf nur noch 701 lb. Gemessen am steigenden Haushaltsvolumen kann man sie bis 1618 vernachlässigen (Fig. VII, gestrichelte Linie). 1619/24 sind die „alten Schulden“ sowie die ebenfalls ausgewiesenen Forderungen der Stadt gleich hoch. Für die Kriegszeit lassen sich aus Fig. VII Hinweise auf das Zahlungsverhalten der Stadt während des Krieges entnehmen: Konsequenz bei der Eintreibung von Forderungen, Zurückhaltung bei der Bedienung eigener Schulden.

Da die jeweilige Höhe der aufgenommenen Kapitalien in den Jahresrechnungen nicht ausgewiesen wird, bleibt nur der Versuch, den Trend der Verschuldung anhand vorliegender Angaben zu rekonstruieren. Die Höhe des aufgenommenen Hauptguts spiegelt sich in dem entsprechenden „Soll“ an Zinsen: 1534/39 z. B. im Jahresdurchschnitt 5 331 lb. Unter der Voraussetzung, daß der Zinsfuß der noch zu verzinsenden Kapitalien dem der getilgten Summen entspricht (praktisch zwischen 4 und 5 %), ergibt sich ein Kapital in Höhe von etwa 107 000 lb (bei 5 %) bis 134 000 lb (bei 4 %). Aus Fig. VII (schraffierte Fläche) geht hervor, daß die Stadt im Laufe des 16. Jahrhunderts einen erheblichen Teil der Schulden abgetragen hat, die sie zu Anfang des Beobachtungszeitraumes hatte: 1618/19 und 1619/20 zahlt sie jeweils nur noch 2 339 lb für Zinsen.

Die in der langen Friedenszeit sanierten Finanzen wurden während des Dreißigjährigen Krieges hoffnungslos zerrüttet: Die ausgewiesenen Zinsen steigen sehr rasch. Seit 1635/36 bis 1647/48 wird Jahr für Jahr derselbe Zinsbetrag angegeben (5 655 lb); es wird nicht berücksichtigt, daß weiterhin Geld aufgenommen wird und Zinsen auflaufen. Es wurde immer unwahrscheinlicher, daß die Stadt jemals ihre Schulden würde tilgen können. Vielleicht machten sich die für die städtischen Finanzen Verantwortlichen deshalb nicht mehr die Mühe genauer Berechnungen.

Figuren I - VII

Zu den römischen Ziffern auf der Waagerechten:

I	1534/39	VII	1564/69	XIII	1594/99	XIX	1624/29
II	1539/44	VIII	1569/74	XIV	1599/1604	XX	1629/34
III	1544/49	IX	1574/79	XV	1604/09	XXI	1634/39
IV	1549/54	X	1579/84	XVI	1609/14	XXII	1639/44
V	1554/59	XI	1584/89	XVII	1614/19	XXIII	1644/49
VI	1559/64	XII	1589/94	XVIII	1619/24		

Figur I: Gesamthaushalt

Gesamteinnahmen ————————
Gesamtausgaben — — — — — — — — — — — —

Figur II: Verwaltungshaushalt

Einnahmen ————————
Ausgaben — — — — — — — — — — — —

Figur III: Verwaltungshaushalt

Ausgaben — — — — — — — — — — — —
Schuldendienst ....
Tilgung („Ablösung von Hauptgut"): Stäbchen

Figur IV: Vermögenshaushalt

Einnahmen ————————
Ausgaben — — — — — — — — — — — —

Figur V: Vermögenshaushalt

Einnahmen ————————
Aufnahme von Hauptgut: Stäbchen

Figur VI: Vermögenshaushalt

Ausgaben — — — — — — — — — — — —
Angelegtes Geld: senkrechte Balken

Figur I

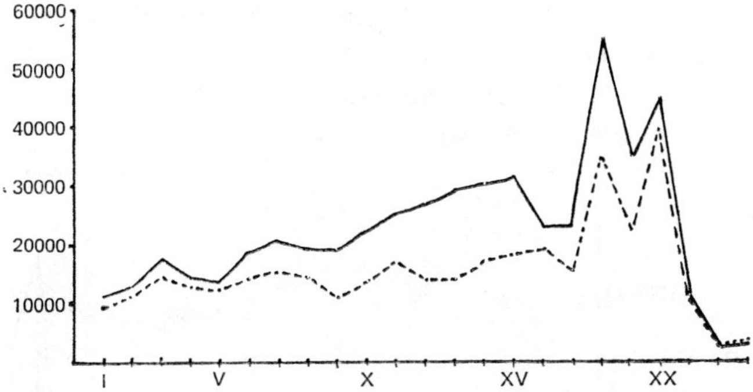

Figur II

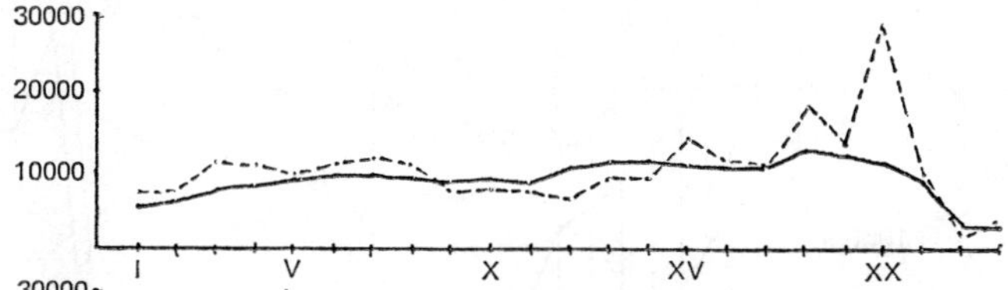

Figur III

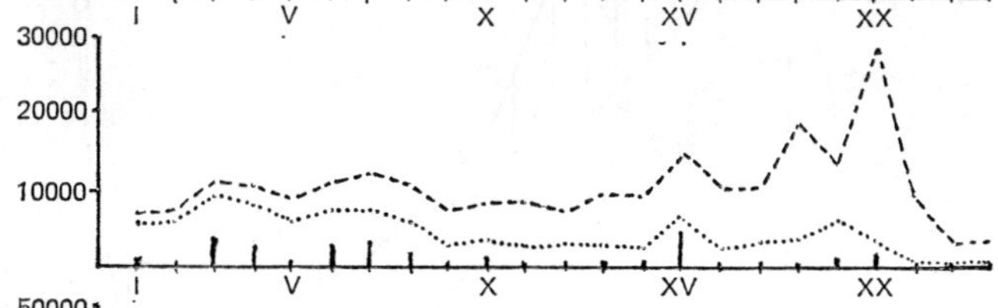

Figur IV

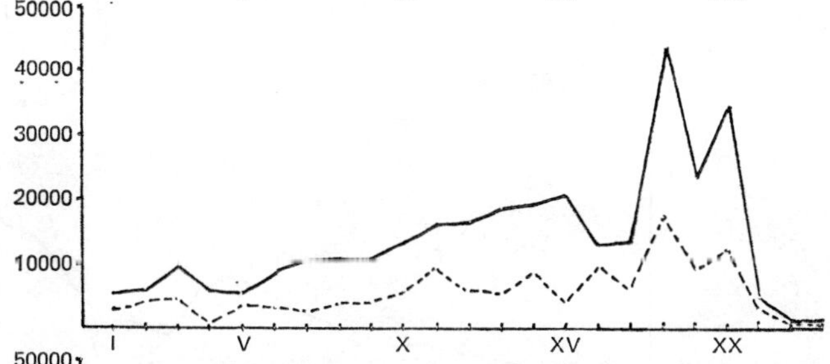

Figur V

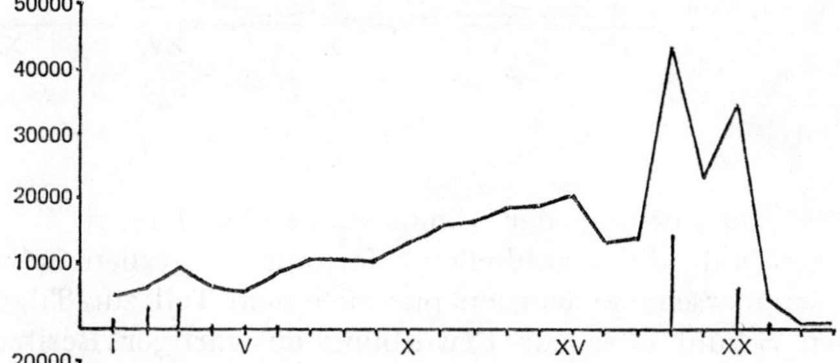

Figur VI

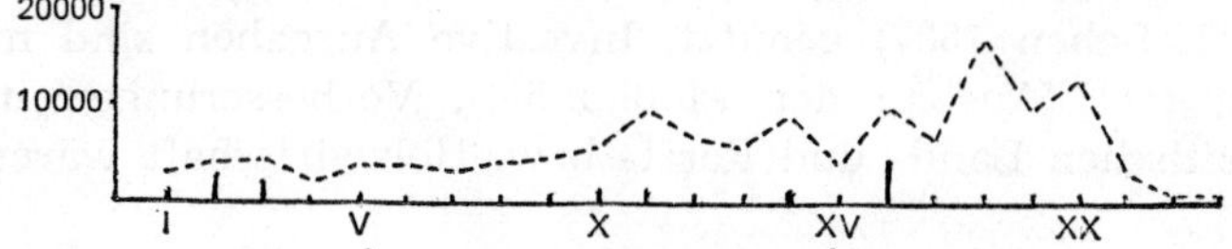

Figur VII: Gesamtverschuldung der Stadt

Forderungen der Stadt ————————

Schulden der Stadt (vor allem nicht bezahlte Zinsen) – – – – – – – –

Kapitalschulden (geschätzt): Schraffur

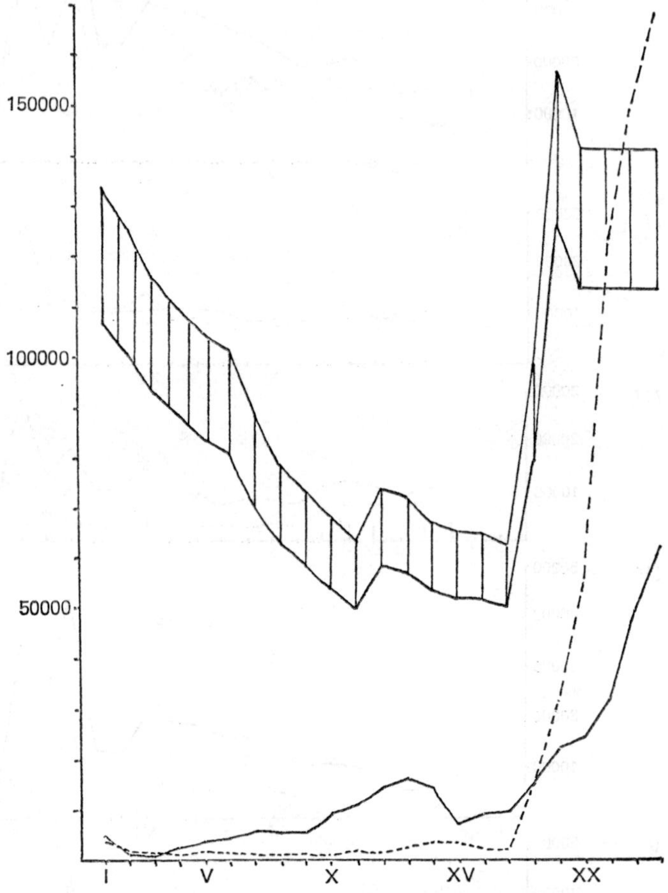

Die Entwicklung der Finanzen in der langen Friedenszeit wirft Fragen auf, die abschließend formuliert werden sollen. Die hohen Kassenüberschüsse wurden nur zu einem Teil zur Tilgung der städtischen Schuld oder zur Erwerbung auswärtiger Besitzungen (Horben 1582, Lehen 1587) genutzt. Investive Ausgaben sind mir nur einmal begegnet (Ausbau der Floßkanäle); Verbesserungen im Bereich der städtischen Land- und Forst- bzw. Holzwirtschaft wären denkbar und auch zeitgemäß gewesen. Die von der Stadt offenkundig betriebene Politik des Thesaurierens stellt einige Probleme, die sich vielleicht nach Erschließung weiterer Quellen beantworten lassen: War der Verzicht auf eine gewinnbringende Anlage des Geldes gewollt? Waren evt. konfessionelle Gründe[30] ausschlaggebend dafür, daß ein so wichtiger Finanzplatz wie Basel in den entsprechenden Akten überhaupt nicht erscheint, daß auch Straßburg praktisch nicht begegnet?

Die oben aufgestellte Behauptung, die Stadt habe Bürgern und Fremden die Möglichkeit zur krisensicheren Anlage von Geld gegeben, muß modifiziert werden: Zwar wurden kleine Beträge immer wieder angenommen, aber größere Summen begegnen jahrzehntelang nicht. Wurde der Stadt kein Geld angeboten? Oder wies sie Angebote zurück (mit dem Blick auf die ohnehin schon hohen Überschüsse)? In den Ratsprotokollen habe ich bislang keine Hinweise zur Beantwortung solcher Fragen finden können. — In der langen Friedenszeit vor 1618 wuchsen die Vermögen; unmöglich wurde der Zuwachs durch Preissteigerungen aufgefangen. Wo wurde dieses Vermögen, soweit es in Geld bestand, angelegt? Der Freiburger Stadtwechsel, an dem vorwiegend kleinere Geldgeschäfte betrieben wurden, dürfte kaum in Frage kommen. Daß große Geldvermögen da sind, wird zu Anfang des Dreißigjährigen Krieges deutlich: In nur zwei Jahren werden über 55 000 lb aufgenommen. — Aus der Sicht der Bürger und Fremden: Verfügten sie über bessere Anlagemöglichkeiten, und wenn ja: über welche? Galten diese nur für Friedenszeiten als sicher? Verfügte die Stadt in Zeiten ungewisser Entwicklung, wie zu Anfang des Krieges, automatisch über mehr Kredit? Wurde ihr damals das Geld vielleicht geradezu aufgedrängt? Immerhin wird erheblich mehr aufgenommen als zur Bestreitung der notwendigen Ausgaben erforderlich war, so daß sich Einnahmeüberschüsse von maximal mehr als 43 000 lb ergaben — in Kriegszeiten eine Versuchung für Feind *und* Freund.

---

30 Vgl. Erich Hassinger: Wirtschaftliche Motive und Argumente für religiöse Duldsamkeit im 16. und 17. Jahrhundert, in: Archiv für Reformationsgeschichte 49 (1958), S. 226 - 245. Hassinger weist nach, daß in jener Zeit verhältnismäßig selten die Frage nach den Nachteilen religiöser Unduldsamkeit für das Wirtschaftsleben bzw. den ökonomischen Vorteilen der Toleranz gestellt wurde; es sei „für die große Mehrheit der Gläubigen ein horrender Gedanke [gewesen], wirtschaftliche Vor- und Nachteile hätten irgendetwas zu besagen, wenn es um das ewige Heil ging.“ (S. 227).

THEORIE UND EMPIRIE BEI DER ERFORSCHUNG FRÜHNEUZEITLICHER VOLKSAUFSTÄNDE

Von Wolfgang Reinhard*

I.

In den Jahren nach 1630 beginnen sich in Frankreich Unruhen und Aufstände zu häufen[1]. Der Aktennachlaß des 1635 - 1672 amtierenden Kanzlers Pierre Séguier ist voll von Zeugnissen dafür[2]. Weil aber ein beträchtlicher Teil dieses Séguier-Archivs während der Französischen Revolution nach Rußland gelangt ist[3], war es ein russisches Buch, das die neuere Diskussion über die Volksaufstände des 17. Jahrhunderts in Gang gesetzt hat: *Boris Porschnew*. Die Volksaufstände in Frankreich vor der Fronde 1623 - 1648[4]. *Porschnew* geht von der Überzeugung aus, die Bewegung der Volksmassen gegen ihre Ausbeuter sei nicht Symptom, sondern Ursache gesellschaftlicher Veränderungen. Dabei gerät er aber mit der marxistischen Geschichtstheorie ebenso in Konflikt wie mit dem empirischen Befund. Es lassen sich nämlich in den von ihm untersuchten Aufständen kaum klare Klassenfronten ermitteln. Ferner handelt es sich keineswegs um einen Kampf zwischen Kapitalismus und Feudalismus, wie es eigentlich sein müßte, denn

* Überarbeitete Fassung eines Vortrags im Historischen Institut der Universität Innsbruck am 8. Oktober 1975. Manuskript abgeschlossen am 30. September 1976. — Mein Interesse am Gegenstand läßt sich zurückverfolgen bis zu einem Seminar über die Fronde bei Erich Hassinger im Wintersemester 1960/61.

1 Y.-M. *Bercé*. Histoire des croquants. Etude des soulèvements populaires au XVIIe siècle dans le sud-ouest de la France. 2 Bde. Genf 1974. 680 f. stellt fest, daß von den 450 - 500 Einzelrevolten, die er für den Zeitraum 1590 - 1715 in Südwestfrankreich ermittelt hat, 60 % in die Jahre 1635 - 1660 fallen.

2 Vgl. Lettres et mémoires adressés au chancelier Séguier, 1633 - 1649. Hg. R. *Mousnier*. 2 Bde. Paris 1964.

3 Vgl. Documents pour servir à l'histoire de France au XVIIe siècle. Lettres et mémoires adressés au chancelier P. Séguier, 1633 - 1649. Hg. A. D. *Lublinskaya*. Leningrad 1966.

4 Leipzig 1954, russisch 1948. — 1963 erschien eine französische Übersetzung „Les soulèvements populaires en France de 1623 à 1648" bei der VIe section der Ecole Pratique des Hautes Etudes, erweitert um höchst nützliche Karten der Aufstände. 1972 wurden der erste und dritte der drei Teile nebst Karten als Taschenbuch veröffentlicht. Die Stalin-Zitate der deutschen Fassung sind in der französischen nicht mehr als Zitate ausgewiesen, vgl. deutsche Ausgabe 27, 453, 483 mit der französischen Taschenbuchausgabe 42, 373, 417.

Vorkämpfer sind die Bauern, nicht die städtischen Plebejer; und die Bourgeoisie schlägt sich als Kreditgeber auf die Seite des Staates, verwandelt Handelskapital zurück in Wucherkapital, was *Marx* nicht vorgesehen hatte. Wir haben es jedoch ebensowenig mit den typischen inneren Auseinandersetzungen der feudalistischen Gesellschaftsformation zu tun, denn die Bauern kämpfen gegen den Fiskus und nicht etwa gegen ihre Feudalherren.

Eine Lösung dieser Schwierigkeiten hat zuletzt *Alexandra Lublinskaja* versucht[5]: Nach ihr handelt es sich im Frankreich des 17. Jahrhunderts nicht um Klassenkämpfe, sondern um Kämpfe von Klassenkoalitionen, von Beherrschten gegen ihre Beherrscher. Die städtischen Plebejer sind keine Klasse, dazu ist die kapitalistische Produktion noch zu wenig entwickelt. Nur der Adel und die Bauern verdienen die Bezeichnung „Klassen", nur sie besitzen Klassenbewußtsein; deshalb stehen die Bauernaufstände in der Tradition mittelalterlicher Klassenkämpfe. Aber wir befinden uns im 17. Jahrhundert in einer Epoche der Dekomposition der sozio-ökonomischen Formation „Feudalismus". Daher die widersprüchlichen Klassenverhältnisse. Deswegen kämpfen die Bauern nicht gegen ihre Feudalherren, sondern gegen den Fiskus als Bezieher einer zentralisierten Feudalrente. Aber objektiv, d. h. im Hinblick auf den gesetzmäßigen Ablauf der Geschichte und ohne Rücksicht auf das Bewußtsein der bäuerlichen Akteure selbst, führen diese den historisch notwendigen Kampf gegen das Feudalsystem, zu dem der Kapitalismus noch nicht in der Lage war[6]. M. a. W. der offensichtliche Widerspruch zwischen empirischem Befund und Theorie wird durch zwei Denkoperationen überwunden: 1. wird durch den Begriff der „zentralisierten Feudalrente" der Fiskus als der reale Gegner der Volksaufstände unter den Oberbegriff „Feudalismus" subsummiert; 2. werden mittels der Kategorie der „objektiven historischen Aufgabe" bäuerliche Aufstände für den Klassenkampf zwischen Bourgeoisie und Feudalismus reklamiert. Nicht viel anders hatte schon *Engels* den Deutschen Bauernkrieg in den Kulminationspunkt einer Bürgerlichen Revolution verwandelt[7]. Zu der grundlegenden theoretischen Einsicht,

---

[5] A. D. *Lublinskaya*. Popular masses and the social relations of the epoch of absolutism: methodology of research. In: Economy and Society 2 (1973) 343 - 375. Russisch zuerst 1967.

[6] Schon bei Porschnew (Teil 2, I, 5) kämpfen die Massen deswegen *für* den Kapitalismus, weil sie *gegen* den Fiskus kämpfen, der Herrschaft des Feudalismus über den Kapitalismus bedeutet.

[7] Mehr oder weniger explizit in seiner Charakteristik der Möglichkeiten Müntzers im Jahre 1525. In: Der deutsche Bauernkrieg. *Friedrich Engels.* Studienausgabe. Bd. 3. Reinbek 1973. 220 - 221. — Zum Wandel seiner Auffassung, die ihn veranlaßte, doch mit einem höher entwickelten Bürgertum im Deutschland des Bauernkriegs zu rechnen, vgl. R. *Wohlfeil.* Reformation oder frühbürgerliche Revolution? München 1972. 13, 32. — Ders. Neue For-

daß historische Prozesse dazu neigen, ganz andere Ergebnisse hervorzubringen, als ihre Akteure ursprünglich intendierten[8], kommt also hier ein meta-historisches Wissen, das die notwendige Beschaffenheit dieser Ergebnisse vorherweiß.

Gegen diese marxistische Interpretation erhob die westliche Forschung ihre Stimme in Gestalt von *Roland Mousnier* und seiner Schule[9].

schungen zur Geschichte des Deutschen Bauernkriegs. In: Der Deutsche Bauernkrieg 1524 - 1526. Geschichte und Gesellschaft. Sonderheft 1 (1975) 332 weist darauf hin, daß der umstrittene Begriff „Frühbürgerliche Revolution" nicht von Engels, sondern von G. *Mühlpfordt* (1952) stammt. — Ders. Positionen der Forschung. „Bauernkrieg" oder „Frühbürgerliche Revolution". In: Revolte und Revolution in Europa. Hg. P. *Blickle* (HZ Beiheft 4). München 1975. 107 ein Hinweis auf *Lenin*. Werke. Bd. 15. Berlin 1960. 48, wonach jede Revolution einer Massenbasis bedarf, auch eine bürgerliche. Diese aus der russischen Erfahrung stammende These hat implizit große Bedeutung für die Interpretationen *Porschnews* und *Lublinskajas*.

8 Das Prinzip der Heterogonie der Zwecke nach *Wilhelm Wundt*. System der Philosophie. 3. Aufl. 2 Bde. Leipzig 1907. Bd. 1. 326, 329. Bd. 2. 221.

9 R. *Mousnier*. Les soulèvements populaires avant la Fronde. In: Revue d'histoire moderne et contemporaine 5 (1958) 81 - 113, wo Porschnew auf Grund der Séguier-Korrespondenz in der Bibliothèque nationale kritisiert wird. — Ders. Recherches sur les soulèvements populaires en France de 1483 à 1787. In: Revue du Nord 174 (1962) 281 - 290, ein 1960 in Mousniers „Centre de recherches sur la civilisation de l'Europe moderne" erstellter „Fragebogen" als Ausgangspunkt für Untersuchungen zu dem geplanten zusammenfassenden Werk über die französischen Volksaufstände 1483 - 1787. — Ders. Les mouvements populaires en France au XVIIe siècle. In: Revue des travaux de l'Académie des sciences morales et politiques 115/2 (1962) 28 - 43, 168, zusammenfassende Charakteristik der Aufstände aus seiner Sicht. — Ders. Fureurs paysannes. Paris 1967. Vergleich der französischen Aufstände mit russischen und chinesischen. Dazu scharfe Kritik von M. O. *Gately* / A. L. *Moote* / J. E. *Wills* Jr. Seventeenth century peasant furies: some problems of comparative history. In: Past and Present 51 (1971) 63 - 80. — Mousnier-Schule: Y.-M. *Bercé*. Les soulèvements populaires dans le Sud-Ouest, de 1630 à 1643 (Thèse de l'Ecole des Chartes). 1959. — Ders. Rezension von Porschnew in: Bibliothèque de l'Ecole des Chartes 122 (1964) 354 - 358. — Ders. Histoire des croquants (Anm. 1). — Ders. Croquants et Nu-pieds. Paris 1974. — M. *Caillard*. Recherches sur les soulèvements populaires en Basse Normandie, 1620 - 40. In: Cahiers des Annales de Normandie 1963. — M. *Foisil*. La révolte des Nu-pieds et les révoltes normandes de 1639. Paris 1970. — R. *Pillorget*. Les „cascaveoux", l'insurrection aixoise de l'automne 1630. In: XVIIe siècle 64 (1964) 3 - 30. — R. *Pillorget*. Les mouvements insurrectionels de Provence entre 1596 et 1715. Paris 1975. — Andere neuere Arbeiten: W. H. *Beik*. Magistrates and popular uprisings in France before the Fronde: The case of Toulouse. In: JMH 46 (1974) 585 - 608. — N. Z. *Davis*. The Rites of violence: Religious riots in 16th century France. In: Past and Present 59 (1973) 51 - 91. — A. *Leguai*. Les émotions et séditions populaires dans la généralité de Moulins aux XVIIe et XVIIIe siècles. In: Revue d'histoire économique et sociale 43 (1965) 45 - 65. — E. *Leroy-Ladurie*. Les paysans du Languedoc. 2 Bde. Paris 1966. — Ders. Révoltes et contestations rurales en France de 1675 à 1788. In: Annales 29 (1974) 6 - 22. — Ders. Über die Bauernaufstände in Frankreich 1548 - 1648. In: Wirtschaftliche und soziale Strukturen im säkularen Wandel. Festschrift für W. *Abel*. Bd. 1. Hannover 1974. 277 - 305. — G. *Livet*. Héroisme et société rurale: Jean Nu Pieds, le héros paysan, général de l'armée de souffrance (1639). In: Héroisme et création

Doch handelt es sich dabei keineswegs um den Protest reiner Empirie gegen eine Vergewaltigung der historischen Wirklichkeit durch marxistische Theorie — so einfach liegen die Dinge nicht. So wenig nämlich die russischen Arbeiten einer äußerst soliden empirischen Grundlage entbehren, so wenig kann auf der Gegenseite von theoriefreier Empirie die Rede sein. Allerdings bezieht *Mousnier* seine theoretischen Prämissen aus der französischen Geschichte selbst und steht dank dieses historischen Ansatzes auf den ersten Blick den empirischen Befunden näher als die Marxisten[10]. *Mousnier* nimmt eine Tatsache ernst, die *Porschnew* und *Lublinskaja* mittels des Begriffs der „zentralisierten Feudalrente" überspielt haben, nämlich die Stoßrichtung der französischen Aufstände der ersten Hälfte des 17. Jahrhunderts gegen den Fiskus. Für ihn handelt es sich um eine Selbstverteidigung der Untertanen gegen den expandierenden Staat, wobei sich diese Expansion für den kleinen Mann vor allem als erhöhter Steuerdruck bemerkbar macht. Auch der Kampf um die traditionelle partikularistische Privilegienstruktur des Gemeinwesens hängt damit zusammen. Wenn z. B. steuerliche Besonderheiten der Provence abgebaut und statt dessen die üblichen königlichen „Elus" als Steuereinnehmer eingeführt werden, dann sind zentralistisches und fiskalistisches Interesse hier kaum reinlich zu scheiden. Demgemäß rekrutieren sich die Aufständischen aus allen Schichten der Bevölkerung, von Klassenfronten kann keine Rede sein. Auch der Amtsadel ist beteiligt, denn die Inhaber der Kaufämter werden vom Fiskus kaum weniger geschröpft als die steuerpflichtigen Untertanen. Die Noblesse de robe hat also alles Interesse daran, sich zum Hüter der bisherigen Verfassung gegen die expandierende und nivellierende Krongewalt aufzuwerfen. Selbst die sogenannten Feudal-

---

littéraire. Paris 1974. 111 - 136. — R. *Mandrou*. Les soulèvements populaires et la société française du XVIIe s. In: Annales 14 (1959) 765 - 765. — Ders. Classes et luttes de classes en France au début du XVIIe siècle. Florenz 1965. — Ders. Vingt ans après, ou une direction de recherches fécondes: Les révoltes populaires en France au XVIIe s. In: RH 242 (1969) 29 - 40. — L. A. *Tilly*. La révolte frumentaire, forme de conflit politique en France. In: Annales 27 (1972) 731 - 757. — L. S. *van Doren*. Revolt and reaction in the city of Romans Dauphiné 1579 - 1580. In: 16th century Journal 5 (1974) 71 - 100. — S. A. *Westrich*. The Ormée of Bordeaux. A revolution during the Fronde. Baltimore 1972. — Vgl. auch: *Lublinskaja* (Anm. 5) und: C. *Vivanti*. Le rivolte popolari in Francia prima della Fronda e la crisi del secolo XVII. In: RSI 76 (1964) 957 - 981.

[10] Scharfe Kritik der in der französischen Geschichtsschreibung üblichen Deutung des 17. Jahrhunderts bei *Porschnew* (TB) 25 - 39, 323 - 361. — R. *Mousnier*. La vénalité des offices sous Henri IV et Louis XIII. Rouen 1945, kommt dabei sehr gut weg, nicht zuletzt deshalb, weil Mousnier in diesem Buch mit dem Klassenbegriff arbeitet (*Porschnew* 37). — In unserem Zusammenhang ist es aber nicht ohne Interesse, daß Mousnier sich inzwischen von seinen früheren Auffassungen entfernt und traditionellen Vorstellungen genähert hat. Aus der 1971 erschienenen zweiten Auflage seiner Thèse ist der Begriff „Klasse" systematisch getilgt worden.

herren, die Noblesse d'épée, schlagen sich gelegentlich auf die Seite der Rebellen, denn der Zugriff des Fiskus gefährdet ihre eigenen Einnahmen, da den Bauern nach Entrichtung der Steuern nicht mehr viel für die Abgaben an den Seigneur übrig bleibt. Solche Solidarität entspricht *Mousniers* Gesellschaftsmodell für die frühe Neuzeit, das vertikale Treuebindungen neben der sozialen Schichtung sehr stark betont[11]. Und die auch von den Marxisten nicht übersehene Tatsache, daß die französischen Volksaufstände, wenn überhaupt ein Programm, dann in der Regel ein konservatives besitzen, bestärkt *Mousnier* in seiner Auffassung, daß im 17. Jahrhundert der expandierende Staat revolutionär gewesen ist und nicht etwa das aufständische Volk, das vielmehr den alten Zustand verteidigen wollte[12].

Die Ausweitung dieser Kontroverse auf die Geschichte anderer Länder liegt nahe. Bereits 1937 hat ja der amerikanische Historiker *Merriman* darauf hingewiesen, daß um die Mitte des 17. Jahrhunderts in Europa sechs politische Revolutionen stattgefunden haben, alle ausgelöst von Finanzproblemen, alle mit Stoßrichtung gegen monarchische Regierungspraxis[13]. Er behandelt neben der englischen Revolution 1640 - 1660[14] den katalonischen Aufstand 1640 - 1652[15], den Unabhängigkeitskampf Portugals 1640 - 1668[16], den Aufstand Neapels gegen Spanien 1647/48[17], die Fronde 1647 - 1653[18] und den mißglückten Staatsstreich

[11] Vgl. R. *Mousnier*. Les institutions de la France sous la monarchie absolue. Bd. 1. Paris 1974. 85 - 93.

[12] Zusammenfassend in „Fureurs paysannes" (Anm. 9).

[13] R. B. *Merriman*. Six contemporaneous revolutions. Glasgow 1937, Ndr. New York 1963.

[14] Knapp zur englischen Revolution: E. *Schulin*. England und Schottland vom Ende des Hundertjährigen Krieges bis zum Protektorat Cromwells (1455 - 1660). In: Handbuch der europäischen Geschichte. Bd. 3. Stuttgart 1971. 948 - 960. — Dazu: Ders. Vom Tudorstaat zur Revolution. Einige Neuerscheinungen zur englischen Geschichte des 16. und 17. Jahrhunderts. In: HZ 220 (1975) 619 - 641.

[15] Vgl. bes. zur Vorgeschichte und den Zusammenhängen mit anderen Bewegungen auf der iberischen Halbinsel: J. H. *Elliott*. The Revolt of the Catalans. A Study in the Decline of Spain (1598 - 1640). Cambridge 1963.

[16] Nach H. *Rabe* in: Handbuch. Bd. 3 (Anm. 14) 662 bedarf die portugiesische Bewegung noch genauerer Erforschung. Ein Versuch, sie mit den übrigen Erhebungen in der spanischen Gesamtmonarchie zusammen zu sehen: J. H. *Elliott*. Revolts in the Spanish Monarchy. In: R. *Forster* / J. P. *Greene*. Preconditions of revolution in early modern Europe. Baltimore 1970. 109 bis 130.

[17] Grundlegend: M. *Schipa*. Masaniello. Bari 1925. — Nach wie vor brauchbar, da quellengesättigt: A. *von Reumont*. Die Carafa von Maddaloni. 2 Bde. Berlin 1851. — Zum Hintergrund: R. *Villari*. La rivolta antispagnola a Napoli. Le origini (1585 - 1647). Bari 2. Aufl. 1973. — G. *Bock*. Thomas Campanella. Politisches Interesse und philosophische Spekulation (Bibliothek des Deutschen Historischen Instituts in Rom 46). Tübingen 1974, mit instruktivem Forschungsbericht und Angaben zu den früheren, wesentlich radikaleren und spanienfeindlicheren Bewegungen.

in den Niederlanden 1650[19]. Es ist sehr bezeichnend für den damaligen Stand der Methode, daß *Merriman* sich nur kurz mit den strukturellen Gemeinsamkeiten dieser Revolutionen befaßt, dann aber ausführlich die Frage der ideologischen und diplomatischen Beziehungen zwischen ihnen untersucht, übrigens weitgehend mit negativem Ergebnis. Nicht minder bezeichnend ist seine Beschränkung auf „politische" Revolutionen, wo sich doch die Liste nach *Kamen*[20] unschwer um stärker sozial orientierte Volksbewegungen verlängern läßt: 1647 stand die englische Revolution vor der Gefahr der Radikalisierung durch den Einfluß der Leveller auf die Armee[21]; bereits vor Neapel war 1647 in Palermo ein Aufstand ausgebrochen[22]; es gab verschiedene weitere Erhebungen in Spanien, in Rußland, in Süddeutschland; 1651 folgte ein Aufstand in Polen; 1653 der Große Schweizer Bauernkrieg[23].

Gehören diese sich häufenden Revolutionen und Aufstände zu den Symptomen einer allgemeinen politischen und sozialen Krise? Tatsächlich wird in verschiedenen Varianten die Theorie einer Krise des 17. Jahrhunderts verfochten. Bereits 1954 hat der schon erwähnte *Roland Mousnier* angesichts der seit ca. 1630 stagnierenden, seit 1650 fallenden Preise und der überall zu beobachtenden Münzverschlechterung von einer Kontraktion der Produktion und des Handels gesprochen. Der Staat ist für ihn der Retter in der Not. Das brach liegende Kapital wird in Staatsanleihen investiert; der Staat gewinnt so die Mittel zu weiterer Expansion auf Kosten des Steuerzahlers. Mit der merkanti-

---

18 P. A. *Knachel*. England and the Fronde. The impact of the English Civil War and Revolution on France. Ithaca 1967. — E. H. *Kossmann*. La Fronde. Leiden 1954. — A. L. *Moote*. The Revolt of the Judges. The Parlement of Paris and the Fronde, 1643 - 1652. Princeton 1971. — R. *Mousnier*. The Fronde. In: *Forster / Greene* (Anm. 16). 131 - 159. — *Westrich* (Anm. 9).

19 H. H. *Rowen*. The Revolution that wasn't: the Coup d'etat of 1650 in Holland. In: European Studies Review 4 (1974) 99 - 118.

20 H. *Kamen*. The Iron century. Social change in Europe 1550 - 1660. London 1971. 307 - 385, eine sehr brauchbare zusammenfassende Darstellung der Aufstände dieser Epoche.

21 Grundlegend: H. N. *Brailsford*. The Levellers and the English Revolution. London 1961. — Vgl. dazu: B. S. *Capp*. The Fifth Monarchy Men. A Study in 17th-century English Millenarianism. London 1972. — C. *Hill*. The World Turned Upside Down. Radical Ideas during the English Revolution. London 1972. — C. S. L. *Davies*. Les révoltes populaires en Angleterre (1500 bis 1700). In: Annales 24 (1969) 24 - 60. — Ders. Peasant revolt in France and England: a comparison. In: Agricultural History Review 21 (1973) 122 - 134. — J. S. *Morrill*. Mutiny and discontent in English provincial armies 1645 to 1647. In: Past and Present 56 (1972) 49 - 74.

22 H. G. *Koenigsberger*. The revolt of Palermo in 1647. In: Cambridge Historical Journal 8 (1946) 129 - 144.

23 G. *Guggenbühl*. Der schweizerische Bauernkrieg von 1653. Zürich 2. Aufl. 1953. — H. *Mühlestein*. Der große schweizerische Bauernkrieg 1653. Celerina 1942. — H. *Wahlen* / E. *Jäggi*. Der schweizerische Bauernkrieg 1653. Bern 1952. — Zu den übrigen Aufständen vgl. *Kamen* (Anm. 20).

listischen Wirtschaftspolitik, die typisch für eine Periode knapper Zahlungsmittel ist, übernimmt der Staat auch die Aufgabe des „manufacturing of manufactures". Wirtschaft, Kultur und Staatlichkeit des „Grand siècle" sind in heroischem Kampf der Krise abgerungen[24].

Weniger heroisch nimmt sich die Krise nach der ebenfalls 1954 aufgestellten These von *Hobsbawm* aus. Bevölkerungsrückgang, Schrumpfung von Produktion und Handel, Kolonialkrisen, Volksaufstände, kurz die allgemeine Krise, die um 1620 beginnt und nach 1640 ihren Höhepunkt erreicht, sind das Ergebnis einer Stockung in der Entwicklung des Kapitalismus. Er hatte die Grenzen seines Wachstums erreicht, weil zu seiner weiteren Entfaltung, zu einem „take-off" im Sinne der industriellen Revolution, Massennachfrage notwendig gewesen wäre, die es in einer feudalistischen Gesellschaftsordnung nicht geben konnte. Zuerst mußte es zu einer Entfeudalisierung der Gesellschaft kommen, wie sie seit der englischen Revolution geglückt ist[25].

Für *Trevor-Roper* schließlich handelt es sich um eine Krise des Verhältnisses von Gesellschaft und Staat. Im wirtschaftlich expandierenden 16. Jahrhundert konnte der Staatsapparat wachsen und eine Fülle von Parasiten versorgen. In der Kontraktionskrise aber wurden die Kosten zu hoch, die Gesellschaft rebellierte gegen den luxurierenden Staatsapparat. Diese zuerst 1959 vorgebrachte These wurde inzwischen von der Kritik dahingehend modifiziert, daß der Kostendruck weniger durch den Staatsapparat als durch die hohen Kriegskosten verursacht wurde[26].

Gegen alle drei Thesen hat *Kamen* zu Recht eingewandt, daß es den Krisenbegriff entleeren heißt, wenn man eine ein rundes Jahrhundert dauernde wirtschaftliche Depressionsphase zur Krise deklariert. Mit etwas Geschick kann man auf diese Weise jedes beliebige Jahrhundert in eine Krisenzeit verwandeln, was aber m. E. mehr über den Bewußtseinszustand der Historiker als über das Jahrhundert aussagt. Was sich im 17. Jahrhundert empirisch nachweisen läßt, ist nämlich nur eine Wende in der langfristigen Tendenz der Preise und des Handelsvolumens, die im Süden Europas um 1620, im Norden nach 1640 einsetzt. Ein langfristiger Rückgang der Produktion ist nicht so leicht zu

---

24 R. *Mousnier*. Les XVIe et XVIIe siècles. Les progrès de la civilisation européenne et le déclin de l'Orient (1492 - 1715). (Histoire générale des civilisations 4). Paris 1954. 145 - 350.

25 E. J. *Hobsbawm*. The General Crisis of the European Economy in the 17th Century. In: Past and Present 5 (1954) 33 - 53, 6 (1954) 44 - 65. Ndr. in: T. *Aston*. Crisis in Europe, 1560 - 1660. Essays from Past and Present. London 2. Aufl. 1970.

26 H. R. *Trevor-Roper*. Die allgemeine Krise des 17. Jahrhunderts. (1959). In: Ders. Religion, Reformation und sozialer Umbruch. Die Krisis des 17. Jahrhunderts. Berlin—Frankfurt 1970. 53 - 93. — Kritik bei *Aston* (Anm. 25).

identifizieren; im Süden Frankreichs herrscht z. B. bis weit in die zweite Jahrhunderthälfte eine günstige Agrarkonjunktur[27]. Mit diesen Verhältnissen sind aber heftige, kurzfristige Auf- und Abschwünge durchaus vereinbar; sie verdienen eigentlich den Namen „Krise“. Und gerade hier zeichnet sich ein Zusammenhang mit den Volksaufständen ab. Die Jahre um 1648 brachten wetterbedingte Mißernten in ganz Europa, dazu Hunger und Seuchen[28], offensichtlich Auslöser für Unruhen. Das läßt sich an vielen Stellen beobachten[29].

II.

Auch ein knapper Überblick über die Diskussion um die Volksaufstände der Mitte des 17. Jahrhunderts zeigt bereits, wie sehr die Forschung in diesem Bereich unter dem Einfluß theoretischer Ansätze steht. Es erscheint daher angebracht, die historischen Probleme für einen Augenblick auf sich beruhen zu lassen, die nächsthöhere Abstraktionsebene zu erklimmen und nach den hier angewandten Theorien selbst zu fragen. Freilich nicht mit der Absicht, auf dieser meta-theoretischen Ebene zu verweilen, sondern mit dem Plan, von hier aus sofort wieder zurückzufragen nach der möglichen Anwendbarkeit der Theorien in der empirischen Forschung. M. a. W. der Einsatz von Theorien in der Geschichtswissenschaft hat nicht etwa „geistreiche verbale Taschenspielertricks in esoterischer Sprache“ zum Ziel[30], sondern die Entdeckung von Verfahren zur Gewinnung neuer Fragestellungen, neuer Denkkategorien und neuer Einsichten in neuerschlossene Zusammenhänge. Insbesondere korrigiert ein theoretischer Ansatz die traditionelle hermeneutische Auffassung von Geschichte als wechselseitig von den Menschen Intendiertem und erlaubt uns eine Analyse von Geschichte als objektivem Ablauf. Und in jedem Fall müssen ihre Erklärungsversuche möglichst explizit gemacht werden. Wissenschaftliche Erkenntnis wird dadurch in höherem Maße transparent[31].

---

[27] Vgl. *Leroy-Ladurie*. Les paysans (Anm. 9). — R. *Baehrel*. Une croissance: la basse Provence rurale (fin du XVIe siècle — 1789). Essai d'économie historique statistique. Paris 1961, bes. 229.

[28] Vgl. *Kamen* (Anm. 20) 44 - 46, 79 - 83, 307 - 309. — Dazu W. *Abel*. Massenarmut und Hungerkrisen im vorindustriellen Europa. Hamburg 1974. — E. *Leroy-Ladurie*. Histoire du climat depuis l'an mil. Paris 1967. — A.-M. *Piuz*. Climat. récoltes et vie des hommes à Genève, XVIe - XVIIIe siècles. In: Annales 29 (1974) 599 - 618. — P. *Jeannin*. Les comptes du Sund comme source pour la construction d'indices généraux de l'activité économique en Europe (XVIe - XVIIIe s.) In: RH 231 (1964) 55 - 102, 307 - 340. — Und ein Forschungsbericht aus orthodox-marxistischer Sicht: H. *Langer*. Eine neue „Krise des Feudalismus“? Zur Diskussion um die sog. Krise des 17. Jahrhunderts. In: ZGW 19 (1971) 1395 - 1420.

[29] Vgl. Anm. 9.

[30] Vgl. H. G. *Koenigsberger*. Early modern revolutions: an exchange with L. *Stone*. In: JMH 46 (1974) 99 - 110.

Doch müssen wir zunächst einmal fragen: was ist überhaupt Theorie? Schließlich wird der Begriff ebenso häufig gebraucht wie selten definiert. Es mag in etwa einer Communis Opinio entsprechen, wenn Theorie definiert wird als „ein methodisch gewonnenes System von Aussagen, die sich gegenseitig bedingen und stützen". Und zwar sollen diese Aussagen ein Bild vom strukturellen Gefüge der Welt vermitteln. Diese Ausrichtung auf Strukturen bedingt nun eine gewisse Vereinfachung, eine Abstraktion von der Wirklichkeit. Eine Theorie, die alle eventuell möglichen Detailbeobachtungen erklären könnte, wäre vermutlich keine Hilfe beim geistigen Ordnen der Wirklichkeit, sondern ebenso chaotisch wie die Erscheinung dieser Wirklichkeit selbst.

Auf dieser Grundlage lassen sich zwei weitere Begriffe klären: als Hypothese wollen wir eine Theorie bezeichnen, die noch nicht verifiziert oder falsifiziert ist. Und im Gegensatz zu jeder Theorie wäre Empirie das Gewinnen von Aussagen über ein sinnlich faßbares Objekt, in unserem Fach insbesondere mit den Methoden der Quellenarbeit[32].

Diese allgemeine Umgrenzung von Theorie erhellt die geschilderte Diskussion über die Volksaufstände freilich in keiner Weise. Vielmehr müssen die dort angewandten Theorien erst in ihrem Licht genauer aufgegliedert und untersucht werden. Dabei erscheint es mir erfolgversprechend zu sein, die verschiedenen theoretischen Ansätze vorwiegend nach ihrer Reichweite zu ordnen. So lassen sich zunächst drei Gruppen unterscheiden:

1. Äußerst umfassende General- oder Globaltheorien, die überall anwendbar, also keineswegs auf Volksaufstände begrenzt sind, die aber wegen ihrer Allgemeinheit weder verifiziert noch falsifiziert werden können. Im strengen Wortsinn bleiben sie also stets Hypothesen. Dazu ist m. E. der Satz zu rechnen, daß alle Geschichte Geschichte von Klassenkämpfen ist. Oder die von *Porschnew* und *Lublinskaja* dem empirischen Befund übergestülpte gesetzmäßige Abfolge der sozioökonomischen Formationen.

Dazu gehört aber nicht minder eine anthropologische Theorie, die bereits von den Zeitgenossen des deutschen Bauernkriegs[33] und der

31 Vgl. J. *Kocka*. Theorien in der Sozial- und Gesellschaftsgeschichte. Vorschläge zu einer historischen Schichtungsanalyse. In: Geschichte und Gesellschaft 1 (1975) 9 - 42.

32 W. *Siebel*. Einführung in die systematische Soziologie. München 1974. 282. — Vgl. R. M. *Solow*. Wachstumstheorie. Darstellung und Anwendung. Göttingen 1971. 11.

33 Vgl. etwa: H. *Kirchner*. Der deutsche Bauernkrieg im Urteil der frühen reformatorischen Geschichtsschreibung. In: Zeitschrift für Kirchengeschichte 85 (1974) 95 - 125, hier 124.

französischen Volksaufstände herangezogen und von *Mousnier* erneut zu Ehren gebracht wurde[34], nämlich die Zurückführung der Aufstände auf die Erbsünde, auf das satanische „non serviam", das den Menschen zur Auflehnung gegen die legitime gottgewollte Ordnung verleitet.

2. Historische Theorien mittlerer Reichweite werden notwendig, weil die genannten Globaltheorien nur Auskunft über die letzten Ursachen, das „warum" der Volksaufstände geben wollen, nicht das „wie". Um dem abzuhelfen, kommt *Mousnier* zu seiner Theorie vom Widerstand der Untertanen gegen die expandierende Staatsgewalt. Die Thesen von der allgemeinen Krise des 17. Jahrhunderts gehören zur selben Gruppe. Auf Grund ihrer mittleren Reichweite sind solche Theorien verifizierbar und falsifizierbar. Sie lassen sich freilich kaum übertragen; eigentlich nur von den französischen Aufständen der ersten Hälfte des 17. Jahrhunderts, an denen sie gewonnen wurden, auf andere Bewegungen im selben zeitlichen und geographischen Horizont.

3. Sozialwissenschaftliche Theorien mittlerer Reichweite sind den historischen an Übertragbarkeit überlegen und sollten ihnen an Verifizierbarkeit wenigstens nicht unterlegen sein. Jedoch sind solche Theorien in der Regel aus den Verhältnissen der Gegenwart abstrahiert und können deswegen nicht unbesehen auf vorindustrielle Zustände angewandt werden.

Das gilt auch für die zahlreich aus dem Boden schießenden Revolutionstheorien, die sich für unsere Zwecke zunächst anzubieten scheinen[35]. Gewiß, manches an diesen Entwürfen mag höchst einleuchtend

---

[34] Fureurs paysannes (Anm. 9) 308 nach Robert Mentet de Salmonet (1661).

[35] Bemerkenswerte neuere Ansätze: J. C. *Davies*. The J-Curve of rising and declining satisfactions as a cause of some great revolutions and a contained rebellion. In: H. D. *Graham* / T. R. *Gurr* (Hg.). Violence in America. 2 Bde. New York 1969. 547 - 576. — I. K. *Feierabend* / R. L. *Feierabend* / B. A. *Nesvold*. Social changes and political violence: cross national patterns. In: ebd. 497 - 545. — T. R. *Gurr*. A comparative study of civil strife. In: ebd. 443 - 495. — Ders. Rebellion. Eine Motivationsanalyse von Aufruhr, Konspiration und innerem Krieg. Düsseldorf 1972. — C. *Johnson*. Revolutionstheorie. Köln—Berlin 1971. —Vgl. als Übersicht: I. *Kramnick*. Reflections on Revolution: Definition and Explanation in Recent Scholarship. In: History and Theory 11 (1972) 26 - 63. — Sammelbände: K. *von Beyme* (Hg.). Empirische Revolutionsforschung. Opladen 1973. — U. *Jaeggi* / S. *Papcke* (Hg.). Revolution und Theorie 1. Frankfurt 1974. — Ferner von historischer Seite: L. *Stone*. The causes of the English Revolution. New York 1972. Der erste Abschnitt daraus: „Theories of Revolution" auch bei *Jaeggi* / *Papcke* 259 - 278. — I. *Geiss* / R. *Tamchina*. Ansichten einer künftigen Geschichtswissenschaft 2. Revolution. Ein historischer Längsschnitt. München 1974. — Zur marxistischen Revolutionstheorie vgl.: G. *Grosser* (Hg.). Studien zur marxistisch-leninistischen Revolutionstheorie. Leipzig 1967. — M. *Kossok* (Hg.). Studien über Revolution. 1969. — Ders. Studien zur vergleichenden Revolutionsgeschichte 1500 - 1817. 1974. — K. *Lenk*. Theorien der Revolution. München 1973.

sein, etwa die Vorstellung einer Disharmonie zwischen sozialem und politischem System, die von den traditionellen Eliten nicht mehr mit traditionellen Mitteln bewältigt werden kann, wodurch dann nach *Johnson* und *Eckstein* eine revolutionäre Situation zustande kommt[36]. Oder jenes Modell, das die zunehmende Spanne zwischen den Erwartungen und der Wirklichkeit in den Mittelpunkt stellt, besonders aussagestark in *Gurrs* Diagrammen[37]. Insgesamt erstreben diese Theorien aber eine derartige Allgemeingültigkeit, daß sie trotz ihres Anspruchs auf empirische Verifizierbarkeit für uns doch bedenklich in die Nähe der oben charakterisierten Globaltheorien geraten. Außerdem führt ihre Übertragung auf die Verhältnisse der frühen Neuzeit zu Schwierigkeiten. Denn die von uns zu untersuchenden Volksbewegungen haben in der Regel keine Totalumwälzung von Regime und Gesellschaft, ja noch nicht einmal einen Austausch der Eliten angestrebt. Wir müßten also bei der Verwendung moderner Revolutionstheorien mit einem beträchtlichen „Theorieüberhang" operieren. Die negativen Folgen sind beispielhaft an dem Entwurf von *François* zu beobachten: es entsteht ein Torso, nämlich ein System von Konterrevolutionen ohne vorangegangene Revolutionen[38]!

Eine soziologische Theorie mit weniger generellem Anspruch, die sich besonders auf das Verhalten von Volksmassen in kritischen Situationen konzentriert, dürfte daher für historische Zwecke erfolgversprechender sein, als die allgemeinen Revolutionstheorien. *Smelsers* Theorie des „kollektiven Verhaltens"[39] soll die Unbestimmtheit in der Erklärung kollektiver Ausbrüche vermindern, wir dürfen kühn behaupten, uns

---

36 Vgl. *Stone* (Anm. 35) 266.

37 *Gurr* berücksichtigt nicht nur die Situation gleichbleibender oder steigender Erwartungen bei gleichbleibenden Möglichkeiten, sondern auch gleichbleibende Erwartungen bei sinkenden Möglichkeiten und steigende Möglichkeiten bei noch rascher steigenden Erwartungen — in allen Fällen entsteht eine kritische Spanne zwischen Erwartungen und Möglichkeiten. *Davies* geht demgegenüber ausschließlich von einem Wachstumsmodell mit einem Knick aus, was bereits von *Feierabend / Nesvold* korrigiert wird. Vgl. *Graham / Gurr* (Anm. 35).

38 M. E. *François*. Revolt in late medieval and early modern Europe: a spiral model. In: Journal of interdisciplinary history 5 (1974) 19 - 44. — Der Urheber der von *François* auf die Frühneuzeit übertragenen Theorie: A. J. *Mayer*. Dynamics of Counterrevolution in Europe, 1870 - 1956. An analytic framework. New York 1971, stellt demgegenüber auf S. 9 ausdrücklich fest: „Counterrevolution is closely interlocked with revolution. In fact the two are symbiotically related. To concede the historical reality of the one is to concede the historical reality of the other."

39 N. *Smelser*. Theorie des kollektiven Verhaltens. Köln 1972 (amerikan. 1963). — Es spricht m. E. für Smelsers Theorie, daß die Herausgeber der deutschen Übersetzung sich einleitend gewissermaßen dafür entschuldigen, daß sie die Theorie eines Sozialwissenschaftlers der „falschen" Observanz, nämlich der Systemtheorie, dennoch für brauchbar halten!

die Frage beantworten: wie kommt es konkret zu Volksaufständen? In Analogie zur Analyse des ökonomischen Wertzuwachses im sogenannten „Wertschöpfungsprozeß“ soll Schritt für Schritt gezeigt werden, wie sich verschiedene soziale Komponenten bis zum schließlichen Ausbruch kumulieren. Der zu dieser Analyse verwendete kategoriale Apparat mag zwar für sich allein betrachtet eher abstoßend wirken, er erweist aber in der konkreten Anwendung seine Brauchbarkeit, wie wir noch sehen werden.

Smelser unterscheidet fünf „Formen kollektiven Verhaltens“: 1. die Panik, 2. die Manie, 3. den feindseligen Ausbruch, 4. die normorientierte Bewegung, 5. die wertorientierte Bewegung. Frühneuzeitliche Volksaufstände sind entweder als „feindselige Ausbrüche“ einzuordnen, die einer kritischen Situation durch die gewaltsame Beseitigung des Verantwortlichen begegnen wollen[40], oder als „normorientierte Bewegungen“, die dieselbe Wirkung durch Einschärfung von Normen erzielen wollen[41].

Darin spiegelt sich bereits eine zweite Differenzierung, diejenige nach den vier „Komponenten kollektiven Verhaltens“, nämlich: 1. Werten, 2. Normen, 3. Motivationen und 4. verfügbaren Mitteln.

Analytisch besonders ertragreich verspricht aber die dritte Kategorienreihe *Smelsers* zu werden, jene der fünf „Determinanten kollektiven Verhaltens“: 1. strukturelle Anfälligkeit[42], 2. strukturelle Spannung[43], 3. Entstehung und Ausbreitung einer sogenannten „generalisierten Vorstellung“, die den potentiellen Handlungsträgern die Situation definiert[44], 4. Mobilisierung der Teilnehmer[45], 5. soziale Kontrolle, die dem Ausbruch entgegenwirkt — oder nicht[46].

Während gegen die Übertragbarkeit von *Smelsers* mikroanalytischem Instrumentarium an sich keine Bedenken zu bestehen brauchen, wird sein Begriff des „kollektiven Verhaltens“ aus einem anderen Grund den frühneuzeitlichen Verhältnissen nicht voll gerecht, wiederum das Resultat seiner Herleitung aus der Gesellschaft unserer Gegenwart. *Smelsers* Definition kollektiven Verhaltens schließt nämlich institutionalisiertes Handeln aus. Damit ist nicht etwa das Vorhandensein von

---

40 *Smelser* (Anm. 39) 209.

41 ebd. 242.

42 ebd. 34 - 42.

43 ebd. 65 - 81.

44 In unserem Fall z. B. dadurch, daß die Vorstellung verbreitet wird, der jeweilige Herrscher sei in der Hand schlechter Räte, die es zu beseitigen gelte. Vgl. *Smelser* (Anm. 39) 93 - 136; *Bercé* (Anm. 1). 608 - 611.

45 *Smelser* (Anm. 39). 38, 229 - 234, 260 - 268.

46 ebd. 38/39, 235 - 240, 268 - 271. — Man sollte die Effizienz brutaler Unterdrückung nicht unterschätzen, vgl. *Stone* (Anm. 35) 268.

organisierten Handlungsträgern gemeint, etwa von revolutionären Kadern, sondern Verhalten, das kulturell definiert und vorgeschrieben ist. Bei kollektiven Ausbrüchen soll es sich vielmehr gerade um die Bewältigung von undefinierten, neuartigen Situationen handeln[47]. Volksaufstände der frühen Neuzeit hingegen konnten bis zu einem gewissen Grad ritualisiert sein. Deshalb besteht der Verdacht, daß sie sehr wohl kulturell definiert und vorgeschrieben waren[48]. Vielleicht ist das verhältnismäßig häufige Auftreten neuartiger, undefinierter Situationen ohnehin eine Eigentümlichkeit moderner Gesellschaften.

Mit Globaltheorien sowie historischen und sozialwissenschaftlichen Theorien mittlerer Reichweite ist aber die theoretische Dimension der Erforschung frühneuzeitlicher Volksaufstände noch keineswegs erschöpft. Wie häufig in der Geschichtswissenschaft spielen implizite, nicht ausdrücklich als solche gekennzeichnete Theoreme eine nicht minder wichtige Rolle als die explizit formulierten. Bekanntlich hat der Historiker ja keineswegs die Wahl zwischen theoretisch begründetem Forschen und theorieloser Empirie, sondern nur zwischen expliziter und damit kontrollierbarer Theorie und impliziter, die um so schwieriger zu prüfen ist, je weniger der Historiker über die Herkunft seiner Fragestellung und seines Begriffssystems Auskunft zu geben vermag[49].

Angesichts des konservativen Programms vieler Volksaufstände hat man z. B. großen Scharfsinn auf die angeblich rein empirische Abgrenzung von „Revolte“ und „Revolution“ verwendet. Demnach soll es sich im Mittelalter und in der frühen Neuzeit durchweg um bloße Revolten ohne innovatorischen Impuls gehandelt haben[50]. Tatsächlich

---

47 *Smelser* (Anm. 39) 30.

48 Vgl. *Bercé* (Anm. 1) 538: „On admet ici le postulat sociologique d'une violence instituée, c'est-à-dire qu'on suppose que les émeutes ne sont pas seulement les pièces irremplaçables et uniques d'une histoire, mais que dans une certaine mesure, elles se ressemblent, elles sont conformes à des modèles, elles présentent des aspects répétetifs et conventionels.“ Und 680 f. werden die Aufstände als Institution im Sinne der Soziologie definiert, „un modèle de conduite ayant sa fonction dans sa collectivité“, d. h. als außerordentliche Verteidigungsmaßnahme des Volkes gegen Aggression von oben. — Vgl. dazu auch N. Z. *Davis*. Rites (Anm. 9) und vor allem *Kamen* (Anm. 20) 380 - 382.

49 Vgl. z. B. D. *Potter* in: E. N. *Saveth*. American History and the Social Sciences. New York 1964. 22.

50 H. *Arendt*. Über die Revolution. München 1965. 10, stellt fest, daß „es Revolutionen im eigentlichen Sinn vor der Neuzeit nicht gibt, die Revolution als politisches Phänomen also zu den modernsten Gegebenheiten gehört“. Es hat bis dahin (angeblich) nur Konflikte innerhalb des sozialen Systems gegeben. Nach C. *Johnson*. Revolutionstheorie. Köln—Berlin 1971. 28. — Von historischer Seite wäre wieder *Mousnier*. Fureurs (Anm. 9) zu nennen, dann: G. *Fourquin*. Les soulèvements populaires au moyen âge. Paris 1972, oder: *François* (Anm. 38). — Interessant ist die von J. *Ellul*. Von der Revolution zur Revolte, Hamburg 1974, postulierte Umkehrung der

wurde das maßgebende Denkmodell der Rückkehr zum guten Alten erst seit dem 17. Jahrhundert überwunden, erst nach diesem Zeitpunkt ist Revolution als Innovation überhaupt möglich[51]. Tatsächlich war vorher der sich modernisierende Staat und nicht das rebellierende Volk revolutionär — das hatte schon der Zeitgenosse *Gabriel Naudé* gesehen[52] und *Mousnier* hat diesen Sachverhalt wiederentdeckt[53]. Aus dieser Sicht erweist sich das marxistische Denkschema, das die Massen per definitionem als fortschrittlich, den Staat aber als reaktionär einstuft, im 17. Jahrhundert als anachronistisch, einer der wichtigsten Einwände *Mousniers* gegen *Porschnew*[54].

Aber spätestens durch den erwähnten theoretischen Entwurf von *François* gerät auch die Unterscheidung von „Revolte" und „Revolution" in Anachronismusverdacht. Waren die frühneuzeitlichen Volksbewegungen tatsächlich eine Serie von „Konterrevolutionen" ohne vorangegangene „Revolutionen", also unvollständige Revolutionen, weil ihnen der innovatorische Impuls fehlt? Oder handelt es sich nicht viel eher um Revolutionen einer anderen Qualität, mit einem anderen Zeit- und Geschichtsverständnis? Ganz davon abgesehen, daß auch die konservative Alternative zu einer Umverteilung und Konzentration von Macht revolutionäres Potential in sich birgt, nicht so sehr auf Grund ihrer Zielvorstellungen als in ihrer Eigenschaft als Gegenposition zum Druck von Machthabern[55].

Entwicklung, das Verschwinden der Revolution mangels Zielen und Mitteln, die Rückkehr zur Revolte ohne Doktrin und ohne Hoffnung. Vgl. dazu unten den Schluß unserer Ausführungen.

51 Nach C. *Hill*. The Norman Yoke. In: Puritanism and Revolution. London 1958, Ndr. 1962. 78. — Ders. Reformation to Industrial Revolution. London 1967, Ndr. 1969. 159, beginnt sich rationale Argumentation während der englischen Revolution von historischen Autoritäten und Präzedenzfällen zu lösen, während zugleich das Bewußtsein von der Andersartigkeit des Historischen entsteht.

52 G. *Naudé*. Considérations politiques sur les Coups d'estat. Rom 1639, meint mit „coups d'estat" trotz seiner Bekanntschaft mit Campanella nicht etwa Revolutionen von unten, sondern „actions hardies et extraordinaires" von oben, allerdings eher Gewalttaten vom Schlage der Bartholomäusnacht als Eingriffe in das institutionelle Gefüge. Er öffnet aber den Weg in diese Richtung durch die Feststellung, der französische Staat sei nur dank einer Kette solcher „coups" seit dem Mittelalter überhaupt noch am Leben. Vgl. F. *Meinecke*. Die Idee der Staatsraison in der neueren Geschichte. München 3. Aufl. 1963. 232 - 241.

53 Fureurs paysannes (Anm. 9).

54 Auch E. *Engelberg*. Über die Revolution von oben. Wirklichkeit und Begriff. In: ZGW 12 (1974) 1183 - 1212, der sich zwar mit dem Ursprung des Begriffs im 19. Jahrhundert befaßt, aber dennoch Licht auf unser Problem werfen könnte, setzt S. 1190 ausdrücklich voraus, daß auch Revolution von oben nur bei latentem Druck der Massen von unten möglich ist.

55 Vgl. *Leroy-Ladurie*. Über die Bauernaufstände (Anm. 9) 301, und: V. *Press*. Der Bauernkrieg als Problem der deutschen Geschichte. In: Nassauische Annalen 86 (1975) 158 - 177. Vor allem aber P. *Zagorin*. Prolegomena

Doch welche Position wir auch beziehen mögen, der Verzicht auf die Kategorien der „Revolution“ erweist sich bei genauerem Zusehen als eine theoretische Entscheidung, nicht anders als das Heranziehen von Revolutionstheorien.

Eine weitere implizite Theorie verbirgt sich hinter der ebenfalls scheinbar rein empirischen Unterscheidung von Ursache und Anlaß eines Aufstands, die wegen ihrer Handlichkeit für die meisten Autoren fast unentbehrlich ist. Es handelt sich dabei letztlich um eine Abwandlung der komplementären Verwendung der Kategorien „Struktur“ und „Konjunktur“, eine der markantesten und umstrittensten Errungenschaften der Geschichtswissenschaft nach 1945. Denn nicht nur eine dem systemtheoretischen Harmoniepostulat und Homöostasiemodell verpflichtete Strukturanalyse gerät in Schwierigkeiten mit dem sozialen Wandel, von dem Revolution ja nur einen Sonderfall darstellt[56]. Auch ein Etatismus, der von einer grundsätzlich mit sich selbst identischen politisch-sozialen Ordnung des Ancien Régime ausgeht, erliegt leicht der Gefahr, die Veränderung in der Zeit als etwas Systemfremdes, von außen Hinzukommendes zu betrachten[57]. Unter diesen Umständen ist es gut, sich von den Marxisten daran erinnern zu lassen, daß Zustand und Verlauf, Struktur und Konjunktur keine gegeneinander abgegrenzten Bereiche der Geschichte bezeichnen sollen[58].

Und zu dem theoretisch noch unbewältigten Problem „Struktur und Wandel“[59] kommt für den Historiker eine altvertraute praktische Schwierigkeit. Seit eh und je ringt er mit der Aufgabe, in seinen Büchern Strukturanalyse und chronologische Erzählung, Querschnitt und Längsschnitt fruchtbar zu verbinden[60]. Eine vorläufige Überbrückung des Gegensatzes in praktischer Absicht ist m. E. dadurch möglich, daß bei der Strukturanalyse besonders auf Prozeßstrukturen abgehoben wird — hierzu eignen sich Aufstände und Revolutionen wie wenige andere historische Gegenstände. Ferner durch die Betonung des Funktionswandels bei der funktionalen Analyse, wobei *Mertons*

---

to the comparative history of revolution in early modern Europe. In: Comparative Studies in Society and History 18 (1976) 151 - 174.

56 Vgl. *Rittberger* bei *Beyme* (Anm. 35) 61 - 63 zu *C. Johnson*.

57 Vgl. *Beyme* (ebd.) 35.

58 Zu diesem theoretischen Ansatz allgemein vgl. *Koenigsberger / Stone* (Anm. 30), und: M. O. *Gately* (Anm. 9) 71, 79. — Zur marxistischen Kritik daran: D. *Groh*. Kritische Geschichtswissenschaft in emanzipatorischer Absicht. Stuttgart 1973. 86 - 91. — A. *Schmidt*. Geschichte und Struktur. Fragen einer marxistischen Historik. München 1971.

59 Vgl. *Siebel* (Anm. 32) 262 - 281. — W. L. *Bühl* (Hg.). Funktion und Struktur. Soziologie vor der Geschichte. München 1975. — W. *Zapf* (Hg.). Theorien sozialen Wandels. Köln—Berlin. 2. Aufl. 1970.

60 Vgl. *Koenigsberger / Stone* (Anm. 30).

Kategorienpaare „Funktion“ - „Dysfunktion“, „latente Funktion“ - „manifeste Funktion“ ihre Nützlichkeit erweisen[61]. Schließlich durch den Aspekt der unbeabsichtigten und wegen der begrenzten Überblickbarkeit sozialer Systeme auch nicht vorhersagbaren Folgen.

III.

Die Notwendigkeit und Nützlichkeit explizit theoretischer Ansätze soll nun am Beispiel der Aufstände von Neapel und Palermo im Jahre 1647 genauer demonstriert werden. Notwendigerweise schon deswegen, weil es an expliziter wie impliziter Theorie bei der Darstellung dieser Aufstände schon früher nicht gefehlt hat; von reiner, interesseloser Empirie konnte eigentlich nie die Rede sein. Bereits 1653, wenige Jahre nach den Kämpfen, veröffentlichte ein italienischer Autor ein Buch, in dem er die Häufung der Aufstände um 1648 von der Konstellation der Himmelskörper ableitete[62], also durchaus eine explizite und nach den Begriffen der Zeit wissenschaftlich ernst zu nehmende Theorie[63].

Der neapolitanische Aufstand wurde in der Folgezeit als moralisch-politisches Lehrstück aufgefaßt, so im Masaniello-Drama des *Christian Weise* von 1683[64]. Im ausgehenden 18. und im 19. Jahrhundert verwandelte er sich dann in der Literatur zu einem patriotischen Freiheitskampf Italiens gegen die spanische Fremdherrschaft, zu einer Chiffre des Risorgimento[65]. Dieser Wandel war so erfolgreich, daß eine künstlerische Bearbeitung des Aufstands in der Oper „Die Stumme von Portici“ 1830 in Brüssel eine nationale Revolution auslösen

---

61 Vgl. R. K. *Merton*. Social Theory and Social Structure. New York 1957. 50 - 54. — M. M. *Postan*. Function and Dialectic in Economic History. In: Ders. Fact and Relevance. Essays on Historical Method. Cambridge 1971. 42 - 44.

62 M. *Bisaccioni*. Historia delle guerre civili di questi ultimi tempi, cioè d'Inghilterra, Catalogna, Portogallo, Palermo, Napoli, Fermo, Polonia, Francia, Turco. Venedig 1653. Nach: Y.-M. *Bercé*. Troubles frumentaires et pouvoir centralisateur: l'émeute de Fermo dans les Marches (1648). In: Mélanges d'archéologie et d'histoire 73 (1961) 471 - 505, 74 (1962) 759 - 803.

63 Zur Astrologie als frühneuzeitlicher Wissenschaft vgl. K. *Thomas*. Religion and the Decline of Magic. Harmondsworth 1973. 335 - 458. — Wir sollten nicht übersehen, daß eine moderne astronomische Zyklentheorie zwar unbeliebt, aber keineswegs völlig widerlegt ist, die Sonnenflecken — Wetter — Ernten — Theorie, nach der Wetterzyklen von Sonnenfleckenzyklen abhängen, während Wetterzyklen wiederum im Sinne der „crise du typ ancien“ nach *Labrousse* Konjunkturzyklen einer vorwiegend agrarisch orientierten Wirtschaft auslösen, vgl. *Abel* (Anm. 28) 280. — P. A. *Samuelson*. Volkswirtschaftslehre. Bd. 1. Köln 1970. 326. — W. *Zorn*. Einführung in die Wirtschafts- und Sozialgeschichte. München 1972. 66.

64 *Christian Weise*. Masaniello. Hg. F. *Martini*. Stuttgart 1972.

65 Vgl. M. *Heidler*. L'interpretazione della storia nella letteratura del Risorgimento. Diss. phil. Freiburg 1975 (Ms.).

konnte[66]. Doch halten derartige Deutungen der empirischen Überprüfung nicht stand. Die Parolen der ersten Phase der Aufstände von Palermo und Neapel: „Viva il re senza gabella", „Viva il re e mora il malgoverno" sind vielmehr durchaus ernst zu nehmen, an der Loyalität der Führer Genoino und Masaniello gegen Spanien kann kein Zweifel bestehen. Der gute König und die böse Steuer, der König und seine schlechten Ratgeber, der Rechtszustand eines goldenen Zeitalters, unter einem großen Herrscher mit Erlöserfunktion (in Neapel Kaiser Karl V., in Sizilien Peter von Aragon, in Frankreich Henri IV) — all diese Mythen und nicht die nationalen gehören zur ideologischen Normalausstattung europäischer Volksaufstände der Zeit. Höchstens werden partikulare Rechtsansprüche gegen die Zentrale angemeldet. Erst in der zweiten Phase der Kämpfe und vermutlich nicht ohne Einwirkung französischer Agenten findet in Neapel schließlich eine antispanische Wendung statt. Mit der für Volksaufstände typischen Ritualisierung werden anläßlich der Proklamation der Republik Bilder des Königs und seines Sohnes im Meer „ertränkt". Aber diese Wendung war erst nach einem spanischen Angriff auf die Stadt möglich, und sie erfolgte auch keineswegs einmütig[67].

Wir haben also guten Grund, uns von den Marxisten auf die Suche nach sozio-ökonomischen Triebkräften schicken zu lassen. Hatte nicht die Bekämpfung der Aufstände zeitweise das Gesicht eines Krieges der Barone gegen das Volk? Tobten nicht gleichzeitig mit den wohlbekannten Vorgängen in den Hauptstädten Neapel und Palermo in den Provinzen antifeudale Kämpfe, die man den größten Bauernkrieg des 17. Jahrhunderts genannt hat? Welche Gründe veranlassen die Pächter und die Kommunen, mit ihren Herren, den Baronen, abzurechnen? Sind die Bauern als Pächter nicht persönlich frei? Werden die Kommunen nicht von ihren eigenen Oligarchien regiert? Gewiß, aber die noch vorhandenen Rechte der Barone bieten in der Krisensituation des 17. Jahrhunderts nichtsdestoweniger Gelegenheit zu schwerem Druck auf die Untertanen. Seit ca. 1620 herrscht eine Wirtschaftskrise, Bevölkerung und Textilproduktion gehen zurück, Geldanlage in Staatsanleihen lohnt nicht mehr in jedem Fall, d. h. aber, Investitionen in der Landwirtschaft werden wieder attraktiv, obwohl die Grundrente ebenfalls

---

66 Die Heldin der Oper von D. F. E. *Auber* mit Libretto von E. *Scribe* u. G. *Delavigne* ist eine fiktive Schwester Masaniellos, die vom Sohn des spanischen Vizekönigs verführt wird. Das Werk wurde in Brüssel bewußt für den 25. August 1830 auf den Spielplan gesetzt, um die Stimmung für den geplanten Putsch anzuheizen, nach: L. *Delfos*. Kulturgeschichte von Niederland und Belgien. Bremen 1962. 412.

67 Nach *Schipa* (Anm. 17) passim. — G. *Coniglio*. Il viceregno di Napoli nel secolo XVII. Notizie sulla vita commerciale e finanziaria secondo nuove ricerche negli archivi italiani e spagnoli. Rom 1955. 278 - 293.

gefallen ist. In der Hochkonjunktur des 16. Jahrhunderts waren die Leistungen der Bauern erhöht worden. Obwohl sie nach dem Preisverfall nicht mehr dem wirtschaftlichen Stand entsprechen, werden sie von den Baronen mit juristischen Mitteln festgeschrieben. Darüber hinaus machen die Grundherren noch von vielen anderen Möglichkeiten Gebrauch, finanziellen Druck auf die Bauern auszuüben. Besaßen sie nicht den Mahlbann, den Backofenbann und ein Vorkaufsrecht auf die Ernte? Konnten sie nicht derartige Rechte ebenso wie die Pachtverträge eigenmächtig zu ihren Gunsten abändern? Rechtsmittel standen den Untertanen kaum zur Verfügung. Und die Regierung brauchte die Barone.

Der Druck der Barone auf die Untertanen ist nämlich keineswegs nur direkt aus der kritischen Wirtschaftslage abzuleiten; er kommt ebenso durch die Lage der Staatsfinanzen und die soziale Mobilität zustande, ist also indirekt von der Wirtschaft abhängig. Da Spanien trotz seiner kritischen Finanzlage Kriege führte, war es zur finanziellen Ausbeutung seiner italienischen Nebenländer gezwungen, denn diese besaßen keine ständischen Abwehrorganisationen wie z. B. die Länder der Krone Aragon[68]. Solche Lasten wurden aber von den Baronen auf die Untertanen überwälzt, zunächst auf direktem Weg in ihrer Eigenschaft als Lehensherrn bei der Verteilung der Belastung durch die direkte Steuer. Ferner indirekt dadurch, daß der zusätzliche Bedarf durch außerordentliche Bewilligungen, die sogenannten „Donativi“, aufgebracht wurde und das dazu nötige Geld überwiegend aus indirekten Abgaben stammte, die die Unterschichten stets am härtesten treffen: Zölle („Dogane“) und Verbrauchssteuern („Gabelle“)[69].

Diese indirekten Abgaben wurden verpachtet oder verkauft. Erwerber waren Geldleute, deren Typ etwa Bartolomeo d'Aquino verkörperte. Er war durch Getreidehandel reich geworden, bereits ein Beweis von guten Beziehungen zur Regierung, denn solche waren zum Erwerb von Exportlizenzen nötig. Dank dieser guten Beziehungen kam er ins Geschäft mit Staatsanleihen und Steuern. Sein Reichtum ermöglichte ihm den Erwerb von Lehen und die Nobilitierung. Der Aufstieg sollte durch die Heirat mit einer altadeligen Acquaviva d'Aragona

---

68 Darauf weist *Elliott* (Anm. 16) ausdrücklich hin.

69 Neben der in Anm. 17 und 67 genannten Literatur: G. *Galasso*. Economia e società nella Calabria del cinquecento. Neapel 2. Aufl. 1967. — F. *Caracciolo*. Il regno di Napoli nei secoli XVI e XVII. Bd. 1: Economia e società. Rom 1966. — M. *Mendella*. Il moto napoletano del 1585 e il delitto Storace. Neapel 1967. — L. *de Rosa*. Crise financière, crise économique et crise sociale: le royaume de Naples et la dernière phase de la Guerre de trente ans (1630 - 1644). In: Bulletin de l'institut historique belge de Rome 44 (1974) 175 - 199. — Nicht zugänglich war mir: A. *Lepre*. Feudi e masserie. Problemi della società meridionale nel Sei e Settecento. Neapel 1973.

gekrönt werden; zugleich wurde ein Stammbaum fabriziert, der bis zu Thomas von Aquin hinaufreichte. — Viele dieser Geldleute sind landfremd, vor allem Genuesen bevorzugen neapolitanische Lehen und Adelstitel. Überfremdung der Führungsschicht erregt nicht weniger Ärgernis als das rasche Wachsen des Neuadels. Die Zahl der Principi, Duchi und Marchesi stieg zwischen 1590 und 1675 von zusammen 92 auf 417. Und obwohl die spanische Krone die damals in Europa übliche antifeudale Politik betrieb — die Krone und nicht der gemeine Mann war in jenen Jahren der gefährlichste Feind des Adels —, ist sie in ihrer Finanznot dennoch gezwungen, Adelsinflation und Machtzuwachs der Barone noch weiter zu fördern. Kommunen aus Kronbesitz wurden zur Geldbeschaffung erneut als Lehen verkauft, bereits 1586 gab es unter den 1 973 neapolitanischen Kommunen nur noch 69 königliche. Die Hand des Adels lastete schwer auf dem Süden Italiens[70].

Die Stadt Neapel bildete einen besonderen Krisenherd. Einmal war sie das Ziel der Massenlandflucht bedrängter Bauern, die hier aber auch keine besseren Lebensbedingungen fanden. Ferner versuchten die Bürger seit langem dem Adel ihre angeblichen alten politischen Rechte abzutrotzen. Dieser Kampf einer Stadt für ihre partikularen Privilegien und nicht etwa für große politische Ziele kann aber als weithin typisch für Volksaufstände gelten[71].

Von Einigkeit aller Volksschichten gegen den Absolutismus, wie sie laut *Mousnier* in Frankreich anzutreffen war, kann in Neapel nicht die Rede sein. Die Erhebungen richten sich mindestens ebenso gegen den Hochadel wie gegen die Regierung. Freilich stellt der Druck der Staatsfinanz für das Volk die Verbindung zwischen seinen beiden Gegnern her, das ergibt sich aus einer Art von Gegenprobe. Demnach kommt nämlich wie nicht anders zu erwarten eine Einheitsfront aller Schichten gegen den spanischen Absolutismus nur dann zustande, als dieser Versuche zur Ausweitung seiner Macht auf einem nicht-finanziellen Gebiet unternimmt, durch Einführung der Inquisition spanischen Typs, die ja nichts als ein staatliches Machtinstrument war. Dieser Versuch scheitert am einmütigen Widerstand des Landes[72].

Die marxistisch inspirierte Hypothese von der antifeudalen Stoßrichtung des neapolitanischen Aufstandes hat uns tatsächlich zu tieferen Einsichten in die Zusammenhänge verholfen. Darüber hinaus dürfte *Smelsers* mikroanalytisches Instrumentarium in der Lage sein,

---

70 *Villari* (Anm. 17) 161 - 194. — *Reumont* (Anm. 17) Bd. 1. 131 - 181, 247 bis 319, 399 - 404.

71 Vgl. L. *de Lutio di Castelguidone*. I sedili di Napoli. Origini, azione politica e decentramento amministrativo. Neapel 1973.

72 *Schipa* (Anm. 17).

den feindseligen Ausbruch selbst noch weiter aufzuhellen. Wenden wir vorab die Kategorie der „strukturellen Anfälligkeit“ auf Neapel an:

1. Es gibt hier eine Tradition halblegitimer Gegengewalt. Zum einen beanspruchen Kommunen ein Widerstandsrecht gegen den Fiskus — im Namen des Königs wohlgemerkt[73]. Zum anderen ist die Banditentradition des Sozialrebellentums stets lebendig. Hatte sich nicht Marco Sciarra während der Hochblüte des Banditenwesens 1578 - 1595 bezeichnet als „Flagellum Dei et commissarius missus a Deo contra usurarios et detinentes pecunias otiosas“[74]?

2. Wie wir sahen, ist die Aggression von vornherein auf einen Gegner, den Adel, kanalisiert; schon 1620 hatte das „Manifesto del fidelissimo popolo“ Neapels in einer Brotkrise ganz selbstverständlich dem Adel die Schuld gegeben[75]. Bei dieser Feindgruppe decken sich wirtschaftliche, soziale und politische Zugehörigkeitskriterien, was die Identifikation erleichtert und Aggressionen kumulieren hilft. Doch fehlen immerhin besondere religiöse oder nationale Merkmale dieser Gruppe.

3. Die politische Verantwortung liegt in Neapel ebenso umfassend wie unscharf definiert beim Vizekönig[76]. Infolgedessen ist er in den Augen der öffentlichen Meinung in jedem Fall der Schuldige.

4. Das Ventil des Beschwerdewegs funktioniert nicht gut, denn Direktgesandtschaften der Untertanen nach Madrid sind zwar begrenzt zulässig, angesichts der Finanzlage aber wenig erfolgversprechend[77].

5. Auf der anderen Seite blieben dem Vizekönig kaum Repressionsmöglichkeiten. Das ihm zur Verfügung stehende Militär befand sich auf auswärtigen Kriegsschauplätzen[78]. Obendrein hemmte ihn die Tradition der volksfreundlichen Politik der Krone.

6. Die Gegenpartei verfügt in den Hauptstädten über eine günstige Kommunikationsstruktur. Die ausschlaggebenden Bevölkerungsgruppen siedeln in Neapel wie übrigens auch in Palermo geschlossen in der Nähe des Hafens[79]. Nicht umsonst bricht der Aufstand in Neapel an einem Markttag los; nicht umsonst ist der große Markt das erste Hauptquartier der Rebellen.

---

[73] *Reumont* (Anm. 17). Bd. 1. 147.

[74] *Villari* (Anm. 17) 67 - 91.

[75] *Schipa* (Anm. 17).

[76] *Villari* (Anm. 17) 8/9.

[77] ebd. 16/17.

[78] Vgl. *Coniglio* (Anm. 67) 277.

[79] Vgl. *Koenigsberger* (Anm. 22) 136.

7. Freilich besitzen auch die Aufstände von vornherein strukturelle Schwächen; mindestens in einer Hinsicht ist das Herrschaftssystem geradezu immun gegen sie. Es gibt nämlich kaum überlokale Solidarität unter den Aufständischen, faktisch handelt es sich überwiegend um lauter unkoordinierte Einzelaktionen im Land. Nur die Führungsschicht besitzt überlokalen Zusammenhalt, und sie befindet sich auf Grund der geschilderten Interessenlage auf der Seite der Regierung. Bei den übrigen Gruppen bedarf es hingegen oft gar keines „divide et impera". So besteht zwischen den Städten Palermo und Messina eine traditionelle Rivalität vom Range einer Erbfeindschaft. Wenn sich 1647 die eine gegen die Krone erhebt, bleibt die andere treu; 1672 ist es dann umgekehrt. Die Drohung, den vizeköniglichen Hof nach Messina zu verlegen, bildet eine höchst wirkungsvolle Waffe im Kampf gegen den Aufstand von Palermo[80].

„Erhöhte Spannung", die zweite von *Smelsers* Determinanten, ist seit 1646 in Neapel wie in Sizilien zu beobachten. Im Herbst 1646 kam es zu einer allgemeinen Mißernte. Zugleich forderte Madrid von Neapel zusätzlich eine Million Dukaten — der spanische Staatsbankrott steht wieder einmal vor der Tür (1647). Daraufhin werden vier neue „Gabelle" beschlossen, darunter die „gabella sulla frutta", die gerade die Armen der Hauptstadt besonders schwer trifft. Demonstrationen dagegen bleiben zunächst ergebnislos[81].

In Palermo herrscht im Frühjahr 1647 eine solche Trockenheit, daß man eine zweite Mißernte befürchtet. Dazu wüten Seuchen und Hunger. Da findet sich Palermo plötzlich von Spannung entlastet: am 8. Mai fällt Regen und am 18. treffen Getreideschiffe aus Sardinien ein. Gerade die Situation plötzlicher Entlastung ist aber besonders explosiv. Als nämlich der Stadtrat dem Befehl aus Madrid, die defizitäre Brotsubventionierung zu beenden, durch Verkleinerung der Brote besonders geschickt und unauffällig nachzukommen versucht, fühlen sich die Frauen auf dem Markt am 19. Mai von einer Verschwörung der Herrschenden betrogen, begreiflicherweise angesichts der Getreideschiffe. Die Verkleinerung der Brote muß als auslösende Motivation für den spontanen Ausbruch an diesem Tag betrachtet werden, denn nun hat es eine „generalisierende Vorstellung" nicht schwer sich durchzusetzen, daß es genüge, diese Clique zu beseitigen[82].

In Neapel ist die „generalisierende Vorstellung", daß der Steuerdruck mit der Errichtung eines Volksregimentes verschwinden werde, längst nicht mehr neu und daher wenig wirkungsvoll. Ihr Protagonist Genoino

80 ebd. 140, 144. — Vgl. *Elliott* (Anm. 16).

81 *Reumont* u. *Schipa* (Anm. 17) passim.

82 *Koenigsberger* (Anm. 22) passim.

hat daher den eigentlichen Ausbruch von langer Hand vorbereitet, unter anderem durch Auswahl eines geeigneten volkstümlichen Führers. Der Fischer Tomaso Aniello befand sich im Konflikt mit den Herrschenden und zählte zur Klientel des sozial wie topologisch zentral gelegenen Karmeliterklosters. Einige hundert Burschen „rüsten“ unter seiner Führung für ein traditionelles Scheingefecht am 17. Juli; sie bilden die Kadertruppe für den Aufstand. Ein vielleicht zufällig entstandener Tumult auf dem Obstmarkt ist unter diesen Umständen rasch in den geplanten Aufruhr zu verwandeln.

Im weiteren Verlauf der Aufstände von Palermo und Neapel fehlt es zwar keineswegs an interessanten Zügen: die Beschaffung der notwendigen Mittel aus Gefängnissen und Zeughäusern; der Ritualismus der Rache an den Ausbeutern, die ja keineswegs als regelloses Plündern und Morden erfolgte; die Versuche der Führer und des Klerus, die Bewegung unter Kontrolle zu halten. Aber die Erhebungen verlieren durch das Eingreifen verschiedener politischer Kräfte ihren Charakter als Volksaufstände bald so weitgehend, daß man in Neapel schließlich von einer bloßen französischen Diversionsbewegung im Kampf gegen Spanien sprechen konnte[83]. So weit reichen unsere erfolgreich erprobten theoretischen Ansätze freilich nicht, so daß wir unser italienisches Exempel hier verlassen wollen, um uns Problemen des Vergleichs zuzuwenden.

IV.

Der vielleicht wichtigste Ertrag theoretischer Fragestellungen für die Geschichtswissenschaft besteht in der Möglichkeit zu Vergleichen, die dadurch in breitem Umfang eröffnet wird. Aus dem, was oben über Theorie ganz allgemein gesagt wurde, ergibt sich, daß hier die Individualität des Phänomens, also eines einzelnen Aufstandes, in den Hintergrund tritt gegenüber dem Versuch, überindividuelle, gemeinsame Strukturen zu ermitteln, etwa durch einen Querschnittvergleich der Volksaufstände um die Mitte des 17. Jahrhunderts[84].

Es zeigt sich bei einem solchen Vergleich, daß die Aufstände in Italien, Österreich[85] und der Schweiz viele strukturelle Gemeinsam-

---

[83] *Coniglio* (Anm. 67) 278 - 291.

[84] Vgl. den Einwand von *François* (Anm. 38) 23 gegen *Forster-Greene* (Anm. 16).

[85] Vgl. A. *Czerny*. Der zweite Bauernaufstand in Oberösterreich 1595 - 1597. Linz 1890. — H. *Feigl*. Der niederösterreichische Bauernaufstand 1596/97. Wien 1972. — G. *Grüll*. Die Robot in Oberösterreich. Linz 1952. — Ders. Bauer, Herr und Landesfürst. Sozialrevolutionäre Bestrebungen der oberösterreichischen Bauern von 1650 bis 1848. Graz 1963. — Ders. Der Bauer im Land ob der Enns am Ausgang des 16. Jahrhunderts. Abgaben und

keiten mit dem von *Mousnier* für Frankreich entworfenen Modell besitzen. In allen Fällen handelt es sich um Reaktionen der Untertanen gegen die expandierende Staatsmacht, ausgelöst durch Krisen. Der Druck des Staates äußert sich in erster Linie als fiskalischer. Die Auflösung der traditionellen politischen Struktur mit ihren partikularen Privilegien zugunsten einer einheitlichen Untertanenschaft hängt ebenfalls damit zusammen, insofern solche Privilegien steuerlicher Natur sind. Die Bedürfnisse des Fiskus sind wiederum durch den riesigen Geldbedarf der Kriege bestimmt. Gerade die Kriegszeiten bringen Wachstumsschübe der Staatsgewalt mit sich[86]. Fast überall ist das aufständische Volk mit den Bauern identisch; die Stadtbewohner erweisen sich sogar in Neapel und Palermo als sozial uneinheitliches Konglomerat verschieden reagierender Gruppen[87].

Soweit kann *Mousniers* Theorie in begrenztem Umfang als verifiziert gelten, keineswegs aber hinsichtlich der Rolle des Adels. Nur in Frankreich scheidet der Adel als Gegner der Volkserhebung deswegen aus, weil er auch aus dem Fiskalsystem bereits weitgehend ausgeschieden ist. In der Schweiz hingegen ist das Patriziat mit dem Inhaber der „Staatsgewalt" und des Fiskus identisch. Und in Österreich und Italien leitet der Adel den Druck des Fiskus und der wirtschaftlichen Kontraktion verstärkt an die Untertanen weiter und wird auf diese Weise zum Gegner des aufständischen Volkes. Auch in Frankreich wendet sich das Volk gegen die Seigneurs, wenn diese erhöhte staatliche Lasten nach

---

Leistungen im Lichte der Beschwerden und Verträge von 1597 - 1598. Wien 1969. — F. *Klein-Bruckschwaiger*. Der Bauernaufstand in St. Peter in der Au. Vorgeschichte und Folgen. In: Jahrbuch für Landeskunde von Niederösterreich NF 39 (1971 - 1973) 113 - 154. — G. *Pferschy*. Der Streik der Untertanen der Herrschaft Pogled im Jahre 1633 und seine Beilegung. Zu den Ursachen des untersteirischen Bauernaufstandes von 1635. In: Mitteilungen des Steierm. Landesarchivs 21 (1971) 117 - 128. — H. *Rebel*. Probleme der oberösterreichischen Sozialgeschichte zur Zeit der bayerischen Pfandherrschaft, 1620 - 1628. In: Jahrbuch des oberösterreichischen Musealvereins 115 (1970) 155 - 165. — W. *Schulze*. Der Windische Bauernaufstand von 1573. Bauernaufstand und feudale Herrschaft im späten 16. Jahrhundert. In: Südostforschungen 33 (1974) 15 - 61. — H. *Sturmberger*. Adam Graf Herberstorff. Herrschaft und Freiheit im konfessionellen Zeitalter. München 1976. — F. *Stieve*. Der oberösterreichische Bauernaufstand des Jahres 1626. 2 Bde. 2. Aufl. Linz 1904/5.

86 *Bercé* (Anm. 1) 678: „C'est au rythme des guerres européennes, par le biais de la fiscalité, que se construisait l'Etat moderne." — Nach *Mousnier*. Fureurs (Anm. 9) 309 hat sich die Taille (und das ist nicht die gesamte Steuerlast!) in der généralité Bordeaux 1634/35 (!) verdoppelt, bis 1644 verdreifacht, bis 1648 vervierfacht. — Vgl. die Tabellen und Diagramme bei *Leroy Ladurie*. Paysans (Anm. 9). bes. Bd. 2. 1026.

87 Es handelt sich um Mittel-, West- und Südeuropa, das sog. „Abendland". England (vgl. u.) und Rußland fallen wegen ihrer andersartigen Sozialstruktur aus dem Rahmen des Vergleichs, das von *Mousnier* ebenfalls mit zum Vergleich herangezogene China entzieht sich meiner Kompetenz. Vgl. M. O. *Gately* u. a. (Anm. 9).

unten weitergeben, so z. B. 1675 in der Bretagne[88]. Darum hat das marxistische Konzept einer anti-feudalen Stoßrichtung der Aufstände zwar in der Mehrzahl der französischen Fälle versagt, sich aber in Italien als äußerst fruchtbare Korrektur des *Mousnier*-Modells erwiesen. Gleichsam die Gegenprobe zu diesem Modell erlaubt uns das englische Beispiel. In diesem Land gelten ganz andere Verhältnisse; hier sind die Unterschichten weitgehend steuerfrei. Von einer antifiskalischen Stoßrichtung von Unruhen kann hier sowenig die Rede sein wie von einer antifeudalen[89].

Mit dieser Ausnahme und den erwähnten Modifikationen darf das *Mousnier*-Modell der Volksaufstände für den größeren Teil des Abendlandes als verifiziert gelten. Diese Modifikationen freilich sind bereits Ergebnis der notwendigen Kritik an *Mousniers* Einseitigkeiten. Gegen das Klassenmodell betont er überscharf die über die gesellschaftlichen Schichten hinweggreifenden vertikalen Bindungen. Im Rahmen des Denkschemas „Struktur-Konjunktur" verleiht er den Institutionen übergroßes Gewicht. Und das konservative Programm der Aufstände veranlaßt ihn, die Erhebungen schon vom Ansatz her als unfruchtbar zu verwerfen. Dies alles liegt letztlich an seinem Etatismus, denn nach seiner Ansicht war es die historische Aufgabe des werdenden absoluten Staates, in einer kritischen Gesamtsituation jedermann im Hinblick auf das Gemeinwohl zum Gehorsam zu zwingen[90]. Der Staat aber wird dadurch zu einer wirkenden Kraft letzter Instanz. Es scheint mir allerdings theoretisch wie empirisch durchaus angebracht zu sein, solches Hegelianertum durch ein Alternativmodell in Frage zu stellen, das den „Staat" seiner isolierten Macht und Herrlichkeit entkleidet und ihn in ein Interdependenzgeflecht historischer Faktoren einordnet.

Die Forschung neigt heute eher dazu, von der Bevölkerungsentwicklung auszugehen. Nehmen wir also an, daß eine Bevölkerungszunahme zunächst zu einer Verknappung, dann vielleicht sogar zu einer langsamen Ausweitung der Ressourcen führt[91]. Beides hat über Nachfragesteigerung, Vermehrung der Zahlungsmittel und Steigerung ihrer Umlaufgeschwindigkeit eine Preisinflation im Gefolge. Diese führt zu-

---

88 *Mousnier*. Fureurs (Anm. 9).

89 *Davies*. Révoltes (Anm. 21) 53.

90 *Mousnier*. Fureurs (Anm. 9) 322.

91 Vgl. D. *Sabean*. Probleme der deutschen Agrarverfassung zu Beginn des 16. Jahrhunderts. Oberschwaben als Beispiel. In: *Blickle*. Revolte (Anm. 7) 132 - 150, bes. 134. — V. *Press* (Anm. 55). — Zum allgemeinen Zusammenhang die Beiträge von: J. J. *Spengler*. Demographic factors and early modern economic development. In: D. V. *Glass* / R. *Revelle* (Hg.). Population and social change. London 1972. 87 - 98, und: D. M. *Heer*. Economic development and the fertility transition. In: ebd. 99 - 113. — Das Modell wurde erstellt in formaler Anlehnung an: E. A. *Wrigley*. Population and history. London 1969.

sammen mit der Bevölkerungsvermehrung zu einer gesteigerten vertikalen und horizontalen Mobilität. Beides schafft kriegerisches Potential. Inflation und Krieg rufen eine Steigerung der „Kosten der Souveränität“ hervor. Fiskalischer Druck ist die Folge. Inflation, Mobilität und Steuerdruck erhöhen die Anforderungen des Adels an seine Untertanen. Aufstände sind die Folge dieser Ansprüche, der Steuererhöhungen und der Kriege. Aufstände, Kriege und Knappheit der Ressourcen aber vermindern wiederum die Bevölkerung.

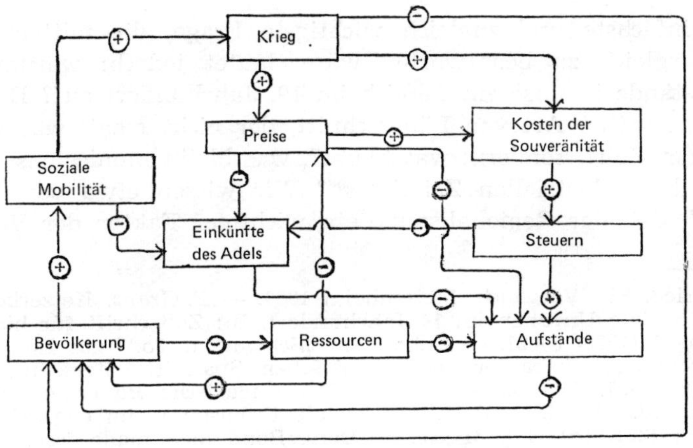

Ein solches Modell ist allerdings weder vollständig noch geschlossen. Zusätzlicher Input ist an vielen Stellen möglich, und die funktionale Abhängigkeit kann in manchen Fällen umgekehrt werden. Oder erhöhte Mobilität führt nicht nur zu einem größeren Geldbedarf beim Adel — man will mitaufsteigen —, sondern der erhöhte Geldbedarf steigert auch die Mobilität, genauer gesagt, er beschleunigt den Abstieg von jenen, die nicht mithalten können[92].

Bei verschiedenen Faktoren ist freilich anzunehmen, daß sich ihre Bedeutung im Lauf der Zeit nicht nur quantitativ verändert hat. Ferner müssen vermutlich in anderen Epochen ganz neue Faktoren eingeführt werden. M. a. W. neben den Vergleich als Querschnitt hat der Vergleich als Längsschnitt zu treten, und zwar zunächst unter dem Aspekt des Wandels. Welche strukturellen Differenzen unterscheiden die Aufstände des 17. Jahrhunderts von früheren oder späteren, etwa auch von denjenigen des Mittelalters[93]? Die Frage läßt sich in unserem

92 Vgl. die Vorgänge im römischen Adel nach: W. *Reinhard*. Papstfinanz und Nepotismus unter Paul V. (1605 - 1621). Stuttgart 1974. Bd. 1. 102 - 106.

93 Vgl. G. *Fourquin*. Les soulèvements populaires au moyen âge. Paris 1972. — H. *Gerlach*. Der englische Bauernaufstand von 1381 und der deutsche

Zusammenhang nicht erschöpfend beantworten; einige Andeutungen müssen genügen. Sicherlich spielt die in verschiedenen Epochen verschieden große soziale Mobilität eine Rolle[94]. Ferner darf für das Mittelalter und das 16. Jahrhundert, aber auch das Österreich des 17. Jahrhunderts der religiöse Faktor nicht so weitgehend außer Betracht bleiben wie in unseren bisherigen Überlegungen[95]. Wurde doch erst jüngst wieder der Deutsche Bauernkrieg schlicht als „Glaubensrevolte" interpretiert[96]. Nichtsdestoweniger gehört aber auch der antifiskalische Aufstand so gut zum Mittelalter wie zum 16. Jahrhundert[97].

Die einfachste und zugleich wichtigste Frage, die mittels Längsschnittvergleich zu beantworten wäre, lautet jedoch: warum hören die Aufstände in unserem Bereich im 19. Jahrhundert auf? Das führt zu einer zweiten Art von Längsschnitt, der nicht fragt: was wandelt sich in der Zeit?, sondern: was bleibt?, was bleibt mindestens bis zum Beginn des industriellen Zeitalters[98]? Wir wissen etwa von *Dietrich Gerhard*, daß der Regionalismus, ein wichtiger Faktor der Volksauf-

---

Bauernkrieg. Ein Vergleich. Meisenheim 1969. — F. *Graus*. Ketzerbewegungen und soziale Unruhen im 14. Jahrhundert. In: Zeitschrift für historische Forschung 1 (1975) 3 - 21. — Ders. Vom „Schwarzen Tod" zur Reformation. Der krisenhafte Charakter des europäischen Spätmittelalters. In: *Blickle*. Revolte (Anm. 7) 11 - 30. — P. *Gunst*. Der ungarische Bauernaufstand von 1514. In: ebd. 62 - 83. — R. *Hilton*. Soziale Programme im englischen Aufstand von 1381. In: ebd. 31 - 46. — Ders. Bond men made free. Medieval peasant movements and the English rising of 1381. London 1973. — A. *Leguai*. Emeutes et troubles d'origine fiscale pendant le règne de Louis XI. In: Moyen âge 73 (1967) 447 - 487. — Ders. Troubles et révoltes sous le règne de Louis XI. Les résistances des particularismes. In: RH 249 (1973) 285 - 324. — M. *Mollat* / P. *Wolff*. Ongles bleus, Jacques et Ciompi. Les révolutions populaires en Europe aux XIVe et XVe siècles. Paris 1970. — F. *Seibt*. Die hussitische Revolution und der deutsche Bauernkrieg. In: *Blickle*. Revolte (Anm. 7) 47 - 61.

94 Vgl. dazu *Fourquin* (Anm. 93).

95 Nach *Czerny* (Anm. 85) beginnt der zweite oberösterreichische Bauernkrieg 1595 als religiöse Bewegung, wendet sich aber bald ins Soziale und auch gegen evangelische Grundherren. Die religiösen Beschwerden bleiben, aber sie treten an die letzte Stelle.

96 H. A. *Obermann*. Tumultus rusticorum: Vom „Klosterkrieg" zum Fürstenkrieg. Beobachtungen zum Bauernkrieg unter besonderer Berücksichtigung zeitgenössischer Beurteilungen. In: Zeitschrift für Kirchengeschichte 85 (1974) 172.

97 Vgl. *Gerlach* (Anm. 93) und *Graus*. Ketzerbewegungen (Anm. 93).

98 Forschungsstrategisch dürften in diesem Zusammenhang die englischen Volksbewegungen des Industrialisierungszeitalters besonders wichtig sein, vgl. u. a. F. O. *Darvall*. Popular disturbances and public order in Regency England. 2. Aufl. London 1969. — J. *Hobsbawm* / G. *Rudé*. Captain Swing. New York 1968. — E. J. *Hobsbawm*. Le agitazioni rurali in Inghilterra nel primo Ottocento. In: Studi storici 8 (1967) 257 - 281. — D. J. V. *Jones*. Before Rebecca. Popular protests in Wales, 1793 - 1835. London 1973. — G. *Rudé*. The crowd in history. A study of popular disturbances in France and England, 1730 to 1848. New York 1964. — D. *Williams*. The Rebecca riots. London 1955.

stände, bis in die jüngste Zeit lebendig geblieben ist[99]. Aber Regionalismus allein konstituiert noch keine Aufstände.

Nach neueren Forschungen hat es den Anschein, als sei die bleibende Determinante der Volksaufstände am ehesten im Bereich der soziokulturellen Normen zu suchen, die bis an die Schwelle des Industriezeitalters gewaltsame Selbsthilfe des Volkes wenigstens teilweise legitimiert haben, nicht ohne Zusammenhang mit dem, was *Otto Brunner* für die mittelalterliche Fehde nachgewiesen hat[100]. Es fehlt jedenfalls nicht an Hinweisen in dieser Richtung. So hat sich z. B. die Verbreitung der Volksaufstände in Frankreich als ausgesprochen kulturgeographisch determiniert erwiesen[101]. Der bereits angesprochene Ritualismus der Vergeltung in vielen Erhebungen deutet darauf hin, daß ein Volksaufstand keineswegs eine neuartige und kulturell unstrukturierte, sondern im Gegenteil eine kulturell wohldefinierte Situation gewesen ist. Besagt nicht eine berühmte These des Anthropologen *Max Gluckmann,* daß in manchen Kulturen Afrikas und Alt-Europas der Bürgerkrieg nicht Ausnahmesituation, sondern integrierender Bestandteil des politischen Systems gewesen ist[102]? Aus solcher Sicht läßt sich vermuten, daß die Frage nach dem Einfluß von Widerstandstheorien des 16. Jahrhunderts auf die Volksaufstände falsch gestellt ist; man sollte umgekehrt nach dem Einfluß der Widerstandstradition auf die Theorien fragen[103]. Man könnte von einer spezifischen „political culture" des frühneuzeitlichen Europa sprechen, charakterisiert durch typische Wesensmerkmale der „political fragmentation": Vorherrschaft lokaler Loyalitäten, unzureichende Regeln für gewaltlose Konfliktbewältigung, Mißtrauen zwischen sozialen Gruppen, Instabilität des Regimes, kulturelle Spaltung zwischen Oberschicht und Unterschicht bis hin zur Ausbildung einer politischen Subkultur[104]. Umgekehrt lassen

---

99 D. *Gerhard.* Regionalismus und ständisches Wesen als ein Grundthema europäischer Geschichte. In: HZ 174 (1952) 307 - 337, leicht verändert in: H. *Kämpf* (Hg.). Herrschaft und Staat im Mittelalter, Darmstadt 1964. 332 - 364. — Vgl. auch *François* (Anm. 34) zum „patrieism" (welch' schöner anglo-französischer Wortbastard!).

100 O. *Brunner.* Land und Herrschaft. 5. Aufl. Wien 1965. 41 - 110.

101 Vgl. *Leroy-Ladurie.* Über die Bauernaufstände (Anm. 9) mit dem Hinweis auf: P. *Bois.* Paysans de l'Ouest. Des structures économiques et sociales aux options politiques depuis l'époque révolutionnaire. Paris 1960. — *Bercé* (Anm. 1), bes. 690 - 693. — Und die Arbeiten von *Mandrou* (Anm. 9).

102 M. *Gluckman.* Order and rebellion in tribal Africa. London 1963.

103 Wieweit werden archaische Denkmodelle vom „Tyrannen" und vom „Mandat des Himmels" von den Widerstandstheologen reproduziert? — Zum Widerstand allgemein vgl. die Bibliographie bei: A. *Kaufmann* / L. E. *Backmann.* Widerstandsrecht. Darmstadt 1972. 562 - 578.

104 Vgl. die Einführung von: W. A. *Rosenbaum.* Political culture. London 1975. 43 - 46, 143 - 159. — R. *Mandrou.* Adelskultur und Volkskultur in Frankreich. In: HZ 217 (1973) 36 - 53.

Hobsbawms Forschungen zum Banditentum vermuten[105], daß derartige gewaltsame Reaktionen der Unterschichten als archaische Muster der Konfliktbewältigung in traditionalen Agrargesellschaften betrachtet werden müssen, Gesellschaften, denen kein Staat mit durchgebildetem und wirkungsvollem Gewaltmonopol gegenübersteht[106]. So kommt es aber auch, daß das aktuelle Interesse an den Volksaufständen zunimmt, während das staatliche Gewaltmonopol in Frage gestellt wird[107].

[105] E. J. *Hobsbawm*. Sozialrebellen. Neuwied—Berlin 1962. — Ders. Die Banditen. Frankfurt 1972.

[106] Aus dieser Sicht wird begreiflich, warum die politische Literatur des 17. und 18. Jahrhunderts sich auffallend häufig mit dem Problem der friedlichen Bewältigung innerer Konflikte befaßt, vgl. W. *Schulze*. Die veränderte Bedeutung sozialer Konflikte im 16. und 17. Jahrhundert. In: Der Deutsche Bauernkrieg (Anm. 7) 277 - 302. — Vgl. aber auch die zeitgenössischen Volksaufstände in sozial rückständigen Bereichen: P. G. *Eidelberg*. The great Rumanian peasant revolt of 1907: origins of a modern Jacquerie. Leiden 1974. — E. R. *Wolf*. Peasant wars of the twentieth century. London 1971.

[107] Vgl. zu dieser jüngsten Problematik: U. *Matz*. Politik und Gewalt. Zur Theorie des demokratischen Verfassungsstaates und der Revolution. Freiburg 1975.

KULTURGESCHICHTSSCHREIBUNG BEI LEOPOLD VON RANKE

Rankes Studien zur italienischen Renaissance

Von Ralf Ritter

I. Politische Historie und Kulturgeschichtsschreibung

Mit einer ersten Tat „auf dem Feld lateinischer Dichterehre" — einem Neujahrswunsch für den Vater — war Jacob Burckhardt im Begriff, von der Kindheit in das Jugendalter zu treten[1], während die historische Fachwelt dem Autor der „Geschichten der romanischen und germanischen Völker" schon ihre Anerkennung bezeugte. Ranke stand damals ganz am Anfang seiner wissenschaftlichen Laufbahn. An ihrem Ende wählte Alfred Dove in einem biographischen Abriß über Ranke eine Formulierung, die der zeitgenössischen Meinung entsprach: „der größte Geschichtsschreiber deutscher Nation durch Vorbild und Lehre maßgebend für die Entwicklung unserer historischen Forschung und Kunst im 19. Jahrhundert überhaupt[2]." Gewiß ist Ranke schon zu seinen Lebzeiten — übrigens gerade mit seinem Erstlingswerk — auf Kritik gestoßen, und die vorbehaltslose Bewunderung Doves ist einer nüchterneren Betrachtungsweise seines Lebenswerkes gewichen[3]. Dennoch wird man Meinecke zustimmen, der Ranke und Burckhardt als „die beiden größten historischen Denker, die das 19. Jahrhundert innerhalb der deutschen Kulturnation hervorgebracht hat", bezeichnet[4]. Meinecke fordert: „Es müßte einmal ein Buch geschrieben werden: Berlin und Basel im Zeitalter der Reichsgründung. Es müßte gezeigt werden, wie hier zwei Kulminationspunkte geisteswissenschaftlicher Leistung sich

---

[1] W. Kaegi, Jacob Burckhardt. Eine Biographie. 1. Bd. Basel 1947, S. 16. Die Anregung zu diesem Thema gab mir Prof. Dr. Werner Kaegi, der während meiner Studienzeit in Basel mein Universitätslehrer war.

[2] A. Dove: Leopold von Ranke. In: ADB, 27. Bd. (1888), S. 242.

[3] Vgl. G. G. Iggers: Deutsche Geschichtswissenschaft. München 1971, F. Wagner: Der Historiker und die Weltgeschichte. Freiburg 1965, G. P. Gooch: Geschichte und Geschichtsschreiber im 19. Jahrhundert. Frankfurt 1964, K. Brandi: Zur Geschichte der Geschichtsschreibung. Bonn 1952, G. Lefebvre: La naissance de l'historiographie moderne. Paris 1971.

Zum ersten Werk Rankes vgl. besonders E. Schulin: Rankes erstes Buch. In: HZ, Bd. 203, 1966, S. 581 - 609.

[4] F. Meinecke: Ranke und Burckhardt. Berlin 1948, S. 3.

bildeten, die in einen Gegensatz zueinander traten. Man müßte sie aus ihrer geschichtlichen Umwelt herauswachsen sehen, der preußisch-deutschen hier, der schweizerischen und doch dem gesamtdeutschen Geistesleben zugekehrten dort[5]." Er selber hat diesen Vergleich in einer meisterlichen Skizze durchgeführt. Er hat gezeigt, wo sich die Wege der beiden Historiker scheiden; er hat aber auch deutlich ihre gemeinsamen Grundgedanken hervorgehoben. Hier kommt es jedoch besonders auf eines an: Das immer wiederholte Klischee, Ranke sei der Historiker der Haupt- und Staatsaktionen und der großen politischen Ereignisse, während Burckhardt sich ganz der Kulturgeschichtsschreibung gewidmet habe, erweist sich als eine allzu grobe Vereinfachung[6].

Hat man das gesamte Lebenswerk Rankes vor Augen, so dominiert ohne Zweifel die politische Seite in seiner Geschichtsschreibung. Und doch galt ein tiefreichendes Interesse der Entwicklung der abendländischen Kultur. Man spürt sogar Begeisterung, wenn er etwa formuliert: „Im Lauf der Jahrhunderte hat das Menschengeschlecht gleichsam einen Besitz erworben ... Einen Bestandteil dieses Besitzes, sozusagen das Juwel desselben, bilden die unsterblichen Werke des Genius in Poesie und Literatur, Wissenschaft und Kunst, die, unter localen Bedingungen entstanden, doch das allgemein Menschliche repräsentieren[7]." In seinem Werk hat er der Kulturgeschichte verhältnismäßig wenig Raum gewidmet. Daß er den politischen Teil des Geschehens in seiner Darstellung bevorzugte, hat nach Meinecke vor allem zwei Gründe: einmal enthält das politische Geschehen für Ranke die stärksten Kausalitäten für die Schicksale der Kulturwelt, zum anderen schmilzt er die politische Geschichte gewissermaßen in Kulturgeschichte um, indem er die Macht vergeistigt[8]. „In der Macht an sich", so sagt er, „erscheint ein geistiges Wesen, ein ursprünglicher Genius, der sein eigenes Leben hat". Auch Below betont die große Veranlagung und Neigung Rankes zu literar- und kunstgeschichtlichen Problemen, doch sei er der Überzeugung gewesen, daß die Pflicht den Historiker in erster Linie zu den staatlichen Dingen rufe[9]. In seinen späteren Werken hat Ranke sein Interesse ausschließlich der äußeren politischen Geschichte gewidmet. Ein gelegentlich eingeschobenes Kapitel über die „Literatur" der Epoche läßt nur noch eine Ahnung davon aufkommen, daß im historischen Geschehen auch noch andere Faktoren wirkten als die bestimmte „Tendenzen" verkörpernden Regenten und Staatsmänner[10].

---

[5] Meinecke: Ranke und Burckhardt, S. 3.

[6] Meinecke: Ranke und Burckhardt, S. 15.

[7] L. von Ranke: Weltgeschichte 1, Leipzig 1887, S. X.

[8] Meinecke: Ranke und Burckhardt, S. 15.

[9] G. v. Below: Die deutsche Geschichtsschreibung von den Befreiungskriegen bis zu unseren Tagen. München 1924, S. 26.

In seinem Gesamtwerk dominierte also die Darstellung der politischen Seite des Geschehens; er besaß jedoch einen Hang zur Literatur- und Kunstgeschichte. Allerdings gilt, wie Moritz Ritter schreibt: „Eine gleichmäßige und genetisch gehaltene Darstellung der Kultur hat er nicht als seine Aufgabe angesehen[11]."

Nun ist diese Sicht für das Gesamtwerk Rankes zwar richtig. Sie läßt indessen eine Differenzierung vermissen, in der Rankes Entwicklung Berücksichtigung findet. Dies ist in den bisherigen Darstellungen seiner Geschichtsschreibung nur unzureichend geschehen. Hier gewinnt vor allem die Frühzeit Rankes Bedeutung. In den Jahren zwischen 1825 und 1835, vor allem aber auf seiner Reise nach Wien und Italien (1828 - 1831), hatten kulturgeschichtliche Fragen in seinem Denken eine ganz andere Bedeutung als in den späteren Jahren. Diesen Ansätzen einer Kulturgeschichtsschreibung möchte ich nachgehen. Der Blick bleibt dabei auf die Rankesche Darstellung der Wandlungen beschränkt, die sich im 14. und 15. Jahrhundert in der italienischen Kultur vollzogen. Nur ihr hat Ranke in jenen Jahren seine Aufmerksamkeit geschenkt; er hat einige Studien zur italienischen Renaissance verfaßt.

Damit wird zugleich deutlich, daß es hier nicht nur darum geht, einen bestimmten Aspekt in der Entwicklung Rankes als historischem Denker zu erfassen. Vielmehr wird auch ein Licht auf die Entwicklung der Renaissanceanschauung in der Historiographie des frühen 19. Jahrhunderts geworfen. Dieser Gesichtspunkt erscheint mir deshalb besonders reizvoll, weil Rankes Studien zur Renaissance in Italien 25 bis 30 Jahre vor der Veröffentlichung des dem 16. Jahrhundert gewidmeten

---

10 Vgl. E. Fueter: Geschichte der neueren Historiographie. München 1911, S. 484.

11 M. Ritter: Entwicklung der Geschichtswissenschaft. München 1919, S. 397. E. Schulin hebt in seinem Aufsatz, in dem er die allmähliche Einengung eines weiten religiös-politischen und literaturgeschichtlichen Ansatzes zu einer engen politikgeschichtlichen Konzeption in den „Geschichten der germanischen und romanischen Völker" verfolgt, hervor, daß Ranke schon in den Jahren vor 1824 der Literatur, Kunst und Wissenschaft besondere Bedeutung beimaß. Schulin folgt der Ansicht Kaegis, daß Ranke über die italienische Literatur und Kunst der Renaissancezeit in einer Weise gearbeitet habe, „die schon auf Jacob Burckhardts kulturgeschichtliche Anschauung vorausweist" (vgl. Schulin: Rankes erstes Buch, S. 603).

Gegenüber Kaegi, der Ranke mit seinen Studien zur italienischen Kunst und Literatur auf dem Wege sieht, ein universaler Kulturhistoriker zu werden (W. Kaegi: Historische Meditationen II. Zürich 1946, S. 148 f.), betont Vierhaus, daß Ranke schon seit 1824 den Weg kulturgeschichtlicher Betrachtung nicht mehr hätte gehen können (vgl. R. Vierhaus: Ranke und die soziale Welt. Münster 1957, S. 70, Anm. 47).

Der Auffassung von Vierhaus, Ranke habe die Abhandlungen über die italienische Literatur und Kunst nicht als wichtige Teile den größeren Werken einarbeiten wollen, widerspricht eindeutig der Plan des italienischen Bandes der „Fürsten und Völker Südeuropas".

Bandes von Michelets „Histoire de France" (1855) und vor Burckhardts Werk „Die Cultur der Renaissance in Italien" (1860) niedergeschrieben wurden.

Die doppelte Fragestellung — die Kulturgeschichtsschreibung im Frühwerk Rankes und die Behandlung der italienischen Renaissance in der Historiographie des frühen 19. Jahrhunderts — gehe ich im folgenden von drei Seiten her an. Zunächst bedarf es einer Klärung, was Ranke unter dem Begriff „Cultur" versteht. Dann gilt es zu zeigen, wie Ranke mit der italienischen Renaissance-Kultur in Berührung kam und welche Pläne sich aus diesem Kontakt ergaben. Schließlich ist Rankes Renaissancevorstellung zu behandeln.

II. Zum Begriff „Culturwelt"

In der Einführung wurde bemerkt, Ranke habe der Kultur eine genetisch gehaltene Darstellung nicht gewidmet. Eine solche Aussage ist insofern problematisch, als sich der so verwendete Kulturbegriff von dem Rankes sehr unterscheidet. Er gebraucht die Begriffe „Cultur" und „Culturwelt" in einem sehr weiten Sinne und betrachtet die Darstellung der politischen Vorgänge in der Geschichte als einen Teil der Kulturgeschichte. Nur an wenigen Stellen seines Werkes hat er sich explizit zu seiner Anschauung von Kultur geäußert[12]. Mit den universalhistorischen Studien verbindet er die Bildung, Erhaltung und Ausbreitung der „Culturwelt". Über und neben der Geschichte der einzelnen Völker sieht er in ihr ein der allgemeinen Geschichte eigenes Prinzip: „Es ist das Princip des gemeinschaftlichen Lebens des menschlichen Geschlechtes, welches die Nationen zusammenfaßt und sie beherrscht, ohne doch in denselben aufzugehen[13]." Ranke betont ausdrücklich, daß er mit „Cultur" nicht das meint, „wie man sie gewöhnlich versteht, was einen auf Wissenschaften und Künste beschränkten Horizont ergeben würde". Er präzisiert vielmehr: „Die Culturwelt umfaßt zugleich Religion und Staat, die freie, dem Ideal zugewandte Entwicklung aller Kräfte; sie bildet den vornehmsten Erwerb und Besitz des menschlichen Geschlechtes, der sich von Generation zu Generation fortpflanzt und vermehrt. Sie begreift alle Kenntnisse, die, einmal erworben, nicht wieder untergehen, die Fertigkeiten, die ein Jahrhundert vom anderen überkommt und herübernimmt, die allgemeinen Begriffe von Moralität und Recht, die zwar dem Menschen angeboren sind, jedoch entwickelt und zu kla-

[12] Von besonderer Wichtigkeit sind die Stellen in L. v. Ranke: Weltgeschichte 1, Leipzig 1887, S. VIII f. und Weltgeschichte 8, Leipzig 1883, S. 4 ff.

Vgl. auch L. v. Ranke: Aus Werk und Nachlaß. Hrsg. v. W. P. Fuchs und Th. Schieder. Bd. IV: Vorlesungseinleitungen. Hrsg. v. V. Dotterweich und W. P. Fuchs, München 1975, S. 107, 274, 260, 284.

[13] Ranke: Weltgeschichte 8, S. 4.

rem Bewußtsein erhoben sein wollen, überhaupt ein Mitgefühl dessen, was dem Menschen als solchem Ehre macht und geziemt. Nur das, was sich auf diesem Boden bewegt, gehört der Culturwelt an[14]." Religion, Staat und die Kultur (im engeren Sinn) begreift Ranke also mit dem Begriff „Culturwelt". Die Ausdrücke „Cultur" und „Civilisation" setzt er miteinander gleich und scheidet also nicht Kultur als etwas Höheres von Zivilisation als etwas minder Hohem. Auch das ganze Gebiet der Technik gehört dazu[15]. Zwei Begriffe, die mit der Vorstellung Rankes zur Kultur eng zusammenhängen, bedürfen noch einer Erläuterung: „Princip" und „Ideal". Er betrachtet die Errungenschaften der Kultur in ihrer Gesamtheit als einen Besitz des Menschengeschlechts. Sie sind abgetrennt von den lebenden Personen, obgleich sie sich nur in ihnen verwirklichen können. Er bezeichnet sie auch als „objektive Ideen, die mit der Kultur des menschlichen Geschlechtes verbunden sind", oder als „Ideen, die das Leben des menschlichen Geschlechtes in sich tragen"[16]. Die Ideen sind als Abbilder der Wirklichkeit gefaßt. In der (keineswegs eindeutigen) Terminologie Rankes werden die objektiven Ideen auch als „Prinzipien" bezeichnet. Daneben finden sich Ausdrücke wie „Tendenzen", „Grundsätze", „Gedanken" und „Triebe". Das Wort Idee bezeichnet aber auch, wie die Wirklichkeit sein soll, das ihr vorleuchtende Ideal. Alle Wirklichkeit ist in Bewegung. Geht sie auf eine größere Vortrefflichkeit hin, so handelt es sich um eine „Bewegung nach der Idee" oder nach dem Ideal: „alles Leben trägt sein Ideal in sich[17]." So ist die oben zitierte Formulierung zu verstehen, die „Culturwelt" umfasse die freie, dem Ideal zugewandte Entwicklung aller Kräfte.

Da Ranke mit „Culturwelt" sowohl die überdauernden Kulturgüter als Besitz des Menschengeschlechts als auch den Staat und die Kirche umfaßt, stellt sich die Frage, wie das Verhältnis zwischen diesen drei Komponenten zu sehen ist. Die Kirche schafft, verwaltet und entwickelt das Kulturgut der Religion. Ein zweiter Kulturträger ist die Nation, der er einen eigenen Geist zuschreibt, der im Staat, in der Kirche, in

---

[14] Ranke: Weltgeschichte 1, S. VIII.

[15] Vgl. auch Meinecke: Ranke und Burckhardt, S. 24.

[16] L. v. Ranke: Englische Geschichte I, Sämtliche Werke 14, Leipzig 1870, S. 37 f.

[17] L. v. Ranke: Politisches Gespräch. Sämtliche Werke 49/50, Leipzig 1887, S. 337.

Ranke legt seiner Geschichtsauffassung die historische Ideenlehre zugrunde, wie sie theoretisch von Wilhelm v. Humboldt formuliert wurde. Ich kann im Rahmen dieser Arbeit nicht näher auf sie eingehen. Vgl. G. Henz: Ranke und das Geschichtsdenken des 19. und 20. Jahrhunderts. 1973 und G. Berg: Leopold von Ranke als akademischer Lehrer. Studien zu seinen Vorlesungen und zu seinem Geschichtsdenken. Göttingen 1968. C. Hinrichs: Ranke und die Geschichtstheologie der Goethezeit. 1954 und E. Simon: Ranke und Hegel. 1928. Zur älteren Literatur vgl. Fueter: Historiographie, S. 473 f.

der Poesie und Kunst sowie in den Wissenschaften hervortritt. Er erweitert sich in der Verbindung der Nationen zum europäischen und schließlich zum Geist des menschlichen Geschlechts. Ein „Bewußtsein ihrer selbst“, ja eine eigene „Lebensanschauung“ wird der Nation zuerkannt. Ist nun aber auch der Staat ein Kulturträger, der Kulturgüter hervorbringt? Ranke spricht eben dies dem Staat ab. Er soll die Kultur durch sein Recht und seine Verwaltung schützen und fördern. Das Schaffen und Verwerten von Kulturgütern hat er anderen zu überlassen[18]. Und doch läßt sich das politische Geschehen nicht von der Schaffung und Weiterentwicklung der Kultur abtrennen. Im Hinblick auf die „Culturwelt“ sagt er: „Es ist aber kein abgesondertes Bestreben, sondern es ist mit Politik und Krieg, mit allen Ereignissen, welche die Tatsachen der Geschichte ausmachen, untrennbar verbunden[19].“ Rankes Kulturtheorie und seine historiographische Praxis treten hier in einen Gegensatz zueinander[20]. Einmal meint er, daß die Behauptung des Elementes der Kultur in allen Konflikten und Kämpfen die „vornehmste weltgeschichtliche Frage“ bilde. Zum anderen betont er, daß die Weltgeschichte nicht in der Kulturgeschichte aufgehen könne und daß die aus den Gegensätzen zwischen den Nationen entspringenden Konflikte und Kämpfe dem Wesen nach verschieden von den Kulturbestrebungen seien. Einmal wird also der Staat, die Politik und der Krieg mit zur Sphäre der Kultur gerechnet, andererseits werden Machtkämpfe und Kulturbestrebungen voneinander getrennt. Meinecke erklärt diese Diskrepanz damit, daß Ranke (nicht klar ausgesprochen) die Vorstellung zugrunde gelegen habe, daß der Staat ein Amphibium sei: er lebe in einer niederen, mehr elementaren, naturhaften und in einer höheren mehr geistig-sittlichen Sphäre zugleich. Er stehe dem, was wir Kultur nennen, teils näher, teils ferner[21]. Daß Ranke in seiner Geschichtsschreibung die Darstellung der Machtkämpfe bevorzugte, wurde oben schon begründet. Konflikte und Kämpfe gehörten nach seiner Meinung zur Natur des Menschen. „Die Universalhistorie“, so sagt er, „besteht aus der Geschichte unablässigen Ringens um die höchsten Güter der Menschheit; die universalhistorische Bewegung ist ein lebendiges Etwas, das sich unter allen Stürmen durch seine eigene Kraft gewaltig fortbewegt“[22].

Trotz der Diskrepanz zwischen der Kulturtheorie und der historiographischen Praxis bei Ranke tritt in der Darstellung der Geschichte

---

[18] Vgl. Ritter: Geschichtswissenschaft, S. 382 u. S. 388.

[19] Ranke: Weltgeschichte 8, S. 4.

[20] Ritter löst diesen Widerspruch dadurch auf, daß er Ranke einen weiteren und engeren Kulturbegriff zuschreibt. Vgl. Ritter: Geschichtswissenschaft, S. 388.

[21] Meinecke: Ranke und Burckhardt, S. 25.

[22] Ranke: Weltgeschichte 8, S. 5.

die untrennbare Verbundenheit von Staat, Religion und Kultur, von kultureller Entwicklung, politischen Vorgängen und kriegerischen Auseinandersetzungen als ein deutlicher Grundzug hervor. Die Behandlung der kulturellen Wandlungen in Italien zur Zeit der Renaissance ist hierfür ein eindeutiger Beleg. Wie Ranke sich in einem bestimmten Zeitraum seines Lebens kulturgeschichtlichen Problemen zuwandte, soll als nächster Fragenkreis behandelt werden.

III. Begegnung mit der italienischen Renaissance-Kultur

Nach seinem ersten Werk, den „Geschichten der romanischen und germanischen Völker" (1824), wurde Ranke an die Berliner Universität berufen. Neben seiner Lehrtätigkeit als außerordentlicher Professor widmete er sich in der Berliner Bibliothek dem Studium der Berichte venezianischer Gesandter. Er erkannte die ungeheure Bedeutung dieses Quellenmaterials für die europäische Geschichte des 16. und 17. Jahrhunderts. Auf seiner Grundlage veröffentlichte er den ersten Band („Die Osmanen und die spanische Monarchie im 16. und 17. Jahrhundert", 1826) eines geplanten mehrbändigen Werkes „Fürsten und Völker Südeuropas". Um in den Archiven Italiens selbst zu arbeiten und weiteres Quellenmaterial zu erschließen, begab er sich 1827 über Wien nach Italien. Im Oktober des folgenden Jahres finden wir ihn in Venedig, wo ihn vor allem das Studium der Relationen in den Archiven gefangenhält[23]. Von Venedig führt ihn die Reise über Florenz nach Rom. Anschließend beschäftigt er sich in Florenz mit der florentinischen Geschichte des 15. und 16. Jahrhunderts, exzerpiert und läßt in den Archiven kopieren. Schließlich weilte er ein weiteres halbes Jahr in Venedig und kehrt von dort 1831 nach Berlin zurück. Insbesondere von dem zweiten Besuch Venedigs versicherte er gegen Ende seines Lebens ausdrücklich: er habe niemals mehr gelernt und gedacht, niemals mehr eingeheimst[24].

Die italienische Reise — von Dove auch seine „historischen Wanderjahre" genannt — ist für Rankes Werdegang als Historiker von außerordentlicher Bedeutung gewesen. Sie hat aber seine Geschichtsauffassung nicht wirklich umgestaltet. Sie hat seine Vorstellungen zur vollen

---

[23] L. v. Ranke: Das Briefwerk. Bd. 1, Hrsg. v. W. P. Fuchs, Hamburg 1949, S. 169 ff. L. v. Ranke: Aus Werk und Nachlaß. Hrsg. v. W. P. Fuchs u. Th. Schieder, Bd. I: Tagebücher. Hrsg. v. W. P. Fuchs. München 1964, S. 201 - 220.

[24] Vgl. hierzu besonders seine Briefe aus Italien, veröffentlicht in: Ranke: Briefwerk, S. 169 ff. Vgl. außerdem E. Guglia: Rankes Leben und Werke. 1893, H. Oncken: Aus Rankes Frühzeit. Gotha 1922, A. Dove: Leopold von Ranke. ADB, Bd. 27, Leipzig 1888, S. 242 ff. Th. H. von Laue: Leopold Ranke. The formative years. Princeton 1950.

Entfaltung gebracht, wie sie sich schon in den „Geschichten der romanischen und germanischen Völker“ und im Werk „Die Osmanen“ darstellten. Sie brachte ihm von der Quellenkenntnis her eine wissenschaftliche Bereicherung für das ganze Lebenswerk. Vertiefend hat diese Reise auf eine der Kernideen gewirkt, die bei ihm in Variationen immer wieder hervortritt: die Einheit der romanischen und germanischen Völker. In diesen Jahren hat sich in ihm aber auch die Erkenntnis durchgerungen, daß Geschichte nur als Universalgeschichte geschrieben werden könne: „Überhaupt festigt sich in mir die Auffassung“, so schreibt er aus Italien, „daß doch zuletzt nichts weiter geschrieben werden kann als die Universalgeschichte. In seinem vollen Licht wird das Einzelne niemals erscheinen, als wenn es in seinem allgemeinen Verhältnis aufgefaßt wird[25].“

Obgleich sich die Jahre intensiver Archivstudien in Italien harmonisch in seinen geistigen Werdegang insgesamt einfügen, tritt in ihnen doch ein Zug hervor, der im späteren Werk Rankes nur noch in Andeutungen zu erkennen ist. Ich meine seine Neigung zur Kulturgeschichte, ja sogar zur universalen Kulturgeschichte.

In seinen Briefen berichtet Ranke an vielen Stellen, daß er neben den Nachforschungen in den Archiven und Bibliotheken auch mit großer Begeisterung den Zeugnissen der „modernen Kunst“, d. h. der Kunst der Renaissance, Aufmerksamkeit widmete. An Karl August Varnhagen von Ense schreibt er am 18. Oktober 1828: „Endlich mit der Kunst. O wer so recht von Herzen sprechen dürfte. Mit dem Anschauen ist's nicht getan. Der Genuß liegt allein im Verständnis, das Verständnis aber, indem es die Mängel erblicken läßt, hebt den Genuß auf. Ich arbeite indessen in den Überstunden viel in diesen Sachen. — Wie selten aber auf dieser Welt ist der Gedanke, Geist, Licht, Wahrheit, Leben[26].“ Nun könnte man eine solche Äußerung als einen Topos begreifen, der sich durchaus in den Stil einer Zeit fügt, in der Bildungsreisen nach Italien und emphatische Reiseberichte üblich waren. Doch blieb es bei Ranke keine rein ästhetische Schwelgerei! Die Begegnung mit der Kultur des 14. und 15. Jahrhunderts in Italien bestärkte ihn in seinem Plan, eine Geschichte Italiens zu schreiben, in der die Kulturhistorie einen breiten Raum haben sollte. Auf den ersten Band der „Fürsten und Völker Südeuropas“ („Die Osmanen“) sollte ein zweiter über Italien folgen. Vier Teile waren vorgesehen: „über Venedig; den Papst; Florenz und die kleineren Staaten; zuletzt allgemeine Betrachtungen über Leben, Kunst, Literatur und die gesamte Entwicklung“[27].

---

[25] Ranke: Briefwerk, S. 265.

[26] Ranke: Briefwerk, S. 171.

[27] Oncken: Rankes Frühzeit, S. 100.

Dieser italienische Band erschien niemals, obwohl er in seinen Entwürfen 1827 schon fertig war. Dies erklärt Oncken damit, daß der Quellenreichtum, auf den Ranke in Wien und Italien stieß, den Rahmen des Werkes gesprengt habe. Der italienische Band sei seinen Händen entglitten[28].

Abgesehen von der geplanten Abhandlung über den Papst, die sich dann später allein auf drei Bände ausweitete und deren Titelformulierung anfangs noch hörbar in das Programm der „Fürsten und Völker" hineinklingt, sind die vier Abhandlungen in Bruchstücken der ursprünglichen Fassung oder in Um- und Ausgestaltungen einzelner Abschnitte in den „Sämtlichen Werken" erschienen. Das 1827 entworfene und 1828 umgearbeitete Kapitel über Venedig ist in dieser Form in der Gesamtausgabe veröffentlicht[29]. Das in Italien verfaßte Kapitel über Florenz unter der Herrschaft der Medici drängte er zusammen und stellte es der Abhandlung „Savonarola und die florentinische Republik" (1877) voran[30]. Die Aufsätze „Zur Geschichte der italienischen Poesie" und „Zur Geschichte der italienischen Kunst", beide im Verlauf der Italienreise besonders gepflegt, erscheinen in Rankes Gesamtwerk als Monographien. Sie waren ursprünglich für den letzten Abschnitt des italienischen Bandes bestimmt[31].

Es mag sein, daß die Masse des neuen Quellenmaterials Ranke von seinem ursprünglichen Vorhaben abbrachte, wie Oncken meinte. Es gibt meiner Auffassung nach noch einen anderen, wichtigen Grund. Ranke hat im Verlauf seiner Studien in Italien immer deutlicher gespürt, daß der italienische Band nur unter einer überwiegenden Berücksichtigung der Kulturgeschichte — hier verstanden als die Geschichte von Literatur, Kunst und Wissenschaft — geschrieben werden kann. Dies klingt deutlich im ersten Satz des Werkes „Die Osmanen" an. Er schreibt dort: „Es war eine Zeit, in welcher der Sitz der Macht und großenteils der Bildung von Europa in dem Süden desselben zu sein schien; in welchem einander gegenüber das osmanische Reich und die spanische Monarchie zu einem für Nachbarn und Entfernte gefährlichen Übergewicht angewachsen waren; in der zugleich keine Literatur der Welt sich mit der italienischen vergleichen konnte[32]." Das osmanische und

---

28 Oncken: Rankes Frühzeit, S. 118.

29 L. v. Ranke: Zur Venezianischen Geschichte. Sämtliche Werke 42, Leipzig 1878.

30 L. v. Ranke: Savonarola und die florentinische Republik gegen Ende des 15. Jahrhunderts. Sämtliche Werke 40/41, Leipzig 1877.

31 L. v. Ranke: „Zur Geschichte der italienischen Poesie" und „Zur Geschichte der italienischen Kunst". Sämtliche Werke 51/52, Leipzig 1888.

32 L. v. Ranke: Die Osmanen und die spanische Monarchie im 16. und 17. Jahrhundert. Fürsten und Völker von Südeuropa. Sämtliche Werke 35/36, Leipzig 1877, S. V.

spanische Reich hatte die hervorstechende „Tendenz" der Macht, Italien die der Bildung. Türken und Spanier waren wegen ihrer Macht zu fürchten, die Italiener konnten in der Qualität ihrer Literatur nicht übertroffen werden. Eine Geschichte Italiens des 14. und 15. Jahrhunderts konnte also nur geschrieben werden, wenn die Entwicklung der Literatur und der Kunst — Ranke betont immer wieder den Parallelismus beider Zweige in jener Zeit — ausführlich dargestellt würde. Den ersten Band („Die Osmanen") hat Ranke vollendet, weil ihm die Behandlung von Machtkämpfen und die Bearbeitung des zugrunde liegenden Quellenmaterials lag. Den zweiten Band brachte er nicht zustande, weil er die Schwierigkeiten einer kulturgeschichtlichen Darstellung nicht meistern konnte. Er machte mit seinen Studien zur italienischen Kunst und Poesie zwar einen Ansatz, führte ihn aber nicht weiter fort; denn bei aller Begeisterung für Literatur und Kunst konnte er sich die Quellen für eine Kulturgeschichte nur schwer erschließen und gelang ihm die Integrierung von politischer und Kulturgeschichte nicht. Von der Schwierigkeit, die entsprechenden Quellen zu interpretieren, gibt Ranke viele Zeugnisse ab. Sie belegen einerseits die große Bedeutung, die Ranke dem Studium der Entwicklung von Kunst und Poesie beimißt, und zeigen doch auch, wie schwer ihm die Auseinandersetzung fiel. Er schreibt: „Höchst anziehend wäre nun, hier an Ort und Stelle, die Entwickelung der modernen Kunst sich eigentlich deutlich zu machen. Natürlich nur diejenige seit dem Ende des 15. Jahrhunderts. Ich bin darauf gekommen, daß ihr Gang und Entwicklung der Poesie und übrigen Literatur völlig entspricht, daß, sobald es gelingt, die wichtigsten Umwandlungen mit sicherer Wahrnehmung zu ergreifen, man sich einer Geschichte des inneren Daseins der Nation annähern könnte, an deren Möglichkeit man kaum glauben sollte. Es ist mir schlecht zu Mute, daß ich gestehen muß, auch hier noch weit zurück zu sein. Übrigens kommt man an einen Punkt, wo die Entwicklung nicht mehr national, sondern ganz universell ist[33]." Ähnlich äußert er sich in der Einführung zur Geschichte der italienischen Poesie. Im Blick auf die in der Renaissance vor sich gehenden Umwandlungen schreibt er: „Es wäre unstreitig ein sehr würdiges und Ruhm versprechendes Unternehmen, diese Umwandlung allseitig und in ihrem inneren Gang zu beobachten; allein in demselben Grade ist es auch schwierig und weitaussehend. Wer will es wagen, das Werden zu beschreiben? Wer will den Quellen des geistigen Lebens und den geheimen Zuflüssen seines Stromes, den Lauf desselben entlang nachforschen[34]?" Den „Versuch", den Burckhardt in seiner „Cultur der Renaissance" unternahm, hat Ranke nicht gewagt. Auch der Aufsatz zur

[33] Ranke: Briefwerk, S. 208 f.
[34] Ranke: Italienische Poesie, S. 159.

italienischen Kunst „war ein Entwurf, den ich später einmal auszuführen gedachte, wozu ich aber nicht mehr gekommen bin, noch auch hoffen darf zu kommen“[35]. Immerhin ist es bemerkenswert, daß Ranke lange vor Michelet und Burckhardt die Notwendigkeit einer genetischen Gesamtdarstellung der großen kulturellen Wandlungen in der Epoche der Renaissance erkannte und daß er dazu erste Ansätze machte. Obgleich er in der Beschäftigung mit der Kultur der Renaissance schon gleich in den Anfängen stehenblieb, hat Ranke Einsichten gewonnen, die auch heute noch in mancher Hinsicht Geltung haben. Der Deutung der Renaissance durch Ranke wende ich mich im folgenden Abschnitt zu.

IV. Die Renaissanceanschauung Rankes

Ranke hat in seinen frühen Werken den Begriff „Renaissance“ nicht gebraucht. Erst in der „Weltgeschichte“, die in seinen letzten Jahren entstand, wird der Ausdruck verwendet und dort mit einer deutlichen Distanzierung[36]. Er zieht Umschreibungen wie „die erneuerten Studien des klassischen Altertums“ oder „die erneuerte Kenntnis der Antike“ vor. Er hat die Renaissance auch nicht als Epochenbegriff benutzt. In den „Epochen neuerer Geschichte“ ist es auffällig, daß er unter den acht Epochen, die er dort unterscheidet, für den betreffenden Zeitraum die Bezeichnung wählt: „Fünfte Periode: 14. und 15. Jahrhundert[37].“ Und doch hat er die herausragende Bedeutung des 14. und 15. Jahrhunderts gewürdigt. Am besten kommt dies in einer Formulierung in der Einleitung zur Geschichte der italienischen Poesie zum Ausdruck, die hier für viele andere stehen mag: „Ich weiß nicht, ob irgend noch ein ander Mal eine solche Umwandlung eintrat, in einer so kurzen Periode so durchgreifend und vollständig, wie diejenige ist, welche das Mittelalter von der modernen Zeit trennt. Ein Gefühl derselben drängt sich bei der ersten Bekanntschaft auf. Je mehr man eingeht, desto deutlicher nimmt man eine andere Welt der Gedanken wahr, eine abweichende Form des Ausdrucks, einen verschiedenen Kreis und Zusammenhang jener geistigen Tendenzen, welche alle Hervorbringung beherrschen, einen anderen Himmel, wenn wir so sagen dürfen, und eine andere Erde[38].“ Ranke teilt also die von Burckhardt

---

[35] Ranke: Italienische Kunst, S. 247.

[36] „. . . so war auch die aus dem Alterthum in die neue Zeit hereindringende Culturerneuerung, die sogenannte Renaissance, dem hierarchischen Princip (gemeint ist die Kirche des Mittelalters, der Verf.) nicht homogen;“ Ranke: Weltgeschichte 9, 2. Abtlg. Leipzig 1888, S. 127.

[37] Ranke: Weltgeschichte 9, 2. Abtlg., S. 1.

[38] Ranke: Italienische Poesie, S. 158 f.

Die Erneuerung der Kultur, die Italien im 14. und 15. Jahrhundert erlebt, siehe Ranke als Grundlage der europäischen Kultur überhaupt an. In einer Vorlesungseinleitung (1858) heißt es: „Wie nun die literarische und künst-

und auch neueren Renaissanceforschern vertretene Auffassung vom radikalen Bruch zwischen dem Mittelalter und der Moderne. Die Frage, wie in der Sicht Rankes die Renaissancekultur aus der mittelalterlichen herauswächst und sich wandelt, soll im Vordergrund stehen. Dieser Aspekt ist besonders im Vergleich zur „Cultur der Renaissance" von Burckhardt wichtig, weil dort so gut wie keine Entwicklung sichtbar wird. In diesem Zusammenhang ist es von Interesse, wie Ranke die Verweltlichungstendenzen und das Verhältnis der Renaissancekultur zum Religiösen sieht. Die Verbindung zwischen der wirtschaftlich-sozialen Entwicklung und den kulturellen Bestrebungen deutet er kaum an. Deren Verflechtung mit dem politischen Geschehen hebt er allerdings stark hervor.

Bei diesem letzten Punkt möchte ich ansetzen. Als das einschneidendste politische Ereignis des Spätmittelalters betrachtet Ranke den Fall von Bonifaz VIII. Der Schlag, den das Papsttum dadurch erlitt, betraf nach seiner Meinung die ganze „romanisch-germanische Völkerwelt". Mit diesem Ereignis wird das „hierarchische Zeitalter" (11. bis 13. Jh.) seinem Ende entgegengeführt, die Rückbildung der römischen Hierarchie beginnt. Das Prinzip der Einheit der abendländischen Völker, das bisher überwog, wird jetzt nach seiner Meinung durch die größere Selbständigkeit der einzelnen Reiche abgelöst. Ranke setzt also um das Jahr 1300 den Einschnitt für den Beginn einer neuen Epoche[39]. „Damit hängt dann das Emporkommen der Landessprachen, die mannigfaltige Cultur, die sich allenthalben herausbildet, zusammen[40]." Er meint, daß im germanischen Wesen ein solcher Freiheitstrieb geherrscht habe, daß es in der Natur der Sache gelegen habe, daß auf die „hierarchische Epoche" eine andere folgte. In ihr habe sich der „innere Trieb" der romanisch-germanischen Völker entwickelt, in „unaufhörlicher Ausbildung seiner Tendenz"[41]. Für Italien war nun das Ende des überwiegenden Einflusses der römischen Hierarchie besonders wichtig. Die Italiener entwickelten, so meint Ranke, frei von fremdem Einfluß, innerlich beständig in Bewegung und Wetteifer, in einigermaßen be-

---

lerische Kultur in Europa großenteils auf dem ruht, was in Italien zutagegekommen ist, ..." (Ranke: Vorlesungseinleitungen, S. 284).

In den Standardwerken zur Renaissanceforschung wird Ranke zwar erwähnt, doch wurde ihm keine Darstellung seiner Renaissancevorstellung gewidmet. Vgl. etwa W. K. Ferguson: The Renaissance in historical thought. Cambridge Massachusetts 1948, H. Baeyens: Begrip en Probleem van de Renaissance. Leuven 1952, H. Schulte Nordholt: Het beeld der Renaissance. Amsterdam 1948. Nur der letztere Autor geht auf die Studie zur italienischen Poesie ein und beleuchtet mit einem Zitat aus ihr die Stellung Rankes in der Renaissanceforschung. (S. 207 f.)

[39] Ranke: Weltgeschichte 9, 1. Abtlg., S. 1 und 2. Abtlg., S. 117.

[40] Ranke: Weltgeschichte 9, 1. Abtlg., S. 1.

[41] Ranke: Weltgeschichte 9, 2. Abtlg., S. 116.

schränktem Gesichtskreis ihre geistige Kraft zur Vollendung. Alle neue Wissenschaft und Kunst wurzle in dieser Zeit. So machte die Veränderung der politischen Verhältnisse den Weg für die Erneuerung der Kultur erst frei. Wie ging dieser Prozeß in der Sicht Rankes nun vor sich?

Er betont, darauf habe ich schon hingewiesen, den radikalen Bruch zwischen Mittelalter und Neuzeit. Obgleich er die hohen Kulturleistungen des Mittelalters anerkennt, hebt er doch als ihren Grundzug eine nicht der Wirklichkeit entsprechende Weltansicht hervor. Der entscheidende Durchbruch aus der mittelalterlichen Geisteswelt sei durch die Wiederentdeckung der Antike bewirkt worden[42]. Zwar sieht Ranke durchaus, daß auch das Mittelalter die Antike kannte. Aber im Verhältnis zur Antike glaubt er einen entscheidenden Unterschied zwischen dem Mittelalter und dem 14./15. Jahrhundert zu sehen: Die Menschen des Mittelalters — er schließt die Araber darin ein — übersetzten, transformierten und „theosophierten" die Schriftsteller der Antike. „Die Italiener dagegen lasen und lernten[43]." Sie lernten aus den Originalen und ließen die Schriften der Alten unverändert.

In der Kulturentwicklung, die auf die Wiederentdeckung der Antike folgte, unterscheidet Ranke deutlich verschiedene Phasen:

In der Anfangsphase versuchte man die Alten nur zu verstehen, aber man ging nicht über sie hinaus. In der Nachahmung liegt das wichtigste Charakteristikum für die Entwicklung jener Zeit. Die Italiener wetteiferten mit den Alten in ihrer Sprache.

In der zweiten Phase entwickelt sich der neue Gedanke, die Alten in der Muttersprache nachzuahmen. Er würdigt besonders das Verdienst Bembos, die Muttersprache gereinigt zu haben. Das Bemühen, mit den Alten in der Muttersprache zu konkurrieren, wurde nach seiner Meinung nach am besten in der Komödie entfaltet.

Die dritte Phase wurde dadurch eingeleitet, daß man sich jetzt Werken zuwandte, die sich in Stoff und Form von der Literatur der Antike unterschieden. Hier spielt das romanische Epos eine hervorragende Rolle. Den verschiedenen Bearbeitungen der „Reali di Francia" hat Ranke seine Abhandlung „Zur Geschichte der italienischen Poesie" gewidmet.

Er verfolgt sie von Pulci über Bojardo zu Ariosto. Dann aber sei durch die allzu enge Nachahmung der Antike eine Erkaltung der inneren Motive eingetreten. Man habe „sein Heil in der Weiterbildung

---

42 Vgl. Ranke: Die römischen Päpste I, Sämtliche Werke 37, Leipzig 1878, S. 41.

43 Ranke: Päpste, S. 41.

eines der früheren Kunstübung abgelernten Formellen gesucht". Der Literatur wurde erst wieder neues Leben gegeben, als sie sich der religiösen Stoffe bemächtigte, also durch die *Restauration der kirchlichen Ideen.* In der „Gerusalemme liberata" von Tasso findet Ranke die Vermittlung aller Momente: Verständnis und Gefühl für den romantischen Stoff, umfassende Kenntnis des Altertums und den Ernst der Darstellung sowie die Erneuerung der christlichen Ideen[44].

Wenn Ranke vom Verhältnis der Renaissance-Kultur zur Kirche und zur Religiosität handelt, so betont er wie Burckhardt die Verweltlichungstendenz. Er bezieht, was er selten in dieser Eindeutigkeit tut, sogar eine durchaus wertende Stellung: er beklagt „diese Verweltlichung der geistlichen Dinge und den Verfall des religiösen Instituts"[45]. Er betont allerdings gleichzeitig, daß ohne die Rückbildung des geistlichen und kirchlichen Einflusses die Erneuerung der Kultur nicht hätte stattfinden können. Die Veränderung der religiösen Gesinnung malt er an manchen Stellen in grellen Farben: „Von eigentlich christlicher Gesinnung und Überzeugung konnte unter diesen Umständen nicht die Rede sein. Es erhob sich vielmehr ein gerader Widerspruch gegen dieselbe." Oder: „Während das gemeine Volk in einen fast heidnischen Aberglauben verfiel, der in einem schlecht begründeten Werkdienste sein Heil sah, wandten sich die höheren Stände zu einer areligiösen Richtung ab[46]."

Überall wo Kunst und Poesie religiöse Themen aufnahmen, veränderten sie deren Gehalt, so meint Ranke. Die Bearbeitung der Renaissance-Künstler setze sich oftmals geradezu in Opposition zu den kirchlichen Gehalten. „Seit die Kunst von dem Hauch der Antike berührt worden (ist), löste sie sich ab von den Banden der Glaubensvorstellungen[47]." Allerdings sind die Äußerungen Rankes zu diesen Verweltlichungstendenzen nicht überall übereinstimmend. In den „Päpsten" betont er sie besonders stark; in den Arbeiten zur italienischen Poesie und Kunst hebt er die befruchtende Wirkung religiöser Themen für die moderne Kunst und Literatur hervor. Tasso wurde als Beispiel schon erwähnt.

Eine nuancierte Vorstellung vertritt er in der Geschichte Savonarolas: „Alles beruht auf dem nämlichen Moment der Autonomie des Geistes, die sich der christlichen Religion und Kirche nicht zwar entgegengesetzt, aber, an ihr festhaltend, aus den Regionen der Scholastik, zu entkommen und an Stelle derselben eine freiere, den eingeborenen

[44] Ranke: Italienische Poesie, S. 241.

[45] Ranke: Päpste, S. 47 f.

[46] Ranke: Päpste, S. 48.

[47] Ranke: Päpste, S. 45.

Ideen des menschlichen Geistes homogene Auffassung zu setzen strebt. Das Geheimnis wird nicht geradezu abgeleugnet; die ganze Aeußerlichkeit der Kirche wird aufrecht erhalten; aber man verbindet das mit Gedanken, die doch einen ganz anderen Ursprung haben. Zu allgemeiner Herrschaft waren jedoch diese Tendenzen nicht gekommen, noch auch geeignet, eine solche zu erlangen. Das Volk kann des vollen religiösen Glaubens nie entbehren; es hat ein unmittelbares Bedürfnis desselben für sein Thun und Lassen, sowie für sein persönliches Bewußtsein[48]." Die Sicht Rankes scheint mir hier sehr viel ausgewogener, als dies bei Burckhardt der Fall ist.

Die Geschichte der Kunst weist zur Entwicklung der Literatur in der Auffassung Rankes eine starke Parallelität auf. Ich verfolge hier die von ihm dargestellten Phasen nicht im einzelnen. Entscheidend bei allem ist dies: Ranke hat im Gegensatz zu der eher statischen Darstellung Burckhardts versucht, die Wandlungen in Literatur und Kunst, die vom Mittelalter bis ins 16. Jahrhundert eintraten, im einzelnen zu verfolgen. Es ist hier nicht von Belang, daß seine Erklärungsversuche des Durchbruchs vom Mittelalter zur Neuzeit nur unzureichend sind, daß insbesondere die wirtschaftlichen und sozialen Faktoren keine Berücksichtigung fanden. Den einen Grundzug des Historismus, den Gedanken der Entwicklung, betont Ranke wie in seiner gesamten Geschichtsschreibung so auch hier[49].

V. Ausblick: Ranke und Burckhardt

Die Zurückweisung der klischeehaften Vorstellung, Ranke habe nur Sinn für die politische Geschichte besessen, während die Kulturgeschichtsschreibung eine ausschließliche Domäne Burckhardts gewesen sei, war hier der Ausgangspunkt. Ein Vergleich der beiden großen Historiker des 19. Jahrhunderts war nicht mein Ziel; ebensowenig war eine systematische Gegenüberstellung ihrer Renaissancevorstellungen beabsichtigt. Denn Ranke hat eine solche zusammenhängend nicht entwickelt. Die Pläne zu einer Gesamtdarstellung der Entwicklung der italienischen Renaissance-Kultur im 14. und 15. Jahrhundert blieben unausgeführt. Was in den „Sämtlichen Werken" später veröffentlicht wurde, sind nur bruchstückartige Ansätze. Und doch ist es reizvoll, die Ansätze Rankes zu einer Kulturgeschichte der Renaissance auf dem Hintergrund der Anschauungen des Basler Historikers zu sehen.

In seiner Lehre von den Typen der Weltanschauung hat Dilthey einen objektiven und subjektiven Idealismus unterschieden. Der objektive Idealismus geht davon aus, daß die Welt, wie sie ist, und die Gebilde

[48] Ranke: Savonarola, S. 222.
[49] Meinecke: Ranke und Burckhardt, S. 18.

des Menschen in ihr einen vernünftigen Sinn haben. Wir können ihn durch Objektivität erfassen oder erahnen. „Die Welt ist die Explikation Gottes", so sagt er[50]. Der subjektive Idealismus nimmt dagegen das Individuum zum Ausgangspunkt und betont das subjektive Bewußtsein der sittlichen Freiheit des einzelnen. Ohne eine bloße Etikettierung vorzunehmen, hat Meinecke Ranke dem objektiven Idealismus, Burckhardt dem Idealismus der Freiheit zugerechnet[51].

Ranke war durchdrungen vom Gedanken an die göttliche Providenz. „Für ihn kam das Licht in die Weltgeschichte von oben, — für Burckhardt kam es von innen, aus der Spontaneität schöpferischer, kulturschaffender Menschen[52]." Ranke konnte Geschichte nur als Universalgeschichte betreiben. Nur im besonderen läßt sich das Allgemeine erkennen. Alle Nationalgeschichten, Einzeldarstellungen und so auch die kulturhistorischen Betrachtungen sind lediglich Marksteine auf dem Weg zur Universalgeschichte. „Die Weltgeschichte würde in Phantasien und Philosopheme ausarten, wenn sie sich von dem festen Boden der Nationalgeschichten losreißen wollte; aber ebensowenig kann sie an diesem Boden haften bleiben[53]." Alle Träger des historischen Geschehens stehen in einer engen Wechselbeziehung: Staat, Religion, Nation, Kultur. In jedem dieser steckt eine „Tendenz", die von innen heraus wirkt und zugleich den Veränderungen der Außenwelt gehorcht.

Nur so ist für Ranke die Entstehung einer neuen Zeit im 14. und 15. Jahrhundert erklärbar. Wie überall in seiner Geschichtsschreibung sieht er eine ungeheure Dynamik schöpferischer Kräfte mit immer neuen Antithesen, Synthesen und Gegensätzen, mit der das neue Zeitalter sich loslöst von der vorangegangenen Zeit. In einer großen dialektischen Bewegung folgt auf die „hierarchische Epoche" eine neue Zeit, die zur alten in einem totalen Gegensatz steht: „ein andrer Himmel, eine andere Erde." Die besondere „Tendenz" dieser Zeit liegt in einer Erneuerung und einzigartigen Fortentwicklung der Kultur: Literatur, Kunst, Philosophie und Wissenschaft. Und wie Ranke die politische Geschichte einer Nation immer nur als Teil der Weltgeschichte begreifen kann, so erkennt er in der Kulturentwicklung des 14. und 15. Jahrhunderts in Italien nicht nur die nationale Seite, nicht nur eine Entwicklung, die sich in einigen eng begrenzten Zentren vollzieht, sondern vor allem die universale. So vertritt für ihn das Haus Medici „die Richtung einer universalen Kultur"[54].

[50] Zit. nach Meinecke: Ranke und Burckhardt, S. 12.

[51] Meinecke: Ranke und Burckhardt, S. 12 f.

[52] Meinecke: Ranke und Burckhardt, S. 17 f.

[53] Ranke: Weltgeschichte 1, S. VIII f.

[54] Ranke: Savonarola, S. 222. Vgl. auch Ranke: Briefwerk, S. 209.

Während nun Ranke, harmonisierend und überbrückend, bei der Entstehung der Renaissance-Kultur in Italien Staaten, Religion und die neuen schöpferischen Kräfte eng zusammenwirken sieht, trennt Burckhardt Kultur von Staat und Religion. „Die drei Potenzen sind unter sich höchst heterogen und nicht koordinierbar[55].“ Hier scheiden sich die Wege der beiden Denker voneinander. Aber noch in einem anderen Punkt treten die Gegensätze klar hervor. Beide sind vom Historismus tief geprägt. Ranke betont jedoch stärker den Grundzug der Entwicklung, während er die Individualitäten in den gesamten Fortgang der Universalgeschichte einbettet. Bei Burckhardt tritt der Entwicklungsgedanke mehr zurück. Er legt die Geschichte eher in Querschnitten dar, die dann „das sich Wiederholende, Konstante, Typische“ herausbrachten[56]. So ist die Betrachtung der italienischen Renaissance-Kultur gänzlich statisch gehalten. In den wenigen Bruchstücken und Abschnitten, die Ranke in seinem Gesamtwerk der italienischen Renaissance gewidmet hat, versenkt er sich vor allem in die Entwicklungsvorgänge. Alle überpersönlichen Gebilde — also auch die Kultur —, die der Sphäre des „objektiven Geistes“ angehören, werden genetisch dargestellt. Wie sich die „Tendenzen“ von innen her entfalten, wie die äußeren Einflüsse auf sie einwirken und wie beides miteinander in Wechselwirkung tritt und eng verwoben ist, diese Vorgänge haben Ranke vor allen an der italienischen Renaissance gefesselt, auch wenn er sie nur skizzenhaft nachzeichnete.

Dennoch verbindet Ranke und Burckhardt auch ein gemeinsamer Grundgedanke: die weltgeschichtliche Kontinuität vom nahen Orient zur griechisch-römischen Antike und weiter zum romanisch-germanischen Abendland hin[57]. Ranke legt das Hauptgewicht auf die Einheit der germanisch-romanischen Völker, Burckhardt auf die Verbindung zwischen Römer und Griechen. Aber hier handelt es sich um eine geringfügige Verschiebung in der Bewertung. Die Auffassung, daß die Kultur der Renaissance den germanisch-romanischen Nationen als die höchste Stufe der Bildung erschienen sei und daß alle neue Wissenschaft und Kunst in jener Zeit ihre Wurzeln habe, vertrat zuerst Ranke; Burckhardt hat sie in der „Cultur der Renaissance in Italien“ auf seine Weise entfaltet.

---

55 Zit. nach Meinecke: Ranke und Burckhardt, S. 15.

56 Zit. nach Meinecke: Ranke und Burckhardt, S. 19.

57 Vgl. Meinecke: Ranke und Burckhardt, S. 17.

DER MANNHEIMER GESELLENVEREIN UND SEINE AUFLÖSUNG (1844/47)

Ein Beitrag zum Vereinswesen in der Zeit des Vormärz

Von Wolfgang v. Hippel

Welche Bedeutung dem Vereinswesen für die Formierung der politischen und sozialen „Öffentlichkeit" im vormärzlichen Deutschland, speziell für die Anfänge politischer Parteien sowie der Arbeiterbewegung zukommt, hat die Forschung vor allem während der letzten anderthalb Jahrzehnte in zunehmendem Maße einsichtig gemacht[1]. Schon den Zeitgenossen war die *politische* Brisanz des „Associationsrechts" und der darauf basierenden „freien Associationen" bewußt, ging es hierbei doch um die Abgrenzung zwischen privatem und öffentlichem Bereich, um die damals besonders empfindliche Grenzlinie zwischen „bürgerlicher Gesellschaft" und „Staat"[2]. Prononciert in der Abwehr

1 Auswahlweise seien genannt: Friedrich *Müller,* Korporation und Assoziation. Eine Problemgeschichte der Vereinigungsfreiheit im deutschen Vormärz, Berlin 1965; Thomas *Nipperdey,* Verein als soziale Struktur in Deutschland im späten 18. und frühen 19. Jahrhundert, in: Geschichtswissenschaft und Vereinswesen im 19. Jahrhundert, Göttingen 1972, S. 1 - 44; Otto *Dann,* Die Anfänge politischer Vereinsbildung in Deutschland, in: Ulrich *Engelhardt* / Volker *Sellin* / Horst *Stuke* (Hg.), Soziale Bewegung und politische Verfassung. Beiträge zur Geschichte der modernen Welt, Stuttgart 1076, S. 107 - 232; zur Bedeutung des Vereinswesens für die Parteienbildung vgl. Werner *Boldt,* Die Anfänge des deutschen Parteiwesens. Fraktionen, politische Vereine und Parteien in der Revolution 1848, Paderborn 1971; zur Rolle des Vereinswesens in den Anfängen der deutschen Arbeiterbewegung Wolfgang *Schieder,* Anfänge der deutschen Arbeiterbewegung. Die Auslandsvereine im Jahrzehnt nach der Julirevolution von 1830, Stuttgart 1963; Frolinde *Balser,* Social-Democratie 1848/49 - 1863. Die erste deutsche Arbeiterorganisation „Allgemeine deutsche Arbeiterverbrüderung" nach der Revolution, 2 Bde., Stuttgart 1962; P. H. *Noyes,* Organization and Revolution. Working-Class Associations in the German Revolutions of 1848 - 1849, Princeton 1966; Ernst *Schraepler,* Handwerkerbünde und Arbeitervereine 1830 - 1853. Die politische Tätigkeit deutscher Sozialisten von Wilhelm Weitling bis Karl Marx, Berlin 1972; Karl *Birker,* Die deutschen Arbeiterbildungsvereine 1840 bis 1870, Berlin 1973.

2 Dazu grundlegend Werner *Conze,* Das Spannungsfeld von Staat und Gesellschaft im Vormärz, in *ders.* (Hg.), Staat und Gesellschaft im deutschen Vormärz 1815 - 1848, Stuttgart ²1970, S. 207 ff.; zu dem dadurch mitbedingten Bedeutungswandel des Begriffs „bürgerliche Gesellschaft" seit dem ausgehenden 18. Jh. vgl. Manfred *Riedel* in: Geschichtliche Grundbegriffe, Bd. 2, Stuttgart 1975, S. 763 ff.

aller Angriffe auf das Assoziationsprinzip seitens des „Absolutismus" und „Despotismus" entwickelte z. B. Karl Theodor Welcker im Staatslexikon eine außerordentlich expansive liberale Position[3]: Er forderte nicht nur einen staatsfreien Raum für die Entfaltung von Assoziationen, sondern gab dem Vereinsbegriff eine so weite Ausdehnung, daß der „freie Verein" zum Verbindungsstück zwischen den „Einrichtungen und Bestrebungen des Staats" und „dem freien Leben der Nation und ihrer Glieder", zum „Lebensprinzip freier menschlicher Kultur und eines freien und kräftigen Nationallebens" und damit letztlich zum Fundament einer am mündigen „Bürger" orientierten liberalen Staats- und Gesellschaftsordnung schlechthin werden mußte. Vertreter obrigkeitlicher Denkschemata dagegen begrüßten zwar ‚unpolitische' Vereinsbildungen, wollten jedoch in verschärfender Tradition des 18. Jahrhunderts feste Schranken gegen jede Form offener oder versteckter Politisierung der Assoziationen errichtet wissen[4], um die Bildung von „Staaten im Staate"[5] und mögliche Eingriffe in gouvernementale Kompetenzen als „Usurpation der Staatsgewalt"[6] zugunsten bloß partieller Privatinteressen im Widerspruch mit dem „Staatszweck" und als „Umkehrung der Staatsordnung" zu verhindern[7]. Die Gesetzgebung des Deutschen Bundes wie der deutschen Einzelstaaten ging während des gesamten Vormärz fast durchweg von derartigen vereinsfeindlichen Prämissen aus; nach dem Schock der Julirevolution verpflichtete der Bundesbeschluß „über Maßregeln zur Aufrechterhaltung der gesetzlichen Ordnung und Ruhe in Deutschland" vom 5. 7. 1832 die Bundesmitglieder u. a. zum aktiven Vorgehen gegen alle Vereine, „welche politische Zwecke haben oder unter anderm Namen zu politischen Zwecken benutzt werden"[8]. Die „Zehn Artikel" haben nicht nur als „unbedingtes Parteiverbot"[9] die Ausformung des deutschen Parteienwesens insgesamt spürbar gehemmt und verzögert, die Unterdrückung des politischen Vereinswesens ist auch als entscheidende Ursache dafür anzusehen, daß sich die Anfänge der organisierten deutschen Arbeiterbewegung zuerst nur in den Keimzellen der Auslandsvereine in Frank-

---

[3] Artikel „Association, Verein, Gesellschaft, Volksversammlung (Reden ans Volk und collective Petitionen), Associationsrecht" in: Staatslexikon oder Encyklopädie der Staatswissenschaften, hg. v. Carl *v. Rotteck* und Carl *Welcker*, Bd. 2, Altona [1]1835, S. 21 ff.; die folgenden Zitate *ebd.*, S. 23 f.

[4] Vgl. *Dann* (s. Anm. 1), S. 224 f. und *Müller* (s. Anm. 1), S. 250 ff.

[5] *Welcker* (s. Anm. 3), S. 36 f.; Bad.RegBl. 1832, S. 290.

[6] *Welcker*, S. 38; vgl. Bad.RegBl. 1832, S. 291.

[7] Bad.RegBl. 1832, S. 290 f.; vgl. die Auseinandersetzung mit derartigen Ansichten bei *Welcker*, bes. S. 38 ff.

[8] Ernst Rudolf *Huber*, Dokumente zur deutschen Verfassungsgeschichte, Bd. 1, Stuttgart 1961, S. 120 ff.; vgl. *ders.*, Deutsche Verfassungsgeschichte, Bd. 2, Stuttgart 1960, S. 162 f.

[9] Ebd., S. 163.

reich, der Schweiz und England entfalten und von dort lediglich in Kryptoformen, ständig bedroht durch amtliche Repression, innerhalb des Bundesgebiets verbreiten konnten[10]. Über die Entwicklung der „Handwerker-“, „Handwerksgesellen-“, „Arbeiter-“ und „Arbeiterbildungsvereine“ während des Vormärz ist nicht zuletzt deshalb bis heute nicht allzu viel bekanntgeworden[11].

So erscheint es lohnend, die verfügbaren Quellen über einen derartigen Verein in Mannheim, dessen Existenz den Behörden im Frühjahr 1847 ruchbar und der daraufhin schleunigst aufgelöst wurde, gründlicher auszuwerten, als dies bisher geschehen ist[12].

Nicht zufällig sind die Akten des Karlsruher Innenministeriums die beste erhaltene Informationsquelle über den „Gesellenverein“[13]. Denn selbst im Großherzogtum Baden, wo unter dem Druck der damals ausgesprochen liberal orientierten Zweiten Kammer durch das Vereins-

---

[10] S. dazu bes. die in Anm. 1 genannten Arbeiten von *Schieder* und *Schraepler*. Erschwerend für die Organisation der Handwerksgesellen innerhalb des Deutschen Bundes wirkte sich zudem ein Bundesbeschluß vom 3. 12. 1840 aus, der 1847 auch auf den Mannheimer Gesellenverein angewandt wurde: Alle Handwerksgesellen, „welche durch Teilnahme an unerlaubten Verbindungen, Gesellengerichten, Verrufserklärungen und dergleichen Mißbräuchen gegen die Landesregierung sich vergangen haben“, sollten „nach Untersuchung und Bestrafung“ sowie Entzug von Wanderbuch und Reisepaß „mit gebundener Reiseroute in den Staat, woselbst sie ihre Heimat haben, gewiesen und dort unter geeigneter Aufsicht gehalten, sonach in keinem anderen Bundesstaat zur Arbeit zugelassen werden“ (zit. nach Elisabeth *Todt* / Hans *Radandt*, Zur Frühgeschichte der deutschen Gewerkschaftsbewegung 1800 - 1849, Berlin-O. 1950, S. 45). Zum Hintergrund des Bundesbeschlusses vgl. Max *Quarck*, Die erste deutsche Arbeiterbewegung. Geschichte der Arbeiterverbrüderung 1848/49, Leipzig 1924, S. 335 ff.

[11] Zusammenfassend über die Entwicklung der deutschen Arbeiterbildungsvereine vor 1848 *Birker* (s. Anm. 1), S. 30 ff., ferner Frolinde *Balser*, Die Anfänge der Erwachsenenbildung in Deutschland in der ersten Hälfte des 19. Jahrhunderts, Stuttgart 1959, S. 86 ff.

[12] Kurzer Hinweis auf den „Handwerker-“ oder „Arbeiterverein“ in Mannheim bei Georg *Adler*, Die Geschichte der ersten sozialpolitischen Arbeiterbewegung in Deutschland mit besonderer Rücksicht auf die einwirkenden Theorien, Neudr. Frankfurt/M. 1966, S. 127 f.; Friedrich *Walter*, Mannheim in Vergangenheit und Gegenwart, Bd. 2, Mannheim 1907, S. 316. Am ausführlichsten über den „Handwerker-“ bzw. „Arbeiterbildungsverein“ als Beispiel „für die weniger bekannten kleineren Vereine, besonders für die zahlreichen Vereinsgründungen in den Jahren 1848/49“ *Balser*, Erwachsenenbildung (s. Anm. 11), S. 92 ff. Jacques Grandjonc nennt für die Jahre um 1843/44 auch Mannheim als Sitz eines Zweigvereins des „Bundes der Gerechten“, leider ohne genaueren Beleg: Otto *Büsch* / Hans *Herzfeld* (Hg.), Die frühsozialistischen Bünde in der Geschichte der deutschen Arbeiterbewegung. Vom „Bund der Gerechten“ zum „Bund der Kommunisten“ 1836 - 1847. Ein Tagungsbericht, Berlin 1975, Anhang.

[13] Generallandesarchiv Karlsruhe (GLA) 236/8196. Soweit im folgenden nicht anders vermerkt, stammen die angeführten Zitate und Schriftstücke aus diesem Bestand.

gesetz vom 26. 10. 1833 das generelle Verbot politischer Vereine stillschweigend aufgehoben wurde, konnte die Staatsregierung doch „jederzeit einen Verein, der die Sicherheit des Staates oder das allgemeine Wohl gefährdet, auflösen und dessen Fortbestehen verbieten“[14], wobei ihr — wie die Formulierung zeigt — ein kaum kontrollierbarer Ermessensspielraum blieb. Schon aus Furcht vor Konflikten mit dem Deutschen Bund gingen die Behörden allen Verdachtsmomenten für die Bildung oder Existenz politischer Vereine auch während der folgenden anderthalb Jahrzehnte mit peinlicher Sorgfalt nach und sammelten in ihren Aktenordnern die bei solchem Tun offensichtlich unvermeidlichen Curiosa. Die „gehorsamste Meldung des Brigadiers Groß“ an das Großherzogliche Kommando der Gendarmeriedivision des Unterrheinkreises vom 13. 2. 1847 über die „Verbindung einer bedeutenden Anzahl dahier in Arbeit stehenden Handwerksgesellen“ freilich enthielt konkrete Handhaben zum Eingreifen und löste sogleich hektische polizeiliche Aktivitäten aus.

Die Mitteilung, das Großherzogliche Stadtamt habe eine Untersuchung gegen die Gesellen eingeleitet, „weil dieselben unter dem Namen eines Lesevereins unter Leitung des Advokats Gustav v. Struve im Bierhaus ‚Zum Maierhöfel‘[15] einen politischen Club gebildet hatten“, konfrontiert allerdings mit der Tatsache, daß die verfügbaren Quellen auf weiten Strecken fast mehr über die Mentalität der zuständigen Beamten zu verraten scheinen als über den inkriminierten Gesellenverein. Die Behauptung, es handle sich um einen „politischen Club“ unter Struves Leitung, rückte den Verein, noch bevor die Untersuchung ernsthaft begonnen hatte, in das Licht staatsfeindlicher Umtriebe. Struve als Anführer einer linksliberal-demokratischen ‚außerparlamentarischen Opposition‘ erschien infolge seines permanenten juristischen und publizistischen Kleinkriegs mit Zensur, Polizei und Justiz den „Bureaucraten“ naturgemäß besonders suspekt, und diese ergriffen freudig jede Gelegenheit, ihm ihrerseits Schwierigkeiten zu bereiten[16]. So gaben offensichtlich die relativ lockeren Kontakte des

---

[14] Bad.RegBl. 1833, S. 209.

[15] Das Lokal wird sonst als Gasthaus „Zum Maierhof“ bezeichnet.

[16] Zu Struves Biographie und zur Entwicklung seiner politischen Theorie vgl. jetzt neben Karl *Ackermann*, Gustav v. Struve mit besonderer Berücksichtigung seiner Bedeutung für die Vorgeschichte der badischen Revolution, Diss. Heidelberg 1914, Jürgen *Peiser*, Gustav Struve als Politischer Schriftsteller und Revolutionär, Diss. Frankfurt/M. 1972, 1973 und in größerem Zusammenhang Peter *Wende*, Radikalismus im Vormärz. Untersuchungen zur politischen Theorie der frühen deutschen Demokratie, Wiesbaden 1975, passim. Zu Struves Kämpfen vor allem mit dem Mannheimer Zensor bes. *Ackermann*, S. 42 ff. Zum Presse- und Zensurwesen in Mannheim während der 1840er Jahre vgl. auch *Walter* (s. Anm. 12), S. 299 ff. Daß wohl vor allem der Kontakt mit Struve und Hecker zur „Entdeckung“ des Vereins geführt hat, geht nicht nur aus dem Bericht von Stadtdirektor Riegel vom 22. 2. 1847

Gesellenvereins zu Struve und Hecker auch den entscheidenden Anstoß, um gegen die „Verbindung" einzuschreiten.

Die Untersuchung wurde nach Verhaftung mehrerer Mitglieder „durch Herrn Polizeiassessor Jägerschmidt mit der größten Strenge geführt" — und mit beachtlichem Tempo: Schon am 22. 2. konnte der Stadtdirektor von Mannheim, Geh. Rat Riegel, dem Regierungsdirektor des Unterrheinkreises, Geh. Rat. Schaaff, über das Ergebnis berichten. Bei aller Tendenz und allen politischen Vorurteilen, die jede Zeile verrät, bildet dieser Bericht eine der wichtigsten Informationsquellen über Entstehung und Entwicklung des Gesellenvereins. Freilich sind seine Mitteilungen mit entsprechender Vorsicht auszuwerten: Riegel beginnt damit, „vorerst eine der interessantesten Erscheinungen der jüngsten Zeit", das Buch von Wilhelm Marr über das junge Deutschland[17] in langen Passagen fast wörtlich zu referieren — kaum aus purer Bildungsbeflissenheit, sondern um einen politischen Indizienbeweis darüber zu führen, daß der Gesellenverein staatsgefährliche Tendenzen verfolge. Etwas von Verschwörungsangst steckt hinter der Argumentation im einzelnen, die stets auf „ein leitendes Prinzip" zu schließen sucht und daher auch hinter möglichen Harmlosigkeiten sogleich Bedenkliches wittert. Für Riegel blieb durch Vergleich zwischen den von Marr geschilderten Schweizer Vereinsbildungen und dem Mannheimer Gesellenverein nach Statuten, Mitgliedschaft und „seinen eigentlichen Zwecken" „wohl wenig Zweifel übrig, daß dieser eine Nachbildung der in der Schweiz gegründeten Vereine und wohl eine Folge der von ihnen ausgehenden Propaganda ist und daß, um die Aufmerksamkeit der Polizei von sich abzuwenden, seine Tendenz nach den Statuten lediglich als eine durchaus erlaubte erscheinen sollte".

Was läßt sich als harter Kern aus den Angaben und Vermutungen der Untersuchungsbeamten über Entstehung und Programm des Gesellenvereins herauskristallisieren?

Im Oktober 1844 gründeten vier Schneider, deren wohl führender Kopf, Wilhelm Fricke, aus Celle im Königreich Hannover stammte, den Gesellenverein[18]. Sie verfuhren hierbei sehr überlegt, indem sie sich

hervor, sondern auch aus Pressenotizen: Seeblätter 1847, S. 135 (21. 3.); Mannheimer Journal 1847, S. 225 (21. 2.); Deutscher Zuschauer 1847, S. 121 (10. 4.).

[17] Wilhelm *Marr,* Das junge Deutschland in der Schweiz. Ein Beitrag zur Geschichte der geheimen Verbindungen unserer Tage, Leipzig 1846. Zu Marrs Persönlichkeit und seiner Tätigkeit in der Schweiz vgl. Werner *Kowalski* (Bearb.), Vom kleinbürgerlichen Demokratismus zum Kommunismus. Zeitschriften aus der Frühzeit der deutschen Arbeiterbewegung (1834 bis 1847), Berlin-O. 1967, bes. S. LXXV ff., 317 ff.; *Brugger* (s. Anm. 40), S. 202 ff.; *Schraepler* (s. Anm. 1), S. 94 ff.

[18] Als Mitbegründer werden genannt Franz Stadtmüller aus Kleinkarlbach in Rheinbayern, Georg Weinmann aus Engelhardshausen im Königreich Württemberg und Franz Anton.

bei Itzstein und Hecker, zwei in Mannheim ansässigen namhaften Mitgliedern der linksliberalen Landtagsopposition, über die Zulässigkeit der Gründung informierten. In Übereinstimmung mit der badischen Gesetzgebung von 1833 erhielten sie die Auskunft, „daß alle Vereine erlaubt seien, die keine staatsgefährliche Zwecke verfolgen". Von dem Tapezier Ferdinand Adrian, der ihnen durch sein Buch „Der deutsche Handwerksbursche" bekannt gewesen sein soll[19], ließen sie sich daraufhin Statuten entwerfen. Schon dieser Umstand macht es wenig wahrscheinlich, daß die Vereinsgründer explizit „radikalen" Ideen anhingen[20]. Adrian, später ein engagierter Gefolgsmann Kolpings und der von diesem propagierten Gesellenvereine[21], war zwar ein entschiedener Anhänger des „constitutionellen Staats"[22], bewegte sich aber mit seinen Ansichten durchweg in einer von „Freiheit" und „Vaterlandsliebe"[23] geprägten liberalen Vorstellungswelt, auch wenn er nicht bereit war, die des „Communismus" verdächtigen Auslandsvereine in der Schweiz ohne nähere Prüfung zu verdammen, vielmehr auf den möglichen Erwerb „höherer Bildung" und auf „gesitteteres und anständigeres" Benehmen als Folge der Vereinszugehörigkeit hinwies[24]. Derartige im Kern unpolitische Urteilskategorien — „höhere Bildung", „höhere Geisteskultur", „sittliche Bildung und Herzensveredelung", „Aufklärung und wahre Freiheit"[25] —, die Adrians Buch durchziehen mit dem Ziel, dem „jungen Wanderer" die für notwendig erachteten „Anleitungen" zu vermitteln, „wenn er sich zu einem edlen Menschen und tüchtigen Bürger heranbilden und das Glück der Zukunft begründen will"[26], finden sich auch in den Statuten des Gesellenvereins wieder: Anpassung an die Wertvorstellungen und Normen der „bürgerlichen Gesellschaft" sind höchstes Ziel. „Im Eingange wird darauf hingewiesen", so wußte der Stadtdirektor zu berichten, „daß die Moralität und wissenschaftliche Bildung bisher bei den Handwerksgesellen wenig kultiviert sei und daß es ebenso zeitgemäß als notwendig erscheine, die höhern, bis dahin für sie fast unerreichbaren Güter des Lebens für sich zu erringen,

---

19 Tatsächlich erschien das Buch erst 1845; vgl. Anhang, Nr. 6.

20 Einer der Gründer des Vereins, Georg Weinmann, betonte während der Untersuchung, man sei „fest entschlossen" gewesen, „sich lediglich auf gesellige Unterhaltung, Gesang und Fortbildung im Lesen und Schreiben zu beschränken"; Bericht Riegels vom 22. 2. 1847.

21 Vgl. Ferdinand *Adrian,* Gott segne das ehrbare Handwerk. Ein Handbuch für den deutschen Gesellen in der Heimat und in der Fremde. Mit einem Vorworte von A. Kolping, Freiburg i. Br. 1858.

22 *Adrian*, Der deutsche Handwerksbursche, S. 57 ff., bes. S. 60 ff.

23 Ebd., z. B. S. 22, 37 ff., 54. Dies gilt auch für den Tenor der Lieder, die Adrian ebd., S. 212 ff. abdruckt.

24 Ebd., S. 68 ff., bes. 73 f.

25 Ebd., S. 6, 17, 8.

26 S. den vollen Titel von Adrians Werk im Anhang, Nr. 6.

und sich deshalb eine Anzahl Gesellen entschlossen habe, einen Verein zu gründen, dessen Zweck es sei, eine höhere Bildung durch Erweiterung der Kenntnisse und Feststellung des sittlichen Betragens zu erwerben. Als Mittel sind bezeichnet:

a) der Unterricht und die Übung in den nötigsten Elementarkenntnissen wie Lesen, Schreiben, Rechnen, in der Orthographie, in der Fertigkeit schriftlicher Aufsätze etc.,
b) der Unterricht in Geographie, Welt- und Naturgeschichte,
c) das Lesen guter Zeitschriften und Werke anerkannter Schriftsteller und die Besprechung hierüber,
d) die Kenntnisnahme von dem Zustand der Gewerbe im In- und Auslande sowie geeignete Vorträge und gegenseitige Belehrungen über den Stand derselben,
e) die Mitteilung und Erklärung nützlicher Erfindungen,
f) die Anschaffung literarischer Hilfsmittel zur wissenschaftlichen und technischen Ausbildung,
g) der Gesangunterricht.

In dieser Richtung sind nun die weitern Bestimmungen der Statuten gegeben."

Die finanzielle Basis zur Durchführung dieses Programms bildete der wöchentliche Mitgliedsbeitrag von 4 Kreuzern[27], um „Literalien" anzuschaffen und Unterrichtsgebühren zu bezahlen[28]. Der Verein dürfte dadurch seinem Mitgliederbestand entsprechend über eine Jahreseinnahme von etwa 150—170 fl verfügt haben.

Auch im übrigen war der Gesellenverein offensichtlich wohlorganisiert mit Vorstand, Sekretär und Kassier; Bücher und „Skripturen" waren in einem eigens gemieteten Zimmer im Gasthaus ‚Zum Maierhof' untergebracht, dessen Wandschmuck, „Bildnisse von Struve, Ronge und Dowiat"[29], allen Besuchern eine mit dem Deutschkatholizismus sympathisierende demokratisch-antiklerikale Gesinnung demonstrierte.

[27] Nicht 10 Kreuzern, wie *Balser*, Erwachsenenbildung (s. Anm. 11), S. 299, Anm. 98 meint. Eine Vorstellung von der Höhe des Beitrags vermittelt die Tatsache, daß ein Schneidergeselle um 1845 in Mannheim mit einem Taglohn von maximal 50 kr rechnen konnte; vgl. die Angaben bei Peter *Kühn*, Materialien zu einer Geschichte der Mannheimer Unterschichten in der Zeit von 1835 - 1862 (1871), Bern—Frankfurt/M. 1974, S. 166.

[28] Demnach nahmen die Gesellen also auch Unterricht durch bezahlte Lehrer; Nachrichten über Umfang und Inhalt des Unterrichts fehlen. Über die Fächer, die im Hamburger „Bildungsverein" gelehrt wurden, und über abgehaltene Kurse vgl. *Adler* (s. Anm. 12), S. 128 f.

[29] Johannes Ronge war Begründer der deutschkatholischen Bewegung. Dowiat wirkte als Reiseprediger für den Deutschkatholizismus; am 28. 9. 1845 hielt er sich zusammen mit Ronge in Mannheim auf. *Walter* (s. Anm. 12),

Über die Mitglieder des Vereins ist leider kaum Genaueres zu erfahren. Alle inzwischen wieder Ausgetretenen und Fortgezogenen eingerechnet zählte die „Verbindung" 141[30], zum Zeitpunkt der ‚Entdeckung' rund 50 Teilnehmer[31] — eine recht bescheidene Zahl, wenn man mit den „Arbeitervereinen" von Berlin und Hamburg vergleicht[32], nicht unerheblich jedoch, wenn man bedenkt, daß Mannheim damals mit rund 23 500 Einwohnern vom Großstadtstatus noch weit entfernt war[33]. Im Unterschied zu den genannten Vereinen erhielt der Mannheimer Verein keinerlei öffentliche Unterstützung; auch gehörten ihm ausschließlich Handwerksgesellen an[34]. Eine weitere Besonderheit war die starke Beteiligung von Schneidern: 104 von 141 Mitgliedern oder über 70 % waren Schneidergesellen, sicher zunächst eine Konsequenz davon, daß vier Schneidergesellen den Verein begründet hatten und Mitglieder am leichtesten im gleichen Metier geworben werden konnten[35], für Geh. Rat Riegel aber unter Berufung auf Marrs Schweizer Erfahrungen erneut ein Beweis für die Gefährlichkeit des Vereins[36]. Ansonsten konnte die zustimmend zitierte Äußerung Marrs, „Schneider und Communist sein" sei in der Schweiz „fast synonym und der Com-

S. 295; ebd., S. 294 ff. über die Entwicklung des Deutschkatholizismus in Mannheim.

30 Bericht Riegels vom 22. 2. 1847.

31 Mannheimer Morgenblatt 1847, S. 362 (17. 3.). Nach *Walter* (s. Anm. 12), S. 316 gehörten zur Zeit der Auflösung dem Verein 60 - 70 Mitglieder an.

32 Der 1844 in Berlin gegründete Arbeiterbildungsverein zählte nach *Adler* (s. Anm. 12), S. 126 „weit über 1000 Mitglieder", nach Rudolf *Stadelmann* / Wolfram *Fischer*, Die Bildungswelt des deutschen Handwerkers um 1800. Studien zur Soziologie des Kleinbürgertums im Zeitalter Goethes, Berlin 1955, S. 224 gar rd. 3500 Mitglieder. Nach *Todt* / *Radandt* (s. Anm. 10), S. 84 gehörten dem Verein 1846 984 Gesellen und 94 Meister an. Der Hamburger „Bildungsverein" wuchs zwischen 1845 und Anfang 1848 von 230 auf gut 500 Mitglieder an; diese und weitere Daten bei H. *Laufenberg*, Geschichte der Arbeiterbewegung in Hamburg, Altona und Umgebung, Bd. 1, Hamburg 1911, S. 103. Der 1846 in Kiel gegründete „Gewerbeverein" hatte nach drei Monaten bereits „gegen 200 Mitglieder"; *Adler*, S. 127. Ein Arbeiterbildungsverein in Bremen erreichte bis Ende 1847 die stolze Zahl von rd. 700 Mitgliedern; *Birker* (s. Anm. 1), S. 38.

33 *Kühn* (s. Anm. 27), S. 20. Demgegenüber lebten um 1850 in Hamburg rd. 132 000, in Berlin rd. 419 000 Menschen; Bevölkerungs-Ploetz, Bd. 4, Würzburg ³1965, S. 24.

34 Für den Berliner Verein vgl. die Hinweise in Anm. 32; nach *Quarck* (s. Anm. 10), S. 25 zählten zu ihm Angehörige „aller Berliner Gesellschaftskreise". Zur Zusammensetzung des Hamburger „Bildungsvereins" Ende 1846 vgl. *Laufenberg* (s. Anm. 32), S. 103. Vgl. allgemein *Birker* (s. Anm. 1), S. 37 f.

35 Damit dürfte ein beachtlicher Teil der Mannheimer Schneidergesellen im Verein zusammengeschlossen gewesen sein. Nach *Kühn* (s. Anm. 27), S. 59 gab es 1847 88 Schneiderbetriebe in Mannheim. Der hohe Anteil von Handwerksgesellen aus einem Gewerbe charakterisierte auch den Hamburger „Bildungsverein": Ende 1846 waren von 392 Mitgliedern 197 oder gut 50 % Tischler; *Adler* (s. Anm. 12), S. 128.

36 *Marr* (s. Anm. 17), S. 124 f.

munist gleichsam die Konsequenz des Schneiders"[37], in den Nachrichten über die Aktivitäten des Vereins nur eine schwache Stütze finden. Dennoch häuften sich für den Stadtdirektor die Verdachtsmomente: Im Hinterzimmer des Maierhofs wurde nur badische Oppositionspresse liberaler bis radikaler Couleur gelesen — Mathys „Rundschau", die von Fickler redigierten „Seeblätter" und Struves „Deutscher Zuschauer" —; die kleine Bibliothek umfaßte nach Riegels Ansicht Bücher „größtenteils politischen, communistischen und religiösen Inhalts, letztere in der Rongischen Richtung", sie enthielt zudem einige in den politischen Verlagsanstalten der Schweiz produzierte Titel[38]; hinzu kam, daß sich nach den Eintragungen in den Wanderbüchern „sehr viele Mitglieder längere oder kürzere Zeit in der Schweiz, insbesondere Lausanne, Genf, La-Chaux-de-Fonds aufhielten und direkt hierher kamen oder vorerst noch in andern Teilen Deutschlands verweilten"[39] und daß eine beschlagnahmte handschriftliche Sammlung von Liedern „Fürstenhaß, Communismus etc." atmete. Zwar entdeckte die Polizei in den sonstigen Liederheften „nichts, was auf Politik, Religion etc. Bezug hätte", doch in der Korrespondenz mit einem in Heidelberg bestehenden Gesellenverein über gemeinsame Gesangsveranstaltungen erschien die Aufforderung zur Subskription einer „in Musik gesetzten Liedersammlung" suspekt, die „eine Auswahl derjenigen Lieder enthalten werde, wie sie Schweizer Sammlungen von Lausanne, Zürich, Bern, Luzern und St. Gallen in sich begreifen". Riegel sah dadurch seinen Argwohn bestätigt, daß Verbindungen zu Schweizer „Communistenvereinen" bestünden, sollten sich doch solche in Lausanne, Zürich und Bern unter dem Deckmantel von Gesangsvereinen gebildet haben[40]. Unzweifelhaft erschien es dem Stadtdirektor auch, daß „in sehr vielen Städten des Landes solche Vereine bestehen", obwohl der Briefwechsel des Mannheimer Vereins dafür keine konkrete Handhabe bot.

[37] Ebd., S. 125.

[38] Vgl. Anhang, Nr. 10 f., 16, 28, evtl. auch 20. Zu den Methoden, derartiges Schrifttum zu verbreiten, vgl. Hans Gustav *Keller*, Die politischen Verlagsanstalten und Druckereien in der Schweiz 1840 - 1848, Bern—Leipzig 1935, S. 25, 44 f., 64 f., 90 ff., 105 ff., 140 ff.; *Marr* (s. Anm. 12), S. 290, 292, 308.

[39] Zu den gängigen Wanderrouten der Handwerksgesellen nach der Schweiz und nach Frankreich vgl. *Marr* (s. Anm. 17), S. 100, *Schieder* (s. Anm. 1), S. 93 f.

[40] Diese unzutreffende Behauptung mag sich daraus erklären, daß Riegel nicht in der Lage oder nicht Willens war, die harten Richtungskämpfe zwischen „Communisten" und „Jungdeutschen" innerhalb der Schweizer Arbeitervereine wahrzunehmen, sondern dazu neigte, sie alle als „communistisch" einzuordnen. Nach *Marr*, S. 108 f. setzten sich die Kommunisten nur in Genf, Lausanne und La-Chaux-de-Fonds durch. Zu den Formen der Vereinsorganisation *Schieder* (s. Anm. 1), S. 132 ff; über die Entwicklung der Schweizer Vereine ebd., S. 66 ff. und sehr ausführlich Otto *Brugger*, Geschichte der deutschen Handwerkervereine in der Schweiz 1836 - 1843. Die Wirksamkeit Weitlings (1841 - 1843), Bern—Leipzig 1932, S. 32 ff., 95 ff.

Dagegen hielt sich Riegel mit dem Verdacht, es hätten engere Beziehungen zwischen dem Gesellenverein und Struve sowie anderen radikalliberalen Oppositionellen bestanden, doch vorsichtig zurück. Die Rechtsberatung durch Itzstein und Hecker kann wohl als Indiz für die politische Einstellung der Gesellen gewertet werden; soweit ersichtlich führte sie jedoch zu keinen intensiveren Kontakten; ähnliches gilt für die Verbindung zu Struve. Die Angaben des Berichts sprechen dafür, daß die soziale Barriere zwischen Intellektuellen und Handwerksburschen zu groß war. Zu näherer Berührung mit Struve kam es mit Sicherheit[41] erst zwei Jahre nach der Vereinsgründung, als dieser auf einer von ihm einberufenen Versammlung in der Aula am 8. 11. 1846 zusammen mit Hecker und dem „Literaten" Johann Peter Grohe[42] angesichts der allgemeinen Teuerung einen „Verein zur Förderung des Wohles der arbeitenden Klassen" ins Leben rief und sich hierbei auch besonders der Handwerksgesellen annahm[43]. Das anwesende Vereinsmitglied, der offensichtlich besonders aktive und in der folgenden Zeit als Verbindungsmann zu dem radikalen Journalisten tätige Schneidergeselle Kristiansen[44], meinte daher, „daß Struve der Mann sei, welcher dem Verein förderlich sein könne". Von der Einladung, an den Zusammenkünften der Vereinsmitglieder teilzunehmen, machte Struve offenbar nur einmal für mehrere Stunden Gebrauch; im übrigen

---

[41] *Peiser* (s. Anm. 16), S. 33 berichtet davon, daß die Vereinsmitglieder 1846 Geld für Struve sammelten, um seine gepfändeten Möbel auszulösen, die der Gerichtsvollzieher als Ersatz für die nicht gedeckten Unkosten von vier Zensurprozessen beschlagnahmt hatte.

[42] Johann Peter Grohe war Redakteur der Mannheimer Abendzeitung, des laut *Adler* (s. Anm. 12), S. 129 „politisch radikalsten Blattes in ganz Deutschland"; er soll bei der Verbreitung von radikalen Schriften aus dem „Literarischen Institut" in Herisau besonders aktiv gewesen sein: *Keller* (s. Anm. 38), S. 106. Vgl. auch Karl *Glossy* (Hg.), Literarische Geheimberichte aus dem Vormärz, Reprint Hildesheim 1975, Bd. 2, S. 294, Bd. 3, S. 143. Zu Grohes Aktivitäten in den Revolutionsjahren 1848/49 zahlreiche Hinweise bei *Walter* (s. Anm. 12).

[43] Über den „Verein zur Förderung des Wohles der arbeitenden Klassen" — der Name dürfte der fast gleichnamigen preußischen Gründung von 1844 nachgebildet sein — vgl. *Kühn* (s. Anm. 27), S. 248 ff. Daß Hecker bei dieser Gelegenheit „Genossenschaften" vorschlug, „in welchen die Arbeiter in Gemeinschaft mit Mitgliedern des Vereins wohlfeil und einfach ihre Mahlzeiten einnehmen", war für Stadtdirektor Riegel ein weiterer Anhaltspunkt, um den Einfluß Weitlings als gegeben anzusehen. Zu Weitlings „Kostanstalten" vgl. *Marr* (s. Anm. 17), S. 90 ff.; *Schieder* (s. Anm. 1), S. 77 f.

[44] So las Kristiansen vor der ‚Entdeckung' des Vereins den Bestseller „Der ewige Jude" von Eugen Sue vor, „dessen sentimentale Schauerromane in den Feuilletons der Bourgeoispresse alle Spießbürger entzückten", wie Franz Mehring formulierte; Franz *Mehring*, Geschichte der deutschen Sozialdemokratie, Bd. 1, Berlin-O. 1960, S. 34. Der große Erfolg des Ewigen Juden auch in Deutschland dokumentiert sich darin, daß gleichzeitig nicht nur zwei Übersetzungen in Buchform erschienen, sondern eine weitere „von dem bekannten Republikaner Friedrich Funk" im „Frankfurter Konversationsblatt" publiziert wurde; *Glossy* (s. Anm. 42), Bd. 2, S. 183, Bd. 3, S. 79, 86, 120.

schenkte er dem Verein sein „Politisches Taschenbuch“ und den „philosophischen“ Roman „Mandaras Wanderungen“, ein kurioses Werk, in dem Struves Vegetarismus mit religionsphilosophischen Betrachtungen über das reine Christentum weltanschaulich zusammenfließt. Schließlich erschien er mit Hecker und Grohe und einem weiteren, nicht geladenen Gast, dem „politischen Dichter Commis Schnauffer“[45], für zwei Stunden auf einem Silvesteressen des Vereins und ließ es sich „trefflich schmecken“, zahlte aber, wie der Bericht maliziös bemerkt, nichts an der Zeche. Was von den bei dieser Gelegenheit gehaltenen Reden bekannt wurde, bewegt sich im Rahmen liberal-demokratischer Vereinsideologie und kann einen jovial-herablassenden Ton nicht ganz verleugnen. „Dr. Hecker“ ermahnte nach der Aussage des Schneidergesellen Weinmann „zum Festhalten an dem Vereine, weil durch Vereine etwas Tüchtiges geleistet werden könne. Was dem einzelnen — sei es wegen Mangel an Kraft und Geld — nicht möglich, das könnten Vereine vollbringen. Durch unser Zusammenwirken werde unsere moralische und technische Fortbildung gefördert, so daß wir später als Bürger und Meister eine selbständige und dem Handwerksstande angemessene Stellung im Staate einnehmen und nicht mehr wie früher auf unser erlerntes Handwerk allein beschränkt sein sollen, damit wir auch zur allgemeinen Kenntnis unserer selbst und unserer Rechte als Menschen und Bürger gelangen.“

So lieferte die Indizienbeweisführung des Stadtdirektors sowohl hinsichtlich der Verbindungen des Gesellenvereins zu den „communistisch“ orientierten Auslandsvereinen wie hinsichtlich engerer Kontakte zu der extremen ‚Linken‘ im Großherzogtum Baden doch nur recht schwache Argumente dafür, daß der Gesellenverein „seiner Natur nach offenbar staatsgefährlich“ sei und daher gemäß dem Bundesbeschluß vom 3. 12. 1840[46] unterdrückt werden müsse.

Innenminister Bekk, selbst erst im Spätjahr 1846 aus der Rolle eines Führers der gemäßigten liberalen Landtagsopposition zum leitenden Minister avanciert[47], durfte die Anzeige nicht auf die leichte Schulter nehmen. Die schwierige politische Situation der Regierung zwischen Karlsruher Zweiter Kammer und Frankfurter Bundestag, dem die badische Progressivität immer wieder zum Stein des Anstoßes wurde und der durch den Bundesbeschluß vom 6. 8. 1846 gegen „communisti-

---

45 Es handelt sich um Karl Heinrich Schnauffer, 1848/49 Herausgeber des zunächst von Friedrich Hecker redigierten, entschieden republikanisch orientierten „Volksfreund“; *Keller* (s. Anm. 38), S. 115 f. Einige Angaben über Schnauffers Tätigkeit 1848/49 bei *Walter* (s. Anm. 12), S. 331 f., 355, 391, 400.

46 S. Anm. 10.

47 Zu seinem Ministerium in der Zeit vor Ausbruch der Märzrevolution vgl. Marietheres *Scholtissek*, Die innere Verwaltung Badens unter Minister Bekk in der vormärzlichen Zeit, Diss. München 1959.

sche Vereine“ erneut seine Entschlossenheit bekundete, allen Tendenzen zum „Umsturz der bestehenden Ordnung der Dinge“ entgegenzuwirken[48], die Tatsache, daß Baden infolge seiner Grenzlage zur Schweiz und zu Frankreich linksextremen Aktivitäten besonders intensiv ausgesetzt war, daß Handwerksgesellen eines der stärksten politischen Unruheelemente im In- und Ausland darstellten und daß Mannheim das bedeutendste Zentrum des politischen Radikalismus im Großherzogtum bildete, drängten ihn dazu ebenso wie seine eigene Überzeugung von der Gefährlichkeit des Vereins, „da die vorgefundenen Schriften und Lieder hinreichend klarmachen, daß alles darauf hinausgeht, unter Handwerksgesellen Unzufriedenheit mit ihrem Zustande und einen Haß derselben gegen die Besitzenden und gegen die Staatsordnung zu nähren“[49]. Zwar hielt er es für zwecklos, den Fall an die Gerichte zu verweisen — nicht einmal eine polizeiliche Strafe schien ihm möglich, da der Verein bisher nicht verboten worden war —, doch wollte er ein Verbot auf Grund des Vereinsgesetzes von 1833 ausgesprochen wissen; er trat darüber hinaus für „eine Fortweisung der Mitglieder, wenigstens aller derjenigen, die dabei einige Tätigkeit zeigten, nach Maßgabe des Bundesbeschlusses vom 3. Dezember 1840“ ein und bezog dies verschärfend auch auf „Inländer, die in Mannheim kein Bürgerrecht haben“, wenigstens soweit sie „dabei eine größere Tätigkeit zeigten oder auch in anderer Hinsicht übel berüchtigt sind“. Für wie brisant er die Affäre ansah, zeigt seine Weisung, die polizeilichen Maßregeln schnell zu vollziehen, da es nottue, „dem Umsichgreifen von Vereinen dieser Art mit aller Strenge entgegenzutreten“, sowie seine Aufforderung an die Regierungsdirektoren in Rastatt, Freiburg und Konstanz[50], dafür zu sorgen, daß die Bezirksbeamten „wenigstens in den größeren Städten“ „etwa vorfindlichen Vereinen ähnlicher Art auf die Spur kommen und sogleich mit allem Ernste dagegen einschreiten“.

Zwar blieb die Vereinssuche im Lande erfolglos; selbst vom Heidelberger Gesellenverein vermochte man, wohl infolge entsprechender

---

[48] Protokolle der Deutschen Bundesversammlung 1846, S. 536 ff. Zur kommunistischen Agitation in der Schweiz 1844/46 und zu ihrer Unterdrückung vgl. *Adler* (s. Anm. 12), S. 64 ff.

[49] Weisung Bekks an Regierungsdirektor Schaaff vom 27. 2. 1847 GLA 236/8196. Zur Sorge der Zeitgenossen vor kommunistischen Tendenzen der „Arbeitervereine“ vgl. *Adler* (s. Anm. 12) S. 126 f. Es sei dahingestellt, ob neben der Schweizer Entwicklung (s. Anm. 48) u. U. auch der Geheimbundprozeß gegen den Schneidergesellen Christian Friedrich Mentel u. a. in Berlin seit Ende 1846 wegen kommunistischer Umtriebe Bekks Sorge vor den Auswirkungen von Handwerksgesellenvereinen verstärkt hat; vgl. Eduard *Bernstein*, Geschichte der deutschen Schneiderbewegung, Bd. 1, Berlin 1913, S. 70 f.

[50] Weisung vom 27. 2. 1847 GLA 236/8196.

Vorwarnung, nicht viel aufzuspüren. In Mannheim jedoch gingen die Behörden weisungsgemäß „mit aller Strenge" vor[51]: Obschon „eine nicht unbedeutende Anzahl" von Mannheimer Handwerksmeistern in einer Eingabe an das Stadtamt dem „Handwerkerverein" das beste Lob erteilte und erklärte, „daß derselbe dahin gewirkt habe, die Sittlichkeit und den Fleiß unter den jüngern Handwerkern zu befördern", und obwohl dem Verein selbst keinerlei Gesetzwidrigkeiten nachgewiesen werden konnten[52], wurde er als „die bestehende Staatsordnung und das öffentliche Wohl gefährdend" am 16. 3. 1847 aufgelöst, wurden „neun ausländische Gesellen, die durch die Gründung des Vereins, durch Bekleidung von Ämtern oder durch Anwerbungen eine besondere Tätigkeit entwickelten"[53], in ihre Heimat verwiesen. Ein Protestzug der Vereinsmitglieder vor das Amtshaus blieb vergeblich; der von Hecker und Struve vorgebrachten Rekursanzeige sämtlicher Betroffenen wollte das Stadtamt keine aufschiebende Wirkung beilegen, und trotz eines Einhaltbefehls gegen dieses Erkenntnis bei der Regierung des Unterrheinkreises mußten die neun Gesellen noch am Nachmittag des gleichen Tages mit in ihre Heimat visiertem Paß Mannheim verlassen, wurden allerdings von ihren Kameraden in Friedrichsfeld demonstrativ mit Musik, Abschiedsessen und einem trotzigen „wir bleiben *doch* die alten" empfangen[54].

Das Verbot und das rigorose Vorgehen der Behörden[55] machten immerhin so viel Aufsehen in der Presse bis hin zur Augsburger Allgemeinen Zeitung, daß Innenminister Bekk es für notwendig erachtete, Außenminister Dusch schon am 1. 3. 1847 zu informieren, damit etwaige auswärtige Anfragen entsprechend beantwortet werden könnten[56].

---

51 Zum folgenden außer den jeweils angeführten Pressenachrichten Akten in GLA 236/8196.

52 Mannheimer Journal 1847, S. 351; Seeblätter 1847, S. 140.

53 Mannheimer Morgenblatt 1847, S. 451 nach der Augsburger Allgemeinen Zeitung.

54 Seeblätter 1847, S. 139 f. (23. 3.).

55 Laut „Deutscher Zuschauer" 1847, S. 114 wurden zwei der Ausgewiesenen, badische Bürger, „in Heidelberg auf den Schub gebracht, von dem dortigen Polizeiwachtmeister auf die gröblichste Weise mißhandelt, von dem dortigen Beamten ohne vorgängiges Gehör zum Schube verurteilt und so in ihre Heimat verbracht. Ein Handwerker, welcher im Auftrag des Meisters seinen ausgewiesenen Freunden die erforderlichen Legitimationspapiere nach Heidelberg brachte, wurde in das Gefängnis geworfen und 6 Tage lang in demselben zurückgehalten. Hier in Mannheim ging der betreffende Polizeibeamte so weit, dem Anwalte, welcher, *wie es die Rekursordnung ausdrücklich erlaubt,* den Rekurs für die ausgewiesenen Handwerker mündlich zu Protokoll ausführen wollte, zu drohen, gegen ihn von seinem Hausrechte Gebrauch zu machen, d. h. ihn von der Erfüllung seiner beschwornen Pflichten dadurch abzuhalten, daß er ihn zur Türe hinauswerfen lassen werde."

56 GLA 236/8196.

Die Polemik im badischen Blätterwald enthält über das bisher Referierte hinaus kaum Informationen. Doch wurde die Auflösung des Gesellenvereins ein neuer Anlaß, um die seit längerem sich abzeichnende Spaltung zwischen radikalem und gemäßigtem Liberalismus, zwischen „Ganzen" und „Halben", die durch das Einrücken Bekks in die Regierungsverantwortung forciert worden war, weiter zu vertiefen. Struve selbst diente das Verbot als weiterer Beweis dafür, daß das Ministerium Bekk als Vorkämpfer von „Reaktion" und „Polizeiunwesen" zu bewerten sei[57]. „Bei dem *dritten* Stande, nämlich bei den besitzenden Städtebürgern und Landleuten, wird er damit nicht viel Glück machen", kommentierte das regierungstreue Mannheimer Morgenblatt. Doch sei „darauf bei der Anpreisung solcher Vereine auch nicht gerechnet, sondern nur auf das Proletariat, dem durch die kommunistischen und sozialistischen Ideen auf Kosten der jetzt Besitzenden aufgeholfen werden soll. Dazu scheinen die Handwerks-Burschen die passendsten Werkzeuge"[58]. Derartige Argumentation, in der durch die mangelnde Präzision der Terminologie hindurch doch das wachsende zeitgenössische Bewußtsein sozialer Spannung zwischen „Besitzenden" und „Proletariat", „drittem" und „viertem Stand" und die damit verbundene tatsächliche oder auch nur taktisch eingesetzte Revolutionsfurcht der beati possidentes greifbar wird, rückte den Mannheimer Gesellenverein erneut in das Licht staats- und gesellschaftsbedrohender Organisation, während die linke Presse hinter seiner Unterdrückung nur reaktionäre Machenschaften witterte, die sich eigentlich gegen die radikale Opposition richteten und hierbei die Bemühungen „höchst achtbarer, tüchtiger und gebildeter junger Männer", „daß der Handwerkerstand auf eine höhere Stufe der Bildung und Sittigung gebracht werde", nur als Mittel mißbrauchten[59]. Ficklers Seeblätter wollten sogar Heckers damalige parlamentarische Resignation mit den Angriffen in Verbindung bringen, welche die angeblich „liberalen Volksmänner" und tatsächlichen „Bourgeois" und „Geldaristokraten" gegen den Anwalt des „vierten Standes", den „Proletarierfreund" starteten[60].

---

[57] Deutscher Zuschauer 1847, S. 106, 114, 121, 129 f.

[58] Mannheimer Morgenblatt 1847, S. 473 (10. 4.).

[59] Seeblätter, S. 140. Dazu, daß dieser Verdacht nicht ganz unbegründet war, vgl. Anm. 16. Wie der Deutsche Zuschauer 1847, S. 121 behauptet, erklärte „ein Mannheimer Polizeibeamter [. . .], ohne desfalls eine Rüge zu empfangen, der Handwerkerverein im Maierhofe hätte noch lange Jahre bestehen können, wenn er nicht *Hecker* und *Struve* zu sich eingeladen hätte. Derselbe Polizeibeamte forderte in Übereinstimmung mit seinen Vorgesetzten die Handwerker auf, sich statt der Abendzeitung, des deutschen Zuschauers und der Seeblätter das Morgenblatt und die Karlsruher Zeitung zu halten und statt aller politischen Bücher bloß die Bibel zu lesen."

[60] Seeblätter 1847, S. 135 (21. 3.) vgl. ebd., S. 140.

Da von den Befürwortern des Verbots immer wieder Bücherei und Liederabschriften zitiert wurden, um den wahren Charakter des Vereins aufzudecken, ist anhand dieser Quellen zu prüfen, ob und inwieweit der Verdacht berechtigt war, und auf den geistigen Horizont, die politische und soziale Denkweise der Vereinsmitglieder soweit möglich rückzuschließen.

Der Bibliotheksbestand von 40 Titeln[61] läßt sich thematisch in sechs größere Gruppen gliedern, ohne daß sich zwischen den einzelnen Bereichen immer scharfe Grenzen ziehen ließen.

Zur ersten Gruppe zählen Bücher, die gemäß den Vereinsstatuten unter a) vor allem auf „Elementarkenntnisse" ausgerichtet waren wie Nasts „Lehrbuch der Rechenkunst für Schul- und Selbstunterricht" (Nr. 8), Gockels „Anleitung zu teutschen Aufsätzen für Bürger- und Gewerbschulen" (Nr. 9) und Heyses „Allgemeines verdeutschendes und erklärendes Fremdwörterbuch" (Nr. 1), in gewisser Weise auch Adrians „Deutscher Handwerksbursche" (Nr. 6), da dieses Werk in seinem umfangreichen 8. Kapitel u. a. Kenntnisse von den Grundbegriffen der deutschen Sprache und Rechtschreibung sowie über das Briefschreiben vermittelte und neben einer Kollektion von Musterbriefen auch eine Verdeutschung der gebräuchlichsten Fremdwörter enthielt. Auf höhere berufliche Ausbildung zielte ein Lehrbuch über „Deutsche Buchhaltung" (Nr. 26); Ahns vielaufgelegter „Praktischer Lehrgang zur schnellen und leichten Erlernung der französischen Sprache" (Nr. 31) weist auf das Interesse der Handwerksgesellen an der französischen Schweiz und Frankreich als Wanderziel hin. Dem „Unterricht in Geographie, Welt- und Naturgeschichte", wie ihn die Statuten unter b) vorsahen, diente außer Ungewitters „Neuester Erdbeschreibung" (Nr. 7), einem reichlich trockenen Nachschlagewerk, eine „Allgemeine Weltgeschichte" (Nr. 5), vermutlich die von Karl Strahlheim verfaßte — laut Vorwort „besonders für alle diejenigen berechnet, welche entweder aus Mangel an Zeit oder Gelegenheit sich keinem tiefen und oft langweiligen Studium der Geschichte widmen konnten oder können und dennoch in kurzem eine so vollständige als belehrende Übersicht in dem unermeßlichen Gebiete einer Wissenschaft erlangen wollen, die in unseren Tagen einem jeden, der auch nur einigermaßen auf Bildung Anspruch machen will, unentbehrlich ist"[62]. Das Werk vernachlässigte die neueste Geschichte in erstaunlichem Maße, da von rd. 2500 Seiten nur etwa ein Zehntel auf die Zeitspanne 1789 - 1840 entfiel. „Die Geschichte des deutschen Volkes" von Duller (Nr. 2) war stärker gegen-

---

[61] S. Anhang. Als eigene Titel entfallen die Nr. 22, 23 und 34, doppelt vorhanden war das Politische Taschenbuch von G. v. Struve (Nr. 42 f.).

[62] a.a.O., Bd. 1, S. IV.

wartsbezogen und gegenüber dem politisch enthaltsamen Strahlheim'schen Werk maßvoll liberal orientiert, getragen von der „richtigen Grundansicht", „daß nur auf wechselseitiger Anerkennung und Haltung der wechselseitigen Rechte und Pflichten" der Fürsten und des Volkes „das Heil des Ganzen beruht"[63].

Die zweite Abteilung der Bibliothek zum Thema „Gesang" (Nr. 21 bis 25, 34, 35, 37, 39) enthielt auch in der Partitur „Der Männergesang von Lausanne" (Nr. 21) nichts, was der Polizei als gefährlich in die Augen stach. Immerhin läßt dieser Titel ebenso wie Naegelis Rundgesänge (Nr. 24) auf Schweizer Provenienz schließen.

In der Gruppe „unterhaltende" Literatur (Nr. 3, 4, 15, 33, 36, 41) nahm das Werk von Heinrich Zschokke den breitesten Raum ein — möglicherweise eine Konsequenz von Schweizer Erfahrungen der Vereinsmitglieder, war der aus Deutschland stammende Wahlschweizer und liberale Journalist doch zu seiner Zeit ein beliebter Volksschriftsteller[64], möglicherweise aber auch eine Folge der Empfehlung seines Oeuvres in Adrians „Deutschem Handwerksburschen"[65]. Das Interesse an Schiller entsprach der Popularität dieses Dichters gerade auch in Handwerkerkreisen[66]. Die gemeinsame Lektüre von Eugen Sues „Der ewige Jude", eines Trivialromans, dessen Autor das zeitgenössische Interesse an der „sozialen Frage" für den eigenen Erfolg bei recht vagen und dürftigen eigenen Reformvorschlägen geschickt ausbeutete, dürfte die Zuhörer zumindest in ihrem antiklerikalen Ressentiment bestärkt haben[67].

Die antiklerikalen Schriften bildeten eine eigene Gruppe in der Vereinsbibliothek. Dullers Werk über die Jesuiten (Nr. 14), „dem deutschen Volk und seinen Fürsten" gewidmet, ist ein historisches Pamphlet, in dem des Jesuitenordens dreihundertjähriger „Kampf gegen den Protestantismus" als „ein Kampf der Finsternis gegen das Licht, ein Kampf der Lüge gegen die Wahrheit, ein Kampf der Tyrannei gegen die Freiheit, welcher in der ganzen Weltgeschichte beispiellos ist", dargestellt wird. Duller galt das deutsche Volk als besonders bedroht, da die Reformation „aus dem innersten Wesen" des deutschen Geistes entsprungen

---

63 a.a.O., Bd. 2, S. 311.

64 Vgl. Paul *Schaffroth*, Heinrich Zschokke als Politiker und Publizist während der Restauration und Regeneration, Aarau 1950, bes. S. 87 ff., 91 ff., 197. Vgl. auch die Hinweise bei *Stadelmann-Fischer* (s. Anm. 32), S. 195, 200.

65 *Adrian* (s. Anhang, Nr. 6), S. 23.

66 Hinweise bei *Stadelmann-Fischer* (s. Anm. 32), S. 197, 200; *Schieder* (s. Anm. 1), S. 132.

67 Vgl. Anm. 44. Zu Sues eigenen bescheidenen Reformvorschlägen im Ewigen Juden vgl. die Übersetzung von A. Diezmann, Leipzig 1844/45, Bd. 24, S. 176 ff.

sei[68]; als erfolgreichste Form der Gegenwehr plädierte er für das Zusammenwirken von Fürsten und Volk, um durch die Verbindung von Deutschkatholizismus und Protestantismus zu „einer katholischen deutschen Nationalkirche", zu einer „freien deutschen katholischen Kirche" zu gelangen[69]. Auf noch härtere Töne gestimmt, wenngleich weniger national und liberal eingefärbt, sondern stärker theologisch argumentierend, war die Warnungsschrift von L. Berg (Nr. 18), schien der Autor auf Grund der „neuesten Vorgänge in Trier und Luzern" doch überzeugt von „einer großen Verschwörung der hierarchischen Propaganda, das Unterrichtswesen in ganz Europa und Amerika an sich zu reißen, der Jugend die hierarchischen Grundsätze einzuflößen, um in der nächsten Generation dem Protestantismus den Garaus zu machen"[70]. Die Sympathie der Handwerksgesellen für den Deutschkatholizismus, die sich bereits im Bildschmuck des Vereinszimmers allen sichtbar dokumentierte, beweist auch der Besitz der Schrift „Der alte Rock und die neue Kirche" (Nr. 17), ein Plädoyer für Ronge und seine Bewegung. Stark antiklerikale Züge zeigen schließlich Distelis Schweizerischer Bildkalender (Nr. 19), das Buch von Wilhelm Held (Nr. 40), der betonte, „welch einen bedeutenden Schritt über die evangelische Kirche hinaus die neukatholische der Vernunftreligion entgegen getan hat" auf dem Weg zu „Glaubensfreiheit, Religionsfreiheit, Gewissensfreiheit" und zu der damit notwendigerweise verbundenen Trennung von Kirche und Staat[71], und das Werk Gustav v. Struves, besonders seine „Briefe über Kirche und Staat" (Nr. 38): In ihnen setzt sich Struve für einen ungehemmten Entwicklungsgang der deutschen Nation auch in kirchlich-religiöser Hinsicht und für die Verbindung von „Christentum und deutscher Nationalität"[72] im Deutschkatholizismus ein.

Den Kernbestand der Gruppe „politische Schriften" stellten die Werke Struves (Nr. 29, 32, 38, 42—44). Struve präsentiert sich in ihnen noch keineswegs als der kompromißlose Demokrat der Revolutionsjahre 1848/49, auch wenn sich die Radikalisierung seines Denkens spätestens seit 1846 immer deutlicher abzeichnete. Sein Einsatz für den Deutschkatholizismus mag die Gesellen ebenso angesprochen haben wie sein zunehmend schärferer Kampf gegen liberale „Halbheit". Seine sozialpolitischen, auf Integration der „Arbeiter" in „Volk" und „Mittelstand" ausgerichteten Vorstellungen, eine Art von demokratisch-kleinbürgerlicher Mittelstandsideologie[73], kamen dem im Handwerksgesel-

---

68 a.a.O., S. 5 f.

69 Ebd., S. 107, 109 f.

70 a.a.O., S. 29.

71 a.a.O., S. 39 f., 52.

72 a.a.O., S. 55; vgl. *Ackermann* (s. Anm. 16), S. 65 ff.

73 Vgl. *Peiser* (s. Anm. 16), S. 67 ff.; *Wende* (s. Anm. 16), S. 118 ff.

lentum weitverbreiteten Bedürfnis nach Absicherung gegen die Gefahr zunehmender Proletarisierung entgegen. Politisch ähnlich orientiert wie Struve war Wilhelm Held[74]; sein „dem deutschen Volke" gewidmetes Buch bestand größtenteils aus von der Zensur unterdrückten oder verstümmelten Artikeln und Notizen. Jakob Venedeys „John Hampden" (Nr. 16), erstmals 1843 in der Schweiz erschienen, markierte bereits deutlich das Abrücken des Autors von seiner revolutionären Vergangenheit[75]. Radikaler Tendenzen wenig verdächtig erscheint schließlich die in Berlin verlegte „Bibliothek politischer Reden" (Nr. 30), in der ein breites Spektrum von Vertretern vorwiegend liberalen Gedankenguts zu finden ist.

Das Schrifttum zur „sozialen Frage" ist recht verschiedener Provenienz. Die Broschüren von Werner und Berends (Nr. 12 und 13) lassen sich am ehesten als „Pauperismusliteratur" einordnen[76]; sie zielten im wesentlichen auf eine Integration der von „Massenarmut" bedrohten Schichten in die bestehende, wenn auch mehr oder weniger stark zu verändernde bürgerliche Gesellschaftsordnung. Das gilt auch für die Schrift von Julius Berends, der in einer von „Vereinzelung", „Egoismus", „Macht des Geldes" und „Vorurteilen des Standesunterschieds" geprägten Welt im Geiste der „Solidarität" und der „Gleichheit" durch Vereine Abhilfe schaffen und hierbei über die dringend nötige „Förderung des wirtschaftlichen Wohls der Arbeiter" hinaus die „sittlich geistige Hebung" durch „die Bildung des Menschen in jeder Hinsicht" befördert wissen wollte[77]. Obwohl wegen seiner demokratischen Neigungen des „Radikalismus" verdächtig[78], war Berends mit seiner Gesamtkonzeption und den darauf basierenden Forderungen weit entfernt von der Radikalität des französischen Frühsozialisten Proudhon: In der Schrift „Was ist Eigentum?" (Nr. 11) richtete dieser seine Angriffe gegen die bestehende Eigentums- und Gesellschaftsordnung selbst. Ob es sich bei dem Titel „Das tausendjährige Reich" (Nr. 28) um die recht primitive, doch in Handwerksgesellenkreisen offenbar gerngelesene Sozialutopie des Bürstenbinders Andreas Dietsch handelte[79], muß un-

---

74 Zur zwielichtigen Gestalt des Journalisten und späteren Revolutionsagitators Wilhelm Held(t) vgl. NDB 8 (1969), S. 462 f.

75 Vgl. den Hinweis bei *Wende* (s. Anm. 16), S. 31 f.

76 Zu diesem Problemkreis vgl. die Quellensammlungen von Carl *Jantke* / Dietrich *Hilger*, Die Eigentumslosen, Freiburg 1965, und Jürgen *Kuczynski*, Bürgerliche und halbfeudale Literatur aus den Jahren 1840 bis 1847 zur Lage der Arbeiter (Die Geschichte der Lage der Arbeiter unter dem Kapitalismus, Bd. 9), Berlin-O. 1960.

77 a.a.O., S. 7 f., 12 f., 27.

78 Zu Berends' Tätigkeit im Berliner „Verein für das Wohl der arbeitenden Klassen" und im Berliner „Handwerkerverein" vgl. Wilhelm *Friedensburg*, Stephan Born und die Organisationsbestrebungen der Berliner Arbeiterschaft bis zum Berliner Arbeiter-Kongress (1840 - September 1848), Leipzig 1923, S. 18 ff.

entschieden bleiben. Ansonsten scheint in der Bibliothek keine sozialrevolutionäre Literatur vorhanden gewesen zu sein[80].

Darf man die Zusammenstellung der Bibliothek als Eigenentscheidung des Gesellenvereins bzw. seiner führenden Köpfe bewerten, so kann es bei der „Liedersammlung" fraglich erscheinen, ob ihr Inhalt den Ansichten der Vereinsmitglieder entsprach oder diese in irgendeiner Weise beeinflußte. Der Schneidergeselle Steinmetz hatte sie laut eigener Angabe im Vereinslokal abgeschrieben. Er wollte sie „von dem Schneidergesellen Stahmann, der sich im v. Monat hier erschossen, erhalten, die Originalien aber verbrannt haben. Sein Zweck sei kein anderer gewesen, als sich im Schreiben zu üben, und obwohl ihm beim Schreiben manche Verse wegen ihrer derben Sprache aufgefallen seien, so habe er sie doch geschrieben, ohne daran zu denken, daß solches etwas zu bedeuten hätte[81]." Die Erklärung klingt nicht gerade glaubwürdig, und gegen die Annahme, es handele sich um eine reine Privatarbeit, spricht der Umstand, daß die Handschrift im Vereinszimmer deponiert wurde und damit sämtlichen Mitgliedern zugänglich war, also wohl allgemeines Interesse an ihr bestand.

Über die Herkunft der elf Gedichte[82] ließ sich bisher nur wenig ermitteln. Bereits eine flüchtige Lektüre läßt erhebliche Qualitätsunterschiede erkennen. Vermutlich sind selbstverfertigte Reimereien mit Abschriften aus diversen Publikationen zusammengefaßt worden. Das Gedicht „Zufriedenheit", eine aufstachelnde Satire über die Bereitschaft vieler Handwerksburschen, sich mit der bestehenden, ihre Würde und Existenz verletzenden und bedrohenden politischen und sozialen Ordnung abzufinden, stammt wohl aus den von Wilhelm Marr herausgegebenen „Blättern der Gegenwart für sociales Leben"[83], auch wenn der Text an einigen Stellen zerschrieben ist, also schon mehrere Abschriften zwischen dem Original und der vorliegenden Kopie liegen könnten. Die Tatsache, daß die Verse einer nicht gerade weitverbreiteten Exilzeitschrift entnommen wurden, genügt allein kaum als Beweis für engere Verbindungen zwischen Schweizer Vereinen und Mitgliedern des Mannheimer Gesellenvereins. Mehrere Gedichte belegen jedoch immerhin, daß ihr Verfasser dem Lausanner „Communistverein" angehört hatte und sich in den dortigen Verhältnissen gut

---

79 Vgl. *Schieder* (s. Anm. 1), S. 288 ff.

80 Dafür spricht auch der Umstand, daß die Bibliothek den Gesellen zurückerstattet wurde; Seeblätter 1847, S. 139.

81 s. Anm. 20.

82 Aus Platzgründen konnte der vollständige Text der Gedichte nicht, wie ursprünglich geplant, im Anhang wiedergegeben werden. Er wird mit kurzer Einleitung in der Zeitschrift für die Geschichte des Oberrheins, Bd. 125 (1977) erscheinen.

83 *Kowalski* (s. Anm. 17), S. 343 f.

auskannte. Das „Ein Traum“ betitelte Poem schildert in naiver Anschaulichkeit, wie der träumende Reimeschmied an einem Fest im „Communistenzimmer in Lausanne“ teilnimmt und sich dabei nicht nur an dicker Suppe, Braten und Wein, sondern auch an Reden von August Becker[84] und Simon Schmidt[85] und „manchem Brüderlein“ sowie an der Rezitation des „Vaterunser der Communisten“[86] und an munterem Gesang gütlich tut, bevor er zu seinem großen Schrecken „im Lande der Franzosen, — der Sansculotten, der Ohnehosen“ erwacht. Daß er von Lausanne nach Frankreich — wohl nach Paris, wie das Gedicht „Neujahr 1846 in Paris“ wahrscheinlich macht — weitergewandert ist, belegt auch das Gedicht „Sehnsucht“. In ihm wird der „Communistverein“, der „alte Freund“, aufgefordert, von seinen Freuden und Leiden „in’s ferne, fremde Frankenland“ zu berichten, ohne Wanken für die „reine Lehre“ gegen „jeden bösen Wahn“ zu kämpfen, „das Höchste zu erringen, / den Egoismus zu bezwingen, / des Communismus Weg zu bahnen“. Es ist denkbar, daß der Autor, der selbst dem Gesellenstand angehörte, auch das Gedicht über das „Stiftungsfest 1846 in Lausanne“ verfaßte, um der Feier durch gereimte weltanschauliche Programmatik den wünschenswerten poetischen Glanz zu verleihen.

Sucht man die Aussagen der Gedichte zu politischen, gesellschaftlichen und religiösen Problemen, den wichtigsten Bereichen, die angesprochen werden, zu analysieren, so bleibt zu beachten, daß Verse eher dazu geeignet erscheinen, durch Schlagworte und Kurzformeln positiv oder negativ zu emotionalisieren als präzise und differenziert zu argumentieren. Man darf daher den Reiminhalt nicht überinterpretieren, sollte andererseits aber auch berücksichtigen, daß derartige Poesie, mit bekannten Melodien unterlegt und in gemeinsamen Gesang umsetzbar, besonders eingängig und bei den Handwerkern außerordentlich beliebt war und die Polizei- und Gerichtsbehörden sie nicht zuletzt deshalb als besonders gefährlich einstuften[87].

Unter sozialem Aspekt erscheint in den Gedichten die bestehende, für schlecht erachtete Ordnung insgesamt vom Gegensatz „reich“ und

---

84 Zu August Becker vgl. *Marr* (s. Anm. 17), S. 82 ff.; *Schieder* (s. Anm. 1), S. 68 f. u. ö.; *Kowalski* (s. Anm. 17), S. L ff. passim, LXXXV ff.

85 Zu Simon Schmidt, nach Marr „recht eigentlich der Pflegevater des Communismus in der Schweiz“ — *Marr* (s. Anm. 17), S. 84 ff. —, vgl. die Kurzbiographie bei *Stadelmann-Fischer* (s. Anm. 32), S. 173 ff.; *Kowalski* (s. Anm. 17), S. LII ff.

86 Wohl „Vater unser eines Kommunisten“, in: Die junge Generation, S. 63 f. (April 1843), Reprint Leipzig 1972.

87 Vgl. *Schieder* (s. Anm. 1), S. 142 ff. und *ders.*, Wilhelm Weitling und die deutsche politische Handwerkerlyrik im Vormärz, in: Intern. Rev. of Social History V (1960), S. 265 - 290, bes. S. 269 ff.; *Kowalski* (s. Anm. 17), S. XV f. Laut Riegels Bericht vom 22. 2. 1847 paßten auch die Texte der vorliegenden Sammlung „auf schon bestehende Melodien“.

„arm", „Herr" und „Sklave" bestimmt, einem Gegensatz, den erst „Menschen" im Widerspruch zur „Natur" und zur christlichen Heilslehre geschaffen haben und der daher beseitigt werden muß. „Nein, sag ich Euch, das ist nicht möglich", lautet der „Zuruf eines Arbeiters an die Fabrikanten", „solch Unrecht schuf nicht die Natur; / wir sehen ja des Lebens Beispiel täglich, / solch Elend schaffen Menschen nur."

Gegenüber der hier anklingenden ‚naturrechtlichen' Argumentation spielt jedoch der Gedanke der göttlichen Gerechtigkeit als des besten Horts der Unterdrückten insgesamt die weitaus gewichtigere Rolle. Daß in der frühen, entscheidend von Handwerksgesellen geprägten Arbeiterbewegung soziales Denken stark religiös eingefärbt war und maßgeblich über religiöse Ideen vermittelt und aktiviert wurde[88], läßt sich auch an einigen der vorliegenden Gedichte zeigen. Daraus resultiert wohl auch die Tendenz, weniger *aktiv* auf die Beseitigung der Ungerechtigkeit zugunsten sozialer „Gleichheit" hinwirken zu wollen als bei Bußappellen oder Hinweisen auf die Gerechtigkeit Gottes haltzumachen. „O kommet alle, laßt uns eilen / und fliehen aus diesem Jammertal", so folgert der Arbeiter in seinem Zuruf an die Fabrikanten und fährt fort: „Gebt uns die Hände, macht Euch Freunde / mit Eurem ungerechten Gut. / Tut Buße, auf daß Eure Feinde / nicht rechnen mit Euch Blut um Blut." Und der „Warnungsruf von Miss Sheridan Cary", einer ausgebeuteten Arbeiterin, schließt mit der Zuversicht, daß Gott das Geschrei der Armen gehört habe: „Ja, wohl zittern mögt Ihr hier, / wütende Tyrannen Ihr. / Die für Euch zu Gott gebeten, / habt Ihr in den Staub getreten. / Doch Geduld, Gott hört ihr Schrein, / er wird selbst ihr Rächer sein, / er gibt Leben und gibt Tod, / zittert nur — gerecht ist Gott." Selbst das Ahasvermotiv[89] wird hierfür in einer eigenartigen Variante aktiviert: „Der ewige Jude" erscheint als Werkzeug Gottes; er registriert das Elend der Armen und das Prassen der Reichen: „Weh denen, trifft sie auch nicht Schwert noch Spott, / ein Schwert wird doch durch ihre Seele dringen; / der ewige Jude wandelt fort und fort, / er muß den Unterdrückten Rettung bringen."

Alle Aussagen über deren etwaige Selbsthilfe bleiben demgegenüber recht vage; es begegnen nur Pauschalformulierungen wie die Forderung, daß der „freie Mann" durch brüderlichen Zusammenschluß im „Verein", im „Männerbund" die „Tyrannei" unter der „Gleichheitsfahne" im „Kampf auf Tod und Leben [...] mit Fürst- und Pfaffen-

88 Vgl. *Schieder* (s. Anm. 1), bes. S. 220 ff., 240 ff., 263 ff., 278 ff. Zur Bedeutung religiösen Schrifttums in der Handwerkerlektüre bis tief ins 19. Jh. vgl. *Stadelmann-Fischer* (s. Anm. 32), S. 179 ff., bes. 194, 200 f., 208 f.

89 Zum Ahasver-Motiv und seiner sehr unterschiedlichen Verwendung in der Literatur des 19./20. Jh. vgl. Elisabeth *Frenzel*, Stoffe der Weltliteratur, Stuttgart ^{2}1963, S. 16 ff.

knecht" stürzen und „für Freiheit, Gleichheit, Menschenrecht" streiten solle, um „das schnöde Joch" abzuwerfen, „den Egoismus zu bezwingen, des Communismus Weg zu bahnen". Nur selten werden derartige Topoi konkretisiert, am ehesten noch in der Schlußstrophe des Gedichts „Neujahr 1845", offensichtlich in Anlehnung an Weitling'sche Ideen[90]: „Ein neues Jahr, das alte noch. / Wann wird es einmal besser doch? / Nicht eher, als Geburt und Stand / wird angesehen als leerer Tand, / wenn die Vorurteile schwinden, / alle Völker sich verbinden, / wenn wird abgeschafft das Geld, / nur die Arbeit Wert behält / und die Menschen als Brüder sich lieben, / ihr Recht erkennen, ihre Pflichten üben. / Es wird nicht anders, ganz kurz gefaßt, / als in der glücklichen Allgemeinschaft." Vergleicht man derartige Äußerungen mit Weitlings Vorstellungen in den „Garantien der Harmonie und Freiheit" (1842), so scheint es, daß in den vorliegenden Versen weitgehend Positionen vertreten werden, die Weitling 1842 bereits mehr oder weniger aufgegeben hatte[91]. Ältere, stärker religiös geprägte und ökonomisch naivere Ansichten, wie sie gerade von den Schweizer „Weitlingianern" in der Nachfolge des prominenten Frühsozialisten vertreten wurden[92], scheinen hier fortzuwirken.

Im Feindbild der Gedichte tauchen neben den „Reichen", den „Fabrikanten", den Fürsten und Soldaten und ihren Helfern, den „Spionen", besonders häufig die „Pfaffen" und „Jesuiten" auf. Der antiklerikale, speziell gegen die katholische Kirche und den Jesuitenorden gerichtete Zug, der bereits beim Bibliotheksbestand sowie in der offensichtlichen Sympathie der Vereinsmitglieder für den Deutschkatholizismus auffiel, läßt sich kaum allein aus dem möglichen Einfluß der Schweizer „Jungdeutschen" wie Marr und Döleke erklären[93], er erweist sich nach Aussage der Gedichte mindestens ebensosehr als Konsequenz der religiös begründeten Forderung nach mehr sozialer Gerechtigkeit, erscheint die offizielle Kirche doch als Hort konservativer Kräfte, die durch „Himmellügen" von den irdischen Problemen abzulenken suchen und auf diese Weise die bestehende Ordnung zu rechtfertigen und zu stabilisieren helfen: „Die Pfaffen treiben immerfort / ihr Wesen auf

---

90 Die Abschaffung von „Eigentum und Geld" wird auch in Nr. 11, Strophe 5 und 6 angesprochen, sogar in einer Art Umkehrung des Proudhonschen „Eigentum ist Diebstahl": „Verschwindet Eigentum und Geld, so wird nicht mehr gestohlen".

91 Zur Entwicklung von Weitlings Theorie fort von christlicher zu naturrechtlicher Begründung und von der Forderung nach Abschaffung des Geldes zur Abschaffung des Eigentums vgl. *Schieder* (s. Anm. 1), S. 254 f., 274 ff.

92 *Schieder* (s. Anm. 1), S. 285 ff.; vgl. ebda., S. 283 f. die Angaben zu den Dichtungen von Heinrich Arends und Andreas Scherzer.

93 Vgl. dazu *Marr* (s. Anm. 17), bes. S. 129, 138 ff., 271, zu Döleke ebd., S. 86 ff., *Brugger* (s. Anm. 40), bes. S. 99 ff., 105 ff., 130 ff., 201 ff., *Kowalski* (s. Anm. 17), S. LXXV ff.

den Kanzeln dort, / die Meng' glaubt ihren Himmellügen, / läßt um die Erde sich betrügen; / der Arme leidet Hunger, Durst, / der Reiche lebt in Freud und Lust. / Denn jenen im Himmel vergolten soll werden, / was ihnen gemangelt hat hier auf Erden. / Und diese, wenn gut sie zahlen die Pfaffen, / den Himmel am Ende sie dennoch erhaschen. / So ist noch der Arme betrogen, / hier wie dort ist er angelogen. / Für's Geld, da kann man sich alles erkaufen, / auf Erden frei und in Himmel einlaufen."

Die Gedichtssammlung läßt immerhin den Schluß zu, daß den Mitgliedern des Mannheimer Gesellenvereins etwas von den Schweizer Verhältnissen und den in den dortigen Vereinen vertretenen Ideen direkt oder indirekt bekanntgeworden ist. Die verfügbaren Informationen machen es jedoch recht unwahrscheinlich, daß sich in Mannheim eine Art Ableger der Schweizer Handwerkervereine „jungdeutscher" oder gar „kommunistischer" Richtung gebildet hat. Die Absicht der Vereinsgründer, „sich lediglich auf gesellige Unterhaltung, Gesang und Fortbildung im Lesen und Schreiben zu beschränken"[94], wohl von vornherein nicht sehr realistisch[95], wurde allerdings durch zunehmende Politisierung der Handwerksgesellen unterlaufen. Das Spektrum der faßbaren Anschauungen reichte von liberalen und „radikalen" bis zu frühsozialistischen Gedankengängen, wobei diese noch besonders stark religiös geprägt zu sein scheinen. Die überwiegende Mehrheit der Vereinsmitglieder dürfte vor allem linksliberal-demokratischen Ideen angehangen haben, doch läßt sich eine klare Abgrenzung zwischen den verschiedenen Strömungen nicht feststellen. Gerade die mangelnde Präzision des politisch-sozialen Denkens in breiten Schichten des Handwerks und die damit verbundene Möglichkeit der Emotionalisierung, der Ressentimentmobilisierung und der Radikalisierung in einer politisch wie ökonomisch zunehmend labilen Situation dürfte die Sorge der Behörden vor jeder Form der Institutionalisierung derartiger potentiell ‚staats- und gesellschaftsbedrohender' Kräfte verstärkt und das harte Durchgreifen gegen den Mannheimer Gesellenverein veranlaßt haben.

94 Bericht Riegels vom 22. 2. 1847 GLA 236/8196.

95 Zu der Schwierigkeit, bei den Bildungsbemühungen der Handwerker- und Arbeitervereine den politischen Bereich auszugrenzen, vgl. *Balser* (s. Anm. 11), S. 234 ff.

Anhang

„Verzeichnis der dem Gesellenvereine angehörigen Bücher"

Fundort: GLA 236/8196. Ein teilweiser fehlerhafter Abdruck bei F. Balser (s. Anm. 11), S. 355 f. Im folgenden werden die Titel soweit wie möglich identifiziert; wo dies nicht gelang, wird der Wortlaut des „Verzeichnis" wiedergegeben.

1. Joh. Christ. Aug. *Heyse:* Allgemeines verdeutschendes und erklärendes Fremdwörterbuch oder Handbuch zum Verstehen und Vermeiden der in unserer Sprache mehr oder minder gebräuchlichen fremden Ausdrücke mit Bezeichnung der Aussprache, der Betonung und der Abstammung, 2 Bde., Hannover [9]1843/44.
2. Eduard *Duller:* Die Geschichte des deutschen Volkes, Leipzig [2]1841.
3. Heinrich *Zschokke:* Eine Selbstschau, 2 Bde., Aarau [2]1842.
4. Heinrich *Zschokke:* Ausgewählte Novellen und Dichtungen, 10 Bde., Aarau [6]1843, [7]1845.
5. „Allgemeine Weltgeschichte 5 Bände" (wahrscheinlich handelt es sich um: Allgemeine Weltgeschichte für die reifere Jugend und das nichtgelehrte Publikum, bearbeitet vom Verfasser der heiligen Geschichte (K. *Strahlheim*), 5 Bde., Pforzheim 1841/42).
6. Ferdinand *Adrian:* Der deutsche Handwerksbursche nach den Forderungen der Gegenwart. Eine Sammlung nützlicher Erfahrungen und Anleitungen, welche dem jungen Wanderer die Bahn öffnen, auf der er sich jene moralische und politische Bildung erwerben kann, die so notwendig ist, wenn er sich zu einem edlen Menschen und tüchtigen Bürger heranbilden und das Glück der Zukunft begründen will, Mannheim 1845.
7. F. H. *Ungewitter:* Neueste Erdbeschreibung und Staatenkunde oder geographisch-statistisch-historisches Handbuch, 2 Bde., Dresden 1842/45.
8. M. *Nast:* Lehrbuch der Rechenkunst für Schul- und Selbstunterricht, hauptsächlich zum Gebrauche in den Zollvereinsstaaten bearbeitet, Mannheim [2]1843.
9. Chr. Fr. *Gockel:* Anleitung zu teutschen Aufsätzen für Bürger- und Gewerbschulen, Karlsruhe [2]1845.
10. „Die Rechte jedes Menschen" (wohl Friedmund v. *Arnim:* Die Rechte jedes Menschen, Bern 1844; vgl. *Keller* (s. Anm. 38), S. 214).
11. Pierre-Joseph *Proudhon:* Was ist das Eigentum? oder Untersuchungen über den letzten Grund des Rechts und des Staates. Aus dem Französischen übersetzt von F. Meyer, Bern 1844 (vgl. *Keller* (s. Anm. 38), S. 215).
12. Julius *Berends:* Hebung der Not der arbeitenden Klassen. Ein Wort betr. den Lokalverein zur Beförderung des Wohls der arbeitenden Klassen, Leipzig 1845.
13. Bernhard *Werner:* Das Armenwesen, sein Ursprung und die Mittel zur Abhülfe, Darmstadt 1845.
14. Eduard *Duller:* Die Jesuiten, wie sie waren und wie sie sind. Dem deutschen Volke erzählt, Berlin 1845.
15. Philipp *Körber:* Indien. Eine Erzählung für die Jugend und ihre Freunde, Nürnberg 1844.

16. „John Hampden" (wohl: Jakob *Venedey*, John Hampden, 1. Aufl. Belle-Vue bei Konstanz 1843; 2. Aufl. unter dem Titel: John Hampden und die Lehre vom gesetzlichen Widerstande, Belle-Vue bei Konstanz 1844; vgl. *Keller* (s. Anm. 38), S. 167 f., 169).
17. Der alte Rock und die neue Kirche. Eine kurze Darstellung der neuesten katholischen Zustände. Zur Belehrung des Volkes. Von einem Katholiken, Lahr 1845.
18. Ludwig *Berg:* Die hierarchische Propaganda und die Staaten, Darmstadt [2]1845.
19. M. *Disteli:* Schweizerischer Bilderkalender für das Jahr ... (ohne Angabe des Jahrgangs bzw. der Jahrgänge).
20. „Die Macht des Geldes".
21. „Eine Partitur. Der Männergesang von Lausanne, II. Heft."
22. „Gesanghefte zum Einschreiben, 12 Hefte".
23. „Gesanghefte zum Einschreiben, 8 Hefte".
24. „Rundgesänge von Naegeli, 4 Hefte". (Zu Hans Georg Nägeli, dem Schweizer „Vater des Gesangs", und seinen Verdiensten speziell um den Männerchorgesang vgl. ADB 23 (1886), S. 221 ff.).
25. „das 9te Heft von Odeon in 4 Teil(en)": Odeon. Vollständigste Sammlung der beliebtesten älteren und neueren sowie bisher noch ungedruckten Lieder und Gesänge für mehrstimmigen Gesang. Mit Beiträgen der ersten Gesangskomponisten, hg. v. Th. Täglichsbeck, 36 Hefte, Stuttgart 1842/46.
26. „Deutsche Buchhaltung" (evtl.: Die doppelte Buchhaltung, H. 1. Leipzig 1835).
27. „Ein Tagbuch aus Amerika".
28. „Das tausendjährige Reich" (evtl.: Das tausendjährige Reich, Gedicht zur Augustfeier 1843, Hamburg 1843; wahrscheinlicher Andreas *Dietsch:* Das tausendjährige Reich, nebst Plan und Statuten zur Gründung von Neu-Helvetia im Staate Missouri in Nord-Amerika. Vermehrt im Auftrage des leitenden Komitees von Adolf Hennings, (Aarau) 1844).
29. Gustav *v. Struve:* Briefwechsel zwischen einem ehemaligen und einem jetzigen Diplomaten, Mannheim 1845.
30. Bibliothek Politischer Reden aus dem 18. und 19. Jahrhundert, 6 Bde., Berlin 1843/44.
31. Franz *Ahn:* Praktischer Lehrgang zur schnellen und leichten Erlernung der französischen Sprache (Aufl. 10 - 24 erschienen von 1841 bis 1846 in Köln).
32. „Diplomatische Briefe von Gust. v. Struve". (Falls das Buch, wie eine Randnotiz besagt, bereits 1845 angeschafft worden ist, könnte es sich nur um den unter Nr. 29 genannten Titel handeln; andernfalls dürfte es sich um Gustav *v. Struve*, Politische Briefe, Mannheim 1846 handeln.)
33. „Schillers Leben von Viehoff. 3 Bände" (vermutlich handelt es sich um Heinrich *Viehoff:* Schillers Gedichte, 5 Teile, Stuttgart 1839; Nr. 33 könnte mit Nr. 36 und 41 zusammen ein vollständiges Exemplar bilden. Ein Werk Viehoffs mit dem Titel „Schillers Leben" war nicht zu ermitteln).
34. „Gesanghefte zum Einschreiben".
35. „7 Lieder in 4 Stimmen vom Liederkranz in Heidelberg".

36. „Schillers Leben 2ter Teil" (s. Nr. 33).
37. „Gelangslehre von Vilcher" (wohl: Friedrich *Silcher:* Kurzgefaßte Gesanglehre für Volksschulen und Singchöre, Tübingen 1845).
38. Gustav *v. Struve:* Briefe über Kirche und Staat. Nebst der Fortsetzung der gegen den Verfasser wegen seines Briefwechsels zwischen einem ehemaligen und einem jetzigen Diplomaten und seiner Politischen Briefe gepflogenen Prozeßverhandlungen, Mannheim 1846.
39. „8 Lieder von Berhauser".
40. Wilhelm *Held:* Dem deutschen Volke, Leipzig 1846.
41. „Schillers Leben 3ter Teil" (s. Nr. 33).
42. Gustav *v. Struve:* Politisches Taschenbuch für das deutsche Volk, erster (u. einziger) Jg., Frankfurt/M. 1846.
43. „Politisches Taschenbuch Geschenk von Struve" (s. Nr. 42).
44. Gustav *v. Struve:* Mandaras Wanderungen, Mannheim ²1845. „Geschenk von Gustav v. Struve".

IMPERIALISTISCHE ANSÄTZE IN ÖSTERREICH IM 19. JH.

Von Hans Fenske

Als Epoche des modernen Imperialismus wird allgemein das Menschenalter vor dem Ersten Weltkrieg bezeichnet. In diesen drei oder vier Jahrzehnten waren die internationalen Beziehungen entscheidend bestimmt von der weltweiten Konkurrenz um Territorialerwerb, um wirtschaftliche und finanzielle Durchdringung fremder Räume und um weitgreifende politische Einflußnahme. Nur wenige Staaten hatten die Kraft zu einer derartigen expansiven Politik — Österreich war nicht darunter. Gerechnet werde in der „Welt" nur noch mit Rußland, Großbritannien, Nordamerika, Deutschland und Frankreich, dazu mit Japan, und in einem erheblichen Abstand mit Italien, so beschrieb Erich Marcks auf dem Höhepunkt der Bewegung die Situation. Diese Mächte „betreiben ‚Weltpolitik'. Sie erweitern sich, die einen auf ihren Kontinenten, die anderen außerdem oder ausschließlich jenseits der Meere; sie erobern; sie schaffen sich Kolonien; sie teilen die Gebiete, die nicht Herren ihres eigenen Schicksals sind, unter sich auf, in unmittelbaren oder verhüllten Annexionen oder Protektoraten, oder in Scheidungen der Einfluß- und der Interessensphären"[1]. Aber auch an Österreich ging die imperialistische Strömung keineswegs vorüber, auch hier gab es Ansätze, bei der Teilung der Welt aktiv mitzuwirken. Sie gehören allerdings nicht in die Hochblüte des Imperialismus, sondern liegen eine Generation früher. In den 50er Jahren, in der Zeit des Neo-Absolutismus, richtete man von Wien und Triest aus das Augenmerk auf die Erschließung neuer Märkte in Übersee, ihre Sicherung durch Handels- und Flottenstützpunkte und vereinzelt sogar auf die Gewinnung großflächiger Kolonien. Diese tastenden Versuche sind unser Thema

In Deutschland setzte die Frühphase des Imperialismus kurz nach 1840 mit einer lebhaften expansionistischen Diskussion ein. Sie wurde gespeist von dem nach der Rheinkrise von 1840 sich mächtig steigernden Nationalgefühl, aus historischen Reminiszenzen an die einstige Größe Deutschlands oder an die Hanse, von der zunehmenden Sorge, Deutschland könne zwischen Frankreich und Rußland erdrückt werden,

---

[1] Erich Marcks, Die imperialistische Idee in der Gegenwart (1903), in: ders., Männer und Zeiten, Bd. 2, Leipzig 1911, S. 267 - 291, Zitat S. 268 f.

von dem Bemühen, Mittel gegen den Pauperismus zu finden, von der Überzeugung, daß mit steigender Industrialisierung auch an den Gewinn neuer Märkte gedacht werden müsse und schließlich von der Verärgerung darüber, daß die anschwellende Auswanderung Deutschland stetig Kräfte entzog[2]. An der Debatte hatten auch die habsburgischen Länder einen beachtlichen Anteil. Wie etwa der Ostpreuße Wilhelm Jordan meinte, daß die Welt vor der vereinigten Macht der 40 Millionen Deutschen erzittern werde, so war auch der in Budweis geborene Franz Schuselka der Überzeugung, daß „das einige Deutschland die erste und stärkste Weltmacht“ sein werde. Und wie der Stuttgarter Georg Herwegh 1841 in seinem Flottenlied dem deutschen Volk verhieß, es solle die Welt gewinnen, so warnte einige Jahre später der Wiener Eduard von Bauernfeld, daß ein armer Schlucker bleibe, „wer nicht das Meer beherrschen kann“[3].

In Österreich war der einflußreichste Vorkämpfer dieser Gedanken Karl Ludwig Frhr. von Bruck. Er vertrat mit Nachdruck die Auffassung, daß die Donaumonarchie sich nicht mehr selbstgenügsam abschließen dürfe, sondern sich im Gegenteil in die wirtschaftliche Entwicklung der Zeit voll einschalten müsse. Mit solchen Vorstellungen stand er keineswegs allein. Es gab im österreichischen Liberalismus eine Reihe von Männern in wichtigen Positionen, die Brucks Ansichten teilten und sie gemeinsam zu realisieren versuchten. Wegen ihres engen Zusammenhangs könnte man geradezu von einem imperialistischen Kreis sprechen. Zu ihm gehörten neben Bruck Pasquale Revoltella, Bernhard von Wüllerstorf-Urbair, Wilhelm von Tegetthoff, Lorenz Stein, Karl Scherzer und Filibert Frhr. Cattanei di Momo. Von besonderer Bedeutung wurde es, daß auch der freisinnige jüngere Bruder des Kaisers, Erzherzog Ferdinand Max, sich früh für eine verbesserte Weltstellung Österreichs erwärmte. Er war mit 19 Jahren in die Marine eingetreten, hatte auf größeren Fahrten das Mittelmeer bereist und stand von 1854 bis 1864 als Marineoberkommandant der Flotte vor.

Bruck stammte aus Elberfeld. Seit 1821 war er als Kaufmann in Triest tätig und stieg hier schnell in die Führungsschicht der Stadt auf. Er hatte den entscheidenden Anteil daran, daß der Triester Lloyd nach 1836 zu einer Reederei ausgebaut wurde und den Linienverkehr nach Konstantinopel, Trapezunt, Syrien und Ägypten aufnahm. Der Idee

---

2 Über das Thema ‚Imperialistische Tendenzen in Deutschland vor 1866‘ werde ich mich demnächst an anderer Stelle eingehender äußern.

3 Wilhelm Jordan, Ihr träumt! Weckruf an das Ronge-berauschte Deutschland, Leipzig 1845, S. 5, Wiederabdruck in der von mir herausgegeb. Sammlung ‚Vormärz und Revolution‘, Darmstadt 1976, S. 158; Franz Schuselka, Mittelmeer, Ost- und Nordsee, Leipzig 1845, S. 93; Georg Herwegh, Die deutsche Flotte, Werke, Bd. 1, Berlin 1909, S. 108 - 111; Eduard v. Bauernfeld, Zollverein, Werke, Bd. 1, Wien 1905, S. 41.

eines Kanals durch die Landenge von Suez schenkte er früh aktives Interesse. Er sorgte dafür, daß die für Österreich in der deutschen Gruppe der Studiengesellschaft für den Kanal reservierten Plätze mit Korporationen besetzt wurden, um der Sache das ihr gebührende Gewicht zu geben[4]. 1848 wurde er in die Paulskirche gewählt; er sträubte sich zunächst gegen die Annahme des Mandats, hielt sich auch im Plenum zurück, entfaltete aber eine lebhafte Tätigkeit als Vorsitzender des Marineausschusses. Ende des Jahres wurde er österreichischer Bevollmächtigter bei der Zentralgewalt, kurze Zeit später Handelsminister unter Schwarzenberg. Im Mai 1851 nahm er seinen Abschied und ging als Lloyd-Direktor zurück nach Triest, aber schon im Dezember des folgenden Jahres wurde er damit beauftragt, die Donaumonarchie bei den Zollverhandlungen in Berlin zu vertreten. Nachdem er den Februarvertrag zustande gebracht hatte, wurde er als Internuntius nach Konstantinopel entsandt, aber schon Anfang 1855 wurde er neuerlich nach Wien berufen und mit dem Amt des Finanzministers betraut[5]. Seine politischen Ziele legte er der Öffentlichkeit 1849 und 1850 in zwei größeren Denkschriften vor[6]. Er ging davon aus, daß die deutsche Staatengemeinschaft ihre Kräfte nicht voll entfaltete. Einzeln galten die deutschen Staaten in Verkehrsangelegenheiten auf der Weltbühne nichts; sie konnten deshalb auch nicht die ihnen gemeinsam mögliche Stellung erlangen. Nur wenn die beiden deutschen Großmächte „einem blühenden Gewerbefleiße und der Erlangung eines ihrer Größe und Bildung entsprechenden Welthandels" nachstrebten, „um endlich auch reich und unabhängig, mächtig zu Lande und zur See dazustehen", konnte das „von der Natur so reich begabte Mitteleuropa, gleich England, die sichere Gewähr der Kontinuität der inneren friedlichen Entfaltung" gewinnen[7]. Die Interessen von Deutschland und Österreich sollten deshalb durch einen Zoll- und Handelsbund verschmolzen werden, dem sich Italien, Holland, Belgien und Dänemark einst anschließen könnten. Als Grundbedingung für die ökonomische Entfaltung Mitteleuropas sah Bruck „die Eröffnung großer überseeischer Märkte" an; ein Land ohne aktive Teilnahme am Welthandel schien ihm des Haupthebels zum Gedeihen zu entbehren[8]. Vom Suezkanal versprach er sich für die handelspolitische Stellung ganz Deutschlands

---

4 Bruck an Albert Dufour-Feronce, 27. 12. 1846, in: Otto Georgi / Albert Dufour-Feronce, Urkunden zur Geschichte des Suezkanals, Leipzig 1923, S. 37.

5 Richard Charmatz, Minister Freiherr v. Bruck, Leipzig 1916, Wolf-Dieter Burgstaller, Das österreichische Handelsministerium unter Karl Ludwig Frhr. v. Bruck, Phil. Diss. Graz 1969, Ms.

6 Druck bei Charmatz, S. 163 ff. und S. 177 ff.

7 ebd., S. 192 (Denkschrift vom 30. 5. 1850).

8 ebd., S. 201, zum folgenden die ‚Beleuchtung', S. 204 ff.

einen gewaltigen Fortschritt, aber nur im engeren Verbund mit Österreich konnte es diese Möglichkeiten nutzen, die Konkurrenz Englands, Frankreichs und Rußlands bestehen, den Abfluß an Kapital und Arbeitskraft zugleich mit der Auswanderung zum Versiegen bringen und die kleinen Nachbarstaaten, deren natürlicher Beschützer es war, an sich heranziehen.

Lorenz Stein stammte aus Schleswig-Holstein. Er war wie Bruck früh von den Gedanken Friedrich Lists eingenommen, die darum kreisten, wie Deutschland nach dem Vorbild der Weltmacht England entwickelt werden könne[9]. In der Bewegung von 1848 erblickte er die Geburtsstunde einer deutschen Seemacht, und diese wiederum war ihm Gewähr dafür, daß Deutschland nicht zweitrangig blieb. Schon im Mai 1848 begann er eine lebhafte Werbung für die Flotte. Dabei kam er bald auch mit Bruck in Berührung, und dieser Verbindung dankte er es einige Jahre später, daß er, nachdem er von der dänischen Regierung wegen seiner politischen Betätigung in der Revolutionszeit entlassen worden war, im Frühjahr 1855 auf den Lehrstuhl für politische Ökonomie an der Universität Wien berufen wurde und hier rasch auch außerhalb der Universität einen Wirkungskreis fand, wie er ihn sich „schöner und größer“[10] nicht denken konnte; mit dem Ruf war die Nebenabsicht verbunden, einen Förderer der handelspolitischen Interessen Österreichs und einen Berater der Regierung zu gewinnen. Schon im Vormärz hatte Stein die Auffassung vertreten, daß um 50 Jahre hinter der Zeit zurück sei, wer die Notwendigkeit eines deutschen Weltverkehrs nicht einsehe. Nach der Revolution verfocht er noch sehr viel entschiedener den Gedanken, daß Deutschland sich weitere Märkte öffnen müsse. Auch er nahm dabei England zum Vorbild. Wir gehen, so schrieb er 1856 in einer offiziösen Schrift, denselben Weg wie England; „wir haben dieselbe Industrie, wir suchen dieselben Märkte. England ist unser Leiter in dem, was es fürchten muß, so gut als in dem, was es gewinnen will[11].“

Der Wiener Karl Scherzer war in den 50er Jahren sicher der beste Amerikakenner der Donaumonarchie. Gemeinsam mit dem Geographen Moritz Wagner bereiste er in den Jahren 1852 - 55 große Teile des

---

[9] Vgl. besonders das Nationale System der polit. Ökonomie (1841) in: F. List, Schriften, Reden, Briefe, Bd. 6, Berlin 1930.

[10] So am 4. 3. 1856 an einen „Kollegen und Freund“, Stadtbibliothek Wien; zur Berufung nach Wien Alexander Novotny, Lorenz von Steins Berufung nach Wien, in: Festschrift zur Feier des Zweihundertjährigen Bestandes des Haus-, Hof- und Staatsarchivs, Bd. 2, Wien 1951, S. 474 - 484.

[11] Lorenz Stein, Die Grundlagen und Aufgaben des künftigen Friedens, Wien 1856, S. 15; zu seiner außenpolitischen Konzeption demnächst eingehender mein Aufsatz Lorenz Stein über Weltpolitik und Kolonien, in: Der Staat,16, 1977.

Doppelkontinents. Außer Geschichte, Geographie und wirtschaftlichen Möglichkeiten der besuchten Länder interessierten ihn dabei sehr lebhaft die Bedingungen für deutsche Einwanderer; seit 1847 beschäftigte er sich fortlaufend intensiv mit den Problemen von Pauperismus und Auswanderung[12]. Pasquale Revoltella kam aus kleinen Verhältnissen in Venedig. Er ging in jungen Jahren nach Triest, machte als Börsenmakler sein Glück, wurde Direktor einer Versicherungsgesellschaft, Miteigentümer einer Maschinenfabrik und einer Werft und erwarb einen beträchtlichen Reichtum. Mit Bruck hatte er enge Verbindung. Wie dieser ließ er keine Gelegenheit verstreichen, um für die Ausweitung des österreichischen Seehandels zu werben. In dieselbe Richtung wirkte der Bankier und Kaufmann Constantin Frhr. v. Reyer[13]. Bernhard Frhr. v. Wüllerstorf-Urbair, eine halbe Generation jünger als die Vorgenannten, entstammte einer alten Offiziersfamilie. Im Jahre 1833 trat er von der Armee zur Marine über, wurde nach wenigen Jahren Direktor der Marinesternwarte in Venedig und tat seit 1848 Flottendienst im Mittelmeer. Ebenfalls im aktiven Marinedienst stand der wiederum einige Jahre jüngere Wilhelm von Tegetthoff. Er lebte 1849 einige Zeit in Wien im Hause Brucks und wurde hier nachhaltig von dessen Ideen beeinflußt[14]. Lebhaft um die Öffnung Österreichs zur See war auch der Rat bei der Zentralseebehörde Filibert Frhr. Cattanei di Momo bemüht. Schon als junger Beamter in der Lombardei hatte er 1840 dem Hofkammerpräsidenten Kübeck eine Denkschrift über die Herstellung eines Kanals vom Mittelmeer zum Roten Meer vorgelegt; in der Folge machte er mehrfach eingehende Vorschläge zur Verbesserung der handelspolitischen Stellung Österreichs[15]. Seit 1843 fand der Gedanke einer Durchstechung der Landenge von Suez in Wien steigende Beachtung; auch Metternich war lebhaft interessiert. Besonders aktiv wirkte für den Kanal der mit Bruck in enger Verbindung stehende Inspekteur der k. k. Technisch-administrativen Generaldirektion Nikolaus Alois Negrelli[16].

---

12 Albin Oppolzer, ‚Karl Scherzer', Phil. Diss. Wien 1949, Ms. Scherzers Amerikareise hatte einen vielfachen literarischen Ertrag. Am konzentriertesten legte er seine Ansichten in einem Vortrag vom April 1856 dar, Über die Bedeutung Zentralamerikas für die deutsche Auswanderung und den deutschen Handel, in: Mitt. d. k. k. Geograph. Gesellschaft, 1. Jg. 1857, S. 41 f.

13 Über beide Wurzbach, Biograph. Lexikon des Kaisertums Österreich, Bd. 25, 1873, S. 396 - 398 und S. 399 f.

14 Bernhard Frhr. v. Wüllerstorf-Urbair, Vermischte Schriften, Graz 1889, darin S. VII ff. Karl v. Scherzer, Nekrolog auf Wüllerstorf (1883); Peter Handel-Mazzetti / Hans Hugo Sokol, Wilhelm v. Tegetthoff, Linz 1952.

15 Die Denkschrift von 1840 bei Filibert Frhr. Cattanei di Momo, Die Bildung eines österreichisch-deutschen Vereins für orientalische und transatlantische Verkehrsanstalten, Wien 1866, S. 95 ff.; in dem Band auch die späteren Denkschriften; über Cattanei Reinhold Lorenz, Japan und Mitteleuropa ... (1859 - 73), Brünn 1944. S. 81 ff.

Ob der Kanalplan realisiert werden konnte, war in den 50er Jahren mehr als zuvor eine Frage der großen Politik[17]. Seit 1846 bestand die von Prosper Enfantin gegründete Société d'Etudes de l'Isthme de Suez. Ihr deutscher Zweigverein[18] entsandte 1847 eine Studienkommission auf den Isthmus und setzte damit die Verwirklichung der Idee in Gang. In die entscheidende Phase trat das Projekt aber erst, als im Sommer 1854 Said Pascha Vizekönig von Ägypten wurde. Ihm war Lesseps seit 20 Jahren freundschaftlich verbunden, und ihm konnte er, unter Ausschaltung der Studiengesellschaft, im November 1854 die Zustimmung zum Kanalbau abgewinnen; eine Ausfertigung dieser Zusage erhielt Lesseps allerdings erst im Mai 1855 mit dem ausdrücklichen Vorbehalt, daß mit den Bauarbeiten erst begonnen werden dürfe, wenn die Pforte zugestimmt habe. Die Einwilligung der Türkei war indessen lange nicht zu erreichen, weil die britische Regierung in Konstantinopel all ihren Einfluß gegen den Plan geltend machte. Palmerston, 1846 - 51 Außen-, 1852 - 55 Innenminister, danach bis Februar 1858 Premierminister, erwartete vom Kanal zunehmende Konflikte zwischen England und Frankreich, das Entstehen einer ägyptischen Frage, Rückwirkungen auf die Integrität der Türkei und vor allem eine Gefährdung Indiens und des indischen Handels. Auch große Teile der britischen Öffentlichkeit hatten lebhafte Bedenken. Man fürchtete, daß Frankreich mit Hilfe des Kanals in Ägypten Fuß fassen und es sich genauso aneignen wolle wie Algerien, und man fürchtete, daß England die dominierende Stellung im Asienhandel, die es auf der Kap-Route besaß, auf der künftigen Strecke durch das Rote Meer nicht behaupten konnte.

Über die britische Ablehnung wollte die österreichische Regierung nicht einfach hinweggehen. In Wien wirkte selbst der Kanalenthusiast Bruck dahin, daß nichts unternommen werde, ehe nicht die Zustimmung der Türkei vorlag; Außenminister Graf Buol, der in enger Fühlungnahme mit dem Kaiser vom April 1852 bis zum Mai 1859 die österreichische Politik leitete, orientierte sich gänzlich an England. So blieb das Projekt in der Schwebe. Aber die offiziell abwartende Haltung

---

[16] Metternich hielt den Kanal für ein „Weltereignis erster Größe", durch ihn werde Österreich in die Reihe der führenden Handelsstaaten gestellt, Metternich an Kübeck, 28.4.1843, in: Aus Metternichs nachgelassenen Papieren, hg. von Fürst Richard Metternich-Winneburg, Bd. 6, Wien 1883, S. 667 - 669.

[17] Alfred Birk, Die Geschichte des Suezkanals, in: Alfred Birk / Karl Hermann Müller, Der Suezkanal, Hamburg 1925, S. 1 - 115, D. A. Farnie, East and West of Suez, The Suez Canal History 1854 - 1956, Oxford 1969.

[18] Mitglieder waren der Öst. Lloyd, die Handelskammern Triest und Venedig, die Stadt Triest, der Niederöst. Gewerbeverein in Wien, Reg. Rat Thieriot in Dresden, R. Georgi in Mylau, G. Harkort, L. Sellier und A. Dufour-Feronce in Leipzig.

Österreichs änderte nichts daran, daß im Lande weiterhin für den Kanal geworben wurde[19]; auch Bruck sprach sich in amtlicher Eigenschaft nach wie vor offen für den Gedanken aus[20]. Mit Recht hielten die Vorkämpfer des Kanalgedankens die Durchstechung der Landenge nur mehr für eine Frage der Zeit. Sie vertrauten darauf, daß England seinen Widerstand nicht ständig fortsetzen könne, und sie waren deshalb der Ansicht, daß der Stellung Österreichs auf der mit dem Kanal entstehenden Welthandelsstraße vorgearbeitet werden müsse. Nachdem Ferdinand Max sich im Sommer 1855 während seiner Ägyptenreise eingehender mit dem Projekt befaßt hatte, wurden in den folgenden anderthalb Jahren in der Marineleitung konkrete Pläne für die Stellung Österreichs an der künftigen Route vom Mittelmeer nach Indien besprochen. Die Monarchie sollte sich hier tunlichst Stützpunkte aneignen; so mußte das Rote Meer auf Möglichkeiten einer Niederlassung in Augenschein genommen werden, ferner war zu prüfen, welche Punkte im Indischen Ozean für Österreich von Interesse waren.

Den Auftrag zur Rekognoszierung des Roten Meeres erhielt Tegetthoff, der sich jüngst als Befehlshaber des Stationsbootes an der Sulina-Mündung als sehr energisch erwiesen hatte. Um nicht von vornherein heftige innen- und außenpolitische Widerstände hervorzurufen und den Erfolg damit illusorisch zu machen, wurde der amtliche Charakter der Reise strikt geheimgehalten; auch das Außenministerium wurde nicht informiert. Die im März 1857 ausgefertigte Instruktion wies Tegetthoff an, sich mit dem nächsten Lloyd-Dampfer nach Alexandria zu begeben und von dort aus gemeinsam mit dem Vizekonsul Dr. Heuglin, der in Khartum Dienst tat und sein Augenmerk besonders auf Afrika richtete[21], unter privatem Vorwand eine Reise durch das Rote Meer zu unternehmen. In ihrem zentralen Teil besagte sie: „Der bereits in Angriff genommene Bau[22] des Kanals von Suez, der durch diesen zur

---

19 Intensiv durch Lorenz Stein, Künftiger Friede, ders. Österreich und der Friede, Wien 1856, ebenso im Bericht über die Durchstechung der Landenge von Suez an die k. k. Geograph. Gesellschaft, Abh. der k. k. Geograph. Gesellschaft IV, S. 67 - 82, 1857; Mitglieder der Kommission waren u. a. Negrelli, Stein und Ferdinand v. Richthofen.

20 So am 27. 7. 1857 bei Eröffnung der Eisenbahn Laibach-Triest, Birk, Suezkanal, S. 7 f.

21 Theodor v. Heuglin war 1852 bis Gondar in Abessinien, 1853 durch Kordofan, 1856 durch den Ostsudan gereist, Hugo Hassinger, Österreichs Anteil an der Erforschung der Erde, Wien o. J. (1949), S. 163; er wies insbesondere auf die reichen Möglichkeiten für den österreichischen Afrikahandel nach Eröffnung des Suezkanals hin, vgl. seine Berichte an das Generalkonsulat Alexandria, namentlich den vom 12. 7. 1856, HHStA Wien, Archiv K. Maximilians von Mexiko, Karton 65, Bl. 18 - 21. Ausführliche Berichte des Generalkonsuls Huber in Alexandria über die Lage im Süden des Osmanischen Reiches in HHStA Wien PA XXXVII, Bd. 112 und 117, Konsulate A-Be, 1856 und 1857.

Wichtigkeit gelangende Handel mit Indien und dem übrigen Asien und endlich selbst auch die Notwendigkeit für die österreichische Monarchie, ein Besitztum für Deportationen zu erhalten, was in neuerer Zeit in jedem ausgedehnteren Staate zum wahren Bedürfnis geworden ist, machen es für Österreich wünschenswert, im Roten Meer eine Insel oder einen Küstenstrich an demselben zu besitzen, welches Besitztum durch Kauf, Schenkung oder auf sonst irgendeine Weise in Österreichs Eigentumsrecht gelangen müßte." Als besonders zu beachtende Punkte wurden Tegetthoff die Insel Sokotra, die Dahlak-Gruppe bei Massaua, die Inseln gegenüber der südwestlichen Küste von Arabien und Küstenstriche von Abessinien/Eritrea, Nubien oder Maskat bezeichnet[23].

Die Prüfung der weiteren Route nach Ostasien wurde Wüllerstorf zugewiesen. Er erhielt den Auftrag, die Fregatte Novara auf einer Ausbildungsreise rund um die Erde zu führen. Mit diesem Ausbildungszweck sollte, wie es in der ihm Anfang April 1857 übergebenen Instruktion hieß, „die nicht minder wichtige Absicht" verbunden werden, „die österreichische Flagge an verschiedenen, bisher von ihr nicht besucht gewesenen Punkten der Erde zu zeigen, und durch die Anbahnung neuer Abzugswege für unsere einheimischen Produkte und Manufakte die Interessen der Industrie, des Handels und der Schiffahrt des Kaiserstaates zu fördern"[24]. Insbesondere wurde Wüllerstorf auf die Untersuchung der Nikobaren hingewiesen. Auf dieser Inselgruppe hatte 1778/79 die Österreichische Ostindische Handelskompagnie eine Festsetzung versucht, sich aber auf dänischen Protest hin wieder zurückgezogen. Nach wiederholten gescheiterten Ansiedlungen hatte Dänemark seine Besitzansprüche 1848 endgültig aufgegeben[25]. Das Marineoberkommando zog daraus den Schluß, daß die Inseln einer österreichischen Inbesitznahme offen stünden. Ferdinand Max beantragte deshalb beim Kaiser, die Rechtsverhältnisse der Nikobaren nochmals diskret überprüfen zu lassen. Falls das Ergebnis, wie er hoffte, zugunsten Österreichs sprach, sollte die Reise der Novara „gleichzeitig zur förmlichen Besitznahme dieser Inseln von Seite Österreichs be-

---

22 Seit Januar 1857 wurde am Süßwasserkanal gearbeitet.

23 Kriegsarchiv Wien, Marinearchiv, Nl Tegetthoff, fasc. 35, Nr. 8; voller Wortlaut bei Johann Wagner, Österreichische Kolonialversuche in der zweiten Hälfte des 19. Jhs., Phil. Diss. Wien 1955, Ms., S. 302 - 306, Besprechung des Komplexes S. 26 ff., ferner bei Handel-Mazzetti / Sokol, S. 92 - 97.

24 Kriegsarchiv Wien, Marinearchiv, ‚Novara' Weltumsegelung, Akten und Protokolle 1856/57, Präs. 1124/I und Präs. 1024/I, 4. 4. 1857; eingehende Zitate aus der Instruktion bei Karl Scherzer, Reise der österreichischen Fregatte Novara um die Erde ..., Beschreibender Teil, Bd. 1, Wien 1861, S. 2 f.

25 Vgl. Franz Maurer, Die Nikobaren. Kolonialgeschichte und Beschreibung, Berlin 1867 (Ermunterung zum Erwerb durch Preußen).

nutzt werden"[26]. Offenbar war der Befund positiv, denn im Marineoberkommando wurde eine Instruktion ausgearbeitet, die es Wüllerstorf anheimstellte, den Archipel zu annektieren[27]. Diese Instruktion scheint ihm aber nicht ausgehändigt worden zu sein.

Daß Sokotra oder ein gleichwertiger anderer Punkt und die Nikobaren nur ein Anfang sein sollten, erhellt aus einer Denkschrift Steins, die Erzherzog Ferdinand Max Ende März 1857 vom Finanzministerium aus übermittelt wurde und die dieser Wüllerstorf mit auf die Reise geben ließ[28]. Es ist unwahrscheinlich, daß es sich dabei nur um eine Privatarbeit Steins handelte, vielmehr dürfte sie als das von Stein formulierte Ergebnis der Erörterungen zwischen Stein und Bruck zu werten sein und somit die weitere Perspektive darstellen, in die der Finanzminister die österreichische Aktivität zur See eingebettet sehen wollte. Denkbar ist, daß auch der auf Veranlassung Brucks wegen seines Amerika-Interesses berufene Leiter des wissenschaftlichen Dienstes der Novara, Scherzer, an der Entstehung beteiligt war[29].

Stein ging von der Annahme aus, daß der Suezkanal auf jeden Fall zustande kommen werde. Dadurch mußte die Kap-Route für den Welthandel nachhaltig an Bedeutung verlieren, das Mittelmeer gewinnen. Diese Situation hatte Österreich auszunutzen, indem es sich an der neuen Handelsstraße nach Fernost festsetzte und einen möglichst großen Teil des Asien-Handels über seinen Hafen Triest lenkte. Das erschien ihm möglich, wenn sich Österreich als stärkste der schwachen Seemächte mit den an Asien interessierten Staaten zweiten Ranges in einem See- und Handelsbündnis zusammenschloß, nämlich mit Spanien, Portugal und den Niederlanden. Die angestrebte Verbindung hielt er für um so leichter erreichbar, als den drei Staaten die Macht fehlte, ihre asiatischen Interessen zu schützen; nur der „engste Anschluß an Österreich als entscheidender Macht auf dem Mittelmeer"[30] würde sie dazu in die Lage versetzen. Österreich konnte seinen Primat allerdings nur behaupten, wenn es eine selbständige Stellung im ost-

---

26 Kriegsarchiv Wien, Marinearchiv, a.a.O., Präs. 295/I, 12. 12. 1856.

27 ebd., nicht indiziert; Text bei Joh. Wagner, S. 298 ff.

28 ebd., Präs. 1055/I, 27. 3. 1857, Text bei Joh. Wagner, S. 278 - 297.

29 Bruck hatte Scherzer für die Expedition empfohlen, weil er Amerika so gut kannte; er wünschte, daß der Verbindung vom Atlantik zum Pazifik besondere Aufmerksamkeit gewidmet würde, Oppolzer, S. 71; Scherzer berichtete in der Geograph. Gesellschaft mehrfach über die Reisevorbereitungen und wiegelte dabei die in der Öffentlichkeit auf die Expedition gesetzten Hoffnungen ab. „Herr Dr. Scherzer glaubt noch die Ansicht in Beziehung der Besitznahme von herrenlosen Inseln insoweit berichtigen zu müssen, als es nicht zur Aufgabe der Fregatte gehört, Kolonien zu gründen", Mitt. d. k. k. Geograph. Gesellschaft, 1. Jg. 1857, S. 130, 7. 4. 1857.

30 Denkschrift Stein, S. 13.

indischen Meer einnahm. Als geeignete Punkte dafür verwies er auf Borneo oder Celebes, die Holland ihm nur nominell zu besitzen schien, ferner auf das ‚herrenlose‘ und so gut wie unbekannte Neu-Guinea. Dieser Insel schrieb er in verständlicher Verkennung der geologischen Tatsachen dieselben Entwicklungsmöglichkeiten zu wie dem niederländischen Archipel. Auf dem Wege nach Hinterindien war nach Steins Ansicht Fuß zu fassen am Ausgang des Roten Meeres, auf den Malediven oder Lakediven und — gegen Freihafen-Konzessionen für Portugal in Triest — in Goa. Die Nikobaren bewertete er gering. Daß diese Erwerbungen eine Rückwirkung auf Österreichs Stellung zum Zollverein und im Deutschen Bund haben würden, war Stein selbstverständlich. Er rechnete ferner damit, daß nach Eröffnung der Fahrt durch das Rote Meer Österreich sich Holland unbedingt unterordnen werde. So schwebte ihm als Zielvorstellung vor, „das ganze holländische Ostindien dereinst für das ganze Mitteleuropa als Gesamtkolonie zu erwerben“[31].

Wurden alle diese Träume Wirklichkeit, dann war Österreich Kolonialmacht großen Stils und vermutlich unbestrittene Führungsmacht in Mitteleuropa. Das konnte den Aufstieg unter die Weltmächte bedeuten. Aber auf dem Papier sind die Dinge fügsamer als in der Realität. Weder die Reise Tegetthoffs noch die Erdumsegelung führten zu einem konkreten Ertrag. Immerhin zeigten beide Unternehmungen, daß eine überseeische Expansion durchaus möglich war, wenn man sie nur ernsthaft betrieb und dabei nicht zu weit ausgriff.

Tegetthoff und Heuglin reisten zunächst auf dem Nil und dann zu Lande nach Koser. Von hier aus durchfuhren sie in monatelanger Reise — von Juni bis Dezember 1857 — das Rote Meer in südlicher Richtung. Dabei mußten sie feststellen, daß für die günstigsten Punkte — Massaua, das allein Tegetthoff für eine Kolonie als geeignet ansah, Edd und Perim — schon Engländer und Franzosen Interesse gezeigt hatten; Perim hatten die Engländer soeben in dauernden Besitz genommen. Sokotra erreichte Tegetthoff Anfang Februar 1858; seinen Reisegenossen hatte er nach einem Zusammenstoß mit Arabern verletzt in Aden zurücklassen müssen. Die über 3000 km^2 große und im Innern relativ fruchtbare Insel machte ihm einen sehr guten Eindruck[32]. Hier sah er günstige Möglichkeiten für eine Handelsstation und für die Anlage einer Deportationskolonie. Er zweifelte nicht daran, daß Sokotra nach Eröffnung des Suezkanals zum zentralen Platz auf dem Wege nach Indien und Ostafrika werden würde. Die Inbesitznahme erklärte

---

[31] ebd., S. 30 f.

[32] Reiseberichte an Ehg. Ferdinand Max im Nl Tegetthoff, Abschrift masch., 124 S., zur Eignung Sokotras für eine Ansiedlung bes. Bericht vom 13. 3. 1858 (S. 60 - 64).

er deshalb auf jeden Fall für wünschenswert, verschwieg aber nicht, daß die nötigen Befestigungen und die Hafenbauten bedeutende Kosten verursachen würden. Da er die Insel für die österreichischen Zwecke als so überaus geeignet ansah, erkundigte er sich bei den Eigentümern, dem Scheich von Gischim (heute Kishn in Südjemen), der alte, aber Tegetthoff zweifelhaft erscheinende Besitzrechte hatte, und dem Scheich von Hadebo auf Sokotra, ob sie geneigt seien, ihren Besitz oder einen Teil im Verkaufswege abzutreten. Die Antwort lautete zunächst bejahend, aber der Scheich von Hadebo nahm doch bald eine Verzögerungstaktik auf, die ganz offenkundig darauf zielte, noch möglichst viele Gastgeschenke einzuheimsen. Da Tegetthoffs Barschaft beinahe gänzlich erschöpft war — der erwähnte Zusammenstoß hatte dazu sehr wesentlich beigetragen —, da er die Bereitschaft zur Abtretung der Insel für grundsätzlich gegeben hielt, aber den Eindruck hatte, daß er einen endgültigen Kauf kaum werde tätigen können, brach er seinen Aufenthalt ab und kehrte nach Aden und von da nach Triest zurück.

Heuglin mußte sich bei seinem Bericht über die Eignung Sokotras auf Mitteilungen Dritter stützen[33]. Er kam zu einem weniger günstigen Urteil, befürwortete aber ebenfalls den Kauf. Zudem regte er den Erwerb eines Territoriums bei Suez, die Inbesitznahme einer geeigneten Insel oder eines Küstenstrichs bei Suakin[34] oder Massaua, ferner die Stationierung eines oder mehrerer österreichischer Kriegsschiffe in den ostafrikanischen Gewässern an. Er baute besonders auf die Zukunft des Afrika-Handels. Arabien traute er niemals eine erhebliche handelspolitische Rolle zu, Indien und Australien sah er schon zu sehr englischem Einfluß untergeordnet als daß Österreich dort noch mit großer Aussicht auf Erfolg hätte auftreten können, Ost- und Zentralafrika dagegen betrachtete er als „noch unkultiviertes Feld für die kolossalsten merkandilischen und industriellen Unternehmungen“[35]. So schlug er „für die nächste Zukunft“ die Erforschung der Inseln und Küstenländer von Kap Guardafui bis zur Delagoa-Bay vor und wies auf den neuerlichen Aufschwung der Inseln Rèunion und Mauritius mit ihren

---

[33] Abschrift der Berichte Heuglins ebd., vgl. bes. seinen Bericht vom 28. 4. 1858 (S. 120 - 124).

[34] Suakin (oder Sanakin) galt im 19 Jh. als bester Hafen im Roten Meer. Es eröffnete den Zugang zum Sudan. Nach Heuglin eignete sich der Platz nicht zur Anlage einer Kolonie, versprach aber „rücksichtlich seiner Lage zum türkischen Sudan, den Nilquellenländern und den Negerstaaten bis zum Tschadsee von ganz außerordentlicher Wichtigkeit zu werden, als Zentralisationspunkt für allen Verkehr dahin, und seine Aquisition — auf welche eben auch die aegyptische Regierung behufs der Etablierung einer Eisenbahn am Nil bei Berber zu spekulieren scheint — müßte von unberechenbarem Einfluß für die Zukunft unseres vaterländischen Handels sein“, ebd., S. 123; der Erwerb könne nur in Konstantinopel erreicht werden, evt. durch Gebietstausch.

[35] ebd., S. 120.

Zuckerplantagen hin. Für dringend nötig hielt er auch die Aufstellung eines politischen Agenten am abessinischen Hof, „da wahrscheinlicher Weise die Etablierung der alten aethiopischen Kaiserwürde und die damit verbundene vollständige Vereinigung von Tigreh, Amhara und Schoa eine Vertreibung der Türken vom abessinischen Küstenlande zur Folge haben dürfte und zudem der neue Kaiser durch diese Art der Anerkennung seiner Würde — die er, wie dem Verfasser positiv bekannt ist, sehr wünscht, moralisch zu Gegendiensten verpflichtet wäre“[36].

Kurz nachdem Tegetthoff in Richtung Alexandria abgereist war, begann auch die Erdumsegelung. Zwischen dem 30. 4. 1857 und der Rückkehr am 26. 8. 1859 legte die ‚Novara‘ auf 551 Segeltagen fast 52 000 sm zurück, zudem verbrachte sie 298 Tage in 25 Häfen. Die Reise führte über Gibraltar und Funchal nach Rio, von dort nach Simonsbay/Südafrika, weiter über St. Paul und Ceylon nach Madras, von hier zu den Nikobaren, weiter via Singapur, Batavia, Manila und Hongkong nach Shanghai, von dort über die Karolinen und Steward-Inseln nach Sidney, dann über Auckland und Tahiti nach Valparaiso, von hier ohne weiteren Aufenthalt in 81 Tagen nach Gibraltar und von da wiederum nach Triest. Die Beobachtungen während dieser Reise wurden in mehreren stattlichen Bänden der Öffentlichkeit vorgelegt; als Basis der Publikation dienten die amtlichen Berichte der Expedition. Zwischen ihnen und der Publikation bestanden keine Unterschiede, das im Laufe der Expedition gesammelte Material wurde der Öffentlichkeit ohne Vorbehalte vorgeführt[37]. Die allgemeine Reisebeschreibung und die handelspolitischen Resultate waren von Scherzer verfaßt und zeichneten sich durch ein lebhaftes gesamtdeutsches Gefühl aus. Besonders deutlich wurde das an der steten Aufmerksamkeit, die auch hier den Problemen der Auswanderung gewidmet war. Scherzer stimmte in die übliche Klage ein, daß die Kräfte der deutschen Auswanderer für Deutschland verloren seien. Um hier Abhilfe zu schaffen, empfahl er als Ziel des Abzugs wie in seinen älteren Schriften Lateinamerika. Zu Brasilien meinte er, hier könne eines der schönsten Länder der Erde vermittelts gelenkter Auswanderung mit den Waffen des Friedens der deutschen Industrie dauernd erobert werden; für Mittelamerika sah er keine andere Zukunft als in der Konstituierung als Monarchie unter europäischen Herrschern und in einer kräftigen nordischen Immigration. Als erstes handelspolitisches Erfordernis bezeichnete er eine

---

36 ebd., S. 124.

37 Scherzer, Reise ..., Beschreibender Teil, 3 Bde., Wien 1861/62, ders., Statistisch-kommerzielle Ergebnisse einer Reise um die Erde, unternommen ... 1857 - 59, Wien 1865, 2. verb. Auflage 1868; die Berichte im Kriegsarchiv Wien, Marinearchiv, Weltumsegelung SMS Novara, 1858, 1859.

mächtige Vertretung in überseeischen Ländern. Die österreichische Kriegsmarine sollte die Aufgabe wahrnehmen, „die materiellen und geistigen Interessen des eigenen wie des gemeinsamen deutschen Vaterlandes in allen Teilen der Erde zu schützen und zu fördern“. Dann werde „die österreichische und mit ihr die ganze deutsche Nation jene achtunggebietende Stellung in der großen Völkerfamilie einnehmen, welche ihr vermöge ihrer Intelligenz, ihrer Tüchtigkeit, ihres redlichen Strebens und ihres Einflusses auf die Kulturgeschichte der Menschheit gebührt“[38].

Da die ‚Novara‘ den Auftrag hatte, die Möglichkeit zur Anlage von Sträflingskolonien zu prüfen, wurde dieses Problem nicht nur am Beispiel Australiens studiert und ausführlich beschrieben, sondern schon vorher bei der Rekognoszierung der Nikobaren eingehend bedacht. In Australien sah Scherzer den Beweis erbracht, wie „sittlich reinigend“ die Deportation wirkte. Die Nikobaren hielt man für durchaus kulturfähig und schätzte, daß die Inselgruppe statt ihrer 5000 gut 100 000 Einwohner tragen könne. Wüllerstorf nahm die Kosten der Kultivation in der ersten Stufe mit ca. 1,2 Mill. fl. an. Dem stellte man aber die Tatsache gegenüber, daß der Gesamtetat der österreichischen Strafanstalten bei 20 000 Häftlingen (1860) rund 2,6 Mill. fl. betrug. So wollten die Bearbeiter der Reise die dringend nötige Gefängnisreform mit der Anlage einer Deportationskolonie verbinden; damit würde der Kaiserstaat gleichzeitig eine große handelspolitische und nationalökonomische Aufgabe lösen[39]. Außer den Nikobaren wurden auch die Natuna- und die dieser Gruppe benachbarten Inseln als Strafkolonie in Erwägung gezogen.

Zu der Denkschrift Steins nahm Wüllerstorf schon im Oktober 1858, nachdem er „bessere Kenntnis der Meere und Länder erworben, um welche es sich handelt“[40], Stellung. Von der großen Perspektive Steins blieb dabei nur wenig. Die Erwerbung von Kolonien durch Österreich hielt er so lange nicht für akut, wie der Suezkanal nicht wirklich ausgeführt war. Unabhängig von der Schaffung des Kanals aber forderte er eine weltweite Aktivität der Handels- und Kriegsflotte. Der inländische Bedarf könne, so argumentierte er, erst dann wohlfeil gedeckt

---

38 Beschreibender Teil, Bd. 2, S. 453 f.

39 Statistisch-kommerzielle Ergebnisse, S. 235, zum Gesamtkomplex dort S. 220 ff., hier auch Empfehlung, die Nikobaren zu annektieren. Eingehende Beschreibung der Inselgruppe im Beschreibenden Teil, Bd. 2, S. 1 - 99, dort S. 67 f. die — zu hohe — Schätzung der möglichen Einwohnerzahl (100 000 Einw. auf den 1 645 km² der 19 Inseln hätten eine Dichte von 61 pro km² bedeutet); Bd. 2, S. 81 f. Empfehlung des Deportationssystems. Insgesamt Scherzers Bericht vom 5. 9. 1859, Weltumsegelung SMS Novara 1859, Präs. 6/I.

40 Seine Denkschrift vom 15. 10. 1858 in Novara 1859, Verschiedenes, Präs. Nr. 207, das Zitat S. 1.

werden, wenn „die Arbeit an Ausdehnung gewinnt und das ganze Jahr hindurch gesichert ist, was nur durch Absatz nach außen möglich sein dürfte“[41]. Das verstärkte Auftreten zur See bedingte die Anlage von Depotplätzen oder Schiffs-Stationen. Als dafür beste Punkte bezeichnete er in scharfer Wendung gegen Stein die Nikobaren-Gruppe, sodann die Natunas und ihre Nachbarn, die Tambelan- und die Anambas-Inseln, schließlich die Salomonen. Den Versuch einer Erwerbung von Neu-Guinea bezeichnete er als völlig aussichtslos, das würde einen langen verlustreichen Krieg und vielleicht die Ausrottung der Eingeborenen bedeuten. Das Projekt einer österreichisch-holländischen Kolonialehe überging er mit Schweigen, der Anregung wegen Goa widmete er nur einen abschätzigen Satz. Die von Wüllerstorf ebenfalls vorgeschlagenen Flottenstützpunkte auf den belebtesten Handelsstraßen der Welt sollten auf Inseln von nicht zu großer Ausdehnung angelegt werden; sie mußten mit den geringsten militärischen Mitteln zu sichern sein. Eindringlich wies er darauf hin, daß bei der Inbesitznahme jede Kollision mit einer fremden Kolonialmacht zu vermeiden sei, daß im Gegenteil mit den bereits ansässigen Mächten schon vor der Annexion ein vorläufiges Einverständnis hergestellt werden müsse. Das betraf vor allem England. Dieselben Gedanken trug er auch in seinem abschließenden Bericht vor. Er empfahl die Stationierung von Kriegsschiffen im Ausland und erwartete davon eine positive Rückwirkung auf die Stellung der Deutschen. Ohne überseeische Betätigung schien ihm Österreich in Gefahr zu geraten, zu einer Macht zweiten Ranges herabzusinken.

Die Emissäre Tegetthoff, Heuglin, Wüllerstorf und Scherzer machten insgesamt eine Fülle von Vorschlägen zur Festsetzung der Donaumonarchie außerhalb Europas. Anders als Stein, der am Schreibtisch mit der Weltkarte in der Hand geplant hatte, kannten sie die Gebiete, über die sie redeten. Die politischen Probleme der von ihnen angeregten Annexionen sahen sie, wiederum anders als Stein, sehr deutlich, aber sie hielten sie für lösbar und wünschten deshalb, daß ihren Ausführungen nun weitere konkrete Schritte folgten. Dennoch wurde keine der von ihnen erörterten Erwerbungen verwirklicht, auch die Sokotras nicht, für die Ferdinand Max sich 1860 nochmals bei seinem Bruder einsetzte. Nicht einmal die von Tegetthoff und Wüllerstorf gewünschte Stationierung von Kriegsschiffen im Ausland kam zustande.

Entscheidend dafür waren politische Überlegungen. Die Aktivitäten der Marine paßten nicht in die außenpolitische Gesamtkonzeption des Kaisers und Buols. Beide wollten in den auswärtigen Beziehungen eine möglichst enge Übereinstimmung mit England; sie erhofften sich

---

[41] ebd., S. 4.

davon eine Stabilisierung der österreichischen Stellung in Italien[42]. Als dieses Kalkül sich 1859 als Illusion erwies, mußte Buol zwar gehen, aber sein Nachfolger Rechberg verhielt sich England gegenüber nicht anders. Gegen diese Haltung kamen die vom Finanzministerium und von Ferdinand Max gestützten kolonialpolitischen Ansätze der Marine nicht an. Zudem war die ohnehin höchst prekäre finanzielle Lage des Kaiserstaates durch den Krieg von 1859 noch schwieriger geworden[43], und das trug ganz entscheidend dazu bei, jede weitere überseeische Aktivität zu lähmen.

Die Initiatoren der Erkundungen von 1857 hegten allerdings nach wie vor die Hoffnung, ihre Vorschläge ließen sich realisieren. So wies Tegetthoff etwa Ende 1863 nach Besichtigung der Baustelle des Suezkanals nochmals auf den Erwerb Sokotras hin, wiederum auf Anfrage des Außenministeriums 1869[44]. Wichtiger wurde, daß die Börsen-Deputation in Triest im August 1859, zufälligerweise am Tage der Rückkehr der ‚Novara', eine neuerliche Handelsexpedition nach Ostasien beantragte, deren Ziel der Abschluß von Handelsverträgen sein sollte. Das Marineoberkommando wies Wüllerstorf, der jetzt im Novara-Büro die Ergebnisse der Expedition auswertete, an, diesen Antrag mit allen seinen Kräften zu unterstützen. So arbeitete er eine längere Denkschrift aus, in der er nochmals eingehend zu den handelspolitischen Notwendigkeiten Stellung nahm[45]. Er betonte, daß es der Würde einer Großmacht nicht entspreche, ihren überseeischen Handel ohne Schutz zu lassen, unterstrich, daß Industrie, Handel und Schiffahrt die drei belebenden Elemente einer Nation seien, und meinte sogar ein Naturgesetz erkennen zu können: Unserer Zeit genügt es nicht mehr, daß einzelne Völker über große Ländergebiete und selbst über Weltteile herrschen, „sie will die ganze Erde umfassen. Das europäische Staatensystem hat längst Europa überschritten, und fast scheint selbst jene

---

42 Vgl. seine Berichte an Ferdinand Max von 1857 bis 1859, HHStA Wien, Archiv K. Maximilians von Mexiko, Kasten 83, bes. Bl. 66 - 69, Bericht vom 21. 5. 1857, Joh. Wagner, S. 48 ff., Bernhard Unckel, Österreich und der Krimkrieg, Lübeck 1969, S. 125 ff., 190, 257, 292.

43 Zwischen 1847 und 1858 entstand infolge der inneren und äußeren Kriege der Zeit und der Mobilmachung während des Krimkriegs ein Defizit von 822 Mill. fl.; das war das Dreifache der regulären Einnahmen eines Jahres. Für Armee und Flotte mußten 45 %, für den Schuldendienst 24 % der Ausgaben aufgewendet werden, berechnet nach dem Aufsatz Zur Finanzlage Österreichs, in: DVS 1860, Heft 2, S. 146 - 170, vgl. ferner Adolf Beer, Die Finanzen Österreichs im 19. Jh., Prag 1877, und Alois Gratz, Die österreichische Finanzpolitik von 1848 bis 1948, in: Hans Mayer Hg., Hundert Jahre österreichische Wirtschaftsentwicklung 1848 - 1948, Wien 1949, S. 222 bis 309.

44 Handel-Mazzetti / Sokol, S. 162, Joh. Wagner, S. 69.

45 Novara-Akten, Weltumsegelung 1860, Präs. 44, 31. 1. 1860; Wüllerstorf-Urbair, Vermischte Schriften, S. 208 - 235.

Periode nicht mehr fern, in welcher auch das noch unbekannte Innere großer Länderkomplexe dem europäischen Einflusse unterworfen sein wird. Diejenigen Staaten, welche sich aber an dieser Weltbewegung ... nicht beteiligen wollen oder können, sinken herab in ihrer Macht, in ihrer Entwicklung, in ihren geistigen Eigenschaften, sie verkennen ein Naturgesetz, welches dem Drange nach materieller und geistiger Fortbildung zu Grunde liegt und namentlich bei der weißen Rasse ohne die bedenklichsten Folgen nimmer umgangen werden kann[46]."

Diese Denkschrift blieb einstweilen ebenso wie die anderen Berichte ohne Wirkungen. Die Diskussion kam neuerlich in Gang, als Revoltella in enger Anlehnung an Wüllerstorf und Cattanei di Momo 1863 eine Broschüre über Österreichs Beteiligung am Welthandel vorlegte und darin bittere Klage über den handelspolitischen Rückstand der Donaumonarchie führte[47]. Es gelang dem Handelsminister v. Kalchberg, das Interesse des Kaisers erneut für den Fragenkreis zu gewinnen. Der Monarch ließ eine Kommission einsetzen, die die Gründe für Österreichs ungünstige handelspolitische Situation untersuchen und Mittel der Abhilfe vorschlagen sollte. Dieses mit Beamten, Kaufleuten, Reedern, einem Kapitän und einem Journalisten besetzte sogenannte Revoltella-Komitee leistete schnelle und gründliche Arbeit. Sein Bericht wurde 1865 mit einer Reihe von Beilagen gedruckt vorgelegt[48]. Auf die saubere Analyse der Gründe für den Rückstand braucht hier nicht eingegangen zu werden; sie wurden lückenlos aufgezählt. Angesichts der fehlenden industriellen Entwicklung, angesichts der Unfähigkeit, selbst den schmalen Inlandsmarkt auszufüllen, stellte das Komitee selbst die Frage, warum man denn ins Ausland gehen wolle. Zur Widerlegung erklärte es: Heute darf sich kein Staat mehr wirtschaftlich auf sich selbst stellen wollen. Gerade weil Österreich so wenig entwickelt ist, darf es seinen auswärtigen Handel nicht als nebensächlich betrachten. Nur durch eine aktive Handelsbilanz kann das währungspolitische Dilemma überwunden werden, der Handelsgeist muß erwachen, der Außenhandel in jeder Hinsicht gefördert, zu seinem Schutze an die Errichtung von Flottenstützpunkten in Übersee gedacht werden. Österreich darf auf keinen Fall „auf dem kleinen Fleck verharren, den es trauriger Weise seit mehr als einem Menschenalter inne gehabt", es darf sich nicht mit den Brosamen begnügen, „die von der Tafel des großen Verkehrs der Völker abfallen"[49].

46 S. 12 f. der Denkschrift.

47 P. Revoltella, Österreichs Beteiligung am Welthandel. Betrachtungen und Vorschläge, Triest 1864; Wurzbach, Art. Wüllerstorf, Biograph. Lexikon, Bd. 58, S. 220, nimmt Wüllerstorf als Verfasser an; zur weiteren Entwicklung Lorenz, Japan, S. 51 ff.

48 Bericht über Österreichs ungünstige Stellung im Welthandel und die Mittel der Abhilfe, erstattet von dem ... Revoltella-Comité, Triest 1865.

Unter den befragten Einzelpersönlichkeiten äußerte sich der Industrielle Ritter von Fridau am ausführlichsten[50]. Er meinte, daß die Veränderungen im politischen System des Weltteils Österreich dazu zwängen, „in dem Maße eine Weltmacht zu werden, als das Mittelmeer zum Weltmeer" wird. Die maritimen Interessen Österreichs sah er nicht als bloße Frage des Gelderwerbs, sondern geradezu als Bedingung der weiteren staatlichen Existenz. Kolonialpolitik hielt er für keineswegs veraltet, wie ihm die kolonialpolitische Aktivität Englands, Frankreichs und Rußlands zu zeigen schien[51]. Möglichkeiten zum Erwerb von Kolonien sah er nach wie vor in Insel-Indien und in Afrika, namentlich an der Ostküste, gegeben.

Bruck und seine Mitkämpfer, liberale Großbürger und freisinnige Beamte und Offiziere, wollten der österreichischen Politik einen imperialistischen Anstoß geben. Sie ließen sich dabei sicher von geschäftlichen Interessen leiten. Das gilt natürlich primär für die Kaufleute, Reeder und Industriellen des Kreises, aber ebenso für Bruck, der als Minister seine Herkunft aus dem Wirtschaftsleben Triests nicht verleugnen konnte und wollte, oder für Scherzer, den Teilhaber eines Handelshauses. Sie wollten weiter der Sache des Liberalismus dienen. Sie alle waren der Überzeugung, daß die von ihnen gewünschte industrielle Gesellschaft „ihrem Wesen nach Freiheit des Einzelnen und Selbstverwaltung des Ganzen" fordere[52], daß die ökonomische Expansion also der inneren Liberalisierung diene. Keineswegs wollten sie von innenpolitischen Problemen ablenken. Im wesentlichen ließen sie sich aber von der politischen Gesamtlage Österreichs leiten — bei ihrem Protektor Ferdinand Max kam noch das individuelle Moment historischer Reminiszenzen an die Größe seines Hauses und an das Reich, in dem die Sonne nicht unterging, hinzu. Sie sahen die Entwicklung der traditionellen Großmächte zu Weltmächten und wollten, daß Österreich dabei nicht absank. Dazu brauchte es die weitere Verbindung mit Deutsch-

---

49 ebd., S. 48; ganz entsprechend die Argumentation noch 10 Jahre später, Memoire über die Stellung Oesterreich-Ungarns im Welthandel mit specieller Beziehung auf ... die Erwerbung eines Colonialbesitzes in Ost-Asien, Wien 1877.

50 Bericht über Österreichs ungünstige Stellung, S. XXXV - LXXI.

51 „Daß die Größe Englands ihren Grund im Kolonialbesitz findet, welchen die englische Politik auch heute noch ... zu vergrößern bemüht ist, daß das zweite Kaiserreich sehr wahrscheinlich aus ernsteren Motiven als lediglich zur Entfernung abenteuernder Elemente Kolonien in Hinterindien und der Südsee, am oberen Senegal und in Madagaskar zum Teil mit Waffengewalt begründet, daß Rußland mit Riesenschritten seine Herrschaft in Asien ausdehnt, deutet auf die Kolonialpolitik als keineswegs veraltet hin", ebd., S. LI. Fridau wollte deshalb Festsetzung an der chinesischen, japanischen und afrikanischen Küste.

52 Lorenz Stein, Ein Blick auf Rußland, in: DVS 1850, Heft 4, S. 63 - 88, Zitat S. 81.

land. Es mußte sich aber auch in sich selbst kräftigen, und das war um so dringlicher, als es in so schweren finanziellen Problemen steckte, daß selbst eine konventionelle Großmachtpolitik schwierig wurde. Im Grunde ergriffen sie die Flucht nach vorn. Der Aufschwung des Handels sollte das Wachstum der Industrie nach sich ziehen, beides die staatlichen Finanzen sanieren helfen. Insofern waren ihre Pläne auch Resultat einer Krise, aber nichts wäre falscher als der Versuch, die Reise Tegetthoffs und die Expedition der ,Novara' mit der Weltwirtschaftskrise von 1857 in Verbindung zu bringen. Die österreichische Finanzkrise war davon unabhängig, und der Brucksche Kreis stellte seine Planungen in den Jahren der Hochkonjunktur an.

Sicher hatte schon die — seinen Selbstmord nach sich ziehende — ungnädige Entlassung Brucks im Frühjahr 1860 die Erfolgsaussichten des Kreises vermindert. Der Weggang von Ferdinand Max auf den mexikanischen Kaiserthron im April 1864 wirkte in dieselbe Richtung. Viel entscheidender wurde jedoch die weitere Entwicklung der politischen Lage. Die Zuspitzung des Konflikts mit Preußen, die Niederlage 1866 und die Probleme des Ausgleichs mit Ungarn sorgten dafür, daß die vom Revoltella-Komitee gewünschte Ostasien-Expedition erst 1868 zustande kam. Kolonialpolitische Absichten verband mit ihr niemand, es ging nur mehr um die Intensivierung der Handelsbeziehungen. Dabei lagen die Schwierigkeiten keineswegs nur im Ausland. Mit Recht klagte Scherzer darüber, daß es weder in Wien noch in Triest ein Handelshaus gab, daß die Mittel und den Willen zu einem umfangreichen Im- und Exporthandel hatte[53]. In der Folge wurden nur noch gelegentlich Stimmen laut, die für Österreich Kolonien forderten[54]. Sie hatten jedoch keine rechte Basis, verstanden es also nicht, Interessen für sich zu mobilisieren. Die Auswanderung war bei weitem nicht so umfangreich wie die deutsche, von ihr ging mithin nicht derselbe Druck wie in Deutschland aus[55], Handel und Industrie entwickelten sich sehr viel langsamer als im Bismarckschen Reich[56], und die Kaufmannschaft war nach wie vor nicht seewärtig orientiert. Der Ballhausplatz schenkte diesen Stimmen kaum Beachtung. Für die führenden Politiker des

---

53 Karl Scherzer, Die ostasiatische Expedition, in: Österr. Revue, 4. Jg. 1866, 10. Heft, S. 118 - 131, bes. S. 126.

54 Hingewiesen wurde auf die Gegend am Juba in Somalia, auf Borneo, auf die Salomonen und auf Rio d'Oro, Joh. Wagner, S. 78 ff.; aussichtsreich war davon sicher das Projekt Gustav v. Overbecks in Borneo, ebd., S. 101 ff., vgl. Memoire ..., oben Anm. 49. Eingaben über geschlossene Ansiedlung von Auswanderern in HHStA Wien, Admin. Reg. d. Min. d. Äuß. F 15, Kasten 1; in der Publizistik besonders Heinrich Hirsch, Überseeische Kolonisation durch Österreich-Ungarn, Wien 1888 (Marokko).

55 Zur Bedeutung dieses Faktors Klaus J. Bade, Friedrich Fabri und der Imperialismus der Bismarckzeit, Freiburg 1975.

56 Vgl. Herbert Matis, Österreichs Wirtschaft 1848 - 1913, Berlin 1972.

Landes blieben, soweit sie überhaupt die überseeische Perspektive sahen, derartige Projekte zweitrangig und mußten hinter den vielfältigen europäischen Problemen zurücktreten. Die Donaumonarchie war nicht stark genug, um gleichzeitig ihre Position in Europa behaupten und in Übersee aktiv werden zu können.

BISMARCK IN DEN WAHLKAMPAGNEN VON 1879 UND 1881

Der Zusammenhang von innerer und auswärtiger Pressepolitik

Von Eberhard Naujoks

I. Einführung

Lesen wir richtig: Bismarck im Wahlkampf? Ist dies nicht eine geradezu unzumutbare Vorstellung? — Wissen wir doch, wie stolz es der Reichsgründer bis zuletzt von sich gewiesen hat, — trotz der Vielzahl seiner parlamentarischen Reden — die „Tribüne" zu besteigen und um die Gunst der Wähler zu werben. Auch in unserer Betrachtung wird sich bestätigen, daß der Kanzler — selbst in den kritischen Jahren seiner politischen ‚Wende' zu den Konservativen hin — nicht als Agitator in der Öffentlichkeit auftrat. Um so aufschlußreicher ist es zu verfolgen, mit welchen Methoden und Argumentationen er insgeheim im Wahlkampf auf die öffentliche Meinung einzuwirken suchte.

Von solchen publizistischen Bemühungen Bismarcks und seinen Verbindungen zur Regierungspresse seit deren Bloßstellung in der Krieg-in-Sicht-Krise von 1875 war bisher wenig bekannt. Als Otto Hammann im Jahre 1894 Pressedezernent im Auswärtigen Amt wurde, war er überrascht, dort nur einen Leiter und zwei Expedienten zur Beobachtung und Beeinflussung der Tageszeitungen vorzufinden. Da auch unter seinem Vorgänger Rudolf Lindau weder ein „richtiges Lektorat" noch ein Telefon existierte[1], blieb es ihm — und seitdem auch der historischen Forschung — kaum faßlich, daß dem Reichsgründer, nach allem, was man schon damals von dessen publizistischer Meisterschaft munkelte, so wenige Helfer für seine journalistische Wirksamkeit genügt hätten. Mit Hilfe von erst vor kurzer Zeit erschlossenen vertrau-

---

1 Zur historischen Situation: W. Bußmann, Das Zeitalter Bismarcks, Hdb. d. Dt. Geschichte, neu hrg. v. Leo Just, Konstanz 1968 III 2. Teil S. 186/95; D. Sandberger, Die Ministerkandidatur Bennigsens, Histor. Studien Ebering 187 (1929). — Über Rudolf Lindau: E. Naujoks, Rudolf Lindau und die Neuorientierung der auswärtigen Pressepolitik Bismarcks (1871/78), HZ 215 (1972) S. 299/344; O. Groth, Die Zeitung, Mannheim-Berlin-Leipzig 1929 II 219/235; O. Hammann. Der neue Kurs, Berlin 1918, S. 72; Zur Geschichte der einzelnen Zeitungen: K. Koszyk, Geschichte der deutschen Presse, Berlin 1966 II.

lichen Korrespondenzen können wir jetzt die Frage beantworten: Wie hat der Fürst vor den Wahlen von 1879 und 1881 auf die Presse Einfluß genommen?

Auf Grund von Andeutungen in Moritz Buschs ‚Tagebuchblättern' nahm man bisher an, der Kanzler habe sich in der späteren Amtszeit weniger um die Presse bemüht[2]. Durch Irene Fischer-Frauendienst[3] und Walter Bußmanns Werk über Herbert von Bismarck[4] wurden Dokumente bekannt, die auf eine journalistische Zusammenarbeit des Fürsten mit einem Team höherer Beamter hinwiesen. In privaten Briefen im Friedrichsruher Archiv erschließt sich uns heute sogar das Bild eines engen Zusammenwirkens. Auch 1878/79 war kein Pressebüro[5] geschaffen, sondern nur ein apokryphes Kommunikationssystem, gegen das man weder bei Haushaltsberatungen noch mit den Mitteln öffentlicher Kritik direkt vorgehen konnte.

Nur exemplarisch sollen im Rahmen eines kleineren Aufsatzes die Anfänge dieser veränderten pressepolitischen Wirksamkeit seit 1878 skizziert und hervorgehoben werden, wie der Kanzler die innenpolitische Krise seit der Trennung von den Nationalliberalen zu überwinden suchte. Wir erfahren auch, mit welcher Selbstverständlichkeit sich der Reichsgründer nicht nur der Legationsräte bei publizistischen Aufgaben bediente, sondern auch der regierungsfreundlichen Zeitungen. Um so deutlicher tritt jene von Bismarck selbst geschaffene ‚Gesinnungsfamilie' unter den leitenden Beamten hervor, der die Innen- und Außenpolitik allein unter den Aspekten des Kanzlers zu verteidigen gelehrt wurde. Es leuchtet ein, daß sich im Team der Legationsräte innenpolitische und diplomatische Argumentationen beinahe von selbst verquickten, wenn es um Wahlkampagnen ging. Wir werden auch wahrnehmen, wie Bismarck persönlich versuchte, die liberale Opposition gerade mit außenpolitischen Argumenten zu treffen.

---

2 M. Busch, Tagebuchblätter, Leipzig 1899 II 423.

3 I. Fischer-Frauendienst, Bismarcks Pressepolitik, Studien zur Publizistik. Bremer Reihe, Deutsche Presseforschung Bd. 4, Münster 1963 S. 157/71.

4 W. Bußmann, Staatssekretär Graf Herbert v. Bismarck. Aus seiner politischen Privatkorrespondenz. Deutsche Geschichtsquellen des 19. und 20. Jahrhunderts hrg. v. d. Historischen Kommission der Bayerischen Akademie der Wissenschaften Bd. 64, Göttingen 1964 S. 89/109.

5 W. Vogel, Die Organisation der amtlichen Presse- und Propagandapolitik des Deutschen Reiches von den Anfängen unter Bismarck bis zum Beginn des Jahres 1933, Zeitungswissenschaft 16. Jg. Berlin 1941 S. 9.

II. Pressepolitik im „Familienbetrieb"

Nach etwa zwei- bis dreijähriger Unterbrechung scheint der Reichsgründer die publizistische Einwirkung auf die Presse im Zusammenhang mit der konservativen Wende seiner Politik intensiviert zu haben. Der Kreis der alten Regierungspresse stand ihm wieder zur Verfügung. Wenn Staatssekretär Bülow I nach 1875 gelegentlich seine Auffassungen in der liberalen Berliner ‚Nationalzeitung' vertreten ließ[6], so gehörten solche Kontakte mit der unabhängigen Journalistik zum Privileg der Wilhelmstraße, das man sich dort seit je vorbehalten hatte. Der Pressefeldzug im Frühjahr 1877 wurde noch von der Leipziger Wochenschrift ‚Die Grenzboten' durch die berüchtigten „Frictionsartikel" gegen höfische Widerstände der Politik Bismarcks vorgetragen[7]. Für den Sommer 1878 besitzen wir jedoch briefliche Zeugnisse, die nicht nur auf ein stärkeres pressepolitisches Engagement im Kreise der Familie Bismarck, sondern auf eine häufigere Verwendung der alten Regierungspresse hinweisen. Graf Rantzau, der Schwiegersohn des Fürsten, war im Auswärtigen Amt tätig und ermöglichte dem Kanzler auch bei Abwesenheit von der Reichshauptstadt mit der Presse in Verbindung zu bleiben. Wie lange sich eine persönliche Zusammenarbeit bereits in den Amtszimmern der Wilhelmstraße vorbereitet hatte, ist nur zu vermuten. Infolge der räumlichen Entfernung des Kanzlers während seines Kuraufenthaltes in Bad Kissingen erhalten wir durch die Briefe Herberts von Bismarck an Rantzau die Gelegenheit, die Direktiven des Fürsten für die Presse oft im Wortlaut kennenzulernen. Der spezifische Wert von Herberts Briefen liegt darin, daß sie auf Grund von Bleistiftnotizen während der Diktate des Vaters verfaßt wurden. Im Hinblick auf das besondere Vater-Sohn-Verhältnis dürfen wir in diesem Falle annehmen, daß diese Briefe an Rantzau inhaltlich den Charakter von Bismarcks Äußerungen besitzen, wenn auch der Sohn stilistisch noch geglättet haben mag. Wie Bismarck einen neuen Mitarbeiter schulte und die journalistische Eignung des Schwiegersohnes erprobte, ersehen wir aus einer Bemerkung Herberts von Bismarck in einem Brief an seinen Schwager. Aus Bad Kissingen gratulierte er ihm zu seinem ersten journalistischen Erfolg mit dem Satz: „Die beiden Zeitungsartikel wegen ‚Indemnität' und ‚Blutsteuer' haben meines Vaters Beifall[8]."

Der folgende Brief illustriert, wie sorgfältig der Fürst auch während seiner Kur die Äußerungen der Zeitungen kontrollierte und gelegent-

---

6 BAF (= Bismarck-Archiv Friedrichsruh) B 26 Bülow I an Herbert v. Bismarck, Berlin 10. 9. 75 u. 16. 9. 75; aus Raumgründen gehe ich auf die publizistische Arbeit von Bülow II, Heyking, Tiedemann, Rottenburg u. a. nicht ein.

7 M. Busch, Tagebuchblätter II 413/23.

8 BAF D 24 Herbert v. Bismarck an Rantzau, Kissingen 28. 7. 78.

lich mit einer journalistischen Replik konterte. Es geht hier weniger um die komische Seite von Bismarcks Urlaubsjournalistik, wenn er etwa nach der Lektüre des klerikalen Lokalblattes während der Wochen seiner Kur gereizt diese wenig bedeutende, kleine Zeitung mit den wichtigsten Organen seiner Regierungspresse angreifen ließ[9]. Dagegen ist es sehr kennzeichnend, wie Rantzau in solchen Zeiten in den pressepolitischen Dienstbetrieb eingespannt wurde, über die Ausführung von Aufträgen berichtete und neue Ordre für Entgegnungen in gouvernementalen Zeitungen annahm. Kritik an den publizistischen Gehversuchen des Schwiegersohnes blieb trotz allen Eifers nicht aus. Den Entwurf eines Artikels für die — ministerielle — ‚Provincial-Correspondenz' erhielt Rantzau aus Kissingen mit der Bemerkung zurück: „Mein Vater findet ihn — den Aufsatz — zu matt und zu lang, hat deshalb gestrichen."

Vor allem ersehen wir aus dieser Korrespondenz, wie die Verbindungen zur alten Regierungspresse funktionierten. Rantzau hätte sonst nicht Geheimrat Pindter, den Chefredakteur der ‚Norddeutschen Allgemeinen Zeitung', „kommen lassen und ihn rüffeln" können, weil er sich in einem Artikel *gegen* Rudolf von Bennigsen ausgesprochen hatte. Nachdem eine vorherige Direktive für die Presse an die Adresse der Nationalliberalen diese vor eine klare Entscheidung für oder gegen den Reichskanzler zu stellen versucht hatte, wirkte Bismarck jetzt auf eine Trennung der beiden Flügel dieser Partei hin. Herbert schärfte deshalb seinem Schwager ein: „Es soll nichts gegen diesen — Bennigsen — gesagt werden; jener Artikel ist meinem Vater außerordentlich unerwünscht." Nach dem Scheitern des ersten Entwurfs eines Sozialistengesetzes im Reichstag und im Zeichen der beginnenden Auseinandersetzungen um Freihandel oder Schutzzoll galt es um jeden Preis den rechten Flügel der Partei zu halten. Bismarcks Drohung: „Wenn die Angriffe gegen Bennigsen nicht unterbleiben, wird er sich über die Redaktion bei den Eigentümern der Zeitung beschweren", erinnert daran, daß das frühere Subventionsverhältnis zu diesem Blatt im Jahre 1872 aufgehoben wurde. Durch einen Vertrag mit den neuen Eigentümern, den Brüdern Ohlendorff, war der Einfluß der Regierung auf den politischen Kurs des Blattes vor allem durch die Ernennung des Chefredakteurs gesichert worden[10]. Bei der täglichen Kontrolle seitens der Wilhelmstraße konnte sich der Kanzler im wesentlichen auf die Ergebenheit Pindters verlassen. Rantzau sollte diesen auch zu entschiedenen Angriffen gegen Forkenbeck, den Mann des linken Flügels

---

9 O. Groth, Die Zeitung II 199 f.

10 BAF D 24 H. v. Bismarck an Rantzau, Kissingen 9. 8. 78; M. Overesch, Presse zwischen Lenkung und Freiheit. Die preußische Regierung und ihre offiziöse Zeitung, Dortmunder Beiträge zur Zeitungswissenschaft Bd. 19, Dortmund 1974 S. 201 f.

der Nationalliberalen, ermuntern, ‚die nie oft genug und (zu) scharf kommen könnten'[11]. Es spricht für die Autorität des Fürsten in dieser ‚Pressefamilie', wenn der Schwiegersohn alsbald seinem Schwager nach Bad Kissingen meldete, „daß die *Befehle* Ihres Vaters unverzüglich vollzogen wurden"[12].

III. Die Wahlkampagne 1879 in Preußen

Die Häufung der seit dem Sommer 1879 vorliegenden brieflichen Zeugnisse pressepolitischer Art bestätigen die prinzipielle Auffassung Bismarcks, ein großangelegter journalistischer Einsatz von Regierungsseite sei nur im ‚Ernstfall' gerechtfertigt[13]. Wir sind jetzt überrascht zu verfolgen, wie weit der Staatsmann vom Urlaubsort selbst in die Details der Kampagne für die Landtagswahl eingriff. Bismarck war mit dem Anlaufen des Wahlfeldzugs unzufrieden und nannte die bisherige Taktik der preußischen Regierung „keine geschickte", zumal er „Zielstrebigkeit und Entschiedenheit" vermißte. Durch ein umfassendes Diktat wurden ein koordinierter Pressefeldzug eingeleitet und durch Herberts Brief an Rantzau die amtlichen Verbindungen mobilisiert. Wir sehen hierbei, wie selbstverständlich der Reichsgründer auch über die offiziösen Organe des Innenministeriums verfügte.

Auf Grund der Kenntnis dieser Direktiven können wir noch weitere Schlüsse ziehen: bei Reichstagsdebatten über das Militärgesetz von 1874[14] oder über das Sozialistengesetz von 1878[15] hören wir den Protest der Opposition über das gezielte Trommelfeuer der Regierungspresse bei solchen Anlässen. Die Direktive vom 27. Juli 1879[16] demonstriert uns bis ins einzelne, wie der Fürst in solchen Fällen die Regierungspublizistik selbst in Bewegung setzte. Die Kampagne erhielt ihre besondere Note durch den Kampf gegen die manchesterlichen Auffassungen der Fortschrittspartei und die Person Eugen Richters. Angesichts der „schüchternen" Defensive der konservativen Blätter ermunterte Bismarck diese, „endlich zum Angriff" überzugehen und täglich „aggressive und kritisierende Artikel ... gegen die oppositionelle Freihandelspresse" zu bringen. Da in dieser Wahlkampagne die innen-

[11] BAF D 24 H. v. Bismarck an Rantzau, Kissingen 9. 8. 78.

[12] BAF F 1 Rantzau an H. v. Bismarck, Berlin 26. 7. 78.

[13] E. Naujoks, Rudolf Lindau und die Neuorientierung S. 304.

[14] P. Wentzcke (Hrsg.) Deutscher Liberalismus im Zeitalter Bismarcks; E. Lasker an E. Stauffenberg, Berlin 3. 4. 74 S. 101 f.

[15] Stenograph. Berichte über die Verhandlungen des Deutschen Reichstags 4. Legislaturperiode I. Session 1878 1. Bd. 4. Sitzung v. 16. 9. 78 S. 39 u. 12. Sitzung v. 14. 10. 78 S. 240.

[16] W. Bußmann, Staatssekretär Herbert v. Bismarck S. 89.

politische Stellung des Reichskanzlers zur Diskussion gestellt wurde, sollte den Lesern und Wählern die Devise der Fortschrittspartei: „Fort mit Bismarck!“ vorgehalten und jenen klargemacht werden, wohin Deutschland komme, wenn der Fürst nicht mehr leitender Minister wäre. Den Oppositionszeitungen war in „immer wiederkehrender Frage“ vorzuhalten: „Wen wollt Ihr an seiner Stelle?“ Würden dann von der Gegenseite Namen von Kandidaten genannt, so war nach Ansicht des Fürsten für die Regierungspresse „unendlicher Stoff zum Angriff gegeben“. Im Vergleich zum Reichsgründer könne die „absolute Unfähigkeit“ einzelner Oppositionsführer publizistisch „leicht“ nachgewiesen werden: sie vermöchten sich weder mit dem Kaiser zu verstehen, noch eine Majorität im Parlament zu bilden.

Es war ein — alter — konservativer Trick, vor der Radikalität der oppositionellen Propaganda und deren praktischen Konsequenzen zu warnen und jetzt sogar an die beiden Attentate auf Wilhelm I. im vergangenen Jahr zu erinnern. In demselben Sinne sollten Bismarcks Direktiven zufolge die Wahlparolen der parlamentarischen Linken gegen drückende Zölle oder Steuern als pure Demagogie gekennzeichnet werden.

In dieser Direktive lernen wir auch die wichtigsten Träger der Regierungspublizistik kennen. Rantzau sollte vor allem Constantin Rößler als Direktor des Literarischen Büros in der vom Fürsten bezeichneten Richtung informieren. Dasselbe galt für den leitenden Publizisten im Innenministerium Ludwig Hahn; er war allerdings aufgefordert, in der Presse nicht mehr an die frühere Zusammenarbeit der Regierung mit den Liberalen zu erinnern und sogar wegen einiger allzu lobender Artikel über den ehemaligen Minister Friedenthal in der von ihm geleiteten ‚Provincial-Correspondenz‘ Rechenschaft abzulegen. Mit einer entsprechenden Ordre galt es auch Lucius von Ballhausen zu veranlassen, in der freikonservativen Berliner ‚Post‘ nicht mehr den liberalen Friedenthal, sondern die Regierung in ihrer mehr konservativen Zusammensetzung zu unterstützen. Staatssekretär Starke war geeignet, die vom Innenministerium subventionierten Zeitungen mit den neuen Wahlparolen zu versehen. Der Einschüchterung der oppositionellen Zeitungen wegen mußte Rantzau zum Unterstaatssekretär Schilling im Justizministerium und zur Berliner Staatsanwaltschaft gehen. Nach Ansicht des Kanzlers hätte das Berliner Witzblatt ‚Kladderadatsch‘ längst einmal konfisziert werden müssen. Wenn solche Zeitungen „Klassenhaß und Aufhetzung“ in ihren Artikeln brächten, sollte gegen sie exemplarisch mit polizeilicher Beschlagnahme vorgegangen werden. Auch jetzt wurde der ‚Norddeutschen Allgemeinen Zeitung‘ die Führungsrolle in der Kampagne zugewiesen. Schon deshalb sollte Rantzau für Bismarcks Leibblatt einige Artikel zu den bevorstehenden preußischen Wahlen verfassen, „nach denen sich die übrigen regierungsfreundlichen Organe richten könnten“[17].

Um dieser Sonderstellung willen wachte der Fürst besonders über die Seriosität seines Leibblattes und tadelte Pindter sehr scharf wegen eines „pikanten Artikels“. In einem solchen Aufsatz erblickte er ein Maß an „Frivolität und Gewissenlosigkeit, die außerhalb jeder Bezeichnung läge“. Trotz häufiger Rügen an Pindter dachte der Kanzler jedoch sehr hoch von dessen Aufgaben. Die Verantwortung für dieses anerkannte Regierungsorgan erlege dem Redakteur die Pflicht zur „Rücksicht und Besonnenheit“ auf. Bismarck nannte es ein „ehrenvolles Amt, Chefredakteur der Norddeutschen jetzt zu sein, wenn auch ein dornenvolles“. Um so härter traf jetzt Pindter der Vorwurf des Fürsten, er stelle „Effekthascherei und pikante Notizen höher ... als den Erfolg unserer Politik und des Landes“. Erst zwei Tage später brachte Herbert den erzürnten Vater von dem Gedanken ab, einen neuen Chefredakteur für sein Leibblatt zu suchen[18].

Die Fortsetzung von Bismarcks Weisungen an seinen Schwiegersohn demonstriert, was der Regierungspresse zugemutet wurde. Der nationalliberale Abgeordnete Lasker und Eugen Richter als Führer der Fortschrittspartei sollten *gemeinsam* angegriffen und polemisch „auf eine Stufe gestellt“ werden. Als Träger des ‚Aufruhrs‘ würden dann beide liberale Parlamentarier angeklagt und zum Beweis Auszüge aus ihren „Brandreden“ dem Publikum aufgetischt werden. Die Agitation der Linken gegen die neuen Steuern hatte die offiziöse Presse sogar als Verhetzung der Massen und „Arbeit im Dienst der Sozialisten“ zu bezeichnen[19].

Die Schwierigkeiten bei der Ausführung solcher Befehle wiesen auf die Problematik dieses harten Kurses zurück. Es war kaum möglich, mit der gewünschten Entschiedenheit gegen die oppositionellen Zeitungen vorzugehen. Während der als „Socialistentöter“ bekannte Staatsanwalt Tessendorff auf Urlaub weilte, stieß Rantzau bei dessen Vertreter auf vorsichtige Zurückhaltung; der Beamte zögerte im Hinblick auf den Stand der Gesetzgebung mittels polizeilicher Konfiskation den ‚Kladderadatsch‘ unter Druck zu setzen. An Hand der einschlägigen Paragraphen des Reichspressegesetzes von 1874[20] und des Strafgesetzbuches führte Rantzau seinem Schwager vor Augen, warum die geforderte Beschlagnahme ohne gravierende Gründe unzulässig sei. Ebenso hatte

---

17 ebd. S. 89 ff.

18 BAF D 24 H. v. Bismarck an Rantzau, Varzin 26. 11. 79 u. 28. 11. 79.

19 BAF D 24 H v. Bismarck an Rantzau, Kissingen 28. 7. 79.

20 BAF F 1 Rantzau an H. v. Bismarck, Berlin 1. 8. 79 und beil. Abschriften des § 23 des Reichspressegesetzes v. 7. 5. 1874 und der §§ des Strafgesetzbuches 85, 95, 111, 130 u. 184.

die Berliner Staatsanwaltschaft es abgelehnt, auf Grund der pressepolizeilichen Paragraphen des Sozialistengesetzes gegen das Witzblatt vorzugehen, weil Innenminister Eulenburg vor dem Reichstag erklärt hatte, „alle nicht wirklich socialistischen Presseerzeugnisse" sollten „von dem Gesetz nicht tangiert werden"[21].

Vielleicht spielte selbst bei Constantin Rößler die Rücksicht auf die momentane Pressegesetzgebung eine Rolle, wenn er seinen Artikel in der Berliner ‚Post': „Weg mit Bismarck!" vorsichtiger formulierte. Der Kanzler bezeichnete das Ganze als „viel zu matt"; es sehe jetzt so aus, als ob er „dringend zu bleiben wünsche". Um zu verhindern, daß auch Pindter aus ähnlichen Überlegungen die vom Kanzler veranlaßten Aufsätze stilistisch zu sehr milderte, sollte sich Rantzau dessen Beiträge für die ‚Norddeutsche Allgemeine Zeitung' noch einmal in Abzügen vorlegen lassen[22].

Um so leichter fiel es Rantzau, die journalistische Feuerprobe zu bestehen. Herbert von Bismarck meldete bald, die Artikel seines Schwagers in der ‚Norddeutschen Allgemeinen Zeitung' hätten „den vollen Beifall" des Vaters gefunden. Rantzau schränkte wahrheitsgemäß dieses Lob ein: „Ich ließ mir ihn — den Aufsatz — aber Deinem Rat zur Folge vorlegen und habe höllisch darin herumstreichen müssen, so daß er allerdings ein ziemlich anderes Aussehen bekam[23]." Herbert feuerte seinen Schwager deshalb bald an, er solle sich den Artikel: „Fort mit Bismarck!" „zur Pfefferung" vorlegen lassen, „damit er so gut gerät wie der neuliche"[24]. Rößler wehrte sich übrigens, als Rantzau ihm seiner Artikel wegen „ein paar ordentliche Sporen" geben sollte, gegen den befohlenen Ton der Wahlkampagne und ließ dem Fürsten ausrichten, seine letzten Auslassungen in der ‚Provincial-Correspondenz' hätten enormes Aufsehen erregt, *trotz* der von Rantzau gerügten „Sanftheit" der Sprache[25]. Dennoch arbeitete Bismarcks Schwiegersohn im Sinne des Fürsten und verwandte bei besonders polemischen Formulierungen gern „die fast wörtlichen Ausdrücke" desselben. Manchmal versah er die in Berlin eintreffenden Diktate nur noch am Anfang und am Schluß „etwas mit Phrasenpolstern". Bezeichnenderweise wurde Rantzau nicht mehr als eine „Superredigierung" des Textes zugemutet[26]; das ‚Salz' der Wahlkampagne des Jahres 1879 kam allein vom Kanzler.

---

[21] BAF F 1 Rantzau an H. v. Bismarck, Berlin 1. 8. 79.
[22] BAF D 24 H. v. Bismarck an Rantzau, Kissingen 1. 8. 79.
[23] BAF F 1 Rantzau an H. v. Bismarck, Berlin 5. 8. 79.
[24] BAF D 24 H. v. Bismarck an Rantzau, Kissingen 7. 8. 79.
[25] BAF F 1 Rantzau an H. v. Bismarck, Berlin 9. 8. 79.
[26] BAF D 24 H. v. Bismarck an Rantzau, Kissingen 19. 8. 79.

Im Rahmen des offiziösen Pressewesens spielte die ‚Kölnische Zeitung' eine besondere Rolle; als liberales Blatt zählte das rheinische ‚Weltblatt' innenpolitisch nicht zum Gefolge des Reichsgründers, wurde aber auf außenpolitischem Gebiet regelmäßig kontrolliert und inspiriert. Bei der Wahlkampagne mußte hinsichtlich parteipolitischer Polemiken Rücksicht genommen werden. Als Rudolf Lindau den Auftrag erhielt, „dem Centrum in der ‚Kölnischen Zeitung' zu Leibe zu gehen", wünschte jener mit der Veröffentlichung des befohlenen Aufsatzes zu warten bis die ‚Post' und die ‚Norddeutsche Allgemeine Zeitung' zuvor sich geäußert hätten; „dann kann die Kölnische in einfachster Weise an die Artikel anschließen". Politische Delikatesse war hier geboten: würden nämlich die drei Aufsätze gegen das Zentrum „gleichzeitig" erscheinen, „so würde dies leicht zu der Vermuthung führen, daß wir die Kölnische inspiriert haben". Es war besser, wenn das rheinische Blatt „unbeargwohnt" blieb[27].

Es gehörte zu den Besonderheiten dieses Pressefeldzugs, daß der Fürst auch Weisungen für außenpolitische Aufsätze diktierte, die oppositionellen Argumentationen begegnen und diesen Gegnern mit überlegenem Sachwissen diskreditieren sollten. Da ein Jahr nach dem Berliner Kongreß von der Linken versucht wurde, Bismarcks Abwendung von Rußland und Orientierung nach Wien als Mißerfolg seiner Außenpolitik darzustellen, war die Gelegenheit für eine der häufigen „Abfertigungen" gegeben. Kaum hatte der Kanzler im ‚Berliner Tageblatt' die Äußerung gefunden, „ob es nicht beser gewesen wäre, Rußland — im Jahre 1878 — ruhig nach Constantinopel gehen zu lassen" und den Zwist mit dem Zarenreich zu vermeiden, als der Fürst eine Entgegnung in der ‚Post' verlangte. Er formulierte ‚von oben herab', das Oppositionsblatt lasse „mit recht fortschrittlicher Unkenntniß der Geschichte" außer acht, daß „Deutschland niemals in die Lage gekommen sei, darüber Entschlüsse zu fassen, ob es Rußland nach Konstantinopel vordringen lasse oder nicht". In dem Diktat, das Holstein aufnahm, wurde betont, daß die Reichspolitik sich kaum dem Vordringen des Zaren nach Konstantinopel widersetzt und „deutsche Interessen dadurch nicht für geschädigt gehalten haben" würde. Gleichzeitig wurde daran erinnert, daß die „österreichische, englische", weniger die französische Politik in dieser Frage ein Hindernis bedeutet hätte. Daß Rußland sich „auf die Gefahr eines Krieges mit diesen Mächten hin nicht entschlossen habe zum Bosporus vorzustoßen, wisse jeder Zeitungsleser". Schließlich erhielt die Fortschrittszeitung einen weiteren Hieb: „nur das Tageblatt weiß nichts davon und macht der deutschen Außenpolitik Vorwürfe." Zum Schluß wurde das gröbste Geschütz auf-

27 BAF Lindau an H. v. Bismarck, Berlin 5. 11. 80.

gefahren. Für die Leser der Berliner ‚Post' erschien „eine Berichtigung dieses Unsinns" nicht erforderlich, dagegen um so nützlicher, „die Unaufrichtigkeit des fortschrittlichen Blattes und das Bildungsmaß seiner Leser öffentlich zu kennzeichnen".

Als wahre Gründe der außenpolitischen Neuorientierung Berlins wurde daraufhin nicht die Frage Konstantinopel, sondern der Wunsch, „dem russischen Reiche keine Vasallendienste ... leisten zu müssen", genannt. Nachdem auch die vergeblichen Bündnissondierungen der Petersburger Regierung in Paris gestreift worden waren, ließ der Fürst noch einen letzten Hieb gegen seine Gegner folgen: „Die Frage Constantinopel ist den Erwägungen der deutschen Politik stets fern geblieben und spukt nur in den nebelhaften Regionen fortschrittlicher Köpfe[28]."

Zwei Wochen später wurde von Varzin aus die oppositionelle Presse sogar der Verbindung mit dem Ausland verdächtigt: offenbar wäre das ‚Berliner Tageblatt' ebenso wie das ‚Montagsblatt' „von russischer Seite beeinflußt". „In feiner Form" solle in der Regierungspresse angedeutet werden, daß die Oppositionsblätter „auffallend russenfreundlich" geworden wären, seitdem sich die Beziehungen Rußlands zu Berlin „scheinbar abgekühlt" hätten. Die Haltung jener Zeitungen in den letzten vier Wochen könne kaum eine andere sein, „wenn sie offiziös russische Blätter wären". Im Gegensatz zur früheren „fast krankhaften Russophobie" in den Fortschrittskreisen sei Eugen Richter „wohlwollend für Rußland". Diese neue Haltung sollte in dem Artikel nicht mit dem „Oppositionsgeist" erklärt, sondern betont werden, daß jene Zeitungen „so wunderbar gut unterrichtet sind über die russisch-deutschen Vorkommnisse". Die sehr guten und richtigen Nachrichten über die letzte Kaiser-Entrevue in Alexandrowo aus Warschau in den Fortschrittszeitungen könnten „nur aus amtlichen Quellen" herrühren. Der diesen Unterstellungen zu Grunde liegende Vorwurf einer landesverräterischen Verbindung der Fortschrittspresse mit dem Zarenreich sollte „fein und vorsichtig gefeilt" als „hübscher Artikel" in der ‚Post' die Gegner verdächtigen[29].

IV. Direktiven für die Reichstagswahl 1881

Zwei Jahre später, nachdem die Bismarcksche Innenpolitik mehr in konservative Bahnen gelenkt war, nahm der Wahlkampf noch schärfere Formen an. In seinem Brief an Rantzau bedauerte Herbert von Bismarck, daß jener sich nicht mehr der publizistischen Arbeit annehmen

[28] BAF Holstein an Rantzau, Varzin 23. 10. 79.

[29] BAF D 25 H. v. Bismarck an Rantzau, Varzin 31. 10. 79.

könne. Es empörte den Sohn des Fürsten, daß der neue „Preßgeneral" Rudolf Lindau ein Diktat seines Vaters für die ‚Norddeutsche Allgemeine Zeitung' nicht wörtlich übernommen habe. Den Zorn über diese Eigenmächtigkeit hören wir aus den Worten Herberts heraus: „trotzdem korrigierte Lindau darin wie in einer Tertianerarbeit, eliminierte alle Kraftworte, und der Papa war recht erbost, als er seine verwässerte Arbeit wiedersah"[30].

Erst jetzt erhalten wir eine Bestätigung dafür, daß die Mitwirkung der Legationsräte bei solchen Preßkampagnen *neben* dem Dienst für das eigene Ressort zu leisten war und als unbequem empfunden wurde. Offensichtlich hat sich Lindau als erfahrener Publizist gegen das schroffe Preßregiment des Reichsgründers gewehrt. Herberts Vorwurf: „Selbst die journalistische Mache habe ich ihm — Lindau — zum Teil angeben müssen!" illustriert nur die Verschiedenheit der Auffassungen über den richtigen publizistischen Ton. Wenn Herbert die „Faulenzerposten" Lindaus und anderer Kollegen beschimpfte, müssen wir eher den Schluß daraus ziehen, daß sich viele hochgestellte Beamte nicht danach drängten, wöchentlich zusätzlich drei bis vier Stunden — stilistisch geschulmeistert — für die Presse zu arbeiten[31].

Da die Regierung im Jahre 1881 vor allem auf die Unterstützung der konservativen Kräfte angewiesen war, erhielt der Pressefeldzug andere Konturen. Eine enge Zusammenarbeit mit der Deutsch-Konservativen Partei[32] führte zu einer Abmachung über Methoden und Finanzierung einer gemeinsamen Wahlagitation. Selbst Rantzau hatte wieder mit den leitenden Stellen Fühlung zu nehmen. Die plötzliche Inanspruchnahme der Regierungspresse und der befreundeten konservativen Organe für die harte Polemik im Wahlkampf wurde auch hier zum Problem. Wir hören, wie wenig der Herausgeber der ‚Norddeutschen Presse' ein Interesse daran zeigte, gegen die großen liberalen Blätter plötzlich ins Zeug gehen zu müssen. Da sich für konservative Zeitungen kaum geeignete Redakteure finden ließen, mußte schließlich für die ‚Norddeutsche Presse' ein Postbeamter engagiert werden. Es war kein Wunder, daß das überraschend harte Vorgehen dieses Blattes in Lauenburg bei den Liberalen unliebsames Aufsehen erregte. Bismarck wünschte sogar den Redakteur des ‚Beobachters an der Elbe' für die laufende Kampagne heranzuziehen, weil er im letzten Sommer „so treffliche Grobheiten" geschrieben hatte.

---

30 BAF D 25 H. v. Bismarck an Rantzau, Kissingen 12. 7. 81.

31 BAF Lindau an H. v. Bismarck, Berlin 18. 8. 81

32 Vgl. H. Booms, Die deutsch-konservative Partei, Beiträge z. Geschichte des Parlamentarismus u. der polit. Parteien H.3 Düsseldorf, 1954, S. 20 ff.

Herbert notierte hierzu die Bemerkungen seines Vaters: „ob er früher ein Schweinehund war, wäre ihm egal, wenn er jetzt nur gut wäre, und das ist er[33].“ Wie sehr die Regierungspublizistik und die wenigen konservativen Mitstreiter einer Nachhilfe bedurften, illustrierten die Bereitstellung von 2000 Mark aus dem Welfenfond zur „Aufmunterung für die geleisteten guten Artikel“[34] und weitere Subventionen in beträchtlicher Höhe.

Auch diesmal galt es der Berliner ‚Nationalzeitung‘, die mit „gewohnter Perfidie“ auf die Ministerkandidatur Bennigsens und dessen Verhandlungen mit Bismarck in Varzin gegen Ende Dezember 1877 zu sprechen kam, entgegenzutreten. Die Kandidatur des nationalliberalen Führers sollte bewußt in ihrer Bedeutung heruntergespielt und hervorgehoben werden, im Jahre 1878 hätten zwischen dem Kanzler und Bennigsen keine Verhandlungen mehr stattgefunden. Zum Schluß sollte die ‚Nationalzeitung‘ nach dem Dementi in der ‚Post‘ „mit kaltem Hohn“ über ihre Uninformiertheit ‚abgefertigt‘ werden[35]. Die Sprache gegen „Richter, Rickert und Genossen von der Fortschrittspartei“ sollte noch härter werden und von der „gewohnheitsmäßigen Verlogenheit“ des ‚Berliner Tageblatts‘ oder des ‚Börsencouriers‘ laut künden; deren Manöver waren als „gegen den Fürsten Bismarck und seine große Bestrebungen seit Jahren geschleuderten Gipftpfeile“ zu diskreditieren.

Angesichts des parlamentarischen Widerstandes gegen Bismarcks neue Sozialpolitik galt es hervorzuheben, diese Pläne hinsichtlich der Altersversorgung der Arbeiterschaft oder des Tabakmonopols seien nicht verschoben worden, könnten jedoch nicht „ohne Reichstagsbewilligung“ realisiert werden. Aus der Ablehnung der Regierungsvorlage sei jedoch keine Regierungskrise entstanden[36]. Vor allem beobachten wir jetzt, wie Bismarck von der schmalen Basis der gouvernementalen Publizistik aus die toten Punkte der Wahlkampagne mit Hinweisen auf die Erfolge der deutschen Außenpolitik zu überwinden suchte. Allerdings differierte Graf Helldorf-Bedra in diesem Punkt der gemeinsamen Wahlstrategie mit dem Auswärtigen Amt. Rantzau wußte auch vom Führer der deutsch-konservativen Partei, wie sehr er jede Polemik gegen die Opposition scheute; er resignierte jedoch: „da wir doch unter seiner — Helldorffs — Flagge segeln müssen, bleibt ja nichts übrig, als ihn — den verbündeten Parteiführer — dumm zu finden.“

---

[33] BAF D 25 H. v. Bismarck an Rantzau, Varzin 11. 9. 81.

[34] BAF F 1 Rantzau an H. v. Bismarck, Berlin 9. 9. 81 mit Angaben für weitere publizistische Ausgaben für Flugblätter und den ‚Patrioten‘, der jeweils in einer Auflage von 160 000 Exemplaren erschien; s. a. BAF D 25 H. v. Bismarck an Rantzau, Varzin 3. 9. 81.

[35] BAF D 25 H. v. Bismarck an Rantzau, Varzin 15. 10. 81.

[36] ebd.

Für unseren Zusammenhang erscheint es jedoch noch aufschlußreicher, daß sich Helldorf dagegen wehrte, daß eines der Flugblätter über die deutsche auswärtige Politik „den Reigen — dieser offiziösen Schriften — schlösse". Hierbei wehrte sich der Parteiführer gegen die allzu nachdrückliche Hervorhebung der diplomatischen Erfolge Berlins im Wahlkampf und blieb nüchtern bei seiner Auffassung, „daß die Sorge für den Arbeiter und die indirekten Steuern bei weitem das Wichtigste seien". Helldorf meinte sogar, „das — Flugblatt — über die auswärtige Politik werde nicht viel verfangen". Selbst Rantzau stimmte in dieser realistischen Einschätzung der Wählerstimmung so weit mit dem deutsch-konservativen Parteiführer überein, daß er seinem Schwager schrieb, daß vermutlich „die materiellen Fragen — für die Wähler — das Wichtigste sind"[37].

Diese Einwände brauchten Bismarck nicht zu beirren. Da Heyking in der Reichskanzlei die volkswirtschaftlichen und sozialpolitischen Aufsätze zur Wahlkampagne beisteuerte, blieb er dabei, die Resultate seiner Diplomatie vor der Abstimmung dem Publikum in Erinnerung zu bringen und diesem seine historische Leistung wieder ins Gedächtnis zurückzurufen. Am 9. Juli hatte die ‚Norddeutsche Allgemeine Zeitung' einen Artikel der ‚Magdeburger Zeitung' festgenagelt, in dem der provozierende Satz enthalten war, „nicht der Fürst Bismarck, sondern die Liberalen hätten eigentlich Deutschland geeint". Dem Diktat des Fürsten zu diesem Thema ist zu entnehmen, wie schroff er gegen diese „Anmaßung" auftrat und die Gegenfrage aufwarf: „Was hat denn der deutsche Liberalismus für die Einheit getan?" Der Kanzler erinnerte daran, daß die Liberalen nur vom Parteistandpunkt aus an sich und die Herrschaft ihrer Führer gedacht, der preußischen Großmachtspolitik aber nur Schwierigkeiten bereitet und trotz bombastischer Reden die Herstellung der deutschen Einheit immer wieder gehemmt und gehindert hatten[38].

Vor allem konnte im Gegensatz zur kritischeren Situation des Herbstes 1879 der Abschluß des Zweibundes mit Österreich als Erfolg bezeichnet und die inzwischen vollzogene Wiederannäherung des Zarenreiches an Deutschland erst recht günstig interpretiert werden. Gegenüber allen Kassandrarufen durfte auch die jüngste Danziger Entrevue zwischen dem Zaren und Wilhelm I. als glückliches Symptom gedeutet werden. Mit Nachdruck war zu betonen, daß dank der Politik des Kanzlers die allgemeine Sorge um die Ruhe des Kontinents vor und während des Berliner Kongresses jetzt einem allgemeinen Vertrauen in die friedliche Zukunft Europas Platz gemacht habe. In diesem

37 BAF F 1 Rantzau an H. v. Bismarck, Berlin 9. 10. 81; BAF D 25 H. v. Bismarck an Rantzau, Varzin 3. 11. 81.

38 I. Fischer-Frauendienst S. 161 ff.

Zusammenhang sollte der besondere Wert der Persönlichkeit des Reichskanzlers in die Waagschale geworfen werden: Wenn die Fortschrittspartei ihn stürzen wolle, so gefährde sie jene Errungenschaften. Auf der anderen Seite galt es für die Regierungspresse den Gedanken, der Fürst würde „mit solchen Schweinekerls" wie den Vertretern der Fortschrittspartei im Ministerium zusammenarbeiten, als völlig abwegig zu erklären. Rantzau erhielt sogar von seinem Schwager Mitteilung, der Fürst verlange „in der Presse ein(en) Artikel über die Friedenslage in Europa dank der Politik des Ministeriums Bismarck". Den Regierungsorganen wurde sogar der Wahlslogan empfohlen: „Für die Regierung und Bismarck wählen, hieße für den Frieden wählen[39]!"

Eine Spitze gegen den Hof des — liberalen — Kronprinzen durfte bei der Agitation gegen die Fortschrittspartei nicht fehlen. Der Fürst verwertete einen Artikel des Londoner ‚Standard' für einen Aufsatz im ‚Deutschen Tageblatt', der vorsichtig auf das englische Blatt Bezug nehmen und einfließen lassen sollte, wie dort ein Brief des deutschen Kronprinzen „als Wahlagitation gemißbraucht" werde. Es war ein deutlicher Wink, wenn in diesem Artikel betont wurde, durch solche Mitteilungen nach London würde diese Taktlosigkeit noch bedauerlicher, weil man dem Kronprinzen schließlich jede politische Äußerung verleiden werde[40].

Wie günstig die Bezugnahme auf die Erfolge von Bismarcks Außenpolitik gewirkt hatte, hob Lindau ein Jahr später im Rückblick hervor: „Unsere auswärtige Politik ist geeignet jetzt wieder die allgemeinste Anerkennung in Deutschland zu finden. Ich glaube deshalb, daß dieselbe zur Wahlcampage (geeignet) ist". Es sollte die Opposition und das von ihr befürwortete parlamentarische System getroffen werden. Nach Lindaus Auffassung brauche man nur „auf England und Frankreich hinzuweisen, wo in Folge des Überwucherns des liberalen Parlamentarismus nur noch Cabinetspolitik möglich ist". In deutlichem Kontrast dazu sollte hervorgehoben werden, „welchen Umständen Deutschland das Glück verdankt, daß hier wahrhaft nationale Politik getrieben werde". Mit tendenziöser Übertreibung schrieb Lindau: „Mit Richter oder Bamberger am Ruder wären wir schon Verbündete von England und Frankreich und ständen am Vorabend eines Krieges." Auch diese Betrachtung sollte in die Frage einmünden: „Wem verdanken wir, daß wir in sicherem Frieden leben etc.?" Lindau wollte jedoch „nicht zu früh anfangen", um das „Pulver nicht vor dem Wahltage — 1884 — zu verschießen"[41].

---

39 BAF D 25 H. v. Bismarck an Rantzau, Varzin 29. 10. 81.

40 ebd.

41 BAF Lindau an H. v. Bismarck, Berlin 26. 7. 82.

Trotz des anfänglichen Optimismus mußte Lindau am 31. Oktober 1881 das Gesamtresultat der Wahlen im Hinblick auf die Gewinne der Fortschrittspartei als „unerfreulich“ bezeichnen. Bei der Suche nach den Gründen bestätigte Bismarck sogar die Auffassungen Helldorffs vom Gewicht der materiellen Interessen bei der Entscheidung der Wählerschaft und erklärte, daß „das Monopol für die diesmaligen Wahlen viel geschadet“ habe; der Fürst bedauerte diesen Fragenkreis in die Wahlagitation miteinbezogen zu haben[42]. Überhaupt hatten die antimanchesterlichen Wahlparolen kein starkes Echo bei den Wählern gefunden. Dasselbe galt für die Polemik gegen die Juden, die Bismarck seinerseits nur sehr bedingt geführt wissen wollte[43].

Lindau beschränkte sich in seiner Kritik auf den konkreten Verlauf der Wahlkampagne und machte die konservativ-kleinbürgerliche Antisemitenbewegung Adolf Stoeckers für den Mißerfolg verantwortlich, weil sie der überlegenen liberalen Presse geeignete Angriffspunkte gegeben habe. Vor allem hatten Bismarcks sozialpolitische Reformpläne gerade bei den „ungebildeten Massen... Befremden erregt“. Für Lindaus engeres Ressort war festzuhalten, daß „die regierungsfreundliche Presse... nicht nur numerisch die schwächste“, sondern im klaren Gegensatz zu der liberalen Ära Bismarcks in der Provinz leistungsmäßig „unter der Kanone“ gewesen war. Niemand wußte es besser als Lindau, daß die Regierung wenigstens in Berlin „vier ordentliche Zeitungen“ zur Verfügung gestanden hatten. Dagegen hatten die großen bürgerlich-liberalen Blätter in den Provinzhauptstädten in der Diskussion während des Wahlkampfs „absolut geherrscht“.

Lindau erinnerte damit nicht nur an den Verlust der ehemaligen journalistischen Bundesgenossen der Reichsregierung, sondern legte sich die Frage vor, „ob die ‚Norddeutsche Allgemeine Zeitung‘ den richtigen Ton getroffen hätte“; wäre nicht „mit Mäßigkeit“ mehr erreicht worden? Dagegen sprach allerdings, daß das aggressive ‚Deutsche Tageblatt‘ und die polemische ‚Norddeutsche Allgemeine Zeitung‘ mit ihren publizistischen Erfolgen zufriedener sein durften, als die ungleich „sanftere“ ‚Post‘. Lindau gelangte schließlich zu dem Fazit, daß momentan noch gegen die gesamte Front der Liberalen wenig zu erreichen sei. Vornehmlich schob er aber der Regierungspartei die Schuld

[42] BAF Lindau an H. v. Bismarck, Berlin 31. 10. 81.

[43] BAF F 1 Rantzau an H. v. Bismarck, Berlin 4. 11. 81; W. Mommsen, Deutsche Parteiprogramme, Deutsches Handbuch der Politik Bd. 1, München 1960, S. 791 über Wahlergebnisse von 1881:

RT 1878	RT 1881
59 Kons.	50 Kons.
57 Reichsp.	28 Reichsp.
99 Nlb.	47 - 46 (Lib. Vereinig.)

an der Niederlage zu und betonte: „Die Conservativen sind faul und geizig gewesen, dagegen die Fortschrittler rührig und opferbereit, da liegt der Hase im Pfeffer[44]."

Nach der Niederlage war es für den Preßrat in der Wilhelmstraße von besonderer Bedeutung, daß die einflußreiche ‚Kölnische Zeitung' — wie auch andere liberale Blätter — einlenkte und einen Artikel für das Tabakmonopol druckte, den sie „während der Wahlkampagne schwerlich gebracht haben dürfte". Es schien „keiner großen Anstrengungen zu bedürfen", um das rheinische ‚Weltblatt' für die Aufnahme außenpolitisch relevanter Artikel wieder freundlich zu stimmen[45].

Anscheinend war Lindau zur harten publizistischen Linie Bismarcks ‚bekehrt' worden: Die numerisch schwache Regierungspresse durfte sich „nicht bluffen lassen" und mußte die fehlende Quantität durch die publizistische ‚Qualität' der ‚Sensationsartikel', also durch schroffen Konfrontationskurs und sogar bedenkliche Kniffe wettmachen. Welche Erfolge mit dieser Manipulierung der öffentlichen Meinung u. a. errungen wurden, hat jetzt Michael Stürmer[46] hervorgehoben, wenn er solche cäsaristischen Regierungsmethoden im preußischen Obrigkeitsstaat festnagelte.

Die Last dieser harten Wahlkampagnen trugen die Regierungszeitungen, deren rein taktische Benutzung von Fall zu Fall und bei Kundgebungen ungewöhnlichen Inhalts nur zu deutlich auf ministerielle Verbindungen hinweisen. Lindau hätte nicht nach der Wahl von einer „albernen Unabhängigkeitserklärung" der ‚Post' geschrieben, wenn nicht — trotz des apokryphen Kommunikationssystems der Legationsräte — die Offiziosität dieses Blattes allzu durchsichtig geworden wäre. Dem Preßrat im Auswärtigen Amt war es gut verständlich, warum die Dementis der ‚Post' und der ‚Norddeutschen Allgemeinen Zeitung' „das Gaudium im fortschrittlichen Lager" erregten. Lindau brachte es auch mit der Durchschaubarkeit der offiziösen Presseeinwirkung in Verbindung, wenn sich oppositionelle Kräfte zu einer „Anti-Norddeutschen Zeitungs-Liga' formierten, an deren Spitze ‚Berliner Börsencourier', ‚Berliner Tageblatt' oder sogar die Augsburger ‚Allgemeine Zeitung' standen[47].

---

[44] BAF Lindau an H. v. Bismarck, Berlin 30. 10. 81; A. Naschér, Das Berliner ‚Deutsche Tageblatt'. Ein Beitrag zur Publizistik der Aera Bismarck, Zeitungswissenschaft (1929) I 153 f.

[45] ebd.

[46] M. Stürmer, Regierung und Reichstag im Bismarckstaat 1871 - 1880, Beiträge zur Geschichte des Parlamentarismus und der politischen Parteien Bd. 54, Düsseldorf 1974, S. 267 f.; BAF Lindau an H. v. Bismarck, Berlin 18. 8. 81.

[47] BAF Lindau an H. v. Bismarck, Berlin 12. 8. 81.

Hiermit ist Bismarcks Pressestrategie nur zur Diskussion gestellt und die Verbindung von innerer und äußerer Politik am Beispiel zweier Wahlkampagnen demonstriert worden. Auch hier erweist sich, wie stark sich der liberale Trend der Zeit gerade bei den Wahlen gegen die Manöver von Regierungsseite behauptete. Formulierungen wie „die fortschrittlichen Republikaner“[48] machten die Runde durch die Presse. Bismarcks Devise genügte allein nicht: „eine Vertheidigung ohne gleichzeitigen Angriff ist immer wirkungslos und macht den Eindruck von Unsicherheit der Überzeugung ... Ohne Angriff dieser Personen (wie „Socialismus von Lasker und Richter“) läßt sich kein Erfolg erzielen[49].“ Wir wissen, daß längst die Gegenparole: „Fort mit Bismarck!“ eine Kritik am „System“ der Kanzlers[50] einleitete.

[48] BAF D 25 H. v. Bismarck an Rantzau, Varzin 3. 10. 81.

[49] BAF D 24 H. v. Bismarck an Rantzau, Kissingen 5. 8. 79.

[50] Vgl. Max v. Forckenbeck an Franz v. Stauffenberg, Breslau 19. 1. 79, Deutscher Liberalismus im Zeitalter Bismarcks, Bonn u. Leipzig 1926, II 230 f.: „Das System Bismarck entwickelt sich mit furchtbarer Schnelligkeit so, wie ich es immer fürchtete ...“

BISMARCKS ENGLISCHE BÜNDNISSONDIERUNGEN UND BÜNDNISVORSCHLÄGE 1887 - 1889[1]

Von Wolfgang Steglich

In dem Zeitraum von 1887 bis 1889 gibt es nur einen Vorgang, der unbestritten als Bündnisangebot Bismarcks an England gilt, nämlich die Aktion vom Januar 1889. Im Laufe der fünf Jahrzehnte seit der Publikation der deutschen Akten zu Bismarcks auswärtiger Politik nach der Reichsgründung[2] ist dieses Bündnisangebot von der Forschung immer wieder ganz verschieden interpretiert worden. Die Urteile reichen von der Einschätzung als einer bloß taktischen Maßnahme bis zur Behauptung eines völligen Kurswechsels der deutschen Politik. Als beispielhaft für die bisherigen Deutungsversuche können die Ansichten von Moeller, Krausnick, Schüssler, Rothfels, Rachfahl, Herzfeld und Hillgruber gelten. Sie sollen zur Kennzeichnung der Problematik hier kurz skizziert werden, und zwar — ohne Rücksicht auf den Zeitpunkt ihrer Publikation — in systematischer Ordnung entsprechend dem

---

1 Für die gütige Erlaubnis zur Benutzung der Mikrofilme des Bismarck-Nachlasses im Bundesarchiv Koblenz und der Papiere des dritten Marquess of Salisbury (Hatfield House/Hertfordshire) bin ich I.D. der Fürstin Ann-Mari von Bismarck und S.H. dem sechsten Marquess of Salisbury zu größter Dankbarkeit verpflichtet. Weiter schulde ich herzlichen Dank Herrn Dr. Mason (Oxford) und Herrn Harcourt Williams M. A. (Hatfield) sowie den Damen und Herren des Politischen Archivs des Auswärtigen Amtes Bonn, des Bundesarchivs Koblenz und des Geheimen Staatsarchivs Berlin-Dahlem für die Unterstützung der Archivarbeiten, Herrn Wilhelm E. Winterhager für die umsichtige Hilfe bei der Sammlung des archivalischen Materials, ihm und Herrn Hans-Jürgen Müller für die Mitarbeit beim Vergleich der Varianten der wichtigsten Aktenstücke und für das Lesen der Korrekturen sowie Frau Bärbel Trettler für vielfache Schreibarbeiten.

Der Abdruck der wörtlich zitierten Textstellen aus den Salisbury Papers erfolgt mit Genehmigung S. H. des sechsten Marquess of Salisbury.

Im Anmerkungsteil werden für die häufiger erwähnten Quellenwerke und für die benutzten Archive folgende Abkürzungen verwendet: BD = British Documents on the Origins of the War 1898 - 1914, vols. I - XI, London 1926 - 1938. — DDI = I Documenti Diplomatici Italiani, Roma 1952 ff. — GP = Die große Politik der europäischen Kabinette 1871 - 1914, 40 Bde., 1922 - 1927. — GW = Bismarck, Die gesammelten Werke, 19 Bde., 1924 - 1935. — SEG, NF = Schultheß' Europäischer Geschichtskalender, Neue Folge, 1885 ff. — Bonn, PA/AA = Politisches Archiv des Auswärtigen Amtes Bonn. — Koblenz, BA = Bundesarchiv Koblenz.

2 GP, Bd. 1 - 6, Berlin 1922.

geringeren oder größeren Gewicht, das dem Bündnisversuch von den einzelnen Autoren beigelegt wurde.[3]

An erster Stelle ist Richard Moeller zu nennen, der dem Vorgang vornehmlich taktische Bedeutung im Hinblick auf die außenpolitische Orientierung Wilhelms II. zusprach. In zwei Aufsätzen von 1938 und 1941 vertrat Moeller die These, das Bündnisangebot sei von Bismarck „nicht ernst gemeint" gewesen, sondern habe hauptsächlich dazu verhelfen sollen, Kaiser Wilhelm II. durch die voraussehbare und auch gewollte englische Ablehnung von seinen anglophilen Neigungen abzubringen und „auf die Linie der russischen Vertragspolitik zurückzuführen".[4] Auch Helmut Krausnick glaubte in einer Studie von 1954 bei Bismarck taktische Motive nachweisen zu können, die freilich von anderer Art waren als die von Moeller aufgezeigten. Krausnick kennzeichnete das Bündnisangebot von 1889 als Versuch Bismarcks, sich „eine Art Alibi für sein recht selbständiges Paktieren mit Rußland" zu verschaffen. Er vermutete, Bismarck sei es darum gegangen, eine Möglichkeit zur Rechtfertigung seiner Politik der russischen Rückversicherung durch den Nachweis der fehlenden Bündnisbereitschaft auf englischer Seite zu gewinnen.[5]

Zu einer positiveren Wertung als Moeller und Krausnick kam Wilhelm Schüssler in mehreren Arbeiten 1940/42. Er meinte, Bismarck habe Rußland durch das gegen Frankreich gerichtete und öffentlich abzuschließende deutsch-englische Bündnis ebenso wie im Jahre 1879 durch die Anbahnung des deutsch-österreichischen Bündnisses wieder an Deutschland heranführen wollen, seine Absicht sei gewesen, Frankreich durch das Zusammengehen mit England zur Ruhe zu zwingen und dadurch Rußland zur Fortsetzung der Vertragsbeziehungen mit Deutschland zu bestimmen.[6] Schüsslers Interpretation stellte die Bündnissondierung von 1889 in den Rahmen der russischen Bündnispolitik Bismarcks, ohne ihr eine selbständige Bedeutung zuzuerkennen. Im Unterschied hierzu wertete Hans Rothfels 1924 und 1925 das Angebot an England als einen Versuch zur wesentlichen Ergänzung des seit 1879

---

[3] Eine eingehende Erörterung der wichtigsten Thesen nach dem damaligen Forschungsstand findet sich bei S. A. Kaehler, Zwei deutsche Bündnisangebote an England 1889 und 1939, Nachrichten der Akad. d. Wiss. in Göttingen, Phil.-hist.Kl., Jg. 1948, Nr. 5.

[4] R. Moeller, Bismarcks Bündnisangebot an England vom Januar 1889, in: Historische Vierteljahresschrift, Bd. 31/1938, S. 507 - 527. — Derselbe, Noch einmal Bismarcks Bündnisangebot an England vom Januar 1889, in: Historische Zeitschrift, Bd. 163/1941, S. 100 - 113.

[5] H. Krausnick, Rückversicherungsvertrag und Optionsproblem 1887 - 1890, in: Geschichtliche Kräfte und Entscheidungen, Festschrift für Otto Becker, Wiesbaden 1954, S. 220 f.

[6] W. Schüssler, Bismarcks Bündnisangebot an England 1889, in: Deutschland zwischen Rußland und England, 2. Aufl. Leipzig 1942, S. 96 f.

mit Österreich-Ungarn, Italien und Rußland gebildeten Bündnissystems. „Es sollte gewissermaßen in den kreisförmigen Aufbau der Bündnisbeziehungen der fehlende nordwestliche Sektor eingeschoben werden.“[7]

Gemeinsam war Schüssler und Rothfels, daß sie in dem Bündnisplan von 1889 keine „Neufundierung der deutschen Politik“ sahen. Diese am weitesten gehende Auslegung ist zuerst von Felix Rachfahl 1925 vertreten worden, der das 1889 angestrebte deutsch-englische Bündnis als „eine offene Abkehr Deutschlands von Rußland“, als „eine vor aller Welt vollzogene Option Deutschlands für England“ auffaßte.[8] Ähnliche Ansichten wie Rachfahl haben später auch Hans Herzfeld und Andreas Hillgruber entwickelt. Herzfeld stellte 1957 fest, die Bündnissondierung von 1889 beweise, „daß Bismarck für die Zukunft mit der Möglichkeit rechnete, daß der russische Draht einmal riß und er doch zu einer Neuorientierung, der Wendung zu England, genötigt werden konnte.“[9] Hillgruber meinte 1972, der Bündnisantrag sei ein „Versuch zur Rettung aus einer ... äußerst ernst beurteilten Lage des Reiches zwischen den Mächten“ gewesen, der Vorschlag Bismarcks sei, da ein deutsch-englischer Bündnisabschluß „in aller Öffentlichkeit“ einem „Affront gegen Rußland“ gleichgekommen wäre, „auf eine einseitige Anlehnung des Deutschen Reiches an Großbritannien“ beziehungsweise auf ein Bündnis mit England „durch dick und dünn“ hinausgelaufen.[10]

Im Zusammenhang mit der Deutung des Bündnisantrages von 1889 ist von mehreren Forschern darauf hingewiesen worden, daß es zu jenem Schritt eine längere Vorgeschichte gibt, die bis zum Januar 1888 zurückreicht. Allerdings wurden die wirklichen oder vermeintlichen Bündnisanregungen, die diese Vorgeschichte ausmachen, bisher nicht näher behandelt und außerdem ganz unterschiedlich beurteilt. Wilhelm Schüssler und Paul Kluke folgerten aus den Vorgängen des Jahres 1888, daß sich Bismarcks Bündnisbemühungen über einen längeren Zeitraum erstreckten und daß das Angebot von 1889 kein isolierter Vorgang gewesen sei, wie das Hans Rothfels zunächst angenommen hatte.[11] Helmut Krausnick vertrat dagegen die Ansicht, daß die „Winke in London“ während des Jahres 1888 nur dazu dienen sollten, gegenüber der eng-

---

7 H. Rothfels, Bismarcks englische Bündnispolitik, Stuttgart 1924, S. 121 f.

8 F. Rachfahl, Zur auswärtigen Politik Bismarcks, in: Weltwirtschaftliches Archiv, Bd. 21/1925, S. 120 u. 117.

9 H. Herzfeld, Die moderne Welt 1789 - 1945, I. Teil, Braunschweig 1957, S. 238 f.

10 A. Hillgruber, Bismarcks Außenpolitik, Freiburg 1972, S. 196.

11 W. Schüssler, Deutschland zwischen Rußland und England, S. 75 f. — P. Kluke, Bismarck und Salisbury, in: Historische Zeitschrift, Bd. 175/1953, S. 301 (Nachdruck: P. Kluke, Außenpolitik und Zeitgeschichte, Frankfurter Historische Abhandlungen, Bd. 8, Wiesbaden 1974, S. 34). — H. Rothfels, Bündnispolitik, S. 119.

lischen Regierung das deutsche Eintreten für russische Wünsche und die deutsche Rücksichtnahme auf russische Empfindlichkeiten zu rechtfertigen.[12] Als einen Vorläufer des Bündnisangebotes von 1889 werteten Felix Rachfahl, Otto Becker, Hans Herzfeld und Andreas Hillgruber auch den berühmten Brief Bismarcks an den englischen Premierminister Lord Salisbury vom 22. November 1887.[13] Hans Rothfels, Gerhard Ritter und William Langer vertraten dagegen die Meinung, daß dieser Brief überhaupt keine Bündnissondierung bezweckte, sondern lediglich das Zustandekommen der zweiten Mittelmeerentente zwischen England, Österreich-Ungarn und Italien vom Dezember 1887 ermöglichen sollte.[14] Sie standen damit im Gegensatz zu der Auffassung des Auswärtigen Amtes, wo man zur Zeit der deutsch-englischen Bündnisgespräche von 1901 den Bismarck-Brief von 1887 noch immer als Ausgangspunkt für alle Überlegungen über eine vertragsmäßige Annäherung zwischen Deutschland und England auffaßte.[15] Wenn wir der Darstellung Eckardsteins glauben können, hat auch Salisbury aus dem Brief von 1887 den Vorschlag Bismarcks herausgelesen, „England möchte ein Bündnis mit Deutschland beziehungsweise Österreich zur Erhaltung des Weltfriedens schließen".[16] In Anbetracht dieser Fakten und Zeugnisse erscheint es kaum möglich, Bismarcks Bündnisangebot von 1889 als einen vereinzelten Vorgang zu behandeln. Eine Betrachtung des deutsch-englischen Bündnisproblems in der späten Bismarckzeit wird vielmehr von der Prüfung aller Anzeichen für eine deutsche Bündnisabsicht während der Verhandlungen über die erste und zweite Mittelmeerentente im Jahre 1887 auszugehen haben und die Vorkommnisse des Jahres 1888, bei denen Bündnistendenzen sichtbar werden, gleichfalls berücksichtigen müssen. Nur vor diesem Hintergrund kann die Demarche vom Januar 1889 zutreffend beurteilt werden.

Nachfolgend sollen die Beweggründe und Absichten Bismarcks bei dem Bündnisangebot von 1889 und bei den vorausgehenden Aktionen der Jahre 1887 und 1888 unter Verwertung bislang unbekannter Quellen untersucht werden. Es ist notwendig, dabei auch die jeweiligen

---

12 H. Krausnick, Rückversicherungsvertrag und Optionsproblem, S. 220 f.

13 F. Rachfahl, Zur auswärtigen Politik Bismarcks, S. 116. — O. Becker, Bismarck und die Einkreisung Deutschlands, 1. Teil, Berlin 1923 (Neudruck Köln 1960), S. 116 - 118. — H. Herzfeld, Die moderne Welt, I. Teil, S. 238. — A. Hillgruber, Bismarcks Außenpolitik, S. 192.

14 H. Rothfels, Bündnispolitik, S. 109. — G. Ritter, Bismarcks Verhältnis zu England und die Politik des „Neuen Kurses", Einzelschriften zur Politik und Geschichte Nr. 7, Berlin 1924, S. 40 - 42. — W. L. Langer, European Alliances and Alignments 1871 - 1890, New York 1931, Nachdruck mit Ergänzungsbibliographie 1950, pp. 438 - 439.

15 GP 17, Nr. 4992 und 5019. — H. Frhr. von Eckardstein, Lebenserinnerungen und politische Denkwürdigkeiten, 2. Bd., Leipzig 1920, S. 281 f.

16 H. Frhr. von Eckardstein, Lebenserinnerungen, 2. Bd., S. 154.

politischen Verhältnisse, aus denen sich die verschiedenen Bündnissondierungen entwickelt haben, eingehend zu behandeln, weil die Aktionen Bismarcks nur in diesem Zusammenhang richtig eingeschätzt werden können. Das gilt besonders für Bismarcks Brief an Salisbury vom November 1887, bei dem umstritten ist, ob er nur die Verhandlungen über die zweite Mittelmeerentente fördern sollte oder einen davon unabhängigen Bündnisvorschlag enthielt. Für die vorliegende Studie konnten die Papiere des Bismarck-Archivs in Friedrichsruh und des dritten Marquess of Salisbury in Hatfield House/Hertfordshire verwertet werden. Viel neues und wichtiges Material fand sich im Politischen Archiv des Auswärtigen Amtes in Bonn. Gerhard Ebels Edition der Hatzfeldt-Papiere, die im September 1976 erschienen ist, konnte bereits benutzt werden.[17] In der Studie werden nicht nur neue Quellen erschlossen, sondern auch längst bekannte Dokumente durch ergänzende Aktenstücke neu beleuchtet. Von den beiden wichtigsten Quellenstücken, dem Brief Bismarcks an Salisbury vom 22. November 1887 und dem Erlaß Bismarcks an den Botschafter in London Graf Hatzfeldt vom 11. Januar 1889, der das Bündnisangebot enthielt, sind sämtliche vorhandenen Entwürfe kontrolliert worden, um aus den Varianten eventuelle Anhaltspunkte für die Intentionen bei der Abfassung zu gewinnen.

A. Die deutsche Bereitschaft zur Deckung Englands gegen Frankreich vom Beginn der Orientkrise 1885 bis zur Entstehung der ersten Mittelmeerentente 1887

Bevor auf die verschiedenen Vorkommnisse der Jahre 1887 bis 1889 eingegangen wird, die das Bündnisproblem oder zumindest ein stärkeres Engagement Englands auf der Seite der Dreibundmächte Deutschland, Österreich und Italien betreffen, muß ein merkwürdiger Umstand erwähnt werden, der in der Forschung bisher kaum beachtet wurde und für die Einschätzung des Bündnisangebotes vom Januar 1889 überaus wichtig ist. Die Deckung Englands gegen eine französische Aggression, die den deutschen Beitrag zu dem geplanten Bündnis bilden sollte, wurde nämlich nicht nur im Januar 1889 und in dem Brief Bismarcks an Salisbury vom 22. November 1887 in Aussicht gestellt, sondern schon früher mehrfach unzweideutig angekündigt. Aufschluß über die zeitliche Dauer der hierüber geführten Erörterungen gibt ein Vorgang vom April 1888. Als damals der Staatssekretär des Auswärtigen Amtes Graf Herbert von Bismarck Lord Salisbury durch Hatzfeldt

---

[17] G. Ebel (Hg.), Botschafter Paul Graf von Hatzfeldt — Nachgelassene Papiere 1838 - 1901, 1. und 2. Teil (=Deutsche Geschichtsquellen des 19. und 20. Jahrhunderts, Bd. 51/I - II), Boppard 1976.

sagen ließ, daß die englische Küste durch die Haltung Deutschlands „wirksamer geschützt“ werde „als durch ein noch so starkes englisches Geschwader“, machte der Botschafter in seiner Antwort beiläufig darauf aufmerksam, daß er mit dem englischen Premierminister „seit drei Jahren grade diesen Punkt oft und eingehend besprochen habe“.[18] Aus der Bemerkung kann gefolgert werden, daß Hatzfeldt seit dem Beginn seiner Londoner Botschafterzeit, also seit Herbst 1885, Salisbury wiederholt auf die deutsche Bereitschaft hingewiesen hat, England vor einer französischen Aggression sicherzustellen.

Das früheste Zeugnis für die fraglichen deutschen Erklärungen ist eine Aufzeichnung von Salisburys Privatsekretär Sir Philipp Currie über seine Gespräche mit dem Fürsten von Bismarck in Friedrichsruh in den Tagen vom 28. bis 30. September 1885, also drei Monate nach der Bildung des ersten Kabinetts Salisbury und 10 Tage nach dem Ausbruch der neuen großen Bulgarien- und Orientkrise, die bis zum Frühjahr 1888 dauern sollte. Der Reichskanzler sagte zu Beginn der Gespräche zu seinem Gast, er habe sich jetzt endgültig entschieden, die 15 Jahre festgehaltene Hoffnung, eine Aussöhnung mit Frankreich zu bewerkstelligen und Frankreich von der Revancheidee abzubringen, als nutzlos aufzugeben. Er werde von nun an in jeder Frage, die Frankreich und England entzweie, auf der Seite Englands stehen. Sein Beistand werde nützlich sein, da Frankreich niemals einen Bruch mit England riskieren werde, wenn bekannt sei, daß dieser eine Gefahr für die französische Ostgrenze zur Folge habe. Im weiteren Verlauf der Gespräche äußerte Bismarck noch, er könne jeden Angriff Frankreichs auf England verhindern, hinsichtlich Rußlands könne er aber nur Neutralität anbieten.[19]

Die Aufzeichnung Curries zeigt, daß die Deckung Englands gegen französische Angriffe zum ersten Mal an jenem Wendepunkt der deutschen Außenpolitik in Aussicht gestellt wurde, als Bismarck seine jahrelangen Bemühungen aufgab, eine deutsch-französische Aussöhnung durch die Unterstützung aller Ziele Frankreichs anzubahnen, die eine Entschädigung für den Verlust Elsaß-Lothringens bedeuten konnten. Bismarck wollte mit seinen Erklärungen vom September 1885 vermutlich England größere Handlungsfreiheit gegenüber Rußland bei den neuen Verwicklungen im Orient verschaffen. Als ein Mittel zur Anbahnung einer Entente Englands mit Italien und Österreich hat er damals seine Ankündigung noch nicht eingesetzt. Das geschah vielmehr erst, nachdem der Wiener Außenminister Graf Kálnoky gegen Bismarcks

---

[18] Nachweise in Anm. 139 und 140.

[19] Lady Gwendolen Cecil, Life of Robert Marquis of Salisbury, vol. III, London 1931, pp. 257 - 258, 226 - 227, 205.

dringenden Rat wegen der Stimmung der Ungarn am 13. November 1886 in einer Rede vor der ungarischen Delegation in Pest[20] für den Fall eines russischen Einschreitens in Bulgarien eine entscheidende Stellungnahme Österreichs angedroht und damit den Dreikaiservertrag von 1881/84 verletzt hatte. Zar Alexander III. verlor seither jedes Vertrauen zu Österreich.[21] Bismarck aber trat nunmehr für eine Annäherung zwischen Italien und England ein, um der italienischen Flotte gegen die überlegene französische Flotte die Hilfe der englischen Flotte zu sichern und hierdurch Italien instand zu setzen, Österreich bei der Wahrnehmung seiner Balkaninteressen gegenüber Rußland ohne Rücksicht auf die Gefahr französischer Flottenaktionen Beistand zu leisten.[22] Nachdem am 12. Februar 1887 im Einklang mit diesen Vorstellungen die erste Mittelmeerentente zwischen Italien und England durch einen Notenwechsel hergestellt worden war[23], wünschte Bismarck den Beitritt Österreichs zu der neuen Gruppe als „Vorsichtsmaßnahme" für den Fall, daß man in Wien wegen der Haltung Ungarns nicht imstande sei, „eine russische Okkupation Bulgariens ruhig hinzunehmen"[24]. Es bedurfte jedoch keiner Mahnung von seiner Seite, um Österreich zum Anschluß an die italienisch-englische Entente zu bestimmen[25], der am 24. März 1887 durch einen dreiseitigen Notenwechsel vollzogen wurde[26]. Die drei Ententemitglieder verpflichteten sich in ihren Noten vom 12. Februar und 24. März 1887 zu gemeinschaftlicher Aktion bezüglich der Aufrechterhaltung des status quo im Mittelmeer und im Schwarzen

20 Inhaltsangabe der Rede Kálnokys mit Zitierung der wichtigsten Stellen: SEG, NF, 2. Jg. 1886, S. 256 - 261.

21 Graf Herbert von Bismarck, Notizen III (abgefaßt im November 1896): „Nach Kálnokys Rede verschwanden in Petersburg Velleitäten für Aktion, aber nicht die Verstimmungen des Zaren gegen Österreich, der das Verhalten dieser Macht als direkt der dreiseitigen Abmachung widersprechend bezeichnete. Damit hatte er auch recht sowohl dem Sinn als dem Wortlaut nach." (Koblenz, BA, NL Bismarck, FC 3018, D 47). An anderer Stelle (Aufzeichnungen I, abgefaßt im Herbst 1891) schrieb Graf Herbert von Bismarck über die Wirkung der Rede Kálnokys: „Kálnokys drohende Sprache in Pest ... hatte bedauerlicherweise noch andere, viel weitergehende Wirkungen, indem sie dem durch unsere Arbeit geschaffenen vertragsmäßigen Dreikaiserbündnis die Wurzeln abgrub." Der „große Fehler" Kálnokys sei „nicht mehr gutzumachen" gewesen „und das schon sehr erschütterte Vertrauen Alexanders III. zu Österreich gänzlich verlorengegangen". (Ebenda, D 46) — Siehe auch: H. Plehn, Bismarcks auswärtige Politik nach der Reichsgründung, München 1920, S. 242. — H. Trützschler von Falkenstein, Bismarck und die Kriegsgefahr des Jahres 1887, Berlin 1924, S. 20.

22 GP 4, Nr. 883.

23 Text der Noten: BD, vol. VIII, pp. 1 - 2. — A. F. Pribram, Die politischen Geheimverträge Österreich-Ungarns 1879 - 1914, 1. Bd., Wien und Leipzig 1920, S. 37 f.

24 GP 4, Nr. 901.

25 Vgl. GP 4, Nr. 902.

26 Text der Noten: A. F. Pribram, Geheimverträge Österreich-Ungarns, S. 39 - 42.

Meer.[27] Ihre Vereinbarungen schufen keine Kriegsallianz, sondern stellten nur die Gleichheit der Prinzipien fest, nach denen die beteiligten Regierungen in eine Kriegsallianz eintreten würden[28]; denn Salisbury wollte jede formale Verpflichtung zu einer materiellen Aktion mit Rücksicht auf das englische Parlament vermeiden[29].

Bismarck hat gegenüber Salisbury die Bildung der Mittelmeerentente nachdrücklich befürwortet und dabei dessen innenpolitisch bedingte Zurückhaltung in allen auswärtigen Fragen scharf kritisiert. Seine Ansichten ließ Bismarck zunächst durch den englischen Botschafter in Berlin, Sir Edward Malet, übermitteln, den er zu diesem Zweck am 1. Februar 1887 zu einer längeren Unterredung eigens aufsuchte.[30] Während des ungewöhnlichen Besuches in der englischen Botschaft entwikkelte Bismarck auch seine Vorstellungen von der künftigen Mächtekonstellation in Europa und stellte dabei erneut in Aussicht, daß Deutschland England und Italien vor einer französischen Aggression sicherstellen werde. Die betreffende Erklärung hat er zwei Tage später in einem Erlaß an Hatzfeld folgendermaßen wiedergegeben:

„Ich habe Sir Edward Malet darauf aufmerksam gemacht, daß wir in der gegenwärtigen Situation nicht viel mehr leisten können, als Frankreich in Schach zu halten. Wenn dies aber im vollen Sinne der Fall ist, so wird dadurch für England sowohl wie für Italien die Möglichkeit einer freieren Bewegung geschaffen, und wenn diese beiden Mächte in Verbindung mit Österreich stark genug sind, um russische Friedensstörungen mit Wahrscheinlichkeit zu hindern, und wenn auf der anderen Seite Deutschland und Frankreich einander so aufwiegen, daß ein Schwert das andere in der Scheide hält, so wäre damit das Gleichgewicht und der Friede in Europa gesichert."[31]

Die gegenüber Malet entwickelte Konzeption unterschied sich erheblich von derjenigen des Kissinger Diktats vom 15. Juni 1877. Damals wollte Bismarck eine Entlastung Deutschlands durch die wechselseitige Bindung der anderen europäischen Großmächte in den Konfliktzonen an der Peripherie Europas erreichen (und zwar Rußlands und Englands an den Meerengen, Rußlands und Österreichs auf der Balkanhalbinsel

---

27 Vgl. GP 4, Nr. 893.

28 Vgl. GP 4, S. 325.

29 Bericht Hatzfeldts Nr. 141 vom 15. 4. 1887 (Bonn, PA/AA, England 92 Nr. 2 geh., Bd. 1, A secr. 4833).

30 Zur Datierung und zu den äußeren Umständen der Unterredung vgl.: G. Ebel, Hatzfeldt-Papiere, 1. Teil, S. 556. — G. E. Buckle (ed.), The Letters of Queen Victoria, 3rd series, vol. 1, London 1930, p. 269, n. 1. — C. J. Lowe, Salisbury and the Mediterranean 1886 - 1896, London—Toronto 1965, p. 16. — T. Palamenghi-Crispi, Die Memoiren Francesco Crispis, Berlin 1912, S. 169 bis 172.

31 GP 4, Nr. 883. — Vgl. dazu auch GP 4, Nr. 889.

und Englands und Frankreichs in Ägypten).[32] Jetzt wollte er ein europäisches Gleichgewichtssystem herstellen, zu dessen Funktionieren Deutschland einen wesentlichen Beitrag leisten sollte, indem es Frankreich „im vollen Sinne" in Schach hielt, während die Mitglieder der künftigen Mittelmeerentente (England, Italien, Österreich) das Gegengewicht gegen Rußland zu bilden hatten.

Bei einer Besprechung, die Salisbury im Hinblick auf die Äußerungen Bismarcks zu Malet am 5. Februar 1887 mit Hatzfeldt führte, stimmte er den Erwägungen des deutschen Reichskanzlers „über die wünschenswerte Gruppierung der Mächte einschließlich Englands" zu[33] und erkannte „mit lebhaftem Danke ... bei dieser Gelegenheit *wieder*[34] an, daß er in dem befreundeten Deutschland ein schützendes Bollwerk gegen eine französische Aggression erblicken dürfe"[35]. Bismarcks Hilfszusage wurde von Salisbury also dankbar akzeptiert, und zwar offenbar nicht zum ersten Mal, sondern im Anschluß an entsprechende wechselseitige Erklärungen in früherer Zeit. Den stärksten Eindruck machte auf Salisbury aber offenbar nicht die deutsche Hilfsbereitschaft, sondern die Ankündigung Bismarcks gegenüber Malet, daß die Berliner Politik bei weiterer Zurückhaltung Englands in bezug auf die Wahrung der Verträge und des status quo veranlaßt werden könnte, „eine andere Stellung" zu den Wünschen Frankreichs in Ägypten und Rußlands in Konstantinopel einzunehmen.[36] Salisbury wurde durch diese Warnung veranlaßt, sofort einen Plan für die künftige Behandlung der ägyptischen Frage durch das englische Kabinett in den Grundzügen feststellen zu lassen, für den er die Zustimmung Bismarcks erbat und auch ohne weiteres erhielt.[37] Der Plan sah die Räumung Ägyptens in etwa 5 Jahren, die Neutralisation des Landes unter englischer Überwachung und die eventuelle Wiederbesetzung im Falle innerer Unruhen und äußerer Angriffe vor.[38] Zu dem Notenaustausch über die Mittelmeerentente entschloß sich das englische Kabinett vor allem aus der Besorgnis, daß England andernfalls in ernste Gefahr und Isolierung geraten und das englische Empire bei der Beilegung der Streitigkeiten der Kontinentalmächte als teilbare Beute behandelt werden könne.[39] Im

---

32 GP 2, Nr. 294.

33 GP 4, S. 303 und 305.

34 Hervorhebung vom Verfasser!

35 GP 4, Nr. 886.

36 GP 4, S. 301. Vgl. auch den Artikel der „Morning Post" vom 5. 2. 1887 (SEG, NF, 3. Jg. 1887, S. 284 f.).

37 GP 4, Nr. 884, 886 und 889.

38 GP 4, Nr. 884.

39 Schreiben Salisburys an Königin Victoria vom 10. 2. 1887 (Letters of Queen Victoria, 3rd series, vol. I, p. 272).

internen Schriftwechsel äußerte Salisbury vor und nach der Bildung der ersten Mittelmeerentente großes Mißtrauen gegen Bismarcks Politik. Er hatte den Eindruck, daß Bismarck die Mittelmeergruppe als Gegengewicht gegen Rußland einsetzen wollte, um für Deutschland Handlungsfreiheit für einen Schlag gegen Frankreich zu gewinnen, dessen Kriegsminister Boulanger durch sein kriegerisches Auftreten dem Revanchismus Auftrieb gab und den internationalen Frieden gefährdete.[40]

B. Die Anbahnung der zweiten Mittelmeerentente und Hatzfeldts Bündnissondierung vom 2. August 1887

Ebenso wie bei den Erörterungen über die erste Mittelmeerentente ist bei der Anbahnung der zweiten Mittelmeerentente die deutsche Bereitschaft zur Verhinderung eines französischen Angriffes auf England bekräftigt worden. Ihren Ausgang nahm die Weiterentwicklung der ersten zur zweiten Mittelmeerentente von den Bemühungen um eine Beteiligung der Türkei. Unter Bezugnahme auf Pressenachrichten über die Erneuerung des deutsch-österreichisch-italienischen Dreibundes[41] sagte der türkische Großvezier Anfang April 1887 zu dem deutschen Botschafter in Konstantinopel von Radowitz, „vielleicht könne auch noch einmal die Türkei als vierte [Macht] in einem solchen Bunde Platz finden".[42] Bismarck ging auf diesen Gedanken nicht ein, sondern regte statt dessen bei Salisbury vertraulich an, dem Sultan Kenntnis von den geheimen Verabredungen der Mittelmeerentente zu geben und ihm den Beitritt zu derselben zu ermöglichen, damit er sich „der gefährlichen russischen Umarmung entziehen" könne.[43] Da der türkische Wunsch auch nach Wien gemeldet worden war, ließ Bismarck außerdem Kálnoky die für die Beurteilung des deutsch-englischen Bündnisproblems wichtige Mitteilung machen, „daß wir in dem *dreiseitigen Bündnis* mit Österreich und Italien weder die Türkei noch England brauchen könnten". Seinen Standpunkt erläuterte der Kanzler unter anderem mit der folgenden Feststellung:

---

40 L. G. Cecil, Life of Salisbury, vol. IV, London 1932, pp. 8 - 9 (30. 9. 1886), — Letters of Queen Victoria, 3rd series, vol. I, p. 294 (4. 4. 1887). — W. Frank, Nationalismus und Demokratie im Frankreich der dritten Republik (1871 bis 1918), Hamburg 1933, S. 164 - 169.

41 Vertragserneuerung am 20. 2. 1887. Druck: A. F. Pribram, Geheimverträge Österreich-Ungarns, S. 42 - 47. — Die Wiedergabe des deutsch-italienischen Separatvertrages bei Pribram ist fehlerhaft. Vollständiger Text desselben: GP 4, S. 258 - 259.

42 Bericht Radowitz' Nr. 77 vom 4. 4. 1887 (Bonn, PA/AA, Deutschland 128 Nr. 5 geh., Bd. 1, A secr. 4459).

43 Erlaß an Hatzfeldt Nr. 319 vom 11. 4. 1887 (Bonn, PA/AA, England 92 Nr. 2 geh., Bd. 1, zu A secr. 4459).

„Nur aus österreichischen und italienischen Kriegen, nicht aber aus türkischen oder englischen, können Resultate hervorgehen, welche unsere eigenen Interessen gefährden und schwer genug von Gewicht wären, um die Last eines deutsch-russischen Krieges für uns aufzuwiegen. Wenn wir England gegen französische Angriffe sicherstellen, so ist das alles, was wir im Sinne der Österreich und England gemeinsamen Interessen tun können. Durch Frankreich kann England lebensgefährlich geschädigt werden, wenn wir es nicht hindern, durch Rußland aber in Europa nicht, und im Orient liegen überhaupt für uns keine Interessen, deren Wahrnehmung die Übernahme eines russischen Krieges für die deutsche Politik rechtfertigen könnte“.[44]

Diese Darlegungen zeigen, daß Bismarck im Frühjahr 1887 kein deutsch-englisches Bündnis anstrebte und keine deutsche Mitverantwortlichkeit für die Meerengenfrage begründen wollte, daß er aber in der Deckung Englands gegen Frankreich eine Aufgabe sah, die Deutschland zu erfüllen hatte. Eine solche Betrachtungsweise entsprach dem Bild der Mächtekonstellation, das Bismarck am 1. Februar 1887 gegenüber Malet entwickelt hatte und das zwei Gleichgewichtsverhältnisse in Europa vorsah, die voneinander unabhängig funktionieren sollten.

Die Erweiterung der ersten Mittelmeerentente durch die Einbeziehung der Türkei scheiterte im Frühjahr 1887 an dem Mißtrauen des Sultans, der Österreich — vielleicht auf Grund russischer Insinuationen — Absichten auf Saloniki unterstellte.[45] Wie sehr der Sultan „von rivalisierenden Diplomaten hin und her gezerrt wurde“, zeigte sich im Juli 1887, als er unter dem massiven Druck Rußlands und Frankreichs die Ratifizierung der am 22. Mai 1887 unterzeichneten und von ihm ursprünglich gebilligten englisch-türkischen Konvention über Ägypten verweigerte. Die Konvention sah ähnlich dem Bismarck im Februar mitgeteilten Programm die Räumung des Landes binnen drei Jahren, aber auch den eventuellen Verbleib der englischen Truppen oder die Wiederbesetzung bei drohenden inneren oder äußeren Gefahren vor[46]. Um den Sultan dem übermächtigen russischen Einfluß zu entziehen, vertrat der italienische Botschafter in Konstantinopel Baron Blanc Ende Juli 1887 gegenüber dem deutschen Geschäftsträger in Konstantinopel Kiderlen-Wächter die Ansicht, England, Österreich und Italien sollten sich untereinander über ihre Mittelmeerpolitik verständigen und die Türkei anschließend zum Beitritt auffordern. Grundzüge der Verständigung müßten die Garantie des türkischen Besitzstandes, die Stär-

---

[44] Erlaß an den Botschafter in Wien Prinz Reuß Nr. 215 vom 20. 4. 1887 (ebenda, Deutschland 128 Nr. 5 geh., Bd. 1, zu A^secr. 4901^I). — Auszug gedruckt in GP 9, S. 75, Anm.**.

[45] Bericht Hatzfeldts Nr. 224 vom 6. 7. 1887 (Bonn, PA/AA, England 92 Nr. 2 geh., Bd. 1, A 8349).

[46] B.E. of Cromer, Das heutige Ägypten, 2. Bd., Berlin 1908, S. 352 - 360. — H. Holborn (Hg.), Aufzeichnungen und Erinnerungen aus dem Leben des Botschafters Joseph Maria von Radowitz, 2. Bd. (= Deutsche Geschichtsquellen des 19. Jahrhunderts, Bd. 16), 1925, S. 266 - 269.

kung der autonomen Balkanstaaten und der Verzicht auf jede Gebietserweiterung seitens der vertragschließenden Mächte sein. Aus den Vorschlägen Blancs, die Kiderlen-Wächter am 4. August 1887 nach Berlin meldete[47], ist nach vielem Hin und Her der Notenwechsel über die zweite Mittelmeerentente vom Dezember 1887 hervorgegangen.

Salisbury hatte nach dem Scheitern der englisch-türkischen Konvention über Ägypten ganz andere Absichten als Blanc. Er dachte nämlich damals an eine Verständigung mit Rußland über den Orient, um Frankreich als dem gefährlichsten Gegner Deutschlands und Englands den russischen Rückhalt zu entziehen und es so zu einer friedfertigen Haltung zu nötigen. Zu seinem Plan erbat Salisbury am 2. August 1887 in einer Unterredung mit Hatzfeldt den Rat Bismarcks, und es kam bei dieser Gelegenheit zwischen dem Botschafter und dem Premierminister zu einer kurzen Erörterung der deutschen Beistandsbereitschaft gegen Frankreich, die trotz ihres ephemeren Charakters für die Beurteilung des deutsch-englischen Bündnisproblems bedeutsam ist. Die Erörterung, die mit einer Äußerung Hatzfeldts begann, wurde von diesem in einem Bericht an den Fürsten von Bismarck in der nachfolgenden Weise referiert:

„Wenn er, Lord Salisbury, heute den Gedanken ausspreche, daß Frankreich, weil und solange es auf russische Hilfe hoffe, als der gefährlichste Gegner zu betrachten sei, gegen den in erster Linie Front gemacht werden müsse, so glaubte ich in diesem Punkt meine persönliche Auffassung aussprechen zu dürfen, daß die Situation für uns und England jener Macht gegenüber nicht die gleiche sei. Während Deutschland immer einer Gefahr von seiten seines westlichen Nachbars ausgesetzt bleibe, befinde England sich, wie ich ihm dies öfter entwickelt, in der bevorzugten Lage, daß Frankreich gegen dieses Land nichts Ernstes ohne unsere Zustimmung unternehmen könne. Wenn es sich also, soweit ich ihn verstanden, nach seiner Auffassung eventuell darum handeln würde, gegen jene Gefahr Front zu machen, so könnte ich mir über unser Interesse in diesem Punkt nicht einmal eine persönliche Meinung bilden, ohne zu wissen, was unter Frontmachen verstanden werde und ob damit nicht nur dem englischen Bedürfnis gedient, sondern gleichzeitig das Interesse Deutschlands, gegen etwaige französische Angriffe in der Zukunft gedeckt zu sein, in gleicher Weise gewahrt werde.

Lord Salisbury erkannte auch diesmal wieder dankbar den von mir dargelegten Vorteil an, den England aus unserer Freundschaft ziehe, und suchte mir im übrigen nachzuweisen, daß Frankreich, wenn es auf russische Hilfe in der Zukunft unbedingt verzichten müßte, sich sofort wieder zu einer sehr bescheidenen politischen Rolle bequemen und auch uns gegenüber aufhören würde, eine Gefahr für den Frieden zu sein.“[48]

---

[47] Bericht des deutschen Geschäftsträgers in Konstantinopel von Kiderlen-Wächter Nr. 163 vom 4. 8. 1887 (Bonn, PA/AA, England 92 Nr. 2 geh., Bd. 1, A 9875). — Privatschreiben Kiderlens an Unterstaatssekretär Graf von Berchem vom 8. 8. 1887 (ebenda, A 9879).

[48] Die abgedruckte Quellenstelle stammt aus dem in GP 4 unter Nr. 907 wiedergegebenen Bericht Hatzfeldts Nr. 257 vom 3. 8. 1887, und zwar handelt

Hatzfeldt hatte also am 2. August 1887 — und zwar ohne jeden Auftrag von seiten des Reichskanzlers — den Versuch gemacht, bei Salisbury zu erkunden, ob für die einseitige deutsche Beistandsbereitschaft eine englische Gegenleistung zu erlangen sei. Seine eigenmächtige Sondierung sollte klären helfen, ob der englische Premierminister veranlaßt werden konnte, das seit Jahren auf mündlichen Erklärungen beruhende einseitige deutsch-englische Beistandsverhältnis in ein wechselseitiges Bundesverhältnis zu überführen. Die Antwort war ausweichend und daher letztlich negativ. Trotzdem meinte Hatzfeldt am Ende seines Berichts, daß die von Salisbury erörterte „Wendung in der englischen Politik" Deutschland nur dann einen Vorteil biete, „wenn England sich gleichzeitig verpflichtete, eventuell mit uns gemeinschaftlich gegen französische Angriffe Front zu machen".[49]

Bismarck ging in seiner Antwort an Hatzfeldt mit keinem Wort auf dessen Sondierung ein. Statt dessen sprach er sich für den geplanten Annäherungsversuch an Rußland aus und machte dabei lediglich den Vorbehalt, daß Salisbury im Einvernehmen mit Österreich und Italien vorgehen müsse. Bismarck erhoffte sich von dem Schritt die Isolierung Frankreichs und die Befestigung des europäischen Friedens.[50] Gleich nach Empfang dieser Stellungnahme ließ Salisbury Mitte August 1887 sein Projekt wieder fallen. Bestimmend hierfür waren das Abstreiten einer deutsch-französischen Kriegsgefahr durch Bismarck, Befürchtungen wegen der Rückwirkung des Vorhabens auf Italien, Besorgnisse vor der Reaktion der englischen Konservativen auf die Preisgabe der traditionellen englischen Orientpolitik und die Einwirkung der Königin Victoria.[51] Bismarck nahm den Ausgang der Angelegenheit gelassen hin. Denn seine Stellungnahme zu dem Plan war zu einem guten Teil von dem Bedürfnis bestimmt gewesen, den Eindruck zu vermeiden, als läge in der Annäherung Englands an Rußland „ein Mittel zur Pression" auf Deutschland. Das Hauptanliegen Bismarcks blieb während der ganzen Episode die Erhaltung des englisch-österreichisch-italienischen Einverständnisses.[52] Und sobald sich Salisbury von dem Projekt einer Annäherung an Rußland abzuwenden begann, wurden von deutscher und besonders von österreichischer Seite neue Schritte zur Festigung dieses Einverständnisses unternommen.

---

es sich um die dort (auf S. 336) ausgelassene Stelle. — Ausfertigung des Berichts: Bonn, PA/AA, England 83, Bd. 2, A 9532, pr. 5. 8. 1887.

49 GP 4, S. 337.

50 GP 4, Nr. 908.

51 GP 4, Nr. 909, 910 und 912. — Bericht Hatzfeldts Nr. 283 vom 14. 8. 1887 (Bonn, PA/AA, England 83, Bd. 2, A 10020).

52 Randvermerke Bismarcks zu dem Bericht Hatzfeldts Nr. 283 vom 14. 8. 1887 (Nachweis in Anm. 51) und zu GP 4, Nr. 909 und 910.

Am 23. August 1887 kam Graf Herbert von Bismarck nach London und hatte dort noch am gleichen Tag eine lange Unterredung mit Salisbury.[53] Dabei erwähnte er die Anregungen Blancs für eine Angliederung der Türkei an die Dreier-Gruppe und machte Salisbury den Vorschlag, er solle dem englischen Botschafter in Konstantinopel, Sir William White, den Auftrag erteilen, zusammen mit Blanc einen Plan zu entwerfen, „in which way one might give more backbone to the Sultan".[54] Etwa zur gleichen Zeit nahm der österreichische Botschafter in Konstantinopel Baron Calice von sich aus mit seinen beiden Kollegen Blanc und White informelle Beratungen auf, um einen Plan für den Schutz der Interessen der drei Mittelmeerententemächte im Orient festzulegen. Das Ergebnis der über mehrere Wochen sich hinziehenden Botschaftergespräche war ein acht Punkte umfassender Entwurf für einen Accord à trois, den Calice am 17. September 1887 Kálnoky übersandte[55] und der, durch zwei Zusätze erweitert, von den Regierungen in Wien, Rom und London durch einen Notenwechsel vom 12. und 16. Dezember 1887 wechselseitig angenommen wurde.[56] Kálnoky gab die Punktation nicht sogleich nach London weiter, sondern übermittelte sie am 18. Oktober 1887 zunächst Bismarck mit der Bitte um Meinungsäußerung und um nachdrückliche Befürwortung bei Salisbury.[57] Durch diese Maßnahme wurde die deutsche Regierung ein erstes Mal in den Entscheidungsprozeß über die zweite Mittelmeerentente hereingezogen.

Der von den Botschaftern entworfene Text enthielt im ersten Teil eine Zusammenstellung der Grundsätze der gemeinsamen Politik. Diese betrafen die Aufrechterhaltung des Friedens (Punkt 1) und des auf den Verträgen beruhenden status quo im Orient unter Ausschluß jeder Kompensationspolitik (Punkt 2), die Aufrechterhaltung der durch diese Verträge geschaffenen lokalen Autonomien (Punkt 3) und die Unabhängigkeit der Türkei von jedem überwiegenden Einfluß (Punkt 4). Es sollte als Verletzung des rechtmäßigen status quo und der Interessen der drei Mächte gelten, wenn die Pforte ihre Suzeränitätsrechte über Bulgarien einer anderen Macht abtrat oder übertrug und wenn sie dort eine fremde Verwaltung durch eigenes Einschreiten schuf oder hierauf gerichtete Zwangsmaßnahmen wie eine militärische Okkupation oder die Entsendung von Freiwilligen duldete (Punkt 5). Über die praktischen Maßnahmen zur Durchsetzung dieses Programms hieß es in dem Text,

---

[53] Graf Herbert von Bismarck, Tagebücher (Koblenz, BA, NL Bismarck, FC 3018, D 48).

[54] GP 4, Nr. 913.

[55] W. N. Medlicott, The Mediterranean Agreements of 1887, in: The Slavonic Review, 5/1926, pp. 76 - 77.

[56] A. F. Pribram, Geheimverträge Österreich-Ungarns, S. 52 - 56.

[57] W. N. Medlicott, Agreements of 1887, p. 81, n. 1. — GP 4, Nr. 918.

die drei Mächte wünschten die Türkei zur gemeinsamen Verteidigung der aufgestellten Grundsätze an sich heranzuziehen (Punkt 6), bei türkischem Widerstand gegen eine Verletzung der Grundsätze des Punktes 5 würden sie sogleich eine Verabredung über die Unterstützung der Türkei treffen (Punkt 7), und bei einer Duldung solcher Verletzungen durch die Türkei würden sie sich über die provisorische Okkupation türkischer Gebietsteile verständigen, um das für die Aufrechterhaltung der genannten Grundsätze notwendige politische und militärische Gleichgewicht wiederherzustellen (Punkt 8).[58]

Die 8 Punkte verpflichteten die Mittelmeerententemächte ebensowenig wie der Notenwechsel vom Februar/März 1887 zu irgendwelchen materiellen Aktionen, sondern nur zur Verabredung solcher Aktionen im Krisenfall. Sowohl Bismarck wie Kálnoky sahen das Hauptziel der geplanten Abmachung im Anschluß der Türkei an die Mittelmeerentente[59], das heißt, sie wünschten eine aktive beziehungsweise offensive Verwertung des auf Verlockung (Anerkennung des status quo) und Einschüchterung des Sultans (Punkt 8) angelegten Programms. Ob eine solche Verwertung auf Rußland dämpfend oder herausfordernd gewirkt hätte, bleibt ungewiß, da sie von Salisbury im Verlauf der weiteren Verhandlungen ausgeschlossen worden ist.

Die Antwort an Kálnoky legte Bismarck am 21. Oktober 1887 in Friedrichsruh fest. Er erhob keine Bedenken gegen die 8 Punkte und äußerte dazu, „er halte für das wichtigste die Assoziation der Türkei, aber auch für das am schwersten zu erreichende“. Bismarck wollte vorläufig durch Malet in London sondieren lassen und bei Aussicht auf Erfolg Hatzfeldt zur Unterstützung der Sache aus dem Urlaub zurückrufen. Über die Stellung Deutschlands zu dem Projekt sollte Kálnoky mitgeteilt werden: „Wir würden immer für orientalische Sachen einen russischen Krieg nicht auf uns nehmen, wohl aber Frankreich im Zaume halten.“[60]

Ebenso wie bei der Anbahnung der ersten Mittelmeerentente verbürgte sich der Reichskanzler also bei den Vorverhandlungen über die zweite Mittelmeerentente für die Unterbindung französischer Aggressionsversuche durch Deutschland. Graf Bismarck, der die Antwort des Kanzlers dem österreichischen Geschäftsträger in Berlin, Ritter von Eissenstein, auszurichten hatte, ging über die ihm erteilte Instruktion

---

58 GP 4, Nr. 918, Anlage I.

59 Zur Einstellung Bismarcks vgl. den folgenden Absatz und das erste Schreiben Malets an Salisbury vom 25. 10. 1887 (Nachweis in Anm. 62). — Zur Einstellung Kálnokys vgl. den Bericht von Sir A. Paget an Salisbury Nr. 368 vom 22. 10. 1887 (BD, vol. VIII, Annex IV, pp. 16 - 17) und den Erlaß Kálnokys an Biegeleben vom 25. 10. 1887 (Nachweis in Anm. 66).

60 GP 4, Nr. 919.

noch hinaus und sagte am 22. Oktober 1887 außerdem Österreich die deutsche Waffenhilfe für den Fall zu, daß bei Feindseligkeiten zwischen den Mittelmeerententemächten und Rußland österreichisches Gebiet bedroht werden sollte.[61] Diese Zusage stand nicht im Einklang mit dem Wortlaut des defensiven Zweibundvertrages von 1879, da bei ihr unberücksichtigt blieb, ob es sich bei der kriegerischen Komplikation, aus der sich die angenommene Gefahr für das österreichische Gebiet ergab, von Anfang an um einen österreichischen Defensivkrieg handelte.

C. Ein angeblicher englischer Bündniswunsch als Anlaß für Bismarcks Brief an Salisbury vom 22. November 1887

Am 24. Oktober 1887 informierte Herbert von Bismarck den englischen Botschafter über die 8 Punkte, befürwortete ihre Annahme durch Salisbury und bat Malet um die Weiterleitung des Textes nach London.[62] Nachdem der Botschafter am 25. Oktober über die Mitteilungen des Staatssekretärs einen Privatbrief an Salisbury fertiggestellt hatte, erhielt er einen hochbedeutsamen Besuch, der dem gleichen Problem galt. Eissenstein erschien bei Malet und sagte, Graf Bismarck habe ihm nahegelegt, den englischen Botschafter aufzusuchen und mit ihm über das geplante Abkommen zu sprechen. Was Malet von Eissenstein erfuhr, hat er am 25. Oktober in einem zweiten Privatbrief an Salisbury folgendermaßen geschildert:

„Herr von Eissenstein mentioned one important point on which Count Bismarck had been silent. He said that the Chancellor in replying to Count Kálnoky had said that it was impossible for Germany to advance into the first line in regard to Eastern affairs and she therefore could not become a party to the proposed Agreement, but that it had his hearty concurrence, as he desired strongly the consolidation of the alliance between Austria, Italy and England. He would, moreover, solemnly guarantee that in case of hostilities arising between the Powers and Russia, Germany would prevent France from moving, so that there was nothing to be feared in that direction, and also that, of course, if Austrian territory should be threatened, the engagements between Germany and Austria at present existing held good.“[63]

Graf Bismarck hatte sich also Eissensteins bedient, um die deutschen Zusagen an Österreich Salisbury durch Malet zur Kenntnis zu bringen.

---

[61] W. N. Medlicott, Agreements of 1887, p. 81, n. 2. — 2 Privatschreiben Malets an Salisbury vom 25. 10. 1887 (Nachweise in Anm. 62 und 63).

[62] 1. Privatschreiben Malets an Salisbury vom 25. 10. 1887 (BD, vol. VIII, pp. 14 - 15). — Nach den Zeitangaben in Malets Schreiben könnte es scheinen, als habe die Unterredung erst am 25. 10. 1887 stattgefunden, nach den Tagebuchnotizen des Grafen Bismarck (Nachweis in Anm. 53) fand sie jedoch bereits am 24. 10. 1887 statt.

[63] 2. Privatschreiben Malets an Salisbury vom 25. 10. 1887 (Salisbury Papers, A/61/41, fol. 127 - 129. — Druck: BD, vol. VIII, Annex II, p. 15).

Der englische Premierminister konnte den Mitteilungen Eissensteins entnehmen, daß Deutschland zwar in die Verwicklungen im Orient nicht hereingezogen werden wollte, daß es aber England und Österreich bei einer unmittelbaren Bedrohung ihrer europäischen Territorien, die sich aus militärischen Verwicklungen im Orient ergab, beistehen würde. Da ihm die deutschen Absichten nicht im direkten diplomatischen Verkehr bekanntgeworden waren, konnte sich freilich Salisbury von ihnen bei seinen Entscheidungen nicht beeinflussen lassen. Denn er hätte sich ja gegenüber der Berliner Regierung niemals auf die Auskünfte Eissensteins berufen können. Wollte er eine zuverlässige Grundlage für die Beurteilung der deutschen Haltung gewinnen, so mußte er direkt Auskünfte von der deutschen Regierung zu erlangen versuchen.

Wie Salisbury später feststellte[64], hielt er eine Klärung der deutschen Haltung für unbedingt erforderlich, weil er in einer ausreichenden deutschen Beistandsbereitschaft gegenüber Österreich die Voraussetzung für die Durchführung der in den 8 Punkten angedeuteten Politik sah. Er erwartete, daß England durch das Abkommen „ernstlichen Komplikationen, großen Opfern und kriegerischen Gefahren ausgesetzt werden“ konnte.[65] Wurde ein Krieg für die Türkei gegen Rußland notwendig, dann konnte dieser nach Salisburys Ansicht nur unternommen werden, wenn die Mitwirkung Österreichs gesichert war. Das aber hing, wie er glaubte, wegen der russischen Bedrohung der österreichischen Nordostgrenze davon ab, ob sich Österreich der späteren Unterstützung durch Deutschland sicher fühlte. Hierüber wollte Salisbury Klarheit gewinnen, bevor er sich auf die 8 Punkte festlegte. Für den englischen Premierminister waren die Rückfragen nach den deutschen Verpflichtungen gegenüber Österreich und nach der deutschen Stellung zu dem vorgeschlagenen Abkommen aber auch noch aus einem anderen Grunde offenbar wichtig. Salisbury mutmaßte nämlich Anfang November, daß Bismarck darauf ausgehe, durch das neue Abkommen die drei Mittelmeermächte in einen Krieg mit Rußland zu verwickeln, der Deutschland Handlungsfreiheit verschaffen sollte, um Frankreich für einige Zeit zu einem harmlosen Nachbarn zu machen. Salisbury wollte sich zu einem solchen skrupellosen Spiel nicht hergeben. Andererseits war er sich jedoch bewußt, daß sich seine Idee als bloße Einbildung erweisen konnte, und um das festzustellen, war es natürlich notwendig, Bismarcks Ziele genauer zu erforschen.[65a]

Die Verhandlungen über das geplante Abkommen verliefen unter diesen Umständen ziemlich schleppend. Als Kálnoky die 8 Punkte mit

---

64 Vgl. Schreiben Salisburys an Fürst Bismarck vom 30. 11. 1887 (GP 4, Nr. 936).

65 GP 4, S. 370.

65a L. G. Cecil, Life of Salisbury, vol. IV, pp. 70 - 71.

ausführlichen Erläuterungen am 25. Oktober nach London schickte[66] und Crispi am 30. Oktober den gleichen Schritt tat[67], stellte Salisbury zunächst nur für seine Person die Zustimmung Englands in Aussicht und machte die definitive Entscheidung vom Beschluß des Kabinetts abhängig[68], das am 3. November zusammentrat, aber die Diskussion nicht beenden konnte und die Frage dann erst wieder am 11. November nach der Rückkehr Hatzfeldts behandelte[69]. Graf Bismarck berief Hatzfeldt, der sich auf seinem Landsitz Sommerberg bei Wiesbaden aufhielt, am 4. November mittags telegraphisch nach Berlin[70], nachdem er hatte feststellen müssen, daß Malet noch immer ohne jede Antwort auf seine Sendungen vom 25. Oktober war[71]. Hatzfeldt erhielt am 5. November von Graf Bismarck in Berlin und am 6. November vom Kanzler in Friedrichsruh Direktiven für seine Verhandlungen mit Salisbury, die aber auf der irrtümlichen Annahme beruhten, daß das Zögern des englischen Kabinetts durch den Inhalt der 8 Punkte hervorgerufen würde.[72] Von Friedrichsruh reiste der Botschafter über Sommerberg nach London und hatte dort am 10. November ein erstes Gespräch mit Salisbury. Dieser teilte ihm dabei mit, daß „einige seiner Kollegen" über die deutsche Stellung zu dem vorgeschlagenen Abkommen, die „bisher nur durch einen Privatbrief Sir E. Malets" bekannt sei, „nähere Auskunft zu haben wünschten".[73]

Nach der Kabinettssitzung vom 11. November wurde Hatzfeldt von Salisbury eingehend über den Stand der Beratungen informiert.[74] Das

---

[66] Erlaß Kálnokys an den österr.-ung. Geschäftsträger in London Baron Biegeleben vom 25. 10. 1887: BD, vol. VIII, no. 2b, pp. 9 - 10. — Beilage hierzu (= Bemerkungen zur Punktation): ebenda, no. 2c, pp. 10 - 11. — Privatschreiben Kálnokys an Biegeleben vom 25. 10. 1887: ebenda, Annex III, pp. 15 - 16.

[67] Telegramm Crispis an den ital. Geschäftsträger in London Catalani vom 30. 10. 1887: DDI, serie II, vol. XXI, n. 259.

[68] GP 4, S. 359. — Memoiren Crispis, S. 265. — Telegramm Catalanis an Crispi vom 1. 11. 1887: DDI, serie II, vol. XXI, n. 263.

[69] Die Kabinettsberatung sollte ursprünglich am 8. November fortgesetzt werden. Wegen der bevorstehenden Rückkehr Hatzfeldts verschob das Kabinett die Beratung auf Ersuchen des Grafen Bismarck in der Sitzung vom 7. November auf den 11. November: Tel. Catalanis an Crispi vom 3. 11. 1887 (ebenda, n. 272). — Privattelegramm Salisburys an Malet vom 4. 11. 1887 (Salisbury Papers, A/64/13, fol. 35). — Privatschreiben Malets an Salisbury vom 5. 11. 1887 (ebenda, A/61/44, fol. 135 - 137). — Privattelegramm Salisburys an Malet vom 7. 11. 1887 (ebenda, A/64/14, fol. 36 f.). — GP 4, Nr. 922.

[70] Tel. des Grafen Bismarck an Hatzfeldt (z. Zt. Sommerberg bei Schierstein) vom 4. 11. 1887 (Bonn, PA/AA, Orientalia Generalia 8 geh., Bd. 1, A 13388).

[71] Privattelegramm Malets an Salisbury vom 4. 11. 1887 (Salisbury Papers, A/61/41, fol. 133 f.).

[72] GP 4, S. 372.

[73] GP 4, Nr. 924.

[74] GP 4, Nr. 925 und 926.

englische Kabinett hatte sich darauf geeinigt, die Punktation unter dem Vorbehalt redaktioneller Änderungen und einer Anwendung der Bulgarien betreffenden Bestimmungen des Punktes 5 auch auf Kleinasien prinzipiell anzunehmen. Ein definitiver Beschluß war jedoch immer noch nicht zustande gekommen. Denn das Kabinett wünschte zuvor eine Zusicherung zu erhalten, daß Deutschland das Abkommen moralisch billige. Begründet wurde dieses Verlangen mit der Ungewißheit, die sich für Deutschland aus dem ernsten Krankheitszustand des Kronprinzen ergab. In der Tat war dieses Problem gerade damals besonders akut. Denn die Königin von England erhielt am 9. November durch einen Brief der Kronprinzessin und die deutsche Regierung am 11. November durch die Telegramme einer zum Kronprinzen nach San Remo gereisten Ärztegruppe die Gewißheit, daß es sich bei der Erkrankung um ein unheilbares Krebsleiden handelte.[75] Da man dem Prinzen Wilhelm, dessen Thronfolge nunmehr schon bald zu erwarten stand, russische Sympathien nachsagte, wollte man mit der gewünschten moralischen Billigung der 8 Punkte einem späteren Kurswechsel der deutschen Politik und einer etwaigen aktiven deutschen Unterstützung Rußlands im Orient vorbeugen.

Das englische Kabinett verfolgte am 11. November aber nicht nur dieses negative Ziel der Verhinderung eines künftigen deutsch-russischen Zusammenwirkens im Orient, sondern es hatte außerdem noch das positive Anliegen, Deutschland zu einer Aussage über seine Beistandsverpflichtungen gegenüber Österreich zu bewegen. Vermutlich hätte das englische Kabinett eine solche Aussage sogar der moralischen Billigung der 8 Punkte vorgezogen, wenn sie ähnlich weitgehend war wie Eissensteins Mitteilungen an Malet. Salisburys Äußerungen zu diesem Punkt blieben freilich — vielleicht weil er sich nicht auf Eissenstein berufen konnte — ziemlich unbestimmt. Salisbury sagte dem Grafen Hatzfeldt lediglich, nach Auffassung des englischen Kabinetts könne sich die gewünschte deutsche Zusicherung, wenn Fürst Bismarck das vorziehe, einfach auf die zwischen Deutschland und Österreich bestehenden Verpflichtungen beziehen[76], das deutsche Interesse an der Erhaltung Österreichs könne einen Anhaltspunkt für die gewünschte Beruhigung bieten, vielleicht könne ein kleiner Zusatz zu dem zwischen Deutschland und Österreich bestehenden Abkommen gemacht werden[77].

---

[75] Letters of Queen Victoria, 3rd series, vol. I, pp. 358 - 359. — Graf Herbert von Bismarck, Tagebücher (Nachweis in Anm. 53). — Frhr. Lucius von Ballhausen, Bismarck-Erinnerungen, Stuttgart und Berlin 1920, S. 400 - 403. — Zum Ärztekonsilium in San Remo vom 9. bis 11. 11. 1887 vgl. M. Freund, Das Drama der 99 Tage — Krankheit und Tod Friedrichs III., Köln—Berlin 1966, S. 220 - 229.

[76] GP 4, S. 367.

[77] GP 4, S. 371 f.

Bei seinen Gesprächen mit Salisbury am 10. und 11. November erfuhr Hatzfeldt im übrigen, daß es im englischen Kabinett eine Gruppe gab, die besorgt war wegen der Gefahren, denen sich England aussetzte, „wenn es auf Allianzen einging, die von den Franzosen als auch gegen sie gerichtet angesehen würden".[78] Die Erörterung dieses Themas zeigte, daß auch die deutsche Bereitschaft zur Verhinderung französischer Aggressionsversuche erneut bekräftigt werden mußte. Hatzfeldt tat das bereits von sich aus, indem er Salisbury das Unangemessene der neuen englischen Wünsche mit der Bemerkung bewußt zu machen versuchte, „daß wir den drei Mächten, um deren Zusammengehen es sich heute handle, und namentlich England, schon den größten Dienst leisten, den sie von uns erwarten dürfen, indem wir Frankreich, welches ohne unsere Erlaubnis keinen Mann marschieren lassen könne, in Schach hielten".[79]

Hatzfeldt telegraphierte am 11. November über das Ergebnis der englischen Kabinettssitzung zunächst nur eine kurze, von Salisbury als richtig anerkannte Zusammenfassung in französischer Sprache nach Berlin.[80] Am 12. November sandte er einen ausführlichen Bericht ab, der aber erst am 14. November im Auswärtigen Amt einging.[81] Das Telegramm vom 11. November war bis zu diesem Zeitpunkt die einzige Grundlage für die deutschen Entschließungen. Aus dem französischen Text ergab sich, daß das englische Kabinett in Anbetracht der ernsten Erkrankung des Kronprinzen eine deutsche Zusicherung über die moralische Billigung des vorgeschlagenen Abkommens wünschte und daß eine solche Zusicherung sich auch einfach auf die zwischen Deutschland und Österreich bestehenden Verpflichtungen beziehen konnte. Zusätzlich zu dem französischen Text bemerkte Hatzfeldt in seinem Telegramm, er habe den Eindruck, „daß eine vertrauliche Mitteilung unseres Abkommens mit Österreich, äußerstenfalls eine Art Beteiligung Englands bei demselben, hier alle Bedenken beseitigen würde". Der erste Teil dieser Auslegung entsprach sehr wahrscheinlich nicht den Vorstellungen des englischen Kabinetts, da dieses vermutlich eine Bestätigung der Erklärung des Staatssekretärs gegenüber Eissenstein vom 22. Oktober zu erlangen wünschte. Der zweite Teil der Auslegung spiegelte wohl nur die persönlichen Hoffnungen des Botschafters wider.

Hatzfeldts Telegramm rief in Berlin eine gewisse Ratlosigkeit hervor. Graf Bismarck schickte es dem Kanzler nach Friedrichsruh und

[78] GP 4, S. 368 f.

[79] GP 4, S. 370.

[80] GP 4, Nr. 925.

[81] GP 4, Nr. 926. — Der Präsentatvermerk vom 14. 11. 1887 wurde der Ausfertigung des Dokuments entnommen: Bonn, PA/AA, Orientalia Generalia 8 geh., Bd. 1, A$^{secr.}$ 13879.

sagte am 12. November zu Malet, er verstehe nicht ganz das Verlangen einer moralischen Billigung des Abkommens durch die deutsche Regierung, da ja aus der Tatsache, daß er es Salisbury sehr empfohlen habe, zu ersehen sei, „that it had the support of the German Government".[82] Der Reichskanzler erhielt Hatzfeldts Telegramm noch am 12. November und ermächtigte das Auswärtige Amt sofort durch eine „*vorläufige* Verfügung", den Zweibundvertrag ohne die Bestimmung über die Zeitdauer Malet mitzuteilen und die Österreicher zu einem entsprechenden Schritt zu bewegen. Die Weisung des Kanzlers wurde am 12. November ausgefertigt und am 13. November telegraphisch nach Berlin übermittelt (Telegramm Nr. 24 aus Friedrichsruh). Graf Bismarck unterrichtete Malet sogleich am 13. November von dem Auftrag des Kanzlers, hielt aber offenbar die Mitteilung des Zweibundvertrages an England noch nicht für ausreichend und ergänzte sie durch eine weitere Maßnahme, über die Malet am 13. November folgendes an Salisbury telegraphierte:

"Count Bismarck has shown me text of telegram agreed upon between Your Lordship and Count Hatzfeldt on the 11th instant.

He communicated it to the Chancellor who desired him to see the Emperor and ask for His Majesty's authorization to record the moral approbation of Germany. Count Bismarck has seen the Emperor this afternoon and His Majesty has authorized him to convey to Your Lordship through me His Majesty's moral approbation of any agreement which may be concluded on the bases proposed.

With reference to the last paragraph of the above-mentioned telegram from Count Hatzfeldt, Count Bismarck has been instructed by the Chancellor to communicate to me text of the secret Treaty between Germany and Austria and will show it me tomorrow ..."[83]

---

[82] Privatschreiben Malets an Salisbury vom 12. 11. 1887 (Salisbury Papers, A/61/45, fol. 138 - 140).

[83] Privattelegramm (i. Z.) Malets an Salisbury vom 13. 11. 1887 (Salisbury Papers, A/61/46, fol. 141 f.). — Graf Bismarck teilte Hatzfeldt mit Erlaß Nr. 958 vom 14. 11. 1887 zur moralischen Billigung der Punktation durch Deutschland folgendes mit: „Um den englischen Botschafter au fait zu setzen, habe ich ihm den französischen Teil Ihres Telegramms Nr. 163 [= GP 4, Nr. 925] vorgelesen und dabei bemerkt, daß England der approbation morale seitens Deutschlands versichert sein könnte: dies ginge allein schon daraus hervor, daß Ew. direkt vom Fürsten Bismarck beauftragt worden seien, bei Lord Salisbury auf die Annahme der 8 Punkte hinzuwirken." (Bonn, PA/AA, Orientalia Generalia 8 geh., Bd. 1, zu A 13695secr., 13848secr., 13879secr.I) Graf Bismarck nahm hier Bezug auf seine Unterredung mit Malet vom 12. November, verschwieg aber seine weitergehende Mitteilung an Malet vom 13. November. Vielleicht tat er dies, um Hatzfeldt zum vorsichtigen Umgang mit der Nachricht von der moralischen Billigung des vorgeschlagenen Abkommens durch den Kaiser zu veranlassen, falls diese ihm durch Salisbury bekannt wurde. Hatzfeldt hat in seinen Berichten hierauf nie Bezug genommen. Salisbury erwähnte sie jedoch in seinem Schreiben an Fürst Bismarck vom 30. 11. 1887 (GP 4, Nr. 936).

Nachdem Graf Bismarck bereits am 22. Oktober gegenüber Eissenstein in einem wichtigen Punkt über die Instruktionen des Kanzlers hinausgegangen war, handelte er am 13. November ein zweites Mal eigenmächtig in der entscheidenden Frage der moralischen Billigung des geplanten Abkommens der Mittelmeermächte durch Kaiser Wilhelm I. Wie sehr diese Handlungsweise den Beamten des Auswärtigen Amtes bewußt war, zeigt das Verhalten des Geheimrates Graf Holstein, der Hatzfeldt am 27. Oktober im Hinblick auf dessen bevorstehende Reise nach Berlin von einer Meldung in Friedrichsruh mit dem Hinweis abriet: „H[erbert] B[ismarck] ist jetzt die Hauptperson."[84]

Der Kanzler blieb gegenüber England skeptisch und vorsichtig. Als ihm am 13. November ein Bericht aus Konstantinopel vorgelegt wurde, in dem der deutsche Botschafter von Radowitz meldete, sein italienischer Kollege sei persönlich nicht davon überzeugt, „daß es gelingen werde, mit England zu irgendeiner festen Abmachung zu kommen", machte Fürst Bismarck den für seine Einstellung aufschlußreichen Randvermerk: „allerdings nicht, eh[e]r eine Flottendiversion".[85] England hatte am 22. Juli 1887 durch ein Abkommen mit Rußland den afghanischen Grenzstreit beigelegt und am 24. Oktober 1887 mit Frankreich einen Vertrag über die Neutralisierung des Suezkanals und über die Neu-Hebriden abgeschlossen. In seiner traditionellen Rede beim Lord-Mayor-Bankett in London am 9. November 1887 würdigte Salisbury diese Abmachungen als Schritte zur Stärkung der Friedensaussichten.[86] Seine Neigung zu Ausgleichsversuchen gegenüber Rußland

---

84 G. Ebel, Hatzfeldt-Papiere, 1. Teil, Dok. 344.

85 Bericht Radowitz' Nr. 242 vom 7. 11. 1887 (Bonn, PA/AA, Orientalia Generalia 8 geh., Bd. 1, A secr. 13740).

86 SEG, NF, 3. Jg. 1887, S. 306 - 309. — Bericht Hatzfeldts Nr. 405 vom 10. 11. 1887 (Bonn, PA/AA, England 93, Bd. 2, A 13784).

Zur Beurteilung des englisch-russischen Abkommens vom 22. 7. 1887 durch Fürst Bismarck: Am 16. 10. 1887 (pr. 21. 10. 1887, von Friedrichsruh zurück am 23. 10. 1887) meldete der deutsche Geschäftsträger in Petersburg Bernhard von Bülow, der dortige englische Botschafter Sir Robert Morier habe dem österr. Botschafter erzählt, „daß der Abschluß des afghanischen Grenzabkommens ihm seitens seiner Regierung verschiedene Beweise der Zufriedenheit und Anerkennung eingetragen habe. Er habe nicht nur den Bath-Orden erhalten, sondern diese hohe Dekoration sei begleitet gewesen von einem eigenhändigen, freundlichen und herzlichen Briefe des Lord Salisbury." Fürst Bismarck ordnete an, Bülows Bericht vertraulich in Wien und Rom mit der Empfehlung mitzuteilen, „auf England nicht zu sicher zu zählen u. zu temporisieren". (Bericht Bülows Nr. 322 vom 16. 10. 1887: Bonn, PA/AA, England 83, Bd. 2, A 12695) Vgl. auch den Zirkularerlaß des Grafen Bismarck an die deutschen Botschafter in Rom Nr. 264 und Wien Nr. 556 vom 23. 10. 1887 (ebenda).

Zur Beurteilung des englisch-französischen Abkommens vom 24. 10. 1887 durch Fürst Bismarck: Am 24. 10. 1887 (pr. 25. 10. 1887) meldete der deutsche Geschäftsträger in London Freiherr von Plessen telegraphisch „mit Bitte um vorläufige Geheimhaltung, daß faktisch eine Verständigung zwischen

und Frankreich konnte Zweifel hervorrufen, ob England zu einer stärkeren Bindung an Österreich und Italien im Wege eines nicht risikolosen Abkommens bereit sei. Graf Bismarck bemühte sich sehr viel entschiedener als der Kanzler, die Voraussetzungen hierfür durch deutsches Entgegenkommen zu verbessern. Er brachte dabei Unstimmigkeiten in die deutsche Politik, die irritierend wirken konnten. In der Situation nach dem 11. November erfaßte der Kanzler den Kernpunkt der englischen Wünsche im übrigen zutreffender als der Staatssekretär. Während Graf Bismarck mit der moralischen Billigung des geplanten Orientabkommens durch den deutschen Kaiser die Bedenken im englischen Kabinett zu überwinden versuchte, erwog der Kanzler, ob Salisbury beruhigende Auskünfte über das Ausmaß der deutschen Bereitschaft zur Deckung Österreichs gegeben werden sollten.

Die Überlegungen, die er darüber anstellte, fanden einen ersten Niederschlag in zwei Randvermerken zu Hatzfeldts Telegramm vom 11. November.[87] Fürst Bismarck schrieb zu jener Stelle des französischen Textes, wo es hieß, die gewünschte deutsche Zusicherung könne sich einfach auf die bestehenden Verpflichtungen zwischen Deutschland und Österreich beziehen: „Wäre sehr gut, stimmt aber nicht mit den jüngsten Abkommen". Er bestritt also, daß mit irgendwelchen Hinweisen auf den rein defensiven Zweibundvertrag das vorgeschlagene Orientabkommen gefördert werden konnte, das ja eine aktive Politik der drei Mittelmeermächte gegen Rußland ermöglichen sollte. Zu Hatzfeldts erläuterndem Zusatz, daß die Mitteilung des Zweibundvertrages, „äußerstenfalls eine Art Beteiligung Englands bei demselben" in London „alle Bedenken beseitigen würde", vermerkte er: „die Mitteilung kann sofort erfolgen. Die Betheiligung Englands wäre kaum anders als durch Parlaments Acte möglich, da Salisbury Cabinet nicht identisch mit ‚England' ist. Übrigens sind *Existenz*fragen, le cas échéant, zwingender als Verträge, u[nd] wir können weder Oest[er]reich noch England als effective Großmacht missen, um selbst zu existiren. Duplicität Rußlands." Dieser Randvermerk war im ersten Teil gegenüber dem angeblichen

England und Frankreich betreffs Suez-Kanal und Neu-Hebriden erzielt sei." Zugleich teilte er Einzelheiten über die Art der erzielten Verständigung mit. Fürst Bismarck ordnete an, das Telegramm vertraulich in Rom und Wien mitzuteilen „als Mahnung zur Vorsicht; England ist offenbar nicht ‚klar zum Gefecht' für irgendwelche energische Politik". (Tel. Plessens Nr. 153 vom 24. 10. 1887: Bonn, PA/AA, Ägypten 8, Bd. 10, A 12890) Graf Rantzau schrieb zu der Angelegenheit am 26. 10. 1887 aus Friedrichsruh an das Ausw. Amt: „Der Herr Reichskanzler bittet, bei Mitteilung der Vorlage nach Wien und Rom dort geltend zu machen, daß England offenbar Frankreich gegenüber die weiße Feder zeigt und daß deshalb Vorsicht nach allen Richtungen hin angezeigt sei." (Ebenda, A 12979). Vgl. auch den Zirkularerlaß Graf Bismarcks an die deutschen Botschafter in Wien Nr. 569 und Rom Nr. 281 vom 27. 10. 1887 (ebenda, zu A 12890, 12979, 12901).

[87] GP 4, S. 368.

Wunsch einer Beteiligung Englands am Zweibund abweisend, im zweiten Teil stand er im Einklang mit der Zusage des Grafen Bismarck an Eissenstein vom 22. Oktober und mit den wiederholten Erklärungen seit 1885, daß Deutschland französische Aggressionsversuche gegen England unterbinden würde. Die Österreich betreffenden Überlegungen hat Fürst Bismarck sogleich noch einmal gegenüber seinem Schwiegersohn Graf Rantzau, der als Verbindungsmann der Reichsbehörden in Friedrichsruh Dienst tat, ausführlich entwickelt. Rantzau fertigte darüber eine Niederschrift an, die er am 13. November zusammen mit dem Telegramm Hatzfeldts vom 11. November an das Auswärtige Amt sandte.[88] Zu Beginn der Niederschrift wurde die Wiedervorlage des Hatzfeldt-Telegramms bei der bevorstehenden Anwesenheit des Kanzlers in Berlin angeordnet. Anschließend hieß es:

„Im Verfolg des heutigen Telegramms Nr. 24[89], aber *nur pro memoria*, bemerkte Seine Durchlaucht, nach der Mitteilung des deutsch-österreichischen Vertrages an England würde vielleicht noch hinzuzufügen sein, daß wir im Falle eines österreichischen Angriffes auf Rußland nicht gebunden sind; wenn ein solcher stattfände, so würde vermutlich Österreich im Bunde mit Italien und England, wie auch mit Polen, vor allem aber im Bunde mit dem Sultan stark genug sein, dem russischen Gegenstoß nicht zu erliegen. Sollte letzteres dennoch der Fall sein, so träte für uns angesichts der bisher kaum zu bezweifelnden Duplizität und Hinterhältigkeit der russischen Politik die Existenzfrage ein, d. h. die Frage, ob wir es darauf ankommen lassen wollen, daß Österreich zerstört, resp. nach Verlust seiner Selbständigkeit uns verfeindet werde, und daß wir und Italien auf dem Kontinent allein den feindlichen Tendenzen von Frankreich und Rußland, möglicherweise verstärkt durch das überwundene Österreich, gegenüberständen."

Der Reichskanzler vertrat mit diesen Ausführungen die gleiche Auffassung, die Graf Bismarck bereits am 22. Oktober gegenüber Eissenstein geäußert und durch diesen Malet hatte zutragen lassen. Der Umstand, daß Fürst Bismarck offensichtlich erst am 13. November erstmalig eine Erweiterung der Beistandspflicht gegenüber Österreich als Mittel zur Förderung des neuen Mittelmeerabkommens in Erwägung zog und seine Überlegungen vorerst nur für den internen Gebrauch bestimmte, zeigt deutlich, daß ihm der Schritt des Staatssekretärs bei Eissenstein bis dahin unbekannt geblieben war. Andererseits war die von ihm entwickelte extensive Auslegung der deutsch-österreichischen Bündnispflicht keineswegs neu. Denn bei den Verhandlungen über den Rückversicherungsvertrag hatten Paul Schuwalow und Fürst Bismarck den Begriff des Defensivkrieges im Hinblick auf den deutsch-französischen und den russisch-österreichischen Kriegsfall sehr eng interpre-

---

[88] Niederschrift Rantzaus vom 13. 11. 1887, pr. Ausw. Amt 14. 11. 1887 am (Bonn, PA/AA, Orientalia Generalia 8 geh., Bd. 1, A secr. 13891, zu A secr. 13782 = GP 4, Nr. 925).

[89] Vgl. S. 303!

tiert als Abwehr eines französischen oder österreichischen Angriffes, aber ohne Fortführung der Kriegshandlungen bis zu einem tödlichen Schlag gegen den Aggressor beziehungsweise bis zur Zerstückelung der angreifenden Macht oder bis zur Gefährdung ihres Fortbestandes.[90] Es war naheliegend, die damalige Interpretation bei den Verhandlungen über die zweite Mittelmeerentente auszunutzen, um den Engländern die Sorge zu nehmen, daß Deutschland auch dann noch neutral bleiben würde, wenn Österreich nach einer Niederlage in einem von ihm ausgelösten Orientkrieg durch die russische Landmacht in eine Existenzgefahr gebracht wurde.

Während sich Fürst Bismarck am 13. November bei der Stellungnahme zu den englischen Wünschen behutsam der Position des Staatssekretärs vom 22. Oktober zu nähern begann, ging dieser am 14. November schon wieder einen Schritt weiter und unternahm im Sinne der Andeutung Hatzfeldts eine erste vorsichtige Bündnissondierung bei Malet. Er argumentierte dabei so, als rede er im Auftrag des Kanzlers, was aber im Hinblick auf die eben geschilderten Vorgänge nicht zutreffend gewesen sein kann. Der Staatssekretär übergab Malet die Artikel des Zweibundvertrages und fügte hinzu, wenn Salisbury die Absicht habe, sich diesem Vertrag in irgendeiner Form anzuschließen, so würde das dem Kanzler durchaus recht sein, dieser glaube aber, daß Salisbury der Meinung sei, auf Grund der Kenntnis des Vertrages die Situation im englischen Kabinett in ihren allgemeinen Tendenzen befriedigender erklären zu können.[91] Graf Bismarck unterstellte mit diesen Darlegungen dem Reichskanzler die Bereitschaft zur Aufnahme Englands in den Zweibund, obgleich die Eingänge aus Friedrichsruh keinerlei Anhaltspunkte für eine derartige Absicht enthielten. Mit seinem Manöver wollte er Salisbury sicher zu einer deutlichen Aussage über die von Hatzfeldt vermuteten oder auch nur erhofften englischen Bündnisneigungen bringen.

Die Behandlung der englischen Wünsche trat in ihr entscheidendes Stadium, als Fürst Bismarck wegen des bevorstehenden Zarenbesuches am 15. November abends nach Berlin kam.[92] Dem Reichskanzler wurde dort Hatzfeldts Bericht vom 12. November vorgelegt, den er mit Randvermerken versah, die seine Einstellung zu den aufgeworfenen Fragen

90 Vgl. dazu die Berichte Paul Schuwalows über seine Unterredungen mit Fürst Bismarck im April und Mai 1887: H. Hallmann, Zur Geschichte und Problematik des deutsch-russischen Rückversicherungsvertrages, Wiss. Buchgesellschaft Darmstadt 1968, Wege der Forschung Bd. XIII, S. 74 - 94, besonders S. 83 f., 88 - 90.

91 G. Ebel, Hatzfeldt-Papiere, 1. Teil, Anm. 1 zu Dok. 347.

92 Graf Herbert von Bismarck, Tagebücher (Nachweis in Anm. 53).

klarer als bisher zum Ausdruck brachten.[93] Zu den von Hatzfeldt gemeldeten englischen Besorgnissen wegen der Haltung Frankreichs schrieb er: „Fr[an]kreich übernehmen *wir* in Frieden zu erhalten oder zu beschäftigen, falls es England angriffe.“ Die englischen Befürchtungen, daß Deutschland nach dem Regierungsantritt des Prinzen Wilhelm Rußland im Orient aktiv gegen die Mächte der Mittelmeerentente unterstützen könnte, wies Fürst Bismarck mit der Feststellung zurück, dies sei unmöglich, weil sich Deutschland dann mit Rußland isolieren und von ihm abhängig machen würde. Statt die 8 Punkte zu billigen, wollte der Kanzler Neutralität in Aussicht stellen oder sagen, daß keiner der 8 Punkte die Neutralität Deutschlands in orientalischen Fragen erschwere. Zu Hatzfeldts erneuter Anregung, die Wünsche des englischen Kabinetts durch die Zulassung Englands zum Zweibund zu befriedigen, vermerkte der Kanzler: „das würde weiter gehn als die Vorschläge Salisbury's u[nd] uns zur Theilnahme am Kriege verpflichten, sobald England von Rußl[an]d angegriffen wäre!!“ Der Kanzler hatte also jetzt die Unvereinbarkeit von Hatzfeldts Empfehlung mit den Anschauungen Salisburys erkannt und war zudem nicht geneigt, England den deutschen Beistand für einen Defensivkrieg gegen Rußland zuzusichern. Hatzfeldts Bündnispläne waren damit abgetan. Das bedeutete aber nicht, daß nunmehr jedes Bündnis mit England ausgeschlossen gewesen wäre. Denn bei der endgültigen Beantwortung der englischen Anträge wurde doch noch eine dafür geeignete Basis vorgeschlagen.

D. Abfassung und Bedeutung von Bismarcks Brief an Salisbury vom 22. November 1887

Aus dem Bericht Hatzfeldts vom 12. November ging hervor, daß Salisbury eine schriftliche Äußerung zu den aufgeworfenen Fragen wünschte und daß er die deutsche Antwort abwarten wollte, bevor er sich in Wien und Rom über die vorgeschlagenen 8 Punkte definitiv aussprechen würde.[94] Mit einem Telegramm vom 16. November widerrief jedoch Hatzfeldt diese Angaben. Er meldete jetzt[95], Salisbury sei durch die Mitteilung des deutsch-österreichischen Abkommens „persönlich vollkommen befriedigt“, wolle sich nur noch einiger hervorragender Kabinettsmitglieder versichern, an deren Einverständnis er aber nicht zweifle, und werde dann die definitive Antwort nach Wien und Rom

[93] Mit Erlaß Nr. 958 vom 14. 11. 1887 (Nachweis in Anm. 83) teilte Graf Bismarck Hatzfeldt mit: „Ew. Bericht Nr. 407 vom 12. d. M. ... gelangt morgen bei dem Reichskanzler zur Vorlage. Seine Durchlaucht kommt morgen nach Berlin und hat sich eine noch eingehendere Instruierung Ew. reserviert.“

[94] GP 4, S. 371 - 373.

[95] GP 4, Nr. 929.

richten. Hierbei sollte ein Antwortentwurf verwendet werden, den Hatzfeldt bereits mit seinem Bericht vom 12. November übermittelt hatte[96] und der als einzige wesentliche Änderung der 8 Punkte den Zusatz bezüglich Kleinasiens verlangte. Obgleich Hatzfeldts Meldung vom 16. November jede weitere deutsche Stellungnahme zu den englischen Wünschen überflüssig machte, wurde sie aus Berlin mit der Ankündigung beantwortet, daß eine schriftliche deutsche Äußerung doch noch erfolgen werde. Und zwar geschah das mit einem telegraphischen Erlaß, den Graf Bismarck verfaßte und der im Namen des Reichskanzlers am 18. November nachmittags 3.35 Uhr, also während der Anwesenheit des Zaren in Berlin, an die deutsche Botschaft in London gerichtet wurde.[97] In dem Erlaß gab Fürst Bismarck Hatzfeldt den Auftrag, Salisbury seine Befriedigung über die Mitteilung vom 11. November auszusprechen und dabei zu bemerken, er beabsichtige, sich „in den nächsten Tagen durch einen Privatbrief zu ihm direkt über die Situation auszusprechen". Das Telegramm an Hatzfeldt vom 18. November zeigte, daß in Berlin das Interesse an der Fortführung der von englischer Seite in Gang gesetzten Erörterung jetzt stärker war als bei Salisbury selbst. Mit dem Telegramm wurde jener Brief in London angekündigt, in dem die bündnispolitische Konzeption des Kanzlers über den aktuellen Anlaß hinaus zusammenfassend dargestellt werden sollte.

An dem Brief arbeiteten abwechselnd der Kanzler und der Staatssekretär.[98] Im einzelnen nachweisbar sind nur die Korrekturen des

---

96 GP 4, Anlage zu Nr. 926.

97 Tel. i. Z. des Reichskanzlers an Hatzfeldt Nr. 120 vom 18. 11. 1887, zur Station 18. 11. 1887/3.35pm (Bonn, PA/AA, Orientalia Generalia 8 geh. Bd. 2, zu A^secr. 14030, 13879^II). Fürst Bismarck führte am 18. November mit dem Zaren eine mehr als einstündige Unterredung, bei der er ihm „nichts geschenkt" hat „an verités désagréables" (Staatssekretär Graf Herbert von Bismarck — Aus seiner politischen Privatkorrespondenz, hg. v. W. Bußmann, Göttingen 1964, S. 482). — Die Unterredung begann „um 1/2 4", also zur Zeit der Absendung des Telegramms an Hatzfeldt, und fand in der russischen Botschaft statt (Denkwürdigkeiten des General-Feldmarschalls Alfred Grafen von Waldersee, hg. v. H. O. Meisner, Bd. 1, Stuttgart—Berlin 1922, S. 335).

98 150 Seiten Entwürfe, Konzepte, Übersetzungen und Kopien des Briefes liegen in Bonn, PA/AA, Deutschland Nr. 137 ganz geheim, Bd. 1, A^secr. 14281. Es handelt sich durchweg um Reinschriften, die dem Fürsten Bismarck zur weiteren Korrektur vorgelegt wurden (oder 1901 für den Reichskanzler Graf von Bülow zur Information angefertigt wurden). Infolgedessen kann die Entwicklung des Dokuments nur insoweit verfolgt werden, wie sie Fürst Bismarck durch seine Korrekturen selbst beeinflußt hat. Die Mitarbeit des Grafen Herbert von Bismarck ergibt sich aus dessen Tagebuchnotizen (Nachweis in Anm. 53): „19. Nov.. Sachen für London u. Rom in Arbeit, Salisbury wegen Pz. Wilhelm zu beruhigen." — Zur Eintragung am 20. November vgl. S. 312!

Folgende Fassungen des Bismarck-Briefes lassen sich unterscheiden:

D 1: erster deutscher Entwurf, d. d. Berlin 17. November 1887. (Der Schlußteil, der die Ausführungen zur Bündnisfrage enthält, stammt von der

Kanzlers. Der erste Entwurf lag am 17. November vor. Große Teile davon wurden inhaltlich nicht mehr wesentlich verändert, sondern vor allem präziser formuliert und stilistisch verbessert. In den betreffenden Teilen wurde entschieden in Abrede gestellt, daß der deutsche Kronprinz Friedrich Wilhelm oder sein Sohn Prinz Wilhelm die deutsche Politik durch persönliche Vorurteile beeinflussen könnten. Beide müßten vielmehr die zwingend vorgeschriebenen Interessen des Deutschen Reiches wahren, weil es unmöglich sei, das deutsche Volksheer aufzubieten, wenn nicht die Unabhängigkeit und neugeschaffene Einheit des Reiches in Gefahr sei. Da Deutschland nach seiner Organisation nur einen defensiven Krieg führen könne, sei der Reichskanzler nicht in der Lage, für eine Kriegserklärung, die durch orientalische Interessen hervorgerufen werde, die Verantwortung zu übernehmen. Dies bedeute nicht, daß nur ein unmittelbarer Angriff auf die deutschen Grenzen den Ruf zu den Waffen rechtfertigen würde. Deutschland könne nicht hinnehmen, daß es nach einer Besiegung, Schwächung oder Verfeindung Österreichs auf dem europäischen Kontinent allein der russischen und der französischen Macht und der Möglichkeit ihrer Koalition gegenüberstände, und würde fechten müssen, um das zu verhüten.

Alle diese Darlegungen bezogen sich unmittelbar auf die englischen Fragen und Wünsche. Sie sollten die Besorgnisse wegen der Erkrankung des deutschen Kronprinzen und einer baldigen Thronfolge des Prinzen Wilhelm entkräften, die Neutralität Deutschlands in der orientalischen Frage erläutern und das deutsche Interesse an der Erhaltung Österreichs dartun. Es fehlte eigentlich nur noch die erneute Bekundung der deutschen Bereitschaft, Frankreich in Schach zu halten, um allen englischen Anträgen Genüge zu tun.

Die Erörterung dieses Problems erfolgte im Schlußteil des Briefes. Anders als die vorausgegangenen Teile blieb der Schlußteil nicht in dem Rahmen einer bloßen Antwort auf Salisburys Erkundigungen, sondern enthielt die Darstellung einer Bündniskonzeption unter Einschluß Englands, deren Realisierung als Ziel der deutschen Politik bezeichnet

---

Hand des Chefs der Reichskanzlei Rottenburg, was auf ein Diktat des Reichskanzlers hindeutet.)

D 2: zweiter deutscher Entwurf (= D 1 mit daran vorgenommenen eigenhändigen Korrekturen des Reichskanzlers).

F 1: französische Übersetzung von D 2.

F 2: F 1 mit daran vorgenommenen eigenhändigen Korrekturen des Reichskanzlers.

F 3: F 2 mit weiteren eigenhändigen Korrekturen des Reichskanzlers (= definitiver französischer Text, gedruckt in GP 4, Nr. 930).

D 3: Deutsche Rückübersetzung von F 3 (= definitiver deutscher Text, gedruckt bei O. Hammann, Zur Vorgeschichte des Weltkrieges, Berlin 1919, S. 154 - 159).

wurde. An keinem Teil des Briefes hat der Reichskanzler so viel geändert wie am Schlußteil. Seine Korrekturen betrafen dort nicht nur die Ausdrucksweise, sondern auch den Inhalt. In allen drei Fassungen des Schlußteiles wurde dargelegt, für welchen Kriegsfall Deutschland Bundesgenossen zu haben wünschte, und zugleich erläutert, wann den möglichen oder tatsächlichen Verbündeten deutsche Waffenhilfe geleistet werden sollte. Eingeleitet wurde der Schlußteil mit einer Beschreibung der allgemeinen politischen Tendenzen der europäischen Großmächte. Den saturierten, friedliebenden und erhaltenden Mächten England, Deutschland und Österreich wurden Frankreich und Rußland gegenübergestellt, die Deutschland, ihre anderen Nachbarn und den europäischen Frieden bedrohten oder gefährdeten. Anschließend hieß es im ersten Entwurf des Briefes:

„Bis diese beiden Nachbarländer oder eins von ihnen dauernd ihrer Politik eine andere Richtung gegeben haben werden, wird für uns die Notwendigkeit bestehen, unsere auswärtige Politik darauf einzurichten, daß wir starke Bundesgenossen haben in dem Fall, wo wir mit unseren beiden mächtigen Nachbarn in Krieg verwickelt sein könnten. Ein solcher Krieg wäre für Deutschland eine schwere Kalamität, aber keine verzweifelte Situation; wir würden uns des gleichzeitigen Angriffs zu erwehren stark genug sein, wenn Gottes Vorsehung nicht direkt und übermächtig gegen uns eingreifen sollte, was wir nicht glauben. Immerhin aber würde ein solcher Krieg, auch wenn er schließlich in gleichem Maße wie der siebenjährige Krieg Friedrichs des Großen kein bleibendes Resultat hätte, die Nation in einer ähnlichen Erschöpfung wie Preußen nach jenem Kriege hinterlassen, und die Größe der Gefahr eines schlimmeren Ausganges legt uns die Pflicht auf, die Unabhängigkeit und die Stärke derjenigen Mächte, auf deren Sympathie wir zählen können, weil sie gleich uns den Frieden lieben und ehrgeizige Eroberungspläne nicht haben, mit eigener Macht vor Schädigung zu bewahren, soweit wir das vermögen. Ein russischer Krieg involviert für uns Anstrengungen und Gefahren, zu denen auch das günstigste Ergebnis, das er haben könnte, in gar keinem Verhältnis steht. Wir müssen ihn also vermeiden, solange es irgend ohne Schaden an Ehre und Sicherheit möglich ist, und würden ihn namentlich für keine Spezialität der orientalischen Frage und auch nicht für deren Gesamtheit auf uns nehmen. Aus gleichen Gründen ist es aber ebenso unmöglich für einen deutschen Kaiser, auf russischer Seite kämpfend die Besiegung, Schwächung oder Verfeindung Österreichs, Englands oder Italiens herbeiführen zu helfen. Unser Segelkurs ist daher für alle diese Eventualitäten ein festgebundener, den keine persönliche Neigung oder Abneigung eines Monarchen oder leitenden Ministers ändern kann."

Nach diesem Text wollte Deutschland „starke Bundesgenossen" für den Fall eines Zweifrontenkrieges gegen Frankreich und Rußland haben, und zwar ohne Rücksicht darauf, ob es sich um einen Defensiv- oder Offensivkrieg handelte. Deutschland war seinerseits zur Waffenhilfe bereit, wenn es galt, „die Unabhängigkeit und die Stärke" der friedliebenden und erhaltenden Mächte (d. h. Englands und Österreichs)

„vor Schädigung zu bewahren“. Einen Krieg mit Rußland wollte Deutschland vermeiden, „solange es irgend ohne Schaden von Ehre und Sicherheit möglich“ war. Es wollte ihn namentlich nicht wegen der orientalischen Frage auf sich nehmen. Eine Waffenhilfe Deutschlands für Rußland gegen die Mächte der Mittelmeerentente wurde unbedingt ausgeschlossen.

Es ist auffallend an dieser frühesten Fassung des Schlußteiles, daß darin eine deutsche Waffenhilfe gegen Rußland wegen der orientalischen Frage ausdrücklich abgelehnt wurde, daß sie aber in allen anderen Fällen, wo die Unabhängigkeit und Stärke Englands oder Österreichs gefährdet erscheinen konnten, offensichtlich geleistet werden sollte, also in erster Linie bei einer direkten Bedrohung Österreichs durch Rußland, dann sicher auch bei schweren militärischen Rückschlägen Englands (bei einer Schädigung der „Stärke“ Englands) und vielleicht sogar bei einer Bedrohung Indiens durch Rußland.[99]

Bereits in der 2. Fassung wurde freilich die deutsche Waffenhilfe zugunsten Englands auf die Abwehr französischer Aggressionen beschränkt. Die Entstehung der 2. Fassung kann zeitlich genau bestimmt werden. Denn am 20. November schrieb Graf Bismarck in sein Tagebuch: „Brief für Salisbury mehr antifranzösisch pointiert und in Übersetzung bearbeitet.“[100]

Die 2. Fassung unterscheidet sich durch drei wesentliche Änderungen von der 1. Fassung: 1.) In die 2. Fassung wurde die Ankündigung aufgenommen, daß man versuchen müßte, den Zweifrontenkrieg „durch Verständigung mit Rußland dem Volke zu ersparen, wenn Deutschland von seinen natürlichen Bundesgenossen verlassen würde“. 2.) Der Hinweis, daß man einen russischen Krieg nicht für die orientalische Frage auf sich nehmen wolle, fiel weg. Statt dessen hieß es: „Wir müssen ihn also vermeiden, solange es ohne Schaden an eigener Ehre und Sicherheit möglich ist und solange die für uns notwendige Existenz der österreichisch-ungarischen Großmacht nicht gefährdet ist.“ 3.) Vor dem letzten Satz wurde die wichtige, die deutsche Bündnisbereitschaft einschränkende Feststellung eingeschoben: „In diesem Sinn ist es die

99 Der Gedanke, Indien bei der Anbahnung einer Verständigung mit England zu berücksichtigen, hatte im deutschen Auswärtigen Amt in Holstein einen Vertreter. Dieser schrieb am 8. 11. 1887 an Hatzfeldt im Hinblick auf dessen bevorstehende Unterredung mit Salisbury über die vorgeschlagene neue Vereinbarung zwischen den drei Mächten der Mittelmeerentente: „Vielleicht würde man den Engländern die heutige Grenze von Indien garantieren können (müssen).“ (G. Ebel, Hatzfeldt-Papiere, 1. Teil, Dok. 345) 1889/90 setzte er sich für ein deutsch-englisches Bündnis unter Einbeziehung Indiens ein (ebenda, 2. Teil, Dok. 411, 412, 413, 418 und 478). Bei seinen Überlegungen ging er offenbar davon aus, daß Indien am Bosporus verteidigt werden müsse (ebenda, 1. Teil, Dok. 247, Anm. 4 zu Dok. 271, Dok. 280).

100 Graf Herbert von Bismarck, Tagebücher (Nachweis in Anm. 53).

ständige Aufgabe der deutschen Politik, die Schädigung der Unabhängigkeit und Machtstellung Österreichs durch Rußland ebenso zu hindern wie die Englands oder Italiens durch Frankreich."

Alle Gesichtspunkte der 2. Fassung wurden auch in die dritte und definitive Fassung übernommen, dort aber noch eingehender dargestellt. Neu war in der 3. Fassung das deutsche Verlangen nach einer Gegenseitigkeit der Beistandsleistungen. Nachfolgend sollen die wichtigsten Stellen der 3. Fassung erläutert werden, und zwar zur Erleichterung des Vergleichs mit den früheren Fassungen an Hand von Zitaten aus der amtlichen deutschen Rückübersetzung des französischen Originaltextes der 3. Fassung:

Ähnlich wie in der 1. und 2. Fassung stand in der 3. Fassung, daß es das Ziel der deutschen Politik sei, Deutschland „Bündnisse zu sichern" für den Fall, daß es gleichzeitig gegen Frankreich und Rußland kämpfen müsse. Es wurde dabei wiederum nicht zwischen einem Defensiv- und Offensivkrieg unterschieden. Ebenso wie in der 2. Fassung wurde in der 3. Fassung angekündigt, daß man versuchen werde, sich den Zweifrontenkrieg durch eine freundschaftliche Verständigung mit Rußland zu ersparen „für den Fall, daß wir denselben *ohne Bundesgenossen* führen müßten" (beziehungsweise „falls das Bündnis mit den befreundeten, von *denselben* kriegerischen Nationen bedrohten Mächten uns im Stiche ließe"). Über den deutschen Beitrag für das Bündnis stand in der 3. Fassung, kein Deutscher Kaiser könne eine andere Politik verfolgen als diejenige, „die Unabhängigkeit" (also nicht „die Unabhängigkeit und die Stärke") „der befreundeten Mächte zu verteidigen", die „mit der gegenwärtigen politischen Lage Europas zufrieden" seien. Voraussetzung hierfür sollte jedoch sein, daß diese Mächte auch selbst „ohne Zaudern und ohne Schwäche" für ihre Unabhängigkeit eintraten und daß Deutschland nicht die „Gewißheit" hatte, von ihnen „im Stiche gelassen zu werden". Die wichtige Stelle über den russischen Krieg lautete in der 3. Fassung: „Wir werden also einen russischen Krieg vermeiden, solange es mit unserer Ehre und unserer Sicherheit vereinbar ist und solange die Unabhängigkeit Österreich-Ungarns, dessen Bestand als Großmacht für uns eine Notwendigkeit allerersten Ranges ist, nicht in Frage gestellt wird." Der Zusammenschluß der drei Mächte der Mittelmeerentente gegen Rußland zum Schutze ihrer Interessen im Orient wurde gutgeheißen. Deutschland wollte bei kriegerischen Konflikten zwischen der Mittelmeerentente und Rußland neutral bleiben, „solange kein deutsches Interesse dabei auf dem Spiel" stand, was wohl heißen sollte, solange die Unabhängigkeit Östereich-Ungarns nicht gefährdet war. Eine deutsche Waffenhilfe für Rußland gegen die drei Mächte der Mittelmeerentente wurde als unmöglich bezeichnet. Über die deutschen Beistandsleistungen hieß es abschließend: Deutschland werde

„*immer* gezwungen sein, in die Reihe der Kämpfenden einzutreten, wenn die Unabhängigkeit Österreich-Ungarns durch einen russischen Angriff bedroht wäre oder England oder Italien Gefahr liefen, durch französische Heere überflutet zu werden".

Zusammenfassend kann auf Grund der Textanalyse über den Schlußteil von Bismarcks Brief an Salisbury gesagt werden: Der Reichskanzler versuchte hier, Deutschland die Unterstützung Englands für den Fall eines Krieges mit zwei Fronten zu sichern. (Die Unterstützung Österreichs für diesen Kriegsfall ergab sich aus dem Zweibundvertrag.) Bei der Beschreibung der deutschen Bündnisleistungen klammerte Bismarck die orientalische Frage dadurch aus, daß er eine deutsche Waffenhilfe nur zum Schutz der „Unabhängigkeit" (und „Stärke") Englands und Österreichs vorsah. Das geplante Bündnis sollte also nicht für Spezialinteressen in Anspruch genommen werden, sondern die unabhängige Existenz der beteiligten Mächte Deutschland, England und Österreich gewährleisten. Ursprünglich war daran gedacht worden, für diesen Bündniszweck die deutsche Waffenhilfe sowohl gegen Frankreich wie auch gegen Rußland zuzusagen. In der 2. und 3. Fassung wurde jedoch die deutsche Unterstützung gegen Rußland nur Österreich zugebilligt, und zwar im Sinne der Friedrichsruher Niederschrift Rantzaus vom 13. November. Die Bereitschaft Deutschlands, für die Erhaltung der Unabhängigkeit und Großmachtstellung Österreichs ohne Rücksicht auf die Kriegsursache einen russischen Krieg auf sich zu nehmen, war das wichtigste Zugeständnis des ganzen Briefes, weil damit neue, über die defensiven Bestimmungen des Zweibundvertrages hinausgehende Verpflichtungen von deutscher Seite übernommen wurden. Die Zusage, aggressive Aktionen Frankreichs gegen England oder Italien zu unterbinden, stand dagegen mit den bisherigen deutschen Vertragspflichten und Erklärungen im Einklang. Gegenüber Italien war Deutschland durch den Dreibundvertrag zur Waffenhilfe gegen Frankreich verpflichtet, England war der deutsche Beistand gegen Frankreich seit Herbst 1885 wiederholt mündlich in Aussicht gestellt worden. Den englischen Vorstellungen konnte Bismarcks Bündniskonzeption kaum gerecht werden. Denn Salisbury wünschte ein stärkeres Engagement Deutschlands bei orientalischen Verwicklungen, nicht aber ein allgemeines Bündnis, das dem deutschen Sicherheitsbedürfnis genügte, aber wenig zum unmittelbaren Schutz der englischen Orientinteressen beitrug. Lediglich die erweiterte deutsche Beistandszusage für Österreich lag in der Richtung der englischen Wünsche.

Auf die Umformulierung des Bismarckbriefes am 20. November war sicher der Zarenbesuch in Berlin am 18. November nicht ohne Einfluß. Russische Presseangriffe, das Schweigen der russischen Regierung dazu, die deutschfeindliche Haltung hoher russischer Beamter und russische

Truppen- und Kriegsmaterialverschiebungen nach Westen hatten seit dem Abschluß des Rückversicherungsvertrages am 18. Juni 1887 die deutsch-russischen Beziehungen belastet. Am 12. November 1887 ließ der Kanzler aus Friedrichsruh Kaiser Wilhelm I. mitteilen, „daß er ... dem Zaren nicht mehr traute; es wäre ganz unmöglich, daß der Zar eine Politik triebe wie die jetzige russische, wenn er nicht den Hintergedanken hätte, die russischen Rüstungen zu vervollständigen, um im gegebenen Moment über uns herzufallen".[101] Der kurze Besuch Alexanders III. in Berlin wirkte dann aber doch beruhigend. Fürst Bismarck meinte wenig später, an den Beziehungen zu Rußland sei „doch noch etwas zu verderben".[102] Diese Einschätzung der Lage mag dazu beigetragen haben, daß der Brief an Salisbury „mehr antifranzösisch pointiert" wurde.

Die Ausfertigung des Bismarckbriefes wurde auf den 22. November 1887, den letzten Tag der Anwesenheit des Kanzlers in Berlin[103], datiert und am folgenden Tag abgesandt. In einem Begleitschreiben teilte Fürst Bismarck dem englischen Premierminister mit, daß der Inhalt seines Briefes von Prinz Wilhelm voll gebilligt werde.[104] Die Sendung der beiden Kanzlerbriefe kreuzte sich mit einem Bericht Hatzfeldts vom 23. November, in dem der Botschafter meldete, daß Salisbury „voraussichtlich ernstliche Schwierigkeiten erheben würde", wenn Kálnoky darauf ausginge, das Abkommen „alsbald zur Kenntnis des Sultans zu bringen" oder „den Sultan zum Anschluß" an die Mittelmeerentente „zu bestimmen". Als Grund hierfür nannte Hatzfeldt die Besorgnis Salisburys, daß durch Indiskretionen in Konstantinopel seine parlamentarische Stellung gefährdet werden könne. Auch der Schatzkanzler Goschen, der im Kabinett Salisbury die Liberalen Unionisten vertrat, legte „auf die absolute Geheimhaltung" der Verständigung „den größten Wert".[105] Fürst Bismarck fand sich sofort mit der neuen Sachlage ab und unterrichtete Hatzfeldt am 26. November durch ein direkt von Friedrichsruh nach London gesandtes Telegramm, daß er Salisburys Befürchtungen „für begründet und erklärlich" und das Verlangen der Geheimhaltung „für berechtigt" halte.[106] Er gab damit das monatelang verfolgte und von Graf Bismarck gegenüber Salisbury schon am 23. August vertretene Ziel auf, den Sultan mit Hilfe des Ab-

---

[101] Niederschrift Rantzaus für das Ausw. Amt, d. d. Friedrichsruh 12. 11. 1887 (Bonn, PA/AA, Deutschland 131 geh., Bd. 2, A^secr. 13841).

[102] Niederschrift Rantzaus für das Ausw. Amt, d. d. Friedrichsruh 30. 11. 1887 (ebenda, Orientalia Generalia 8 geh., Bd. 2, A^secr. 14722).

[103] Graf Herbert von Bismarck, Tagebücher (Nachweis in Anm. 53).

[104] GP 4, Nr. 931.

[105] GP 4, Nr. 933.

[106] GP 4, Nr. 934.

kommens auf die antirussische Seite zu ziehen.[107] Vermutlich hielt er es für zwecklos, England zu einer aktiven Politik im Orient zu drängen, wenn sich Salisbury und Goschen dagegen sträubten. Die neue Vereinbarung der Mittelmeermächte, die nach der Einfügung der Geheimhaltungsvorschrift als Punkt 9 durch den Notenwechsel vom 12. und 16. Dezember 1887 in Kraft gesetzt wurde[108], blieb unter diesen Umständen ohne große praktische Bedeutung. Salisbury war der Ansicht, daß die darin festgelegten Verpflichtungen für England auch schon vorher, auf Grund der Verträge von Paris 1856 und Berlin 1878, existierten. Er verglich die Verträge von 1856 und 1878 mit einem feinen Sieb, unter das jetzt das grobe Sieb des neuen Abkommens gehalten wurde.[109] Vermutlich hat sich Salisbury auf die zweite Mittelmeerentente überhaupt nur eingelassen, weil er auf diese Weise Österreich davon abhalten konnte, sich mit Rußland unmittelbar zu verständigen und erneut wie in Reichstadt 1876 eine Politik der Kompensationen einzuleiten.[110]

Salisbury verhinderte nicht nur die Verwendung des zweiten Mittelmeerabkommens für eine offensive Orientpolitik gegen Rußland, sondern brachte auch Bismarcks vorsichtigen Versuch einer Bündniserörterung sofort zum Scheitern. In seiner Antwort vom 30. November[111] ging Salisbury auf die betreffenden Teile des Kanzlerbriefes überhaupt nicht ein. Im Gegensatz zu früheren Gelegenheiten unterließ er es so-

---

107 Kurz vor dem Zarenbesuch regte Graf Bismarck bei Kálnoky sogar die Mitteilung des Zweibundvertrages an den Sultan an, um diesen zu größerer Selbständigkeit gegenüber Rußland zu veranlassen. (Erlaß Graf Bismarcks an den deutschen Geschäftsträger in Wien Graf Monts Nr. 616 vom 15. 11. 1887: Bonn, PA/AA, Orientalia Generalia 8 geh., Bd. 2, A$^{\text{secr.}}$ 13942). Fürst Bismarck sagte mit deutlichem Bezug hierauf am 17. 11. 1887 zu Paul Schuwalow: „Ihr habt uns nach Wien genötigt, im vorigen Jahre nach Rom, jetzt werden wir nach Konstantinopel gehen und Euch schließlich noch die Chinesen auf den Hals hetzen." (Denkwürdigkeiten Waldersees, hg. v. H. O. Meisner, 1. Bd., S. 334 f.) Nach dem Zarenbesuch hielt der Kanzler die Mitteilung des Zweibundvertrages an den Sultan durch Deutschland nicht mehr für ratsam, „weil an unsern Beziehungen zu Rußland doch noch etwas zu verderben und die scheinbare oder wirkliche Friedfertigkeit unserer gegenseitigen Beziehungen doch immer noch ein Mittel wäre, Rußland in friedlichen Bahnen zu erhalten. Auf Diskretion wäre bei der Pforte kaum zu rechnen, und wenn dieselbe an Nelidow [= russ. Botschafter in Konstantinopel] mitteilen könnte, daß *wir* den Vertrag dort zur Kenntnis gebracht hätten, so würde das bißchen Vertrauen, das in Rußland noch zu uns bestände, gänzlich schwinden." (Niederschrift Rantzaus vom 30. 11. 1887, Nachweis in Anm. 102). Fürst Bismarck wollte die Mitteilung des Vertrages an den Sultan unter diesen Umständen zunächst durch Österreich allein vornehmen lassen (ebenda), verhinderte aber schließlich durch eine Weisung vom 2. 12. 1887 alle weiteren Schritte in der Angelegenheit (Tel. aus Friedrichsruh Nr. 31 vom 2. 12. 1887: ebenda, A$^{\text{secr.}}$ 14789).

108 Vgl. Anm. 56.

109 L. G. Cecil, Life of Salisbury, vol. IV, p. 78.

110 Siehe hierzu auch: C. J. Lowe, Salisbury and the Mediterranean, p. 22.

111 GP 4, Nr. 936.

gar, für die deutsche Beistandszusage gegen Frankreich seinen Dank auszusprechen. Die Antwort bezog sich nur auf das deutsche Engagement gegenüber Österreich. Salisbury erläuterte ausführlich, warum er im Zusammenhang mit der Entscheidung über das Orientabkommen eine Aufklärung hierüber für notwendig gehalten hatte, und nannte drei Punkte, durch die seine Besorgnisse zerstreut worden waren, nämlich 1.) die Bekanntgabe des Zweibundvertrages, 2.) die von Fürst (!) Bismarck Sir Edward Malet mitgeteilte moralische Billigung eines jeden Abkommens durch den Kaiser, das zwischen Österreich, Italien und England auf der vorgeschlagenen Basis zustande kommen könnte, und 3.) die Feststellung in dem Brief des Kanzlers, daß die deutsche Politik durch das nationale Interesse und nicht durch persönliche Vorurteile des regierenden Souveräns bestimmt werde. Zum Text des Zweibundvertrages bemerkte Salisbury im Einklang mit Bismarcks Interpretation, er habe daraus ersehen, „that under no circumstances could the existence of Austria be imperilled by a resistance to illegal Russian enterprises".

Fürst Bismarck versah den Antwortbrief mit kritischen Randvermerken. Überall da, wo Salisbury auf die Notwendigkeit der Unterstützung Österreichs durch Deutschland hingewiesen hatte, ersetzte er das Wort „Deutschland" durch „England". Er brachte damit zum Ausdruck, daß er eine Verschiebung der Hauptlast orientalischer Konflikte von England auf Deutschland und Österreich ebensowenig wie früher hinnehmen wollte. Salisburys Feststellung, daß die neue Staatengruppierung ein wirksames Hindernis gegen jeden möglichen Angriff Rußlands sei, ergänzte er durch die Worte: „esp[ecially] if Turkey joins!" Bei dem Hinweis auf die moralische Billigung des Abkommens durch den Kaiser, über die er offenbar noch immer nicht informiert war, setzte er ein Fragezeichen, das später durchgestrichen wurde.[112] Es kann kein Zweifel sein, daß Bismarck den Brief Salisburys sogar im Hinblick auf die darin behandelte Frage der Unterstützung Österreichs durch Deutschland unbefriedigend fand. Den Umstand, daß sich Salisbury einer Erörterung des deutschen Bündniswunsches entzog, hat Bismarck in seinen Randvermerken nicht kommentiert. Man kann aber vielleicht den Vorgang vom Januar 1888, der von Paul Kluke der Vorgeschichte des Bündnisangebotes von 1889 zugerechnet wurde, als eine späte Reaktion auf das Verhalten Salisburys werten.

---

112 Vgl. das Original des Briefes: Bonn, PA/AA, Deutschland 137 ganz geheim, Bd. 1, A$^{secr.}$ 14818.

E. Die Bündnissondierung vom Januar 1888

Anlaß für den nochmaligen deutschen Versuch, in London das Bündnisproblem zur Sprache zu bringen, war eine neue russische Initiative zur Lösung der bulgarischen Frage. Seit Mitte Dezember 1887 bemühte sich die russische Regierung, die deutsche Unterstützung für eine Einwirkung auf den Sultan zu erlangen, damit dieser als Suzerän des bulgarischen Vasallenstaates die Illegalität der seit August 1887 bestehenden Herrschaft des Prinzen Ferdinand von Coburg über Bulgarien proklamiere.[113] Da nach dem Berliner Vertrag von 1878 nur ein vom Sultan und von allen Mächten anerkannter Fürst die Herrschaft in Bulgarien ausüben durfte, Prinz Ferdinand sich aber nur auf die Zustimmung der Bulgaren berufen konnte, war der geplante russische Schritt in Konstantinopel durchaus rechtmäßig, zumal Rußland zu den kontrahierenden Mächten von 1878 gehörte. Unvorhersehbar waren freilich die Folgen der türkischen Illegalitätserklärung. Russischerseits rechnete man mit einem freiwilligen Rücktritt oder einer gewaltsamen Entfernung des Prinzen Ferdinand und mit einer anschließenden Lösung des Nachfolgeproblems unter russischer Einwirkung.[114]

Fürst Bismarck war zur Unterstützung der russischen Demarche in Konstantinopel unter der Voraussetzung bereit, daß die deutsche Regierung dazu in amtlicher und authentischer Form ersucht wurde.[115] Das geschah indessen zunächst nicht. Der russische Botschafter in Berlin, Graf Paul Schuwalow, beantragte vielmehr am 7. Januar 1888 die deutsche Unterstützung der russischen Demarche bei der Pforte nur unter Hinterlassung einer Kopie der ihm vom russischen Außenminister von Giers zugegangenen Instruktion.[116] In seiner Antwort vom 11. Januar machte Fürst Bismarck die Unterstützung des russischen Vorhabens erneut davon abhängig, daß von russischer Seite ein offizieller Antrag an die deutsche Regierung gerichtet würde. An der Mitteilung des Grafen Schuwalow beanstandete er, daß sie mündlich erfolgt und die übergebene Depesche nicht unterzeichnet gewesen sei.[117]

Bismarcks Antwort wurde von dem deutschen Botschafter in Petersburg, General von Schweinitz, dem russischen Außenminister ebenfalls

---

113 GP 5, Nr. 1057.

114 Zu den russ. Ansichten über die Folgen der Illegalitätserklärung vgl.: Bericht des dt. Botschafters in Petersburg General von Schweinitz Nr. 9 vom 8. 1. 1888 (Bonn, PA/AA, Bulgarien 20, Bd. 74, A 280). — Aufzeichnung des Grafen Bismarck vom 7. 1. 1888 (Nachweis in Anm. 116).

115 GP 5, Nr. 1057 (Randvermerke des Fürsten Bismarck), 1058 und 1059.

116 Aufzeichnung des Grafen von Bismarck vom 7. 1. 1888 (Bonn, PA/AA, Bulgarien 20, Bd. 74, A 264^{c}). — Kopie einer Depesche von Giers an Schuwalow vom 19./31. 12. 1887 (ebenda, A 264^{d}).

117 Kopie einer Depesche Bismarcks an Schweinitz vom 11. 1. 1888 (ebenda, zu A 338^{II}).

abschriftlich übergeben und ausführlich erläutert. Die Instruktion, die Schweinitz zu diesem Zweck bekam, enthielt eine scharfe Kritik der deutsch-russischen Beziehungen. Die Instruktion wurde dem Kanzler zweimal zur Revision nach Friedrichsruh geschickt. Die wichtigsten Abschnitte fügte Fürst Bismarck bei den Textrevisionen eigenhändig in den Entwurf ein.[118] Nach der zweiten Revision gab er dem Auswärtigen Amt die Weisung, die Instruktion vertraulich nach Wien und London mitzuteilen.[119] Er wollte also mit der Instruktion nicht nur die Petersburger Regierung, sondern auch Kálnoky und Salisbury über seine Einschätzung des deutsch-russischen Verhältnisses unterrichten.

Schweinitz erhielt den Auftrag zu erklären, daß man deutscherseits „bereitwillig“ jeden vertragsmäßig berechtigten und amtlich mitgeteilten Schritt bezüglich Bulgariens unterstützen werde, daß aber die Erfahrungen der letzten 10 Jahre das Vertrauen erschüttert hätten, das es der deutschen Regierung bis 1878 ermöglicht habe, „auf *vertrauliche* Bekanntschaft mit russischen Wünschen hin russische Politik selbständig zu treiben“. Zur Begründung sollte Schweinitz auf die Zerstörung der traditionellen Beziehungen zwischen Deutschland und Rußland seit dem Berliner Kongreß hinweisen. Zwei Stellen der Instruktion bezogen sich auf die Neuorientierung der deutschen Politik infolge des russischen Verhaltens. An der ersten Stelle wurden die russischen Truppenverschiebungen, die feindseligen öffentlichen Kundgebungen in Rußland, das Schweigen der Regierung dazu und die drohenden Erklärungen maßgebender russischer Stellen als Gründe für „die Notwendigkeit“ angeführt, „unsere Beziehungen zu den anderen Mächten, auf deren Beistand gegen russische Angriffe wir rechnen können, mehr als früher zu pflegen“. An der zweiten Stelle wurde zu der Monarchenbegegnung vom November 1887 festgestellt, die eingetretenen Verstimmungen hätten durch sie „eine wesentliche Milderung erfahren“. Hieran anschließend hieß es: „Die Vergangenheit aber hat Beziehungen geschaffen, welche durch die Wiederkehr unseres Vertrauens zu der russischen Politik nicht gelöst werden.“[120]

---

[118] Entwurf eines Erlasses an Schweinitz vom 9. 1. 1888 (ebenda, zu A 264^{c}, 264^{d}). — Erlaß Graf Bismarcks an Schweinitz Nr. 29 vom 11. 1. 1888 (ebenda, zu A 426^{I}, 338^{I}, 264^{cI}, 264^{dI}).

[119] Niederschrift Rantzaus für das Ausw. Amt, d. d. Friedrichsruh 10. 1. 1888 (ebenda, A 426).

[120] Die erste dieser beiden Stellen stand schon im Entwurf vom 9. 1. 1888, wurde aber vom Kanzler überarbeitet. Die zweite Stelle wurde vom Kanzler bei der Revision dieses Entwurfs in den Text eingefügt.

Schweinitz hat am 16. 1. 1888 den Inhalt des Erlasses Nr. 29 vom 11. 1. 1888 Giers vorgelesen, dieser hat also den Text vollständig kennengelernt. Vgl. Bericht Schweinitz' Nr. 17 vom 18. 1. 1888 (Bonn, PA/AA, Bulgarien 20, Bd. 74, A 839).

Indem Fürst Bismarck die Instruktion für Schweinitz mit den beiden wichtigen Aussagen zur Neuorientierung der deutschen Politik nach Wien und London mitteilen ließ, wollte er wahrscheinlich Kálnoky und Salisbury zeigen, daß für ihn das Einvernehmen mit Österreich und England Vorrang vor jeder Rücksichtnahme auf Rußland hatte. Die Übermittlung der Depesche von Giers, der Antwort an Giers und der Instruktion für Schweinitz an die deutschen Botschafter in London und Wien erfolgte am 11. Januar 1888 in Verbindung mit einer Weisung, die Graf Bismarck in fast wörtlicher Übereinstimmung mit einer Direktive des Kanzlers folgendermaßen formulierte:

„Bei vertraulicher Besprechung der Anlagen mit 1.) Lord Salisbury / 2.) Graf Kálnoky bitte ich Ew., sich gefälligst dahin zu äußern, daß wir zu unserem Verhalten in Bezug auf die vorliegende russische Anregung, wie es sich aus dem Erlasse an Herrn von Schweinitz ergebe, in erster Linie veranlaßt seien durch die Reserve der englischen Politik und durch die Unsicherheit, in der wir uns über die Frage befänden, wie weit beim Ausbruch eines europäischen Krieges auf England ernstlich zu rechnen wäre; läge die Sache so, daß wir hierüber Sicherheit hätten, so würden wir noch weniger entgegenkommend gegen die russischen Wünsche gewesen sein, da wir dann auf die Beruhigung unserer Beziehungen zu Rußland keine Rücksicht zu nehmen gebraucht hätten.“[121]

Diese Darlegungen sollten gewiß zunächst dazu dienen — und soweit wird man Krausnick folgen können[122] —, die nur aus formellen Gründen verweigerte, grundsätzlich aber schon in Aussicht gestellte deutsche Unterstützung der russischen Demarche in Konstantinopel gegenüber England und Österreich zu rechtfertigen. Darüber hinaus lag in ihnen jedoch eine Mahnung an Salisbury, seine Zurückhaltung gegenüber der deutschen Bündnisanregung vom November 1887 doch noch aufzugeben. Salisbury hat jedenfalls die deutsche Mitteilung so verstanden. Er antwortete nämlich Hatzfeldt, „daß es nicht seine Schuld, sondern *leider* in den hiesigen inneren Verhältnissen begründet sei“, wenn Deutschland sich „über die eventuelle Haltung Englands beim Ausbruch eines europäischen Krieges in einer gewissen Unsicherheit“ befände. Vor dem Zusammentritt des Parlaments (19. Februar 1888) sah er sich außerstande, hierüber „etwas Bestimmtes“ zu sagen. Im Parlament wollte er für die Fortführung der Politik eintreten, die „durch die vertragsmäßig von England übernommenen Verbindlichkeiten vorgeschrieben sei“, aber er war sich nicht sicher, ob er dafür eine Mehrheit finden würde. Denn er benötigte hierzu neben den Konservativen noch die

[121] Zirkularerlaß Graf Bismarcks an Hatzfeldt Nr. 36 und Prinz Reuß (Wien) Nr. 35 vom 11. 1. 1888 (ebenda, zu A 426^{II}, 338^{II}, 264^{cII}, 264^{dII}). — Die zugrunde liegende Direktive des Kanzlers ist enthalten in der Niederschrift Rantzaus vom 10. 1. 1888 (Nachweis in Anm. 119, teilweise gedruckt bei H. Trützschler von Falkenstein, Kriegsgefahr 1887, S. 149).

[122] Vgl. S. 285 f.!

Liberalen Unionisten unter Lord Hartington, die nach seinen eigenen Worten „nur für innere Fragen Sinn und Interesse“ hatten und sich „um auswärtige Politik nicht kümmerten“. Er hoffte, daß es sehr bald nach der Eröffnung der Parlamentssession zu einer Beratung der auswärtigen Politik kommen werde und daß er dann über die Haltung der Liberalen Unionisten „zu den auswärtigen Fragen und zu dem möglicherweise drohenden Ausbruch eines europäischen Krieges“ aufgeklärt würde. Bis dahin glaubte er sich „auf der Linie halten“ zu müssen, die er „schon seit längerer Zeit innegehabt“ hatte und die er gegenüber Hatzfeldt mit den Worten beschrieb: „Je me tiendrai derrière l'Autriche, c'est à dire je lui laisserai le premier pas dans les questions qui peuvent survenir.“[123]

Salisbury lieferte mit diesen Ausführungen auch einen Kommentar zu seiner Antwort an Bismarck vom 30. November 1887. Damals war er auf den deutschen Wunsch, sich Bündnisse für einen Zweifrontenkrieg zu sichern, überhaupt nicht eingegangen. Jetzt begründete er seine Zurückhaltung mit der parlamentarischen Situation in England. Zugleich bekannte er sich erneut zu dem in Bismarcks Marginalien kritisierten Grundgedanken des Briefes vom 30. November, daß England in der Orientpolitik Österreich folgen werde und nicht Schrittmacher sein könne. Die Stellungnahme des englischen Premierministers bezog sich nur auf die Übergangszeit bis zur Parlamentseröffnung. Da dieses Ereignis aber an den parlamentarischen Verhältnissen kaum viel ändern konnte, war sie sicher auf längere Sicht berechnet. Bismarck folgerte aus den Äußerungen Salisburys, „daß England sich mehr zurückhalten wird, wenn es sicher ist, daß Deutschland *von Haus aus* Rußland bekämpft, aber auf die Ableugnung seiner Orientinteressen eher verzichten wird, wenn es zu glauben veranlaßt ist, daß wir Österreich im Stiche lassen, und noch mehr, wenn es glauben könnte, daß Österreich Bulgarien und selbst Konstantinopel fahren läßt, ohne sich zu rühren.“[124] Die Bemerkungen zeigen, daß Bismarck eine Fortsetzung der Annäherungsversuche an England mit den bisherigen Methoden jetzt für aussichtslos hielt. Mit der extensiven Interpretation des deutschen Engagements gegenüber Österreich in dem Brief vom 22. November 1887 hatte er keine stärkere Bindung Englands an die Zentralmächte erreicht, sondern Salisbury eher in seiner Tendenz bestärkt, Österreich die Initiative in der orientalischen Frage zuzuschieben. Man war

123 Bericht Hatzfeldts Nr. 17 vom 17. 1. 1888 (Bonn, PA/AA, Bulgarien 20, Bd. 74, A 740). — Vgl. dazu den Bericht Salisburys an Königin Victoria vom 22. 1. 1888 über seine Unterredung mit Hatzfeldt am 16. 1. 1888: G. Ebel, Hatzfeldt-Papiere, 1. Teil, Anm. 12 zu Dok. 365).

124 Randvermerk Bismarcks zu Hatzfeldts Bericht Nr. 17 vom 17. 1. 1888 (Nachweis in Anm. 123). Der Randvermerk ist vollständig gedruckt bei G. Ebel, Hatzfeldt-Papiere, 1. Teil, Anm. 9 zu Dok. 365).

deutscherseits ursprünglich darauf ausgegangen, mit Salisbury die Möglichkeit eines allgemeinen Bündnisses zu erörtern, das die unabhängige Existenz der beteiligten Mächte sichern und bloße Interessenfragen ausklammern sollte. Der Versuch scheiterte, weil der englische Premierminister die Diskussion auf ein anderes Feld ablenkte und sich wetteifernd mit Bismarck darum bemühte, im Orientkonflikt in der Hinterhand zu bleiben.

Der russische Aktionsplan bezüglich Bulgariens, der die neue deutsche Initiative in London ausgelöst hatte, kam nach längerem Zögern im Februar 1888 zur Ausführung.[125] Schuwalow übermittelte seinen umstrittenen Antrag am 13. Februar endlich in authentischer Form an die Berliner Regierung. Vier Tage später erbaten die russischen Botschafter in London, Paris, Wien und Rom die Mitwirkung der anderen Mächte. Deutschland und Frankreich unterstützten die russische Aktion in Konstantinopel, die drei Mächte der Mittelmeerentente lehnten dagegen auf englisches Betreiben eine Beteiligung ab, solange keine Verständigung über die Haltung der Mächte zu den Folgen der Illegalitätserklärung erzielt sei. Deutschland und die Mittelmeerentente standen also trotz ihrer im Jahre 1887 entwickelten engen Beziehungen bei dem letzten Akt der großen Bulgarienkrise auf verschiedenen Seiten. Bismarck ließ jedoch vertraulich in Wien und Rom das deutsche Einverständnis mit dem Zusammengehen der drei Ententemächte andeuten. Er war dabei besorgt, daß bei einem Mißbrauch dieser Information russischerseits der Vorwurf erhoben werden könnte, als führe Deutschland „eine doppelzüngige Sprache". Gegen eine solche Deutung verwahrte er sich mit der Feststellung: „Wir hätten aufrichtig gewünscht, daß *alle* Mächte den russischen Antrag in Konstantinopel unterstützten. Aber wir können angesichts der Unklarheit, in der wir uns über die russische Zukunftspolitik befinden, derselben nicht die Sympathien der Mächte opfern, auf deren Beistand gegen russische Angriffe zu zählen uns die Schwankungen der russischen Politik nötigen."[126] Am 4. März 1888 notifizierte der Sultan die Illegalität des Prinzen von Coburg an der Spitze der Regierung des bulgarischen Fürstentums. Der Schritt änderte nichts an den Verhältnissen in Bulgarien, weil Ferdinand seine Herrschaft weiter ausübte und Zwangsmaßnahmen nicht angewandt wurden. Für Zar Alexander III. bedeutete er jedoch eine Genugtuung, die eine Entspannung der Lage im Orient ermöglichte.

---

[125] Das deutsche Material zu diesem Vorgang, das nicht im einzelnen verzeichnet werden kann, liegt in Bonn, PA/AA, Bulgarien 20, Bd. 75 - 78. — Vgl. auch H. Trützschler von Falkenstein, Kriegsgefahr 1887, S. 146 - 150.

[126] Erlaß Bismarcks an Prinz Reuß Nr. 217 vom 26. 2. 1888 (Bonn, PA/AA, Bulgarien 20, Bd. 76, zu A 2386, 2371).

F. Die englische Bereitschaft zur Deckung Italiens gegen Frankreich von Februar bis Mai 1888

In den Wochen, als die bulgarische Frage durch die Illegalitätserklärung Ferdinands ihren friedensgefährdenden Charakter verlor, entwickelten sich schwere Spannungen zwischen Frankreich und Italien. In beiden Ländern erregte wochenlang ein Zwischenfall in Florenz großes Aufsehen, bei dem am 22. Dezember 1887 ein Florentiner Amtsrichter in einer Erbschaftssache gegenüber dem dortigen französischen Konsul unter Verletzung des Konsulatsarchivs der Ansicht Geltung verschafft hatte, daß ein Tunesier trotz der französischen Besetzung von Tunis als nichtfranzösischer Untertan zu behandeln sei.[127] Am 14. Januar 1888 kam es zum Abbruch der Verhandlungen über einen neuen Handelsvertrag zwischen Frankreich und Italien; in Frankreich setzte eine Kampagne gegen die italienischen Wertpapiere ein. Am 1. März 1888, nach Ablauf des alten Handelsvertrages, begann Frankreich einen Zoll- und Handelskrieg gegen Italien, der zehn Jahre dauern sollte.[128] Als in dieser gespannten Lage Anfang Februar 1888 plötzlich der größte Teil der französischen Flotte in Toulon versammelt wurde, schickte Salisbury auf Ersuchen Crispis das englische Kanalgeschwader zu einem mehrtägigen demonstrativen Besuch nach La Spezia und Genua. Ende März wurde dieser Flottenbesuch wiederholt.[129] In der Zwischenzeit hatte man in Italien erfahren, „daß zur Zeit des Vorfalls von Florenz die französische Regierung nahe daran gewesen sei, ihren Forderungen durch ein plötzliches Erscheinen der Panzerflotte vor Spezia Nachdruck zu verleihen". Den günstigen Ausgang der Krise führte man auf die Ankunft des englischen Geschwaders in La Spezia zurück.[130] Seit Jahren waren die Befestigungsarbeiten in La Spezia nicht recht vorangekommen. Man hätte daher das Eindringen der französischen Flotte in den Golf von La Spezia nicht verhindern können. Das Gerücht von dem geplanten Handstreich bewirkte, daß jetzt in fieberhafter Tätigkeit das Versäumte nachgeholt wurde.[131]

---

127 Memoiren Crispis, S. 286 - 288. — SEG, NF, 4. Jg. 1888, S. 317. — DDI, serie II, vol. XXI, nn. 459, 480, 481, 483, 488, 490, 497 - 499, 503, 507, 508, 511, 514, 515.

128 Ebenda, nn. 500, 519, 520, 523, 526, 554, 567, 571, 605, 619, 621, 628, 641. — Memoiren Crispis, S. 261, 296, 306. — SEG, NF, 4. Jg. 1888, S. 444.

129 DDI, serie II, vol. XXI, nn. 516, 539, 548, 550, 557, 563, 570, 577, 585, 589, 601. — Memoiren Crispis, S. 305 f. — C. J. Lowe, Salisbury and the Mediterranean, pp. 35 - 36. — Bericht des deutschen Generalkonsuls in Genua A. Schneegans Nr. 204 vom 10. 2. 1888 (Bonn, PA/AA, Italien 72, Bd. 6, A 1890).

130 GP 6, Nr. 1278. — Bericht des deutschen Militärattachés in Rom Major von Engelbrecht Nr. 12 vom 20. 3. 1888 (Bonn, PA/AA, Italien 72 a, Bd. 1, A 3401).

131 Bericht Engelbrechts Nr. 23 vom 10. 5. 1888: „Gegenwärtiger Zustand der Befestigungsanlagen von Spezia" (ebenda, Italien 72, Bd. 7, A 5643).

Die seestrategische Lage Italiens war gegenüber Frankreich sehr ungünstig. Die französische Flotte hatte etwa die gleiche Stärke wie die Flotten der Dreibundmächte zusammen. Das Stärkeverhältnis zwischen den Flotten Deutschlands, Österreichs und Italiens betrug 2 : 1 : 2. Da der Hauptteil der französischen Flotte Anfang 1888 im Mittelmeer konzentriert wurde, besaß Frankreich dort eine erhebliche maritime Überlegenheit gegenüber Italien, die noch durch die geographischen Verhältnisse gesteigert wurde. Seitdem die Kriegsschiffe mit Dampf betrieben wurden, waren sie nicht mehr vom Wind abhängig, sondern vom Land, wo sie Kohlen aufnehmen und ihre Havarien beseitigen mußten. Die italienische Flotte besaß nur in La Spezia einen guten Kriegshafen, der wegen der unmittelbaren französischen Nachbarschaft wie eine Grenzfestung gesichert werden mußte.[132] General von Caprivi, der Chef der deutschen Admiralität, äußerte Ende März 1888 offenbar unter dem Eindruck der Gerüchte von dem geplanten französischen Handstreich, er sehe „die größte Gefahr für Italien darin, daß die französische Flotte gleichzeitig mit der Überbringung der Kriegserklärung einen unerwarteten Überfall La Spezias ins Werk setzen könnte, welcher der italienischen Marine unberechenbaren Schaden bringen würde".[133]

Graf Bismarck gab Hatzfeldt am 31. März 1888 den Auftrag, Salisbury die Ansicht Caprivis mitzuteilen und ihm Instruktionen an den Kommandierenden Admiral des englischen Mittelmeergeschwaders nahezulegen, die der Eventualität eines französischen Überfalls Rechnung trugen. Dem Admiral sollte „mehr freie Hand gelassen" werden zum Zeigen der englischen Flagge an der Küste des Ligurischen und Tyrrhenischen Meeres, zum Anlaufen „anscheinend bedrohter Hafenplätze" und zur sofortigen Beteiligung an der Abwehr eines Überfalls.[134]

In Frankreich begann in den Tagen, als dieser Erlaß abging, eine neue innenpolitische Entwicklung, die für die Dauer eines Jahres zur Hauptgefahr für den europäischen Frieden werden sollte. Boulanger, der am 17. Mai 1887 das Amt des Kriegsministers verloren hatte, wurde am 15. März 1888 wegen disziplinarischer Verstöße seines Postens als Kommandierender General des XIII. Armeekorps in Clermont-Ferrand

---

132 Bericht des Chefs der deutschen Admiralität General von Caprivi an Kaiser Wilhelm I. vom 15. 11. 1887 „über die Aussichten der Kriegführung zur See zwischen Deutschland, Österreich und Italien einerseits und Frankreich und Rußland andererseits" (ebenda, Deutschland 143 geh., Bd. 1, A secr. 14071. — Druck einer gekürzten Fassung: DDI, serie II, vol. XXI, n. 347). — Bericht Engelbrechts Nr. 23 vom 10. 5. 1888 (Nachweis in Anm. 131).

133 Erlaß Graf Bismarcks an Hatzfeldt Nr. 321 vom 31. 3. 1888 (Nachweis in Anm. 134). — GP 6, Nr. 1279.

134 Erlaß Graf Bismarcks an Hatzfeldt Nr. 321 vom 31. 3. 1888 (Bonn, PA/AA, Italien 72 a, Bd. 1, zu A 3445 I).

enthoben und am 26. März in den Ruhestand versetzt. Vier Tage später erfolgte der Gegenschlag der Boulangisten. Das Kabinett des Radikalrepublikaners Tirard scheiterte, weil es sich einem Antrag widersetzt hatte, der dem Hauptziel Boulangers galt, nämlich der Revision der parlamentarischen Verfassung von 1875. Boulanger ließ sich nach dem Ausscheiden aus der Armee in allen Departements bei jeder Nachwahl aufstellen, gewann viele Stimmen und organisierte auf diese Weise für sich immer neue Teilplebiszite, die ein allgemeines Plebiszit zugunsten des Boulangismus bei den für 1889 anstehenden Wahlen möglich erscheinen ließen.[135] Fürst Bismarck hielt es Mitte Mai 1888 für „sicher", daß Boulanger zur Führung eines Krieges genötigt sein würde, wenn er in Frankreich an das Ruder käme.[136] Auch in den maßgebenden Kreisen Englands herrschte große Beunruhigung über die französische Entwicklung seit dem Sturz Tirards. Am 11. April sprach Salisbury zu Hatzfeldt von „großen Schwierigkeiten", die sich daraus für eine Verstärkung des Mittelmeergeschwaders ergaben, und meinte, „daß durch die Unberechenbarkeit der Zustände in Frankreich der Gedanke in den Vordergrund gestellt sei, eventuell und vor allem für den Schutz der eigenen Küste zu sorgen".[137]

Durch die Äußerung Salisburys wurde Graf Bismarck zu jenem Erlaß nach London vom 19. April bewogen, bei dessen Beantwortung Hatzfeldt den erwähnten Hinweis auf die seit 3 Jahren mit Salisbury besprochene deutsche Beistandszusage gegen Frankreich machte.[138] Mit dem Erlaß wurde ein deutscher Militärbericht aus Rom übermittelt, aus dem die deutsche Admiralität gefolgert hatte, daß „die Mobilmachungsverhältnisse der italienischen Marine noch ungünstiger lägen", als bisher angenommen worden sei. Graf Bismarck beauftragte Hatzfeldt, den Militärbericht bei Salisbury zu verwerten, und äußerte die Erwartung, dieser werde dann vielleicht zu der Ansicht kommen, „daß eine Verstärkung des Mittelmeergeschwaders eher angezeigt ist als eine verschärfte Überwachung der englischen Küste, welche letztere durch unsere Haltung wirksamer geschützt wird, als durch ein noch so starkes englisches Geschwader geschehen könnte".[139]

---

135 SEG, NF, 3. Jg. 1887, S. 330 - 332. — Ebenda, 4. Jg. 1888, S. 325, 329, 330 f., 440. — A. Dansette, Le Boulangisme, Paris 1946, pp. 127 - 142. — W. Frank, Nationalismus und Demokratie, S. 195 - 217.

136 Randvermerk Bismarcks zu einem Artikel der „Morning Post" vom 17. 5. 1888, referiert im Bericht Hatzfeldts Nr. 143 vom gleichen Tag (Nachweis in Anm. 147).

137 Bericht Hatzfeldts Nr. 104 vom 11. 4. 1888 (Bonn, PA/AA, Italien 72 a, Bd. 1, A 4160).

138 Vgl. S. 287 f.!

139 Erlaß Graf Bismarcks an Hatzfeldt Nr. 361 vom 19. 4. 1888 (Bonn, PA/AA, Italien 72 a, Bd. 1, zu A 3839^{II}, 4322).

Die Erneuerung dieser alten deutschen Beistandszusage in der Regierungszeit Kaiser Friedrichs III. in Verbindung mit dem Ersuchen um ein stärkeres Engagement Englands zugunsten Italiens im Mittelmeer wurde von Salisbury mit Skepsis aufgenommen. In einer bedeutsamen Unterredung mit Hatzfeldt am 23. April 1888[140] erkannte der Premierminister zwar „auch diesmal bereitwillig an, daß der beste Schutz Englands gegen französische Velleitäten in der Haltung Deutschlands liege". Aber er war sich nicht sicher, ob in Frankreich bei den dortigen unberechenbaren Verhältnissen „nach vernünftigen Gründen und Erwägungen" vorgegangen werde, und er hielt es daher nicht für absolut ausgeschlossen, daß sich Frankreich über die von Deutschland drohende Gefahr „kopflos hinwegsetzen" und einen ersten unüberlegten Vorstoß unternehmen würde. Hiergegen mußte England nach seiner Ansicht „bei der Stärke der französischen Flotte und der geringen Entfernung Frankreichs hinreichend gerüstet sein". Salisburys Besorgnis vor einem „unüberlegten Vorgehen Frankreichs" wurde noch durch die Annahme gesteigert, „daß Rußland ein Interesse daran habe, in Paris gegen England ganz besonders zu hetzen", während das russische Interesse an einem Schüren der Aufregung gegen Italien „nicht ganz das gleiche" zu sein schien. Salisbury war bereit, französische Kriegsgelüste gegen Italien durch die Stärke und Haltung der englischen Mittelmeerflotte zu „dämpfen". Er versprach jetzt auch, das Mittelmeergeschwader in wenigen Wochen „um einige Schiffe" unauffällig zu verstärken. „Für den Augenblick" wollte er aber wegen der in maßgebenden englischen Kreisen bestehenden Besorgnisse den Schutz der englischen Küste nicht schwächen. Salisbury machte schließlich noch eine wichtige Mitteilung über die englische Reaktion auf einen eventuellen Angriff Frankreichs gegen Italien. Diese Mitteilung lautete in der Wiedergabe Hatzfeldts:

> „Sollte die jeweilige französische Regierung unter dem Druck der öffentlichen Meinung oder aus eigenem unüberlegten Impulse sich wirklich zu einem Angriff auf Italien entschließen, so werde Frankreich den größten Teil seiner Flotte dazu verwenden müssen. In diesem Fall würde England sich aber in der gleichen Lage sehen, in der Deutschland sich befinden würde, wenn ein französischer Angriff auf England erfolgte, d. h. England würde, während die französische Flotte im Mittelmeer beschäftigt sei, mit den hier konzentrierten maritimen Kräften die nördlichen Häfen Frankreichs überwältigen und dieses Land in eine sehr bedenkliche Lage bringen können."

Der Versuch Salisburys, das geplante Vorgehen Englands zur Deckung Italiens in Parallele zu setzen mit dem von Deutschland wiederholt angekündigten Vorgehen zur Deckung Englands zeigt ebenso wie der übrige Verlauf der Unterredung mit Hatzfeldt, daß der englische

---

[140] Bericht Hatzfeldts Nr. 118 vom 24. 4. 1888 (ebenda, Italien 88, Bd. 3, A 4708). Vgl. auch GP 6, Anm.* zu Nr. 1281.

Premierminister die ihm bereits so oft in Aussicht gestellte deutsche Unterstützung jetzt vorurteilsfreier wertete als früher. Während er im Jahre 1887 die Ankündigungen Hatzfeldts lediglich mit höflichem Dank entgegennahm, setzte er sich diesmal gründlich damit auseinander. 1887 vermutete er hinter den Ankündigungen wohl vor allem die deutsche Absicht, Frankreich noch einmal niederzuwerfen und zu Wohlverhalten zu zwingen, während die anderen Mächte im Orient beschäftigt waren. Jetzt hatte er dieses Mißtrauen gegen Bismarcks Politik offenbar überwunden. Es gibt dafür ein zuverlässiges Zeugnis in dem Schreiben Salisburys an den Kommandierenden Admiral des Mittelmeergeschwaders, den Herzog von Edinburgh, vom 27. März 1888.[141] In diesem Schreiben erwähnte Salisbury zunächst wieder den Verdacht, daß Bismarck ein doppeltes Spiel treiben könnte. Anschließend äußerte er aber, er neige sehr zu der Annahme, daß Österreich für Deutschland eine Notwendigkeit sei und daß alle anderen Motive Deutschlands in der europäischen Politik dieser Notwendigkeit unterworfen würden. Österreich aufrechtzuerhalten sei ohne Zweifel der geheime Sinn der Bemühungen, die Deutschland unternommen habe, um Österreich Verbündete zu verschaffen in Gestalt von Italien und England. In dem Brief an den Herzog von Edinburgh gab Salisbury auch eine zutreffende Schilderung des deutschen Interesses an dem englischen maritimen Beistand für Italien. Er schrieb, die Deutschen drängten ihm immer den Gedanken auf, daß Italien Österreich im Falle eines russischen Angriffes nur helfen könne, wenn die italienischen Küsten von England gegen einen französischen Flottenangriff geschützt würden. Ohne das englische Flottenbündnis würde Italien nicht ins Gewicht fallen und paralysiert sein.

Indem Salisbury einen englischen Angriff gegen die nordfranzösischen Häfen zur Deckung Italiens in Aussicht stellte und die Verstärkung der englischen Mittelmeerflotte ankündigte, verpflichtete er sich zum ersten Mal gegenüber Deutschland zur Durchführung materieller Aktionen. Fürst Bismarck bezweifelte allerdings, ob Frankreich allein durch den englischen Flottenvorstoß bereits in eine bedenkliche Lage gebracht werden könne. Andererseits erkannte er es jedoch als „richtig" an, daß der Schutz der englischen Küste mit Rücksicht auf die öffentliche Meinung in England nicht geschwächt werden könne. Einer Anregung Hatzfeldts folgend, ließ er Salisbury nahelegen, in Paris die Mitteilung zu machen, daß die englische Kriegserklärung einem französischen Angriff auf Italien folgen werde. Durch die Mitteilung sollte erreicht werden, daß ein französischer Angriff gegen Italien gar nicht erst unternommen wurde.[142] Über Bismarcks Empfehlung kam es am 4. Mai

---

141 Druck: C. J. Lowe, Salisbury and the Mediterranean, p. 37.

1888 zu einer neuen Unterredung zwischen Salisbury und Hatzfeldt, bei der der englische Premierminister nochmals sehr offen und vertrauensvoll seine Ansichten entwickelte. Salisbury wollte die entscheidende Einwirkung auf Frankreich erst vornehmen, wenn „deutlich erkennbare militärische Symptome“ vorlagen, denn eine verfrühte Warnung konnte als „Drohung“ ausgelegt werden und ihm bei französischen Indiskretionen den Vorwurf einbringen, „daß er sich ohne Mitwissen des Parlaments zu einer Allianz mit Italien verstanden habe“. Im übrigen sagte Salisbury, er lasse schon seit einiger Zeit bei jeder Gelegenheit in Paris hervorheben, „daß England auf den Bestand und das Wohlergehen des befreundeten Italien den größten Wert legen müsse“. Diese Sprache sei dort verstanden worden, und der französische Minister habe wiederholt versichert, „daß Frankreich an keinen Überfall Italiens denke“.[143] Die neue Eröffnung Salisburys wurde von Fürst Bismarck „vollständig“ gebilligt.[144] Mit der Bekanntgabe seiner Stellungnahme kam die Erörterung der französisch-italienischen Kriegsgefahr zwischen London und Berlin vorläufig zum Abschluß. Trotz fehlender schriftlicher Festlegungen hatte sie den Charakter eines Meinungsaustausches zwischen verbündeten Mächten. Salisbury zeigte sich bereit, einen Teil der Mitverantwortung für die Deckung der mitteleuropäischen Mächtegruppe zu übernehmen.

In der gleichen Zeit, in der Hatzfeldt in London mit Salisbury die englische Hilfeleistung für Italien diskutierte, besuchte Königin Victoria, von Italien kommend, das deutsche Kaiserpaar in Berlin. Sie war in Florenz mit dem italienischen Königspaar und Crispi und in Innsbruck mit Kaiser Franz Joseph zusammengetroffen. Am 25. April empfing sie Bismarck zu einer mehr als halbstündigen Unterredung im Schloß Charlottenburg. Der Kanzler sprach zu ihr von der Stärke der deutschen Armee, von seinem großen Ziel, den Krieg zu verhindern, und von der Unzuverlässigkeit Rußlands. Zur Bündnisfrage sagte er: Falls Österreich angegriffen werden sollte, wäre Deutschland vertragsmäßig verpflichtet, es zu verteidigen. Es würde dann die Gefahr entstehen, daß Frankreich sich Rußland anschließe. In diesem Fall könnte England mit seiner Flotte von großem Nutzen sein. Bismarck schilderte also der Königin, wie er sich die Mitwirkung Englands in einem Zweifrontenkrieg dachte, in den Deutschland durch das Eintreten für Österreich verwickelt wurde. Die Königin gab in der Unterredung „unzwei-

---

142 Randvermerke des Fürsten Bismarck zu dem in Anm. 140 nachgewiesenen Bericht Hatzfeldts. — Erlaß Graf Bismarcks an Hatzfeldt Nr. 390 vom 28. 4. 1888 (GP 6, Nr. 1281).

143 Bericht Hatzfeldts Nr. 130 vom 5. 5. 1888 (Bonn, PA/AA, Italien 88, Bd. 3, A 5205).

144 Erlaß Graf Bismarcks an Hatzfeldt Nr. 423 vom 9. 5. 1888 (ebenda, zu A 5205).

deutig" zu erkennen, „daß sie, soviel an ihr läge, dahin wirken würde, daß das Gewicht Englands in die Waagschale derjenigen Seite falle, die als die erhaltende und friedliebende in Europa bekannt sei". Bismarck kam zu der Überzeugung, „selbst für ernste Zumutungen auf ihr Einverständnis rechnen zu können, insoweit ihr Einfluß" reichte.[145] Indem Bismarck in Charlottenburg den Wunsch nach englischem Beistand in einem Zweifrontenkrieg gegen Rußland und Frankreich äußerte, brachte er erneut das Hauptanliegen seines Briefes vom 22. November 1887 zur Sprache. Es ist bezeichnend, daß Salisbury zwei Tage vorher den Beistand der englischen Flotte für Italien in Aussicht gestellt hatte, daß eine gleiche Zusage zugunsten Deutschlands von ihm jedoch trotz der günstigen Dispositionen der Königin Victoria bislang nicht zu erhalten gewesen war. Bald sollte sich zeigen, daß auch auf die englische Hilfe für Italien nicht sicher gerechnet werden konnte.

G. Das deutsch-englische Bündnisproblem im August 1888

Anfang August 1888 bekräftigte Salisbury gegenüber Hatzfeldt zwar nochmals, „daß England nicht ruhig zusehen könnte, falls Italien *zerschlagen* werden sollte". Er zweifelte aber an der Möglichkeit eines Eingreifens zugunsten Italiens, wenn der französisch-italienische Konflikt durch eine an sich unbedeutende Frage, wie die damals zwischen Frankreich und Italien strittige Besteuerung der Fremden in der von italienischen Truppen seit Februar 1885 besetzten Hafenstadt Massaua am Roten Meer, herbeigeführt würde. Salisbury war verstimmt, daß Crispi durch seine „fortwährende Unruhe" die Handlungsfreiheit Italiens ungebührlich ausnutzte, die ja auch auf den englischen Mahnungen in Paris beruhte.[146]

Ein weiterer Grund für die zunehmende Zurückhaltung Salisburys war der Zustand der englischen Seestreitkräfte. Im Frühjahr und Sommer 1888 wurde in der englischen Öffentlichkeit die Möglichkeit eines fremden Angriffes auf England ernstlich erwogen und die Verteidigungsfähigkeit des Landes untersucht.[147] Am 24. Juli begannen mehrwöchige Flottenmanöver, die in der Presse lebhaft kommentiert

145 Letters of Queen Victoria, 3rd series, vol. I, pp. 396 - 405 (Unterredung mit Bismarck pp. 404 - 405). — GP 4, Nr. 819 (Vollständiger Text: Bonn, PA/AA, Deutschland 122 Nr. 1 a Nr. 4, Bd. 1, A 4820).

146 Berichte Hatzfeldts Nr. 252 und 260 vom 2. und 7. 8. 1888 (ebenda, England 92 geh., Bd. 2, A 9517 und A 9781). — C. J. Lowe, Salisbury and the Mediterranean, pp. 48 - 50. — SEG, NF, 4. Jg. 1888, S. 355 f.

147 Bericht Hatzfeldts Nr. 143 vom 17. 5. 1888 (Bonn, PA/AA, England 93, Bd. 3, A 5824). — Bericht des deutschen Marineattachés in London Kapitän Schröder J. Nr. 304 vom 6. 6. 1888 (ebenda, England 71, Bd. 10, A 6783). — SEG, NF, 4. Jg. 1888, S. 301 f., 304, 306 - 308. — C. J. Lowe, Salisbury and the Mediterranean, pp. 41 - 45.

wurden und die geringe Leistungsfähigkeit der englischen Flotte offenbarten. Aus dem Verlauf der Manöver ging „die Gefahr einer feindlichen Landung in England mit allen ihren Konsequenzen" deutlich hervor.[148] Der mangelhafte Zustand der englischen Flotte veranlaßte Salisbury, in einer Rede bei einem Bankett des Lord Mayor zu Ehren des englischen Kabinetts am 8. August 1888 die friedlichen Aussichten in der auswärtigen Politik zu betonen. Gegenüber Hatzfeldt begründete er kurz danach diese Sprache mit dem Zustand der maritimen Streitkräfte Englands und sagte, es fehle an schweren Kanonen für die Flotte, bis zu ihrer Fertigstellung müßten noch zwölf Monate vergehen, „jusque là il faut être poli".[149] Als Crispi am 22. August 1888 nochmals nach Friedrichsruh kam, hielt ihm Bismarck dementsprechend vor, „daß England mindestens, wenn es sich sehr anstrenge, ein Jahr brauchen würde, um seine Flotte kriegsfähig zu machen, und daß Italien deshalb jetzt keine Händel suchen möge".[150]

Fürst Bismarck wurde durch den Verlauf der englischen Flottenmanöver in seiner Überzeugung bestärkt, „daß Englands Sicherheit gegen französische Überfälle ausschließlich in seinem guten Verhältnisse zu Deutschland bestehe". Gerade das bewog ihn jedoch, den im November 1887 eingeschlagenen Kurs jetzt scharf zu betonen und in London nochmals klarzustellen, daß der deutschen Leistung auch eine Gegenleistung Englands entsprechen müsse. Am 20. August 1888 entwarf er entsprechende Richtlinien für Graf Hatzfeldt, die dieser gegenüber den englischen Staatsmännern verwerten sollte. Eine große praktische Bedeutung hatte die Maßnahme nicht, da in London Urlaubszeit war, Salisbury sich am 18. August zu einem sechswöchigen Aufenthalt nach Royat und Dieppe begeben hatte[151] und somit die Möglichkeit für die Durchführung der aufgetragenen Gespräche gar nicht vorlag. Die Richtlinien sind trotzdem bedeutungsvoll, weil in ihnen erstmalig in der Regierungszeit Wilhelms II. die beiden im September 1885 und im November 1887 festgelegten Gesichtspunkte der Englandpolitik Bismarcks bestätigt wurden, nämlich die deutsche Bereitschaft zur Deckung Englands gegen Frankreich und das deutsche Verlangen nach englischer Unterstützung im Falle eines Zweifrontenkrieges. Die Richtlinien, die Graf Rantzau am 20. August in Friedrichsruh nach den Weisungen des

148 Bericht Hatzfeldts Nr. 268 vom 15. 8. 1888 (Nachweis in Anm. 149). — Berichte Schröders J. Nr. 435 und 437 vom 7. und 10. 8. 1888 (Bonn, PA/AA, England 71 b, Bd. 5, A 9725 und A 9873).

149 SEG, NF, 4. Jg. 1888, S. 312 f. — Bericht Hatzfeldts Nr. 268 vom 15. 8. 1888 (Bonn, PA/AA, England 93, Bd. 3, A 10060).

150 Niederschriften Rantzaus vom 25. und 26. 8. 1888 (ebenda, England 92 geh., Bd. 2, A 10470 und A 10513).

151 Bericht Hatzfeldts Nr. 268 vom 15. 8. 1888 (Nachweis in Anm. 149). — Privatkorrespondenz Herbert Bismarcks, hg. v. W. Bußmann, Nr. 364.

Kanzlers niederschrieb, wurden fast wörtlich in den Erlaß an Hatzfeldt aufgenommen und am 22. August dem Kaiser vorgetragen.[152] Sie lauteten:

„Frankreich könne nichts gegen England unternehmen, wenn wir es nicht duldeten, und müßte darauf verzichten, wenn wir es gleichzeitig im Osten angriffen. Tun wir letzteres, so würde Frankreich wahrscheinlich Beistand bei Rußland finden. Die daraus erwachsende Situation hat für uns nichts Verzweifeltes, würde aber doch ernst genug sein, um sie nicht ohne Not dem Deutschen Reiche zuzumuten. Wäre dagegen England ein sicherer Bundesgenosse und gleichzeitig so stark, wie seine Kräfte es ihm erlauben zu sein, wenn es die Anstrengung auf sich nehmen wollte, ohne die eine große Macht auf die Dauer als solche nicht bestehen kann, dann könnte auch mit Sicherheit darauf gerechnet werden, daß die Seite der Mächte, welche den Frieden wollen, Deutschland, Österreich, Italien und England, stark genug wäre, um jeden Versuch der kriegslustigen Mächte, Rußland und Frankreich, aussichtslos zu machen. Will England selbst keine Anstrengungen und Leistungen machen, so kann es auf Gegenseitigkeit im Falle der Not natürlich auch nicht rechnen. Wenn England nicht bloß friedliebend, sondern auch *stark* wäre, so würde es ihm an Freunden in Europa nicht fehlen; solange es aber bloß friedliebend ist und darauf rechnet, fremde Kräfte auszunutzen, die eigenen aber finanziell zu schonen, wird es auf Bundesgenossen nur nach deren Konvenienz rechnen können."

Das Neue an diesen Richtlinien war, daß hier von England eine Gegenleistung nicht nur hinsichtlich der Bündnisbereitschaft (wie schon im November 1887), sondern auch hinsichtlich der Rüstungsmaßnahmen gefordert wurde. Die Richtlinien und der auf ihnen beruhende Erlaß an Hatzfeldt vom 21. August 1888 waren ein weiterer Schritt in den seit zehn Monaten unternommenen erfolglosen Bemühungen um ein direktes Engagement Englands gegenüber Deutschland. Die Erwartungen, die Bismarck an eine englische Allianz knüpfte, hat er am 22. August gegenüber Crispi mit dem Hinweis erläutert, „daß eine Beteiligung der englischen Flotte am Kriege nicht nur die italienischen Küsten sichern, sondern auch Frankreich und eventuell Rußland zu einer Verwendung bedeutender Kräfte für den eigenen Küstenschutz nötigen und dadurch den Kampf zu Lande erleichtern würde."[153] Die Ausführungen zeigen, daß Bismarck damals ebenso wie im November 1887 den englischen Beistand gegen Frankreich und Rußland anstrebte, während er die deutsche Beistandsleistung für England nur gegen Frankreich in Aussicht stellte.

Wie wenig Salisbury bereit war, vertragliche Verpflichtungen im Sinne der deutschen Wünsche zu übernehmen, zeigt ein Schreiben, das

152 Niederschrift Rantzaus vom 20. 8. 1888 (Bonn, PA/AA, England 71 b, Bd. 5, A 10226). — GP 4, Nr. 942.

153 Niederschrift Rantzaus vom 25. 8. 1888 (Nachweis in Anm. 150).

er am 25. August 1888 aus Royat an Königin Victoria richtete.[154] Er schilderte darin, wie alle äußeren Gefahren, die sich für England ergeben konnten, durch die Haltung der mitteleuropäischen Mächte paralysiert wurden. Die größte Gefahr für England ging nach Salisburys Ansicht von Frankreich aus, aber sie blieb unwirksam, solange gespannte Beziehungen zwischen Frankreich und seinen beiden östlichen Nachbarn bestanden. Eine Gefährdung der englischen Interessen durch eine fremde Macht war unter diesen Umständen nur in Konstantinopel möglich. Salisbury glaubte, daß England die Verteidigung der Meerengen selbst übernehmen mußte, wenn Österreich veranlaßt werden konnte, die Besitzergreifung des Bosporus durch Rußland mit Gleichmut hinzunehmen. Der einzige schwache Punkt in der englischen Position war daher Österreich. Salisbury rechnete jedoch damit, daß Österreich in der Meerengenfrage eine feste Haltung einnehmen würde und daß dann Deutschland und Italien mit ihrem österreichischen Verbündeten zusammengehen müßten. Mit seinen Überlegungen bekannte sich Salisbury zu jener Politik, die Bismarck in seinen Richtlinien vom 20. August so scharf gerügt hatte. Er wollte nicht den Frieden sichern helfen durch einen Zusammenschluß Englands mit den Dreibundmächten und durch eigene Anstrengungen und Leistungen Englands, sondern er spekulierte darauf, „fremde Kräfte auszunutzen", um die Sicherheit und die Interessen seines Landes zu gewährleisten.

H. Die mißglückte Bündnissondierung nach dem Ausschluß des Prinzen von Wales vom Kaisertreffen in Wien im Herbst 1888

Nachdem Salisbury im Oktober 1888 aus dem Urlaub zurückgekehrt war, brachte Hatzfeldt ihm gegenüber sofort das Bündnisproblem zur Sprache. Er stützte sich dabei allerdings nicht auf den Erlaß vom 21. August, sondern auf einen neuen Erlaß des Fürsten Bismarck vom 2. Oktober. Dieser Erlaß war durch die Affäre um den Prinzen von Wales veranlaßt worden, die bis zum Sommer 1889 die deutsche und englische Regierung beschäftigte und auch noch bei dem Bündnisangebot von 1889 eine große Rolle spielte.[155] Der Prinz von Wales, der englische Thronerbe und Onkel Wilhelms II., galt allgemein als unüberlegt, geschwätzig und taktlos, aber nicht als boshaft. Im Sommer 1888 erregte er den Unwillen seines kaiserlichen Neffen durch sein Eintreten für den hannoverschen Thronerben, den Herzog von Cumberland, und

[154] Letters of Queen Victoria, 3rd series, vol. I, pp. 436 - 438.

[155] Ich verzichte auf Einzelnachweise und nenne nur die Bestände, aus denen ich das Material genommen habe, auf dem die nachfolgende Darstellung beruht: Bonn, PA/AA, England 81 Nr. 1 a geh., Bd. 1; England 78, Bd. 7; Preußen 5 Nr. 1 a geh., Bd. 1 und 2; Preußen 1 Nr. 1 d, Bd. 2. — Graf Herbert von Bismarck, Notizen und Aufzeichnungen II (Koblenz, BA, NL Bismarck, FC 3018, D 47).

durch die Behauptung gegenüber einem russischen Großfürsten, daß Kaiser Friedrich III. geneigt gewesen sei, Elsaß-Lothringen an Frankreich zurückzugeben und Dänemark und den Welfen Konzessionen zu machen. Am 10. September kam der Prinz von Wales nach Wien und äußerte dort den Wunsch, bei dem Antrittsbesuch des deutschen Kaisers am österreichischen Hof am 3. und 4. Oktober 1888 zugegen zu sein. Kaiser Franz Joseph hatte von dem Erzherzog Karl Ludwig, der zu einem Besuch in Potsdam gewesen war, von der Verstimmung Wilhelms II. über den Prinzen von Wales erfahren und versuchte daher, diesen für die Tage der Kaiserbegegnung von Wien zu entfernen, indem er ihn für die zweite Septemberhälfte zu einem Manöver in Kroatien einlud und ihm für die anschließende Zeit Jagden in Ungarn anbot. Der Prinz beharrte jedoch auf der Teilnahme an den Festlichkeiten in Wien. Es blieb daher dem österreichischen Kaiser nichts anderes übrig, als ihm durch den englischen Botschafter in Wien, Sir A. Paget, sagen zu lassen, daß es Wilhelm II. vorziehen würde, bei seinem Besuch „mit keinen anderen Fürstlichkeiten zusammenzutreffen". Schon vorher hatte sich der deutsche Botschafter in Wien, Prinz Reuß, ohne Auftrag aus Berlin, aber in Kenntnis der Verstimmung seines kaiserlichen Herrn in ähnlicher Weise gegenüber Graf Kálnoky, dem Obersthofmeister Prinz Konstantin Hohenlohe und Sir A. Paget ausgesprochen. Der Prinz von Wales erfuhr von diesen Einwirkungsversuchen, führte sie auf eine Weisung Kaiser Wilhelms II. zurück und folgerte daraus, daß es seinem kaiserlichen Neffen nicht angenehm sei, wenn er zu den Kaisertagen nach Wien käme. Er fand das um so verletzender, als er Wilhelm II. in einem Brief aus Homburg vom 2. September seine Hoffnung auf ein „meeting in Vienna" zum Ausdruck gebracht hatte, ohne darauf eine Antwort zu erhalten. Vom Manöverquartier in Kroatien aus versuchte er über den englischen Militärattaché in Berlin, Oberst Swaine, eine Versöhnung in die Wege zu leiten. Graf Bismarck trat bei dem Kanzler dafür ein, auf eine Abschwächung der Verstimmung Wilhelms II. gegenüber dem Prinzen von Wales hinzuwirken. Der Kaiser, der sich in Hubertusstock aufhielt, wurde unterrichtet, daß sich die Äußerungen des Kaisers Franz Joseph „generell auf Ausschluß fremder Fürstlichkeiten" bezogen hätten und daß Prinz Reuß aus Berlin keinen Auftrag erhalten habe, so daß seine vertraulichen Äußerungen auch nur im Sinne der Worte des österreichischen Kaisers gedeutet werden könnten. Offenbar waren diese Erläuterungen dazu bestimmt, gegenüber Oberst Swaine verwertet zu werden, sofern Fürst Bismarck das genehmigte. Der Kanzler hielt jedoch das Verfahren, den deutschen Kaiser durch einen Adjutanten zur Rede zu stellen, für „zu unverschämt" und bewog Wilhelm II., die Botschaft Swaines zu ignorieren. Die Folge war, daß der Prinz von Wales den

Vorfall Ende September der Königin Victoria meldete, die bei ihrem ausgeprägten Familiensinn über die große Beleidigung ihres Sohnes zutiefst empört war. Während des Kaiserbesuches in Wien erbot sich der österreichische Kronprinz Rudolf gegenüber Wilhelm II. und Graf Bismarck, einen Ausgleich herbeizuführen. Der Staatssekretär bezeichnete das jedoch als ausgeschlossen, solange sich die englische Königsfamilie nicht daran gewöhne, gegenüber dem deutschen Kaiser „einen gebührenden, nicht bevormundenden Ton anzuschlagen". Als Kronprinz Rudolf und Kálnoky die Besorgnis äußerten, daß die Verstimmung zwischen dem deutschen Kaiser und dem Londoner Hof unerwünschte politische Resultate haben könnte, erwiderte Graf Bismarck, die englische auswärtige Politik richte sich nach der öffentlichen Meinung und dem Parlament, die Königin und der Hof hätten keinen politischen Einfluß. Es sollte sich jedoch bald zeigen, daß das eingetretene Zerwürfnis keineswegs ganz unbedenklich war.

Am 2. Oktober 1888 sandte Fürst Bismarck an den Grafen Hatzfeldt, der sich noch im Urlaub in Sommerberg befand, einen Erlaß mit dem Auftrag, Salisbury die nötigen Aufklärungen über die Wiener Vorgänge zu geben.[156] In dem Erlaß wurde festgestellt, daß Kaiser Franz Joseph ohne Einwirkung von deutscher Seite Sir A. Paget mitgeteilt habe, daß es den beiden Kaisern erwünscht sei, bei ihrer Zusammenkunft „allein zu sein". Im Schlußteil des Erlasses wurden die Gründe für die Mißstimmung des deutschen Kaisers gegen den Prinzen von Wales dargelegt. Im mittleren und wichtigsten Teil gab Fürst Bismarck eine völlig neue Begründung für den Ausschluß des Prinzen von Wales von den Wiener Festlichkeiten. Der Kanzler berief sich dort auf politische Überlegungen, die er bereits gegenüber Kálnoky bei dessen Besuch in Friedrichsruh in den Tagen vom 17. bis 19. September erwähnt hatte[157], von denen aber bei den sonstigen Besprechungen und Korrespondenzen über die Wales-Affäre weder auf deutscher noch auf österreichischer Seite bisher die Rede gewesen war. Es handelte sich ganz zweifellos um eine nachträglich den Geschehnissen angehängte Begründung, die zunächst den Zweck hatte, das deutsche und österreichische Verhalten zu erläutern, darüber hinaus aber wahrscheinlich auch dazu dienen sollte, die Bündnisfrage erneut zur Diskussion zu stellen. In dem Erlaß hieß es dazu:

---

[156] Erlaß des Reichskanzlers Fürst Bismarck an Hatzfeldt ohne Nummer, d. d. Friedrichsruh 2. 10. 1888 (Bonn, PA/AA, England 81 Nr. 1 a geh., Bd. 1, AS 1244). — Siehe auch G. Ebel, Hatzfeldt-Papiere, 2. Teil, Anm. 3 zu Dok. 397. Ebel, der die entscheidende Stelle dieses Erlasses ebenfalls abdruckt, hat die Ausfertigung in den Akten des Londoner Botschaftsarchivs benutzt. Die von mir benutzte Vorlage ist eine Kopie. Das Konzept liegt nicht bei den Akten des Auswärtigen Amtes.

[157] GP 6, Nr. 1351.

„Daß die beiden Kaiser bei dem ersten Besuch des unsrigen allein sein wollen, ist bei der Intimität unserer Beziehungen zu Österreich erklärlich. Es kommt dazu, daß der Besuch an sich als eine politische Demonstration in Europa und insbesondere in Rußland nicht ausgelegt werden kann. Wird aber der Eindruck des gemeinsamen Erscheinens der beiden Kaiser in Wien dadurch vervollständigt, daß der englische Thronerbe der dritte ist, der mit Ihren Majestäten zusammen öffentlich erscheint, Paraden abnimmt und Feste abhält, so gewinnt die Erscheinung dieser Trias allerdings mehr eine politische Bedeutung. Die Spitze des Dreiecks würde nach Rußland zeigen. Wenn England mit uns in ebenso festem Bunde wäre wie Österreich, wenn wir im Falle eines russischen Angriffs mit Gewißheit auf den Beistand der englischen Flotte rechnen könnten, so würde ich das demonstrative Miterscheinen des Prinzen von Wales bei dieser Gelegenheit nicht bedenklich, sondern eher nützlich, jedenfalls natürlich finden. Da wir aber kein Recht haben, darauf zu zählen, daß England uns die Gefahren und Anstrengungen eines russisch-französischen Krieges wird tragen und bestehen helfen, da außerdem zur Zeit Zweifel über den Zustand der früher so schwer ins Gewicht fallenden englischen Streitkräfte obwalten, so wird man uns in England nicht übel nehmen können, wenn wir es nicht für nützlich halten, unsere Österreichs wegen ohnehin schwierigen Beziehungen zu Rußland durch den äußeren Umriß einer bedrohlichen Koalition ad hoc zu verschärfen, deren provozierendem Charakter spätere militärische Leistungen Englands nicht entsprechen würden. Das Erscheinen des Prinzen von Wales zwischen beiden Kaisern bei österreichisch-ungarischen Revuen wäre vollständig angezeigt, wenn es mit der vertragsmäßigen Sicherheit in Verbindung stände, daß im Kriegsfalle die englische Flotte ebenso an der Seite der Streitkräfte beider Kaiser erscheinen würde. Solange dies nicht der Fall ist, kann die Anwesenheit des Prinzen von Wales bei der Kaiserbegegnung zwar die Möglichkeit verstärken, daß Österreich mit Rußland in Feindschaft geriete, aber England würde in solchem Falle keine Verpflichtung haben, Österreich beizustehen. Es ist also natürlich, daß der Kaiser Franz Joseph die Provokation zu vermeiden wünscht, welche in der Gruppierung zu Dreien für russische Empfindungen liegen könnte."

Hier war also wieder von einem Bündnis die Rede, von einem „festen Bunde" Englands mit Deutschland ähnlich dem deutsch-österreichischen Zweibund, von der „vertragsmäßigen Sicherheit", daß die englische Flotte im Kriegsfalle Waffenhilfe leiste. Das in Bismarcks Erlaß erwähnte Bündnis sollte Deutschland die englische Hilfe im Falle eines russisch-französischen Krieges sichern. Der Bündnisplan deckte sich also mit demjenigen vom November 1887, insofern er von der Situation eines Zweifrontenkrieges ausging. Er wurde aber offenbar mit Rücksicht auf den Umstand, daß man deutscherseits die Ausschließung des Prinzen von Wales allein dem Kaiser Franz Joseph zuschrieb, nur durch das konkrete Beispiel eines maritimen englischen Beistandes gegen Rußland näher erläutert.

Es ist nicht feststellbar, an welchem Tag Hatzfeldt den Erlaß des Reichskanzlers mit Salisbury besprochen hat. Die Unterredung fand spätestens am 13. Oktober statt, denn an diesem Tag fertigte Salisbury über sie ein Memorandum für die Königin Victoria an.[158] Aus dem Memorandum geht hervor, daß Hatzfeldt den Erlaß Bismarcks dem englischen Premierminister ziemlich vollständig bei gleichzeitiger Übersetzung ins Französische vorgetragen hat. Salisbury entnahm den Ausführungen des Botschafters, daß der Kernpunkt der politischen Gründe für den Wiener Zwischenfall darin lag, daß die Teilnahme des Prinzen von Wales am Kaisertreffen den russischen Zaren irritieren würde, ohne Deutschland eine substantielle Kompensation in Gestalt eines echten englischen Bündnisses („genuine English alliance") zu bieten.

Salisbury reagierte auf die von dem Botschafter genannten politischen Gründe in einer für die deutsche Seite geradezu peinlichen Weise. Er bedauerte es nämlich gegenüber Hatzfeldt lebhaft, daß die angegebenen Gründe, „welche den Wunsch der beiden Kaiser, allein zu sein, vollkommen motiviert hätten, bei der Ablehnung des durch den Prinzen an den Tag gelegten Wunsches keinerlei Erwähnung gefunden hätten", sondern — soweit er wisse — „dabei vollständig mit Stillschweigen übergangen worden" seien. Hierdurch sei der Eindruck entstanden, „daß eine rein persönliche Ausschließung stattgefunden habe". Salisbury ließ sich also nicht dazu herbei, die in dem Bismarck-Erlaß deutlich bekundete deutsche Bündnisneigung zu diskutieren oder wenigstens unter Verweis auf die parlamentarische Situation in England als wenig aussichtsvoll zu kennzeichnen, wie er das im Januar 1888 getan hatte. Er gab vielmehr Hatzfeldt zu verstehen, daß er daran zweifle, ob die vorgebrachten politischen Argumente überhaupt eine Rolle bei dem Wiener Zwischenfall gespielt hatten. Die Antwort Salisburys zeigte, daß es unzweckmäßig gewesen war, den Bündniswunsch im Zusammenhang mit der Wales-Affäre in London zu erwähnen.

In der Unterredung mit Hatzfeldt mißbilligte Salisbury die „Einmischungen" des Prinzen von Wales in die deutschen Angelegenheiten. Zugleich wies er jedoch darauf hin, daß die englischen Prinzen in ihrem persönlichen Auftreten nicht vom Kabinett abhängig seien und daß dieses für ihre Handlungen daher keine Verantwortung trage. Salisbury schilderte Hatzfeldt außerdem alle Vorgänge, die auf ein deutsches Fehlverhalten in der Wales-Affäre schließen ließen, und forderte ihn auf, jeden Vorschlag für einen Besuch des deutschen Kaisers in England zur gegenwärtigen Zeit zu verhindern, da er nicht akzeptiert werden würde. Hatzfeldt war über den Ausgang dieses Gespräches so betroffen, daß er darüber zunächst nicht nach Berlin berichtete. Als Salisbury hiervon erfuhr, drängte er ihn, die Warnung wegen des Kaiserbesuchs in irgendeiner Form nach Berlin zu melden, da der Bruch

158 Letters of Queen Victoria, 3rd series, vol. I, pp. 438 - 440, 487 - 489.

ernster würde, wenn der Kaiser sich selbst ansage und die Königin ihn abweisen müsse. Am 19. Oktober sandte Hatzfeldt schließlich einen Bericht über die Besprechung der Wales-Affäre nach Berlin, er erwähnte darin jedoch nicht die Frage des Kaiserbesuchs und betonte, daß nach Salisburys Auffassung die freundschaftlichen Beziehungen zwischen Deutschland und England und die Behandlung der großen gemeinschaftlichen politischen Interessen unter dem eingetretenen persönlichen Mißverständnis „nicht leiden dürften".[159]

J. Bismarcks Bündnisvorschlag vom Januar 1889

An dem gleichen 19. Oktober, an dem Hatzfeldt seinen Bericht über die Besprechung des Wiener Zwischenfalls nach Berlin schickte, konnte er in einem weiteren Bericht den Beginn einer neuen Entwicklung in England ankündigen, die ganz den Wünschen Bismarcks entsprach. Salisbury hatte Hatzfeldt mitgeteilt, daß eine „bedeutende Vermehrung" der englischen Kriegsflotte beabsichtigt sei und daß er den Schatzkanzler Goschen, der gegen große Ausgaben stets abgeneigt gewesen sei, vor kurzem in einer wichtigen und erfolgreichen Unterredung für das Vorhaben gewonnen habe. Der Premierminister rechnete fest damit, im Parlament eine Mehrheit für die Flottenverstärkung zu bekommen, nachdem die Öffentlichkeit durch die letzten Flottenmanöver über deren Notwendigkeit aufgeklärt worden war.[160] Nach längerem Zögern trat die Regierung mit dem Plan auch öffentlich hervor. In einer Rede vor einer unionistischen Versammlung in Birmingham kündigte Goschen am 12. Dezember 1888 an, daß das Land Opfer bringen müsse, um seine Wehrkraft in einen angemessenen Zustand zu versetzen. Auf deutscher Seite erhielt man gleichzeitig „aus guter Quelle" die erste Nachricht über die Höhe der geplanten Geldforderung für die Marine, die sich später als annähernd zutreffend erwies.[161] Am 7. März 1889 brachte der Erste Lord der Admiralität, Lord Hamilton, die Marinevorlage im Unterhaus ein. Hamilton schlug den Bau von 70 neuen Kriegsschiffen in 4½ Jahren vor und veranschlagte die Kosten auf 21½ Millionen Pfund Sterling.[162] Ende Mai 1889 wurde der Gesetzentwurf über die Flottenvermehrung, die Naval Defence Act, im Unter-

---

[159] Bericht Hatzfeldts Nr. 355 vom 19. 10. 1888 (Bonn, PA/AA, England 81 Nr. 1 a geh., Bd. 1, AS 1361). — Zu Salisburys zweiter Besprechung mit Hatzfeldt vgl. Letters of Queen Victoria, 3rd series, vol. I, pp. 441 - 442.

[160] Bericht Hatzfeldts Nr. 350 vom 19. 10. 1888 (Bonn, PA/AA, England 71 b, Bd. 6, A 13476).

[161] Bericht des Kapitäns Schröder J. Nr. 614 vom 13. 12. 1888 (ebenda, A 16761).

[162] SEG, NF, 5. Jg. 1889, S. 194.

und Oberhaus gebilligt und damit der Zweimächtestandard zum Ziel der englischen Flottenbaupolitik gemacht.[163]

Da die in dem Gesetz vorgesehenen Maßnahmen erst in einigen Jahren verwirklicht werden konnten, mußte man in England zunächst mit der ungenügenden Rüstung auskommen. Hohe Marineoffiziere kritisierten in den Monaten vor der Einbringung des neuen Flottenprogramms öffentlich den mangelhaften Verteidigungszustand des Landes und brachten damit die schwierige Lage allen in- und ausländischen Beobachtern erst recht zu Bewußtsein. Lord Charles Beresford, der Anfang 1888 aus der Admiralität ausgeschieden war, um ungehinderter für eine Flottenvermehrung in der Öffentlichkeit eintreten zu können, wies in einer Unterhausrede vom 13. Dezember 1888 detailliert nach, daß die englische Marine mit ihrem damaligen Schiffsbestand und selbst mit dem planmäßigen Zuwachs der nächsten drei Jahre nicht in der Lage sei, mit Aussicht auf Erfolg auch nur den Kampf gegen die französische Flotte aufzunehmen. In der gleichen Unterhaussitzung gestand Hamilton ein, daß seit Jahren viele Kriegsschiffe auf ihre Geschütze warteten, da die Geschützfabrikation mit dem Kriegsschiffbau nicht Schritt gehalten habe.[164] Ende Februar 1889 wurde beiden Häusern des Parlaments ein von drei Admiralen angefertigter amtlicher Bericht über die vorjährigen Flottenmanöver im Auszug vorgelegt. Die Verfasser des Berichts vertraten die Ansicht, daß die Flottenstärke unzureichend sei und nicht zur Offensive ausreiche, „selbst wenn es sich nur um den Krieg gegen eine *einzige* Großmacht handeln sollte".[165] Die öffentliche Kritik an dem maritimen Rüstungsstand Englands um die Jahreswende 1888/89 ist für die Beurteilung von Bismarcks Bündnisvorschlag vom Januar 1889 wichtig, weil darin als Bündniszweck nicht nur die Bewahrung des Friedens genannt wird, sondern außerdem das Erreichen der „Frist", die England und Deutschland benötigten, um „ihre Bewaffnung der Größe der Gefahren der nächsten Kriege entsprechend herzustellen", beziehungsweise deren England bedurfte, „um die Schäden seiner maritimen Wehrfähigkeit auszubessern".[166]

---

[163] A. Freiin von Schönberg, Um den Twopowerstandard — Englische Flottenpolitik 1880 - 1895 (= Beiträge zur Geschichte der nachbismarckischen Zeit und des Weltkrieges, Heft 18), Stuttgart 1933, S. 70 - 75.

[164] Berichte Schröders J. Nr. 615 und 622 vom 14. 12. 1888 (Bonn, PA/AA, England 71 b, Bd. 6, A 16834 und A 16879). — A. Freiin von Schönberg, Twopowerstandard, S. 57 - 60, 65 - 68.

[165] Bericht des Kontreadmirals Schröder J. Nr. 76 vom 25. 2. 1889 (Bonn, PA/AA, England 71 b, Bd. 7, A 3015). — A. Freiin von Schönberg, Twopowerstandard, S. 69 f.

[166] Erlaß des Fürsten Bismarck an Hatzfeldt Nr. 31 vom 11. 1. 1889 (Friedrichsruher Entwurf und Konzept, aus beiden Stücken ergeben sich insgesamt 3 Fassungen): Bonn, PA/AA, Deutschland Nr. 148 geh., Bd. 1, AS 42. — Druck der definitiven Fassung: GP 4, Nr. 943.

Der Bündnisvorschlag enthält noch eine andere Aussage, aus der gefolgert werden kann, daß Bismarck damals einer unmittelbar drohenden Gefahr begegnen wollte. Bismarck schlug nämlich vor, daß sich die englische und die deutsche Regierung in dem Bündnisvertrag zu gegenseitigem Beistand verpflichten sollten, „wenn Frankreich im Laufe der nächsten 1, 2 oder 3 Jahre, je nach Befinden", einen der beiden Verbündeten angreifen sollte. Zu der Befristung des Bündnisses auf 1, 2 oder 3 Jahre gibt es in einem anderen Dokument vom 19. Dezember 1888 mehrere Parallelstellen. Es handelt sich bei diesem Dokument um ein Schreiben Bismarcks an den preußischen Kriegsminister Bronsart von Schellendorf.[167] Bronsart hatte dem Reichskanzler am 15. Dezember eine Mitteilung über „das Verhalten von Geschossen mit größerer Anfangsgeschwindigkeit" zukommen lassen. Bismarck antwortete ihm am 19. Dezember unter anderem:

„Mein Interesse an der Sache beschränkt sich auf die Frage, ob wir die Absicht und Aussicht haben, in einer bestimmten Frist, etwa in ein, zwei oder drei Jahren erhebliche Vervollkommnungen unserer Bewaffnung durchzuführen. Die größere oder geringere Wahrscheinlichkeit in dieser Beziehung würde auf unsre Entschließungen in betreff des Eingehens oder Sich-Versagens auf vorkommende Kriegsgelegenheiten von Einflusse sein können. In den Verhältnissen des Auslandes, namentlich in denen von England, liegen manche Erwägungsgründe, durch welche die Politik Sr. M. des Kaisers bestimmt wird, den nächsten Krieg, soweit er nicht zu vermeiden ist, doch nach Möglichkeit hinauszuschieben und namentlich abzuwarten, daß England zur vollständigen Wiederherstellung seiner Streitbarkeit gelangt sein wird."

Bismarck dachte bei diesem Schreiben offenbar an eine von Frankreich drohende Kriegsgefahr, denn er stellte am Schluß noch fest, es sei für die politische Führung „die Frage von Wichtigkeit, ob die *heutige* ballistische Leistungsfähigkeit Frankreichs in Infanterie und Artillerie unserer heutigen überlegen ist und ob wir Aussicht haben, diese Überlegenheit einzuholen". Diese Bezugnahme auf Frankreich kann durch ein weiteres Dokument erläutert werden, dessen Inhalt Bismarck ebenfalls zu Überlegungen über das Hinausschieben eines von Frankreich drohenden Krieges bis 1891 veranlaßte. Das Dokument ist ein Bericht Hatzfeldts und bezog sich auf die Gefahren des Boulangismus, über die Salisbury am 14. November 1888 mit dem Botschafter gesprochen hatte.[168] Der englische Premierminister sagte bei der Unterredung, „daß die Zuversicht auf die Erhaltung des Friedens, wie er sie im vorigen Jahre gehegt, erschüttert sei und daß er dem künftigen

167 GW 6/III, Nr. 404, S. 404 f.

168 Bericht Hatzfeldts Nr. 405 vom 15. 11. 1888 (Bonn, PA/AA, England 93, Bd. 3, A 15085). — Zur Rede Breteuils in Marseille am 11. 11. 1888 vgl. auch SEG, NF, 4. Jg. 1888, S. 343.

Sommer nicht ohne Besorgnis entgegensehe". Salisbury war besonders beeindruckt durch Mitteilungen des englischen Botschafters in Paris, Lord Lytton, der seine Einschätzung der Lage auch Hatzfeldt dargelegt hatte. Nach Lyttons Ansicht war die Stellung Boulangers „fortgesetzt im Wachsen". Das Haus Rothschild in Paris rechnete damit, daß Boulanger bei Neuwahlen mit Sicherheit auf seine Ernennung in 40 der 87 Departements zählen konnte. Am 11. November hatte sich der Marquis de Breteuil in Marseille im Namen der monarchischen Partei für die Unterstützung Boulangers beim Sturz des gegenwärtigen Regimes ausgesprochen. Lytton erwartete, daß Boulanger, falls er die Macht erringe, „zu einem auswärtigen Krieg seine Zuflucht nehmen würde", da er anders seinen heterogenen Anhang nicht zusammenhalten könne. In Anbetracht solcher Aussichten machte sich Salisbury nach Hatzfeldts Eindruck „auf ernste Ereignisse im künftigen Sommer gefaßt". Bismarck schrieb auf den Londoner Bericht mit Bezug auf die Besorgnis Salisburys den Vermerk: „das hängt doch sehr vom Stande der Gewehr- u. Pulverfrage ab", er verwies also hier auf jene Frage, die er dann am 19. Dezember in dem Schreiben an Bronsart als „maßgebend" für die „Beurteilung und Behandlung solcher auswärtigen Beziehungen, aus denen Krieg hervorgehen kann", bezeichnete.[169]

Als der Kanzler am 18. November Hatzfeldts Bericht über die Unterredung mit Salisbury von Friedrichsruh nach Berlin zurückschicken ließ, übermittelte er an das Auswärtige Amt die Bitte, „über diesen Bericht Seiner Majestät Immediat-Vortrag zu halten, dabei zugleich über unsere Munitionsverhältnisse ... zu sprechen und hervorzuheben, wie wir mit Rücksicht auf letztere den Bruch, wenn er sich nicht vermeiden ließe, bis 1891 zu vertagen suchen müßten".[170] Hier wurde also eine Frist von 3 Jahren für die Vertagung der kriegerischen Auseinandersetzung mit dem eventuell unter die Herrschaft Boulangers geratenen Frankreich in Aussicht genommen, die dann modifiziert als Frist von ein, zwei oder drei Jahren in dem Schreiben an Bronsart und in dem Bündnisvorschlag an England wieder auftaucht. Man kann aus den geschilderten Fakten schließen, daß der Bündnisvorschlag vom Januar 1889 aus der Besorgnis hervorgegangen ist, daß nach einer Machtergreifung Boulangers im Jahre 1889 ein militärischer Konflikt mit Frankreich ausbrechen könnte, während die englische Flotte und die deutsche Bewaffnung noch ungenügend waren. Mit der öffentlichen Bekanntgabe des vorgeschlagenen deutsch-englischen Bündnisses gegen Frankreich sollte dieser Kriegsgefahr begegnet werden. Das Bündnis war als Aushilfe in einer konkreten Gefahrensituation gedacht. Es

---

[169] GW 6/III, Nr. 404, S. 404 f. (vorletzter Satz).

[170] Niederschrift des Chefs der Reichskanzlei Rottenburg für das Ausw. Amt, d. d. Friedrichsruh 18. 11. 1888 (Bonn, PA/AA, England 93, Bd. 3, A 15231).

war in erster Linie darauf abgestellt, den Frieden „für einen begrenzten Zeitraum“ durch die Einschüchterung Frankreichs zu sichern.

In dem Erlaß an Hatzfeldt vom 11. Januar 1889, in dem der Bündnisvorschlag entwickelt wurde, finden sich fünf Stellen, bei denen als Bündniszweck lediglich eine zeitweilige Sicherung des Friedens, nämlich „auf ein Jahr oder mehrere“ oder für die Dauer des verlautbarten Bündnisses, genannt wurde. Am Schluß des Erlasses schrieb Fürst Bismarck dann allerdings, er „beabsichtige nichts“, als mit Salisbury „in Gemeinschaft die Frage zu prüfen, ob wir auf dem vorgeschlagenen Wege durch *öffentliche* und dreiste Anerkennung des Friedensbedürfnisses Europas und durch *parlamentarische* Vertretung desselben den Krieg hintenanhalten können, wenigstens pro tempore, vielleicht für lange Zeit“. Diese Wendung deutet darauf hin, daß eben doch noch mehr beabsichtigt war, als die konkreten Angaben zum Bündnisvertrag vermuten lassen, und daß Fürst Bismarck annahm, es könnte sich aus dem zur Abwehr einer akuten Gefahr geschlossenen Bündnis schließlich ein langfristiges Bündnis mit England entwickeln.

Ähnlich verhält es sich mit der antifranzösischen Ausrichtung des Bündnisses. Nach Bismarcks Vorschlag vom 11. Januar 1888 sollte die gegenseitige Beistandsverpflichtung des Bündnisvertrages nur für den Fall gelten, daß Frankreich einen Angriff gegen England oder gegen Deutschland unternahm. Der Reichskanzler begründete diese Beschränkung damit, daß er Frankreich als den einzigen gemeinsamen Nachbarn bedrohlicher Natur bezeichnete, den England und Deutschland besaßen. Die Interessenkonflikte, die England mit Nordamerika und Rußland damals hatte, konnten nach seiner Ansicht für England „lebensgefährlich nur werden, wenn *Frankreich* der Bundesgenosse der Feinde Englands“ war. Hieraus ergibt sich, daß Bismarck ebenso wie im November 1887 den deutschen Beistand nur bei einer unmittelbaren Gefährdung Englands gewähren wollte, nicht aber zum Schutze englischer Interessen.

Über die russische Kriegsgefahr für Deutschland hieß es in der ersten Fassung des Erlasses, die Fürst Bismarck in Friedrichsruh diktierte, Deutschland sei „von einem anderen als französischen Angriffe nicht bedroht und würde in einen russischen Krieg nur durch österreichisch-russische Verwickelungen hineingezogen werden können“. Diese Formulierung hielt der Kanzler nicht aufrecht, er wollte offenbar nicht noch einmal wie im November 1887 Salisburys Hoffnungen auf eine deutsche Unterstützung Österreichs bei einem militärischen Rückschlag während eines Orientkrieges machen. Die Textstelle wurde daher von ihm folgendermaßen geändert: „Nur durch österreichisch-russische Verwickelungen würde Deutschland in einen russischen Krieg hineingezogen werden können, und da letztrer für Deutschland auch im günstigsten Falle keinen annehmbaren Kampfpreis hat, so werden wir bestrebt sein müssen, den österreichischen Krieg nach Möglichkeit zu verhüten". Da nach der neuen Formulierung Bismarck sogar einen russischen Krieg für Österreich vermeiden wollte, war natürlich erst recht eine deutsche Waffenhilfe gegen Rußland zugunsten Englands ausgeschlossen.

In dem Erlaß an Hatzfeldt gibt es jedoch nun mehrere Stellen, die darauf hindeuten, daß Bismarck zwar die vertraglichen Abmachungen zwischen England und Deutschland allein auf Frankreich beziehen wollte, daß er aber den englischen Beistand auch zur Verhinderung eines französisch-russischen Krieges gegen Deutschland anstrebte. In dem Erlaß wird nämlich immer wieder davon gesprochen, daß das Ziel des Bündnisses die Sicherung des *europäischen* Friedens sein solle. An einer Stelle des Textes wird außerdem direkt auf die Möglichkeit eines gemeinsamen Friedensbruches durch Frankreich und Rußland hingewiesen. Es handelt sich dabei um die von Fürst Bismarck am stärksten durchkorrigierte Stelle. Um ihre Bedeutung herauszuarbeiten, sollen hier die drei Fassungen nacheinander wiedergegeben werden:

1. Fassung (von Fürst Bismarck in Friedrichsruh hergestellt): „Wenn öffentlich und durch völkerrechtlichen Akt festgestellt wird, daß England gegen den Bruch des europäischen Friedens mit seiner Macht eintreten würde, so unterbleibt dieser Bruch voraussichtlich. Er unterbleibt aber, wie ich glaube, auch dann, wenn nur festgestellt wird, daß England gegen einen *französischen* Anfall durch das deutsche und Deutschland gegen einen *französischen* Anfall durch das englische Bündnis gedeckt sein würde."

2. Fassung (durch eigenhändige Korrekturen des Fürsten Bismarck entstanden): „Wenn öffentlich und durch völkerrechtlichen Akt festgestellt wird, daß England gegen den Bruch des europäischen Friedens mit seiner vollen Macht eintreten würde, so wird dieser Bruch voraussichtlich unterbleiben. Weder Frankreich noch Rußland werden den Frieden brechen, wenn sie amtlich wissen, daß sie, wenn sie es tun, auch England sicher und sofort zum Gegner haben. Sie werden ihn nur brechen, wenn sie hoffen dürfen, die friedliebenden Mächte in Europa eine *nach* der andern angreifen zu können. Wenn nur festgestellt wird, daß England gegen einen *französischen* Anfall durch das deutsche und Deutschland gegen einen *französischen* Anfall durch das englische Bündnis gedeckt sein würde, so halte ich den europäischen Frieden für gesichert auf die Zeit der Dauer eines solchen *öffentlich verlautbarten* Bündnisses."

Die 3. und definitive Fassung, die durch eigenhändige Korrekturen des Fürsten Bismarck entstand, entspricht — abgesehen von zwei stilistischen Abweichungen — der 2. Fassung, es fehlt jedoch der erste Satz.

Aus dem Vergleich der drei Fassungen ergibt sich, daß ursprünglich geplant war, England als Alternative zu dem ausschließlich antifranzösischen Bündnis die vertragliche Zusicherung nahezulegen, gegen jeden Bruch des europäischen Friedens militärisch einzuschreiten. In der definitiven Fassung ist dieser Gedanke nicht völlig weggefallen, aber so vorsichtig formuliert worden, daß man englischerseits leichter auf das Minimalprogramm des antifranzösischen Bündnisses hätte ausweichen können. Bezeichnend für den Sinn der ursprünglichen Fassung ist es auch, daß dort an einer anderen Stelle von der Friedenssicherheit gesprochen wurde, „wie sie ein Auftreten Englands gegen *die* Friedensbrecher gewähren würde".[171] Die betreffende Wendung, die in der 2. Fassung wegfiel, bezog sich auf mehrere Friedensbrecher und nicht nur auf den potentiellen Gegner Frankreich. Zusammenfassend kann gesagt werden, daß Bismarck in seinem Bündnisantrag vom Januar 1889 die Bündniskonzeption seines Briefes vom November 1887 wiederholte, aber der Notwendigkeit Vorrang einräumte, zumindest ein ausschließlich gegen Frankreich gerichtetes Bündnis zustande zu bringen. Holstein, der mit Bismarcks Bündniskonzeption nicht einverstanden war, riet Hatzfeldt unter der Hand, die Engländer zu einem Gegenvorschlag zu bewegen, bei dem von Deutschland eine Garantie für Indien oder deutsche Waffenhilfe auch gegen Rußland verlangt werden sollte.[172]

Ebenso wie in dem Brief vom November 1887 kündigte Bismarck bei seinem Bündnisvorschlag vom Januar 1889 Salisbury an, daß Deutschland andere internationale Beziehungen suchen müsse, wenn zu erwarten sei, daß England die Politik der Enthaltung dauernd weiterführe. An einer anderen Stelle schrieb er dagegen, daß die Beziehungen die alten bleiben würden, falls Salisbury den Bündnisvorschlag für nicht ausführbar halten sollte. Bismarck bat den englischen Premierminister, „die maßgebenden unter seinen Freunden" vorsichtig zu sondieren. Außerdem suchte er Salisbury eine Meinungsäußerung zu erleichtern, indem er ihm mitteilte, daß er seinen Vorschlag nicht „im Namen des Kaisers" mache und diesen um die Ermächtigung dazu erst bitten werde, wenn er die englische Antwort kenne. Von den Historikern ist bisher angenommen worden, daß diese Angaben dem tatsächlichen Sachverhalt entsprachen. In Wirklichkeit nahm Bismarck indessen von Anfang an in Aussicht, den Erlaß an Hatzfeldt dem Kaiser vor der Absendung vorzulegen. Er notierte auf den Friedrichsruher Entwurf: „Imm.V., ob in dem Sinn an Gr.Hatzf. geschrieben werden darf." Nachdem er am 10. Januar nach Berlin gekommen war, hat er die kaiserliche Genehmigung für den Erlaß in einem Immediatvortrag am 11. Januar nachmittags selbst eingeholt und dies auf dem Konzept vermerkt.[173]

---

171 Hervorhebung vom Verfasser!

172 G. Ebel, Hatzfeldt-Papiere, 2. Teil, Dok. 411 - 413, 418. (Ich bezweifle, daß sich Dok. 414 auf den Bündnisvorschlag Bismarcks bezieht, wie Ebel annimmt.)

Hatzfeldt war von Weihnachten 1888 bis Neujahr 1889 in Sommerberg, meldete sich am 2. Januar beim Kaiser in Berlin, hielt sich vom 5. bis 7. Januar in Friedrichsruh auf, wo er mündliche Instruktionen für die Besprechung der Bündnisfrage mit Salisbury bekam, war am 9. Januar nochmals beim Kaiser und kehrte am 11. Januar nach London zurück.[174] Am 15. Januar hatte Hatzfeldt die erste Unterredung mit Salisbury nach seinem Urlaub. Dabei führte er den Auftrag des Kanzlers aus und trug den Bündnisplan vor.[175] Der englische Premierminister würdigte „die hohe Bedeutung" des Vorschlages, behielt sich eine eingehende Erörterung für später vor und stellte in Aussicht, „die hervorragenden unter seinen politischen Freunden ganz vertraulich zu sondieren", wie es ihm Fürst Bismarck ja nahegelegt hatte. Hatzfeldt wollte seinerseits den „Anschein des Drängens oder der Ungeduld" vermeiden, und diese Zurückhaltung dürfte es Salisbury erleichtert haben, einer Stellungnahme mehr als zwei Monate aus dem Wege zu gehen.

Inzwischen hielt Fürst Bismarck unentwegt an seinem Bündnisplan fest. Er sprach darüber wiederholt mit Malet[176] und am 3. Februar auch mit Lord Beresford, der sich damals in Berlin aufhielt[177]. Malet, dem bewußt war, daß die parlamentarischen Verhältnisse in England ein formelles Bündnis ausschlossen, trat am 16. Februar in einem Schreiben an die Königin Victoria dafür ein, wenigstens den Anschein eines solchen Bündnisses zu erwecken durch den Staatsbesuch des deutschen Kaisers in England in naher Zukunft. Hierdurch sollte Spekulationen entgegengetreten werden, daß die zwischen den Höfen von England und Deutschland bestehenden Differenzen in Anbetracht der maßgebenden politischen Stellung des deutschen Kaisers auch die Harmonie zwischen beiden Ländern beeinträchtigen könnten.[178] Königin Victoria wollte den Kaiserbesuch bis 1890 verschieben, um ihrem Sohn nach dem Wiener Zwischenfall eine Genugtuung zu verschaffen.[179] Auch

---

173 Fürst Bismarck traf am 10. 1. 1889 abends in Berlin/Lehrter Bahnhof ein und hatte am 11. 1. 1889 nachmittags Immediatvortrag beim Kaiser (Graf Herbert von Bismarck, Tagebücher: Nachweis in Anm. 53). Über die Stellungnahme des Kaisers schrieb der Kanzler auf das Konzept des Erlasses folgenden undatierten Vermerk: „von Sr. M. genehmigt".

174 Siehe G. Ebel, Hatzfeldt-Papiere, 2. Teil, Anm. 4 zu Dok. 405, Anm. 1 und 2 zu Dok. 409, Anm. 2 zu Dok. 410.

175 GP 4, Nr. 944.

176 Privatschreiben Malets an Salisbury vom 19. 1. 1889 (Salisbury Papers, A/62/8, fol. 23 f.) — Schreiben Malets an Königin Victoria vom 16. 2. 1889 (Nachweis in Anm. 178).

177 G. Ebel, Hatzfeldt-Papiere, 2. Teil, Anm. 9 zu Dok. 420. — The Memoirs of Admiral Lord Charles Beresford, vol. II, London 1914, pp. 362 - 363.

178 Schreiben Malets an Königin Victoria vom 16. 2. 1889 (Salisbury Papers, A/62/17, fol. 44 - 49. Teilweise gedruckt bei G. Ebel, Hatzfeldt-Papiere, 2. Teil, Anm. 6 zu Dok. 420).

Malets Vorschlag konnte daran zunächst nichts ändern. Die Königin erklärte sich gegenüber dem Botschafter nur für den Fall bereit, ihre persönlichen Empfindungen zurückzustellen, daß in einer kritischen Lage von schwerwiegender Bedeutung irgendeine offene Demonstration der deutsch-englischen Freundschaft notwendig sein würde, um den Frieden Europas zu erhalten.[180] Die Antwort an Malet kreuzte sich mit dem Auftrag des Fürsten Bismarck an Hatzfeldt vom 19. Februar 1889, die Meinung Salisburys über Zeit und Form der Anmeldung des deutschen Kaisers bei Königin Victoria zu erbitten.[181] Unter dem Druck der deutschen Initiative konnte der Premierminister die Königin jetzt endlich umstimmen. Am 4. März telegraphierte Hatzfeldt nach Berlin, daß der Besuch des Kaisers Ende Juli 1889 als Flottenbesuch in Osborne erfolgen könne.[182] Wilhelm II. nahm die Nachricht mit überschwenglicher Freude entgegen.[183]

Bis zum Zeitpunkt des Besuches gelang es dann auch, das Zerwürfnis zwischen dem Prinzen von Wales und dem deutschen Kaiser beizulegen. Entscheidend dabei war, daß Graf Bismarck gegenüber dem Prinzen Christian von Schleswig-Holstein, der im Auftrag des englischen Thronfolgers Anfang April einen Vermittlungsversuch in Berlin unternahm, kategorisch jede prophylaktische Beschäftigung des Kaisers und des Auswärtigen Amtes mit der Anwesenheit des Prinzen von Wales in Wien bestritt. Ende Mai 1889 schrieb daraufhin die Königin Victoria einen versöhnlichen Brief an Wilhelm II., dieser aber gefährdete das erreichte Ergebnis jetzt erneut, indem er in seiner Antwort die ganze Affäre als reine Erfindung und fixe Idee bezeichnete, die sich der Prinz von Wales entweder selbst eingebildet oder die ihm jemand anders in den Kopf gesetzt habe. Als die Königin Ende Juni den Kaiser bat, ihr gegenüber zum Ausdruck zu bringen, daß er sich freuen werde, seinen Onkel in England zu sehen, war Wilhelm II. zu dieser versöhnlichen Geste nur zu bewegen, weil Fürst Bismarck in einem Telegramm aus Varzin darauf hinwies, daß die Abwesenheit des Prinzen von Wales in Osborne „den politischen Eindruck der Begegnung mit Rücksicht auf die Jahre der Königin und die Möglichkeit

179 Privatschreiben Salisburys an Malet vom 12. 2. 1889 (Salisbury Papers, A/64/43, fol. 107 - 110).

180 Privatschreiben Salisburys an Malet vom 20. 2. 1889 (ebenda, A/64/45, fol. 112 - 115).

181 Erlaß des Fürsten Bismarck an Hatzfeldt Nr. 165 vom 19. 2. 1889 (Bonn, PA/AA, Preußen 1 Nr. 1 Nr. 40 geh., Bd. 1, zu AS 211 und A 2429).

182 Berichte Hatzfelds Nr. 86 und 93 vom 23. 2. 1889 und 1. 3. 1889 (ebenda, AS 263 und AS 305). — Telegramm Hatzfeldts Nr. 29 vom 4. 3. 1889 (ebenda, AS 313).

183 Graf Herbert von Bismarck, Notizen und Aufzeichnungen II (Nachweis in Anm. 155): „Als ich die Depesche mit der Einladung zum Immed. Vortrag nahm, geriet S. M. fast in Ekstase — wie ein Kind am Weihnachtsabend ...“

des Thronwechsels vermindern" würde. Das mühsam erreichte Einlenken Wilhelms II. befriedigte Königin Victoria noch nicht. Der Prinz von Wales bekundete indessen jetzt sein lebhaftes Interesse an dem bevorstehenden Besuch und machte damit deutlich, daß für ihn der Zwischenfall erledigt war.[184]

Nachdem Königin Victoria Anfang März den Kaiserbesuch offenbar als eine Art Ersatz für das vorgeschlagene Bündnis bewilligt hatte, wurde die deutsche Bündnisanregung Ende März endlich von Lord Salisbury beantwortet. Zu Graf Bismarck, der damals zu einem mehrtägigen Besuch nach London gekommen war, sagte der Premierminister am 22. März, eine deutsch-englische Allianz würde „das Heilsamste für beide Länder und für den europäischen Frieden sein", Lord Hartington und seine Kollegen hielten die Idee jedoch für unausführbar, „weil die parlamentarische Majorität darüber in die Brüche gehen, mithin das Ministerium gestürzt werden würde". Graf Bismarck teilte nach dieser Absage Salisbury mit, daß der Reichskanzler seine Anregung mit Genehmigung des Kaisers gemacht habe. Hierdurch wurde der Premierminister offenbar veranlaßt, seiner Ablehnung den definitiven Charakter zu nehmen und die Hoffnung auszusprechen, daß er noch Zeitumstände erleben werde, die es ihm erlaubten, auf die Anregung „praktisch einzugehen". „Meanwhile we leave it on the table without saying yes or no: that is unfortunately all I can do at present." Salisbury ging von diesem Standpunkt auch nicht ab, als ihm Graf Bismarck vorhielt, daß England bei fortdauernder Zurückhaltung eines Tages in einem Konflikt mit Frankreich und Rußland allein bleiben könnte. Salisbury beteuerte demgegenüber, er könne einstweilen nichts tun, „als möglichst demonstrativ" mit Deutschland „Hand in Hand zu gehen".[185] Im Verlauf von zwei weiteren Gesprächen mit Salisbury erwähnte Graf Bismarck auch den unmittelbaren Anlaß der Bündnisanregung. Der Premierminister schrieb darüber am 29. März an Königin Victoria und an den Herzog von Rutland, Graf Herbert sei bestrebt, den Krieg auf alle Fälle um 18 Monate aufzuschieben, da die deutschen Gewehre vor dieser Zeit noch nicht fertig seien.[186]

Während von Januar bis März 1889 das deutsch-englische Bündnisproblem zur Erörterung stand, vollzog sich in Frankreich die entschei-

---

[184] Das Material, auf dem die vorstehende Darstellung beruht und das hier nicht detailliert nachgewiesen werden kann, befindet sich in folgenden Aktenbeständen: Bonn, PA/AA, England 81 Nr. 1 a geh., Bd. 2. — Ebenda, Preußen 1 Nr. 1 Nr. 40 geh., Bd. 1. — Koblenz, BA, NL Bismarck, FC 2954, B 9. — Ebenda, FC 3018, D 47. — Siehe ferner: Letters of Queen Victoria, 3rd series, vol. I, pp. 487 - 489, 491 - 494, 500.

[185] GP 4, Nr. 945.

[186] Letters of Queen Victoria, 3rd series, vol. I, pp. 483 - 485. — L. G. Cecil, Life of Salisbury, vol. IV, p. 124.

dende Auseinandersetzung mit dem Boulangismus. Am 27. Januar 1889 konnte Boulanger bei einer Ersatzwahl im Seine-Departement einen großen Wahlsieg erringen. Am Abend des Wahltages fürchtete man einen Gewaltstreich des Generals gegen den Präsidenten der Republik. Aber Boulanger blieb untätig. In der Folgezeit begann die republikanische Regierung, den Boulangismus energisch zu bekämpfen. Am 22. Februar wurde Tirard wieder Ministerpräsident. Der neue Innenminister Constans verbot die Patriotenliga, die sich dem Boulangismus verschrieben hatte. Am 1. April verspielte Boulanger, indem er sich durch die Nachricht von seiner drohenden Verhaftung zur Flucht nach Brüssel verleiten ließ, sein Ansehen und seine Glaubwürdigkeit.[187] Die boulangistische Gefahr war damit gebannt und der wichtigste Anlaß für den deutschen Bündnisvorschlag vom Januar 1889 hinfällig geworden. Die Demonstration des deutsch-englischen Einvernehmens beim Kaiserbesuch in Osborne unmittelbar nach dem Ende des Trauerjahres für Kaiser Friedrich III. fand unter diesen Umständen in einer entspannteren Atmosphäre statt.

*

Überblickt man die Bündnissondierungen und Bündnisvorschläge Bismarcks in der Zeit von Herbst 1887 bis Januar 1889, so ergibt sich, daß sie alle aus konkreten politischen Situationen hervorgegangen sind und im allgemeinen den gleichen Prinzipien folgten. Von deutscher Seite wurde Waffenhilfe gegen Frankreich zugesichert, den englischen Beistand wünschte man für den Fall des Zweifrontenkrieges. Nur im Januar 1889 wurde auch das Minimalprogramm eines ausschließlich gegen Frankreich gerichteten Bündnisses zur Erörterung gestellt. Die Art, wie Bismarck im Januar 1888 die russische Regierung auf die nicht mehr lösbaren Beziehungen Deutschlands zu anderen Mächten hinweisen ließ, läßt darauf schließen, daß der Reichskanzler eine weitere Verschlechterung des Verhältnisses zu Rußland von solchen Eingeständnissen nicht erwartete. In einer öffentlich abzuschließenden antifranzösischen Allianz mit England hat er daher vermutlich auch keine entscheidende Gefährdung der bisherigen deutschen Politik gegenüber Rußland gesehen. Da er es peinlich vermied, England die deutsche Waffenhilfe gegen Rußland anzutragen, hatten seine englischen Vertragsbemühungen offenbar nur den Zweck, die erhaltenden Mächte stärker zusammenzuführen, ohne dabei Verpflichtungen zu übernehmen, die die labilen deutsch-russischen Beziehungen beeinträchtigen konnten. Graf Bismarck hat im Januar 1888 gegenüber dem englischen

---

[187] A. Dansette, Le Boulangisme, pp. 234 - 295. — W. Frank, Nationalismus und Demokratie, S. 217 - 237. — SEG, NF, 5. Jg. 1889, S. 207 - 219, 380 - 382.

liberalen Politiker Lord Rosebery die Ansicht vertreten, daß die vier erhaltenden Mächte sich zu einer Friedensliga zusammenschließen sollten, um gemeinsam gegen jeden Friedensbruch in Europa einzuschreiten.[188] Ein solches Bündnis, das gleichmäßig gegen Frankreich und Rußland gerichtet gewesen wäre, hätte in Anbetracht der von Graf Bismarck geplanten öffentlichen Bekanntgabe eine völlige Entfremdung zwischen Deutschland und Rußland zur Folge gehabt. Der Reichskanzler war hierzu, wie seine Bündnissondierungen und Bündnisvorschläge zeigen, zweifellos nicht bereit. Er wollte das deutsch-russische Verhältnis schonen, soweit es mit den deutschen Sicherheitsinteressen irgendwie vereinbar war.

---

188 Privatkorrespondenz Herbert Bismarcks, hg. v. W. Bußmann, Nr. 343.

SOZIALDARWINISMUS IM BIOLOGIEUNTERRICHT

Zur gesellschaftspolitischen Funktion der höheren Schule in Preußen

Von Hans-Günter Zmarzlik

I.

Der Ausschnitt, den wir beleuchten, ist winzig — gemessen an den Themen, auf die dabei Licht fällt: Schule als Agentur für politische Sozialisation; Sozialdarwinismus als wirkungsmächtige Ideologie; Ideengeschichte als problematische Methode.

Darüber hinaus ist unser Vorhaben, speziell vom Biologieunterricht zu sprechen, besonders zu rechtfertigen. Biologie ist in der Schule lediglich Nebenfach. Von Anfang an rangierte Naturkunde weit hinter den humanistischen oder deutschkundlichen Fächern. Diese Randposition zeigte sich auch bei den Schulkonferenzen an der Schwelle des 20. Jahrhunderts (1890, 1900), die die gesellschaftspolitisch formende Funktion von Schule zum erstenmal einer breiten Öffentlichkeit bewußt machten. Der besondere Wert von Leibesübungen, modernen Sprachen, patriotischer Geschichtslehre, nationalpädagogischem Deutschunterricht und vor allem: die säkulare Konkurrenz zwischen den altsprachlichen Gymnasien, die in Bildungs- und Berechtigungsanspruch bis dahin dominierten, und andererseits den rasch an Zahl zunehmenden Realgymnasien (sowie den lateinlosen Oberrealschulen) beherrschte die Szene. Die empirischen Naturwissenschaften hatten jetzt hohen praktischen Wert. Ihre Rolle neben der immer schon hoch eingestuften Mathematik verstärkte sich im Zeichen von Industrialisierung und Imperialismus auf Kosten der „Humaniora". Doch fungierte in den Plädoyers der Schulmänner, die auf bessere technische Qualifizierung der Eliten und auf die gesellschaftspolitische Notwendigkeit abzielten, Bildungsprivilegien im bürgerlichen Mittelstand breiter zu streuen, Physik und Chemie weit vor der Biologie[1].

1 Vgl. hierzu H.-J. *Heydorn* / G. *Koneffke*, Zur Bildungsgeschichte des deutschen Imperialismus. Einleitungen zur Neuherausgabe der Preußischen Schulkonferenzen 1890/1900 und der Reichsschulkonferenz von 1920. Glashütten i. Taunus 1973, sowie die dortigen Hinweise auf die drei Dokumentationsbände und auf sonstige Quellen und Literatur. — Ferner: E. *Glöckner*, Zur Schulreform im preußischen Imperialismus. Preußische Schul- und Bildungspolitik

Soviel zu den restriktiven Bedingungen, denen unsere Darlegung unterliegt. Sie wird jedoch durch das ideologische Gewicht des Sozialdarwinismus aufgewertet. Durch ihn gewinnt das Teilgebiet Biologie umfassende Bedeutung. Zumindest in der zweiten Hälfte des 19. Jahrhunderts und erneut nach 1933 hat die Kultusbehörde als politische Instanz hier radikaler als in anderen Fächern politische Interessen zur Geltung gebracht. Denn der Sozialdarwinismus war in beiden Phasen ideologisch wie als Produzent sozialbiologischer Handlungsmodelle eine besonders extreme Herausforderung traditionell geltender Werte. Es sind zunächst kulturkämpferische, dann nationalistische Ideologien gewesen, die durch sozialdarwinistische Begründungen verbesserte Legitimationschancen gewannen. Späterhin waren es sozialdarwinistisch fundierte Verhaltensanweisungen mit antisemitisch-rassistischer Zielrichtung, die die christlich-humanitären und die demokratisch-sozialistischen Traditionen als „volksschädigend“ ad absurdum führen sollten[2].

II.

Darwins Hauptwerk „On the Origin of Species by Means of Natural Selection, or the Preservation of Favoured Races in the Struggle for Life“, das 1859 erschien, hat Epoche gemacht. Dieses Werk, so schrieb 1909 der international bekannte Freiburger Zoologe August Weismann (1834—1914), „zündete wie der Blitz in der vollen Scheuer. Bald stand alles in Flammen, und man las nur noch ‚gegen‘ oder ‚für‘ Darwin, besonders in Deutschland[3].“ Von dieser Kontroverse, die im erbitterten Streit der kirchlichen Orthodoxie mit der modernen Naturwissenschaft kulminierte, konnte die höhere Schule nicht unberührt bleiben. Denn

---

im Spannungsfeld der Schulkonferenzen von 1890, 1900 und 1920. Glashütten i. Taunus, 1976, und W. *Schöler,* Geschichte des naturwissenschaftlichen Unterrichts im 17. bis 19. Jahrhundert. Erziehungstheoretische Grundlegung und schulgeschichtliche Entwicklung. Berlin 1970. — Für Kontext-Information vgl. F. *Blättner,* Das Gymnasium. Aufgaben der höheren Schule in Geschichte und Gegenwart. Heidelberg 1960, und Th. *Wilhelm,* Pädagogik der Gegenwart, Stuttgart. [3]1963.

Zur preußischen Volksschule neuerdings: F. *Meyer,* Schule der Untertanen. Lehrer und Politik in Preußen 1848 - 1900. Hamburg 1976 (= Historische Perspektiven 4). — Herrn Dr. Folkert Meyer, Freiburg i. Br., danke ich für kritische Anmerkungen zum MS. dieses Aufsatzes.

[2] Einen Überblick gibt H. G. *Zmarzlik,* Der Sozialdarwinismus in Deutschland als geschichtliches Problem. In: ders., Wieviel Zukunft hat unsere Vergangenheit? München 1970, S. 56 - 85. — Vgl. ferner: F. *Bolle,* Darwinismus und Zeitgeist. In: Zeitgeist im Wandel I, hrsgg. v. H. J. Schoeps, Stuttgart 1967, S. 235 - 281, sowie: Daniel *Gasman,* The Scientific Origins of National Socialism. Social Darwinism in Ernst Haeckel and the German Monist League. London/New York 1971, und W. H. *Koch,* Der Sozialdarwinismus. Seine Genese und sein Einfluß auf das imperialistische Denken. München 1973.

[3] A. *Weismann,* Charles Darwin und sein Lebenswerk. Jena 1909, S. 20.

sogleich wurde die neue naturalistisch-kausale Erklärung der lebendigen Natur auf die Genesis des Menschen und die Entwicklungsgesetze der Gesellschaft angewendet. Ein „Sozialdarwinismus" meldete sich zu Wort.

Damit war die Frage gestellt, wie sich naturwissenschaftliche Aufklärung und christliche Schulerziehung künftig würden vereinigen lassen. Zugleich wurde mit der Industrialisierung die Bedeutung der „Realien" (d. h. der naturkundlichen Fächer) gegenüber den „Humaniora" (d. h. den alten Sprachen) aufgewertet. Der Bildungswert des naturwissenschaftlichen Unterrichts stand zur Debatte.

Die Vertreter des „realistischen" Schulwesens hatten seit dem 18. Jahrhundert im Namen der Nützlichkeit und der aufgeklärten Vernunft gegen eine „Häufung von totem Gelehrtenwissen" in Gymnasien protestiert. Damit war — zumindest nach der Reform der gymnasialen Bildung im Zeichen des Neuhumanismus zu Anfang des 19. Jahrhunderts — das Progressive an der altsprachlich-klassischen Bildung weit unterschätzt. Umgekehrt haben Humanisten niemals recht begriffen, wie groß die humanitäre Bedeutung der Realien war, weil diese dazu beitrugen, den Menschen vom übermächtigen Druck der Natur zu befreien und ihm damit den „aufrechten Gang" erst möglich zu machen. Verständlich ist, daß ein genialer Neuerer wie der Chemiker Justus von Liebig schon 1840 sonderbar fand, „daß der Ausdruck Bildung sich bei einem wahrhaft erleuchteten Volk nur auf die Kenntnis der klassischen Sprachen, der Geschichte und Literatur erstreckt"; da sei ein „überwuchernder Humanismus" dem wahren Fortschritt im Wege[4].

Liebigs Kritik war prinzipiell richtig, aber vorschnell. Denn erst seit Mitte des Jahrhunderts, d. h. mit dem Beginn der industriellen Revolution in Deutschland, konnten die wirtschaftlichen und gesellschaftlichen Verhältnisse der Realbildung besondere Bedeutung verleihen. Wir können daher ministerielle Versuche beiseite lassen, den Fächern Physik und Naturbeschreibung in der ersten Jahrhunderthälfte mehr Raum zu verschaffen[5]. Sie mußten Stückwerk bleiben, weil es an aus-

---

[4] F. *Schnabel,* Deutsche Geschichte im Neunzehnten Jahrhundert. Bd. III, Freiburg 1954, S. 320.

[5] Hierzu und zum folgenden: B. *Schmid,* Die Naturwissenschaften in Erziehung und Unterricht. Leipzig 1918. Vgl. ferner: E. *Schmidt,* Die Entwicklung des naturgeschichtlichen Unterrichts an den höheren Lehranstalten. Berlin 1866. — H. *Keferstein,* Naturwissenschaft an höheren Schulen. In: Enzyklopädisches Handbuch der Pädagogik, hrsg. von W. Rein, 5. Bd., 1. Hälfte. Langensalza 1898. — O. *Schmeill,* Über die Reformbestrebungen auf dem Gebiet des naturgeschichtlichen Unterrichts. [4]1900. — Die Reform des höheren Schulwesens in Preußen. Hrsg. v. W. *Lexis.* Halle 1902. — J. *Norrenberg,* Geschichte des naturwissenschaftlichen Unterrichts an den höheren Schulen Deutschlands. Leipzig u. Berlin 1904. — Franz *Pahl,* Geschichte des naturwissenschaftlichen und mathematischen Unterrichts. Leipzig 1913 (= Handbuch des naturwissenschaftlichen und mathematischen Unterrichts,

gebildeten Lehrkräften mangelte, auch am Verständnis der humanistisch gebildeten Schuldirektoren.

Unter dem Eindruck der 48er Revolution und seit dem „Materialismusstreit", der in den 50er Jahren naturphilosophische Populär-Aufklärer und orthodoxe Theologen zu Auseinandersetzungen über die Existenz einer menschlichen „Seele" aufreizte, trat auch das preußische Kultusministerium auf die Seite der Hüter „bewährter" Traditionen[6]. Man glaubte, mehr denn je der „klassischen, humanen, sittlichen, religiösen Bildung" zu bedürfen. Man verdächtigte die Befürworter der Realienbildung, die „falschen, unkirchlichen, revolutionären Tendenzen des verderbten Zeitgeistes" zu fördern[7].

Als der angesehene Biologe Ernst Haeckel 1877 auf der „Versammlung deutscher Naturforscher und Ärzte" mehr Naturgeschichte in den Schulen forderte, gab es an preußischen Gymnasien nur wenig naturkundlichen Unterricht. Dieser war seit 1856 dem Ermessen der Schulleiter anheimgestellt und längst schon nicht mehr Prüfungsfach bei den Abschlußexamina[8].

Andererseits waren Gesellschaft und Staat auf moderne Bahnen gelangt. Man hatte 1859 den Realschulen I. Ordnung[9] eine „koordinierte" Stellung mit allen Gymnasien eingeräumt. Sie waren damit von dem Makel befreit, bloßer Fachausbildung zu dienen. In den Erläuterungen zu der einschlägigen Verordnung heißt es:

„Die Realschule hat der Pflicht zu genügen, ihre Zöglinge mit allem dem bekannt und vertraut zu machen, was in allem Wechsel der Erscheinung das Bleibende und Unvergängliche ist, und mit der Wahrheit, die über der Wirklichkeit steht[10]."

Das bedeutete eine Aufwertung, weil den „Realien" eigener Bildungswert zugeschrieben wurde. Seitdem war nicht mehr einzusehen, warum nur die humanistischen Gymnasien Berechtigungsscheine für höhere Karrieren im Staatsdienst vermitteln sollten. Folgerichtig hat man seit

hrsg. v. J. *Norrenberg,* Bd. 1). — Ferner: F. *Schnabel,* a.a.O., Bd. I, S. 425 ff. u. III, S. 318 ff. — F. *Paulsen,* Geschichte des gelehrten Unterrichts auf den deutschen Schulen und Universitäten vom Ausgang des Mittelalters bis zur Gegenwart. Mit besonderer Rücksicht auf den klassischen Unterricht. 2 Bde., Leipzig [2]1897.

[6] B. *Schmid,* a.a.O., S. 13. — Wir halten uns durchweg an die preußischen Verhältnisse, weil sie für die übrigen Staaten richtungweisend waren.

[7] So der Vertreter des höheren Schulwesens im preußischen Kultusministerium (Eilers), *Norrenberg,* a.a.O., S. 43.

[8] 1860 gab es in Preußen unter 50 überprüften Gymnasien 15 mit insgesamt 3 Wochenstunden in Physik und Naturkunde, 13 mit 2, 14 mit 1. Acht hatten überhaupt keinen naturwissenschaftlichen Unterricht im Lehrplan. Vgl. B. *Schmid,* a.a.O., S. 16.

[9] Neunstufige Schulen mit Latein als Grundfach.

[10] Zitiert nach *Norrenberg,* a.a.O., S. 54.

1873 den Realgymnasien zugestanden, Zugänge zur Universität zu eröffnen — beschränkt auf das Studium der Mathematik, der Naturwissenschaften und der neueren Sprachen. Das führte dazu, daß nun genügend qualifizierte Lehrer für naturkundliche Fächer ausgebildet wurden.

III.

An den Universitäten, wo das Gewicht der Naturwissenschaftler seit den 70er Jahren stark zunahm[11], trat der Darwinismus seinen Siegeszug an. Das blieb nicht ohne Einfluß auf die neuen Naturkundelehrer[12].

Bereits um die Mitte der 70er Jahre hatten Schulmänner vorgeschlagen, die Entwicklungslehre im Naturkundeunterricht der Oberstufe zu berücksichtigen. Prominent unter ihnen war der Lippstädter Oberlehrer Hermann Müller, ein Blütenbiologe, den auch Darwin schätzte. Dieser hatte 1876 in einem naturgeschichtlichen Lehrplan der Lippstädter Realschule, der weithin beachtet wurde, formuliert:

Ziel des Unterrichts müsse es sein, eine „vernünftige Weltanschauung, d. h. die auf eigener Erkenntnis von Naturgesetzen begründete Befähigung und Gewöhnung, alle Naturerscheinungen als notwendige Folge eines unabänderlich waltenden ursächlichen Zusammenhanges aufzufassen und den jetzigen Zustand unserer Erde und ihrer Bewohner als Stufen einer fortlaufenden naturnotwendigen Entwicklung zu begreifen“[13].

Müller lehnte sich an Haeckel an, jedoch nicht unkritisch:

„Die Entwicklungsgeschichte des Menschen wird an nach Haeckels ‚Anthropogenie‘ angefertigten Wandtafeln erläutert; die Voraussetzungen, auf welche

[11] Das Zahlenverhältnis zwischen den Studierenden der Philologien sowie der Historie und der Naturwissenschaften sowie der Mathematik (nach B. *Schmid*, a.a.O., S. 19):

	Phil. Hist.	Math. Nat.
1841	86,4 %	13,6 %
1851	80,1 %	13,9 %
1861	82,1 %	17,9 %
1871	76,8 %	23,2 %
1881	62,9 %	37,1 %

An der Universität Berlin verdoppelte sich von 1870 bis 1886 die Zahl der Lehrkräfte für Medizin und Naturwissenschaften (1870: 81; 1886: 161), während sie zur gleichen Zeit in der Juristischen und Philosophischen Fakultät nur um ein knappes Drittel zunahm. (1870: 80; 1886: 105). (Nach Wilhelm *Preyer*, Naturforschung und Schule, ³1887, S. 31.)

[12] Zum folgenden: Ph. *Depdolla*, Hermann Müller-Lippstadt (1829 - 1883) und die Entwicklung des biologischen Unterrichts. In: Sudhoffs Archiv für Geschichte der Medizin und der Naturwissenschaften, Bd. 34 (1941), S. 261 bis 332.

[13] Zitiert nach B. *Schmid*, a.a.O., S. 44. Dort auch Hinweise auf andere, Müller gesinnungsverwandte Pädagogen.

die von Haeckel angenommene Stammesgeschichte sich gründet, werden, soweit sie noch strittig sind, ausdrücklich als solche hervorgehoben. In beiden Jahrgängen [der Prima] wird zum Schlusse des naturkundlichen Unterrichts ein Gesamtüberblick über unsere Weltanschauung und die ihr zugrunde liegenden Tatsachen und Voraussetzungen zu geben versucht[14]."

Dieses Programm mußte die katholischen Theologen zu Kritik veranlassen, zumal es Müller bei theoretischen Erörterungen nicht beließ, sondern auf die Gesinnung seiner Schüler einwirkte[15]. Müller wehrte sich mit einer Streitschrift[16] und durch Prozesse. Zuletzt wandte sich die katholische Geistlichkeit des Kreises Lippstadt an Müllers vorgesetzte Behörde mit einer Beschwerde, die ihn antichristlicher Propaganda anklagte[17].

Kultusministerium und Schulbehörde waren damals in der unbequemen Lage, die der „Kulturkampf" mit sich brachte. Man wollte einen energischen Feldzug gegen den Einfluß des Katholizismus führen, ohne die christlichen Fundamente des Staates anzutasten. Denn diese erschienen wegen der wissenschaftlichen Bibelkritik und des anschwellenden Stromes einer naturwissenschaftlichen Populäraufklärung gefährdet. Im Aufstieg der Sozialdemokratie sah man zudem das atheistische Gespenst Gestalt gewinnen, das aus den materialistischen Schriften Carl Vogts oder Ludwig Büchners aufgestiegen war und nun durch den Sozialdarwinismus ungeahnte Kräfte gewann.

Zwar hielt man die ideologische Kontrolle der Volksschulen für das wirksamste Gegenmittel. Doch gab es auch im Bürgertum bedenkliche Zeichen, z. B. die Resonanz, die der „neue Glaube" des Ex-Theologen David Friedrich Strauß fand — mit seiner darwinistisch aufgezäumten Absage an das Christentum und seinem Plädoyer für eine „Kulturreligion"[18].

Bedrohlich mußte es ferner den Rechtgläubigen vorkommen, daß im protestantischen Lager Pastoren und Synodalen im Namen wissenschaftlicher Erkenntnis die wörtliche Geltung des Apostolikums, des christlichen Glaubensbekenntnisses, in Frage stellten. Das hat sogar Kaiser Wilhelm I. veranlaßt, der sonst strenge Zurückhaltung übte,

---

14 Zitiert nach E. *Wasmann*, Noch ein Wort über den „Fall Müller". In: Natur und Schule 5 (1906), S. 506.

15 Zu ihnen zählten W. Breitenbach, der später in Haeckels Monistenbund führend tätig war und Haeckels Biograph wurde — aber auch E. Dennert, ein scharfer Widersacher Haeckels. Vgl. hierzu W. *Breitenbach*, H. Müller-Lippstadt und der biologische Unterricht. In: Natur und Schule 2 (1903), S. 43; E. *Dennert*, Hindurch zum Licht. Erinnerungen aus einem Leben der Arbeit und des Kampfes. Stuttgart o. J., S. 96 ff.

16 Die Hypothese in der Schule. Bonn 1879.

17 Vgl. *Depdolla*, Müller-Lippstadt, S. 289 f.

18 David Friedrich *Strauß*, Der alte und der neue Glaube. Leipzig 1872.

öffentlich gegen diese „Symptome des Unglaubens und der Glaubensfälschung“ Stellung zu beziehen[19].

Daher war der Schulbehörde der „Fall Müller“ lästig. Zwar wollte der liberale Kultusminister Falk klerikalen Anwürfen keine Konzessionen machen. Doch war auch den Realschulen auferlegt, „vor allem deutsche und christliche Schulen“ zu sein. Jeder preußische Oberlehrer hatte bei der Anstellung sich zu verpflichten, „die Schüler zu einem den Gesetzen und Zwecken des Staates entsprechenden und mit Ehrfurcht gegen die Religion erfüllten Geist zu erziehen“[20].

Das ließ sich mit den Lehren Haeckels und seiner Adepten, die nicht nur die Dogmen der katholischen Kirche, sondern die christlichen Glaubenslehren negierten, nicht vereinbaren. Der Minister mußte den Oberlehrer Müller rügen.

Er erklärte es für „recht beklagenswert ..., daß ein so tüchtiger Lehrer ... es nicht unterläßt, vor Schülern wissenschaftliche Hypothesen zu erörtern, welche vor dieselben nicht gehören und geeignet sind, die einheitliche erziehliche Aufgabe der Schule und die positiven Unterlagen des Christentums zu untergraben“[21].

Anfang 1879 konnte der Vertreter des Kultusministeriums im preußischen Abgeordnetenhaus erklären, daß

„der Herr Minister bei aller Achtung vor den wissenschaftlichen Überzeugungen absolut verlangt, daß Theorien und unbewiesene Hypothesen, wie sie in den Schriften von Haeckel, von Darwin, von Carus Sterne vielfach zum Ausdruck kommen, nicht vor Schülerkreise unserer Gymnasien und höheren Lehranstalten überhaupt gehören“[22].

Damit versuchte die Regierung, den Angriff der Konservativen abzublocken, die durch ihren Sprecher v. Hammerstein den Staatsbehörden vorwarfen, sie leisteten den „Lehren des Atheismus und Materialismus“ Vorschub[23]. Da Hammerstein seinen Angriff mit der schockierenden Behauptung stützte, Müller habe die biblische Verkündigung „Im Anfang war das Wort“ zu dem Slogan verzerrt, „Im Anfang war der Kohlenstoff“, gab es Schlagzeilen. Konservative und klerikale Abgeordnete forderten die Entfernung des Übeltäters aus dem Schul-

---

19 Heinrich *Hermelink*, Das Christentum in der Menschheitsgeschichte. Bd. III, Tübingen 1955, S. 555, Anm.; ferner S. 552 ff.

20 *Depdolla*, Müller-Lippstadt, S. 273, 309.

21 *Depdolla*, a.a.O., S. 291 f., 294.

22 *Depdolla*, a.a.O., S. 304. — Carus *Sterne* (d. i. Ernst Krause), Werden und Vergehen. Eine Entwicklungsgeschichte des Naturganzen in gemeinverständlicher Fassung. 1876.

23 Stenographische Berichte von den Verhandlungen des Preußischen Landtags, Haus der Abgeordneten, 1879/80, Bd. I, S. 606. — Sitzung vom 15. 1. 1879.

dienst. Liberale und Fortschrittler antworteten gereizt. Das Kultusministerium suchte zu beschwichtigen, zumal sich nachweisen ließ, daß der fragliche Satz aus dem Zusammenhang gerissen worden war[24].

Aufschlußreich ist die Stellung, die der berühmte Naturwissenschaftler und liberal-demokratische Vorkämpfer Rudolf Virchow in dieser Debatte bezog. Als „Kulturkämpfer" hatte er Konservative und Klerikale in die Schranken zu weisen, zumal diese mit dem Darwinismus die Naturwissenschaften überhaupt treffen wollten. Als Wissenschaftler konnte Virchow jedoch das Verhalten Müllers nicht gutheißen. Er hielt Darwins Lehre für eine noch unbewiesene Hypothese und Haeckels „naturphilosophische" Folgerungen für Scharlatanerie.

In seiner Rede verglich Virchow die Aufregung, die gegenwärtig von Darwin ausgehe, mit dem Wirbel, den in seinen Jugendjahren die Naturphilosophie ausgelöst habe. Um diese sei es still geworden. Auch der Darwinismus werde in ruhigere Bahnen gelangen. In beiden Fällen sei von staatswegen nichts Nützliches beizutragen. Wissenschaft reguliere sich selbst. Was sich als richtig erweise, setze sich durch:

„Wenn einmal positiv nachgewiesen werden sollte, daß die Deszendenz wirklich stattgefunden hat, so wird Ihnen alle Ihre Vorstellung von Adam nicht helfen ..." Bis dahin aber sei es „ungehörig, ... etwas, was als eine Hypothese aufgestellt ist, als eine fertige Lehre in der Schule vorzutragen"; es sei töricht und schädlich, „wenn eine solche Lehre direkt einer bestimmten religiösen Überzeugung entgegengestellt wird"[25].

Zunächst behielten die Konservativen die Oberhand. Die ministerielle Erklärung vor dem Parlament hatte bestätigt, daß selbst während des „Kulturkampfes" der Anspruch der Konfessionen auf die weltanschauliche Jugendbildung faktisch nicht eingeschränkt werden sollte. Damit waren die Anhänger Haeckels unter den Lehrern gewarnt — zumal Ende der 70er Jahre auf den liberalen Falk der hochkonservative v. Puttkamer folgte. 1882 lagen neue Lehrpläne vor, die den Biologie- und Naturkundeunterricht an den Oberstufen der höheren Schulen Preußens abschafften. Zugleich wurde für die Realgymnasien mehr Lateinunterricht vorgesehen[26].

Hierzu hat sicherlich die Beendigung des „Kulturkampfes" beigetragen, mehr noch die von den Zeitläufen erzwungene Aufwertung der Naturkunde gegenüber den alten Sprachen im Lernstoff aller Gymnasialtypen. Jedoch zeigen die Erläuterungen zu den Lehrplänen, daß auch

---

24 Stenographische Berichte, a.a.O., S. 682 f., 731 ff., 737, 740, 742.

25 a.a.O., S. 733.

26 In der Unter- und Mittelstufe der Gymnasien brachte der Erlaß dem Biologieunterricht auch Gewinne; hier konnte es allerdings zur Diskussion grundlegender Fragen gar nicht kommen. Vgl. *Depdolla*, a.a.O., S. 316 ff.

der „Fall Müller“ eine Rolle gespielt hatte. Man wollte die Schüler fortan von biologisch-naturwissenschaftlich begründeten Zweifeln am christlichen Weltbild abschirmen[27]. Der Schulunterricht sollte durch Totschweigen an den revolutionierenden Veränderungen vorbeisehen, die die Biologie seit Darwin durchmachte.

IV.

Totschweigen ist immer die schlechteste Antwort. Darwinismus und Sozialdarwinismus blieben auf der Tagesordnung. Um die Jahrhundertwende konstatierte ein führender Pädagoge:

„Jeder Arbeiter führt heute das Schlagwort vom ‚Kampf ums Dasein‘ im Munde, ‚Vererbung‘, ‚Degeneration‘, ‚Zuchtwahl‘ sind Begriffe, mit denen jeder Gebildete vertraut ist[28].“

Diese Lagebeurteilung bestätigt die neuere Forschung. Sie schließt daraus, wie verkehrt solche Vogel-Strauß-Politik wirken mußte. Was die Schulen von ihren Primanern fernzuhalten wünschten, hatten diese sich längst selbst verschafft:

„In breitem Strome erfolgte das Eindringen der populären, naturwissenschaftlichen und ‚weltanschaulichen‘ Literatur in die Privatlektüre der Vorkriegsjugend. Büchners ‚Kraft und Stoff‘, ein Veteran der naturwissenschaftlichen Aufklärung um 1855, lag 1904 in der 21. Auflage vor. Haeckels ‚Welträtsel‘, die 1899 zuerst erschienen, brachten es bis 1908 auf 10 Auflagen und waren zu Anfang des Weltkrieges im 330. Tausend erschienen. Diese ... populär-wissenschaftlichen Bücher — und ihre ... Nachbeter — haben die Jugend der Vorkriegszeit ungeheuer erregt und begegnen uns in den weltanschaulichen Kämpfen, die die Jugendlichen in ihren Tagebüchern auskämpfen, immer wieder[29].“

Ähnlich hatte schon Friedrich Paulsen, einer der einflußreichsten Geisteswissenschaftler der Jahrhundertwende, geurteilt. Er empfahl dringend, mit dem „System der Schulheuchelei“ zu brechen:

„Der Darwinismus ist unseren Schülern nicht fremd geblieben, weil den Lehrern verboten worden ist, davon zu reden, im Gegenteil: er hat den Reiz des Verbotenen. Credo, quia vetitum, so heißt es in unseren Schulen überall ... und die Kehrseite ist das Mißtrauen gegen alle von der Schule geschätzten Wahrheiten, vor allem gegen den Religionsunterricht[30].“

---

[27] Die Begründung lautet: es habe „auf dem naturwissenschaftlichen Gebiete die Ausdehnung des naturbeschreibenden Unterrichts bis in die oberen Klassen den kaum vermeidbaren Anlaß gegeben, die in der Schule gestellte Aufgabe zu überschreiten und in theoretische Hypothesen einzugehen, deren Erwägung dem Fachstudium an einer Hochschule überlassen bleiben muß“. Zentralblatt für die gesamte Unterrichtsverwaltung in Preußen, Jg. 1883, S. 237.

[28] K. *Kraepelin*, Biologie und Schule. In: Der Lotse I (1901), S. 158 ff.

[29] Hans Heinrich *Muchow*, Sexualreife und Sozialstruktur der Jugend. Hamburg 1959, S. 65 f. (rde 94).

Genauso argumentierte man auf den Versammlungen der Naturforscher und Ärzte, wo seit Anfang der 90er Jahre die Wiedereinführung des Biologieunterrichts für die Oberklassen gefordert wurde. Man versuchte, der Biologie das Odium zu nehmen, das ihr bei Konservativen und Frommen anhaftete[31], indem man ihre Qualitäten als einer Erfahrungwissenschaft betonte, die sich streng an die Grenzen gesicherter Erkenntnis halten müsse:

„Für metaphysische Spekulationen hat die Biologie als solche keine Verantwortung.“ Sie führe vielmehr zur „Einsicht von der Unvollkommenheit des menschlichen Wissens und somit zu innerer Bescheidenheit“[32].

Nach der Jahrhundertwende gab es gleichgerichtete Appelle und Petitionen von Fachleuten und Sympathisanten[33]; man hat sogar eine Zeitschrift, „Natur und Schule“, begründet, um „dem naturwissenschaftlichen Unterricht zu der Anerkennung zu verhelfen, die seiner Bedeutung entspricht“. Dabei stand vor 1914 die Rehabilitierung der Biologie im Vordergrund[34].

Grundsätzliche Widerstände gab es eigentlich nicht mehr. An den Protokollen der Schulkonferenzen von 1890 und 1900 läßt sich ablesen, daß nun dem Naturkundeunterricht besonderes Gewicht beigemessen wurde. Die Zeit, so erklärte der Erzieher Wilhelms II., Geheimrat Hinzpeter, wandle sich „in fast rasendem Tempo“ und überantwortete die jungen Menschen einem „wilden Kampfe ums Dasein“[35]. Immer wieder wird nun Deutschlands Weltstellung und deren Zukunft als Begründung dafür verwendet, daß die Schulen besser für künftige Techniker, Chemiker, Physiker zu sorgen hätten. Selbst ein praktisch-utilita-

---

30 Friedrich *Paulsen*, Die Biologie im Unterricht der höheren Schulen. In: Natur und Schule I (1902), S. 26.

31 Vgl. das Referat von F. *Ahlborn;* in: Verhandlungen der Gesellschaft deutscher Naturforscher und Ärzte, 73. Versammlung zu Hamburg 1901, S. 247 ff.

32 Zitiert nach *Pahl*, a.a.O., S. 324.

33 Natur und Schule I (1902), S. 320. Von den 728 Fachleuten waren 342 naturwissenschaftliche Fachlehrer an höheren Schulen. — Zahlreiche Vereine traten mit Zustimmungserklärungen und Resolutionen für die „Hamburger Thesen“ ein, darunter der Verein deutscher Ingenieure. Nachweis in: Natur und Schule 6 (1907), S. 451.

34 Natur und Schule, Zeitschrift für den gesamten naturkundlichen Unterricht an allen Schulen. Hrsg. v. B. *Landsberg*, O. *Schmeill*, B. *Schmid*, 1. Jahrgang 1902, S. III. — Die Zeitschrift wurde abgelöst durch die „Monatshefte für den naturwissenschaftlichen Unterricht aller Schulgattungen“, hrsg. v. B. *Landsberg* und B. *Schmid*, 1908 ff. und wurde 1919 fortgesetzt durch: „Naturwissenschaftliche Monatshefte für den biologischen, chemischen, geographischen und geologischen Unterricht“, hrsg. v. Richard *Rein*, Bd. 1 - 12 (1919 - 1932). — Jedes Heft von „Natur und Schule“ brachte neben den einschlägigen Aufsätzen und Buchbesprechungen eine besondere Rubrik „Zur Förderung des biologischen Unterrichts“.

35 Zitiert nach H.-J. *Heydorn* / G. *Koneffke* a.a.O., S. 26.

ristischer Standpunkt, dessen sich die Vertreter der Realien noch in den 80er Jahren geschämt hätten, wird nun bewußt zur Geltung gebracht[36]. Gleichzeitig sind es moderne Sprachen, verbesserter Turnunterricht, vaterländische Geschichte, die im Vordergrund des Interesses stehen.

Auch die Biologie zog aus dieser Entwicklung Vorteile. Konservative Abgeordnete, die während des Kulturkampfes in ihr ein „Ferment der Zersetzung" gesehen hatten, forderten ihre Wiedereinführung, „weil gerade die Naturwissenschaften und der biologische Unterricht insbesondere geeignet sind, die Grundlagen der Religion zu kräftigen ..."[37]. Denn die stürmische Technisierung in jenen Jahrzehnten kam nicht nur dem Imperialismus zugute. Sie beflügelte auch zum Aufschwung in „reinere Höhen einer von wissenschaftlichem und ethischem Geist durchdrängten Natur- und Weltanschauung". Dem internationalen Imperialismus ging damals parallel ein „fortschrittsgläubiger Pragmatismus, die Sicherheit einer antreibenden naturwissenschaflichen Rationalität"[38]. Davon wurde u. a. manches in Vereinsgründungen sichtbar, die, wie der 1906 konstituierte „Monistenbund", der christlichen Religion den Kampf ansagten und sich dabei auf Darwin und Haeckel beriefen.

Es war nicht verwunderlich, daß die Pflege des naturwissenschaftlichen Unterrichts schließlich vom Ministerium selbst empfohlen und

---

[36] ibid. S. 23 f., 26 f. u. ö. — Auch statistisch ist die Verschiebung der Gewichte eindeutig. In der Zeit von 1900 bis 1906 änderten sich in Preußen die Verhältniszahlen folgendermaßen:

	Gymnasien	Realgymnasien	Oberrealschulen
1900	72,2 %	19,1 %	8,7 %
1906	67,4 %	21,3 %	11,3 %

Vgl. Natur und Schule 6 (1907), S. 449.
Weiteres Material für die Zuwachsrate der einzelnen Schulgattungen gibt F. *Paulsen*, Richtlinien der jüngsten Bewegung im höheren Schulwesen Deutschlands. Gesammelte Aufsätze, Berlin 1906, S. 54 ff.: danach gilt für die Schülerzahl:

	Gymnasien	Realgymnasien	Realschulen
1901	96 321	22 962	44 774
1904	100 129	28 176	53 866
1906	104 738	33 026	62 131

Zum Realschulwesen insgesamt vgl. O. *Schmeding*, Die Entwicklung des realistischen höheren Schulwesens in Preußen bis zum Jahre 1933 mit besonderer Berücksichtigung der Tätigkeit des Deutschen Realschulmännervereins. Köln o. J. (1956).

[37] So der Abgeordnete Dr. Krüger im Preußischen Abgeordnetenhaus am 16. 4. 1907. Zit. nach: Natur und Schule 6 (1907), S. 332.

[38] H.-J. *Heydorn* / G. *Koneffke* a.a.O., S. 26 f., 32.

den Schulen nahegelegt wurde, „der vollen Entfaltung dieses wichtigen Lehrgegenstandes Raum" zu geben. Dabei war ausdrücklich von der Biologie die Rede[39]. Doch wünschte man eine neutralisierte Biologie. Ein Erlaß von 1908 warnte ausdrücklich „vor jeder Einseitigkeit in der Behandlung und besonders in den theoretischen Erörterungen"[40]. Das mußte schwierig sein, nachdem viele Schüler mit den Schriften der Sozialdarwinisten vertraut waren. Daher hat wohl nur die stets kleine Gruppe von Lehrern sich dieser problematischen Situation gestellt, die prinzipiell bereit ist, „mit den Schülern in Behandlung letzter Fragen einzutreten"[41].

Im übrigen bewegte sich die zeitgenössische Biologie vorübergehend von einer „mechanistischen" zu einer mehr „vitalistischen" Auffassung[42], glaubte sich daher von Differenzen zur Religionslehre frei. Ein Pädagoge, der nach 1918 zu Einfluß kommen sollte, hat zu Beginn des Jahrhunderts betont[43], daß der religiöse Sinn der Schüler durch darwinistische Einflüsse nicht mehr beeinträchtigt werden könne, weil Haeckels Lehre endgültig der Vergangenheit angehöre. Doch heißt es gleichzeitig:

Wenn man die Dezendenzlehre zum Unterrichtsgegenstand mache, „müßte evtl. der Religionsunterricht eine, wenn auch ganz unbedeutende Abänderung erfahren, indem eben die im Alten Testament überlieferte Schöpfungsgeschichte vielleicht ausgeschaltet werden müßte". Die Biologie würde jedenfalls „zum Erziehungsunterricht in derselben Potenz wie Geschichte und

---

39 Zitiert nach: Monatshefte für den naturwissenschaftlichen Unterricht 4 (1911), S. 47. — In den übrigen deutschen Staaten lagen im 19. Jahrhundert die Verhältnisse vielfach noch ungünstiger als in Preußen. Allerdings bessert sich das nach der Jahrhundertwende. Besonders Bayern und die Hansestädte übertrafen in der Folgezeit Preußen hinsichtlich des Biologieunterrichts (vgl. B. *Schmid,* a.a.O., S. 12; H. *Keferstein,* a.a.O., S. 48).

40 Erlaß vom 19. 3. 1908. Vgl. Monatshefte 1 (1908), S. 329 f.

41 B. *Schmid,* Darwin und die Schule. In: Monatshefte 2 (1908), S. 113.

42 Diese Tendenzen wurden an Biologielehrer u. a. herangetragen in einem Vortrag, den der Wiener Biologe R. *von Wettstein* 1912 vor der Versammlung der Naturforscher und Ärzte in Münster über das Thema gehalten hatte „Die Biologie in ihrer Bedeutung für die Kultur der Gegenwart" (abgedr. in: Monatshefte 5 (1912), S. 433 ff.).

Wettstein betrachtet die Biologie der zweiten Hälfte des 19. Jahrhunderts als eine „Biologie unter dem Einflusse ... des Darwinismus", welcher mit der Selektionslehre gleichgesetzt worden sei. Dies sei weitgehend aufgegeben, aber die Deszendenzlehre die Basis der Biologie geblieben, welche nun mit verbesserter Methode sich bemühe, „nicht nur das Leben des fertigen Organismus, sondern auch dessen Werden experimentell zu prüfen" (435). Wettstein betont auch, „daß die Ergebnisse der Biologie so sehr unser modernes Denken beeinflussen, daß selbst Kreise sich bei Maßnahmen ... von biologischen Gesichtspunkten leiten lassen, die eine derartige bewußte Beeinflussung entschieden ablehnen würden" (433).

43 Walter *Schönichen,* Die Abstammungslehre im Unterrichte der Schule. Leipzig und Berlin 1903 (Sammlung naturwissenschaftlich-pädagogischer Abhandlungen, Heft 3). Vgl. a. unten Anm. 49.

Deutsch" zu steigern sein und könne eine biologisch fundierte Ethik vermitteln. Diese werde mithelfen, wo immer die christliche Ethik nicht ausreiche, die Menschen vor dem Sturz in den „Abgrund des Materialismus" zu bewahren. „Es schadet nichts, wenn der moralische Schuh, mit dem wir unsere Jugend ins Leben hinaus entlassen, Doppelsohlen erhält. Wie leicht wird die eine oder die andere durch die harte Reibung des Daseinskampfes zerstört[44]."

Ähnlich äußerten sich andere Pädagogen, wenn auch nur ausnahmsweise so schustermäßig[45].

V.

Während des Weltkrieges verschwand der Darwinismus nahezu aus den Diskussionen. Eine maßgebende Schrift sieht 1918 die Lehre Darwins zu einer bloßen „Episode in der Entwicklungslehre" geschrumpft[46]. Dagegen werden Bevölkerungspolitik sowie Sozial- und Rassenhygiene aus der Sicht einer wissenschaftlich neuartigen Genetik[47] hervorgehoben. So erhält die Biologie gesellschaftspolitisch veränderte Akzente.

Charakteristisch ist die Betonung des „Organischen" als des deutschen Gegenprinzips zur „materialistisch-mechanistischen" Naturerklärung „westlicher" Prägung sowie die Forderung, der Schulbiologe „völkische" Erziehungsaufgaben zuzuweisen. Schon 1911 hatte ein Biologielehrer und Verfasser einer „Allgemeinen Biologie als Grundlage für Weltanschauung, Lebensführung und Politik" gefordert, es müsse das Ziel des biologischen Unterrichts an den höheren Schulen werden,

> „daß der Schüler sich mit Bewußtsein als Einzelwelle des einheitlichen Lebensstromes empfinden lernt, um auf dieser Grundlage seine Weltanschauung aufzubauen; daß er von der in der ganzen Welt des Lebens hervortretenden Tatsache durchdrungen ist, daß es der Natur auf das einzelne Wesen nur insoweit ankomme, als es für das Leben der Gattung, das ist für den Menschen sein Volkstum, von Wert ist; daß er sich danach seiner ganzen Verantwortung gegenüber der kommenden Generation bewußt ist und bei der Sorge für sein eigenes wie für das Wohl der Gesamtheit die allgemeinen Gesetze des Lebens im Auge zu behalten hat, als sichere Grundlage zur Beurteilung der wirtschaftlichen, hygienischen, sozialen, politischen, ethischen und philosophischen Probleme"[48].

---

44 *Schönichen*, a.a.O., S. 45; ferner S. 13, 40 ff.

45 So z. B. Maximilian *Wagner*, Die Deszendenzlehre in der Schule. 1913. (Mann's Pädagogisches Magazin. Abhandlungen vom Gebiet der Pädagogik und ihrer Hilfswissenschaften. Heft 530); J. *Norrenberg*, in: Die Reform des höheren Schulwesens in Preußen, S. 300 f. — Vgl. auch die Kontroverse zu dieser Frage in: Natur und Schule 2 (1903), S. 332 ff. und 3 (1904), S. 26 ff.

46 Bastian *Schmid*, Die Naturwissenschaften in Erziehung und Unterricht. Leipzig 1918, S. 13, 16.

47 Vgl. z. B. Paul *Kämmerer*, Überblick über die moderne Variations- und Vererbungslehre. In: Monatshefte für den naturwissenschaftlichen Unterricht 6 (1913), S. 44 ff.

Dies waren damals extreme Forderungen. Nach 1918 durften sie jedoch auf mehr Resonanz rechnen. In der Fachpublizistik wird nun auf die Funktion der Biologie bei der Stärkung des Heimatgefühls, des völkischen Gemeinschaftssinnes und der Volksgesundheit hingewiesen und damit auf ihre besondere Rolle bei der Erneuerung Deutschlands nach dem verlorenen Krieg[49]. Es ist sogar die Rede davon, daß der Oberstufenunterricht in der Biologie

„die Grundlage darzubieten [habe], von der aus der Aufstieg zu den großen biologischen Theorien der Vererbungs- und Abstammungslehre erfolgen kann, deren überragende Bedeutung für Lebensführung, Soziologie und Weltanschauung es erheischt, daß sie zum gesicherten geistigen Allgemeingut der führenden Volksschichten werden“[50].

Die Schulwirklichkeit blieb davon nahezu unbetroffen. Selbst die Reformen, die um die Mitte der 20er Jahre in Preußen erfolgten, orientierten sich hauptsächlich an den Werten des „Deutschen Idealismus“ und stellten die kulturkundlichen Fächer wie Religion, Deutsch, Geschichte, Staatsbürgerkunde, Erdkunde in den Mittelpunkt[51], während die Biologie auf bescheidenste Stundenzahlen beschränkt blieb[52].

---

48 H. G. *Holle,* Ziele und Wege des biologischen Unterrichts. In: Politisch-Anthropologische Revue 11 (1912/13), S. 418 f. — Vgl. a. den schon mehrfach zitierten Bastian *Schmid,* den Herausgeber der unter Anm. 34 näher bezeichneten Fachzeitschrift für den naturwissenschaftlichen Unterricht, der der Biologie ebenfalls eine zentrale Bedeutung zuschreibt: mit ihr „zieht ein neuer Geist in die Schule ein ...“. Sie könne „eine Reform von innen heraus“ bewirken. Monatshefte 2 (1909), S. 112.

49 Walter *Schönichen,* Der biologische Unterricht in der neuen Erziehung. Leipzig 1919, S. 1 ff. Schönichen war nun Leiter der Pädagogischen Abteilung am Zentralinstitut für Erziehung und Unterricht in Berlin und Hilfsarbeiter im Preuß. Ministerium für Wissenschaft, Kunst und Volksbildung. — Vgl. auch die Vorschläge des neugebildeten „Großdeutschen Ausschusses für den mathematischen und naturwissenschaftlichen Unterricht“, die die Forderung nach Oberklassen-Biologieunterricht erneuerten. Darüber: Alfred *Stock,* Der naturwissenschaftliche Unterricht an den höheren Schulen. In: Naturwissenschaftliche Monatshefte f. d. biologischen, chemischen, geographischen und geologischen Unterricht I (1919), S. 193 ff.

50 *Schönichen,* a.a.O., S. 96.

51 Vgl H. *Richert,* Die deutsche Bildungseinheit und die höhere Schule. Ein Buch deutscher Nationalerziehung. Tübingen 1920, S. 59; vgl. a. Fritz *Blättner,* Das Gymnasium, a.a.O., S. 261 ff.

52 Nur für die neugeschaffene „Deutsche Oberschule“ war ein durch alle Klassen geführter biologischer Unterricht vorgesehen. In allen anderen Schultypen sollte Biologie nur in einer oder höchstens zwei der vier oberen Klassen und auch da nur halbjährig unterrichtet werden. In den meisten Fällen mußte sich die Biologie mit den anderen naturwissenschaftlichen Fächern die Stunden teilen, was natürlich ein erhebliches Hindernis für einen fundierten Unterricht darstellte. Hinzu trat, daß die Gewinne im Oberstufenunterricht mit dem weitgehenden Wegfall des Biologieunterrichts in der Mittelstufe bezahlt werden mußten. — Ähnliche Verhältnisse bestanden auch in den übrigen Reichsländern. Vgl. Ph. *Depdolla,* Biologie und Schule, in: Der Biologe 1 (1931/32), S. 8.

Immerhin war sie nun als Lehrfach der Oberstufe anerkannt. Sie erhielt auch einen Bildungsauftrag im Gesamtprogramm. Die Schulreform zielte auf eine Synthese möglichst vieler Stoffgebiete ab — mit dem Ziel, das kulturelle und nationale Selbstbewußtsein der Jugendlichen zu kräftigen. In diesem Sinne betonten die Richtlinien zur Neuordnung des preußischen Schulwesens von 1924, daß die Biologie die Beziehungen zwischen Lebewesen und Umwelt verständlicher machen solle. Sie könne „die Seele des Schülers mit dem Geist der Gesetzmäßigkeit allen Geschehens" erfüllen, „Verständnis und Liebe für die deutsche Heimat... erwecken" und „die persönliche Lebensführung" wie „das staatsbürgerliche Handeln" wirksam beeinflussen; kurz: man müsse „die biologischen Wahrheiten auch auf das Leben der Menschen untereinander anwenden" und „im persönlichen und öffentlichen Leben fruchtbarer machen"[53].

VI.

Erst die Nationalsozialisten haben den Rang des Faches Biologie fühlbar erhöht. Seit September 1933 wurden bei Abschlußprüfungen Kenntnisse in „Vererbungslehre, Rassenkunde, Rassenhygiene, Familienkunde und Bevölkerungspolitik" gefordert. Die „biologischen Grundtatsachen und ihre Anwendung auf Einzelmensch und Gesellschaft" galten nun für die „Erneuerung unseres Volkes" als „unerläßliche Voraussetzung". Zusätzliche Biologiestunden sollten auf Kosten der Mathematik und der fremden Sprachen freigemacht werden, die Fächer Deutsch, Geschichte und Erdkunde mit der Biologie eng zusammenarbeiten[54].

Ein Erlaß vom Januar 1935 verstärkte diese Aufwertung:

„Zweck und Ziel der Vererbungslehre und Rassenkunde im Unterricht muß es sein, über die Wissensgrundlagen hinaus vor allem die Folgerungen daraus für alle Fach- und Lebensgebiete zu ziehen und nationalsozialistische Gesinnung zu wecken.

Es gilt daher,

1) Einsicht zu gewinnen in die Zusammenhänge, die Ursachen und die Folgen aller mit Vererbung und Rasse in Verbindung stehenden Fragen,
2) Verständnis zu wecken für die Bedeutung, welche die Rassen und die Vererbungserscheinungen für das Leben und Schicksal des deutschen Volkes und für die Aufgabe der Staatsführung haben,
3) in der Jugend Verantwortlichkeitsgefühl gegenüber der Gesamtheit des Volkes, d. h. den Ahnen, den lebenden und den kommenden Geschlech-

---

[53] Richtlinien für die Lehrpläne der höheren Schulen Preußens. Berlin 1931, S. 249 ff., 257.

[54] Verfügung des Ministers für Wissenschaft, Kunst und Volksbildung vom 13. 9. 1933 an alle Oberpräsidenten und Regierungspräsidenten. Abgedr. in: Zentralblatt für die gesamte Unterrichtsverwaltung in Preußen 1933, S. 244.

tern, zu stärken, Stolz auf die Zugehörigkeit zum deutschen Volk als einem Hauptträger des nordischen Erbgutes zu wecken und damit auf den Willen der Schüler in der Richtung einzuwirken, daß sie an der rassischen Aufartung des deutschen Volkstums bewußt mitarbeiten."

Auf diese Weise solle erreicht werden, „daß nach des Führers Willen kein ,Knabe und kein Mädchen die Schule verläßt, ohne zur letzten Erkenntnis über die Notwendigkeit und das Wesen der Blutreinheit geführt zu sein'".

Auch der Geschichtsunterricht soll auf biologistisch-rassische Grundlagen gestellt werden. Er habe

„die Bedeutung der Rassen für das Werden und Vergehen der Völker und für ihre Leistungen aufzuzeigen, die Erkenntnisse auf unser Volk anzuwenden und in Gesinnung umzusetzen. Die auf den wissenschaftlichen Ergebnissen der Erblehre und Biologie aufgebaute rassische Geschichtsbetrachtung widerlegt Auffassungen, wie sie etwa in der liberalen Fortschrittslehre zum Ausdruck kommen. Aus dem Rassegedanken ist weiterhin die Ablehnung der sog. Demokratie oder anderer Gleichheitsbestrebungen (Paneuropa, Menschheitskultur usw.) abzuleiten und der Sinn für den Führergedanken zu stärken. Die Weltgeschichte ist als Geschichte rassisch bestimmter Volkstümer darzustellen. An die Stelle der Lehre „Ex oriente lux" tritt die Erkenntnis, daß mindestens alle abendländischen Kulturen das Werk vorwiegend nordisch bestimmter Völker sind ... In der germanischen Frühgeschichte liegen auch die einzigen biologischen Wurzeln unseres Wesens und unserer politischen und kulturellen Entwicklung ... So muß die Jugend die deutsche Geschichte als einen steten auf- und abwogenden Kampf um die Erhaltung und Gestaltung germanisch-deutschen Wesens erleben, das sich gegen die Überdeckung durch fremde Einflüsse wehrt und um Lebensraum ringt[55]."

Dieses Programm wurde nicht sogleich realisiert. Zu vieles stand noch im Wege. Aber 1938 fing man von staatswegen an, ernst zu machen. Rigorose Schul- und Schulbuchreformen waren erste Schritte, durch die die Biologie unter die primären Faktoren bei der ideologischen „Ausrichtung" der Nation vorrückte. Belege hierzu habe ich an anderer Stelle gegeben[56]. Das Fazit lautet: Die nationalsozialistische Führung war mit Aussicht auf Erfolg dabei, die Inhumanität ihrer sozialdarwinistisch fundierten „Weltanschauung", die im Völkerleben den rücksichtslosen „Kampf ums Dasein" und die rassische Zuchtwahl zum obersten Gesetz erhob, in Lernstoff für die bürgerliche Bildungselite umzusetzen. Man war im Begriff, das pseudowissenschaftlich begründete Dogma einer rassisch-erbbiologischen Ungleichwertigkeit von Menschen und Völkern zum Maßstab zu machen und damit die Gesinnungen Aller auf das Niveau der Untaten Weniger zu erniedrigen. Allein die Niederlage im Zweiten Weltkrieg hat das verhindert.

---

[55] Erlaß des Reichsministers für Wissenschaft, Erziehung und Volksbildung vom 15. 1. 1935. Abgedr. in: R.Min.Amtsblatt 1935, S. 43 f.

[56] H. G. *Zmarzlik*, Politische Biologie im Dritten Reich. Die Umrüstung der Höheren Schule. In: ders. Wieviel Zukunft hat unsere Vergangenheit? München 1970, S. 86 - 105.

VII.

Soweit die Sachverhalte. Man sieht, wie früh und energisch die höhere Schule in den Dienst des Staates gestellt worden ist, um zu seiner ideologischen Stabilisierung beizutragen. Im Kaiserreich sollte sie helfen, vorindustriell legitimierte Herrschaft gegen moderne Säkularisierungstendenzen und sozialen Wandel abzuschirmen. Nach 1918 geht es um bevölkerungspolitische Stärkung und geistige Wiedergeburt der Nation — im Zeichen einer Revision des „Versailler Diktats", jener wichtigsten und vielleicht einzigen Zielsetzung, die während der Weimarer Republik Bürger und Sozialdemokraten mehrheitlich verband. Seit 1933 triumphiert dann die von Partei und Staat immer systematischer betriebene Manipulation der Gesinnungen. Die höhere Schule wird nun vollends zu einem Instrument der von Nietzsche prophezeiten „Exstirpation des deutschen Geistes" — diesmal zugunsten eines Großgermanischen Reiches.

Auf allen Stufen staatlicher Lenkung treten sozialdarwinistische Konzepte in den Blick. Sie attackierten seit den 70er Jahren die Bastionen der Kirchen besonders wirksam, weil sie die Autorität der Naturwissenschaften für sich in Anspruch nahmen. Zu ähnlichen Frontstellungen kommt es in der Weimarer Zeit kaum; stattdessen treten Rezepte zur Verbesserung von Volksgesundheit und Bevölkerungspolitik hervor. Beide Richtungen vereinigen sich, extrem radikalisiert, in der antichristlich, antiliberal und antisozialistisch bestimmten Weltanschauung und Praxis des Nationalsozialismus. Der Sozialdarwinismus erweist sich als der harte Kern einer diffus und eklektisch erscheinenden Ideologie. Er verbürgte eine publikumswirksame Legitimation sowie brauchbare Handlungsanweisungen für Bevölkerungsvermehrung und rassenbiologische Auslese oder Ausmerze. Er lieferte den pseudowissenschaftlichen Hebel zur Umwertung aller humanitären Werte. Daher verdeutlicht der Ausschnitt, den wir beleuchtet haben, den besonderen Stellenwert des Faktors „Sozialdarwinismus" in der jüngeren deutschen Geschichte.

Nicht zuletzt zeigen sich dabei auch Grenzen der herkömmlichen Ideengeschichte. Aus der Perspektive der Schulpolitik wird besonders deutlich, wie ausschlaggebend der gesellschaftliche Kontext ist, v. a. seine sozio-ökonomischen und politisch-strukturellen Faktoren. Man wird daran erinnert, wie viele „ermöglichende Bedingungen" erforderlich sind, damit eine Ideologie zu einer belangvollen Größe werden kann, d. h. jene relative Autonomie erreicht, die den ideengeschichtlichen Ansatz erst rechtfertigt[57].

---

[57] Vgl. hierzu H.-U. *Wehler*, Sozialdarwinismus im expandierenden Industriestaat. In: J. Geiss / B. J. Wendt (Hrsg.), Deutschland in der Weltpolitik. Düsseldorf 1973, S. 133 - 142.

TENDENZEN AMTLICHER MILITÄRGESCHICHTS-SCHREIBUNG IN PREUSSEN / DEUTSCHLAND

Von Friedrich Forstmeier

Vorbemerkung

Eine zahlenmäßig schwer zu bestimmende Zahl von Fachkollegen hält aus einem etwas esoterischen Verständnis unserer Wissenschaft heraus bewußt Distanz zu der Sonderdisziplin Militärgeschichte, so als ob sich diese ohnehin nur mit belanglosen Randgebieten befasse, wie etwa Uniformkunde, Waffenwesen und Schlachtbeschreibungen. Dem Militärhistoriker im recht verstandenen Sinn — im Unterschied zum historischen Laien und militärischen Fachmann, der sich generell mit „Militärwissenschaft" befaßt — kommt es heute mehr denn je darauf an, seine Disziplin als Teil der allgemeinen Geschichtswissenschaft begriffen und akzeptiert zu wissen. Nach seiner Intention soll die Institution „Militär" in ihrer vielfältigen Verflechtung mit den politschen und sozialen Verhältnissen gesehen werden. Militärgeschichtliche Forschung in diesem Sinne war auch für große Repräsentanten der Geschichtswissenschaft, denken wir nur an Droysen, Mommsen, Delbrück, noch eine Selbstverständlichkeit. Das Mißverständnis, die Verwechslung von Militärgeschichte[1] mit einer wie immer gearteten „Militärkunde" kam erst dann im Laufe des 19. Jahrhunderts auf, als „amtlich", d. h. im Auftrage des Generalstabs als „Militärhistoriker" tätige Offiziere die pragmatische Suche nach Rezepten für die Kriegführung in den Vordergrund ihrer Bemühungen stellten. Aus Feldzugserfahrungen und operativ-taktischen Vorgängen für künftige Feldzüge lernen zu wollen, ist indessen etwas anderes, als das Wirken des Militärs im geschichtlichen Zusammenhang, im politischen und sozialen Kontext seiner Zeit verstehen und darstellen zu wollen.

Die Ächtung des Krieges als absolut zu negierender Zustand ist noch nie so eindeutig und stark Gemeingut menschlicher Überzeugung gewesen wie nach der Katastrophe von 1945. Es ist eine besondere Er-

---

1 *Militärgeschichte:* verstanden als „Teil der Geschichtswissenschaft, der sich spezifisch mit Problemen befaßt, die mit militärischen Ereignissen und Zuständen zusammenhängen." (Monticone). Kriegsgeschichte als Geschichte des Militärs im Kriege ist in diesem Sinne Teilgebiet der Militärgeschichte.

fahrung unserer Zeit, daß sich die tiefe Abneigung gegen Krieg und Kriegsgeschrei gefühlsmäßig auf die Agierenden in einem bewaffneten Konflikt, auf die militärischen Streitkräfte, überträgt. Ebenso unbestreitbar ist, daß Militärs — man mag aus bestimmter Sicht sagen: beklagenswerterweise — in den letzten 30 Jahren eine unvermindert große Rolle im zeitgeschichtlichen Geschehen spielen. In zahlreichen Ländern haben sie, wenn nicht überhaupt die Staatsführung an sich gebracht, so doch die Politik entscheidend mitbestimmt. Selbst der entschiedenste Antimilitarist kann sich der Einsicht nicht verschließen, daß es ein dringendes Gebot ist, sich in jeder Weise wissenschaftlich mit dem Militär und seiner Geschichte auseinanderzusetzen.

Da mit amtlicher Militärgeschichtsschreibung Institutionen beauftragt sind, die von „Staats wegen" eingesetzt sind, ist die Zuverlässigkeit ihrer Forschungsergebnisse exakt von dem Grade der Freiheit abhängig, der ihnen zugesichert ist. Jede Indoktrinierung, jede Zensur schließt eine echte Geschichtsschreibung aus. Von daher ist das Mißtrauen der historischen Zunft gegenüber amtlich betriebener Forschung berechtigt, ja man kann sogar so weit gehen zu sagen, daß die Verlautbarung „amtlicher" Geschichte ein Widerspruch in sich sei. Freilich bleibt auch selbst die freieste, nicht amtliche Wissenschaft, wie wir wissen, nicht unbeeinflußt von ihrer Umwelt, vom vorherrschenden „Zeitgeist", von der politischen Verfassung des Staatswesens, von der geistesgeschichtlichen und methodischen Entwicklung der Wissenschaft selbst. Vielen Forschenden sind subtile Einflüsse und Bindungen dieser Art oft nicht bewußt; um so wichtiger ist es daher, daß von den hervorragenden Repräsentanten der Historie das Postulat betont wird, sie müsse unabhängig sein in ihrem Urteil, verpflichtet nur der wissenschaftlichen Erkenntnis, frei von Zwängen und „Dienstleistungen". Je ausdrücklicher diese Forderungen von der „zivilen" Wissenschaft erhoben werden, desto stärker strahlen sie aus auf den Bereich der amtlichen Militärhistorie.

Eine Betrachtung der offiziellen Militärgeschichtsschreibung seit 1815 wird ihren „milieu"bedingten Wandlungen nachzuspüren haben. Die darin zutage tretenden wechselnden Tendenzen aufzuzeigen ist Ziel der folgenden Ausführungen. Die organisatorische Entwicklung[2] wird dabei

[2] Neuere Arbeiten: *H. Meier-Welcker*, „Entwicklung und Stand der Kriegsgeschichte als Wissenschaft" in: „Soldat und Geschichte", hg. v. MGFA, Freiburg i. Br. 1976, S. 114 - 128; *H. Umbreit*: „Von der preußisch-deutschen Militärgeschichtsschreibung zur heutigen Militärgeschichte", in: „Geschichte und Militärgeschichte", hg. v. U. v. Gersdorff, Frankfurt a. M. 1974, S. 17 - 54. Dieser Ansatz bringt neben der organisatorischen Entwicklung eine vollständige Bibliographie der amtlichen Militärgeschichtsschreibung der Teilstreitkraft Heer bis zum Zweiten Weltkrieg; *H. Hürten*: „Militärgeschichte in Deutschland", Vortragsmanuskript vom 6. 10. 1975, erscheint demnächst im Historischen Jahrbuch.

nur gestreift — soweit zum Verständnis notwendig; hier kommt es darauf an, darzustellen, von welchem geistigen Ansatz her die amtlichen Stellen der Forschung jeweils ihre Aufgaben stellten, von welchem Selbstverständnis sie ausgingen, wie das Verhältnis zur allgemeinen Geschichtswissenschaft sich gestaltete und welches Echo die Forschungsergebnisse fanden. Angesichts der Fülle militärhistorisch-literarischer Hervorbringungen verschiedenster Provenienz seit dem Anfang des 19. Jahrhunderts, schien es zweckmäßig, den Umfang der Studie auf die *amtlich* veranlaßte Befassung mit Militärgeschichte zu beschränken, d. h. auf jene der Generalstäbe und Nachfolgeinstitutionen. Aus dem gleichen Grunde wird nur der preußisch/deutsche Anteil betrachtet, ungeachtet der beachtlichen Anstrengungen deutscher Teilstaaten, vor allem Bayerns, Sachsens und Württembergs.

I. Von Scharnhorst zu Moltke

Erste Bemühungen um eine wissenschaftliche Geschichtsschreibung von Amts wegen darf man mit Scharnhorst ansetzen. In dem nach dem Kriege von 1806/07 niedergeschriebenen Aufsatzentwurf „Nutzen der militärischen Geschichte. Ursach ihres Mangels“[3] erhob er die Forderung nach einer „richtigen Beschreibung der vornehmsten Ereignisse des Krieges“. Diese sei, so führt er weiter aus, „für die Bildung der jungen Offiziere, welche in selbigem Gedient haben, von dem größten Nutzen, vorzüglich, wenn sie ein zu dieser Absicht zweckmäßiges Detail enthält und sie auf die Regeln und Grundsätze der Krieges-Kunst zurückführt“. Trotz dieses pragmatischen Ansatzes und der Absicht, unmittelbaren Nutzen aus der Geschichte für die Kriegskunst zu ziehen, verharrt Scharnhorst nicht bei einer engen Sicht der Dinge: kriegsgeschichtliche Darstellungen sollen die „vorgefallenen Begebenheiten ... in ihren Verhältnissen im ganzen genommen zeichnen“ und „das Streben und Drängen aller moralischen Kräfte“ zum Ausdruck bringen. Aber mehr noch: Scharnhorst verlangt eine „unparteiische, auf Wahrheit sich gründende Kriegsgeschichte“ und wendet sich gegen den Brauch der bisherigen Geschichtsschreiber, den Helden im „Paradekleid“ zu zeigen, ihn in den Mittelpunkt zu stellen, „starke Farben“ aufzutragen, so daß die wahren Umstände, Ursachen und Folgen verborgen blieben. Kriegsgeschichte dieser Art sei nichts weiter als ein „an Wahrscheinlichkeit grenzender Roman“. Scharnhorst Ablehnung einer „heroischen“ Geschichtsschreibung, sein Streben nach einer erkenntnisfördernden kritischen Sicht der Ereignisse weist ihn als Wegbereiter einer wissen-

3 *G. v. Scharnhorst*, „Nutzen der militärischen Geschichte. Ursach ihres Mangels.“ Ein Fragment aus dem Scharnhorst-Nachlaß, Faksimile und Übertragung gedruckt in der Reihe „Bibliotheca Rerum Militarium“ des MGFA, hg. v. U. v. Gersdorff, Osnabrück 1973.

schaftlichen Militärgeschichtsschreibung aus. Wie alle Reformer durchdrungen vom Geist der Aufklärung und des Rationalismus, zeigt er sich zugleich im Einklang mit der methodischen Entwicklung der Geschichtswissenschaft seiner Epoche, ihrer entschiedenen Hinwendung zu den primären Quellen. Scharnhorsts „kritischer Realismus" bedeutete „einen Durchbruch durch das System der kriegswissenschaftlichen Theorie seiner Zeit zum kriegsgeschichtlichen Erfahrungsgut hin"[4].

Der preußische Generalstab setzte nach den Befreiungskriegen die militärgeschichtliche Arbeit im Geiste Scharnhorsts fort. Im Jahre 1816 wurde im preußischen Kriegsministerium eine „Historische Abteilung" eingerichtet. Dabei stand freilich — aus der Aufgabe des Generalstabs und der noch überschaubaren Kriegstechnik verständlich — der Nutzen, die Gewinnung einer brauchbaren Kriegstheorie im Vordergrund. Hervorragendster Exponent dieser Richtung war Clausewitz, Schüler und enger Mitarbeiter von Scharnhorst, dessen Werk „Vom Kriege" Weltruhm errang. Er gründete seine Theorie auf kriegsgeschichtliche Studien, deren Thema vorwiegend die von ihm selbst erlebte Zeitgeschichte war, wie z. B. seine Betrachtungen über die Feldzüge von 1796, 1799 und 1812 bis 1815. Scharnhorst wirkte für die Zukunft auch darin nach, daß neben dem kriegstheoretischen Nutzen das Element der Bildung des Offiziers durch kriegsgeschichtliche Studien maßgebliche Bedeutung erhielt. Der geistig-politische Standort der Reformer war deutschpatriotisch, in bezug auf Preußen konservativ und zugleich liberal, weil sie eine Evolution der inneren Verhältnisse in bürgerlichem Sinne anstrebten[5]. Im Jahre 1821 wurde General v. Müffling Generalstabschef der preußischen Armee, er beauftragte die Offiziere des Generalstabs mit größeren kriegsgeschichtlichen Arbeiten, um so Einfluß auf die geistige Schulung des Offizierkorps zu gewinnen Er selbst nahm eine Geschichte des Siebenjährigen Krieges in Angriff. Sein Nachfolger und Kontinuator v. Krausneck beteiligte den jungen Leutnant Moltke an der Arbeit. Müffling richtete bei der Reorganisation des Generalstabs 1821 als 1. Sektion die „Sektion für Kriegsgeschichte" ein. Unter seinem Nachfolger, General v. Reyher, wurden zwei Arbeiten fortgesetzt: „Die Reorganisation der preußischen Armee nach dem Frieden von Tilsit" und eine Darstellung des Befreiungskrieges von 1813.

Die kriegsgeschichtliche Arbeit des Großen Generalstabs wurde geprägt durch den mehr oder minder großen Einfluß des jeweiligen Chefs und seinem Interesse an historischer Arbeit. Die in den ersten Jahrzehnten des Jahrhunderts in der Zeit der Chefs Grolmann, Müffling,

---

4 *Meier-Welcker*, Entwicklung und Stand ..., S. 116.

5 *E. Engelberg*, Einleitung zu C. v. Clausewitz „Vom Kriege", Berlin 1957, S. VII - LXII.

Reyher verfaßten Generalstabswerke wurden im Geiste und der Zielsetzung Scharnhorsts geschrieben, möglichst unter Benutzung primärer Quellen und mit Liebe zum Detail; sie sollten den Bildungsstand der Offiziere heben und ihnen brauchbare Kriegslehren vermitteln. Das Moment der Bildung spielte im reformerischen Aufbruch eine besondere, später verblassende Rolle. Troschke schrieb im Rückblick auf diese Jahre bezüglich der Eignung des Offiziers als Führer und Lehrer: „Treue, Gehorsam, Tapferkeit reichten nicht mehr aus, Bildung und Intelligenz mußten hinzutreten ...[6]." Kriegs- und Feldzugsdarstellungen sollten aber auch — und hier scheint die Warnung Scharnhorsts vor der heroischen Geschichtsschreibung vergessen worden zu sein — patriotisches Bewußtsein beleben und vaterländische Begeisterung wecken.

II. Von Moltke zum Ersten Weltkrieg

Mit Moltkes Ernennung zum Generalstabschef im Jahre 1857 begann eine besonders fruchtbare Periode der Militärgeschichtsschreibung. Moltke hatte schon immer militärgeschichtlichen Fragen größtes Interesse entgegengebracht. Seine Jugendzeit stand unter dem Eindruck der Blüte historisch-kritischen Denkens. 1848 hatte er für kurze Zeit die kriegsgeschichtliche Abteilung geleitet. Nun konnte er der militärgeschichtlichen Arbeit kräftige Impulse geben, indem er nicht nur Arbeiten anregte, sondern auch sich selbst als hervorragender Schriftsteller und Redakteur beteiligte. Die erste größere Aufgabe, an der Moltke entscheidenden Anteil hatte, war die Darstellung des italienisch-österreichischen Feldzugs von 1859. Eberhard Kessel bezeichnet das Werk als bisher unerreichtes „Vorbild kritischer Kriegsgeschichtsschreibung"[7]. Moltkes Arbeitsweise war gekennzeichnet durch „Zurückhaltung in der Kritik ..., Vorsicht in der Erörterung der politischen Gegebenheiten ..., Rücksichtnahme auf die noch Lebenden"[8]. Moltke wollte stets ausgegangen wissen von der konkreten Lage und dem Wissensstand des verantwortlich Handelnden. Nach seiner Meinung gab die „richtige historische Darstellung die schärfste Kritik"[9]. Im Zusammenhang mit dem häufig zitierten Wort Moltkes: „Es ist eine Pflicht der Pietät und der Vaterlandsliebe, gewisse Prestigen nicht zu zerstören, welche die Siege unserer Armee an bestimmte Persönlichkeiten knüpfen"[10], hat Kessel jedoch darauf hingewiesen, daß diese

6 *Th. Frhr. v. Troschke,* „Die Militärliteratur seit den Befreiungskriegen ...", Berlin 1870, S. 9.

7 *E. Kessel,* „Moltke und die Kriegsgeschichte" in: „Militärwissenschaftliche Rundschau" 6. Jg. (1941), S. 109.

8 *Umbreit,* S. 23.

9 *Kessel,* S. 115.

10 Ges. Schriften des Generalfeldmarschalls Graf H. v. Moltke, Berlin 1891, III, S. X.

Maxime nicht für das Gesamtwerk Moltkes galt, sondern für seine zeitgenössische Geschichtsschreibung, der er sich seit 1862 ausschließlich widmete. Aber trotz seiner Anlehnung an die Prinzipien historisch-kritischer Geschichtsschreibung blieb Moltke als Generalstabschef, wie seine „Rücksichtnahmen" zeigen, den verpflichtenden Normen seines Standes verhaftet. Zwar bezeichnet er als sein Ziel für die Gesamtredaktion des Werkes über 1866 militärische Belehrungen aus Kriegserfahrungen *und* historische Feststellung der Ereignisse, aber der ihm unterstehende Leiter der Kriegsgeschichtlichen Abteilung, Verdy du Vernois, sprach fast gleichzeitig von der „Vereinigung der Bedürfnisse nach kriegsgeschichtlicher Belehrung und vaterländischer Tradition"[11]. Das seit 1843 vom Generalstab herausgegebene „Militärwochenblatt" brachte in Nr. 81 vom Jahre 1879 im Schlußteil eines Artikels „Ein Wort über kriegsgeschichtliche Studien" den Satz, die Kriegsgeschichte solle „Enthusiasmus für das kriegerische Leben, Liebe zum Soldatenberuf in uns erzeugen, sie soll uns ... mit dem idealen Vorbilde des großen Heerführers" erfüllen[12]. Und noch im Jahre 1901 schrieb Oberstleutnant Duvernoy in bezug auf das Generalstabswerk über die Kriege Friedrichs des Großen: „Das Werk soll für die Armee ein historisches Denkmal ihres unzweifelhaft größten Heerführers und zugleich eine würdige Darstellung ihres eignen Heroen-Zeitalters sein"[13].

Die Redaktion des Werkes über den Krieg 1870/71 leitete zunächst Verdy du Vernois, danach Graf v. Wartensleben; im Jahre 1877 übernahm Moltke selbst die Gesamtredaktion. Die ersten Bände des Werkes fanden eine unterschiedliche Aufnahme. Moltke hatte schon anläßlich der Darstellung des Krieges von 1866 darauf geachtet, daß „preisende Epitheta" weggelassen werden sollten[14]. Nun vermißten „patriotische" Stimmen ein stärkeres, „vertretbares" Pathos in der Darstellung. Andere Kritiker bemängelten dagegen eine zu milde Beurteilung der führenden Persönlichkeiten und der höheren Stäbe. Wieder andere beanstandeten das Fehlen der politischen Zusammenhänge. Der Vorwurf, die kriegsgeschichtlichen Darstellungen des Generalstabes seien einseitig von der Schilderung der Gefechtsabläufe beherrscht, kam auch von solchen Militärschriftstellern in den eignen Reihen, die die amtliche Geschichtsschreibung wesentlich stärker den Kriterien der allgemeinen Geschichtswissenschaft verpflichtet wissen wollten. Hier seien nur Max Jähns (1837 - 1900) und Fritz Hoenig (1848 - 1902) genannt. *Jähns,* Lehrer für Kriegsgeschichte an der preußischen Kriegs-

[11] *Kessel,* S. 112.

[12] Militärwochenblatt Nr. 81/1879, Spalte 1424.

[13] *Duvernoy,* „Das Generalstabswerk über die Kriege Friedrichs des Großen" in: „Preußische Jahrbücher" Bd. 104/1901, S. 96.

[14] *Moltke,* Ges. Schriften V, s. 277; *Kessel,* S. 115.

akademie, seit 1866 Ehrendoktor der Universität Heidelberg, Verfasser der „Geschichte der Kriegswissenschaften, vornehmlich in Deutschland", betonte immer wieder, daß nicht die Darstellung der Gefechte und Schlachten wesentliches Moment der Kriegsgeschichte sei, sondern die Betrachtung der Heeresverfassung. Es ging ihm „um die Darlegung der Wechselbeziehungen zwischen dem allgemeinen geschichtlichen Leben, insbesondere den wirtschaftlichen Daseinsbedingungen der Völker und der Form ihrer Heeresverfassung"[15]. Moltke verehrte er als seinen Chef und Förderer und widmete ihm eine Biographie (drei Teile 1894 - 1900). Eine besondere Stellung in seiner Zeit nahm Fritz *Hoenig* ein. Als Hauptmann im Kriege 1870/71 schwer verwundet, nahm er seinen Abschied, studierte Kriegsgeschichte und Militärtheorie und erwies sich bald als produktiver, aber heftig umstrittener Autor. Er war einerseits ein Militärwissenschaftler par excellence, weil es ihm primär auf eine pragmatische Anwendung von Kriegslehren im taktisch-technischen Bereich ankam, andererseits vertrat er mit der Entschiedenheit eines Außenseiters das erste Gebot jeder Befassung mit Historie: unbedingte Wahrhaftigkeit. Er zog sich den Ruf eines „Wahrheitsfanatikers" zu, und als relativ unabhängiger Mann scheute er sich nicht, Fehler und Mängel der deutschen Heeresführung aufzudecken und gefeierte Persönlichkeiten von ihrem Postament zu holen. Auf Grund eingehender Studien zum Kriege 1870/71 griff er vornehmlich die Darstellung der Schlacht von Vionville-Mars la Tour im 1874 veröffentlichten Band 1 des Generalstabswerkes an. Er kritisierte rücksichtslos die Beschönigung eigner Fehler und eine unwahrhaftige Haltung gegenüber der Vergangenheit. Es dürfe keine Rücksichtnahme auf irgendwelche Prestigebedürfnisse geben. Die ganze offizielle, monopolisierte Geschichtsschreibung bezeichnete er als fragwürdig[16]. Mit seinen massiven Angriffen hatte Hoenig schwer gegen den Standesgeist verstoßen. Dies brachte ihm, neben mancher Anerkennung auch aus militärischen Kreisen, Anfeindung und über ein Jahrzehnt währende Querelen ein. Eine Persönlichkeit von der Weitsicht Moltkes, der mit führenden Historikern in geistigem Kontakt stand, war sich sicherlich des Dilemmas und inneren Spannungsverhältnisses zwischen generalstabsmäßig-amtlicher und historisch-kritischer Geschichtsschreibung bewußt. Die Rücksichtslosigkeit in der Form der Angriffe Hoenigs verletzte ihn. Er unterdrückte schließlich eine zunächst angeordnete Erwiderung. An ernsthaften Bemühungen Moltkes, eine wahrheitsgetreue Darstellung der Feldzüge durchzusetzen, kann nach seinen Äußerungen nicht ge-

---

15 *S. Koeniger*, „Max Jähns" in MGFA, Mitteilungen Nr. 16, Januar 1963, S. 1 ff.

16 *J. Hoffmann*, „Der Militärschriftsteller Fritz Hoenig" in: Militärgeschichtliche Mitteilungen" (MGM) Nr. 1/70, S. 5 ff.

zweifelt werden, jedoch blieb es sein Problem, wie dieses Streben in Einklang zu bringen war mit der Forderung, daß das amtliche Werk über den Krieg 1870/71 als „nationales Geschichtsdenkmal für die in diesem Kriege neu geeinte Nation“ abgefaßt sein müsse[17].

Trotz aller Kritik im einzelnen war der Gesamteindruck der bis zum Jahre 1878 erschienenen Bände, auch in der historischen (nationalgesinnten) Fachwelt positiv. Wie wäre das Werk sonst wohl im selben Jahr mit dem Verdun-Preis für deutsche Geschichtsschreibung ausgezeichnet worden!?

Nach dem Höhepunkt der Moltke-Zeit und mit größerem Abstand von den Kriegsereignissen setzt in der militärgeschichtlichen Entwicklung ein Abfall ein. Es tritt eine zunehmende Tendenz zum Militärfachlichen hin hervor. Die Anfänge lagen noch in der Zeit Moltkes als Generalstabschef; das Militärfachliche in der Kriegsgeschichte bestimmte maßgeblich die Lehre an der ihm unterstehenden Kriegsakademie. Im Offizierkorps läßt das Interesse an Militärgeschichte deutlich nach. Schon von Moltkes Nachfolger, Graf Waldersee, wird berichtet, daß er nicht mehr so großen Anteil an der Arbeit der kriegsgeschichtlichen Abteilung genommen habe[18]; der ihm nachfolgende Graf Schlieffen hingegen war selbst ein bedeutender Militärschriftsteller, aber von dem auf Schlieffen folgenden jüngeren Moltke vermerkt Freytag-Loringhoven, daß er „das kriegsgeschichtliche Interesse seines Vorgängers nicht besaß“[19]. G. A. E. Zernin, 1867 - 1902 Leitender Redakteur der „Allgemeinen Militär-Zeitung“, schrieb 1896: „Die Militärwissenschaft bedarf der Förderung von oben, und an solcher Förderung fehlt es schon seit geraumer Zeit[20].“ Zernins Wort richtete sich vor allem auch gegen die Unterdrückung der privaten Initiative von Offizieren zu schreiben, die durch die Zensur gelähmt wurde. Hoenig erwähnt eine königliche Verfügung vom 7. 11. 1871, wonach jeder Offizier, der über den Krieg 1870/71 schreiben wollte, an die Genehmigung des Generalstabs gebunden war[21]. Bezeichnend für das sich verschlechternde Klima für wissenschaftliche Tätigkeit war die Tatsache, daß es, wie Hoenig schrieb, „in unserem Vaterlande eher ein Makel, als eine Ehre ist, Militärliterat zu sein“[22]. Auch Freytag-Loring-

---

[17] *Kessel*, S. 117.

[18] ebd., S. 115.

[19] Zweimal (1893, 1898) zur kriegsgesch. Abt. versetzt, 1901 Leiter, später (1910) Oberquartiermeister Kriegsgeschichte (OQK). „Menschen und Dinge, wie ich sie in meinem Leben sah“, Berlin 1923, S. 132.

[20] *K. Flöring*, „Zur Geschichte der Allgemeinen Militärzeitung 1896 - 1902“ in: MGM 2/75, S. 28.

[21] *Hoffmann*, Fritz Hoenig S. 17.

[22] *F. Hoenig*, „Mannszucht“, S. 200 zitiert bei *Hoffmann*, S. 16.

hoven bestätigt in seinen Erinnerungen, daß man von einem schreibenden Offizier, einem „kerl, der spekuliert“, nichts wissen wollte[23]. Graf Schlieffen äußerte gelegentlich, daß die frühere Generation der Armee aus der Zeit Wilhelms I. „dem Studium fleißig obgelegen habe“. Von der jetzigen könne man das nicht in gleichem Maße sagen[24].

Die Bevorzugung der Bearbeitung militärischer Operationen zum Nachteil einer ganzheitlichen Betrachtung politisch-militärischer Wechselwirkungen — die von fortschrittlich denkenden Militärschriftstellern nicht gebilligt wurde — hängt zweifellos auch damit zusammen, daß die Bedeutung rein militärischer Steuerung eines Krieges seit Moltke dominierte[25]. Die Tendenz zur Spezialisierung, der auch die wachsende Technisierung zugrunde lag, erklärt die Ausrichtung der militärgeschichtlichen Arbeit auf das „Metier“. Parallel zur Distanzierung der Armee von der gesellschaftlich-politischen Entwicklung[26] manövrierte sich die Militärgeschichte auf eine Linie, die sie auf die Dauer von der allgemeinen Geschichtswissenschaft scharf trennen mußte. Die Reaktion der Historiker blieb nicht aus. H. Diemer nahm eine militärgeschichtliche Schrift (K. Frhr. v. Reitzenstein: „Der Feldzug des Jahres 1622 am Oberrhein...“) zum Anlaß, sich grundsätzlich als Historiker von dieser Art militärischer Geschichtsschreibung abzusetzen. „Das Buch“, so schrieb er, „gehört nicht unmittelbar der Geschichtswissenschaft an, es ist kriegswissenschaftlich, militärisch.“ Es handle sich um eine Verschiedenheit der Aufgabe der Erkenntnis gegenüber dem gleichen Stoff. Es gebe eine Übereinstimmung in Heuristik und Stoff, aber Abweichungen in der Auffassung und völliges Auseinandergehen in der Darstellung, namentlich in bezug auf Auswahl und Verdichtung[27]. Besonders das im Jahre 1890 begonnene, bis 1913 fortgeführte, aber nicht vollendete Generalstabswerk über die Kriege Friedrichs des Großen zog die Kritik der historischen Zunft auf sich. Duvernoy beklagte sich 1901: „Es ist versucht worden, der kriegsgeschichtlichen Abteilung des Generalstabs die Befähigung abzusprechen, ältere Kriegsgeschichte zu schreiben“, weil „unbedingt die Schulung der Universität... dazu gehöre, um richtige Quellenkritik zu üben...[28]“. Auch Freytag-Loringhoven bemerkt in seinen Erinnerungen, daß das Generalstabswerk „von den Geschichtsschreibern vielfach angefeindet

23 *Freytag-Loringhoven*, Menschen und Dinge, S. 100.

24 ebd., S. 98.

25 *M. Messerschmidt*, „Militärgeschichte im 19. Jh. 1814 - 1890“, I, S. 318, II, S. 119, in: „Handbuch zur deutschen Militärgeschichte“, hg. vom MGFA, Lieferungen IV 1 und 2, München 1976.

26 *Messerschmidt*, I, S. 324.

27 *H. Diemer*, Rezension der Schrift K. Frhr. v. Reitzenstein: „Der Feldzug des Jahres 1622 am Oberrhein ...“ in: HZ Nr. 73, 1894, S. 91.

28 *Duvernoy*, S. 98.

worden“ sei und daß sich „vor allem die Delbrücksche Schule hoch erhaben über die Veröffentlichungen des Generalstabs“ glaubte[29]. Umgekehrt sahen die Historiker Anlaß, sich dagegen zu verwahren, daß sie „sich überhaupt in kriegsgeschichtlichen Dingen dem fachmännischen Urteil des Kriegskundigen unterzuordnen hätten“[30].

Zieht man rückblickend eine Summe aus den geschilderten Bekundungen der mit militärgeschichtlicher Forschung verfolgten Absichten, so schälen sich mehrere, z. T. in Widerspruch nebeneinander herlaufende Tendenzen heraus: 1. das Streben nach objektiver Wahrheit im Sinne historisch-kritischer Forschung; 2. die Betrachtung militärgeschichtlicher Ereignisse in ihren übergreifenden Zusammenhängen — beides zur Förderung wissenschaftlicher Erkenntnis und Bildung; 3. die Beschränkung der Betrachtung auf das eng Militärfachliche; 4. die Abstraktion unmittelbaren Nutzens zur Gewinnung operativer und taktischer Lehren — beides auf die praktische Ausbildung des Generalstabsoffiziers zielend, wobei das Maß historischer Treue logischerweise in direktem Verhältnis zum praktischen Nutzen zu sehen war; 5. die Erziehung zu nationalem Stolz und patriotischem Empfinden, Bewahren des Prestiges der Armee — wobei die historische Treue Einbußen erleiden konnte.

III. Vom Ersten zum Zweiten Weltkrieg

Der Ausbruch des Ersten Weltkriegs setzte den militärgeschichtlichen Arbeiten des Generalstabs ein vorläufiges Ende. Die Dienststelle des Oberquartiermeisters Kriegsgeschichte (OQK) wurde aufgelöst. Der dem Chef des Generalstabs zugetragene Gedanke, das deutsche Volk über den Verlauf des Krieges zu unterrichten, um „seine ... Begeisterung, Opferfreudigkeit und (sein) Vertrauen in Führung, Heer und Flotte zu erhalten“[31], führte im Laufe des Krieges zu verschiedenen Ansätzen zeitgeschichtlicher Kriegsgeschichtsschreibung und entsprechenden organisatorischen Überlegungen. Aber erst im Oktober 1918 entstand wieder eine kriegsgeschichtliche Abteilung beim Chef des Generalstabes des Feldheeres, zum OQK wurde Oberst Ritter Mertz

---

29 *Freytag-Loringhoven*, Menschen und Dinge, S. 93.

30 So Julius Ficker 1883 in einer Kontroverse mit einem General Köhler. Ficker wollte Geschichte und Kriegsgeschichte deutlich voneinander abgrenzen. Zitiert nach *Hürten*, Militärgeschichte ..., S. 5/6.

31 *M. Reymann*, „Die Entstehung des Reichsarchivs und die Bearbeitung des amtlichen Weltkriegswerks 1914 - 1918 ...“, nach amtlichen Quellen und persönlichen Erinnerungen, Masch. schriftl. Manuskript, Bl. 12. Die Niederschrift wurde im Jahre 1944 vorgenommen und fertiggestellt, eine „Rückschau“ im Januar 1953 hinzugefügt. Die Ausarbeitung ist die fast ausschließliche Quelle der folgenden Ausführungen.

v. Quirnheim ernannt. Da der Versailler Vertrag das Weiterbestehen des deutschen Generalstabs verbot, mußte für die künftige Militärgeschichtsforschung eine Lösung gefunden werden. Dies führte, nach einem Beschluß des Reichskabinetts vom 5. September 1919 zur Begründung des Reichsarchivs — aus militärischer Sicht eine Not- und Verlegenheitslösung[32]. Für den Etat wurden 147 Offiziersstellen beantragt; dazu bemerkt Reymann: „Im Gedanken an die Erhaltung der Tradition des Großen Generalstabs und in dem Bestreben, möglichst vielen Kameraden eine neue Lebensstellung zu schaffen, waren die ersten Organisatoren eifrig bemüht, dem Reichsarchiv einen möglichst großen Rahmen zu schaffen"[33]. Am 1. April 1920 wurde das Reichsarchiv als Zivilbehörde, vom Reichsinnenministerium ressortierend, etatisiert; die Offiziere erhielten den Status von Reichsbeamten, Leiter wurde Mertz v. Quirnheim im Range eines Präsidenten.

Bedeutet die Errichtung des Reichsarchivs nach der historischen Zäsur des Jahres 1918 einen Neubeginn in Aufgabenstellung und Zielsetzung der Militärgeschichte?

Schon in der 1918 neugegründeten Kriegsgeschichtlichen Abteilung hatte man, unter dem Eindruck der revolutionären Ereignisse, Überlegungen für die künftige Arbeit angestellt. Reymann berichtet:

> „Ziele und Aufgaben ... waren durch ... die Entwicklung des Kriegsgeschehens, wie auch durch die anschließende staatliche Umwälzung ... andere geworden. Sie mußten nicht nur wesentlich erweitert, sondern ... entsprechend den neuen Zeitverhältnissen völlig umgestaltet werden. Der Offizier im neuen republikanischen Heer bedurfte nicht nur einer Erweiterung seiner militärisch *fach*wissenschaftlichen Ausbildung, sondern auch einer Vertiefung seiner *allgemein* wissenschaftlichen Bildung, die ihn befähigte, seine Aufgaben als Führer im Volksheer nicht nur rein militärisch als Soldat, sondern auch ... rein *menschlich als Staatsbürger* zu erfüllen[34]."

Eine ad hoc-Kommission aus dem Bereich des OQK, das „kaum zu umgehende", neu zu gründende Reichsinstitut im Auge, hatte sich ebenfalls mit Anregungen und Vorschlägen für die künftig zu leistende Arbeit befaßt. Sie setzte dabei in ihrem Entwurf ein paar bemerkenswerte Akzente; von einer „völligen Umgestaltung" der Ziele war darin keine Rede mehr. Diesen Entwurf hatte die (für die „Abwicklung" des Generalstabes geschaffene) „Dienststelle General v. Seeckt" am 12. 7. 1919 als Grundlage für eine „Denkschrift über die Zukunft der Archive und kriegsgeschichtlichen Abteilungen des Großen Generalstabs" übernommen. Es heißt darin: Erst die Auswertung der toten Werke des

---

32 *Reymann*, Bl. 458.

33 ebd., Bl. 459.

34 ebd., Bl. 62, vgl. hierzu *Troschke* für die Zeit nach 1815, s. o. S. 371.

Archivs setze diese in *werbende* ! Kraft um; aber nur bei amtlicher Auswertung durch das Reich. Denn ein Privatschriftsteller arbeite materiell für sich selber und ideell nur sehr bedingt für den Staat, häufig aber gegen ihn.

„Für den Aufbau Deutschlands müsse dem seelisch, geistig und physisch niedergebrochenen Volk vor allem der Glaube an sich selbst und seine Zukunft wiedergegeben werden. Kein Mittel sei dazu so geeignet wie die Wiederbelebung der Erinnerung an die Großtaten während des Weltkrieges. Diesen Weg tatkräftig und zielbewußt zu weisen, seien in erster Linie die kriegsgeschichtlichen Abteilungen mit ihren Veröffentlichungen berufen[35]."

Die amtliche Geschichtsschreibung, so heißt es an anderer Stelle, dränge in neue Bahnen. Eine zielweisende Stelle habe der Gesamtheit des deutschen Volkes sittliche und geistige Stärkung zu geben. Die Geschichtsschreibung müsse eine nachhaltige Wirkung erzielen als Gegenwirkung „gegen die offene Geschichtsfälschung und die lügenhafte Verleumdung der feindlichen Politik, Propaganda und Literatur". Diese Aufgabe müßten vor allem besonders geeignete Generalstabsoffiziere übernehmen[36]. In einem weiteren Schreiben vom 27. 8. 1919 — der Reichsinnenminister hatte bei einem Vortrag des Obersten v. Haeften (als Beauftragten Mertz v. Quirnheims) die Frage gestellt, in welchem Geiste die wissenschaftliche Arbeit im künftigen Reichsarchiv betrieben werden solle — hatte die Dienststelle Seeckt ihre Vorstellungen präzisiert: die Aufgaben hätten sich vor allem in zwei Richtungen zu bewegen: 1. Hebung der sittlichen Werte, um zur Gesundung der deutschen Volksseele mitzuwirken; 2. wissenschaftliche Feststellung des objektiven Tatbestandes aller geschichtlichen Geschehnisse; unter Fernhaltung aller Tendenz gelte es, die volle Wahrheit zu erforschen. Die „feindliche" Geschichtsschreibung sei eifrig am Werke, Geschichtsfälschung zum Nachteil Deutschlands zu betreiben. Pflicht gegenüber unseren gefallenen Helden sei es, nicht nur ein Denkmal der opferwilligen Hingabe und gewaltigen Leistungen ... zu errichten, sondern auch gegenüber der feindlichen Lüge der Wahrheit in der Welt zum Siege zu verhelfen.

Es ist schwer zu verstehen, daß den Verfassern dieser pathetischen Sätze die innere Brüchigkeit ihrer Postulate nicht bewußt gewesen sein sollte und ebenso, daß ihre volkspädagogischen Bemühungen mit der Erforschung der „vollen Wahrheit" in Konflikt geraten mußten. Gegenpropaganda gegen „feindliche" Verleumdungen — und dazu gab es Ursache — war berechtigt; aber sie durfte nicht als Ergebnis historischer Forschungsarbeit ausgegeben werden. Bei allem Verständnis

---

[35] ebd., Bl. 67.

[36] ebd., Bl. 68.

für den „Geist der Zeit“: die schlichte Naivität, mit der die Geschichtsschreibung des Auslands global als Lüge bezeichnet und die geschichtliche Wahrheit für die eigne Seite okkupiert wird, ist erstaunlich.

So überrascht es nicht, daß in einer Kabinettssitzung vom 1. 9. 1919 die Denkschrift der Dienststelle Seeckt einhellig abgelehnt wurde. Haeften, in Vertretung Mertz v. Quirnheims, hatte daher die Denkschrift zurückgezogen und eine neue verfaßt, „die sich, ohne Preisgabe der bisherigen Ziele ... mehr in Übereinstimmung mit den Anschauungen der Reichsregierung“ befand. Die neue Denkschrift („Errichtung eines Reichsarchivs“) enthielt als wesentliche Aufgaben lediglich: 1. Schaffung eines historischen *Kultur*werks (Hervorhebung durch den Verfasser); 2. wissenschaftlich-kritische Durchsicht der Akten[37].

Nach der Etatisierung des Reichsarchivs befaßte sich der Präsident erneut mit den Aufgaben. Er warf die Frage auf, ob sich das Reichsarchiv nicht entwickeln solle zu einer „historischen Forschungsstätte für die gesamte neuere Geschichte des Deutschen Reiches“. In der kurzen Zeit seines Bestehens habe es sich zum allgemeinen wissenschaftlichen Forschungsinstitut entwickelt. Die Forschung müsse kritisch-wissenschaftlich sein, alle persönlichen Rücksichten müßten ausgeschaltet werden, private Forschung sei zu fördern. Die Sprache des Präsidenten, der in „Anhaltspunkten“ vom März 1919 noch das „Bild des Heldenkampfes“ beschworen und davon gesprochen hatte, daß neben den Schrecken des Krieges seine „erhebende Macht“ nicht verschwiegen werden dürfe, daß das zu schaffende Weltkriegswerk „eine Schule für das ganze Volk“ sein solle, seine Sprache „kernig, klar, *deutsch*“ sein müsse, war wesentlich nüchterner geworden. Seine „Richtlinien“ von 1923 fordern erneut die Anwendung der allgemeinen Regeln historischer Forschung und die Einbeziehung der politischen, wirtschaftlichen, kultur- und sozialgeschichtlichen Vorgänge, soweit sie für die Erkenntnis der Kriegsvorgänge unentbehrlich sei.

In dem Zurückdrängen der militärisch-fachlichen Gesichtspunkte, der Ausweitung der amtlich betriebenen Militärgeschichte auf nichtmilitärische Bereiche und dem betont wissenschaftlichen Impetus des verantwortlichen Leiters kann man mit Heinz Hürten den Anbruch einer neuen Epoche sehen[38]. Gleichwohl war das Neue doch mehr Programm und die Kräfte der Kontinuität generalstabsmäßigen Denkens stark, wie sich der zitierten Seeckt-Denkschrift, der nie unterbrochenen, diskreten Zusammenarbeit mit dem Reichswehrministerium und mancher bestätigenden Äußerung nach 1933 entnehmen läßt. Anpassungsvorgänge

---

37 ebd., Bl. 72 f.

38 *Hürten*, Militärgeschichte S. 11.

unter dem Druck der Zeitumstände dürfen nicht täuschen. Das Problem ist auch Hürten bewußt, wenn er von der durch den „amtlichen" Charakter bedingten „Einengung der wissenschaftlichen Aussagemöglichkeiten unter sachfremden Gesichtspunkten" und der „Beharrungskraft militärischer Traditionen" spricht[39].

Ein Gegengewicht gegen „Beharrungstendenzen" bildete die durch Erlaß des Reichspräsidenten am 17. Juli 1920 berufene „Kommission für das Reichsarchiv". Neben dem Ziel, die Militärgeschichtsschreibung enger an die Geschichtswissenschaft zu binden, ist zu vermuten, daß damit zugleich eine gewisse politische Kontrollfunktion ins Auge gefaßt war. Die Kommission sollte „das Reichsarchiv in seiner wissenschaftlichen Tätigkeit beraten, die Verbindung ... mit der Wissenschaft herstellen und über die Unabhängigkeit seiner Forschungen wachen"[40]. Als Mitglieder wurden vom Reichspräsidenten namhafte Gelehrte und Generäle berufen[41]. Die Kommission befand, ob eine Arbeit veröffentlichungsreif war, und sie war bei der Anstellung höherer Beamter zu hören. Im November 1920 wurden 25 Beamte des höheren Dienstes eingestellt, deren Auswahl zum Teil durch parteipolitische Rücksichten bestimmt war. Die damit gegebene Heterogenität des Mitarbeiterstabs hat nach dem Zeugnis Reymanns zu schweren Belastungen der Arbeit geführt[42]. (Am 1. 4. 1921 betrug die Gesamtzahl der wissenschaftlichen Beamten 101, davon 62 ehemalige Offiziere; später erfolgte ein starker Abbau). Auch die Kommission war nicht frei von parteipolitischem Druck. So wurde im Jahre 1922 Professor Gustav Mayer auf Betreiben des Reichsinnenministers in die Kommission berufen, da die „Heranziehung eines Gelehrten von sozialistischer Weltauffassung" erwünscht schien[43].

Die Konzeption des Präsidenten des Reichsarchivs, ein etwa zehnbändiges Werk über den Weltkrieg in Angriff zu nehmen, war von Querelen mit Mitgliedern der Kommission überschattet. Delbrück, der seit jeher der offiziellen Geschichtsschreibung skeptisch gegenüberstand, erhob den Einwand, einem vom Reichsarchiv amtlich herausgegebenem Werk würde der Anspruch innewohnen, die normale, wissenschaftlich ... allein berechtigte Auffassung darzustellen. Dies

---

[39] ebd., S. 10 ff.

[40] *Reymann*, Bl. 90.

[41] Der Kommission gehörten an: Reichskanzler a. D. v. Bethmann-Hollweg, Staatssekretär im RMI Dr. Lewald, die Generäle a. D. v. Borries und v. Freytag-Loringhoven, die Professoren Goetz, Kehr, Marcks, Meinecke, Oncken, Delbrück, Schulte, Schuhmacher, Schreiber. ebd., Bl. 92. Später traten hinzu: die Generäle v. Kuhl und Groener, die Professoren Mayer, G. Brackmann und Rothfels.

[42] Reymann, Bl. 101, ausführlicher, Bl. 163, 460.

[43] ebd., Bl. 125.

würden sich die Parteien nimmermehr gefallen lassen. Reymann verurteilt die „linksdemokratische“ Einstellung Delbrücks, die von fast der Hälfte der 1921 eingestellten Beamten geteilt werde. Seine Sympathie gehört den „auf dem Boden der Rechtsparteien“ stehenden Beamten; für ihn waren Bergsträßer, Valentin und Hobohm wenig brauchbare „Linkspazifisten“.

Delbrück setzte sich schließlich nicht durch, die Mehrheit der Kommission stimmte dem Projekt zu. Die inneren Schwierigkeiten des Archivs, der Druck konkurrierender Behörden, dem es ausgesetzt war, können hier nicht dargestellt werden. Die dadurch hervorgerufene Krise hatte schließlich zur Folge, daß ab 1923 die Bearbeitung außenpolitischer Vorgänge eingestellt wurde und die Bearbeitung der kulturellen, wirtschaftlichen und soziologischen Themen nicht gedieh, so daß tatsächlich, abgesehen von den Sonderbänden über das Feldeisenbahnwesen und „Kriegsrüstung und Kriegswirtschaft“, nur die von dem stabilen, „unpolitischen“ Kern der ehemaligen Offiziere geschriebenen Bände heranreiften und publiziert wurden[44].

Im Zusammenhang mit dem Wegfall der außenpolitischen Themen ist eine Fühlungnahme des Präsidenten mit dem Reichswehrministerium im Oktober 1922 aufschlußreich. Der zu einer Besprechung entsandte Reichswehroffizier trug vor, daß sein Ministerium zwei Dinge für notwendig halte: 1. Die Fortsetzung der Bearbeitung des Weltkriegs als Material für die Ausbildung der jüngeren Offiziere; 2. Die Bearbeitung durch *Fach*leute (Hervorhebung durch den Verfasser), also frühere Offiziere. Ein „streng vertraulicher“ Entwurf des Reichswehrministeriums vom 22. 12. 1922 hält fest, „daß es im engsten Kreis ruhig ausgesprochen werden könne“, daß das Reichsarchiv ursprünglich gedacht war, Erbe und Nachfolger der beiden kriegsgeschichtlichen Abteilungen des ehemaligen Großen Generalstabs zu sein. „Diese haben vorwiegend der rein militärischen Forschung und Geschichtsschreibung gedient[45].“ Und: „Das Reichswehrministerium sieht im Reichsarchiv eine rein militärische Forschungsstelle.“ Eine Geschichte des Krieges könne durchaus rein vom militärischen Standpunkt aus geschrieben werden, ohne jede politische Erörterung.

„Politische Tatsachen brauchen ihrer Richtigkeit nach überhaupt nicht besprochen zu werden, so ist z. B. der Durchmarsch durch Belgien ... eine gegebene Tatsache, die rein militärisch zu würdigen ist, deren politische Folgen aber nicht zu erörtern sind.“

Mit diesen Anschauungen, die hinter die Zeit Scharnhorsts zurückgingen, konnte sich Mertz v. Quirnheim nicht identifizieren. In einem

---

44 *Umbreit*, S. 48.
45 Reymann, Bl. 154.

Antwortentwurf äußerte er „lebhafteste Bedenken“ gegen eine Bindung der militärischen Geschichtsschreibung lediglich an militärische Fachleute. Der Gang der kriegerischen Ereignisse sei in so zwingender Weise von politischen und wirtschaftlichen Einflüssen beherrscht gewesen, daß die Mitarbeit von Fachkennern auch auf diesen Gebieten unbedingt notwendig sei, wenn auch, in bezug auf politische Ereignisse bei Darstellung der kriegerischen die äußerste Zurückhaltung geübt werden solle[46].

Vom Jahre 1925 an erschien das Weltkriegswerk in zügiger Folge. Während vor der Drucklegung der ersten beiden Bände Meinecke, Delbrück und Goetz sich gegen eine Veröffentlichung wandten, da sie den Inhalt der Bände nicht decken könnten, stimmte Delbrück im Jahre 1926 dem Gutachten zu den Bänden III und IV des „ausgezeichneten“ Kriegswerks mit „Freudigkeit“ zu. Vermutlich hat das positive Echo der veröffentlichten Bände im In- und Ausland zu diesem Umschwung beigetragen. Ursache, Unwillen zu bekunden, bot dagegen ihm und Meinecke eine von Oberarchivrat Wolfgang Foerster, dem späteren Präsidenten der Kriegsgeschichtlichen Forschungsanstalt verfaßte Festschrift zum 80. Geburtstag Hindenburgs („Hindenburg als Feldherr“)! Delbrück äußerte sich scharf polemisch gegen die von Meinecke als „geschichtswidrig und tendenziös“ bezeichnete Schrift Foersters. Im einzelnen warf er ihm vor, er habe Behauptungen über die Regierung des Prinzen Max von Baden aufgestellt, die nicht den Tatsachen entsprächen. (Foerster hatte die *heldische* Denkart der Offiziere im Gegensatz zur Haltung der Regierung gerühmt.) Er, Delbrück, möchte sich zwar nicht nachsagen lassen, daß er für heldische Denkart nicht genügend Sinn habe, er halte es aber für eine „völlig sinnlose Redensart“, daß das deutsche Volk eine letzte Anstrengung hätte aufbringen sollen, um heroisch unterzugehen[47]. Die Kontroverse über Foerster, den die Generale v. Kuhl und v. Borries unterstützten, spaltete die Kommisison in zwei Lager; sie beleuchtete recht gut den Gegensatz zweier Welten: jener der konservativen, deutsch-national empfindenden Generalstäbler und der kritischen Gelehrten, die sich zwar keinen Mangel an Nationalgesinnung vorwerfen lassen wollten, denen aber ein heroischer Untergang um der Ehre willen suspekt erschien[48].

---

46 ebd., Bl. 171/172.

47 ebd., Bl. 292, 301.

48 Die Angelegenheit hatte noch ein Nachspiel. Als im Dezember 1931 der Nachfolger Mertz v. Quirnheims, Präsident Oberst v. Haeften, den hervorragend beurteilten Foerster zum Direktor der Kriegsgeschichtlichen (später „Historischen“) Abt. befördern lassen wollte, konnte er dies nur schwer gegen den Widerstand der Professoren Meinecke, Oncken, Meyer und Schreiber durchsetzen. Oncken sprach von einem „literarischen Doppelleben“ Foersters. Dessen Hauptwidersacher, Delbrück, war 1929 gestorben. Reymann, Bl. 321 ff.

Im März 1933 tagte die Kommission für das Reichsarchiv zum letzten Mal. Auf Antrag des Präsidenten v. Haeften wurden die Mandate der Mitglieder nicht erneuert. Damit war das Archiv der lästigen Instanz entzogen, die oft „wie ein Bleigewicht an unseren Arbeiten lastete" (W. Foerster am 26. 5. 1937)[49]. Jetzt wurde auch die Beamtenschaft des Archivs von „Linkspazifisten" gereinigt. Reymann vermerkt mit unverhohlener Befriedigung: „Am 28. Juni 1933 meldeten die Zeitungen, daß „Rot-Weimars Hofhistoriker ... Bergsträßer ... Valentin ... Hobohm in den Ruhestand versetzt seien, auch eine Folge des seit dem 30. Januar 1933 wehenden frischen Windes[50]." Mit dem „frischen Wind" trat auch das Reichswehrministerium auf den Plan, das seit den frühen zwanziger Jahren seinen Einfluß gewahrt hatte. Es beanspruchte den Übergang der kriegsgeschichtlichen (d. „Historischen") Abteilung in seine Zuständigkeit.

Ein Vorschlag Haeftens, die Historische Abteilung des Reichsarchivs mit der Seekriegsgeschichtlichen Abteilung des Marinearchivs zu einem historischen Forschungsinstitut des Reichs zu vereinen, drang nicht durch. Direktor Foerster nahm, „auf Veranlassung" des Präsidenten, am 10. 1. 1934 zu den Wünschen des Reichswehrministeriums Stellung mit den Worten, daß er die Unterstellung „auf das wärmste" begrüße. Sie wurde Wirklichkeit mit der Errichtung der „Forschungsanstalt für Kriegs- und Heeresgeschichte" am 1. 4. 1937 (ab 1. 4. 1937 „Kriegsgeschichtliche Forschungsanstalt) unter Direktor, später Präsident Foerster. In einem Begrüßungsschreiben an die neue Behörde führte der Chef des Truppenamtes, General Beck, unter anderem aus: ein altes Band werde neu geknüpft, aber auch als zivile Behörde habe das Reichsarchiv die Tradition der Kriegsgeschichtlichen Abteilung des alten Generalstabs wahrgenommen. Das „neue Deutschland" habe jetzt die Eingliederung ins Reichswehrministerium ermöglicht, dem sie innerlich wohl immer angehört habe[51]. Die „Forschungsanstalt" setzte das Weltkriegswerk fort; die direkte Leitung der Arbeiten übernahm nun Direktor Th. v. Schäfer. Die Richtlinien, die Foerster im Jahre 1932, nach Abschluß des Bandes VIII, als damals neu ernannter Direktor der „Historischen Abteilung" herausgegeben hatte, waren für die weitere Arbeit maßgebend. Sie forderten vor allem *sachliche* Einheitlichkeit des Werks, die sich nur in der „Wahrung eines einheitlichen, Widersprüche und Unklarheiten ausschließenden Standpunktes gegenüber den Forschungsergebnissen und den aus ihnen gezogenen Schlußfolgerungen äußern" könne[52].

---

49 ebd., Bl. 222.

50 ebd., Bl. 343.

51 ebd., Bl. 357.

52 ebd., Bl. 422.

Im Rückblick kann man sagen, daß das Reichsarchiv einen sehr dornigen Weg gegangen ist und seine Leiter ein großes Maß an taktischem Geschick entfalten mußten, um die Existenz ihrer Institution zu sichern. Ihre oft widersprüchlichen Bekundungen machen es schwer, herauszufinden, was Taktik, was ihre eigentliche Meinung war. Sicherlich waren sie der Tradition ihres soldatischen Berufsstandes eng verbunden; andererseits führte sie ihre Arbeit in die Berührung mit der Wissenschaft und konfrontierte sie mit kritisch-wissenschaftlichem Denken. Eine Anzahl der „Offiziersbeamten" des Reichsarchivs haben zudem promoviert. Die Präsidenten des Archivs mußten zwei Gesichter zeigen: eines zur Reichswehr hin, benötigte man doch für die Arbeit das Vertrauen und die Informationen der ehemaligen Führer im Kriege, und eines zur Kommission hin mit ihren streitbaren Professoren, deren Vertrauen das Archiv ebenfalls besitzen mußte. Den Repräsentanten der Reichswehr gegenüber mußte die Archivleitung die Gewähr bieten, daß sie ganz im Geiste des alten Generalstabs wirke, der Kommission gegenüber mußte sie überzeugend dartun, daß sie nach den Grundsätzen der historischen Wissenschaft verfahren wolle.

Das Dilemma klingt in den von Zeit zu Zeit erneuerten „Richtlinien" an, so wenn z. B. Haeften 1931 erschöpfende „wissenschaftliche Genauigkeit" und gleichzeitig, hinsichtlich der „kritischen Bewertung" führender Persönlichkeiten „Zurückhaltung" forderte[53]. Dieselbe Zwiespältigkeit kommt auch in einem im Oktober 1944 geschriebenen — sonst sehr ausgewogenen — Erfahrungsbericht Th. v. Schäfers zum Ausdruck. „Forschung und Kritik", so meinte er, „brauchten angesichts des Zusammenbruchs aller während des Krieges maßgebenden Gewalten, vor niemandem Halt zu machen und hatten daher in einem Umfang freie Bahn, wie es so kurz nach großen Geschehnissen nur selten der Fall sein wird . . ."[54]. Gleichzeitig stellt er fest, daß die Kritik „vornehm und zurückhaltend" zu sein hatte. An anderer Stelle führt er aus, daß „besondere Rücksichten auf bestimmte Persönlichkeiten im allgemeinen nicht erforderlich" gewesen sei und das bekannte Moltkewort (s. o. S. 371) seine Bedeutung „fast" ganz verloren habe. Freilich hätte „zersetzender" Darstellung, z. B. gegen Ludendorff und Hindenburg vorgebeugt werden müssen[55]. In einem Rückblick vom März 1953 bemerkt Reymann zu diesem Problem, eine völlige Unabhängigkeit sei „einfach ausgeschlossen", „eine glatte Unmöglichkeit" gewesen. Besonders einschneidend habe sich die Befragung ehemals führender Persönlichkeiten ausgewirkt: „Die späteren Generalfeldmarschälle v. Blomberg und

---

[53] ebd., Bl. 454.
[54] ebd., Bl. 439.
[55] ebd., Bl. 454.

v. Bock ... versuchten mit allem Nachdruck" die Darstellung von Vorgängen aus dem Jahre 1918 „in ihrem Sinne zu beeinflussen"[56].

Bei aller Anerkennung der historiographischen Leistung haben spätere Beurteiler des Weltkriegswerks doch kritisch angemerkt, daß es nicht frei von „Apologie" sei[57].

Der letzte Band (XIV) hätte Anfang 1944 erscheinen können; durch Luftangriffe wurden aber sämtliche Druckunterlagen vernichtet. Bereits im Januar 1943 hatte die Kriegsgeschichtliche Forschungsanstalt auf Vorschlag der Preußischen Akademie der Wissenschaften zu Händen des Präsidenten Foerster den Verdun-Preis für das Jahr 1943 erhalten. In der Verleihungsurkunde wurde das Werk gefeiert als „Dokument der Waffentaten des deutschen Heeres", das zu dem „gewaltigen Erleben unserer Tage Beziehung" habe. Es habe seine Aufgabe vor allem darin gesehen, die „Tradition des preußischen Generalstabs lebendig zu erhalten und dem Offizierkorps der Reichswehr das geistige Rüstzeug ... zu geben"[58]. Hitler verlieh Foerster im Jahre 1944 den Titel „Professor".

Präsident v. Haeften, seit 1934 im Ruhestand, identifizierte sich in einem Aufsatz im Jahre 1935 im nachhinein mit dieser Interpretation der Aufgaben des Reichsarchivs[59]. Hürten bemerkt hierzu kritisch: Was aber v. Haeften als Durchsetzen der „wissenschaftlichen Unabhängigkeit", der „Freiheit von ministerieller Beinflussung und politischer Bevormundung" betrachtete, war im historischen Kontext zugleich die Wahrung einer politischen und sozialen Form amtlicher Militärgeschichtsschreibung, die als solche im Koordinatensystem ihrer staatlichen Existenz fragwürdig geworden war"[60]. Die oben zitierten Bekundungen nach 1933 vermitteln schließlich den Eindruck, daß die bestimmende Motivation der Archivleiter doch war, den „alten Geist" in eine „bessere Zukunft" hinüberzuretten, die dann gerade Männer von ihrem Zuschnitt enttäuschte.

Parallel zum Weltkriegswerk entstand das Seekriegswerk des im Jahre 1919 geschaffenen Marinearchivs[61]. Ein wesentlicher Unterschied zum Reichsarchiv war, daß das — kleinere — Institut der Marine im

---

56 ebd., Bl. 462 f.

57 *Meier-Welcker*, „Entwicklung und Stand ...", S. 123.

58 Reymann, Bl. 375.

59 *H. v. Haeften*, „Neuzeitliche kriegsgeschichtliche Forschungsmethoden" in: „Wehr und Wissen" 16. Jg. (1935), ausführlich zitiert bei Hürten, Militärgeschichte ... S. 9.

60 Hürten, S. 10.

61 Zur organisatorischen Entwicklung und literarischen Produktion s. *G. Sandhofer* in: *U. v. Gersdorff*, Hg. „Geschichte und Militärgeschichte", S. 55 bis 66.

Dienstbereich des Reichswehrministeriums verblieb. Unter der Leitung von Konteradmiral v. Mantey und seinem Nachfolger Konteradmiral K. Aßmann brachte das Archiv in relativ schneller Folge neben anderen Schriften die gewichtigen Bände über den Seekrieg heraus. Wie das Reichsarchivwerk fand auch „Der Krieg zur See 1914 - 1918" Anerkennung, sogar durch die wissenschaftliche Fachwelt. Die Admirale Mantey, Groos, Raeder (ebenso wie die Generäle Mertz v. Quirnheim, v. Haeften und v. Freytag-Loringhoven) erhielten Ehrendoktorate deutscher Universitäten. Aßmann hat im Jahre 1961 sich über die apologetische Tendenz des Seekriegswerks und die Einflußnahme des Chefs der Marineleitung, Raeder, kritisch ausgesprochen[62].

Das Marinearchiv wurde im Jahre 1933 in die „Kriegswissenschaftliche Abteilung der Marine" umbenannt; etwa gleichzeitig entstanden die (7.) „Kriegswissenschaftliche Abteilung des Generalstabs" und (1936) die „Kriegswissenschaftliche Abteilung der Luftwaffe". Die „Kriegsgeschichtliche Forschungsanstalt" bestand neben der 7. Abteilung und dem neu geschaffenen Heeresarchiv bis Kriegsende fort. Bereits mit Wirkung vom 1. 3. 1943 war durch Erlaß des Chefs OKW zusätzlich eine „Kriegswissenschaftliche Abteilung des Oberkommandos der Wehrmacht" gebildet worden, deren Aufgaben sein sollten: 1. Darstellung des Großdeutschen Freiheitskampfes nach besonderer Weisung des Führers; 2. Sicherstellung der Einheitlichkeit der gesamten militärischen Geschichtsschreibung (d. h. „Gleichschaltung"); 3. Zensur des einschlägigen Schrifttums. Am 17. 5. 1942 hatte Hitler einen „Beauftragten des Führers für die militärische Geschichtsschreibung" ernannt (Generalmajor Scherff), dem seit Frühjahr 1943 außer der Kriegswissenschaftlichen Abteilung des OKW auch das Heeresarchiv und die „Kriegsgeschichtliche Forschungsanstalt" unterstanden.

Die Tendenzen der Militärgeschichtsschreibung im Dritten Reich bedürfen keiner breiten Schilderung. Zwei Zitate mögen genügen. Der Leiter der Kriegsgeschichtlichen Abteilung der Luftwaffe, Herhudt v. Rhoden, verlautbarte, es gelte, die Kriegsgeschichte als geistige Waffe „gut zu schmieden" und als „Kampfmittel" einzusetzen[63]. Die geistige Verwandtschaft mit der Seeckt-Denkschrift aus dem Jahre 1919 ist unübersehbar. Keines Kommentars bedarf das „Bekenntnis zum Feldherrn Hitler" Scherffs aus dem Jahre 1944. „Aus persönlichem Erleben und geschichtlicher Einsicht" wollte Scherff Geschichte schreiben, „im Vertrauen auf das Feldherrntum des Führers" und dem „starken Glauben an seine Sendung"[64].

---

[62] K. Aßmann, „Großadmiral Dr. h. c. Raeder und der Zweite Weltkrieg" in: Marine Rundschau 58. Jg. (1961), S. 8.

[63] Zitiert nach *Meier-Welcker*, „Entwicklung und Stand ...", S. 123.

Gerechterweise sollte hier daran erinnert werden, daß auch die „zivile“ Geschichtsschreibung ihren Tribut an die neue Zeit entrichtete. Dafür sei als Beispiel nur das Vorwort zum Brandt-Meyerschen Handbuch der deutschen Geschichte aus dem Jahre 1935 zitiert: Die Herausgeber bekunden die Auffassung, daß in einer Zeit „nationaler Selbstbesinnung und Wiedergeburt“ das Schwergewicht „nicht auf der kulturellen, sondern auf der politischen Geschichte liegen“ müsse, wobei der Gedanke an den „sich auf der blutmäßigen Volksgemeinschaft aufbauenden Staat“ als „Rückgrat alles geschichtlichen Lebens und auch rassisch-völkische Probleme“ besonders gewürdigt werden sollten.

IV. Militärgeschichte nach 1945

Die „deutsche Katastrophe“ von 1945 schloß den Gedanken an eine Fortsetzung amtlicher Militärgeschichtsschreibung, wie nach dem Ersten Weltkrieg, aus. Erst mit der Aufstellung von Streitkräften der Bundesrepublik in den fünfziger Jahren setzten Überlegungen ein, eine amtliche Institution für Militärgeschichte neu entstehen zu lassen. Sie ist im Jahre 1957 als „Militärgeschichtliche Forschungsstelle“ (ab 13. 1. 1958: Militärgeschichtliches Forschungsamt (MGFA) errichtet) worden[65]. Diese zentrale Bundeswehrdienststelle nahm eine grundlegende, konsequent durchgeführte Neuorientierung ihrer Aufgabe vor. Entscheidend dafür war die Tätigkeit des ersten Amtschefs, Oberst i. G. Dr. Hans Meier-Welcker, in den Jahren 1957 bis 1964. Kernsätze seines „Programms“ waren, „mit der Militärgeschichte aus der Isolierung im Geistesleben der Nation herauszukommen“ und auch im militärischen Bereich eine Stelle zu schaffen, „in der es um geschichtliche Erkenntnis geht, völlig frei von allen Interessen der Handelnden und damit zugleich in ihrem höchsten Interesse“[66]. Militärgeschichtsschreibung sollte hinfort sich selbst verstehen als spezialisierte Disziplin der allgemeinen Geschichtswissenschaft, ihre Ziele, Aufgaben und Methoden sich daran orientieren. Sie sollte sich wandeln von einer kriegswissenschaftlich-pragmatischen zu einer Erkenntniswissenschaft. Ohne Rücksicht auf Prestige sollte sie sich der kritischen Wahrheitssuche — aller subjektiven Einschränkung eingedenk — verpflichtet wissen. Meier-Welcker wies auch darauf hin, daß angesichts des radikalen Wandels der Kriegsmittel, ihrer technischen Perfektionierung und der Drohung gegenseitiger atomarer Vernichtung es absurd schiene, aus vergangenen Kriegen Lehren für das Schlachtfeld der Zukunft ziehen zu wollen[67].

---

64 ebd., S. 124.

65 Zum MGFA und die von ihm publizierten Schriften s. *U. v. Gersdorff*, S. 75 - 85.

66 *Meier-Welcker*, „Soldat und Geschichte“, Einleitung S. 8.

Die Untersuchung und Darstellung militärischer Operationen bleibt weiter auf dem Aufgabenkatalog des Militärhistorikers, wenn auch in angemessener Proportion zu anderen Bereichen militärgeschichtlicher Forschung und immer im historischen Kontext. Es trifft auch zu, daß das Ausbleiben des „all-out-war", die Vielzahl konventioneller Regionalkriege in der Nachkriegszeit und das Prinzip der „flexible response" unter bestimmten militärisch-politischen Voraussetzungen, z. B. für den Fall konventioneller Kriegsführung, das Studium von Operationen, in erster Linie der Kriege nach 1945, unter pragmatischem Aspekt (als einem neben anderen) sinnvoll erscheinen lassen, freilich vornehmlich für den Generalstabsoffizier, dem eine historische Schulung dabei zugutekommen mag. Gleichwohl werden sich etwa zu ziehende Lehren auf wenige elementare Prinzipien beschränken müssen. Es bleibt dabei, daß die detaillierte Untersuchung von Schlachten und Operationen nicht mehr wie früher im Mittelpunkt steht, sondern Teilgebiet ist unter anderen.

Die Entwicklung der Historie als Wissenschaft in den letzten Jahrzehnten, ihre Öffnung zur Sozialgeschichte hin, hat die Militärgeschichte hinsichtlich ihres „Erkenntnisinteresses" und der Verbreiterung ihrer methodischen Basis beeindruckt. So wie sie sich für Fragestellungen der Nachbardisziplinen stärker öffnete, dehnte sie ihre Forschungen aus auf alle denkbaren Aspekte sozialer, wirtschaftlicher, rechtlicher und ideologischer Art. Was in der Zeit des Reichsarchivs bereits gewollt war, aber in den Anfängen stecken blieb, verwirklicht die amtliche Militärgeschichtsschreibung der Gegenwart. Es bleibt das Verdienst Hans Meier-Welckers, ihr eine zeitgemäße Zielsetzung gegeben zu haben — entgegen manchem Widerstand, vorwiegend historischer Laien, die sich bis heute vom Pragmatismus alter Schule nicht zu lösen vermochten.

Dem hier skizzierten Grundprogramm ist das MGFA auch in seiner Entwicklung bis zur Gegenwart gefolgt. Die Öffnung zu den „Gesellschaftswissenschaften" hin bedeutet nicht die von Einzelgängern geforderte „Soziologisierung" der Geschichte. Militärgeschichte nicht mehr als eigenständige Spezialdisziplin der Geschichte, sondern nur noch unter Fragestellungen der Militärsoziologie betrieben — das wäre eine ebenso unzulässige Verengung ihres Horizonts wie die Reduktion auf reine Operationengeschichte.

Die Historiker des MGFA sind sich auch der „ideologiekritischen" Funktion der Geschichtsschreibung, der Erkenntnis der situations-

---

[67] *Meier-Welcker*, „Unterricht und Studium in der Kriegsgeschichte angesichts des radikalen Wandels im Kriegswesen" in: „Wehrkunde" 9. Jg. (1960), S. 608 - 612.

und interessenbedingten Herkunft historischer Texte, Aussagen und Entscheidungen bewußt und halten dies Bewußtsein gerade im Dienste eines Sozialgebildes wie die Bundeswehr erforderlich, weil dieses leicht der Gefahr erliegen dürfte, „in seinen ihm eigentümlichen Verhaltensnormen und Wertsetzungen ideologisch zu erstarren, wenn der Einfluß traditionaler ... Elemente nicht durch kritische Reflexion ... (der) Vergangenheit ständig überprüft und gegebenenfalls korrigiert würde". Es sind dies Sätze aus einer Niederschrift „Zielsetzung und Methode der Militärgeschichtsschreibung", Ergebnis von Beratungen einer amtsinternen Kommission[68].

Aus der Sicht von 1976 kann festgestellt werden, daß das MGFA als die einzige amtliche Stelle für Militärgeschichtsschreibung der Bundesrepublik zum ersten Mal eine, in der Geschichte dieser Institutionen nie gekannte wissenschaftliche Freiheit genossen hat. Hürten hat in seinem Aufsatz im Hinblick auf das Reichsarchiv auf die Problematik „amtlicher" Geschichtsschreibung hingewiesen (s. o. S. 379 f.). Zwar war auch in der Weimarer Verfassung in § 118 die freie wissenschaftliche Betätigung garantiert; in der Praxis des Reichsarchivs aber übten Innen- und Reichswehrministerium eine Zensur aus. Für die wissenschaftliche Unabhängigkeit der Mitarbeiter des MGFA bürgt nicht nur das Grundgesetz, sondern die ausdrückliche Bekundung zweier Staatssekretäre des Bundesministeriums der Verteidigung in den Jahren 1967 und 1975. Zeugnis für diese Freiheit sind auch die bisher vorgelegten Publikationen, denen einzig aus diesem Grund die Anerkennung der deutschen und ausländischen Fachwelt zuteil geworden ist. Eine — vermutlich einmalige — Ausnahme von dieser Regel bildet die Herausgabe des Buches „Verteidigung im Bündnis", dessen Gehalt an „ahistorischer" Aktualität so groß war, daß aus naheliegenden Gründen die Beteiligung des Ministeriums vor der Drucklegung geboten schien. Im übrigen ist dem Leiter des Amtes, gemeinsam mit dem „Leitenden Historiker", die volle Verantwortung für alle Publikationen übertragen. Nur die Aufrechterhaltung des Prinzips absoluter wissenschaftlicher Freiheit kann verhindern, daß die Militärgeschichtsschreibung unglaubwürdig wird und von der Geschichtswissenschaft als eine Art „Hofgeschichtsschreibung" ins Abseits gestellt wird.

---

68 Als Aufsatz veröffentlicht in den MGM 2/76, S. 9 - 29.

DIE VEREINIGTEN STAATEN UND DER FRIEDEN IN EUROPA 1919 UND 1945

Von Klaus Schwabe

I.

„Nicht nur dieser Krieg, sondern auch der letzte hat gezeigt, daß ohne das Eingreifen der Vereinigten Staaten Deutschland nicht besiegt werden konnte ...“

Kein Geringerer als Stalin hat 1945 die Rolle Amerikas in den beiden Weltkriegen mit diesen Worten umschrieben[1]. Sieger in zwei Weltkriegen, erscheint Amerika nach einer gängigen Meinung dennoch als Verlierer bei den Friedensschlüssen, die ihnen folgten. Und in der Tat ist Amerika, wie jedermann weiß, mit seinem Versuch, in Europa eine stabile und dauerhafte Friedensordnung zu schaffen, 1919 und 1945 gescheitert: Zweimal waren die Amerikaner gegen den Versuch einer Großmacht — Deutschlands natürlich —, in Europa eine Vorherrschaft zu errichten, zu Felde gezogen, nur um beide Male die Wiederkehr dieser Bedrohung für die Unabhängigkeit der europäischen Staaten zu erleben — nach 1919 durch das Wiedererstarken Deutschlands, nach 1945 durch den Machtzuwachs der UdSSR. Wo liegen die Ursachen für dieses Scheitern? Um dies zu klären, ist es zunächst nötig, sich den Beitrag, den Amerika 1919 und 1945 zur Wiederherstellung des Friedens in Europa geleistet hat, jeweils für sich ins Gedächtnis zurückzurufen und dabei deutlich zwischen amerikanischem Entwurf und tatsächlichem Verhandlungsergebnis zu unterscheiden; d. h. die internen amerikanischen Friedensentwürfe aus der Zeit des Ersten und des Zweiten Weltkrieges müssen jeweils mit den Resultaten der Pariser

1 Überarb. Fassung der v. Autor am 8. 2. 1971 an der Universität Freiburg gehaltenen Antrittsvorlesung. — Folg. Abkürzungen gelten durchgängig: FRUS = Foreign Relations of the United States, Diplomatic Papers, Washington; FRUS/P = dass.: Conference of Berlin (Potsdam) 1945, 2 Bde. Washington 1960; FRUS/PPC = dass.: Paris Peace Conference 1919, 13 Bde., Wash. 1946; FRUS/T = dass.: Conferences at Cairo and Teheran 1943, Wash. 1961; FRUS/Y = dass.: Conferences at Malta and Yalta 1945, Wash. 1955; Mantoux = Paul Mantoux: Les délibérations du Conseil des Quatre, 2 Bde., Paris 1955; Schwabe = K. Schwabe: Deutsche Revolution und Wilson-Frieden, Düsseldorf 1971; VfZG = Vierteljahreshefte für Zeitgeschichte; CEH = Central European History, Emory Univ., USA. — Zitat: FRUS/P, 1, S. 39.

bzw. der Potsdamer Konferenz verglichen werden. Erst dann wird sich sagen lassen, wo in den Übereinkünften von 1919 und 1945 überhaupt spezifisch amerikanische Vorstellungen zum Tragen kamen und insofern von einem Anfangserfolg der Amerikaner gesprochen werden kann.

Diese spezifisch amerikanischen Beiträge zum Friedensschluß von Versailles und zu den Potsdamer Vereinbarungen sollen dann miteinander verglichen werden. Bei einer solchen Gegenüberstellung der Absichten Amerikas bei seinen Planungen und Verhandlungen und der daraus resultierenden konkreten Vertragsinhalte werden wir charakteristische Unterschiede zwischen dem 1919 und 1945 Erhofften und Erreichten feststellen und dadurch fragen können, inwieweit Amerika in seiner Friedenspolitik am Ende des Zweiten Weltkrieges aus seinen Erfahrungen aus dem Ersten zu lernen bereit gewesen ist und auch gelernt hat. Wir werden aber auch auf gleichbleibende Motive und vergleichbare Verhandlungsbeiträge auf der amerikanischen Seite stoßen und damit Hinweise auf Kontinuitäten in der amerikanischen Europapolitik gewinnen! An dieser Stelle wird dann schließlich nach gleichbleibenden Ursachen für das zweimalige Scheitern Amerikas als Friedensstifter in Europa, für das Ausbleiben eines Dauererfolges der amerikanischen Friedensbemühungen zu suchen sein.

Auch wenn man damit der Wirklichkeit einen gewissen Zwang antut, soll im folgenden von den amerikanischen Bemühungen zur Bildung einer internationalen Friedensorganisation nur soweit wie unbedingt nötig die Rede sein. Ging es doch beim Völkerbund und bei der UN um eine Sicherung des Friedens in der ganzen Welt. Davon abgesehen haben die verantwortlichen amerikanischen Politiker weder 1919 noch 1945 die Illusion gehegt, als sei eine solche Organisation ein Heilmittel, das als voller Ersatz für konkret auf die Lage in Europa zugeschnittene Friedensregelungen hätte dienen können[2].

II.

Der amerikanische Entwurf für den Frieden, der den *Ersten* Weltkrieg beenden sollte, ist auch in vielen seiner Einzelheiten das Werk des Präsidenten Wilson gewesen. Seine keineswegs nur in den „Vierzehn Punkten" niedergelegten Leitgedanken, die für Sieger und Besiegte gelten sollten, waren in den letzten Kriegsmonaten in aller Munde: *politisch* die Selbstbestimmung aller Völker nach innen und nach außen und, an Stelle des traditionellen Strebens nach Vormacht, die gleichberechtigte Zusammenarbeit aller Staaten; *wirtschaftlich* die

[2] K. Schwabe: Woodrow Wilson and Germany's Membership in the League of Nations, in: CEH 8, 1, 1975, S. 3 - 22.

Gewährung der „Offenen Tür“ für einen freien Warenaustausch im Welthandel. Als Fernziel schwebte Wilson ein Frieden vor, der, mit Hilfe dieser Grundsätze, in der Lage war, Sieger und Besiegte — auch den sowjetischen Außenseiter! — in die neue von liberalem Geist inspirierte Weltordnung zu integrieren[3].

Wie sollte ein solcher Frieden in Europa aussehen? *Wirtschaftspolitisch* sollte er Kriegsentschädigungen alten Stils (mit Ausnahme einer Belgien zu gewährenden Entschädigung) ausschließen, wenn auch nicht die Leistung von Zahlungen der Besiegten zum Wiederaufbau des vom Kriege verwüsteten Nordfrankreich[4].

In *politischer* Hinsicht hoffte Wilson, es am Verhandlungstisch nur mit demokratisch legitimierten Vertretern der europäischen Völker zu tun zu haben. Er dachte dabei in erster Linie an Deutschland, daneben aber auch an Rußland. Hier setzte Wilson auf eine Wiederherstellung der von der Oktoberrevolution gestürzten parlamentarischen Demokratie — sei es in Zusammenarbeit mit gemäßigten Bolschewisten, sei es durch ihre Bekämpfung mit Hilfe der Gegenrevolutionäre[5].

Wilson gilt als dogmatischer Verfechter des Selbstbestimmungsrechtes nicht nur nach innen, sondern auch nach außen. Dies ist nicht ganz richtig. Gewiß wollte er das bestehende System der europäischen Nationalstaaten nicht grundlegend verändern und z. B. sowohl den deutschen als auch den russischen Nationalstaat bestehen lassen. Auch hat er sich mehrfach für die strikte Wahrung des Rechtes auf nationale Selbstbestimmung eingesetzt — so 1919, als er bei der Erörterung kleinerer Veränderungen der deutsch-belgischen Grenze seine Kollegen ermahnte:

> „Müssen wir nicht dieselbe Gewissenhaftigkeit zeigen, gleich ob es sich nun um das Recht von 4 000 oder 4 Millionen Deutschen handelt[6]?“

Und doch gab es Gesichtspunkte, die in Wilsons Augen das Selbstbestimmungsrecht an Bedeutung u. U. übertreffen konnten. Dazu gehörten wirtschaftsgeographische Argumente, welche z. B. die Erhaltung der Einheit der böhmischen Kronländer bzw. die Gewährung eines freien Zuganges zum Meere für die Polen nahelegten, obwohl sich beide Male das Zurückbleiben deutschsprachiger Minderheiten nicht vermeiden ließ. Dasselbe Argument sprach aus Wilsons Sicht freilich auch für das Verbleiben ganz Kärntens bei Österreich, obwohl in diesem Falle eine slowenische Minderheit unter fremde Oberhoheit geriet[7].

---

3 N. G. Levin: W. Wilson and World Politics, N.Y. 1968, S. 123 ff.

4 P. M. Burnett: Reparation at the Paris Peace Conference, 2. A., N.Y. 1965, 1, S. 13 ff., 445 ff.

5 Levin, S. 98 ff., 220 ff.

6 Mantoux, 1, S. 260, 282 f., 293 u. 462.

Auch machtpolitische Erwägungen waren Wilson nicht fremd, wenn er selbst sie sich auch nicht recht eingestehen wollte. So sprach er sich z. B. bereits vor dem Beginn der Pariser Konferenz gegen den sofortigen Anschluß Deutsch-Österreichs an den deutschen Staat aus, weil er als Folge einer solchen Verbindung die automatische Rückkehr Deutschlands in seine Vormachtstellung befürchtete. Ebenso nahm er in dem italienisch-jugoslawischen Grenzstreit (Fiume!) für Jugoslawien Partei, und zwar nicht nur weil er dessen Ansprüche für ethnisch besser gerechtfertigt hielt, sondern auch weil er eine allslawische Mächtekombination mit Sowjet-Rußland an der Spitze vermeiden wollte, die er für den Fall befürchtete, daß die berechtigten Wünsche Jugoslawiens übergangen würden[8].

Weit entfernt davon, eine radikale Verwirklichung des Selbtsbestimmungsrechtes und damit die Balkanisierung Europas anzustreben, waren Wilsons Friedenspläne vielmehr von der Vorstellung eines Europa geprägt, das in nicht allzu viele kleine Selbstbestimmungseinheiten zerfiel und in dem kein Land imstande sein würde, eine Vormachtstellung zu erlangen. Praktisch hieß dies, nicht nur das besiegte Deutschland, sondern auch Frankreich und Rußland als potentielle Hegemonialmächte eindämmen. Auch Wilson war damit die Vorstellung von einem Gleichgewicht der Kräfte in Europa nicht fremd[9].

Wieweit hat er dieses Programm auf der Pariser Friedenskonferenz nun durchsetzen können? Er persönlich ist nachträglich überzeugt gewesen, daß ihm dies *politisch* im großen Ganzen gelungen sei, und man wird ihm recht geben können, wenn man sich an die Maßstäbe hält, die er sich selbst am Vorabend der Friedensverhandlungen gesetzt hatte. Sieht man von Elsaß-Lothringen ab, so wurden Deutschland an seiner Westgrenze in der Tat keine unwiderruflichen Gebietsabtretungen zugemutet, ohne daß die betroffene Bevölkerung sich dazu hätte äußern können. Im Osten sollte die neue Grenze gegen Polen schließlich den Sprachgrenzen auf jeden Fall besser folgen als die zuvor geltende. Hier wie dort hatte Wilson Bedingungen erwirkt, die die geplanten Volksabstimmungen nicht zu einer reinen Farce werden ließen. Er erwies sich auf diesem Gebiet auch als Kenner von Details. Die Italiener hatten ihn zwar dazu überredet, die Brennergrenze zu akzeptieren, die, wie er wußte, strategischen und nicht ethnographischen Gesichtspunkten folgte. Doch war es ihnen nicht gelungen, ihn für eine entsprechende Grenzziehung gegenüber Jugoslawien zu ge-

---

[7] FRUS/PPC, 6, S. 72; Mantoux, 2, S. 218 f., 235 f.; dazu G. E. Schmid: Selbstbestimmung 1919 ..., in: K. Bosl (Hg.): Versailles-St. Germain-Trianon, Mü. 1971, S. 127 - 142, bes. 140; Levin, S. 187.

[8] Mantoux, 1, S. 336, 338, 340, 344.

[9] Schwabe, S. 117, 158, 184, 315.

winnen. Auf dem Balkan war einiges offen geblieben. Indessen verteidigte Wilson hier energisch das Recht der Großmächte, durch Schiedssprüche den Frieden zu wahren — eine Vorwegnahme der Haltung, die Roosevelt im Zweiten Weltkrieg einnehmen sollte[10].

Im Unterschied zu den politischen Bedingungen setzten sich die wirtschaftlichen Bestimmungen der Vorortverträge rücksichtslos über die diesbezüglichen amerikanischen Wünsche hinweg. Aus den begrenzten Wiedergutmachungszahlungen, die Wilson gebilligt hatte, war eine kaum begrenzbare Last an Entschädigungen geworden, die den Besiegten aufgebürdet wurde. Vor allem Deutschland wurde damit in eine wirtschaftliche Abhängigkeit von den europäischen Westmächten gezwungen, die Drittländer aus dem mitteleuropäischen Markt vorerst nahezu ausschloß und die amerikanische Doktrin von der „Offenen Tür" flagrant verletzte. Wie war es gekommen, daß an dieser Stelle den Amerikanern nicht einmal ein Anfangserfolg beschieden gewesen ist?

Amerika verfolgte in der Reparationsfrage ein Hauptziel: Es wollte vermeiden, daß die Verbündeten ihre gesamte Schuldenlast, d. h. auch die Schulden, die sie in Amerika gemacht hatten, den Besiegten aufhalsten; denn es war vorauszusehen, daß Amerika dann wahrscheinlich nie seine den Alliierten vorgestreckten Gelder wiedererhalten würde. Davon abgesehen hätte der von den Republikanern beherrschte Senat einem solchen indirekten Verzicht auf die volle Rückzahlung der alliierten Kriegsschulden und damit dem ganzen Friedensvertrag nie seine Zustimmung gegeben. Tatsächlich gelang es den amerikanischen Unterhändlern, die Frage der Entente-Schulden aus der Pariser Konferenz ganz auszuklammern und eine Haftbarmachung Deutschlands für *alle* Kriegskosten (d. h. auch die Entente-Schulden) zu verhindern[11].

Danach klang das amerikanische Interesse an der Reparationsregelung merklich ab. Wilson und seine Ratgeber wiegten sich in der Illusion, daß dies nun nur noch eine Frage sei, die in erster Linie die Europäer selbst angehe. Innenpolitsche Rücksichten und das wirtschaftliche Eigeninteresse der Vereinigten Staaten hatten ihn also dazu veranlaßt, auf seiner ursprünglichen Reparations-Konzeption und damit auf dem Grundsatz der „Offenen Tür" an dieser Stelle nicht mehr zu beharren[12]. Nicht nur dadurch, sondern auch durch die Annahme der in den Versailler Vertrag eingegangenen Strafbestimmungen und des berühmten Kriegsschuldparagraphen war Wilson seinem Bemühen,

10 So Wilson am 31. 5. 1919: FRUS/PPC, 3, S. 406 u. 408.

11 Schwabe, S. 430 f.

12 ebd., S. 433 u. 509 f.

die Besiegten in die neue Friedensordnung zu integrieren, selbst in den Weg getreten[13].

Überhaupt hinderten ihn seine strengen Vorstellungen von demokratischem Wohlverhalten daran, das neue Deutschland als im Innern wirklich erneuerten Partner anzuerkennen. Ein ähnlicher moralisch-fundamental-demokratischer Rigorismus hielt ihn auch davon ab, mit Sowjetrußland Verbindung aufzunehmen und damit die Voraussetzungen für eine Integrierung dieser neuen Großmacht in die entstehende Friedensordnung zu schaffen.

Die Diskriminierung Deutschlands und Rußlands, der beiden bevölkerungsmäßig stärksten Kontinentalmächte, im Friedenswerk von Versailles wird immer wieder als eine von dessen Hauptschwächen angeführt[14]. Hatte die Außenseiterrolle, in die diese beiden Mächte gedrängt worden waren, eine Annäherung zwischen diesen beiden „outcasts" nicht unausweichlich gemacht? War in der Versailler Friedensordnung die Mächtekombination nicht schon angelegt, die ihr dann mit dem Hitler-Stalin-Pakt vom 23. 8. 1939 endgültig den Gnadenstoß versetzte? So sehr aus der Rückschau sich diese Interpretation aufdrängen mag, so entspricht sie dennoch weder den Absichten Wilsons noch der weltpolitischen Lage zur Zeit der Unterzeichnung des Versailler Vertrages.

Die Gefahr, daß eine ungeschickte Behandlung der nicht zu den Siegern gehörenden Völker einmal zur Bildung einer überwältigend starken, den Westmächten feindlichen Kontinentalkoalition führen könne, hat Wilson und seinen Beratern während der ganzen Friedenskonferenz vor Augen gestanden. Dieser Alptraum diente nicht zuletzt ja auch zur Begründung von Maßnahmen, die den Bolschewismus von Deutschland fernhalten helfen sollten[15]. Im Grunde aber meinte Wilson, weniger bei Deutschland als vielmehr bei Rußland ansetzen zu müssen, um diese Gefahr zu bannen. Deshalb seine Vorstellungen bei den verschiedenen Kontrahenten im russischen Bürgerkrieg! In der letzten Konferenzphase, während des entscheidenden Notenaustausches mit Deutschland, schien es endlich soweit zu sein: Das Koltschak-Regime

[13] Levin, S. 158 f., 169 f., 174.

[14] z. B. W. Baumgart: Vom europäischen Konzert zum Völkerbund, Darmstadt 1974, S. 108.

[15] So Col. House in seinem Tageb. am 26. 3. 1919: „If we did not make terms with them [d. h. den Sowjets] it was certain that as soon as we made peace with Germany, Germany and Russia would link up together, thereby realizing my prophecy that ... everything east of the Rhine would be arrayed against the Western Powers ..." (bei Levin, S. 216, ähnl. S. 193 u. 235); auch: Mantoux, 1, S. 168, 185, 324; 2, S. 286, u.: F. Epstein: Studien z. Gesch. d. „Russischen Frage" auf der Pariser Friedenskonferenz ..., in: Jbb. f. Gesch. Osteuropas, N. F. 7, 1959, S. 473; Schwabe, S. 335.

schien die Chance zu eröffnen, Rußland in das Mächtesystem wieder zu integrieren, und wurde deshalb Ende Mai 1919 von der Entente und den USA de facto anerkannt[16]. Freilich erwiesen sich auch diese letzten Hoffnungen als schimärisch. Koltschak unterlag der Roten Armee. Wilson mußte die Ausklammerung Rußlands aus dem Pariser Friedenswerk als eine der großen Enttäuschungen empfinden, die er bei der Verwirklichung seines Friedenskonzeptes erlebt hatte[17].

Hatte es bei aller Fehleinschätzung der Lage in Rußland und bei allem unangebrachten Moralismus auf amerikanischer Seite an guten Absichten gegenüber dem ehemaligen Zarenreich nicht gefehlt, so bildete die Diskriminierung Rußlands und Deutschlands durch die neue Friedensordnung aus der Sicht des Jahres 1919 jedenfalls keinen *unwiderruflichen* Mangel. Auf Wilsons Drängen hin waren die entscheidenden Bestimmungen des Versailler Vertrages so flexibel, daß sie mindest mittelfristige Korrekturen zuließen und damit eine allmähliche Rückkehr Deutschlands in den Kreis der europäischen Mächte erlaubten[18]. Ähnliches galt auch für Rußland, soweit dieses im Versailler Vertrag erwähnt wurde[19]. Bis dahin war das Gleichgewicht in Europa so verteilt, daß es den Westmächten zusammen (nicht jedoch Frankreich allein!) ein klares Übergewicht garantierte, ohne dem Hauptgegner Deutschland Gebietsveränderungen (etwa eine Teilung) zuzumuten, die an seine nationale Substanz gerührt und entweder von seiner Seite her eine unversöhnliche Feindschaft heraufbeschworen oder aber in Mitteleuropa ein machtpolitisches Vakuum entstehen lassen hätten. Seinem Bevölkerungspotential nach blieb Deutschland stark genug, um als Gegengewicht gegen ein wiedererstarkendes Rußland dienen zu können, wie dies insbesondere amerikanische Militärs für den Fall wünschten, daß die Versuche, diese Macht in das neue Friedenssystem einzubinden, weiterhin fehlschlagen würden[20].

Zusammen mit England sollten die USA den Bestand der im Moment mächtigsten Kontinentalmacht — nämlich Frankreichs — garantieren und übernahmen damit eine für den Fortbestand dieser Friedensordnung entscheidende Rolle[21]. Entsprechend groß ist die amerikanische

16 Levin, S. 224 ff.

17 G. F. Kennan: Russia and the West . . ., N.Y. 1961, S. 138 f.

18 A. S. Link: Wilson the Diplomatist . . . Chic. 1957, S. 124; Baumgart, S. 140 f. — Vgl auch Art. 80 des Vers. Vertrages, der Oesterreichs Unabhängigkeit garantierte. Er war auf Wunsch Wilsons so gefaßt, daß das „Anschluß"-Verbot durch den Rat d. Völkerbundes modifiziert werden konnte (Mantoux, 1, S. 461 f.).

19 Vgl. Art. 116 d. Vers. Vertrages. Allg.: Epstein, S. 431 ff., 460 ff.

20 A. J. Mayer: Politics and Diplomacy . . ., London 1968, S. 269 f.; Schwabe, S. 380.

21 H. I. Nelson: Land and Power . . ., London 1963, S. 219 ff.

Verantwortung für ihr schließliches Scheitern. Schon in Paris hatten die amerikanischen Unterhändler die Garantie Amerikas abgewertet, indem sie sich weigerten, amerikanische Truppen zur Befriedung von Krisenherden in Osteuropa einzusetzen. Den Todesstoß versetzte dem Friedenswerk aber erst der amerikanische Senat, der den Versailler Vertrag zusammen mit dem Garantieabkommen Ende 1919 verwarf[22]. Das Streben nach politischer, wenn auch nicht wirtschaftlicher Isolierung, das schon unter den Amerikanern auf der Friedenskonferenz zu verspüren war, hatte in den USA die Oberhand gewonnen.

Frankreich, von der amerikanischen (und britischen) Rückendeckung entblößt, bemühte sich zunächst auf eigene Faust um zusätzliche Sicherheit — nur um festzustellen, daß es sich damit isolierte und gleichzeitig seine wirtschaftlichen Kräfte überspannte. Erst seitdem war das Mächtegleichgewicht in Europa wieder latent gestört, wenn auch diese Störung erst nach der Machtübernahme Hitlers offenbar geworden ist. Mit dem Zweiten Weltkrieg sah sich Amerika abermals vor die Aufgabe gestellt, dem Vormachtstreben des 1918 besiegten Gegners in den Weg zu treten[23].

III.

Hatte für die Würdigung des Versailler Vertrages eine kurze Analyse der Friedenspolitik des Präsidenten Wilson allein genügt, so reicht eine Behandlung der Potsdamer Konferenz, die ihren Blick lediglich auf den dort die USA vertretenden Präsidenten Truman richtet, nicht aus. War dieser — Nachfolger des am 12. April 1945 verstorbenen Präsidenten Roosevelt — doch als Neuling stärker als sein Vorgänger (und als Wilson!) von Sachverständigen abhängig und überhaupt zunächst einmal an die politischen Vorentscheidungen seines Amtsvorgängers gebunden. Um Trumans Friedenskonzeption für Europa würdigen zu können, müssen wir also zunächst nach dem außenpolitischen Vermächtnis fragen, das Roosevelt hinterlassen hatte.

Da Roosevelt es vermieden hatte, sich auf ein Friedensprogramm festlegen zu lassen, das an Konkretheit mit den Vierzehn Punkten Wilsons vergleichbar gewesen wäre, bot sich seinem Nachfolger in dieser Hinsicht ein verwirrendes Bild. Da war die Vorstellung von den

---

[22] Da die britische Garantie erst nach der Übernahme der entsprechenden Verpflichtung durch die USA wirksam wurde, trat sie nach der Zurückweisung des Versailler Vertrages durch den US-Senat ihrerseits nicht inkraft. Dazu u. a.: L. E. Ambrosius: Wilson, the Republicans, and French Security after World War I, in: Journal of Amer. History, 59, 1972, S. 341 bis 352; Baumgart, S. 95.

[23] P. C. Hartmann: Das Friedensprojekt: Grundstein der französischen ... Hegemonialpolitik? in: Bosl (Hg.) (vgl. Anm. 7), S. 77 - 92.

„vier Weltpolizisten“ — den USA, der UdSSR, Großbritannien und China —, die jeder in seiner Kontrollzone über den Frieden zu wachen hatten, während alle übrigen Staaten abrüsten sollten: ein System permanenter Intervention, wie es de Gaulle genannt hat[24]. Kontinentaleuropa wäre in diesem System von den Vereinigten Staaten isoliert worden; denn es sollte in erster Linie zur sowjetischen Überwachungszone gehören[25]. Amerika, so erklärte Roosevelt wiederholt, sollte seine Truppen bis spätestens zwei Jahre nach dem Siege aus Europa wieder abziehen[26]: Seine Einflußzone lag am Pazifik und in der westlichen Hemisphäre. Trotzdem, so hoffte Roosevelt, werde die Alte Welt damit nicht auf den Status eines von Rußland völlig abhängigen Satelliten herabsinken, sondern werde sich in eine Art neutrale Zone verwandeln lassen, die, wenn auch militärisch von den Sowjets abhängig, doch innenpolitisch das Recht auf Selbstbestimmung genießen sollte — eine Art übergroßes Finnland also[27]!

Gegen Ende des Krieges freilich mußte Roosevelt von dieser radikalen Konzeption allmählich abrücken. Zunächst erwies sich England, nachdem die sowjetischen Truppen einmal die Vorkriegsgrenze ihres Landes überschritten hatten, an der Entwicklung auf dem europäischen Kontinent als viel stärker interessiert, als man dies in Washington erwartet hatte. Roosevelt sah sich gezwungen, zwischen britischen und sowjetischen Ansprüchen zu vermitteln und damit nun doch in die europäische Entwicklung einzugreifen[28]. England wollte auch nichts von der Abdankung Frankreichs wissen, die Roosevelt betrieb: Dem Präsidenten blieb schließlich nichts anderes übrig, als sich zur Anerkennung des ihm gründlich verhaßten de Gaulle zu bequemen[29]!

Zum anderen sah sich Roosevelt gezwungen, auf die Öffentlichkeit seines Landes Rücksicht zu nehmen. Dort erscholl immer vernehmlicher der Ruf nach dem Aufbau eines Systems kollektiver Sicherheit für die Nachkriegszeit — letztlich also nach der Wiedererweckung des Völker-

---

[24] Ch. de Gaulle: Mémoires de guerre, Paris 1956, 2, S. 291; R. Divine: Roosevelt and World War Two, Balt. 1969, S. 59 f.; G. Smith: American Diplomacy during the Second World War, N.Y. 1966, S. 63.

[25] So im Gespräch m. Kard. Spellman (Sept. 1943): R. J. Gannon: Kardinal Spellman, Neuenburg 1963, S. 189 ff.; aber auch: FRUS/T, S. 530 ff. u. 622. Dem widersprachen Roosevelts kurzfristige Pläne für die Besetzung eines großen Teiles von Deutschland (mit Berlin!) für den Fall eines unerwartet frühen deutschen Zusammenbruches die unter dem Kode-Namen „RANKIN“ liefen und die der Verf. noch gesondert untersuchen möchte (J. L. Gaddis: The United States and the Origins of the Cold War, N.Y. 1972, S. 76).

[26] FRUS/T, S. 255; FRUS/Y, S. 628; R. Murphy: Diplomat among Warriors, N.Y. 1965, S. 315.

[27] G. Smith, S. 63 (Frühj. 1943); Gannon, S. 189.

[28] H. Feis: Churchill, Roosevelt, Stalin ... Princeton 1957, S. 520.

[29] M. Fiorst: Hostile Allies, N.Y. 1965, S. 225, 231.

bundes[30]. Innerhalb der amerikanischen Regierung wurde der innenpolitisch einflußreiche Außenminister Cordell Hull, ein alter Wilson-Anhänger, zum Hauptexponenten dieser Richtung. Hull stellte — und diese Unterscheidung ist für das Folgende grundlegend! — den *regionalistisch* gefärbten Vorstellungen des Präsidenten die *universalistische* Konzeption einer politisch und wirtschaftlich integrierten Welt und damit einer entsprechenden Weltverantwortung der Vereinigten Staaten entgegen — einer Welt, die politisch im Zeichen des Triumphes der parlamentarischen Staatsform, wirtschaftlich im Zeichen der „Offenen Tür“ für den Welthandel stehen sollte, in den selbstverständlich auch die Sowjetunion und Osteuropa miteinbezogen werden sollten[31]. Das war leichter gesagt, als getan. Es zeigte sich nämlich, daß die Sowjets, kaum daß sie den Balkan erobert hatten, darangingen, sich dort eine handelspolitische Vorzugsstellung auszubauen. Hand in Hand damit schritt die innenpolitische Gleichschaltung der Balkanländer voran[32]. Die Briten bemühten sich in dieser Lage wenigstens um eine Abgrenzung der gegenseitigen Interessensphären in diesem Raum. Roosevelt schien bereit, sich damit abzufinden[33]. Nicht jedoch das State Department! Dieses entwarf eine „Erklärung über das befreite Europa“, welche im Sinne der Atlantik-Charta alle drei Großmächte zur Wiederherstellung der parlamentarisch-demokratischen Zustände in allen befreiten Ländern verpflichtete. Roosevelt akzeptierte diesen Entwurf — mit einigen Abmilderungen freilich — und erwirkte dessen Annahme auf der Konferenz von Jalta[34]. Die letzten Wochen seines Lebens standen im Schatten eines Disputes, den er mit Stalin über die innenpolitische Gestaltung des neuen Polen austrug; schien dieser doch die eben verabschiedete Erklärung über das befreite Europa dort in krasser Weise zu mißachten[35]. Von einer Abstinenz von Europa konnte bei alledem jetzt keine Rede mehr sein[36].

Ähnlichen Wandlungen war Roosevelts Haltung zur Zukunft Deutschlands unterworfen. Hier lautete die Frage: Wie ließ sich das Wiedererstehen einer deutschen Großmacht ohne ein permanentes militärisches

---

30 Divine, S. 65.

31 G. Kolko: The Politics of War, N.Y. 1968, S. 244; J. L. Snell: Illusion and Necessity, Boston 1963, S. 150.

32 FRUS/P, 1, S. 423, 828, 841.

33 Im Mai u. Okt. 1944: Feis, S. 340 f. u. 448 ff. Primär wohl aus militär. Gründen hatten sich die westl. Alliierten allerdings schon zuvor den beherrschenden Einfluß in Italien gesichert (Kolko, S. 45).

34 Feis, S. 549; Gaddis, S. 163 f., 172.

35 Roosevelt and Churchill. Their Secret Wartime Correspondence, hg. v. F. L. Loewenheim, London 1975, S. 705, eine Stelle, die auch das Gewicht, das Roosevelt auch der militärischen Lage für sein Verhalten gegenüber der UdSSR beimaß, gut illustriert. — Feis, S. 575, 596 ff.

36 Feis, S. 550 ff.

Engagement Amerikas in Europa und überhaupt mit nicht-militärischen Mitteln verhindern? Roosevelt sah zwei Auswege: Entweder die Teilung Deutschlands (mehrfach deutete er an, daß eine solche Teilung den vereinbarten Besatzungszonengrenzen entsprechen könnte[37]) oder aber seine wirtschaftliche Abrüstung. Beides, in besonders drastischer Form, suchte Roosevelts Finanzminister Morgenthau mit seinem berühmten Plan zu erreichen, der überhaupt ganz im Sinne des Präsidenten darauf abzielte, die Verantwortung Amerikas für die Zukunft Kontinentaleuropas auf ein Minimum zu reduzieren[38]. Nach anfänglicher Zustimmung rückte Roosevelt jedoch auch von diesem Plan wieder etwas ab: Er bekannte sich zu dem Wunsche, eine *gemeinsame* Drei- bis Viermächteverwaltung des besiegten Deutschlands (die einem Verzicht auf die sofortige Teilung Deutschlands nach dem Kriege gleichkam) müsse zum Prüfstein für die Festigkeit der Allianz der Sieger werden[39]. Auch wirtschaftlich-technischen Einwänden gegen den Plan seines Finanzministers schenkte er Gehör. Ganz festlegen ließ er sich indessen nicht[40]. Nach alledem läß sich nur soviel sagen, daß Roosevelt zwischen den ursprünglichen „regionalistischen" und den später dazugekommenen „universalistischen" Komponenten seiner Europapolitik eine grundsätzliche Entscheidung nie getroffen hat. Für beide Tendenzen lassen sich nämlich im letzten Kriegsjahr noch Belege anführen — für ein „regionalistisches" Denken seine Bereitschaft, Frankreich trotz allen Vorbehalten als vierte Besatzungsmacht Deutschlands zu akzeptieren, weil die Franzosen den Amerikanern auf die Dauer die Verantwortung für die Besetzung Deutschlands abzunehmen und damit den Rückzug der amerikanischen Truppen aus Europa zu beschleunigen versprachen. Die „universalistische" Komponente seines Denkens andererseits läßt sich durch sein Beharren auf der Einführung der parlamentarisch-demokratischen Staatsform in den befreiten Ländern belegen — in Italien im Gegensatz zu den sich dort geltend machenden monarchistischen Strömungen, in Frankreich gegen die angeblich diktatorischen Gelüste de Gaulles[41].

Unterhalb dieser Ebene ungelöster grundsätzlicher Widersprüche lassen sich dann doch eindeutige Prioritäten in den Zielvorstellungen Roosevelts erkennen — positiv der Wunsch, die Koalition der Sieger-

37 In Teheran und in Jalta! (FRUS/T, S. 253, 879; FRUS/Y, S. 612).

38 J. M. Blum: Deutschland ein Ackerland, Düss. 1968, S. 215 ff.; J. L. Snell: Dilemma over Germany, New Orl. 1959, S. 71 ff.

39 Murphy, S. 255; P. Y. Hammond: Directives for the Occupation of Germany . . ., in: H. Stein: American Civil-Military Decisions, Birm. 1963, S. 380, 404; H. Graml: Zwischen Jalta u. Potsdam, in: VfZG, 24, 1976, S. 323.

40 Hammond, S. 353 ff., 397 f., 420 f.; Blum, S. 273, 276; Graml, S. 321.

41 Smith, S. 151; Feis, S. 540; P. Schwarz: Vom Reich zur Bundesrepublik, Neuwied 1966, S. 55 f.; Kolko, S. 49, 80; Viorst, S. 75.

mächte über den Kriegsschluß hinaus zu erhalten, negativ das Bestreben, Deutschland endgültig niederzuwerfen und niederzuhalten[42]. Das Letzte ist für ihn auch ein psychologisches Problem gewesen: Es galt, den Deutschen dieses Mal drastisch einzubleuen, daß sie den zweiten von ihnen angezettelten Weltkrieg eindeutig und endgültig verloren hätten[43].

Präsident Truman hat sich anfangs zu den unmittelbaren Zielen seines Vorgängers ausdrücklich bekannt. Er empfand sich darüber hinaus als Vollstrecker der universalistischen Komponenten in der Politik Roosevelts: Nicht an einer Abgrenzung der Herrschaftsbereiche in Europa (und Deutschland!) lag ihm, sondern an einer fortdauernden Zusammenarbeit der Siegermächte auf europäischem Boden[44]. Das bedeutete an erster Stelle, daß die in Jalta getroffenen Vereinbarungen eingehalten werden mußten. Ob es nun um die permanente Teilung Deutschlands, um die Westverschiebung Polens oder um die Festsetzung deutscher Reparationen ging: Überall fühlte sich Truman im Prinzip an die Entscheidungen seines Vorgängers gebunden[45].

Was die Behandlung Deutschlands unmittelbar nach dem Kriege betraf, so lag Truman ein interner Kompromiß der drei dafür zuständigen Washingtoner Ministerien vor, den schon Roosevelt am 23. 3. 1945 gebilligt hatte. Hauptstreitpunkt in der vorausgegangenen interministeriellen Debatte waren u. a. die Kompetenzen der alliierten Zonenoberbefehlshaber in Deutschland gewesen. Kriegsminister Stimson und Finanzminister Morgenthau drängten nach einer weitestmöglichen Verselbständigung der einzelnen Oberkommandierenden, die an die Beschlüsse des geplanten alliierten Kontrollrats nur dann gebunden sein sollten, wenn diese einstimmig gefaßt worden wären. Stimson lag aus technisch-administrativen Gründen daran, dem amerikanischen Oberbefehlshaber ein Maximum an Entscheidungsfreiheit zu sichern, weil er wirtschaftliche oder politische Krisensituationen voraussah, in denen, unabhängig von dem langsamen Verfahren des Kontrollrates, schnell gehandelt werden mußte. Morgenthau seinerseits wollte verhindern, daß der Kontrollrat als gemeinsames Regierungsorgan für ganz Deutschland der Schrittmacher für eine zukünftige gesamtdeutsche Regierung würde. Er setzte jetzt auf eine Zementierung der deutschen

---

42 Smith, S. 151.

43 G. Moltmann: Amerikas Deutschlandpolitik im 2. Weltkrieg, Heid. 1958, S. 67.

44 H. S. Truman: 1945 ..., Memoirs, New York 1965, 1, S. 44, 55, 88 ff., 128, 290; FRUS/P, S. 68; Feis, S. 599; vgl. Anm. 35! Nicht überzeugend: G. Alperovitz: Atomic Diplomacy ..., N.Y. 1965, S. 13, 229.

45 Teilung: FRUS/P, 1, S. 50, 161; Murphy, S. 301 f.; W. D. Leahy: I was there, London 1950, S. 455 u. 499. Irrtüml. dagegen Truman selbst: Memoirs, 1, S. 340.

Teilung entlang den Zonengrenzen. Nur das Außenministerium verwandte sich von vornherein für die Erhaltung des deutschen Einheitsstaates. Es mußte in diesem Punkte vor dem gemeinsamen Votum der beiden anderen Ministerien vorerst zurückweichen[46].

Dafür gewann es in der Vorausplanung *auf lange Sicht* bei dem neuen Präsidenten eine Schlüsselstellung. Es wurde zum schärfsten Gegner dessen, was es als Politik des „smash and run"[47] brandmarkte, d. h. einer Teilung oder einer wirtschaftlichen Demontage Deutschlands. Ökonomisch sahen die Experten des State Department in Deutschland einen unentbehrlichen Teil der europäischen Gesamtwirtschaft. Für die wirtschaftlich schwache amerikanische Zone erwarteten sie für den Fall einer Abkapselung der Einzelzonen Verarmung, Hungersnot und am Ende das Vordringen der Kommunisten. Ein geteiltes Deutschland, meinten sie ferner, könne sich nur zu einer Brutstätte eines neuen Nationalismus entwickeln. Auf eine gesamtdeutsche Regierung wollten sie allerdings vorerst verzichten, weil diese als Vollstreckerin der alliierten Wiedergutmachungswünsche von vornherein den Makel Quisling-hafter Kollaboration tragen würde[48].

Das State Department trat auch allen Plänen für allzu weitreichende Veränderungen des deutschen Gebietsbestandes entgegen. Den Polen wollte es nur die Annexion von Oberschlesien und Hinterpommern oder allenfalls eine Grenzziehung entlang der Oder zugestehen, nicht aber die Oder-Neiße-Linie, weil jede polnische Regierung bei der Verteidigung derart umfassender Territorialgewinne gegen deutsche Revisionswünsche über kurz oder lang in völlige Abhängigkeit von der Sowjetunion geraten würde. Der Internationalisierung des Ruhrgebietes widersetzte es sich, um sowjetische Einflüsse von dort fernzuhalten[49].

Es besteht nun kein Zweifel, daß aus diesen am Vorabend der Potsdamer Konferenz angefertigten Planstudien bereits ein ganz neues Motiv hindurchschimmert, das uns bisher noch nicht begegnet ist: der Wunsch, die potentielle Übermacht des sowjetischen Bündnispartners in Europa *einzudämmen*. Wenn man so will, war dies ein neuer „Regionalismus" — das Ziel, die Sowjetunion auf einen ihr zukommenden Einflußbereich zu beschränken. Freilich war dieser Regionalismus ganz anders motiviert als der Rooseveltsche. Wollte der Vorgänger Trumans dem Konflikt mit der Sowjetunion durch eine Abgrenzung der gegenseitigen Interessenbereiche aus dem Wege gehen, so nahmen die Für-

46 G. Moltmann: Zur Formulierung d. amerik. Deutschlandpolitik ..., in: VfZG, 15, 1967, S. 299; Hammond (vgl. Anm. 39), S. 311 ff.

47 FRUS 1945, 3, S. 457.

48 FRUS/Y, S. 103; FRUS/P, 1, S. 187, 435 ff., 456 ff.; Murphy, S. 255.

49 FRUS/P, 1, S. 587, 591 ff., 744 ff.; FRUS/Y, S. 233, 509 ff.

sprecher einer Eindämmung der Sowjetmacht das Risiko eines Konfliktes mit Stalin bewußt in Kauf. Freilich ist dies in unserem Zeitraum nur eine Unterströmung im State Department gewesen[50]. Das offizielle Hauptziel der amerikanischen Außenpolitik blieb weiterhin nicht das containment — die Eindämmung — sondern das Kondominium, d. h. die gemeinsame Herrschaft der drei Alliierten in Deutschland und langfristig womöglich auch in Osteuropa. Es müsse möglich sein, so hoffte man, daß sich die Sowjetunion zur Duldung von parlamentarischen Regierungen auch in ihrem Sicherheitsbereich bereitfinden werde — Regierungen, die sich auf die breiten Wählerschichten der gemäßigten Linken stützen würden. Für Deutschland ließ man rührende Studien über mögliche gemeinsame westlich-sowjetische Prinzipien für die Umerziehung der Bevölkerung anfertigen[51]. Daß die Westmächte zur Zusammenarbeit mit der Sowjetunion sozusagen verdammt waren, das bestätigte schon 1944 auch der amerikanische Generalstab, indem er warnend darauf hinwies, daß die Alternative zur Zusammenarbeit, d. h. ein kriegerischer Zusammenstoß mit Rußland, auf jeden Fall keinen Sieg der USA erwarten ließe[52].

Truman hat sich am Vorabend der Potsdamer Konferenz die Pläne des State Department ganz zu eigen gemacht. In einigen Punkten entfernte er sich dadurch, ohne sich dessen immer ganz bewußt zu werden, von den Zielen seines Vorgängers — z. B. wenn er sich jetzt von der Erwünschtheit der Erhaltung der deutschen Einheit überzeugen ließ[53].

Doch glaubte er mindestens in seinen kurzfristigen Entscheidungen noch ganz im Sinne Roosevelts zu handeln: Während er z. B. den Versuchen Titos und de Gaulles, in Grenzfragen vollendete Tatsachen zu schaffen, energisch entgegentrat, suchte er in den Polenfrage nach einem Kompromiß mit Stalin[54]. Um einen Bruch mit der Sowjetunion zu vermeiden, bestimmte er auch, über den verzweifelten Protest Churchills hinweg, den Abzug der westalliierten Truppen aus den Teilen Mitteldeutschlands, die vertraglich den Sowjets zugesprochen worden waren. Nur so glaubte er, Stalin davon abhalten zu können, die sowjetische Zone Deutschlands und Osteuropa sofort und völlig dem Einfluß der Westmächte zu entziehen[55].

---

[50] z. B. Kennan, Bohlen u. Harriman — alle Ostexperten! FRUS/T, S. 846; C. Bohlen: Witness to History, N.Y. 1973, S. 175 f.; G. F. Kennan: Memoiren ..., Mü. 1971, 1, S. 219; 2, S. 547 ff.; L. E. Davis: The Cold War Begins ... Princeton 1974, S. 136.

[51] FRUS/Y, S. 103; FRUS/P, 1, S. 485 ff.

[52] FRUS/Y, S. 106 f., 609; FRUS/P, 1, S. 256 f.

[53] FRUS/P, 2, S. 89 ff.; E. Deuerlein: Deklamation oder Ersatzfrieden ... Stuttg. 1970, S. 89 f.

[54] H. Feis: Between War and Peace, Princeton 1960, S. 46 f., 131; Deuerlein, S. 42.

In seiner Grundabsicht war Truman aber, als er sich nach Potsdam begab, immer noch, trotz ersten Zweifeln, von der Hoffnung beseelt, die Welt im Zeichen von Selbstbestimmung und Freihandel einen und Osteuropa in diese neue Welt integrieren zu können. Auf der Potsdamer Konferenz konnte er sein Nachgeben im Streit über die Oder-Neiße-Grenze mit eben diesem Wunsche begründen. Sah es doch jetzt so aus, als ob die Warschauer Regierung nun doch den prowestlichen polnischen Politikern einen gewissen Einfluß einräumen würde. Eine Erfüllung der national-polnischen Forderungen auf Kosten Deutschlands, die auch diese Politiker unterstützten, ließ auf eine Stärkung ihres Ansehens und damit des westlichen Einflusses in Polen hoffen[56].

In zweierlei Hinsicht setzten die Amerikaner freilich Vereinbarungen durch, die ihrem Hauptziel, einem Kondominium der Großmächte in Europa, zuwiderliefen. Einmal legten sie (von den Sowjets übrigens eifrig sekundiert) die erwähnte unter ihren Ministerien ausgehandelte Formel vor, welche die Befugnisse der einzelnen Zonenbefehlshaber auf Kosten des Kontrollrates erweiterte[57]. Es war eine Ironie, daß gerade Morgenthau, an sich ein warmer Fürsprecher einer westlich-sowjetischen Zusammenarbeit, durch sein Votum diesem Beschlusse vorgearbeitet hatte.

Auf eine Auseinanderentwicklung der Besatzungszonen lief auch eine zweite Entscheidung hinaus: Amerika unterbreitete eine Formel zur Regelung der Reparationsfrage, welche die Besatzungsmächte für die Deckung ihres Bedarfs an Reparationen — d. h. für die Demontage von industriellen Anlagen — in erster Linie auf ihre eigenen Zonen verwies. Darüber hinaus erst sollte die Sowjetunion 10 % der aus den Westzonen anfallenden Reparationen ohne Gegenleistung erhalten. Im Einzelfall blieb es freilich immer noch den Zonenbefehlshabern vorbehalten zu entscheiden, ob die gewünschten Reparationsgüter zur Erhaltung eines Minimallebensstandards für die Deutschen entbehrlich waren oder nicht. Also auch hier, wie im Kontrollrat, ein Vetorecht[58]!

Diese Regelung entsprach in ihrem wirtschaftlich-technischen Aspekt den Vorstellungen, welche die amerikanischen Experten seit langem entwickelt hatten; in ihrer politischen Konsequenz kam sie indessen an entscheidender Stelle einer Einschränkung des gerade von den Amerikanern in Potsdam verfochtenen und im Prinzip auch von den beiden Verbündeten akzeptierten Zieles gleich, daß Deutschland als

[55] Feis, War, S. 76, 142; Deuerlein, S. 33; Murphy, S. 290; T. Sharp: The Wartime Alliance and the Zonal Division of Germany, Oxf. 1975, S. 149 ff.

[56] Feis, War, S. 219 ff., 230 f.; FRUS/P, 1, S. 715, 755.

[57] Feis, War, S. 241. Vgl. Anm. 39!

[58] Feis, War, S. 247 ff., 262 ff.; FRUS/P,1, S. 519 ff.

wirtschaftliches Ganzes behandelt werden müsse. Es war eine Entscheidung, die der Absicht, ganz Europa für eine wirtschaftliche Zusammenarbeit offenzuhalten, widersprach — eine Entscheidung, die das Eingeständnis enthielt, daß für das geplante westlich-sowjetische Kondominium in Europa bereits einige Voraussetzungen fehlten[59]. Die amerikanische Militärverwaltung hatte Mühe, unter ihren Mitarbeitern den Eindruck zu zerstreuen, als sei damit das Prinzip einer einheitlichen Behandlung Deutschlands überhaupt preisgegeben worden — als habe m. a. W. Amerika das, was hier als die universalistische Grundtendenz seiner Europapolitik bezeichnet worden ist, bereits endgültig aufgegeben[60].

IV.

Ziehen wir Bilanz! Wenden wir uns zunächst den charakteristischen Unterschieden zwischen der amerikanischen Europapolitik des Jahres 1919 und der des Jahres 1945 zu und stellen wir fest, ob die Amerikaner aus ihren 1919 gemachten Erfahrungen 1945 zu lernen bereit gewesen sind. Die Frage ist zunächst bei Roosevelt entschieden zu bejahen; denn nur so erklärt sich sein Wunsch, einerseits den Deutschen, anders als 1919, ihre Niederlage eindringlich zum Bewußtsein zu bringen und andererseits die russische Großmacht diesesmal in die Friedensordnung fest zu integrieren.

Geradezu besessen waren die Amerikaner von ihrer Absicht, die 1919 und danach in der Reparationsfrage gemachten Fehler nicht zu wiederholen. Mit ihrem ganzen Einfluß setzten sie sich diesmal für eine realistische Reparationsregelung ein, die sich auf die Erfassung von Sachwerten konzentrierte und riskante monetäre Transaktionen überflüssig machte, die den Deutschen einen Minimallebensstandard beließ und die zu diesem Zweck der Finanzierung deutscher Importe den Vorrang vor der Ableistung von Reparationsverpflichtungen einräumte (das sog. „first-charge"-Prinzip). Auf keinen Fall wollte Amerika sich wieder in die Rolle der Kreditquelle für die Finanzierung von Reparationen versetzt sehen, wie dies in den zwanziger Jahren der Fall gewesen war[61].

Die an den Erfahrungen des Ersten Weltkrieges orientierte Veränderung der amerikanischen Motivation führte zu entsprechend veränderten Ergebnissen in der amerikanischen Friedenspolitik nach dem Zweiten Weltkrieg. Etwas überspitzt könnte man vielleicht sagen, daß

---

59 Schwarz, S. 113; H. Stimson: On Active Service ..., N.Y. 1947, S. 594; Kolko, S. 573 ff.

60 FRUS/P, 2, S. 938 f.

61 Feis, War, S. 249; Murphy, S. 302; J. Gimbel: The Origins of the Marshall Plan, Stanf. 1976, S. 54 ff.

der Erfolg der USA 1919 mehr in der Verwirklichung ihrer territorialpolitischen Vorstellungen lag, 1945 dagegen mehr in der Durchsetzung ihrer wirtschaftspolitischen Ziele.

Hinter diesen Unterschieden darf man wichtige Gemeinsamkeiten nicht übersehen. Gemeinsam war den amerikanischen Politikern 1919 und 1945 ihr langfristiges Fernziel: die Integration von Verbündeten und Gegnern in eine politisch und wirtschaftlich neu geordnete Welt. Gemeinsam war ihnen dabei die Schwierigkeit, in den einzelnen Völkern für diese Zusammenarbeit geeignete politische Kräfte zu finden, die den amerikanischen Kriterien für wahre Demokraten entsprechen.

Gemeinsam war den Amerikanern 1919 und 1945 das Streben nach der „Offenen Tür" in ganz Europa — gemeinsam freilich auch ihre Mißachtung dieses Prinzips an entscheidender Stelle, nämlich in der Reparationsfrage! Indem Amerika — in diesem Punkte keineswegs der Düpierte! — 1919 und 1945 seinen unmittelbaren wirtschaftlichen und fiskalischen Eigeninteressen den Vorrang gab, indem es, anders ausgedrückt, in erster Linie finanzpolitisch und erst in zweiter handelspolitisch entschied, trug es 1919 zum Mißerfolg der wirtschaftlichen Friedensregelung bei, 1945, ohne dies eigentlich zu wollen, zum Beginn des Kalten Krieges, indem es die wirtschaftliche Teilung Europas vorbereiten half. Nicht die Verfolgung des Grundsatzes der „Offenen Tür" hat also, wie man oft liest, primär zur Konfrontation mit der UdSSR in Deutschland geführt, sondern im Gegenteil gerade dessen Aufgabe[62].

Gemeinsam mit ihren Vorgängern nach dem Ersten Weltkrieg mußten die amerikanischen Friedensmacher auch nach 1945 das Scheitern ihrer Friedenskonzeption erleben. Ich möchte jedoch die Behauptung wagen, daß dieses Scheitern nach 1919 nicht an den Mängeln lag, die dieser Friedensregelung — jedenfalls in politischer Hinsicht — an sich innewohnten, sondern an Folgeentwicklungen, die mit der Friedensregelung als solcher nicht unmittelbar zusammenhingen. Anders die Europapolitik im Zweiten Weltkrieg! Diese war sowohl in ihrer ursprünglich regionalistischen wie auch in ihrer später universalistischen Ausprägung von vornherein zum Scheitern verurteilt. Denn sowohl die Aufteilung der Welt in der Form, wie sie Roosevelt in Teheran vorschwebte, wie auch das Kondominium, auf das die Amerikaner später hinarbeiteten, bargen die Gefahr eines Machtvakuums in Kontinentaleuropa, das der UdSSR, der kontinentalen Siegermacht, zwangsläufig

62 Gimbel, S. 55: Die Amerikaner folgten hier ihren Interessen, zugleich aber auch, aus ihrer Sicht, dem Weg des geringsten Widerstandes, der Konflikte mit der UdSSR zu vermeiden versprach (gegen: B. Kuklick: American Policy and the Division of Germany ... Ithaca 1972, S. 141 ff., 171 ff.).

zugute kommen und damit letztlich das Weltgleichgewicht erneut in Frage stellen mußte. Einige zeitgenössische amerikanische Politiker haben dies durchaus erkannt, vermochten sich aber nicht durchzusetzen[63]. Am folgenschwersten war aber vielleicht das Unvermögen der amerikanischen Regierung, sich zwischen einer regionalen und einer universalistischen Bestimmung ihrer Interessen definitiv zu entscheiden. Während sie in der Absicherung ihrer Interessen in Westeuropa allmählich wieder zu regionalistischen Vorstellungen zurückkehrte (z. B. in der Fernhaltung der Sowjets aus dem Ruhrgebiet), argumentierte sie Osteuropa gegenüber weiterhin in universalistischem Sinne, indem sie sich weigerte, es als sowjetische Interessensphäre anzuerkennen. Ein solch zwiespältiges Verhalten mußte auf sowjetischer Seite Mißtrauen wecken. Gewiß ist die amerikanische Politik hier in vielem nur ein Reflex der Politik gewesen, wie sie die UdSSR aus amerikanischer Sicht betrieb.

Und doch hingen diese Diskrepanzen in der amerikanischen Europapolitik auch mit einem Charakteristikum der amerikanischen Planungen für die Zukunft Europas zusammen, das sich wiederum 1919 und 1945 nachweisen läßt: Beidemale waren die Amerikaner der Illusion verfallen, als könnten auch weitgesteckte Ziele für eine Neuordnung Europas mit einem Minimum eigenen Machteinsatzes verwirklicht werden. 1919 und 1945 bauten die amerikanischen Regierungen naiv auf der politischen Wirksamkeit wirtschaftlicher Druckmittel[64] und militärischer Wunderwaffen[65]. 1919 und 1945 bestand so ein Mißverhältnis zwischen einem nach außen verkündeten universalen Interventionsanspruch und einer in Wahrheit begrenzt vorhandenen Bereitschaft zur Übernahme langfristiger politischer und wirtschaftlicher Verpflichtungen. Den Weg zu einer in diesem Sinne glaubwürdigeren Außenpolitik, in der Theorie und Praxis besser miteinander harmonierten, sollten die Amerikaner erst nach den Rückschlägen finden, die sie bis in die nachstalinistische Ära hinein in Osteuropa erlitten.

---

[63] z. B. Stimson, S. 337. Vgl. Anm. 50!

[64] Schwabe, S. 54; f. Roosevelt(!): Gaddis, S. 191.

[65] 1919 war dies offenbar eine Art von Rakete, 1945 die Atombombe (D. Trask: General Bliss . . ., in: Transactions of the Amer. Philos. Society, N.F. 56, 8, 1966, S. 16; Alperovitz, S. 65, 144; Kolko, S. 315, 380).

ADRESSATEN, AUTOREN, AKTEURE

Über Partizipation an der Geschichte

Von Günther List

„Hatten unsere Vorfahren Besuch aus dem Weltall? Beruhen Teile der Archäologie auf falschen Voraussetzungen? Haben wir eine utopische Vergangenheit? Gibt es auch für die Entwicklung der Intelligenz einen ewigen Kreislauf[1]?" Universalgeschichtliche Sinnfragen, von Nichthistorikern gestellt und beantwortet, von der Zunft der Geschichtswissenschaftler wenn überhaupt zur Kenntnis genommen, dann als unwissenschaftlich-fiktional abgewiesen. Dennoch: Offensichtlich ungehindert von den Bedenken historischer Theorie, der Praxis wissenschaftlich verantworteter Geschichtsschreibung oder jahrelangem schulischem Geschichtsunterricht haben die zitierten universalen Sinnfragen und spekulativen Antwortangebote einen florierenden Markt von einigen Millionen Interessenten gefunden, — eine Dimension, die von keiner fach- oder populärwissenschaftlichen Weltgeschichte erreicht werden dürfte.

Irritation über diesen Sachverhalt ist wohl angebracht und aus mehreren Perspektiven denkbar. Zunächst einmal indiziert er eine beklagenswerte Spaltung der gesellschaftlichen Sinngebungspraxis, soweit sie irgend mit Geschichte als ganzer zu tun hat. Daß die mit Geschichte professionell befaßten Wissenschaftler zumeist nicht einmal diesen Sachverhalt der Spaltung als solchen, in seiner ganzen Sinnfälligkeit eines Literatur- und Buchmarktgeschehens[2], registrieren, macht die Spaltung von geschichtlicher Wissenschaft und Nichtwissenschaft erst recht perfekt. Damit aber wird Geschichtswissenschaft ihrerseits zum Gegenstand gesellschaftspolitisch motivierbarer Irritation.

---

[1] Erich von Däniken: Erinnerungen an die Zukunft. Ungelöste Rätsel der Vergangenheit [1968]. München/Zürich 1971, 22.

[2] Daß auch kommerzielle Untersuchungen ihrerseits — wie neulich aus einer Allensbacher Erhebung ersichtlich — keine inhaltlichen Kriterien mehr für die weit aufgefächerte Gattung Universalgeschichte zur Verfügung haben und sie schlicht unter „Nachschlagewerke" einordnen, steht auf einem anderen Blatt.

Am ehesten, scheint es, will sich Historikerinteresse an nichtwissenschaftlicher Geschichte noch in jenen Grenzsituationen des überkommenen historischen Bildungsanspruchs einstellen, wo dieser Anspruch als enttäuschte Erwartung zurückschlägt und den Blick auf einen völlig anderen als den fachwissenschaftlichen Bedürfnishorizont freigibt. Für Troeltsch — bezeichnenderweise kein Fachhistoriker — steht Anfang der zwanziger Jahre fest, daß die „Seminarhistorie" nur noch Fachleute interessiert[3]. In die Lücke ist, quantitativ zunehmend, die „große synthetische Dilettantenhistorie" getreten, mit Nietzsche und Spengler unter wissenschaftsfeindlichem, mit einem Autor wie H. G. Wells[4] unter dem Vorzeichen des angelsächsischen Pragmatismus, und hinter den glänzenden Autoren der ersten Garnitur wird bereits die Menge der schlechten Journalisten sichtbar.

Was hier als nichtwissenschaftliches Geschichtsinteresse Aufmerksamkeit erlangt, ist freilich noch ganz im bürgerlichen Bildungsbetrieb angesiedelt. Die widersprüchlichen Bedürfnisse, denen die synthetische Dilettantenhistorie folgt: Skepsis und Phantasie, sind für Troeltsch Zeichen der „allgemeinen Krisis des außerwissenschaftlichen Geistes", die mit der „engere(n) Krisis der Historie selbst" noch genetisch und gesellschaftlich wahrnehmbar korrespondiert[5].

Seltene Versuche professioneller Autoren, diese sich öffnende Schere zwischen zwei literarischen Märkten des universalgeschichtlichen Interesses zu schließen, die Irritation über den eigenen Adressatenverlust in Bildungs- und Aufklärungsaktivität umzusetzen, treiben nur um so tiefer in die Irritation hinein. Sie erweisen sich mit ihrer täuschenden Erwartung, es könne noch von einer gemeinsamen Bildungsgrundlage ausgegangen werden, ihrerseits als beunruhigend hilflos. „Versucht man", so heißt es etwa im Hinblick auf die eingngs zitierten universalen Geschichtsspekulationen, „als Diskussionsleiter oder Referent dem immer in übergroßer Zahl versammelten Publikum klarzumachen, daß hier ein außerhalb jeder Wissenschaft stehender Phantast das Vertrauen seiner Leser und Hörer mißbraucht, sind die Erfolgschancen von vornherein gering. Nicht, um über die Unhaltbarkeit der Aufstellungen des genannten belehrt zu werden, strömen die Menschen in die Vortragssäle, sondern um sich bestätigen zu lassen, daß es mit den betreffenden Thesen seine Richtigkeit habe oder zumindest, was praktisch auf dasselbe hinausläuft, ‚etwas daran' sei . . .[6]."

---

[3] Ernst Troeltsch: Die Krisis des Historismus. Die neue Rundschau 1 (1922) 572 - 90; 578.

[4] Herbert George Wells: The outline of history [1920]; dt: Die Grundlinien der Weltgeschichte, Berlin 1926, lag 1927 im 20. Tausend vor und wird noch heute aufgelegt.

[5] Troeltsch: Krisis, 579.

Indem so die gesellschaftliche Funktion der Wissenschaft realiter auf den Punkt zurückgeworfen wird, nutzlose Appelle an das Wahrheitsbedürfnis des Publikums zu richten, stellt sich die Frage nach der Selbstdefinition der Wissenschaft im nachhistoristischen Stadium neu. Die seither gegebene Antwort: Nicht nur, daß der spezifisch historische Bildungszusammenhang zwischen Autoren und Adressaten endgültig obsolet wird. Für die im Focus der Wissenschaftlichkeit versammelten Autoren entfällt die Kategorie des Adressatenbezugs überhaupt. Der Topos, daß Historie der nichtwissenschaftlichen Geschichte gegenüber ideologiekritisch aufzutreten habe[7], geht zwar realistisch von der gegebenen Dichotomie zweier gesellschaftlicher Existenzformen von Geschichte aus. Doch gewissermaßen von oben herab formuliert, braucht er Geschichtswissenschaft selber in diesem ungleichen Verhältnis nicht geschichtlich zu thematisieren.

In der Tat verhindert der Topos nicht, daß beide Kommunikationsbereiche des Geschichtlichen einander in dem Maße fremder werden, wie Historie sich zur Sozialwissenschaft modernisiert und damit — paradox genug — die Strukturprobleme der Massengesellschaft in ihr Blickfeld bringt. Sie selbst wird damit zu einer immer stärker ausschließlich kognitiv-methodisch zentrierten Instanz, die ihren unmittelbaren gesellschaftlichen Bezug an die Geschichtsdidaktik delegiert, und für die Geschichtsschreibung kein bewußt eingesetztes und theoretisch reflektiertes Mittel mehr sein kann, verlorenes Bildungsterrain wiederzugewinnen[8].

Damit kein Mißverständnis entsteht: Den Stachel der Beunruhigung, den diese Situation zurückläßt, werden wir nicht loswerden, indem wir versuchen, den disparaten Status historischer Interessen und Elaborationsformen, Erwartungen und Angebote, in einer rückwärtsgewandten Utopie vorarbeitsteiliger gesellschaftlicher Kommunikation über Geschichte aufzuheben. Irritierend ist vielmehr, daß Historiker gerade von ihrer Kompetenz sozialwissenschaftlicher Fragestellung so wenig Gebrauch machen, wenn es darum geht, ihre eigene Wissenschaft nicht bloß in emanzipatorischer Absicht, sondern auch in Ansehung ihrer realen Existenz als Sozialform zu definieren.

---

6 Franz Hampl: Information und Kommunikation. In: ders.: Geschichte als Wissenschaft. I. Theorie der Geschichtswissenschaft und Universalgeschichte, Darmstadt 1975, 39.

7 z. B.: Jürgen Kocka: Diskussionsbeitrag. In: Theorie der Geschichtswissenschaft und Praxis des Geschichtsunterrichts. Hg. Werner Conze. Stuttgart 1971, 70.

8 Über die Rollentrennung von Geschichtsforscher und Geschichtsschreiber kürzlich: Jürgen Habermas: Zur Rekonstruktion des Historischen Materialismus, Frankfurt 1976, 201 ff.

Zu dieser Existenz aber gehört — und gibt ihr erst den sozialgeschichtlichen Rahmen — ihr negatives Gegenstück. Es gehören zu ihr nicht bloß die von Troeltsch apostrophierten Erzeugnisse der synthetischen Dilettantenhistorie, die — immer um einen Achtungsschritt hinter den wissenschaftlichen Werken zurück — den Markt zumal der Weltgeschichtsschreibung beherrschen[9]. Es gehören zur sozialen Existenz von Geschichtswissenschaft vor allem auch jene fragmentarischen Expektorationen, wie wir sie eingangs zitiert haben, in denen sich ebenso tiefsitzende wie von Wissenschaft und Pseudowissenschaft uneingelöste Bedürfnisse nach universaler geschichtlicher Sinngebung, nach Partizipation an der Geschichte, spiegeln. Die sozial entlegensten Ausdrucksformen dieser Literatur sind Bestandteile eines gigantischen subkulturellen Marktes weit unterhalb der Ebene des gebildeten Buchhandels[10] und der Wahrnehmungsfähigkeit anspruchsvoller Wissenshistorie.

Wenn wir sagen, daß all dies zur Geschichtswissenschaft „gehört", dann in dem Sinne, daß es sich um Bruchstücke ein und derselben geschichtlichen Orientierungspraxis handelt, die sich — global — in die unterschiedlichen Bereiche von Wissenschaft und Nichtwissenschaft dissoziiert, und für deren thematische Einheit Geschichtswissenschaft zu zeichnen hat. Historische Wissenschaftlichkeit ist in diesem Verhältnis einerseits zur Disposition gestellt: Es wird für sie darum gehen müssen, sich selbst als komplementär zur Nichtwissenschaft entstandenes sozialgeschichtliches Produkt, als einen besonderen Modus sozialer Identität, zu rekonstruieren. Andererseits enthält historische Wissenschaftlichkeit als einzige der beiden Instanzen die methodischen Instrumente, mittels derer sich dieses Verhältnis künftig auch verändern kann, indem es zum Gegenstand sozialwissenschaftlich orientierter Theoriebildung und Öffentlichkeit gemacht wird.

In die Geschichte der „populären Lesestoffe" und ihrer Bedürfnisse („Exigenzen") unmittelbar einzudringen, muß allerdings entsprechende Schwierigkeiten bereiten[11]. Doch zielt die Forderung, geschichtswissenschaftliche Selbstdefinition habe den subkulturellen Alltag der Geschichtsinteressen einzuschließen, ja nicht gradlinig nur darauf ab, die Lesergeschichte dieses Alltags endlich in den Blick zu bekommen[12].

---

[9] Um neben Wells noch ein Beispiel zu nennen: Ernst Samhaber: Weltgeschichtliche Zusammenhänge. Perspektiven für die Zukunft. Gütersloh 1976 (Neuauflage).

[10] Über einen Sektor dieses Marktes: Jürgen Ritsert: Zur Soziologie der Popularliteratur über den Zweiten Weltkrieg. Diplomarbeit. Frankfurt 1962.

[11] Rudolf Schenda: Volk ohne Buch. Studien zur Sozialgeschichte der populären Lesestoffe 1770 - 1910 (= Studien zur Philosophie und Literatur des neunzehnten Jahrhunderts 5). Frankfurt 1970, bes. 13 ff.

[12] Systematische Bemühungen um eine Lesergeschichte der Geschichtsliteratur bleiben ein Desiderat, das jenseits der üblichen akademischen und

Die Forderung nach sozialgeschichtlicher Selbstdefinition ist zunächst einmal einfacher von der anderen Seite her, im zugänglichen Medium der öffentlichen Historie und ihrer Texte selbst, zu realisieren[13], — solange nur der Sachverhalt der sozialen Dichotomie als für eben diese Geschichtswissenschaft konstituierend im Auge bleibt. Definition der Wissenschaft im Hinblick auf den gesellschaftlichen Status von Nichtwissenschaft meint also: daß Historie diejenigen Geschichtsinteressen, die sie methodengeschichtlich zurücklassen muß, sozialgeschichtlich einholt, sie als Symbole einer asymmetrischen, sozial deformierten gemeinsamen Geschichte begreift und sich selber in ihrem wie immer verdeckten, aber gesamtgesellschaftlich virulenten Interaktionsverhältnis zu ihnen definiert.

Noch die abstruseste Spekulation über den universalen Geschichtsverlauf kommt unter dem gleichen zweifachen Problemdruck zustande, der auch wissenschaftliche Historie zu ihren universalgeschichtlichen Anstrengungen treibt: nach der Seite der Subjektivität hin durch das Bedürfnis nach Sinn; nach der Seite der Objektivität hin durch die Einheit bzw. zunehmende Vereinheitlichung der Welt. Mit dieser Einschätzung befinden wir uns an sich mitten in den Topoi der Historie. Noch die moderne Geschichtswissenschaft selber legitimiert sich ja auf der einen Seite mit dem „Urtrieb des Menschen als geschichtliches Wesen, sich geschichtliche Erinnerung anzueignen", „Geschichte als einheitlichen Sinnzusammenhang geradezu zu erschaffen"[14]. Sie bringt also jede universalgeschichtliche Sinngebung, gleich welchen Elaborationsgrades, vorerst einmal auf den Begriff eines universalanthropologischen, apriori voraussetzbaren geschichtlichen Interesses. Und auf der anderen Seite ergibt sich für sie gerade aktuell aus der „Tatsache der e i n e n Welt des 20. Jahrhunderts" die zwingende „Einsicht, daß Geschichte heute Geschichte der einen und gesamten Welt sein könne und sein müsse"[15].

Beide Topoi zusammengenommen markieren Weltgeschichte als universale Gattung, und zwar nicht abstrakt, sondern indem sie den ihr zugrundeliegenden Aktionszusammenhang freilegen: den Interaktionismus zwischen der gesellschaftlichen Erinnerung und dem Substrat des

---

schulischen Historiographiegeschichte zu thematisieren Schendas, Engelsings usw. Forschungen die Ansätze liefern könnten.

13 Klaus Bergmann / Hans J. Pandel: Geschichte und Zukunft. Didaktische Reflexionen über veröffentlichtes Geschichtsbewußtsein. Frankfurt 1975.

14 Theodor Schieder: Grundfragen der Geschichte. In: Die Weltgeschichte. Der Weg der Menschheit zu der einen Welt: Von den Anfängen bis zur Gegenwart. Freiburg usw. 1971. 17.

15 Franz Georg Maier: Das Problem der Universalität. In: Gerhard Schulz (Hg.): Geschichte heute. Positionen, Tendenzen, Probleme, Göttingen 1973, 84 - 108; 88.

globalen Weltgeschehens, die geschichtlich miteinander konvergieren. Ein Prozeß, dessen mythologisch-spekulative Vorstadien üblicherweise als mit der Aufklärung abgeschlossen gelten. „Jetzt zum ersten Male erhielt die Universalgeschichte einen Zusammenhang, der aus der empirischen Betrachtung selber geschöpft war[16].“ Wir werden dennoch zu fragen haben, ob die für diesen Prozeß eingesetzten Topoi das Problem ausreichend beschreiben, und die zunächst folgenden Bemerkungen sollen dazu dienen, einige hierzu vielleicht ergänzende Begriffe zur Diskussion zu stellen.

*

In seiner üblichen Verwendung bringt der Topos vom universalen Geschichtsinteresse nichts ins Spiel, was ihn für Wissenschafts- als Sozialgeschichte besonders brauchbar machen könnte. Er befestigt, im Gegenteil, den szientifischen Status der Historie, leitet ihre Identität aus dem Nacheinander einer „anfangs literarischen, zuletzt auch wissenschaftlichen“ Interessennahme[17] her. Literatur als Inbegriff für die vorwissenschaftliche, Wissenschaft als Inbegriff für die moderne und dann nicht-literarische Geschichte: Damit definiert geschichtswissenschaftliche Identität sich zwar durchaus in anthropologisch-genetischer Zusammengehörigkeit mit den vor- und außerwissenschaftlichen Texten. Aber sie lebt zugleich davon, das Problemverhältnis zu ihnen für im Verlauf der Zeit bereits gelöst anzusehen. Erst auf der Stufe der Gegenwart sei „Geschichte aber eigentlich zu einer Wissenschaft geworden“, schreibt Bernheim 1908, „da sie sich die reine Erkenntnis eines eigenartigen Stoffes zum Ziel gesteckt hat“, wiewohl sie fähig geblieben sei, auch den „geringeren Aufgaben der referierenden und pragmatischen Stufe gerecht“ zu werden[18].

Denkbare Geschichte der Interaktion und schließlichen Rollentrennung des Literatur- und Wissenschaftsprinzips verdünnt sich so auf Geschichte des Wissenschaftsfortschritts. Im aktuellen Raum entwickelter Wissenschaft bleibt Literatur ein exogenes, überwundenes Prinzip, das zu thematisieren sich immer weniger zu lohnen scheint[19]. Zusammen mit der angeblich erledigten Fiktionalität des Historisch-Literarischen werden damit auch konsequent alle Fragen literarischer Organisation

---

16 Wilhelm Dilthey: Das achtzehnte Jahrhundert und die geschichtliche Welt [1901]; Gesammelte Schriften III, 209.

17 Schieder: Grundfragen 18.

18 Ernst Bernheim: Lehrbuch der Historischen Methode und der Geschichtsphilosophie. 5./6. Aufl. Leipzig 1908, 32.

19 Als letzte Historik scheint sich die Droysensche dem instrumentellen Problem des Schreibens von Geschichte zugewandt zu haben. — Auffällig ist gegenwärtig die Tendenz, sich aus der literarischen Ausarbeitung von in die theoretische Reflexion über Universalgeschichten zurückzuziehen.

als für die Geschichte unerheblich in den vorwissenschaftlichen Raum abschiebbar. Freilich nicht, um hier, im Hinblick auf die Ursprünge, dann etwa thematisch zu werden[20]. Wo der Topos vom universalen Geschichtsinteresse seine geschichtsbildprägende Wirkung ausübt, in Einführungen und wissenschaftsgeschichtlichen Prologen, pflegt er vielmehr die Frage nach den konkreten Interaktionen, die es überhaupt zur Geschichte haben kommen lassen, von vornherein zu verstellen[21].

In zweierlei Hinsicht sollten wir diesen Topos also ergänzen. Wir sollten für die thematische Einheit nichtfiktionaler und fiktionaler Universalgeschichten im ganzen Spektrum ihres Vorkommens einen pragmatischen Begriff von Literatur bzw. den literarischen Begriff der Gattung akzeptieren. Und außerdem sollten wir im Auge behalten, daß es konkrete Adressaten und Autoren sind, deren Interaktionen die Gattung allererst konstituieren, indem sie ihrerseits mit einem Interaktionszusammenhang Geschichte in definitorische Beziehung treten. Versuchen wir, das Zusammenspiel dieser und weiterer dazugehöriger Begriffe in einem thesenhaften Aufriß zu verdeutlichen.

In dem Maße, wie die mythische Nachahmung der Götter, die ritualisierte Aufhebung der Zeit in den absoluten Anfang zurück[22], sich zum arbeitsteiligen Aktionsmonopol und Herrschaftsinstrument von Fürsten und Priestern gegenüber einem zum Adressatenkreis formierten Volk entwickelt[23], entsteht als virtuelle Besetzung von Zeit — erzählte Geschichte. Aus der Gegenwart der hierarchisierten und überschichteten Sippenverbände führen die Genealogien der Abstammung, des Handelns, des Lernens zurück auf die Urväter, die ersten Akteure, die Urheber; auf eine Autorität von Vergangenheit also, deren Besitz den gegenwärtigen Besitzstand bekräftigt.

Geschichte ist, so gesehen, nicht so sehr Produkt eines universalanthropologisch gegebenen Interesses, Gegenstand einer einsinnigen geschichtlichen „Erfahrung“. Sie ist vielmehr Substrat eines interaktionellen und zwar durchaus asymmetrischen Erfahrungs-Austauschs oder — wie wir im Vokabular des „Symbolischen Interaktionismus“[24]

20 Eines der seltenen Gegenbeispiele: Christian Meier: Die Entstehung der Historie. In: Geschichte — Ereignis und Erzählung. Hg. Reinhart Koselleck / Wolf-Dieter Stempel (= Poetik und Hermeneutik 5). München 1973, 251 - 305.

21 Ernst Opgenoorth: Einführung in das Studium der neueren Geschichte. Braunschweig 1969, 5: Alltagsleben und Vergangenheit.

22 Mirca Eliade: Kosmos und Geschichte. Der Mythos der ewigen Wiederkehr. Reinbek 1953, bes. 46 ff.

23 Otthein Rammstedt: Alltagsbewußtsein von Zeit. Kölner Zeitschrift für Soziologie 27 (1975) 47 - 63; 53.

24 Ein Titel für viele: Symbolischer Interaktionismus. Arbeiten zur reflexiven Soziologie. Hg. Heinz Steinert. Stuttgart 1973.

sagen wollen — einer Situationsdefinition, die aus unterschiedlichen gesellschaftlichen Absichts- und Erwartungshaltungen, aus unterschiedlichen Perspektiven der Betroffenheit heraus zustande kommt.

Durch den Entwicklungsprozeß der Arbeitsteilung und sozialen Schichtung bilden sich in einem gemeinsamen, aber unterschiedlich besetzten Geschichtsbegriff die auseinanderstrebenden Rollenidentitäten der geschichtlichen Akteure und derjenigen aus, die sich von der Kompetenz zu geschichtlichem Handeln ausgeschlossen finden. Es sei „gleichsam wider ihr Naturell" gewesen, schreibt der bekannte Schulmann und pädagogische Autor Johann Hübner 1709 von einigen adligen Zöglingen, sich der damals gängigen Universalhistorie, der „Wissenschaft von den vier Monarchien zu acquiesciren". Ihr Interesse sei gänzlich durch Nachrichten von den geistlichen Fürsten des Reichs gefangengenommen worden, wozu auch viel mehr Grund für sie bestand, „weil sie die Avantage hatten, mit dergleichen zu solcher hohen Würde erhobenen Personen verwandt zu seyn"[25]. Daß gewissermaßen um diese realgenealogische Identifizierung herum bürgerliche Geschichtsinteressen gerade an der Universalhistorie festmachen, um sich zu emanzipieren, entspricht der Situationslogik[26].

Wenn wir von der Gattung Geschichte (und ihren Gattungsvarianten) sprechen, meinen wir also die Dreiecksbeziehung zwischen Adressaten, Autoren und Akteuren der res gestae. Doch bezeichnet dies nur formal die Positionen der Mitspieler. Deren virulente Interaktionsverhältnisse zeigen sich gleichsam in einer mehrschichtigen Tiefendimenson voneinander abgehoben. Dabei ist unser Ausgangspunkt nicht die — für sich allein genommen — vordergründige Literaturbeziehung zwischen Autoren und Adressaten. Die eigentlich konstituierende Dialektik des Geschichtlichen entfaltet sich unserem Verständnis nach zwischen den um ihre Akteursqualität gebrachten Adressaten einerseits und den priviligierten Akteuren der geschichtlichen Aktionen andererseits, mithin in der vertikalen Dimension der sozialen Spannungen. Erstens und realgeschichtlich sehen wir die Gattung mithin durch den gesellschaftlichen Interaktionismus selbst entstehen, der die unterschiedlichen Modi gesellschaftlicher Partizipation in der asymmetrischen Besetzung von Geschichte reproduziert.

Wer als potentieller Akteur von Geschichte gelten darf, wer ihr bloßer Adressat ist, und wer schließlich nicht einmal als Adressat ange-

---

25 Johann Hübner: Kurtze Fragen aus der Politischen Historia Biß auf gegenwärtige Zeit continuiret ... VII. Leipzig 1709, Widmung an Christoph von Wrißberg (3r f.)

26 Adalbert Klempt: Die Säkularisierung der universalhistorischen Auffassung. Zum Wandeln des Geschichtsdenkens im 16. und 17. Jahrhundert (= Göttinger Bausteine zur Geschichtswissenschaft 31). Göttingen 1960.

sprochen wird: Diese Rollenbestimmungen sind zwar durch Geschichte vor und außerhalb des Textes festgelegt, werden zugleich aber erst in dessen Medium realisiert. Wir sehen demnach zweitens in den Kommunikationen über Geschichte (historische Argumentation, Geschichtsschreibung usw.) gesellschaftliche Situationsdefinitionen im Sinn der Verteilung von Handlungsrollen sich vollziehen und textlich materialisieren. Im Text selber kommt dieses Definieren allerdings gewöhnlich und die längste Zeit nur implizit zum Ausdruck; es läßt sich dann erst im nachhinein durch die lesergeschichtlichen Fragen aufhellen: wem geschriebene Geschichte gelten soll? wen sie erreicht? usw. Doch ist gerade die bürgerliche Aufklärung des 18. Jahrhunderts dadurch gekennzeichnet, daß sie, wenn auch letztlich nur im Interesse der Mittelschichten, eben diese Fragen explizit macht und damit die Gattung Geschichte als Produkt gesellschaftlicher Auseinandersetzungen aufklärt.

„Ob sich der Nutzen der neuern Geschichte auch auf Privatpersonen erstrecke?“ fragt ein hannoverischer Autor 1765 und rückt dem Topos vom universalen Geschichtsinteresse kritisch zuleibe: „Man nimt es ja als einen Grundsatz an, den man nicht nöthig habe, weiter zu bestimmen, daß die Geschichte eine allgemeine Schule des menschlichen Geschlechts sey“, deren Nutzen sich „über alle Stände, vom Fürsten bis zum Tagelöhner“ erstrecke. Sie ist eben dies nicht, weil und solange ein Großteil der vom Topos angesprochenen Adressaten gar nicht an der Geschichte partizipiert: Wiewohl sehr oft „im geheim die Triebfeder großer und merkwürdiger Begebenheiten“ wird er in dieser seiner Akteursqualität durch die veröffentlichte, rein politische Geschichte nicht ins Spiel gebracht, bleibt ausgeschlossen und ist somit, in seiner Adressatenfunktion angesprochen, auch gar nicht in der Lage, aus dieser einseitigen Geschichte Nutzen zu ziehen[27].

Partizipation an der Geschichte meint also Verfügung über die Mittel, Geschichte zugleich zu „machen“ und publizistisch zur Geltung zu bringen; meint die von den Mitgliedern der Gesellschaft wahrnehmbare Chance, die Gattung als ein entscheidendes Medium öffentlicher Rollenzuweisung für sich einzusetzen, sich aktiv in ihr zu definieren — und folglich auch wiederzufinden. Unseres Autors Kritik deckt im angeblich umfassenden Geltungsanspruch des Topos die asymmetrische Praxis dieser Definitionsmöglichkeiten auf und markiert ihrerseits die gesellschaftliche Krise konkurrierender Situationsdefinitionen.

Der Topos selber erweist sich dabei als das bereits untauglich werdende Definitionsmittel der Herrschenden. Er muß sich auf seinen Ursprung in der antiken Stadtverfassung zurückführen lassen, wo die

27 Christian Kestner: Untersuchung der Frage: Ob sich der Nutzen der neuern Geschichte auch auf Privatpersonen erstrecke? [1765] Allgemeine historische Bibliothek 4 (1767) 214 - 26; 215 f.

„Gränzen des bürgerlichen und der übrigen Stände mehr in einander liefen, als heut zu Tage“[28], Akteurs- und Adressatenstatus mithin noch zur Austauschbarkeit tendieren. Auf die Verhältnisse der „neuern Geschichte“, d. h. des absolutistischen Flächenstaates angewandt, zeigt sich dieser Topos in einem Dilemma: Einerseits soll er die nichtpolitischen Adressaten im Status von Nichthandelnden festhalten, andererseits aber sie in ihrer Identifizierungsfähigkeit für die gemeinsame, so ungleich besetzte Geschichte mobilisieren. Die dergestalt Angesprochenen verweigern sich und setzen gegen die herrschende Situationsdefinition der „Geschichtsbücher“ ihre eigene der „Geschichte selbst“[29].

An diesem Punkt sehen wir die durch realgeschichtliche Interessengegensätze entstehende Gattung drittens noch um eine weitere Stufe in die Tiefendimension hineinverschoben. Definieren sich doch die potentiellen Akteure gegenwärtiger Handlungen im Medium zumal vergangener Handlungen und somit in einer nicht realen, sondern gewissermaßen virtuellen Beziehung zu deren Akteuren. Da es uns hier um die Fragen der Gattungskonstitution, um die Ausbildung der Interessen an (und nicht die Genauigkeit der Abbildung von) Geschichte zu tun ist, stellt sich uns auch dies im interaktionellen Modell dar. Die Beziehung zum Objekt Geschichte ist, so gesehen, durch virtuelle Interaktion konstituiert, durch Interaktion des Adressaten (und potentiellen Akteurs) mit sich selber im Medium des Identifikationsangebots unterschiedlicher Handlungstypen, unterschiedlicher genetisch-kausaler Leitsysteme für das Verhältnis von Vergangenheit und Gegenwart.

Wir haben am Beispiel beobachten können, wie für die Adelswelt Realgenealogie diesen Konnex zwischen Vergangenheit und Gegenwart sinnfällig herstellt. Die bürgerlichen Subjekte definieren sich demgegenüber im universalen Zusammenhang der Menschheit, rollen also den Universalitätstopos zu ihren Gunsten auf: „Man glaubt immer seines Gleichen zu sehen“, ist das höchste Lob, das unser Autor — mit Blick auf die antiken Schriftsteller — der Historiographie zollen kann. Denn die Alten zeigen nicht nur die Heldentaten, Schlachten, Eroberungen, sondern auch die Privathandlungen der Großen; sie „beurtheilen den Monarchen als Menschen“[30]. Damit teilt sich der geschichtliche Aktionszusammenhang in eine vordergründige und eine hintergründige Geschichte, und diese allein mit ihrer tieferen Kausalität des Unpolitischen, des rein Menschlichen, ist es, die den bürgerlichen Adressaten interessieren kann, weil sie ihn bekannter macht mit der ihm selber

[28] ebd., 223.
[29] ebd., 217.
[30] ebd., 223.

eigentümlichen Sphäre. Was diesen virtuellen Zugang eröffnet, ist „Kentniß des Menschen, seiner Neigungen und Leidenschaften, als die Quelle der grösten hervorstechendsten Handlungen“[31].

Erst im Hinblick auf solche Rekonstruktionszwänge kehrt die Situationsdefinition Geschichte auch ihre Eigenart als literarische Handlungsbeziehung hervor. In einem der Fiktionalität durchaus benachbarten Sinn, nämlich für die Gegenwart nur auf Anhaltspunkte (Überreste und überlieferte Interpretationen) angewiesen, organisiert die Gattung den Umgang mit Vergangenheit ja im Medium der Symbole, der ausschließlich narrativ-literarischen Existenz, von Vergangenheit. Geschichtsschreibung stellt so die einzige sichtbare Wirklichkeit zusammenhängender Geschichte von Vergangenheit und Gegenwart her.

In dieser vierten Perspektive der Gattungskonstitution treten daher auch die Autoren in unser Blickfeld, und zwar um so eindringlicher, je mehr sie sich gegenüber den funktionalen Interessen der Akteure verselbständigen und abheben. In der Aufklärung sind sie es, die mit dem Versuch, das bürgerliche Geschichtsinteresse der Privatpersonen über die feudalen Geschichten hinweg unmittelbar mit der „Geschichte selbst“ kurzzuschließen, auch ihre eigene Rolle als Vermittler überhöht mitdefinieren. Um die Schönheit der Geschichte zu entfalten, müsse der Geschichtsschreiber geradezu ein Dichter sein, heißt es bei unserem Autor[32].

Auf das literarische Erscheinungsbild der Texte hingesehen, bietet sich die Gattung somit im Umkehrsinn ihrer sozialen Konstitution dar. Hier zeigt sie sich zuerst als die reale, im Text antizipativ gespiegelte Interaktion zwischen Autor und Adressaten[33]. So geht unser Autor z. B. zunächst von seiner Rolle als Vortragender bei der Göttingischen Historischen Gesellschaft aus, um dann in seiner Toposkritik die gegensätzlichen Geschichtsabsichten und -erwartungen von Herrschenden und Privatpersonen zugunsten der letzteren abzuwägen. Sein Text bestimmt sich damit selber als die gemeinsame Situationsdefinition von Autor und Adressaten. Indem der Autor schließlich für die bürgerlichen Adressaten, an die er sich wendet, die virtuelle Interaktion mit ihresgleichen, mit den Akteuren der „Geschichte selbst“ programmiert, schlägt sein Text unmittelbar in eine soziale Qualität um; er gewinnt den Charakter impliziter Handlungsaufforderung bzw. Bekräftigung für die potentiellen Akteure, in den Rollen ihrer noch ungeschriebenen bürgerlich-menschheitlichen Geschichte weiterzuagieren.

---

31 ebd., 224.

32 ebd., 225.

33 Hierzu die Aufsätze von Wolfgang Iser in: Rainer Warning (Hg.): Rezeptionsästhetik. Theorie und Praxis. München 1975, 228 ff.

Für alle diese verschränkten Beziehungen, die das — wie immer universale — Geschichtsinteresse erst zum konkreten gesellschaftlichen Kasus machen, steht der hier verwendete Begriff Situationsdefinition. Er meint ein Handeln, in dem sich sprachliche und soziale Interaktionen, Geschichte als Literatur und Geschichte als reales Handlungsgeschehen, in der Sache nicht trennen lassen. Um jedoch die Dreiecksbeziehung von Adressaten, Autoren, Akteuren nicht nur im hermeneutischen Zirkel aufzufassen, wollen wir noch ein weiteres begriffliches Moment zur Diskussion stellen. Dies wird uns zugleich zur Kritik des zweiten Topos führen, mit dem Geschichte heute gern auf den Begriff gebracht wird: des Topos von der objektiven Seite ihrer Konstitution, nämlich weltpolitischer Interdependenz.

*

Wir haben versucht, den Ursprung von Geschichte aus der Differenzierung des mythischen Alltags, der allzeit gleichen Gegenwärtigkeit von Vergangenheit heraus zu verstehen, und haben dann einen zweiten Wendepunkt markiert: die eigentümliche Besetzung der so entstandenen Geschichte durch das Interesse der bürgerlichen Mittelschichten des 18. Jahrhunderts. Damit haben wir ein Geschehen vor Augen, das sich — als Konflikt um die gesamtgesellschaftlich gültige geschichtliche Situationsdefinition — zwischen zwei interagierenden Ebenen oder Subsystemen abspielt, die wir in ihrem geschichtlichen Problemverhältnis zueinander insgesamt „Geschichte" oder „Alltag" nennen können[34].

Alltag wäre dann der Aktions- und Symbolraum des Vor- und Außergeschichtlichen, gewissermaßen das, was Geschichte vom gesamtgesellschaftlichen Geschehen übrig läßt: ein durch die öffentliche Qualität des Geschichtlichen stets negativ bestimmtes — und daher auch begrifflich sich entziehendes — Residuum, aus dessen bewußt gemachter Potenz sich indessen immer wieder Ansprüche auf Partizipation an der Geschichte anmelden.

Was zu dieser kategorialen Ebene Alltag gehört, wird ihr mithin durch den Charakter des Geschichtlichen aufgeprägt — nicht in offener Verbalisierung, sondern durch stillschweigende Exklusion aus dem historischen System. Alteuropäische Historie bildet den vormodernen Alltag ex negativo dadurch ab, daß sie die Sphäre nicht nur der Häuslichkeit, sondern — strukturell eng mit ihr verknüpft — auch der gesellschaftlichen Arbeit als möglichen Gegenstand systematischer

---

[34] Wir folgen hierin: Henri Lefebvre: Kritik des Alltagslebens (dt.) 2 Bde. München 1974/75, bes. II, 132 ff.

Aufmerksamkeit so gut wie völlig verdrängt[35]. Geschichte ist hier Geschichte der politischen und kirchlichen Herrschaft, die sich vom Alltag der Produktion und Reproduktion, auf dessen Ressourcen sie gleichwohl angewiesen bleibt, hierarchisch abhebt und ihn von der Ebene ihres eigenen Handlungsmonopols fernhält.

Wenn die aufklärerischen Autoren gegen diese nicht sarkastisch genug von ihnen abqualifizierbare Geschichte der „Haupt- und Staatsaktionen" den Alltag der Menschlichkeit ausspielen, dann zielen sie mit diesem Begriff zentral auf die Menschheitsgeschichte der ökonomischen Unternehmungen. Unternehmungen, die einerseits vom absolutistischen Staat gefördert werden und andererseits ohne Massen von abhängig Beschäftigten nicht zustandekommen, in denen bürgerliche Identität aber, indem sie ihnen den Namen menschheitlicher Leistungen gibt, indirekt sich selber bestätigt. Als ersten und augenfälligsten Gegenstand der Weltgeschichte nennt der Göttinger Historiker August Ludwig Schlözer 1772 diejenigen — nicht durch die Natur verursachten — „Revolutionen des Erdbodens, die ihm der Mensch sein Bewohner zugezogen": „Dieser mächtige Untergott schafft seine Wohnung um, räumt Felsen aus der Bahn, gräbt Seen ab, und pflüget, wo man sonsten schiffte. (...) In unbewohnbaren Sümpfen, an den Ausflüssen des Rheins, hat sich die Freiheit und Industrie, nicht bloß Wohnungen, sondern Throne, gebaut. Und Spanier und Britten haben diese Europäischen Künste, den Erdkreis zu verschönern, über Meer in neue Welten getragen ...[36]."

Und mit welcher pädagogischen Sorgfalt bequemt sich noch 1812 die „Umständlichere Erzählung der merkwürdigen Begebenheiten aus der allgemeinen Weltgeschichte" G. G. Bredows dem Interesse der Bürger- und Landschulen, für die sie bestimmt ist: Wichtig für diese Adressaten sei nicht zuletzt, „was sehr viele und weit ausgebreitete" Folgen hat, auch wenn es „an sich nur eine Kleinigkeit, eine unbedeutende Sache seyn mag", wie es scheinbar „einige Tonnen Kartoffeln" sind, 1586 aus Amerika herübergebracht, deren Aussaaten „jetzt vielen Millionen Menschen zu einer gewöhnlichen und nicht kostbaren Nahrung dienen, und in Jahren des Kornmangels viele Menschen schon vom Hungertod errettet haben"[37].

---

35 Eine immer eng mit der Historiographie verbundene, aber erst seit dem 16./17. Jh. in sie integrierte Gattung, in der gesellschaftliche Leistung systematisch thematisiert wird, sind die sog. Erfinderkataloge.

36 August Ludwig Schlözer: Vorstellung seiner Universal-Historie. Göttingen/Gotha 1772, 10 f., 13.

37 G. G. Bredow: Umständlichere Erzählung der merkwürdigen Begebenheiten aus der allgemeinen Weltgeschichte. Für den ersten Unterricht in der Geschichte besonders für Bürger- und Landschulen. 3. Aufl. Reutlingen 1812, 3 f.

So emanzipiert sich bürgerliche Identität aus der ihr verordneten strukturellen Geschichtslosigkeit, indem sie ihren spezifischen Alltag: ökonomische Kultur, auf der ihm realgeschichtlich längst zukommenden Bedeutungsebene plaziert, ihn in Geschichte verwandelt. Doch verwandelt sich in dieser neuen Situationsdefinition auch Geschichte selber mit. Ihr Schwergewicht verlagert sich auf Weltgeschichte — während zugleich unterhalb des zur Kultur- und Menschheitsgeschichte aufsteigenden Alltags der bürgerlichen Akteure bereits der Alltag derjenigen sich abzuzeichnen beginnt, von deren Arbeit bürgerliches Unternehmertum abhängt. Wie immer die aufklärerische Menschheitsideologie auch diese neuen Ansprüche der Idee nach zu artikulieren helfen wird: Indem die weltweit expandierenden Aktivitäten der Bürgergesellschaften auf den irreversiblen Begriff der Weltgeschichte gehoben werden, tut sich die Szene der realen Widersprüche zwischen dem, was zur Geschichtslosigkeit verurteilt ist, und dem, was Geschichte sein darf, erst recht kritisch und krisenhaft auf (und bleibt auch im kommunistischen Staatensystem offen). Die Dichotomie von Geschichte und Alltag klafft im Zeichen seitheriger Weltgeschichte schier unüberbrückbar auseinander.

Angesichts der sich zuspitzenden weltpolitischen Problemgeschichte wird man dabei geradezu von einer sich öffnenden Schere zwischen Alltags- und Geschichtsdimension reden müssen. Denn unberührt von Verwissenschaftlichung und Globalisierung scheint der Alltag in den letzten zweihundert Jahren funktional derselbe geblieben zu sein: die von der Geschichte abgekehrte Seite des sozialen Lebens, der gegenüber die Autoren veröffentlichter Geschichte das Handeln und Bewußtsein des Ganzen verwalten.

Nicht nur soweit er bewußt wird, sondern in seiner vorgängigen Dramaturgie, formiert sich der geschichtliche Prozeß weiterhin als Interaktion von Systemebenen, deren unterste aktiv nicht in Erscheinung treten, sondern nur zur Identifizierung nach oben verpflichtet werden soll. Was für die „Bibliothèque bleue" des 17./18. Jahrhunderts gilt, hat sich in der Substanz kaum verändert. In die Wahrnehmungsperspektive der Volksliteratur tritt Geschichte nur auf zweifache Weise ein: als eine von Königen und adligen Helden bzw. überirdischen Wesen bevölkerte, in ihrer Anordnung immer gleiche Fluchtwelt — oder aber, als Bezugspunkt eigener Aktivität, dann wenn es gilt, Soldaten daran zu erinnern, daß sie Angehörige einer Nation sind, deren Ruhm erst am Ende der Welt seine Grenzen findet[38].

In die populären Lesestoffe des 19. Jahrhunderts gelangt Geschichte, gar Weltgeschichte, entweder nur, wenn sie sich auf das Niveau schöner Räubergeschichten — wie Napoleons Aufstieg und Fall, Blüchers und

Garibaldis Heldentaten — verkürzen läßt[39]. Oder aber wenn eine latent apokalyptische Bereitschaft, sich identifikatorisch in globale Freund-Feind-Verhältnisse einzufügen, stimuliert werden soll, wie es die seit dem 70er Krieg und dann zumal während des Ersten Weltkriegs in großem Stil propagandistisch eingesetzte Heftchenliteratur unternimmt[40].

Was den schulischen Volksunterricht betrifft: Elan und Naivität aufklärerischer Pädagogik des 18. Jahrhunderts reichen bisweilen zwar noch so weit, selbst für „den Bauer und niedrigen Handwerker sowohl, als den Kaufmann, größern Landwirth und Kameralisten" eine weltgeschichtliche Unterweisung als Datenrahmen notwendiger Menschenkenntnis vorzusehen[41]. Doch nicht nur, daß die Realität der Volksschule im 19. Jahrhundert dies oft auf einen Unterricht in biblischer Geschichte reduziert[42]. Universalgeschichte wird in der zweiten Jahrhunderthälfte explizit als für die Volksschulen überhaupt untauglich — und selbst für die Gymnasien nur beschränkt zulässig — betrachtet[43].

Daß hierin sich bereits die Angst vor der marxistischen Weltgeschichtstheorie ausdrückt, mag man unterstellen. In jedem Fall haben wir es mit der Angst vor der systemsprengenden Kraft eines Alltags zu tun, dessen Geschichtslosigkeit eben darum, weil sie an fiktionalen, mythischen, apokalyptischen Hoffnungen festmacht, auch in unkontrollierbare Aktionen umschlagen kann. Nicht nur Weltgeschichte, auch Nationalgeschichte als die eigentliche Identifikationsgröße der Zeit, galt es von der Alltagserfahrung abzukoppeln: „mein Dorf ist nicht mein Vaterland", dekretiert der spätere Verfasser der berüchtigten preußischen Unterrichtsregulativen von 1854, F. Stiehl, schon im vorrevolutionären Jahrzehnt, und zwar im Hinblick auf den Schinder-

38 Robert Mandroux: De la culture populaire aux 17e et 18e siècles. La Bibliothèque bleue de Troyes. Paris 1964, 134, 164.

39 Schenda: Volk ohne Buch, 335.

40 Über die prophetische Volksliteratur des Spätmittelalters als Vehikel solcher Propaganda beispielsweise: Dietrich Kurze: Johannes Lichtenberger (+ 1503). Eine Studie zur Geschichte der Prophetie und Astrologie (= Historische Studien 379). Lübeck/Hamburg 1960, 72.

41 Friedrich Gabriel Resewitz: Die Erziehung des Bürgers zum Gebrauch des gesunden Verstandes, und zur gemeinnützigen Geschäftigkeit. Kopenhagen 1773, Vorbericht ✳2r, 112 ff.

42 Zumindest sei „die jüdische Geschichte die einzige, welche auch in den niederen Volksschulen aus den Quellen erlernt wird", drückt der humanistische Gelehrte der Zeit diesen Sachverhalt aus: Friedrich Christoph Schlosser: Weltgeschichte für das deutsche Volk, 4 Bde., Frankfurt 1844 - 57. I, S. XIV.

43 „Keine Weltgeschichte, sondern deutsche Geschichte!" ist das Schlagwort für die Volksschule: Peter Zillig: Art. Geschichtsunterricht in der Erziehungsschule. Encyklopädisches Handbuch der Pädagogik. Hg. W. Rein. 2. Aufl. Langensalza III (1905) 466 - 81; 480. — Für den Gymnasialunterricht: Neubauer: Art. Geschichtsunterricht auf höheren Schulen. ebd. 482 - 522.

hannesmythos seiner Hunsrücker Heimat[44]. Wieviel von begreifbarer Geschichte unbegriffen übrigbleibt, wenn sie nicht im Hinblick auf die Aktionsqualität des Alltags, sondern wesentlich auf sein Identifikationspotential definiert wird —, das kann die immer noch andauernde Krise des Geschichtsbewußtseins aufweisen[45].

An dieser Misere struktureller Geschichtslosigkeit hat, wie wir meinen, Szientifizierung der Historie ebenso ihren Anteil wie die objektive weltgeschichtliche Systembildung, der gegenüber inzwischen selbst die Akteure bürgerlichen Handels und Wandels längst in den ohnmächtigen Alltag zurückgefallen sind. Exempelfall für diese komplementäre Krise: die eingangs zitierten hilflosen Sinnfragen mit ihrem gewiß auch gutbürgerlichen Adressatenkreis und der hilflose Rückzug der Wissenschaft aus dem so gestellten Problem scheiternder Kommunikation über Geschichte in der demokratischen Gesellschaft.

Kann es in dieser Situation eine Beruhigung sein, von der weltpolitischen Interdependenz als einer unleugbaren geschichtlichen Tatsache, die dem geschichtlichen Interesse gleichsam sich schon aufdrängen wird, zu sprechen[46] — zumal wenn dieses Interesse ganz undifferenziert mit dem der Forschung zusammenfällt? Es wäre im Gegenteil zu fragen, ob dieser Topos in der Art, wie er den an sich unstrittigen Sachverhalt weltgeschichtlicher Systembildung ins Spiel bringt, nicht eher geeignet ist, die hierdurch verschärfte Entfremdung zwischen Alltag und Geschichte zu verfestigen.

Seit der Aufklärung ist evident, daß Weltgeschichte sich im Prozeß der Neuzeit zu einer Systemebene sui generis jenseits der bisherigen Geschichte ausgebildet hat: nicht bloß zu einer Metaebene der Bedeutungszuweisung und Strukturierung für diese Geschichte, sondern realiter zu einem weltumspannenden Interaktionismus, der das, was auf der Ebene bisheriger Geschichte geschieht, in der Tat zu Geschichten, zu Aktionen mittlerer Reichweite, herabstuft. Von der Entdeckung Amerikas an, sagt der Abbé Raynal in seiner berühmten Kolonial- und Welthandelsgeschichte 1773, „sind die Menschen aus den entferntesten Gegenden einander nothwendig geworden“[47].

---

44 F. Stiehl: Der vaterländische Geschichtsunterricht in unsern Elementarschulen. Koblenz 1842, 19.

45 Während dies geschrieben wird, ist z. B. zu lesen: „Was ich über Hitler gehört habe ...“ Aufsätze von Schülern der 9. Klasse verschiedener Hauptschulen. Zusammengestellt von Dieter Boßmann. Frankfurter Rundschau 22. Jan. 77 Nr. 18, S. V.

46 „Universalgeschichte als unausweichliche Aufgabe“: Maier: Problem der Universalität, 88.

47 Philosophische und Politische Geschichte der Besitzungen und des Handels der Europäer in beiden Indien. Übers. J. Mauvillon. 7 Theile Hannover 1774 - 78. I (1774) 3.

Damit ist auf einen angeblichen Alltagscharakter jener globalen Beziehungen verwiesen, die seither nur noch als alltagsfernes Geschehen deutbar scheinen: als das pluralistische Interdependenzsystem der zu weltumspannenden Handeln befähigten Weltmächte[48]. Wir meinen, daß sowohl die aufklärerische wie die gegenwärtige Fassung des Topos je auf ihre Weise vom Problem der Aktionsqualität des Alltags gegenüber der Geschichte, das uns hier beschäftigt, ablenken.

Schon in Raynals Apotheose von Kolonialisierung und Welthandel als Menschheitsinteraktion wird Geschichte zugleich aufgeklärt und verdeckt. Denn einerseits bringt die Situationsdefinition des Textes den empirischen Befund weltweiter Expansion, Unterdrückung und Korruption, an dem die bürgerlichen Subjekte kraft ihrer ökonomischen Interessen aktiven Anteil haben, durchaus objektiv und kritisch gesehen zum Vorschein[49]. Doch andererseits definieren diese Subjekte, so wie der Text sie spiegelt, ihre Identität eben nicht aus dieser zwiespältigen Wirklichkeit absolutistisch-bürgerlichen Wirtschaftshandelns. Sie leben vielmehr antizipativ bereits in einem völlig anderen System, das sie schon jetzt von den negativen Folgen ihrer Leidenschaften moralisch völlig abtrennt: aus dem erst andeutungsweise realisierten System des Freihandels, dessen Modell der Selbstregulierung Menschheitsglück durch ungehemmten Erwerbstrieb verspricht[50]. Ans politische System, das für die Behinderung der ökonomischen Motorik verantwortlich ist, fällt damit auch die Veranwortung für das, was an negativen Folgen aus dieser Motorik — angeblich nur unter den unzureichenden Bedingungen ihrer noch nicht vollendeten freien Entfaltung — entsteht.

Es ist diese halbe und ideale Partizipation am Geschichtlichen, deren zugleich subversiver und apolitischer Charakter eindrücklich aufgewiesen worden ist[51]. Geschichte wird — als Situationsdefinition der auf die Handlungsebene aufsteigenden Mittelschichten — von ihrem gleichsam horizontalen Zusammenhang mit dem Handlungssystem der Politik abgeschnitten. Sie halbiert sich aber auch in der vertikalen Dimension zum Alltag der Arbeit hinunter, der nur noch als ideale Sphäre fortschrittsbewegender Leidenschaften verschwommen in den Blick gerät.

Scheinbar hat der Topos in seiner modernen Gestalt dieses politökonomische Defizit längst überwunden, indem er auf die antagonisti-

---

48 Heinz Gollwitzer: Geschichte des weltpolitischen Denkens. I: Vom Zeitalter der Entdeckungen bis zum Beginn des Imperialismus. Göttingen 1972.

49 Philosophische und Politische Geschichte VII (1778) 191 ff: Moral.

50 ebd. — Ausführlicher hierzu demnächst: Günther und Gudula List: Soziale Ursprünge der Psychologie. Stuttgart 1978.

51 Reinhart Koselleck: Kritik und Krise. Ein Beitrag zur Pathogenese der bürgerlichen Welt. Freiburg/München 1959.

sche, durchaus nicht harmonische Struktur der Systemebene Weltgeschichte abhebt: Und doch: Entlastet der Verweis auf das globale Geschehen nicht auch von der eigenen Akteursrolle? Tragen die Bemühungen, Universalgeschichte unter dem Gesichtspunkt ihrer objektiven Unentrinnbarkeit zum Gegenstand von Forschung und Publikumsinteresse zu machen, nicht nach wie vor ein Risiko der Entpolitisierung in sich? Geschichte droht auf einer Systemebene festgeschrieben zu werden, zu der die einzelnen als Akteure von Demokratie keinen Zugang haben; auf der sie sich als Akteure von Wirtschaftsalltag in den Folgen ihres Handelns nicht zu reflektieren brauchen.

Daß auf uns zukommende Weltkatastrophen nur verhindert werden können, wenn ihnen aus dem Alltag aller heraus veränderte Handlungsdispositionen entgegenstehen — darüber dürfte der Konsens groß sein. Doch wird die Chance dafür nicht nur aus dem Umstand abzuleiten sein, daß die Vorzeichen dieser Weltkatastrophen (Süd-Nord-Konflikt, atomare und industrielle Selbstvernichtung) bereits auf den individuellen Alltag durchschlagen. Das allein befreit ihn nicht aus seiner Geschichtslosigkeit, trägt eher noch zur Remythisierung bei. Vielmehr will scheinen, daß Weltgeschichte in ihrem säkularen Katastrophenhorizont nur in dem Maße bewältigbar sein wird, wie es gelingt, die vertikalen Systemgrenzen, d. h. die Erfahrungs- und Handlungsbarrieren zwischen Alltag und Geschichte aufzuheben.

Historische Theorie könnte sicher hierzu beitragen, wenn sie hilft, den Adressaten fremdbestimmter Identifikationsappelle ihre eigene Geschichte zurückzugeben. In den Akteursrollen selbst gemachter Geschichte sollten sie sich erfahren können. Allerdings stehen unsere Gewohnheiten, Geschichte nicht als Problem von Partizipation, sondern als Gegenstand von Kognition aufzufassen, dem wohl vorerst noch sehr im Weg. Den Anstoß zur Erweiterung unseres Geschichtsbegriffs mag jedoch immer wieder der Blick auf jene pseudohistorische Literatur geben, deren dürftige Sinnfragen den Fachhistoriker nicht grundlos irritieren.

VERZEICHNIS DER MITARBEITER

Prof. Dr. Fernand Braudel, Paris

Univ.-Doz. Dr. Hans Fenske, Universität Freiburg

Kapitän zur See a. D. Dr. Friedrich Forstmeier, Freiburg

Wiss. Rat und Prof. Dr. Wolfgang v. Hippel, Universität Mannheim

Dr. Heinz Holeczek, Universität Freiburg

Dr. Günther List, Universität Bielefeld

Prof. Dr. Eberhard Naujoks, Universität Tübingen

Dr. Norbert Ohler, Universität Freiburg

Prof. Dr. Wolfgang Reinhard, Universität Freiburg

Studienprofessor Dr. Ralf Ritter, Freiburg

Prof. Dr. Edward Sangmeister, Universität Freiburg

Prof. Dr. Ernst Schulin, Universität Freiburg

Prof. Dr. Gottfried Schramm, Universität Freiburg

Prof. Dr. Klaus Schwabe, Universität Frankfurt/Main

Prof. Dr. Wolfgang Steglich, Freie Universität Berlin

Prof. Dr. Hermann Strasburger, Universität Freiburg

Prof. Dr. Gerd Tellenbach, Universität Freiburg

Prof. Dr. Hans-Günter Zmarzlik, Universität Freiburg

Historische Forschungen

1. **Geschichte der Menschenrechte und Grundfreiheiten im Umriß.** Von G. Oestreich. 135 S. 1968. DM 19,80

2. **Subjektivität und Geschichtswissenschaft.** Grundzüge einer Historik. Von H.-W. Hedinger. 691 S. 1969. DM 129,—

3. **Untersuchungen zu Johann Gustav Droysens „Historik“.** Von K. Spieler. 152 S. 1970. DM 28,60

4. **Die Deutsche Marinepolitik 1916 - 1918.** Von R. Stegemann. 179 S. 1970. DM 33,60

5. **Sir Roger Casement und die deutsch-irischen Beziehungen.** Von K. Wolf. 205 S. 1972. DM 46,60

6. **Rationales Naturrecht als revolutionäre Praxis.** Untersuchungen zur „Erklärung der Menschenrechte und Bürgerrechte“ von 1789. Von J. Sandweg. 345 S. 1972. DM 68,60

7. **Kant und die Französische Revolution.** Von P. Burg. 283 S. 1974. DM 66,60

8. **Calvinismus und französische Monarchie im 17. Jahrhundert.** Die politische Lehre der Akademie Sedan und Saumur, mit besonderer Berücksichtigung von Pierre Du Moulin, Moyse Amyraut und Pierre Jurieu. Von H. Kretzer. 486 S. 1975. DM 126,—

9. **David Hume und das Problem der Geschichte.** Von U. Voigt. 188 S. 1975. DM 49,80

10. **Reformation und Bauernkrieg im Geschichtsbild der DDR.** Zur Methodologie eines gewandelten Geschichtsverständnisses. Von J. Foschepoth. 170 S. 1976. DM 40,—

11. **Cognitio Historica.** Die Geschichte als Namengeberin der frühneuzeitlichen Empirie. Von A. Seifert. 202 S. 1976. DM 68,—